Skagerrakschlacht

Beiträge zur Militärgeschichte

Herausgegeben vom
Militärgeschichtlichen Forschungsamt

Band 66

R. Oldenbourg Verlag München 2011

Skagerrakschlacht

Vorgeschichte – Ereignis – Verarbeitung

Im Auftrag des
Militärgeschichtlichen Forschungsamtes
herausgegeben von

Michael Epkenhans, Jörg Hillmann
und Frank Nägler

Zweite Auflage

R. Oldenbourg Verlag München 2011

Vorderes Umschlagbild:
Der Schlachtkreuzer *Seydlitz* nach dem 6. Juni 1916 in der III. Einfahrt von Wilhelmshaven. Die Geschützrohre waren am 5. Juni zur Gewichtserleichterung von Bord gegeben worden (ullstein bild).
Hintere Umschlagbilder (von links):
Vice Admiral David Beatty (ullstein bild),
Admiral Franz (Ritter von) Hipper (akg),
Admiral Sir John Jellicoe (IWM, Q 55499),
Admiral Reinhard Scheer (akg)

Die Deutsche Nationalbibliothek verzeichnet diese Publikation in der Deutschen Nationalbibliografie; detaillierte bibliografische Daten sind im Internet über http://dnb.d-nb.de abrufbar.

2., überarbeitete Auflage 2011
© 2009 Oldenbourg Wissenschaftsverlag GmbH, München
Rosenheimer Str. 145, D-81671 München
Internet: http://www.oldenbourg-verlag.de
Das Werk einschließlich aller Abbildungen ist urheberrechtlich geschützt. Jede Verwertung außerhalb der Grenzen des Urheberrechtsgesetzes ist ohne Zustimmung des Verlages unzulässig und strafbar. Das gilt insbesondere für Vervielfältigungen, Übersetzungen, Mikroverfilmungen und die Einspeicherung und Bearbeitung in elektronischen Systemen.
Gedruckt auf säurefreiem, alterungsbeständigen Papier (chlorfrei gebleicht).

Projektkoordination: Alexander Kranz (Berlin)
Lektorat: Wilfried Rädisch und Marina Sandig (MGFA), Rebecca Schaarschmidt (Köln)
Lektoratsassistenz: Sebastian Szelat (Potsdam)
Umschlaggestaltung: Maurice Woynoski (MGFA)
Satz: Carola Klinke und Christine Mauersberger (MGFA)
Druck und Bindung: Kösel GmbH & Co.KG, Altusried-Krugzell

ISBN 978-3-486-70270-5

Inhalt

Geleitwort zur ersten Auflage VII
Vorwort zur ersten Auflage XI
Einführung XIII

Nicholas A.M. Rodger
    Deutsch-englische Flottenrivalität, 1860-1914 1
Frank Nägler
    Operative und strategische Vorstellungen der Kaiserlichen Marine
    vor dem Ersten Weltkrieg 19
James Goldrick
    Die Royal Navy und der Krieg: Erwartungen und Realität
    in den ersten Monaten des Seekriegs im Ersten Weltkrieg 57
Andrew Lambert
    »The possibility of ultimate action in the Baltic«:
    Die Royal Navy im Krieg, 1914-1916 73
Michael Epkenhans
    Die Kaiserliche Marine 1914/15: Der Versuch der Quadratur des Kreises 113
Werner Rahn
    Die Seeschlacht vor dem Skagerrak:
    Verlauf und Analyse aus deutscher Perspektive 139
    Dokumente 197
John Brooks
    Beatty und die Führung des Schlachtkreuzerverbandes 287
Eric Grove
    Die Erinnerung an die Skagerrakschlacht in Großbritannien 301
Jörg Hillmann
    Die Seeschlacht vor dem Skagerrak in der deutschen Erinnerung 309
Jan Kindler
    Die Skagerrakschlacht im deutschen Film 351
Michael Salewski
    90 Jahre Skagerrakschlacht – Reflexionen 369

Personenregister 385
Autorenverzeichnis 391

Geleitwort zur ersten Auflage

Als ich am 31. Mai 2006 die Gelegenheit wahrnahm, mich im Reinbeker Schloss an die Teilnehmer der Tagung »90 Jahre Skagerrakschlacht« zu wenden, konnte ich darauf verweisen, dass vor 90 Jahren, um die gleiche Tageszeit, nämlich gegen 19:14 Uhr, der Chef der Hochseestreitkräfte den Großen Kreuzern gerade den Vorstoß befohlen hatte, der die kurz darauf eingeleitete dritte »Gefechtskehrtwendung« decken sollte. Bei solcher Erinnerung handelte es sich freilich lediglich um ein taktisches Detail. Wäre der Rahmen der Betrachtung weiter gespannt, würde ich die Kenntnis des Geschehens heute dem Bereich historisch-politischer Bildung zuordnen. Zu betonen ist, dass dieses Wissen nicht in das Gebiet der praktischen Handlungsanleitung und auch nicht in den Bereich der Tradition fällt.

Einheiten und Verbände finden heute ganz andere Führungs- und Einsatzbedingungen vor. Das Aufgabenspektrum hat sich deutlich verändert und um ein Vielfaches erweitert. Hinsichtlich der Tradition würde ich heute gewiss nicht daran denken, die mir unterstellten Einheiten – die Deutsche Flotte – aus Anlass des Jahrestages zu einem Abweichen von ihrer täglichen Routine anzuhalten. Eine Ausnahme davon hat es allerdings vor zwei Jahren gegeben: Am 31. Mai 2006 haben der Zerstörer *HMS Edinburgh* und die Fregatte *Hessen* ein »simple ceremonial passex« im Skagerrak durchgeführt. Der Kommandant der Fregatte *Hessen* meldete seinem Befehlshaber fernschriftlich von See aus dazu Folgendes:

»Zum Gedenken an die Skagerrakschlacht vor 90 Jahren haben sich der britische Zerstoerer Edinburgh *und Fregatte* Hessen *in der Nordsee zu einer Gedenkzeremonie auf 5756.0N3-00939.0E1 getroffen. Die Zeremonie wurde von Seiten der RN hervorragend organisiert und durchgefuehrt.*

Gemaesz Serial Plan wurde am 310620Z2 MAI 06 eine kleine Delegation unter Leitung des Ersten Offiziers der Hessen *vom englischen Helikopter abgeholt und zur* Edinburgh *geflogen. Nach einem kurzen Empfang wurden zum Gedenken auf dem Flugdeck der* Edinburgh *eine Musterung und ein Gedenkgottesdienst durch den Bordpfarrer* Edinburgh *durchgefuehrt. Im Rahmen der halbstuendigen Zeremonie wurde der von der Marineoffizier Vereinigung gespendete Kranz zu Ehren der Gefallenen zu Wasser gelassen. Die Besatzung der* Hessen *konnte auf Passieraufstellung der Zeremonie beiwohnen.* Hessen *befindet sich nun zusammen mit der* Edinburgh *auf dem weiteren Transit nach Karlshamn. OPZ-Uebungen werden durchgefuehrt.«*

Bereits 40 Jahre zuvor war es zu einer vergleichbaren Begegnung britischer und deutscher Einheiten vor dem Skagerrak gekommen. 1966 waren auf britischer Seite die Zerstörer *HMS Dainty* und *HMS Defender*, auf deutscher die Fregatten *Karlsruhe* und *Braunschweig* beteiligt. Und doch war es 1966 auch anders als in unseren Tagen. Dies gibt mir Gelegenheit, kurz auf Veränderungen im Umgang mit dem Ereignis einzugehen.

Zunächst einmal fand die Begegnung 1966 in einem größeren zeremoniellen Rahmen statt. Veteranen von 1916 waren an Bord der Einheiten Zeugen, als unter Abspielen der Nationalhymnen Kränze über Bord gegeben wurden und so der Toten und des Ereignisses gedacht wurde. Allerdings handelte es sich damals um einen ganz besonderen Jahrestag. Die neunzigste Wiederkehr eines Datums ist nun einmal nicht so herausragend wie die fünfzigste.

Dennoch meine ich, dass dieser zeremonielle Aufwand auch durch die noch größere Nähe zum Ereignis seine Berechtigung fand und dass es 1966 noch notwendiger war, ein sichtbares Zeichen gegenseitiger Verbundenheit zu setzen. Immerhin war damals – zumindest in der Bundesmarine – noch gut das Bemühen zu erkennen, den eigenen Sieg vor dem Skagerrak festzustellen.

In einem um diese Zeit abgeschlossenen »seekriegsgeschichtlichen Handbuch«, das für die Marineoffizierausbildung verteilt wurde, legte der Verfasser noch Wert auf die Feststellung, die britische Seite habe »eine beschämende Schlappe« hinnehmen müssen. In heutigen Lehrunterlagen wird man dergleichen wohl nicht mehr finden.

Die damals größere Nähe zeigte sich auch in der Namensgebung der Einheiten der frühen Bundesmarine. Es waren ausgerechnet britische Fregatten, die nach führenden kaiserlichen Seeoffizieren des Ersten Weltkrieges benannt wurden. Im Jahr 1959 waren durch Ankauf aus *HMS Hart*, *Actaeon* und *Flamingo* die deutschen Schulschiffe *Scheer*, *Hipper* und *Graf Spee* geworden. Eine derartige Namensgebung gibt es heute nicht mehr.

Man muss sich allerdings vergegenwärtigen, dass uns von der frühen Bundesmarine etwa so viele Jahre trennen wie diese von der Skagerrakschlacht. Damals war im Umgang mit dem Ereignis eine Art Halbzeitstand erreicht. Dabei konnte die frühe Bundesmarine auch nicht den Luxus langer eigener Existenz nutzen, den die Deutsche Marine heute – nach nunmehr über 50 Dienstjahren – genießen kann. Die heutige Marine ist die langlebigste auf deutschem Boden, ihr stehen ausreichend Orientierungsmarken in der eigenen Geschichte zur Verfügung. Mit dem Erfüllen ihres Auftrages hat sie dazu beigetragen, dass auch ihr selbst Kriegseinsätze erspart geblieben sind.

In dem halben Jahrhundert vor der Gründung der Bundesmarine lagen dagegen die Katastrophen und Untergänge: jener der so kurzlebigen Kriegsmarine und ebenjener der Kaiserlichen Marine – beide verbunden durch die Übergangszeit der Reichsmarine. Diese drei Marinen waren – wie im Falle unseres ersten Inspekteurs, des Vizeadmirals Friedrich Ruge – für die ersten Soldaten der Bundesmarine Teil der eigenen beruflichen Biografie. Und so nimmt es nicht wunder, dass die Skagerrakschlacht im eigenen Erleben dieser Generation noch sehr präsent war. Die junge Bündnismarine erinnerte sich ihrer noch mit sehr persönlicher Beteiligung, wenn auch ohne martialischen Auftritt.

Derartige Auftritte kennzeichneten demgegenüber die Erinnerungspraxis der Kriegs- und vor ihr der Reichsmarine. Sie benannte nicht nur schwere Einheiten nach den Verbandschefs des Ersten Weltkrieges, sondern sie beging alljährlich den 31. Mai »als den größten Ruhmestag ihrer Geschichte«. An diesem Tag stellte sie regelmäßig in Berlin Unter den Linden die Ehrenwache. Marinenahe Verbände errichteten überdies zwischen 1927 und 1936 das Marineehrenmal, das am Vortag des zwanzigsten Jahrestages der Schlacht feierlich eingeweiht wurde.

Wie weit wir uns heute von einem solchen Umgang mit dem Ereignis entfernt haben, dies illustrieren – wie ich meine – zwei Beobachtungen ganz gut: An die Stelle des 31. Mai ist ein anderes Datum getreten, das zugleich die Verbundenheit mit einer freiheitlichen, demokratischen Ordnung unterstreicht: Die Deutsche Marine legt den »Großen Flaggenschmuck« regelmäßig an zwei Tagen im Jahr an, neben dem 3. Oktober am 14. Juni. Am 14. Juni 1848 wurde die erste deutsche Marine gegründet. Es war dies die Flotte der Paulskirche, also des ersten nationalen deutschen Parlamentes, das unter liberalem Vorzeichen die gesamtdeutsche Staatsgründung verfolgte.

Es zeigt daneben aber auch die Tagung, die wissenschaftliche Begegnung, zu der jetzt der Tagungsband vorgelegt wird. Sie ist nicht mehr von dem Bedürfnis des Suchens nach einem Sieger gekennzeichnet. Wie werden wir 2016 aus Anlass des hundertsten Jahrestages an die Skagerrakschlacht erinnern? So ähnlich wie mit einer Vielzahl von Ereignissen die Royal Navy 2005 an den 200. Jahrestag der Schlacht bei Trafalgar erinnerte? Vermutlich nicht. Was auch immer vonseiten der beiden Marinen verabredet werden sollte, ich hoffe auf jeden Fall wieder auf eine wissenschaftliche Konferenz, der ich schon heute viele Teilnehmerinnen und Teilnehmer wünsche.

Ich halte die wissenschaftliche Auseinandersetzung für den heute angemessenen Umgang.

Hans-Joachim Stricker
Vizeadmiral

Vorwort zur ersten Auflage

Das Militärgeschichtliche Forschungsamt (MGFA) wendet sich – anders als es die in der anglo-amerikanischen Historiografie eingeführten Begriffe »military history« und »naval history« vermuten lassen würden – auch Fragen der Marinegeschichte zu. Davon legt gerade die Reihe, in der das vorliegende Buch erscheint, beredtes Zeugnis ab. So widmen sich unter den neun Bänden, die während der zurückliegenden fünf Jahre in den »Beiträgen zur Militärgeschichte« veröffentlicht wurden, allein drei der Marinegeschichte. Hierbei handelt es sich um den thematisch weit gespannten Sammelband »Deutsche Marinen im Wandel«, um die Studie zur Tirpitz'schen Seestrategie von Rolf Hobson und um die von Michael Epkenhans betreute Edition der Zeugnisse des so einfluss- wie einblickreichen wilhelminischen Seeoffiziers Albert Hopman. Der nun vorgelegte Sammelband rundet das Blickfeld in gewisser Hinsicht ab, zumal er sich dem eigentlichen Krieg, genauer: der Schlacht und hier jener Skagerrakschlacht zuwendet, die für lange Zeit in der Geschichte deutscher Marinen einen prominenten Platz eingenommen hat.

Freilich kann es dabei nicht nur um die Nachzeichnung des strategischen Rahmens und des darauf aufbauenden operativen Geschehens gehen. Die Kenntnis hierüber ist zwar von wesentlicher Bedeutung und darf in einem solchen Band nicht fehlen. Das MGFA würde aber seinen Anschluss an die moderne Geschichtswissenschaft verleugnen, beschränkte es sich auf die gleichwohl notwendige Untersuchung des operativen Geschehens. Vielmehr ist es dem MGFA um einen dem historiografischen Methodenpluralismus gerecht werdenden Zugang zu dem historischen Phänomen zu tun, der möglichst viele Annäherungen an das Thema versammelt. So werden in diesem Band, der auf eine im Jahre 2006 im Schloss Reinbek veranstaltete Tagung zurückgeht, neben politik- und diplomatiegeschichtlichen, neben strategie- und operationsgeschichtlichen Betrachtungen auch Zugänge zur Skagerrakschlacht anzutreffen sein, die sich einer Geschichte »von unten« annähern oder die sich der erinnerungspolitischen Verwertung des Ereignisses zuwenden, dabei auch unter Einblendung der medialen Vermittlungsebene.

Dass eine mehrfache Annäherung an die Skagerrakschlacht in diesem Band gelingen konnte, ist zunächst einmal einem Kreis von Autoren zuzuschreiben, die durch die Kooperation dreier Einrichtungen gewonnen werden konnten. Danken möchte ich daher in erster Linie zwar den Autoren – und unter ihnen insbesondere den drei Herausgebern PD Dr. Michael Epkenhans, Dr. Frank Nägler und Dr. Jörg Hillmann –, aber eben nicht nur ihnen, sondern auch den beiden Partner-Einrichtungen des MGFA, nämlich der Otto-von-Bismarck-Stiftung in Friedrichsruh und der Universität Oxford. Die mit der Kooperation verbundenen Kosten hat zudem der Freundeskreis Marineschule Mürwik in überaus entgegenkommender Weise mitgetragen. Dass darüber hinaus die Ergebnisse in einem mit Karten, Abbildungen und Tabellen versehenen Band präsentiert werden können, ist das Verdienst der Schriftleitung des MGFA. Um die Koordination des Projektes und um einen Teil des Lektorates hat sich Alexander Kranz (Berlin) verdient gemacht. Bernd Nogli, Daniela Heinecke und Hannelore Mörig haben die Ausstattung mit Karten und Tabellen besorgt, Marina Sandig hat sich um die Bildrechte gekümmert und Birgit Krüger hat mit ihrer Übersetzung der englischsprachigen Texte die Grundlage dafür gelegt, die Beiträge der angelsächsischen Forschung dem Publikum in deutscher Sprache zugänglich zu machen. Des Weiteren ist zu danken Karl-Heinz Begenat von der Arbeitsgruppe MGFA im Bundesarchiv-Militärarchiv in Freiburg und Rüdiger Schiel vom Wehrgeschichtlichen Ausbildungszentrum der Marineschule Mürwik.

Nicht zuletzt danke ich dem Befehlshaber der Flotte, Herrn Vizeadmiral Hans-Joachim Stricker, für sein Interesse sowohl an der Tagung als auch an der Publikation, für die er ein Geleitwort verfasst hat.

Wenn eingangs von einer »Abrundung« des Blickfeldes die Rede war, so soll dies nicht etwa das Ende einer Beschäftigung des MGFA mit marinegeschichtlichen Themen signalisieren. Das MGFA wird sich trotz einer Verknappung seiner hierfür ausgewiesenen personellen Ressourcen auch weiterhin diesem Ausschnitt deutscher Militärgeschichte zuwenden und dabei jene Kooperationsmöglichkeiten zu nutzen trachten, die den vorliegenden Tagungsband ermöglicht haben.

Dr. Hans Ehlert
Oberst und Amtschef
des Militärgeschichtlichen Forschungsamtes (2004‑2010)

Einführung

Die Seeschlacht, die am 31. Mai und 1. Juni 1916 im Skagerrak stattfand und die im Mittelpunkt des nachfolgenden Sammelbandes steht, war ein punktuelles Ereignis, angesiedelt fast genau in der Mitte des Ersten Weltkrieges. Sie war damit der Ausnahmefall und hätte in den Augen der Protagonisten auf beiden Seiten doch eigentlich – salopp formuliert – der Normalfall sein sollen. Die lange Zeit des Krieges davor und danach deutet darauf hin, dass es eine überflüssige Schlacht war, die nur bereits bestehende Verhältnisse beglaubigte. Dabei hat sie nach heutigen Maßstäben erschreckend viele Todesopfer gefordert – knapp 10 000 Gefallene und Verwundete beider Seiten. Im Vergleich zu der Schlacht an der Somme, die wenige Wochen später begann und die weit mehr Soldaten, nämlich über 300 000, das Leben kostete, waren diese Verluste jedoch gering. Die Skagerrakschlacht bot andere »Superlative«: Anders als das Massensterben an der Westfront war sie ein Kräftemessen mit höchstentwickelter Kriegstechnik, die Spitzenprodukte als Ergebnisse heimischen industriellen Könnens in sich vereinte und in langen Jahren und unter großem Aufwand vor dem Kriege entwickelt und hergestellt worden war. Mit allem dem bot die Schlacht reichen Stoff für eine Vorgeschichte, ein eigenes Geschehen und eine Nachgeschichte, der von den einzelnen Beiträgen aus deutscher und englischer Perspektive aufgegriffen wird.

Die facettenreiche Vorgeschichte der Skagerrakschlacht reicht weit in die Vorkriegszeit zurück. *Nicholas A.M. Rodger* hat sie in seinem Eingangsbeitrag in einer halbhundertjährigen Dimension durchmessen und dabei namentlich den politischen sowie militärischen Aspekten seine Aufmerksamkeit gewidmet. Dabei vernachlässigt er freilich keineswegs die Hauptursache der deutsch-britischen Entfremdung vor 1914. Nicht wirtschaftlicher Wettbewerb, nicht konkrete politische Streitfragen in der Weltpolitik waren hierfür verantwortlich, sondern jene Irrationalität des deutschen Flottenbaus und seines unbegreiflichen Kalküls, das im Rüstungswettlauf vor dem Kriege sowohl durch eine wendige britische Diplomatie als auch durch ein leistungsfähiges politisches System durchkreuzt werden konnte. Dieses war im Gegensatz zur deutschen Seite in weit größerem Umfang in der Lage, die notwendigen Finanzen zur Mobilisierung der Rüstungsproduktion bereitzustellen. Auf dem begrenzten Feld des seestrategischen Planens – also bei den *operativen und strategischen Vorstellungen der Kaiserlichen Marine vor dem Ersten Weltkrieg* – wird indes erkennbar, dass jene Irrationalität noch um einen rationalen, aber nicht mehr zeitgemäßen Kern kreiste. Der mochte noch unter den Bedingungen des ausgehenden 19. Jahrhunderts seine Berechtigung gehabt haben. Die Kaiserliche Marine hatte aber mit ihrer Erwartung, die Briten »müssten doch kommen«, sie seien dazu aus militärischen Gründen gezwungen, die Optionen verkannt, die dem späteren Gegner nicht zuletzt aufgrund rasch sich erweiternder technischer Möglichkeiten wie auch einer größeren Flexibilität im strategischen Denken am Vorabend des Ersten Weltkrieges offenstanden.

Nach Kriegsausbruch wurde bald deutlich, dass alles oder doch zumindest vieles anders kam, als es die Verantwortlichen sich zuvor gedacht hatten. Das traf mit letztlich katastrophalen Folgen für die deutsche Seite zu, aber auch – freilich ohne solche Konsequenzen – für die britische. *James Goldrick* analysiert in seinem Beitrag den Lernprozess, den die Royal Navy in ihrem Wechsel von der Friedensmarine zu der des Krieges durchzumachen hatte, der eben nicht sogleich zu der entscheidenden Schlacht führte. An die Stelle des kurzen Manövergeschehens, bei dem überdies Sparsamkeits- wie Sicherheitserwägungen Vorrang vor dem wirklichkeitsnahen Test hatten, trat der Menschen wie Material strapazierende Dauereinsatz, der auch bei schlechtestem Wetter das Auf- und Abstehen in See verlangte. Um einen Lernprozess handelte es sich jedoch nicht nur hinsichtlich der operativen Führung der Flotte und des Einsatzes der in See stehenden Einheiten und ihrer Besatzungen. Der strategische Hintergrund der Skagerrakschlacht, wie er sich für die britische Seite entwickelt hatte, lässt sich ebenfalls als Ergebnis eines Lernprozesses begreifen. *Andrew Lambert* verdeutlicht dabei, dass es sich hierbei nicht zuletzt um ein schmerzhaftes Lernen handelte, hervorgerufen durch teils fehlende Kommunikation, teils mangelndes Verständnis unter den beiden für die britische Seekriegführung wohl wichtigsten Personen: Admiral Sir John Fisher und Winston S. Churchill, dem Ersten Lord der Admiralität. Am Ende hatte man sich von dem ursprünglichen Konzept eines »begrenzten Krieges«, ausgefochten mit vorwiegend maritimen Mitteln, wegbewegen und 1916 auf den »totalen Krieg« einlassen müssen. Dies schlug sich in einer Strategie nieder, die das Mittel der Blockade in schrittweiser Revision der britischen Vorkriegspositionen immer weiter zum Instrument eines totalen Wirtschaftskrieges umformte. Der sein eigenes strategisches Kalkül sorgsam hütende Fisher indessen setzte parallel dazu in windungsreichen Planungen darauf, mit einer durch die Beschaffung flachgehender Einheiten glaubhaft gemachten Bedrohung der deutschen Ostseeposition die Hochseeflotte dazu zu zwingen, sich einer Schlacht unter britischen Bedingungen zu stellen. Eine davon ausgehende Erschütterung der deutschen Seeherrschaft in der Ostsee hätte die Blockade mit der Unterbrechung der skandinavischen Erzzufuhr vervollständigen und den Krieg noch vor dem Übergang in den totalen Krieg zugunsten der Entente beenden sollen. Das aktionistische Drängen des Ersten Lords, dessen zahlreiche Initiativen nur begrenzt mit den Absichten Fishers korrespondierten, durchkreuzten diese Pläne letztlich jedoch. Als Churchill schließlich nicht davor zurückschreckte, vorbei am Ersten Seelord dessen für die direkte Konfrontation mit der Kaiserlichen Marine benötigten Einheiten an die Dardanellen zu verlegen, hatte dieses Zerwürfnis zwischen beiden des einen Rücktritt und des anderen Sturz zur Folge. Deren weniger tatkräftige Nachfolger hielten allerdings daran fest, die für den Druck auf die deutsche Ostseeposition von Fisher beschafften Seekriegsmittel an anderen Seefronten des Krieges zu verzetteln. Diese Einheiten fehlten, als sich Jellicoe unter der an der Wende zum dritten Kriegsjahr aufgebauten Erwartung genötigt sah, nun mit der Grand Fleet jenen Vorstoß in den Bereich der dänischen Meerengen zu unternehmen, der dann britischerseits den Auftakt zur Skagerrakschlacht bildete.

Immerhin aber verfügte die Royal Navy grundsätzlich über ein strategisches Konzept, das – so man ihm nur Zeit ließ, sich auszuwirken – Großbritannien am Ende dem Sieg näherbringen musste. Ganz anders die Verhältnisse auf deutscher Seite. *Die Kaiserliche Marine 1914/15: Der Versuch der Quadratur des Kreises* beschreibt das vom verlorenen Wettrüsten wie aber auch von Selbstblockaden geprägte Bestreben, mit dem unerwarteten Kriegsverlauf zurechtzukommen. Dabei spiegelte schon der grundlegende Operationsbefehl mehr die Hilflosigkeit, denn das sichere, aussichtsreiche strategische Konzept. Verunsicherung und Selbstbeschränkung nahmen infolge der Niederlage bei Helgoland gleich nach Kriegsausbruch noch zu. Es kam zwar noch 1914 zu einzelnen mit engen Sicherheitsauflagen versehenen Vorstößen. Die Reaktion auf das Debakel im Doggerbank-Gefecht vom Januar 1915 erlaubte dann aber nur noch sehr begrenzte Vorstöße. Der Monarch wie auch der Reichskanzler scheuten das Risiko, wobei deren Zurückhaltung sich allerdings auch in der Auffassung von führenden Marineoffizieren niederschlug, darunter in der von Hugo von Pohl, Reinhard Scheer, ja sogar in der von Alfred von Tirpitz. Die abwartende Haltung wurde vor allem von älteren, nicht hingegen von jüngeren Flagg- und Stabsoffizieren getragen, deren Unmut bald schon deutlich werden sollte. Grundsätzlich krankte die deutsche Seekriegführung an der Auflage, ohne Risiko zum Erfolg gelangen zu sollen, worin die eigentliche Quadratur des Kreises gelegen war. Verschärft wurde sie noch durch eine untaugliche Spitzengliederung sowie ein Denken, das noch bis in die Schlacht hinein reichte, nicht aber über diese hinaus. Dies zusammen behinderte, wenn nicht gar blockierte die Suche nach Alternativen, was sich umso lähmender für die deutsche Seekriegführung auswirken sollte.

Die Umstände, die dann im ersten Halbjahr 1916 Scheer die Zurückhaltung aufgeben und größere Risiken eingehen ließen, schildert der Beitrag von *Werner Rahn*. Zu ihnen zählte auch die mit der (vorübergehenden) Einstellung des Handelskrieges entstandene Verfügbarkeit der Unterseeboote für Vorstöße der Hochseeflotte. Mehr noch aber drängte die wachsende Sorge, ohne einen sichtbaren Einsatz während des Krieges in dem sich anschließenden Frieden den Flottenbau in den Dimensionen der Vorkriegszeit nicht mehr rechtfertigen zu können, zu einem aktiveren Verhalten. Schon 1916 also spielte der 1918 offen zutage tretende Selbstbezug der Marine für die operative Planung eine erhebliche Rolle. Damit endet die Behandlung der Vorgeschichte der Skagerrakschlacht. Der Verlauf der Schlacht – wenn man so will: deren Geschichte – hat in der deutschsprachigen Literatur keine modernen Ansprüchen genügende wissenschaftliche Bearbeitung gefunden. Vor diesem Hintergrund ist dem Geschehen hier breiter Raum gewidmet worden unter Einschluss von Quellen, die Einblick in die damalige Wirklichkeit des Seekrieges und deren Verarbeitung auf unterschiedlichsten Ebenen gewähren. Bei aller mit triumphalen Einfärbungen gemischten Erleichterung darüber, dass man der Grand Fleet begegnet war und dabei doch die geringeren Verluste davongetragen hatte, ließ Scheers Bericht an den Kaiser keinen Zweifel daran, dass Überlegenheit und Position der Gegenseite es ausschlossen, mit der Hochseeflotte zu einem entscheidenden Erfolg zu gelangen. Dies war eindeutig, das Geschehen der Skagerrakschlacht hielt auf deutscher Seite für einen Streit um verpasste Gelegenheiten keinen Ansatzpunkt bereit. Anders hingegen gestalteten sich die Dinge für die britische Sicht. Hier war im Verhalten der beiden führenden britischen Seebefehlshaber, der Admirale Jellicoe und Beatty, der fruchtbare Keim für spätere Auseinandersetzungen gegeben. Und so bietet die Betrachtung von *John Brooks* zu Beattys Führungsentscheidungen, oder vielleicht besser: Führungsfehlern, und deren Niederschlag in der nachfolgenden Dokumentation nicht nur eine auf technische Expertise gestützte Neubewertung des Schlachtverlaufes, der auf britischer Seite trotz der damit erfolgten Beglaubigung der strategischen Verhältnisse wegen des ausgebliebenen zweiten »Trafalgars« mitunter als enttäuschend galt. Er wirft auch einen erhellenden Blick auf die späteren Manipulationen Beattys und eröffnet damit bereits die Nachgeschichte der Schlacht.

Zu dieser Nachgeschichte gehörte denn auch, wie der Beitrag von *Eric Grove* schildert, der ebenso langlebige wie stellenweise verbittert geführte Disput darüber, wessen Führungsverhalten vor allem für das Ausbleiben eines in gegnerischen Schiffsverlusten sichtbaren Erfolges verantwortlich zu machen sei. Nachdem in den 1920er Jahren zunächst die Partei Beattys hier die Oberhand hatte, gewann nach dessen Ausscheiden aus dem Amt des Ersten Seelords unter dem Einfluss des Jellicoe verpflichteten Nachfolgers dessen Anhang vermehrt an Einfluss. In den 1930er Jahren wurde der Streit im Sinne der möglichsten Geschlossenheit der Royal Navy eingedämmt. Trotz aller Offenlegung auch persönlicher Schwächen hatte der Disput jedoch insofern eine für die britische Marine positive Seite, als er Schwächen nicht vertuschte, sondern offenlegte, was sich dann im Zweiten Weltkrieg auszahlen sollte. Die Nachgeschichten der Schlacht auf deutscher Seite sind demgegenüber weniger von Kontroversen durchzogen. Das bedeutet allerdings nicht, dass etwa ein einheitliches Bild überliefert wurde. *Die Seeschlacht vor dem Skagerrak in der deutschen Erinnerung* trennt hier zwischen einer gruppeninternen und einer gesamtgesellschaftlichen Erinnerung. Das Verhältnis beider zueinander verrät einmal mehr etwas von dem Selbstbezug, der bereits in der Führung des Seekrieges durch die Kaiserliche Marine offenbar geworden war. Gruppenintern stand die Erinnerung an die Skagerrakschlacht im Zeichen des Bestrebens, zwischen der Kaiserlichen Marine und ihren Nachfolgern eine Einheit zu stiften. Hierbei rückte mit der Kriegsmarine die Person Erich Raeders zunehmend in eine zentrale Position. Nachwirkungen dieser insgesamt erfolgreichen Bemühungen um die eine Identität, um die Geschlossenheit der Marine, können noch weit in die Zeit der Bundesrepublik, bis hinein in die 1970er Jahre verfolgt werden. Den hierfür maßgeblichen amtlichen Stellen und überdauernden maritimen Netzwerken gelang es hingegen nicht, eine ähnlich lang anhaltende Verfestigung des Ereignisses im gesamtgesellschaftlichen Erinnerungsspeicher zu erzielen. Während des Krieges, im unmittelbaren Nachgang zur Schlacht, beherrschte zwar weithin die unkritische

Glorifizierung das mediale Feld mit Veröffentlichungen der unterschiedlichsten Art – vom Zeitungsbericht über das Gemälde bis hin zum Theaterstück. Aber schon die »im Geiste« des Kampfes von 1916 vorgenommene Selbstversenkung der in Scapa Flow internierten Einheiten ließ einen tiefen Graben zwischen der gruppeninternen, auf die »Ehre« bedachten Deutung und einer vorwiegend nach pragmatischen Gesichtspunkten urteilenden gesamtgesellschaftlichen Einordnung erkennbar werden. Auch fielen während der Weimarer Republik die von der Marine und marinenahen Kreisen geleistete Arbeit an der Erinnerung – vom amtlichen Seekriegswerk bis zum Denk- oder Ehrenmal – gesamtgesellschaftlich nicht auf gleichen fruchtbaren Boden wie gruppenintern, wo die Einheit selbst um den Preis der Ausgrenzung kritischer Geister sichergestellt werden konnte. In anderer Weise – aber wiederum symptomatisch für den Rückbezug auf sich selbst – sollte dann im »Dritten Reich« die Erinnerung an die Skagerrakschlacht für die Kriegsmarine zum Kristallisationspunkt eines fortdauernden antibritischen Ressentiments werden, das Hitler mit seinen Plänen für den »Ostraum« nicht teilte. Die fortgesetzte Fixierung der Marine auf eine irreführende Sicht der Schlacht, nach der man um den letzten Erfolg gebracht worden sei, legt es nahe, nicht von einem Trauma von 1918 (»nie wieder«), sondern von 1916 auszugehen (etwa so: »die Schlacht müsse endlich durchgeschlagen werden«). Solche Perspektiven hatten nach 1945 nur noch gruppenintern Chancen; seit den 1970er Jahren mussten sie jedoch zunehmend kritischeren Betrachtungen weichen, die auch den Selbstbezug thematisierten. Nur in der gruppeninternen Erinnerung hat die Schlacht überhaupt noch einen Ort. In der gesamtgesellschaftlichen Erinnerung ist sie hingegen heute ohne Verankerung.

Für die Erinnerung an die Schlacht war das in der Zwischenkriegszeit brandneue, prominente Medium Film von erheblicher Bedeutung, wenngleich authentische filmische Zeugnisse zumindest auf deutscher Seite nicht überliefert sind. Wie der Beitrag von *Jan Kindler* zeigt, durchlief das Thema »Skagerrakschlacht« eine ähnliche Karriere wie in der deutschen Erinnerung überhaupt. Nahezu durchweg dominierte in den Weimarer Jahren das die Kaiserliche Marine rechtfertigende übersteigert-nationalistische Deutungsangebot der Schlacht. Dies galt für erste Filme, deren Nichtauthentizität auch dem weniger kundigen Publikum kaum verborgen geblieben sein konnte, wie für die schon aufwendiger gehaltene Produktion von 1921 oder die filmische Behandlung des Erinnerns selbst, wie bei einem Film zu einer Nordlandfahrt. Relativiert wurde dieses Übergewicht allenfalls durch Streifen, die im Blick auf ein möglichst breites, d.h. auch internationales Publikum des kommerziellen Interesses wegen der nationalistischen Perspektive weniger Raum gaben. Allein ein Zeichentrickfilm knüpfte an kritisch-pazifistische Deutungen an. Nach 1933 diente die filmische Erinnerung an die Schlacht der mentalen Vorbereitung auf den nächsten Krieg. Dabei traten Kaiserzeit und Kaiserliche Marine parallel zu der Aufrüstung der Kriegsmarine in den Hintergrund. 1937 fand diese Entwicklung einen ersten Höhepunkt in dem mit modernsten Techniken aufwendig gestalteten Film »Klar Schiff zum Gefecht«, bei dem die schlagkräftigen Einheiten der Kriegsmarine und ihre »stählernen Menschen« zusammen mit Adolf

Hitler das Kaiserreich schon weitgehend verdrängt hatten. Kurz darauf war der Verdrängungsprozess vollendet: Nach 1939 sollte es keinen Film mehr zur Skagerrakschlacht geben.

Die Skagerrakschlacht war ein so überflüssiger wie irrationaler Akt, eingebettet in ein Gemengelage von sachrationaler Planung, von Mythen und Machtphantasien, von nüchternen Konsequenzen und der Berauschung dienenden Traumbildern. Und sie hat unter den Beteiligten unermessliches Leid gefordert. Die abschließenden Reflexionen von *Michael Salewski* bündeln dies in einer essayistischen Form, die bewusst für den Druck beibehalten wurde.

Michael Epkenhans, Jörg Hillmann und Frank Nägler

Nicholas A.M. Rodger

Deutsch-englische Flottenrivalität, 1860-1914

Wir leben die Geschichte vorwärts, aber wir studieren sie rückwärts, so dass die unvermeidliche Rückschau die Sicht des Historikers verzerrt und ihn von den Zeitgenossen trennt, die sich danach sehnten zu erfahren, was wir nicht umhin können zu wissen: was geschehen sollte. Kein Abschnitt der modernen Geschichte war so schrecklich und so folgenreich wie der Erste Weltkrieg. Und es ist kaum überraschend, dass Historiker dazu neigten, die Ereignisse der etwa 30 Jahre vorher hauptsächlich aus einem einzigen Blickwinkel zu betrachten: »Die Ursachen des Ersten Weltkrieges«. Bezogen auf die deutsch-englischen Beziehungen und besonders die Beziehungen der Seestreitkräfte, brachte das den klassischen Bericht von Arthur Marder hervor, eine Geschichte über stetig wachsende Feindseligkeit, die durch technische Neuerungen bei den Marinen – vor allem die *Dreadnought* – und neue Männer an deren Spitze – vor allem Sir John Fisher und Alfred von Tirpitz – angetrieben wurde[1]. Erst in den letzten Jahren hat eine neue Generation von Wissenschaftlern sowohl Material als auch Personal neu interpretiert und dabei ein neues Licht auf die deutsch-englischen Beziehungen geworfen.

Während der deutschen Einigungskriege verliefen diese Beziehungen beinahe völlig friedlich. Für Großbritannien standen keine wichtigen kontinentalen Interessen auf dem Spiel, so lange das Kräftegleichgewicht nicht ernsthaft gestört wurde. Und es gab nicht genügend Unterstützung in der Öffentlichkeit und im Parlament für eine relativ populäre Intervention wie zum Beispiel in Dänemark 1864. Otto von Bismarck war sorgsam darauf bedacht, die Neutralität Belgiens nicht zu verletzen oder anderweitig die britische Feindseligkeit zu erregen. Nur gelegentliche Stimmen wiesen darauf hin, dass der Aufstieg einer neuen Großmacht Großbritannien in der fernen Zukunft Probleme bereiten könne. »I have no faith in the friendship of Prussia«, schrieb Lord Cowley, in den 1860er Jahren britischer Botschafter in Paris, »and if ever she becomes a naval power she will give us trouble«[2]. So lange Bismarck Kanzler blieb, gab es jedoch keine Probleme. Obgleich das Großbritannien William Gladstones und das wilhelminische Deutschland in Politik

---

[1] Arthur J. Marder, British Naval Policy 1880-1905, London, 1940; die New Yorker Ausgabe trägt den Titel: The Anatomy of British Sea Power; Marder, From the Dreadnought to Scapa Flow, 5 vols., London 1961-1970.

[2] Paul M. Kennedy, The Rise of the Anglo-German Antagonism 1860-1914, London 1980, S. 18.

und Ideologie einander nahezu diametral standen und die Innenpolitik des einen den anderen ärgern konnte, blieb ihre Außenpolitik eng aufeinander abgestimmt. Die britischen Regierungen waren vor allem im Orient mit Kolonialfragen und Marineangelegenheiten vollauf beschäftigt, was Frankreich und Russland beunruhigte. Deutschland spielte die Rolle eines möglichen Gegengewichts zumindest gegenüber Frankreich. Zwei königliche Familien, durch Heirat eng verbunden, halfen, die Länder aneinanderzubinden. Bismarck war sich bewusst, dass Deutschland nicht davon ausgehen konnte, eine andere Großmacht auszuschalten, ohne eine solche Koalition, die Napoleon überwältigt hatte, gegen sich selbst hervorzurufen[3]. Aus demselben Grund nahm er davon Abstand, sich in Abenteuer in Übersee zu stürzen, die die Gefahr in sich bargen, Großbritannien gegen sich aufzubringen, ohne einen wesentlichen Nutzen daraus zu erhalten. »Ihre Karte von Afrika ist ja sehr schön«, sagte er zu einem der deutschen Befürworter von Kolonien, »aber da ist Rußland, und da ist Frankreich, und wir sind in der Mitte, und das ist meine Karte von Afrika«. General Leo von Caprivi, Chef der Admiralität, äußerte sich in gleicher Weise: »Je weniger Afrika, desto besser[4].« Es gab keine wirtschaftliche Begründung für eine deutsch-englische Rivalität, da ein wesentlicher Teil des deutschen Außenhandels mit Großbritannien erfolgte und durch eine Störung der britischen Schutzmaßnahmen vernichtet worden wäre. Das bescheidene Wachstum der deutschen Marine in den 1870er Jahren rief auf der anderen Seite der Nordsee keine Besorgnis hervor. 1874 beschrieb »The Times« den Stapellauf eines neuen deutschen Panzerschiffes als »a healthy and promising sign for the new German nationality [...] England will be the last country to view such a spectacle with anything like jealousy[5].«

In den 1880er Jahren wurde Kolonialfragen und Marineangelegenheiten ein größeres öffentliches Interesse und mehr politische Bedeutung beigemessen. Aus wirtschaftlichen und innenpolitischen Gründen war Bismarck jetzt bereit, deutschen Kolonialisten begrenzte Unterstützung anzubieten. Er war sich auch darüber im Klaren, welches Potenzial die Kolonialfrage (und Irland) in sich bargen, um Gladstone und damit im weiteren Umfeld auch den Kreis der Liberalen um den Kronprinzen, dessen Thronfolge nicht lange hinausgezögert werden konnte (Wilhelm I. war 1880 schon 83 Jahre), in Verlegenheit zu bringen und zu schwächen. Britische Regierungen, die mit innenpolitischen Problemen beschäftigt waren, befürworteten Deutschlands neue koloniale Interessen, sofern sie ihrer gewahr wurden, während die Bewohner britischer Kolonien in Australien und

---

[3]   Kennedy, The Rise (wie Anm. 2), S. 4-31 und 124-145; T.G. Otte, »It's What Made Britain Great«: Reflections on British Foreign Policy from Malplaquet to Maastricht. In: The Makers of British Foreign Policy. Ed. by T.G. Otte, Basingstoke 2002, S. 1-34, auf S. 11-13; Rolf Hobson, Imperialism at Sea: Naval Strategic Thought, the Ideology of Sea Power and the Tirpitz Plan, 1875-1914, Boston 2002, S. 22-24.
[4]   Michael Stürmer, Deutscher Flottenbau und europäische Weltpolitik vor dem Ersten Weltkrieg. In: Die Deutsche Flotte im Spannungsfeld der Politik 1848-1985. Hrsg. von Werner Rahn, Hamburg 1985, S. 53-65, hier: S. 54 f.
[5]   John F. Beeler, A One Power Standard? Great Britain and the Balance of Naval Power, 1860-1880. In: Journal of Strategic Studies, 15 (1992), S. 548-575, hier: S. 556.

Neuseeland weniger Verständnis zeigten. Bismarcks Regierung erregte Empörung, als sie 1885 die Schwierigkeiten Großbritanniens mit der russischen Armee am Hindukusch und der Armee des Mahdi in Khartum ausnutzte, aber das war mehr ein Ärgernis als eine Drohung[6]. Wirkliche Sorgen bereiteten den britischen Regierungen Irland und Russland. Im November 1886 sagte der neue Premierminister Lord Salisbury zu Königin Victoria:

> »The prospect is very gloomy abroad, but England cannot brighten it. Torn in two by a controversy which almost threatens her existence, she cannot in the present state of public opinion interfere with any decisive action abroad. The highest interests would be risked here at home, while nothing effective could be done by us to keep the peace on the Continent[7].«

Inzwischen beschäftigte die britische Innenpolitik eine neue Sorge – die Verwundbarkeit der Marine. Die meiste Zeit des Jahrhunderts – mit Ausnahme des Krimkrieges 1853–1856 – wurde die Vormachtstellung der britischen Seestreitkräfte mit bemerkenswert geringen Kosten sichergestellt, aber die Öffentlichkeit war zunehmend über die Marinerüstungen Frankreichs und Russlands beunruhigt. Die öffentliche Erregung über die »Truth about the Navy« aus dem Jahre 1885 war im Wesentlichen eine künstlich erzeugte Panik, die von Befürwortern der Navy gekonnt ausgenutzt wurde, aber der Naval Defence Act war eine offizielle Richtlinie, die von den neuen Konservativen verabschiedet wurde. Salisburys private Überzeugungen unterschieden sich kaum von denen Gladstones, aber eine Kombination aus erregter öffentlicher Meinung und einer bedrohlicheren internationalen Lage veranlasste ihn, das erste große Bauprogramm zur Vergrößerung der Navy in Friedenszeiten zu verabschieden. Das Programm wurde mit der Erfindung des »Two-Power Standard« erläutert und begründet. Diese brillante Art der Öffentlichkeitsarbeit brachte eine einfache Formel hervor, die für Politiker und Journalisten verständlich war; diese unterstützte die Regierungspolitik mit dem Anschein unparteiischer strategischer Logik, ohne sie in der Realität in irgendeiner Weise einzuschränken. Zum ersten Mal wurden »Linienschiffe« ausdrücklich erwähnt – eine neue erst von der Royal Navy eingeführte Typenbezeichnung –, aber was ein Linienschiff erster Klasse und was eines zweiter Klasse war, welche einsatzfähig und welche veraltet waren, blieben Fragen, die nur von Experten geklärt werden konnten, so dass das Gleichgewicht der Seemächte nach Belieben der Regierung manipuliert werden konnte. (Es hätte möglicherweise von den Admiralen manipuliert werden können, um der Regierung Unannehmlichkeiten zu bereiten.) Darüber hinaus war nicht klar, ob der »Standard« eine zahlenmäßige Gleichheit zu den nächsten beiden Seemächten bedeutete oder eine Stärke, die ausreichte, um gegen diese zu kämpfen – was nach dem allgemeinen Verständnis einer leichten Überlegenheit bedurfte. Der »Two-Power Standard« hatte 1889 noch einen weiteren Vorteil. Er erweckte den falschen Anschein von Objektivität, während in Wahrheit die einzigen Gegner auf See, die für die britische Regierung ernst zu nehmen wa-

---

6   Kennedy, The Rise (wie Anm. 2), S. 150–184; T.G. Otte, »Floating Downstream«?: Lord Salisbury and British Foreign Policy, 1878–1902. In: The Makers of British Foreign Policy (wie Anm. 3), S. 98–127, hier: S. 108–110.
7   Kennedy, The Rise (wie Anm. 2), S. 192.

ren, Frankreich und Russland waren, die nach Großbritannien die zweite und vierte Seemacht darstellten. Die dritte war Italien, ein unwahrscheinlicher Gegner. Und der Größenunterschied zwischen der italienischen und russischen Flotte bot Großbritannien weiteren Spielraum[8]. Kurzfristig war der »Two-Power Standard« ein genialer politischer Coup. Er kanalisierte und rechtfertigte die öffentliche Erregung über die Stärke der Seestreitkräfte in einer Art und Weise, auf die Gladstone nicht reagieren oder von der er nicht ablenken konnte. Er trug zum Ende seiner Karriere bei und spaltete seine Partei. Langfristig hatte dies jedoch Konsequenzen, die für alle Seiten unbequem waren. Die Öffentlichkeit wurde aufgefordert, sich an Diskussionen zu beteiligen, die bisher den Experten hinter verschlossenen Türen vorbehalten waren. Dies war eine Reaktion auf das neue allgemeine Wahlrecht und verwandelte wichtige politische Fragen in große öffentliche Debatten. Es war kein Zufall, dass drei wichtige Interessengruppen der Navy, die London Chamber of Commerce, die Navy League und die Navy Records Society, alle Anfang der 1890er-Jahre gegründet wurden. Der »Two-Power Standard« hatte noch eine weitere Wirkung: Er prägte die Debatte ausschließlich in Bezug auf Linienschiffe, obwohl die Experten an Kreuzern mindestens genauso interessiert waren und an dem Maß, wie sich die Funktionen der Kreuzer und Linienschiffe möglicherweise überlappen würden[9].

Der Naval Defence Act verlieh Großbritannien Überlegenheit auf See im Sinne des »Two-Power Standard«, bot aber keine dauerhafte Sicherheit. Er eröffnete eine Periode des schnellen Ausbaus ausländischer Seestreitkräfte, vor allem der französischen und russischen Marine, die offensichtlich Großbritanniens potenzielle Feinde waren. Das Anwachsen der russischen Schwarzmeerflotte rief das Schreckgespenst der Eroberung Konstantinopels durch eine russische Flotte wach, die in das Mittelmeer eindrang und die britischen Verbindungen nach dem Orient unterbrach, und beschwor die Gefahr herauf, dass das russische Heer nach Indien marschierte. Die französisch-russische Militärkonvention aus dem Jahre 1892 wurde im Ausland als vollwertiges Bündnis wahrgenommen, auch wenn es sich in Wirklichkeit um ein begrenztes Verteidigungsabkommen ohne einen die Marine betreffenden Teil handelte. Der Besuch eines russischen Geschwaders in Toulon im Jahre 1893 rief in London große Besorgnis hervor und brachte die Marineangehörigen des Admiralty Board dazu, eine sofortige Verstärkung von sieben Linienschiffen für das Mittelmeer zu fordern[10].

---

[8] Robert E. Mullins, In the Shadow of Marder: A New Perspective of British Naval Administration and the Naval Defense Act of 1889. In: New Interpretations in Naval History. Selected Papers from the Fourteenth Naval History Symposium. Ed. by Randy Carol Balano and Craig L. Symonds, Annapolis, MD 2001, S. 44–81; Nicholas A. Lambert, Sir John Fisher's Naval Revolution, Columbia, SC 1999, S. 18–20.
[9] Roger Parkinson, The Origins of the Naval Defence Act of 1889 and the New Navalism of the 1890s, Diss. Exeter 2006, S. 228–233.
[10] Kennedy, The Rise (wie Anm. 2), S. 211; Aaron L. Friedberg, The Weary Titan. Britain and the Experience of Relative Decline, 1895–1905, Princeton 1988, S. 154 f.; George Monger, The End of Isolation. British Foreign Policy 1900–1907, London 1963, S. 1 f.; The Red Earl. The Papers of the Fifth Earl Spencer 1835–1910, 2 vols. Ed. by Peter Gordon, Northampton, 1981–86, vol. 2, S. 226–231.

Um die Strategie zu verkomplizieren, hatte der »Two-Power Standard« die öffentliche Aufmerksamkeit zu einem Zeitpunkt auf Linienschiffe gerichtet, als die Marinetechnik deren Rolle zu untergraben schien. Erstens wurde Ende der 1880er Jahre die französische Marinepolitik durch die Ideen der Jeune École beeinflusst, einer der radikalen Partei sehr nahestehenden Gruppe, die behauptete, dass der neue Whitehead Torpedo, der von den neuen Torpedobooten abgeschossen wurde, die moderne proletarische Waffe der Seestreitkräfte sei, die das schwerfällige »aristokratische« Panzerschiff von der See oder zumindest den Meerengen verdrängen würde. Admiral Théophile Aube, Sprecher der Jeune École, war Marineminister in der kurzen Regierungszeit der Radikalen von 1886/87, aber weder die Regierung noch ihre bevorzugten Waffen waren effektiv. Und zur Zeit des Naval Defence Act schien das Linienschiff sicher auf seinen Thron zurückgekehrt zu sein. Die französischen und russischen Schiffbauprogramme zu Beginn der 1890er Jahre konzentrierten sich auf konventionelle Linienschiffe[11]. Hinter den Kulissen setzten die Royal Navy und andere jedoch die Entwicklung des Torpedos fort und dachten über dessen Einsatz nach, andere technische Neuerungen entwickelten sich in dieser Zeit ebenfalls weiter. Die Einführung der oberflächengehärteten Panzerung von Krupp im Jahre 1894 ermöglichte es zum ersten Mal, den freiliegenden Rumpf eines großen Schiffes gegen Sprenggeschosse mittlerer Kaliber zu schützen, die damals die Hauptwaffe von Kreuzern und die Sekundärbewaffnung von Linienschiffen darstellten. Zwei Jahre später legte die französische Marine einen neuen großen Kreuzer auf Kiel, die *Jeanne d'Arc*, die den Beginn eines Typs markierte, der als »Panzerkreuzer« bekannt ist und durch eine Krupp-Panzerung geschützt wurde. Sie versprach sowohl schneller als auch leistungsfähiger zu sein als jeder andere britische Kreuzer auf See. Nur die Hauptbewaffnung britischer Linienschiffe konnte ihr schaden, aber diese waren nicht in der Lage, sie einzuholen. Dieser neue Typ stellte für den britischen Handel eine ernsthafte und offensichtliche Bedrohung dar. Als Antwort darauf begann die Royal Navy, eigene Panzerkreuzer zu bauen. Diese Schiffe waren beinahe genauso teuer wie Linienschiffe, ihr Rumpf war länger – das heißt, dass die Docks in der ganzen Welt umgebaut werden mussten, um diese Schiffe aufnehmen zu können –, und ihre Besatzungen waren größer; »menschenfressende Schiffe« wurden sie von Admiral Sir Frederick Richards, Senior Naval Lord, Ende der 1890er Jahre genannt. In einer Zeit, als das Tempo beim Bau von Linienschiffen nicht nachließ, hatten sich die Briten in der Tat auf einen zweiten, zusätzlichen Wettstreit der Seestreitkräfte eingelassen, der eine heftige Belastung für den Marinehaushalt und, noch schlimmer, das Personal darstellte. Sowohl finanzielle als auch technische Überlegungen veranlassten einige

---

11 Mullins, In the Shadow (wie Anm. 8), S. 56–58; Rémi Monaque, L'amiral Aube, ses idées, son action. In: L'évolution de la pensée navale. Ed. par Hervé Coutau-Bégarie, 7 vols., Paris 1990–99, hier: t. 4, S. 133–143; Volkmar Bueb, Die »Junge Schule« der französischen Marine: Strategie und Politik 1875–1900, Boppard a.Rh. 1971; Theodore Ropp, The Development of a Modern Navy: French Naval Policy 1871–1904. Ed. by Stephen S. Roberts, Annapolis, MD 1987, S. 155–180.

Admirale zu der Frage, ob Panzerkreuzer nicht wenigstens einen Teil der Aufgaben der Linienschiffe übernehmen könnten[12].

Kurzfristig zahlten sich die Anstrengungen der Royal Navy aus. Zu einer Zeit, als die Russen in China beschäftigt waren, konnte Salisbury in der Faschoda-Krise gegenüber den Franzosen einen harten Kurs fahren und deren Rückzug vom oberen Nil erzwingen. Im folgenden Jahr verringerte das Scott-Murawjew-Abkommen, das die britischen und russischen Einflusssphären in China begrenzte, die vorhandenen Spannungen[13]. Aus Londoner Sicht schien sich die Gesamtsituation jedoch zu verdüstern. Zwischen 1889 und 1904 verdoppelten sich die Kosten für ein Linienschiff und die für einen Kreuzer der I. Klasse stiegen um das Fünffache. Das wachsende Tempo der technischen Veränderungen verringerte ihre Nutzungsdauer auf 15 Jahre oder weniger, und die schnellere Veralterung ihrer wesentlich größeren Flotte traf Großbritannien besonders hart. Die Kosten für die britische Marine hatten sich mehr als verdoppelt, aber die Stärke Großbritanniens gegenüber seinen Feinden blieb im Wesentlichen unverändert. Der Aufstieg neuer Seemächte außerhalb Europas führte zu weiteren unangenehmen Komplikationen. Im Jahre 1898 sah man die Japaner bereits in der Lage, das örtliche Kräftegleichgewicht im Fernen Osten aufrechtzuerhalten. Im selben Jahr markierte der unerwartete Sieg der Vereinigten Staaten über Spanien bereits die Ankunft einer neuen Marine, fern von den Machtzentren der britischen Royal Navy und unverwundbar gegenüber dem von ihr ausgehenden Druck, und die russische Regierung nahm einen Kredit in Höhe von 27 560 000 Pfund auf, um eine neue Pazifikflotte zu bauen[14]. Der Ausbruch des Burenkrieges und die beschämenden Katastrophen der »schwarzen Woche« im Dezember 1899 reduzierten Großbritannien nach Ansicht des britischen Politikers Arthur J. Balfour zeitweilig auf den Status einer drittklassigen Macht und erhöhten die Staatsschulden binnen dreier Jahre um 25 Prozent[15].

Die 1890er-Jahre hindurch, als sich die strategische und finanzielle Lage sowie die Situation der Royal Navy schnell zu verschlechtern schienen, war Deutschland für die britische Politik eher von untergeordneter Bedeutung. Koloniale Streitigkeiten in Samoa, Neuguinea und dem Kongo erregten die öffentliche Meinung, waren aber an sich belanglos. Die unkluge Intervention des Kaisers beim Jameson Raid 1896, die Krüger-Depesche, rief ernsthaftere Schwierigkeiten hervor. 1899 gab es Gerüchte über ein Bündnis zwischen Frankreich, Russland und Deutschland, um die unangenehme Lage der Briten in Südafrika auszunutzen[16]. Aus Londoner Sicht erschien Deutschland eher als verantwortungsloser Unruhestifter denn

---

[12] Jon Tetsuro Sumida, In Defence of Naval Supremacy: Finance, Technology and British Naval Policy, 1889–1914, Boston 1989, S. 18–22; Lambert, Sir John Fisher's Naval Revolution (wie Anm. 8), S. 21–24.
[13] Otte, »Floating Downstream«? (wie Anm. 6), S. 117–119.
[14] Lambert, Sir John Fisher's Naval Revolution (wie Anm. 8), S. 3 und 23; Friedberg, The Weary Titan (wie Anm. 10), S. 162–171.
[15] Monger, The End of Isolation (wie Anm. 10), S. 12 f.; Lambert, Sir John Fisher's Naval Revolution (wie Anm. 8), S. 30 f.
[16] Kennedy, The Rise (wie Anm. 2), S. 214–220; Friedberg, The Weary Titan (wie Anm. 10), S. 156–159.

als große Bedrohung. Deutschland konnte Großbritannien nur durch ein Bündnis mit Russland wirklich schaden, und es war kaum anzunehmen, dass das Land eine Politik verfolgen würde, die so offensichtlich seinen langfristigen Interessen widersprach. So schrieb Balfour im April 1902 an Lord Selborne, den neuen Ersten Lord der Admiralität.

»I find it extremely difficult to believe that we have, as you seem to suppose, much to fear from Germany – in the immediate future at all events. It seems to me so clear that, broadly speaking, her interests and ours are identical. But I have sorrowfully to admit that the world, unfortunately, is not always governed by enlightened self-interest[17].«

Tatsächlich vertrat Selborne dieselbe Meinung: »Germany will never help us for love of us but she will refrain from assisting to injure us from the instinct of self preservation[18].« Bereits 1895 hatte ein anonymer Autor in der »Saturday Review« einen Artikel mit der Formulierung beendet »Germaniam esse delendam«, aber dies war zu jener Zeit ein außerordentlich unbedeutender Standpunkt[19]. Die wirkliche Bedeutung der deutschen Politik Ende des Jahrhunderts lag für britische Staatsmänner nicht darin, dass sie selbst eine Bedrohung darstellte, sondern dass sie blockierte, was andernfalls eine offensichtliche Lösung für einige Probleme Großbritanniens hätte darstellen können: ein deutsch-englisches Bündnis. Im November 1900 betrachtete Selborne dies als »the only alternative to an everincreasing Navy and ever-increasing Navy estimates«[20]. Leider zeigten Sondierungen, dass keine Aussicht auf wirkliche deutsche Unterstützung bestand. Großbritannien musste anderweitig nach einem Ausweg aus der Isolation suchen[21].

Der unberechenbare und unbesonnene Kaiser Wilhelm II. vermittelte weiterhin den Eindruck (wahrheitsgetreu wie wir heute wissen), dass Deutschland geheime Ambitionen hegte, eine Seemacht zu werden, wenn nicht gar die Vorherrschaft auf See zu erreichen, »und das genau zu einer Zeit, in der wir angesichts unserer Unterlegenheit auf See so vorsichtig vorgehen müssen wie die Raupe, ehe sie sich zum Schmetterling entwickelt«, wie Bernhard von Bülow im Juli 1899 schrieb[22]. Bülow und Tirpitz, die Vertreter der neuen maritimen Ambitionen des Kaisers, waren besorgt, dass ihre langfristigen Pläne aufgedeckt würden, während sie noch im gefährdeten Anfangsstadium waren. Darüber hinaus zeigte die öffentliche Meinung in Deutschland, ebenso wie in Großbritannien, nachdem sie in die ehemals private Welt der Marinepolitik eingeladen worden war, eine alarmierende Tendenz, außer Kontrolle zu geraten. Trotz sorgfältiger Nachhilfe seitens des Marinenach-

---

[17] David George Boyce, The Crisis of British Power: The Imperial and Naval Papers of the Second Earl of Selborne, 1895–1910, London 1990, S. 142.
[18] Marder, British Naval Policy (wie Anm. 1), S. 464.
[19] Christian Rödel, Krieger, Denker, Amateure: Alfred von Tirpitz und das Seekriegsbild vor dem Ersten Weltkrieg, Stuttgart 2003, S. 49. Der Autor war der Zoologe Peter Chalmers Mitchell.
[20] George W. Monger, The End of Isolation: Britain, Germany and Japan, 1900–2. In: Transactions of the Royal Historical Society, 13 (1963), S. 103–121, hier: S.108.
[21] George W. Monger, The End of Isolation, British Foreign Policy 1900–1907, London, New York 1963, S. 14–44; Paul M. Kennedy, German World Policy and the Alliance Negotiations with England, 1897–1900. In: Journal of Modern History, 45 (1973), S. 605–625; Kennedy, The Rise (wie Anm. 2), S. 231 f.
[22] Kennedy, German World Policy (wie Anm. 21), S. 618.

richtenbureaus dauerte es sehr lange, bis die schrille Feindseligkeit in den Kommentaren der deutschen Presse über das Verhalten der Briten im Burenkrieg zögernde britische Politiker überzeugen konnte, Deutschland möglicherweise ebenfalls auf die lange Liste potenzieller Feinde setzen zu müssen. Selborne war anscheinend bereits im Herbst 1902 zu dieser Schlussfolgerung gekommen[23]. Es ist jedoch hervorzuheben, dass Deutschland auf jeder Liste von Feinden ziemlich weit unten stand, und nur einige wenige Experten waren besorgt über die langfristigen Auswirkungen der Flottengesetze. Selborne befürchtete insbesondere, dass die deutsche Marine genau in der Weise funktionieren könnte, die – wie wir heute wissen – Tirpitz vorschwebte: als diplomatisches Druckmittel, mit dem die Schwierigkeiten Großbritanniens an anderer Stelle ausgenutzt werden sollten. »Ich neige dazu, zu glauben, dass wir wahrscheinlich von unseren ›Freunden‹ erpresst werden, wenn wir uns keinen Spielraum lassen«, schrieb er und nannte Deutschland, Japan und die USA als »Freunde« dieser zweifelhaften Art. Der von ihm gewünschte Spielraum – der ihm auch gewährt wurde – ging über den »Two-Power Standard« hinaus, und die beiden wahrscheinlichen Feindmächte waren noch immer Frankreich und Russland. »We must have a force which is reasonably calculated to beat France and Russia and we must have something in hand against Germany«, schrieb er im Januar 1903. Das Deutschland, mit dem sich die Admiralität befasste, war noch immer der potenzielle Gelegenheitsverbündete bei einer russischen Aggression. Erst im Oktober 1904 bemerkte der aus dem Amt scheidende Erste Seelord Walter Kerr: »One cannot shut one's eyes to the possibility of a Russo-German combination some day[24].« Nur wenige Tage später wäre dies beinahe geschehen, als russische Kriegsschiffe – von deutscher Seite ermutigt – das Feuer auf britische Fischerboote eröffneten, die sie versehentlich für japanische Torpedoboote hielten. Aber die Admirale (mit der Ausnahme von Prince Louis of Battenberg) waren nicht mit Deutschland vertraut und auch nicht gewohnt, auf diese Weise nach Gefahren zu suchen. Lediglich unter Beamten des Außenministeriums und einigen Politikern, die Deutschland sehr gut kannten, rief das Flottengesetz aus dem Jahre 1900 echte Besorgnis hervor[25].

Am Ende des Burenkrieges war die Stimmung in Großbritannien sehr gedrückt. Schlimmer als der hohe finanzielle und diplomatische Preis des Sieges über die Burenrepubliken war, dass der Krieg anscheinend eine tiefe nationale Schwäche im Inneren offenbarte und im Ausland eine unbesiegbare Koalition von Fein-

---

[23] Wilhelm Deist, Flottenpolitik und Flottenpropaganda. Das Nachrichtenbureau des Reichsmarineamtes 1897–1914, Stuttgart 1976, S. 163–171; Rhodri Williams, Defending the Empire: The Conservative Party and British Defence Policy 1899–1915, London 1991, S. 71 f.

[24] Kennedy, The Rise (wie Anm. 2), S. 231–264; Boyce, The Crisis (wie Anm. 17), S. 129–136, 154 und 181; Lambert, Sir John Fisher's Naval Revolution (wie Anm. 8), S. 33 f.; Monger, The End of Isolation (wie Anm. 21), S. 82–99; Keith Neilson, »Greatly Exaggerated«. The Myth of the Decline of Great Britain before 1914. In: International History Review, 13 (1991), S. 695–725, hier: S. 713–715.

[25] Jonathan Steinberg, »The Copenhagen Complex«. In: Journal of Contemporary History, 1 (1966), S. 23–46, hier: S. 32–34; Zara Steiner, The Foreign Office under Sir Edward Grey, 1905–1914. In: British Foreign Policy under Sir Edward Grey. Ed. by Francis Harry Hinsley, Cambridge 1977, S. 22–69.

den versammelte. Die Unmöglichkeit, für den unaufhörlichen Ausbau der Royal Navy die notwendigen finanziellen Mittel bereitzustellen, und das hieß insbesondere für den Bau und die Bemannung der neuen Panzerkreuzer, war nur ein Punkt in einer langen Liste unerträglicher Lasten. All das kam genau so, wie Tirpitz es vorausgesagt hatte – aber er hatte auch vorhergesagt, dass Großbritannien nicht in der Lage sein würde, einen Ausweg aus den Schwierigkeiten zu finden. Er war überzeugt, dass man weder Geld noch Personal finden würde, um der zusätzlichen Herausforderung für die Royal Navy gerecht zu werden. Und er war sich sicher, dass Großbritannien dem unvermeidbaren Krieg mit Russland und möglicherweise mit Frankreich nicht entgehen könne, was sich für Deutschland wiederum als vorteilhaft erweisen würde[26].

Tirpitz lag diesbezüglich jedoch ziemlich falsch. Die britische Diplomatie reagierte auf die gefährliche Isolation mit beachtlicher Gewandtheit. Im Jahre 1901 erkannte der Hay-Pauncefote-Vertrag die Karibik de facto als amerikanische Einflusssphäre an, 1903 wurde mit der Beilegung der Streitigkeiten über die Grenze Alaskas eine weitere mögliche Ursache für britisch-amerikanische Friktionen entschärft[27]. Die Japaner, die nach dem Chinesisch-Japanischen Krieg 1895 ihre eigenen Erfahrungen mit Isolation und Demütigung gemacht hatten, waren bereit, ein Bündnis einzugehen, das versprach, einen wesentlichen Teil der Gefahr zu neutralisieren, die die russische Pazifikflotte darstellte[28]. Die Attraktion eines Bündnisses mit Japan lag für Großbritannien auf der Hand, aber es bestand die Gefahr, dass Großbritannien dadurch in einen Krieg mit Frankreich und Russland verwickelt würde. Die Angebote französischer Diplomaten im Jahre 1903 wurden in London daher gern angenommen, weil beide Mächte dasselbe fürchten mussten: durch eine russische Aggression in einen zerstörerischen Krieg gezogen zu werden. Die Entente cordiale spaltete das gegnerische Bündnis und zog die Franzosen auf die Seite der Briten[29].

Die diplomatische Revolution zwischen 1902 und 1904 verbesserte die Lage Großbritanniens wesentlich, aber sie beseitigte nicht die Bedrohung durch Russland. »We all on the C.I.D.«, schrieb Selborne im April 1904, »must be impressed with the great weakness which accrues to the British Empire from the fact that, whereas Russia can strike at us when she pleases through Afghanistan, we appa-

---

[26] Hobson, Imperialism at Sea (wie Anm. 3), S. 253-270; Michael Epkenhans, Die wilhelminische Flottenrüstung 1908-1914: Weltmachtstreben, industrieller Fortschritt, soziale Integration, München 1991, S. 25 und 54; Paul M. Kennedy, Strategic Aspects of the Anglo-German Naval Race. In: Strategy and Diplomacy 1870-1945. Eight Studies, London 1983, S. 129-160, hier: S. 133-139 (ursprünglich in: Marine und Marinepolitik im Kaiserlichen Deutschland 1871-1914. Hrsg. von Herbert Schottelius und Wilhelm Deist, 2. Aufl., Düsseldorf 1981, S. 178-210).

[27] Richard H. Collin, The Caribbean Theater Transformed: Britain, France, Germany, and the USA, 1900-1906. In: American Neptune, 52 (1992), S. 102-112; Friedberg, The Weary Titan (wie Anm. 10), S. 169-172; Gary E. Weir, Tirpitz: Architect of Modern German Naval Power. In: Naval History. The Seventh Symposium of the U.S. Naval Academy. Ed. by William B. Cogar, Wilmington, DEL 1988, S. 117-126, hier: S. 119 f.

[28] Monger, The End of Isolation (wie Anm. 21); Friedberg, The Weary Titan (wie Anm. 10), S. 165-167 und 174-176.

[29] Monger, The End of Isolation (wie Anm. 21), S. 126-159; Kennedy, The Rise (wie Anm. 2), S. 265-270.

rently can hit back at her nowhere«[30]. Die Admiralität war sich darüber völlig im Klaren, dass die diplomatischen Vereinbarungen sich als wertlos erweisen könnten. Gerade die Entente cordiale war genau das: ein »freundliches Einvernehmen«, das keinen zu irgendetwas verpflichtete. Das Tempo des französischen und russischen Ausbaus der Marine und damit der finanzielle Druck auf Großbritannien hatten nicht nachgelassen. Selborne wusste, dass er einen Weg finden musste, um den Marineetat zu kürzen, ohne die Überlegenheit der britischen Seestreitkräfte zu opfern. Das war die Gelegenheit für Sir John Fisher. Er war bereits zu alt für diese Aufgabe, er war unter den führenden Offizieren der Navy durchaus nicht populär oder genoss deren Vertrauen – nach der Meinung seines Vorgängers Kerr »he certainly does not possess the confidence of the Service and his appointment as Senior Naval Lord would be very universally condemned« –, aber er hatte eine Idee, um Selborne das zu geben, was dieser brauchte[31].

Fishers Plan basierte eher auf technischen denn auf strategischen Überlegungen. Die Entwicklungen in der Torpedotechnik führten dazu, dass die maximale Reichweite der Torpedos die der Geschütze der Linienschiffe übertraf. Und nun standen seetüchtige Zerstörer zur Verfügung, die diese in den Heimatgewässern überall hinbringen konnten. Der Traum der *Jeune École* schien nun in greifbare Reichweite gerückt, und Fisher beabsichtigte, dies gegen deren ursprüngliche Anhänger zu verwenden. Die Schlachtflotten Frankreichs und Russlands waren über weit verbreitete Stützpunkte verteilt, die russische weit von den wichtigen britischen Interessengebieten entfernt und ihre Schiffe waren nicht von beeindruckender Qualität. Die Bedrohung, die sie für Großbritannien und dessen Stützpunkte in Übersee darstellten, konnte durch Zerstörer und Fishers besonders geliebte U-Boote neutralisiert werden. Eine wirkliche Bedrohung stellten die Panzerkreuzer dar, und um diesen zu begegnen, schlug Fisher eine neue Flotte sehr großer Panzerkreuzer vor, die mit großkalibrigen Geschützen, die die Torpedos in ihrer Reichweite übertrafen, ausgestattet waren und durch Turbinen angetrieben wurden, wodurch sie bei den langen Jagden über eine lange Zeit hohe Geschwindigkeiten halten konnten. Um das für diese extrem großen Schiffe notwendige Personal zu erhalten, schlug er vor, den Großteil der bestehenden Kreuzerflotte der Navy zu verschrotten. Während sie gebaut wurden, plante er die bestehenden Linienschiffsgeschwader neu zu verteilen, so dass die neuesten Schiffe im neuen Stützpunkt Gibraltar konzentriert würden, weit entfernt von feindlichen Torpedobooten und ideal gelegen, um gegen Bedrohungen an einem beliebigen Ort der Welt vorgehen zu können. Von dem Augenblick an, als Fisher im Oktober 1904 als Erster Seelord in die Admiralität zurückkehrte, arbeitete er unter großer Geheimhaltung an diesem Plan. Zwei Tage nach seiner Ankunft führte der Doggerbank-Zwischenfall beinahe zum Krieg mit Russland, der seit langem vorausgesagt worden war. Als Roždestvenskijs Flotte langsam nach Osten fuhr, begab sich Fishers Design Com-

---

[30] Neilson, »Greatly Exaggerated« (wie Anm. 24), S. 715 f. C.I.D. ist der (Kabinetts-)Ausschuss für Verteidigung (Committee of Imperial Defence).
[31] Boyce, The Crisis (wie Anm. 17), S. 137; Lambert, Sir John Fisher's Naval Revolution (wie Anm. 8), S. 91 f.

mittee an die Arbeit. Und noch bevor die Seeschlacht bei Tsushima – von einer Flotte, die weitestgehend aus Panzerkreuzern bestand und gegen Linienschiffe kämpfte – stattgefunden hatte, waren die Pläne fertig[32].

Der erstaunliche und ziemlich unerwartete japanische Sieg änderte die strategische Lage der Briten über Nacht. Die russische Flotte war komplett vernichtet – mit Ausnahme des Schwarzmeergeschwaders, das gemeutert hatte. Es bestand nun keine Gefahr mehr, dass Frankreich die neue Freundschaft wieder aufgeben würde. Anstatt um die Aufrechterhaltung des »Two-Power Standards« zu kämpfen, besaß Großbritannien nun einen komfortablen Spielraum hinsichtlich eines »Three-Power Standard«. All das geschah gerade in dem Moment, als Fishers radikaler Plan in Angriff genommen wurde. Er selbst blieb leidenschaftlich davon überzeugt, dass dies der richtige und notwendige Weg sei. Andere Admirale und Politiker dachten aber noch einmal über die neue Lage nach. Die Politiker und die Öffentlichkeit hatten seit der Naval Defence Act gelernt, die Stärke der Seestreitkräfte an den Linienschiffen zu messen, und ließen sich nicht so einfach dazu bringen, ihre bisherigen Vorstellungen von Seemacht aufzugeben. Die Panzerkreuzer, die ihnen so viele Sorgen bereitet hatten, waren entweder gesunken oder gehörten nun Freunden. Die deutsche Marine, die aufgrund der Umstände nun in den Status des verbliebenen Hauptfeindes Großbritanniens erhoben worden war, verfügte kaum über Kreuzer oder Stützpunkte in Übersee und stellte nur in der Nordsee eine Gefahr für Linienschiffe dar. Unter diesen Umständen wurde Fishers radikales Programm modifiziert und einer seiner neuen »Schlachtkreuzer« wurde stattdessen als Linienschiff eines entsprechenden Typs gebaut. Unter dem Zwang, einen Kompromiss eingehen zu müssen, zog Fisher aus dem neuen Linienschiff den größtmöglichen Nutzen für die öffentliche Meinung, indem er es zum Versuchsschiff und zum öffentlichen Symbol eines Plans machte, hinter dem seine wahre Natur so lange wie möglich verborgen werden konnte[33].

Fisher war anscheinend fast der Einzige in der Admiralität, der die deutsche Bedrohung bemerkte. Er plante nicht, die *Dreadnought* zu bauen, um die Marinepläne von Tirpitz durcheinanderzubringen – er plante überhaupt nicht, die *Dreadnought* zu bauen. Er scheint erst später erkannt zu haben, dass die Dreadnought-Revolution die deutschen Marineplaner in akute Schwierigkeiten brachte. Er wusste nichts von den Tiefgangseinschränkungen in der Jade und im Kaiser-Wilhelm-Kanal. Er wusste nicht, dass die neuen 28-cm-Geschütze und das neue Unterwasserschutzsystem gerade erst in die Erprobung gingen. Die Schwierigkeiten

---

[32] Lambert, Sir John Fisher's Naval Revolution (wie Anm. 8), S. 97–126; Nicholas A. Lambert, Admiral Sir John Fisher and the Concept of Flotilla Defence, 1904–1909. In: Journal of Military History, 59 (1995), S. 639–660; Nicholas A. Lambert, The Opportunities of Technology: British and French Naval Strategies in the Pacific, 1905–1909. In: Naval Power in the Twentieth Century. Ed. by N.A.M. Rodger, Basingstoke 1996, S. 41–51, hier: S. 41–43; Ruddock F. Mackay, Fisher of Kilverstone, Oxford 1973, S. 310–322; Ruddock F. Mackay, The Admiralty, the German Navy, and the Redistribution of the British Fleet, 1904–1905. In: Mariner's Mirror, 56 (1970), S. 341–346.

[33] Sumida, In Defence of Naval Supremacy (wie Anm. 12), S. 59 f.; Williams, Defending the Empire (wie Anm. 23), S. 72–74.

der deutschen Industrie bei der Herstellung der Turbinen und die akute finanzielle und politische Krise, in die das deutsche Marineprogramm gestürzt wurde, waren alles unvorhergesehene Konsequenzen eines Planes, der überhaupt nie gegen Deutschland gerichtet war. Schon gar nicht hätte Fisher die Schwierigkeiten vorhersagen können, die zwischen Tirpitz und Wilhelm II. entstanden, als Ende August 1906 die wahre Natur der neuen Schlachtkreuzer bekannt wurde. »Da ist das schnelle Linienschiff, was ich seit 1902 vergebens für unsere Marine angestrebt habe«, notierte der Kaiser wütend am Rande eines Berichts und fügte in Englisch hinzu: »If I had been heard we would have been the *first* to have this type[34].«

Bis 1906 hätte klar sein müssen, dass viele Grundannahmen von Tirpitz falsch waren. Großbritannien war nicht zur Isolation und zum unvermeidbaren Krieg mit Russland verurteilt. Im Gegenteil, die britische Diplomatie hatte mit Gewandtheit reagiert, und nun war es Deutschland, das isoliert schien, die neue Flotte hatte seine Bündnisfähigkeit eher verringert als erhöht. Die Aussicht, dass Großbritannien in naher Zukunft in einen Krieg mit Russland oder Frankreich gezwungen würde, bestand nicht mehr. Die Royal Navy hatte darüber hinaus weder ihre personellen noch ihre finanziellen Mittel erschöpft: Sie hatte vielmehr Mittel gefunden, um die strategischen und technischen Regeln der Seekriegführung in einer Weise neu zu schreiben, die stark auf die finanziellen, politischen und wirtschaftlichen Schwächen Deutschlands abzielten. Obwohl offensichtlich ist, dass dies weitestgehend ein ungeplantes Ergebnis der Politik war und überhaupt gar nicht auf Deutschland abzielte, hätte es Tirpitz nicht geholfen, wenn er davon gewusst hätte. Für einen Beobachter mit offenen Augen gab es ausreichend Anzeichen, dass britische Admirale sich von einer engen Blockade lösten und dass es weder sicher noch wahrscheinlich war, dass den neuen deutschen Linienschiffen jene Art Seeschlacht angeboten würde, für die sie entwickelt worden waren. Die britischen Wähler waren bei Weitem nicht vom tief verwurzelten Handelsneid motiviert und lehnten Joseph Chamberlains ziemlich begrenztes Programm der »Tarif-Reform« als Antwort auf den deutschen Protektionismus ab. All dies hätte eine rationale Grundlage für eine komplette Neubewertung der deutschen Marinepolitik geboten, aber weder Tirpitz noch der Kaiser waren bereit, sich der Realität zu stellen; und gemäß der deutschen Verfassung war es keinem anderen gestattet, dies zu tun[35].

In der Zwischenzeit versprach der Regierungsantritt der Liberalen im Jahre 1906, einige Vermutungen von Tirpitz über die Unfähigkeit oder zumindest den Unwillen der Briten zu bestätigen, die steigenden Kosten der Überlegenheit der Seestreitkräfte zu tragen. Die neue Regierung enthielt ein starkes radikales Element, das den Ausgaben für Seestreitkräfte feindlich gegenüberstand und sich für teure Sozialprogramme einsetzte. Die englische Überlegenheit zur See war inzwi-

---

[34] Holger H. Herwig, The German Reaction to the *Dreadnought* Revolution. In: International History Review, 13 (1991), S. 221–240; F. Jorissen, Dreadnought/Invincible en de grote crisis in de Duitse oorlogscheepsbouw. In: Tijdschrift voor Zeegeschiedenis, 1 (1982), S. 43–60, hier: S. 54.

[35] Jonathan Steinberg, The German Background to Anglo-German Relations, 1905–1914. In: British Foreign Policy under Sir Edward Grey (wie Anm. 25), S. 193–215, hier: S. 194–200; Steinberg, The »Copenhagen Complex« (wie Anm. 25), S. 29–37; Kennedy, The Rise (wie Anm. 2), S. 261–264; Friedberg, The Weary Titan (wie Anm. 10), S. 69–77.

schen so groß, dass es für die Admiralität unmöglich war, einer Verringerung der Zahl der geplanten Neubauten zu widerstehen. Fisher verblieb in seinem Amt, er wurde stillschweigend von der konservativen Opposition unter Führung des Marineexperten Balfour unterstützt. Doch seine Anstrengungen, die neue Schlachtkreuzer-Streitmacht weiter zu bauen und die britische Schiffbauindustrie zu unterstützen, ließen sich jetzt sehr schwer umsetzen. In der neuen strategischen Lage lehnten es sowohl Admirale als auch Politiker ab, auf Linienschiffe zu verzichten, und Fisher war gezwungen, einen Kompromiss einzugehen. Der »Two-Power Standard« bezog sich nun auf Deutschland und die Vereinigten Staaten – keine sehr glaubhafte Bedrohung, insbesondere da der deutsche Flottenbau durch die *Dreadnought* völlig zum Erliegen kam. Die Radikalen forderten laut Reduzierungen bei den »überzogenen Rüstungen«. Der neue Premierminister Herbert H. Asquith – obwohl im Grundsatz ein liberaler Imperialist, der sich für die Vormachtstellung auf See einsetzte – war in der Praxis hingegen sehr geschickt, als es darum ging, Einschnitte vorzunehmen, um diese instabile Koalition zusammenzuhalten[36]. Privat gestand Fisher ein, dass die Radikalen Recht hatten: »Our present margin of superiority over Germany (*our only possible foe for years*) is so great as to render it absurd in the extreme to talk of anything endangering our naval supremacy, *even if we stopped all shipbuilding altogether*[37]!!!«

Unter diesen Umständen schien eine weitere Reduzierung des englischen Schiffbautempos sehr wahrscheinlich, wenn nicht gar völlig sicher. Mit Mäßigung und Geduld hätte sich Tirpitz seinem langfristigen Ziel ständig nähern können. Das einzige, was seine Pläne hätte stören können, wäre eine Alarmierung der britischen Politik wegen einer drohenden Gefahr zur See gewesen, die so heftig war, dass sie die Einwände der Radikalen gegen »überzogene Rüstungen« entkräftet hätte. Für diese Alarmierung sorgte Tirpitz in zuvorkommender Weise mit der Novelle von 1908. Sie wurde am 17. November 1907 veröffentlicht, am selben Tag, als Wilhelm II. nach einem weiteren Besuch bei seinen britischen Cousins Windsor verließ, und eine Woche nachdem Fisher in einer Rede im Mansion House den Finanzfachleuten der City versichert hatte, die britische Vormachtstellung auf See sei sicher und »sie ruhig in ihren Betten schlafen könnten«. Die jüngste Verbesserung in den deutsch-englischen Beziehungen wurde mit lässiger Arroganz zunichte gemacht. Indem Deutschland 1908/9 vier Dreadnoughts auf Stapel legte und, wie es schien, vier weitere im folgenden Jahr, ohne dass der Reichstag deren Kosten bewilligt hatte, schien das Land die verfassungsmäßigen und industriellen Hindernisse zu überspringen, um das Schiffbautempo plötzlich zu steigern. Nun konnte die Opposition Asquiths Kabinett glaubhaft als Einfaltspinsel darstellen, die durch schöne Worte getäuscht wurden. Die »Heißsporne« der Imperial Maritime League konnten Fisher des Verrats bezichtigen. Die britische Öffentlich-

---

[36] Williams, Defending the Empire (wie Anm. 23), S. 88–99; Lambert, Sir John Fisher's Naval Revolution (wie Anm. 8), S. 139–148.
[37] Fear God and Dread Nought. The Correspondence of Admiral of the Fleet Lord Fisher of Kilverstone. Ed. by Arthur J. Marder, 3 vols., London 1952–1959, hier: vol. 2, S. 91, an Tweedmouth, 26.9.1906. Vgl. Lambert, Sir John Fisher's Naval Revolution (wie Anm. 8), S. 142.

keit war wie eh und je auf die Überlegenheit zur See bedacht, die sich in der Anzahl der Schlachtschiffe ausdrückte, und keine Regierung, ganz gleich wie groß ihre Mehrheit war, konnte es sich leisten, die Unruhe in der Öffentlichkeit zu ignorieren. Selbst die Radikalen waren widerwillig gezwungen zu akzeptieren, dass die Herausforderung durch die Deutschen real und unvermeidbar war[38].

Somit erreichte Tirpitz das Schlimmste von allem Möglichen: Er überzeugte die Briten, dass die Kampfansage der deutschen Marine tatsächlich existierte und tödlich war und dass die deutsche Industrie und das Finanzwesen in der Lage waren, diese schnell Wirklichkeit werden zu lassen. Ersteres war zutreffend, und als man sich dessen bewusst wurde, führte dies zu einer dauerhaften Änderung der Politik der Liberalen und machte die Führer der Radikalen, Winston Churchill und David Lloyd George, zu uneingeschränkten Befürwortern der Ausgaben für die Marine. Wie Asquith Außenminister Sir Edward Grey mitteilte, »nobody here understands why Germany would need or how she can use 21 Dreadnoughts, unless for aggressive purposes, and primarily against ourselves«[39]. Was jedoch absolut nicht stimmte, war die plötzliche Zunahme der Leistungsfähigkeit der deutschen Industrie. Obgleich Großbritannien 1909/10 nicht weniger als zehn Dreadnoughts vom Stapel ließ, war Tirpitz nicht in der Lage, das Vierertempo zu erhöhen oder überhaupt zu halten. Er hatte eine Reaktion hervorgerufen, mit der Deutschland nicht mithalten konnte. Und selbst zu diesem Zeitpunkt war der Krieg nicht unvermeidbar. Die liberale Regierung engagierte sich weiter für teure Sozialprogramme und war stark an einer Kürzung der Ausgaben für die Marine interessiert. Als Erster Lord der Admiralität von 1911 an sondierte Churchill wiederholt die Möglichkeiten, das deutsch-englische Flottenwettrüsten durch einen »naval holiday«, durch »vertrauensbildende Maßnahmen«, den Austausch von Informationen oder ein beiderseitig annehmbares Kräfteverhältnis zu verringern. Er war aufrichtig davon überzeugt, dass ein Konflikt mit Deutschland nicht unvermeidbar war.

»It is all nonsense [...] there is no collision of primary interests – big, important interests – between Great Britain and Germany in any quarter of the globe [...] Look at it from any point of view you like, and I say you will come to the conclusion in regard to relations between England and Germany, there is no real cause of difference between them, and [...] these two great people have nothing to fight about, have no prize to fight for, and have no place to fight in[40].«

---

[38] Kennedy, The Rise (wie Anm. 2), S. 374 und 442–444; Steinberg, The German Background (wie Anm. 35), S. 210 f.; Steinberg, The Novelle of 1908: Necessities and Choices in the Anglo-German Naval Arms Race. In: Transactions of the Royal Historical Society, 21 (1971), S. 25–44; Williams, Defending the Empire (wie Anm. 23), S. 156–173; Rhodri Williams, Arthur James Balfour, Sir John Fisher and the Politics of Naval Reform, 1904–10. In: Historical Research, 55 (1987), S. 80–99; François-Emmanuel Brézet, Course aux armaments navals ou accord de limitation: le dilemme des relations anglo-allemandes de 1905 à 1914. In: Aspects du désarmement naval. Ed. par Hervé Coutau-Bégarie, Paris 1994, S. 109–130, hier: S. 110–113; Epkenhans, Die wilhelminische Flottenrüstung (wie Anm. 26), S. 228.

[39] David Stevenson, Armaments and the Coming of War. Europe, 1904–1914, Oxford 1996, S. 166 f.

[40] John H. Maurer, The »Ever-Present Danger« – Winston Churchill's Assessment of the German Naval Challenge Before the First World War. In: Churchill and Strategic Dilemmas before the World Wars: Essays in Honor of Michael I. Handel. Ed. by John H. Maurer, London 2003, S. 7–50, hier: S. 7.

Ausdruck der britischem Seemacht: »Queen Victoria´s Diamond Jubilee Review at Spithead«, 26. Juni 1897. Gemälde von Charles Dixon (1872–1934).

Quelle: National Maritime Museum, Greenwich, London. Repro ID: BHC0645

Alle diese Angebote wurden abgelehnt oder nur mit der unakzeptablen Bedingung begrüßt, dass Großbritannien sich aus einem zukünftigen europäischen Krieg heraushalten und Deutschland freie Hand lassen sollte – implizit eine freie Hand, um seine vertraglichen Verpflichtungen, wie zum Beispiel die Neutralität Belgiens, zu brechen[41]. Wilhelm II. betrachtete alle Verhandlungsversuche als eine persönliche Beleidigung.

»Ich will das ganze, endlose, gefährliche Kapitel der Rüstungsbeschränkung möglichst nicht noch einmal aufgerollt haben. So oder so kommt es doch schließlich auf einen Einspruch Englands in mein Recht der Bemessung der für Deutschland nötigen Seemacht heraus, sowie am Ende auf einen Versuch zum Brechieren des Flottengesetzes[42].«

Die Novelle von 1912 war Tirpitz' Antwort auf Churchills Hoffnungen zum Sparen. Sie machte Churchill so fassungslos, dass er vier Schlachtschiffe pro Jahr in Auftrag gab. Er blieb noch immer in Kontakt mit Fisher und suchte noch immer nach Wegen, um trotz der deutschen Gefahr Geld zu sparen. 1914 hatte er die Zustimmung der Admirale, pro Jahr mindestens ein Schlachtschiff durch U-Boote zu ersetzen. Jetzt ließen die Briten ihre Pläne für eine Nahblockade wieder aufleben, allerdings sollte es diesmal eine Nahblockade unter Wasser sein. Die Hochseeflotte würde noch weniger Aussichten haben, die hohe See zu erreichen als je zuvor[43].

1914 war das deutsch-englische Flottenwettrüsten endgültig vorbei. Tirpitz hatte seine politische und finanzielle Glaubwürdigkeit erschöpft. Selbst der Kaiser begann, seinem vernachlässigtem Heer größere Aufmerksamkeit zu widmen. In Großbritannien war der Haushalt noch immer ausgeglichen, die Sozialausgaben stiegen beinahe so schnell wie die Ausgaben für die Royal Navy, und es gab keine Anzeichen, dass die Grenzen des britischen Wohlstands oder die Entschlossenheit, die Vormachtstellung auf See aufrechtzuerhalten, ausgetestet worden waren. In Bezug auf die Verfassung, die Finanzen und die Industrie hatte Großbritannien die Stärke und Flexibilität gezeigt, an der es Deutschland mangelte[44]. Doch selbst als die finanziellen und wirtschaftlichen Probleme Deutschlands akuter wurden, selbst als die Briten ständig mehr ausgaben, glaubten Wilhelm II. und sein Gefolge weiterhin, dass Deutschlands Größe und Macht die einzige Ursache für die

---

41 Keith Neilson, »Control the Whirlwind«: Sir Edward Grey as Foreign Secretary, 1906–16. In: The Makers of British Foreign Policy (wie Anm. 3), S. 128–149, hier: S. 128–135; Williams, Defending the Empire (wie Anm. 23), S. 174–179; D.W. Sweet, Great Britain and Germany, 1905–1911. In: British Foreign Policy under Sir Edward Grey (wie Anm. 25), S. 216–235; Maurer, The »Ever-Present Danger« (wie Anm. 40), S. 15–34; Stevenson, Armaments and the Coming of War (wie Anm. 39), S. 171–174, 209 und 214; Richard Langhorne, The Naval Question in Anglo-German Relations, 1912–14. In: Historical Journal, 14 (1971), S. 359–370; Richard Langhorne, Great Britain and Germany, 1911–1914. In: British Foreign Policy under Sir Edward Grey (wie Anm. 25), S. 288–314, hier: S. 299 f.; Kennedy, The Rise (wie Anm. 2), S. 446 f.
42 Epkenhans, Die wilhelminische Flottenrüstung (wie Anm. 26), S. 360.
43 Lambert, Sir John Fisher's Naval Revolution (wie Anm. 8), S. 250 f.; Nicholas A. Lambert, British Naval Policy, 1913–14: Financial Limitation and Strategic Revolution. In: Journal of Modern History, 67 (1995), S. 595–626.
44 Kennedy, The Rise (wie Anm. 2), S. 356–358; Stürmer, Deutscher Flottenbau und europäische Weltpolitik (wie Anm. 4), S. 63. Zur Leistungsfähigkeit der deutschen Industrie siehe: Epkenhans, Die wilhelminische Flottenrüstung (wie Anm. 26).

deutsch-englischen Spannungen sei und auch gleichzeitig die einzige Lösung dafür. Neid sei das einzige Motiv für die feindselige Haltung Großbritanniens, aber es würde nicht lange dauern, bis sich die besseren Ressourcen und der überlegene Charakter Deutschlands durchsetzten. »Grund, Neidhammelei«, wie der Kaiser im Dezember 1912 ausrief, »Angst unseres zu groß werdens«[45]. Die Beunruhigung der Briten über den Ausbau der Kaiserlichen Marine wurde als Panik ausgelegt, was die Stärke Deutschlands bestätige: »daß es England auf die Dauer nicht möglich sein werde, uns gegenüber die gewünschte Überlegenheit zu erhalten«[46]. Im Auswärtigen Amt und dem Reichsmarineamt gab es Beobachter, die die Situation realistischer einschätzten, aber die deutsche Verfassung stellte sicher, dass deren Stimmen nicht gehört wurden[47].

Im Nachhinein kann kein Zweifel daran bestehen, dass der Ausbau der Kaiserlichen Marine wesentlich dazu beigetragen hat, Deutschland zu isolieren, und entscheidend dafür war, dass Großbritannien in die Liste seiner Feinde aufgenommen wurde. Die deutsche Kampfansage schaffte es, die liberale Regierung zu vereinen, die Opposition hinter ihr zu sammeln und Großbritannien, Frankreich und sogar Russland als Bündnispartner zusammenzuschließen. Hassgegner und Handelsneid existierten nur in der überdrehten Vorstellung deutscher Propagandisten[48]. In Wirklichkeit rief der Zustand des deutsch-englischen Handels nur begrenzte Besorgnis in Großbritannien hervor. Das meiste davon war schmeichelhaft; Bereiche, in denen man im direktem Wettbewerb stand, gab es wenige, und solche, in denen die Deutschen überlegen waren, noch weniger – und das Außenministerium vertrat die Ansicht, Wettbewerb sei genau das, was die britische Industrie brauchte. Darüber hinaus war klar, dass ein Engagement für freien Handel der einzige Weg war, um zu vermeiden, dass der gewaltige Wohlstand Großbritanniens und seine weltweiten Interessen die Feindseligkeit potenzieller Gegner hervorriefen[49]. In der Außenpolitik prallten die natürlichen Interessen der beiden Mächte nur in Randbereichen aufeinander. Im Gegensatz dazu waren die Streitigkeiten zwischen Großbritannien und Frankreich real und erheblich, aber sie konnten beigelegt werden, da es sich um konkrete territoriale Fragen und Herrschaftsfragen handelte, die auf dem Verhandlungsweg gelöst werden konnten, sobald der Wille dazu vorhanden war. Solange Deutschland es vorzog, auf den emotionalen immateriellen

---

[45] Jörg-Uwe Fischer, Admiral des Kaisers. Georg Alexander von Müller als Chef des Marinekabinetts Wilhelms II., Frankfurt a.M. 1992, S. 128.
[46] Epkenhans, Die wilhelminische Flottenrüstung (wie Anm. 26), S. 347–352, Zitat (S. 352) Albert Hopman im Juni 1913.
[47] Ebd., S. 391–399; Michael Epkenhans, Der deutsche Griff nach der Weltmacht: Die Tirpitzsche Flottenplanung 1897–1914. In: Seemacht und Seestrategie im 19. und 20. Jahrhundert. Hrsg. von Jörg Duppler, Hamburg 1999, S. 121–131, hier: S. 129 f.; Volker Berghahn, Naval Armaments and Social Crisis. Germany before 1914. In: War, Economy and the Military Mind. Ed. by Geoffrey Best and Andrew Wheatcroft, London 1976, S. 61–88, hier: S. 75–84; Kennedy, The Rise (wie Anm. 2), S. 408–419.
[48] Hobson, Imperialism at Sea (wie Anm. 3), S. 281–283; Steinberg, The German Background (wie Anm. 35), S. 195.
[49] Kennedy, The Rise (wie Anm. 2), S. 291–302; Berghahn, Naval Armaments and Social Crisis (wie Anm. 47); Steiner, The Foreign Office under Sir Edward Grey (wie Anm. 25), S. 67; David French, British Economic and Strategic Planning 1905–1915, London 1982, S. 15 f.

Werten wie Deutschtum, Weltgeltung und Gleichberechtigung zu bestehen und diplomatische Ansätze als Beleidigung anzusehen, war keine Einigung möglich[50]. Letztendlich scheitert jede historische Analyse aufgrund der völligen Irrationalität der Pläne für die Kaiserliche Marine, die auf einer Fülle interner Widersprüche und unbegründeter Vermutungen beruhten und die ernsthaft behaupteten, eine Reduzierung in der Anzahl der Schlachtschiffe müsse »die Abdikation Deutschlands als großes Kulturvolk« sein[51]. In einer neueren Studie[52] wird argumentiert, Tirpitz habe sich von einem besonnenen Rationalisten, wie er in der Dienstschrift IX zu finden sei, zu einem Schüler von Treitschke und Mahan gewandelt; zu dem Tirpitz der Flottengesetze und des Risikogedankens, der der harten Realität entfloh, um sich dem Kaiser in einer wagnerianischen Dämmerung anzuschließen, in der die Marine zu einem Selbstzweck wurde, durchtränkt von einer mystischen Bedeutung, die keinerlei Beziehung zu einem strategischen oder militärischen Nutzen aufwies[53]. Wenn man den Moment bestimmen soll, an dem die deutsche Marinepolitik den Verstand verloren hat, dann muss es das Flottengesetz von 1900 gewesen sein[54]. Die Folgen für Deutschland und das Wilhelminische Regime waren katastrophal. »Tirpitz aber ging es wie dem Lyderkönig Kroisos, dem das Orakel von Delphi kündete, wenn er den Halys überschreite, werde er ein großes Reich zerstören. Tirpitz tat es, und es war das deutsche[55].«

---

[50] Kennedy, The Rise (wie Anm. 2), S. 431; Steinberg, The German Background (wie Anm. 35), S. 194; Steinberg, The »Copenhagen Complex« (wie Anm. 25), S. 44–46.
[51] Epkenhans, Die wilhelminische Flottenrüstung (wie Anm. 26), S. 313.
[52] Hobson, Imperialism at Sea (wie Anm. 3).
[53] Rödel, Krieger, Denker, Amateure (wie Anm. 19), S. 55–57; Maurer, The »Ever-Present Danger« (wie Anm. 40), S. 41–43.
[54] Kennedy, Strategic Aspects (wie Anm. 26); Paul M. Kennedy, Tirpitz, England and the Second Navy Law of 1900: A Strategical Critique. In: Militärgeschichtliche Mitteilungen, 1970, 2, S. 33–58.
[55] Stürmer, Deutscher Flottenbau und europäische Weltpolitik (wie Anm. 4), S. 61.

Frank Nägler

Operative und strategische Vorstellungen der Kaiserlichen Marine vor dem Ersten Weltkrieg

Gegenüber dem Kaiser gab sich der Staatssekretär im September 1899 zuversichtlich. Wenn die gewaltige Flotte einmal zur Hand sei, werde »England [...] jede Neigung uns anzugreifen, verloren haben« und dem deutschen Aufstieg zur Weltmacht nichts mehr in den Weg legen. Das war *große Politik*, Abschreckung im Dienste weltpolitischer Ambitionen und im Wege der Seerüstung. Aber es war zugleich auch Zeugnis eines ganz bestimmten Kriegsbildes mit ineinander greifenden strategischen, operativen, ja taktischen Anteilen. Im selben Atemzug hatte Konteradmiral Alfred (von) Tirpitz nämlich Wilhelm II. versichert, selbst gegenüber der immer noch stärkeren britischen Flotte bei einem Versagen der Abschreckung mit »für uns durchaus nicht aussichtslosen Kampfverhältnissen« rechnen zu dürfen: »Aber auch England gegenüber durch geographische Lage, Wehrsystem, Mobilmachung, Torpedoboote, taktische Ausbildung, [...] einheitliche Führung durch den Monarchen haben wir zweifellos gute Chancen[1].«

Das von Tirpitz vor Wilhelm II. knapp erläuterte Vorhaben war eng verzahnt mit einer innenpolitischen Komponente, die an dieser Stelle nur gestreift werden kann: Mit der genau berechneten Konstruktion des Flottengesetzes und seiner Novellen sowie mit dem ›Dreier-Tempo‹ sollte ein Äternat geschaffen werden, sonach eine andauernde und von den jährlichen Bewilligungen des Reichstages unabhängige Flottenrüstung. Dieses Instrument und die davon erhofften außenpolitischen Positionsgewinne würden dann zu einer innenpolitischen Systemstabilisierung verhelfen, die im längst schon angebrochenen Industriezeitalter dem in weiten Bereichen noch vorindustriellen Herrschaftssystem die Notwendigkeit von Reformen ersparen würde[2]. Sieht man einmal von dieser innenpolitischen Seite des

---

[1] Notizen des Konteradmiral Tirpitz zum Immediatvortrag am 28.9.1899. In: Rüstung im Zeichen der wilhelminischen Weltpolitik. Grundlegende Dokumente 1890-1914. Hrsg. von Volker R. Berghahn und Wilhelm Deist, Düsseldorf 1988, S. 160 f.

[2] Grundlegend hier im Anschluss an Eckart Kehr, Schlachtflottenbau und Parteipolitik 1894-1901. Versuch eines Querschnitts durch die innenpolitischen, sozialen und ideologischen Voraussetzungen des deutschen Imperialismus, Berlin 1930 (= Historische Studien, 197); Volker R. Berghahn, Der Tirpitz-Plan. Genesis und Verfall einer innenpolitischen Krisenstrategie unter Wilhelm II., Düsseldorf 1971 (= Geschichtliche Studien zu Politik und Gesellschaft, 1); kritisch dazu: Rolf Hobson, Imperialism at Sea: Naval Strategic Thought, the Ideology of Sea Power, and the Tirpitz Plan, 1875-1914, Boston, MA 2002 (= Studies in Central European histories, 25), S. 312-324. Die Studie liegt auch in deutscher Übersetzung vor: Rolf Hobson, Maritimer Impe-

Tirpitzschen Flottenbaus ab, so ließe sich indessen in den zitierten Bemerkungen des Staatssekretärs mit einigem guten Willen dessen Programm *in nuce* entdecken. Gleichzeitig drängt sich hier unversehens der Eindruck vermessener Fehlkalkulation auf. Denn den Nachgeborenen lässt das Wissen um Konstellation, Verlauf und Ergebnis des nur anderthalb Jahrzehnte nach Tirpitz' Immediatvortrag bereits begonnenen Ersten Weltkrieges schon bei dem ersten der angeblich begünstigenden Faktoren, bei der geografischen Lage nämlich, an der Kompetenz des Staatssekretärs des Reichsmarineamtes zweifeln – und in Anbetracht von dessen dominanter Position dann freilich auch an dem strategischen Urteilsvermögen der für die Kaiserliche Marine Verantwortlichen insgesamt. Allerdings sagt die Belastbarkeit eines Faktors, hier der Geografie, noch nicht alles über die Plausibilität des Gesamtkonzeptes. Im vorliegenden Falle spiegelt dieses Konzept in wesentlichen Teilen das Tirpitz eigene Bild vom Seekrieg, das es zunächst noch aufzuhellen gilt und vor dessen Hintergrund erst die Bedeutung der genannten (und gegebenenfalls auch weiterer) Faktoren in ein angemessenes Licht gerückt werden kann (Kap. I). Die in Kenntnis des Ersten Weltkrieges so irritierende Annahme eines *Vorteils* der deutschen geografischen Lage – um bei diesem Beispiel zu bleiben – wird erst dann historiografischer Bewertung zugänglich, wenn geklärt ist, welche militärischen Optionen in den Augen der damaligen Protagonisten besagte Geografie für die deutsche Seite bereithalten sollte.

Darüber hinaus kann das Geschehen des Ersten Weltkrieges streng genommen auch nicht als Einrede gegen das mit dem Tirpitzschen Flottenbau verfolgte Konzept der *Risikoflotte* gelten. Mit der fertig gestellten Risikoflotte, für deren selbst noch nach erfolgtem Aufbau erwartete Unterlegenheit gegenüber den britischen Seestreitkräften die von Tirpitz vor dem Kaiser angeführten Faktoren einen Ausgleich hätten besorgen sollen, konnte das Reichsmarineamt erst ab den 1920er Jahren rechnen[3]. Der demnach viel zu früh eingetretene Kriegsfall traf die Kaiserliche Marine auf einem Stand, auf dem sie allenfalls punktuell in den modernsten Schiffsklassen – und dort auch nur vorübergehend – die für die Risikoflotte ins Auge gefasste Stärkerelation zur Royal Navy erreicht hatte[4]. Die strategische Ra-

---

rialismus. Seemachtideologie, seestrategisches Denken und der Tirpitzplan 1875 bis 1914, München 2004 (= Beiträge zur Militärgeschichte, 61).

[3] Vgl. die von Korvettenkapitän Harald Dähnhardt (Reichsmarineamt – RMA) verfasste Denkschrift vom 9.7.1903 und seine Aufzeichnungen vom 2.11.1903, die Auskunft über die Zeithorizonte und den letztlich angestrebten Umfang der Risikoflotte geben. In: Rüstung im Zeichen der wilhelminischen Weltpolitik (wie Anm. 1), S. 167–179.

[4] Vgl. anstelle einer eingehenderen Analyse die Gegenüberstellung bei Paul G. Halpern, A Naval History of World War I, Annapolis, MD 1994, S. 7 f., aus der sowohl die dichte Annäherung der deutschen Seite an das erstrebte Stärkeverhältnis bei den Großkampfschiffen als auch die erdrückende Überlegenheit der britischen Seite bei älteren Linienschiffen und Panzerkreuzern sowie bei kleineren Einheiten hervorgeht. Der sich im Kriegsverlauf weiter ausweitende und auch modernste Großkampfschiffe einbeziehende britische Rüstungsvorsprung wird veranschaulicht in dem Überblick bei Friedrich Forstmeier, Der Tirpitzsche Flottenbau im Urteil der Historiker. In: Marine und Marinepolitik im kaiserlichen Deutschland 1871–1914. Hrsg. vom Militärgeschichtlichen Forschungsamt durch Herbert Schottelius und Wilhelm Deist, Düsseldorf 1972, S. 34–53, hier S. 47; vgl. auch Ivo Nikolai Lambi, The Navy and German Power Politics 1862–1914, Boston, MA 1984, S. 426.

tionalität des vom Deutschen Reich mit der Risikoflotte verfolgten Konzeptes muss sich vielmehr an der inneren Schlüssigkeit dieses Konzeptes selbst[5] und sodann daran prüfen lassen, wie Erwartungen und Beobachtungen hinsichtlich des in den Blick genommenen Gegners in dem Konzept reflektiert wurden.

Hier lassen sich Betrachtungen zur Doktrin oder auch zu signifikanten Rüstungsvorhaben anstellen[6]. Als ergiebig können sich aber auch die operativen Pläne und Studien erweisen, die in der Kaiserlichen Marine für die weitaus längste Zeitspanne des ab 1898 geltenden und dann 1900, 1906, 1908 und 1912 novellierten Flottengesetzes vorwiegend die Angelegenheit des Admiralstabes waren, der 1899 mit der Auflösung des Oberkommandos errichtet worden war[7]. Gerade sie können zeigen, in welchem Maße sich das operative Denken der Kaiserlichen Marine als folgerichtige Ableitung aus einem konsistenten, den bereits gewonnenen Einsichten entsprechenden militärischen Konzept dartun lässt und mit welcher Konsequenz dabei die mit der Risikoflotte mitgedachten militärischen Optionen Eingang in die militärischen Planungen gefunden haben. Da die Planung des Einsatzes der unfertigen Risikoflotte dringender noch als die auf längste Fristen angelegte Seerüstung darauf angewiesen war, möglichst zeitnah, wenigstens in jährlichen Abständen, die Veränderungen auf der Gegenseite zu registrieren, bietet sich gerade an den Überlegungen des Admiralstabes die Prüfung der Frage an, wie deutlich dabei Entwicklungen auf Seiten des Gegners gesehen wurden und darüber hinaus auch Berücksichtigung fanden. Diesen Überlegungen ist der zweite Teil (Kap. II) gewidmet.

---

[5] Als wie fruchtbar sich gerade der Blick auf besagte innere Einheit des deutschen seestrategischen Denkens erweisen kann, zeigt die Studie von Hobson, Imperialism at Sea (wie Anm. 2), welche das Konzept der Risikoflotte als Verdrängung der in mühevoller Arbeit gewonnenen und sich durchaus auf dem Stand der internationalen Diskussion befindlichen Einsichten der deutschen seestrategischen Überlegungen durch die neomerkantilistische Ideologie des Navalismus begreift – vgl. ebd., S. 204, 208 f., 211 f., 235 f., 266.

[6] Vgl. hier zwei jüngere Arbeiten: Christian Rödel, Krieger, Denker, Amateure. Alfred von Tirpitz und das Seekriegsbild vor dem Ersten Weltkrieg, Stuttgart 2003 (= Beiträge zur Kolonial- und Überseegeschichte, 88) und Eva Besteck, Die trügerische »First Line of Defence«. Zum deutsch-britischen Wettrüsten vor dem Ersten Weltkrieg. Mit einem Anhang »Taktische und Strategische Dienstschriften des Oberkommandos der Marine, Nr. IX: Allgemeine Erfahrungen aus den Manövern der Herbstübungs-Flotte«, Freiburg i.Br., Berlin 2006 (= Einzelschriften zur Militärgeschichte, 43).

[7] Zur Rolle bzw. auch zum Wirken des Admiralstabes der Kaiserlichen Marine in den hier in Rede stehenden Vorkriegsjahren vgl. Walther Hubatsch, Der Admiralstab und die obersten Marinebehörden in Deutschland 1848–1945, Frankfurt a.M. 1958, S. 86–161, und Wolfgang Petter, Deutsche Flottenrüstung von Wallenstein bis Tirpitz. In: Wolfgang Petter, Rolf Güth und Jost Dülffer, Deutsche Marinegeschichte der Neuzeit, München 1979 (= Handbuch zur deutschen Militärgeschichte 1648–1939. Hrsg. vom Militärgeschichtlichen Forschungsamt, 4, Abschnitt VIII), S. 3–262, hier S. 219–227, S. 230. Mit operativen Fragen waren darüber hinaus noch weitere Immediatstellen befasst, so vor allem der Chef der Übungsflotte, ab 1903 der Chef des Kommandos der Aktiven Schlachtflotte, ab 1907 der Chef des Kommandos der Hochseeflotte.

I. Der ›Hebel‹ zur Entscheidungsschlacht unter günstigen Bedingungen

Das strategische Denken in der Kaiserlichen Marine wurde in weiten Teilen von den Feststellungen der *Dienstschrift Nr. IX* geprägt. 1894 unter der Verantwortung des damaligen Chefs des Stabes des Oberkommandos der Marine, Kapitän z.S. Tirpitz, verfasst, darf sie als Höhepunkt eines eigenen deutschen seestrategischen Denkens gelten[8]. Der Leser entdeckt noch die Gedanken Clausewitz', wenn dort die Wehrlosmachung des Gegners als Vorbedingung dafür erscheint, ihm den eigenen Willen aufzuzwingen. Anzustreben ist nach der Dienstschrift Nr. IX die entscheidende Schlacht, welche dem Sieger die Seeherrschaft sichert. Deren Ausübung führt dem wehrlos Gewordenen dann die Kosten vor Augen, die er mit den empfindlichen Verlusten an Menschen, Territorien und Sachwerten für die Weiterführung des Krieges zu entrichten hätte und die ihn dann dazu bringen sollen, den angebotenen Frieden anzunehmen. Unter den im Jahrzehnt vor der Jahrhundertwende gegebenen technischen und rechtlichen Bedingungen hieß dies nach den Worten der Dienstschrift, dass »der Seekrieg sich in der Hauptsache an der Küste […] abspielen« werde, wobei die Szenarien sich auf die »Frage« verengten, »ob dies an der Küste des eigenen Staates oder an derjenigen des Feindes« geschehen werde. Das Bestreben der Kriegsparteien war demnach darauf gerichtet, in einem sehr wörtlichen Sinne die »strategische Offensive« zu ergreifen, also in der Lage zu sein, mit den Operationen vor der Küste des Gegners diesen zum Einlenken zu veranlassen. Dies erschien allerdings nur möglich bei einer eigenen Überlegenheit von etwa 3:2 über den Gegner. So spiegelte das Dokument zwar bereits die wachsende Abhängigkeit des Reiches von gesicherten überseeischen Zufuhren, indem es auf die Bedeutung der »transatlantischen Seeinteressen« eigens verwies[9]; diese mussten zudem noch in dem Maße an Gewicht gewinnen, wie sich das Reich im Zuge der Wende zur ›Weltpolitik‹ »weiter zum Weltindustrie- und Handelsstaat ausdehnen« wollte[10]. Gleichzeitig aber blieben die operativen Vorstellungen auf das Geschehen vor den Küsten konzentriert[11].

Mit einem solchen Bild vom Seekriegsgeschehen befand sich die Kaiserliche Marine in guter Gesellschaft: Um die gleiche Zeit hatte die Royal Navy die Küste

---

[8] Vgl. Hobson, Imperialism at Sea (wie Anm. 2), S. 201-208.
[9] Taktische und Strategische Dienstschriften des Oberkommandos der Marine, Nr. IX: Allgemeine Erfahrungen aus den Manövern der Herbstübungs-Flotte, 16.6.1894. In: Besteck, Die trügerische »First Line of Defence« (wie Anm. 6), S. 125-208, hier S. 126 f., 133 f.; Carl von Clausewitz, Vom Kriege, I. Buch, I. Kap., Nr. 4: »Das Ziel ist den Feind wehrlos zu machen.« Zit. nach Kriegstheorie und Kriegsgeschichte, Carl von Clausewitz, Helmuth von Moltke. Hrsg. von Reinhard Stumpf, Frankfurt a.M. 1993, S. 18 f.
[10] Notizen des Konteradmiral Tirpitz zum Immediatvortrag am 28.9.1899. In: Rüstung im Zeichen der wilhelminischen Weltpolitik (wie Anm. 1), S. 161.
[11] Zu der zentralen Bedeutung der Küstenregion als Ort der Druckausübung vgl. bereits Auszüge aus der Denkschrift des Kapitäns z.S. Tirpitz vom April 1891 über »Unsere maritim-militärische Fortentwicklung«. In: Rüstung im Zeichen der wilhelminischen Weltpolitik (wie Anm. 1), S. 82-87, hier S. 84.

des Gegners als erste Verteidigungslinie zu betrachten gelernt[12], und die deutschen Auffassungen fügten sich insoweit selbst noch zu den seestrategischen Erkenntnissen der *Jeune École*, als diese in den 1880er Jahren die Küstenverwüstung zu dem einen zentralen Element des Seekrieges der Zukunft erklärt hatte (neben allerdings dem Kreuzerkrieg als dem anderen)[13]. Unter den damals obwaltenden Umständen durfte dem erwähnten Gedankengang die militärische Rationalität zugesprochen werden.

Gegenüber Großbritannien wurde jedoch die zur Offensive befähigende Relation nicht nur nie erreicht, sondern – sofern nicht alle Anzeichen trügen – auch niemals angestrebt[14]. Hinsichtlich der Royal Navy galt vielmehr mit der Risikoflotte, deren Bau 1898/1900 mit den beiden Flottengesetzen begann, eine Art spiegelbildlicher Entsprechung. Dieses Konzept wahrte dabei allerdings mit der nach wie vor gegebenen Fixierung auf die Seeherrschaft den Rahmen der Dienstschrift und blieb deren Begriffen verpflichtet. Der zur Sicherung der Seeherrschaft unternommene britische *Angriff* – hier nun als militärische Operation gedacht – konnte scheitern und wurde damit für den Angreifer zum Risiko, falls dessen Überlegenheit unter den kritischen Grenzwert von 3:2 fiel. Die britische *seestrategische Offensive* wurde damit zu einer zentralen Bedingung für den Erfolg der fertig gestellten Risikoflotte. Schon auf den ersten Blick konnten drei der von Tirpitz in dem eingangs zitierten Immediatvortrag erwähnten Faktoren nur unter dieser Voraussetzung auch als deutsche Vorteile gelten: erstens die geografische Lage mit der Nähe zu den eigenen Stützpunkten und der besonderen Vertrautheit mit den heimatlichen Gewässern, zweitens die deutschen Torpedoboote, deren bewusst klein gehaltener Aktionsradius eine offensive Verwendung vor entfernteren Stützpunkten der britischen Flotte ausschloss (was nach dem Kriege von Vizeadmiral a.D. William Michaelis, einem vormals engen Mitarbeiter Tirpitz', als bezeichnendes Manko identifiziert wurde[15]), und drittens die taktische Verbandsausbildung, die nur bei einer unter günstigen Umständen gebotenen Gelegenheit zur Schlacht als weiterer Vorteil zu Buche schlagen konnte. Es kennzeichnet die tragende Position

---

[12] Vgl. hierzu Hobson, Imperialism at Sea (wie Anm. 2), S. 85–94.
[13] Vgl. Arne Røksund, The Jeune École. The Strategy of the Weak, Leiden, Boston, MA 2007 (= History of Warfare, 43), S. 21–23.
[14] Vgl. die Verhältnisangaben in der von Korvettenkapitän Dähnhardt (RMA) verfassten Denkschrift vom 9.7.1903 und in seinen Aufzeichnungen vom 2.11.1903. In: Rüstung im Zeichen der wilhelminischen Weltpolitik (wie Anm. 1), S. 167–179; sodann Hobson, Imperialism at Sea (wie Anm. 2), S. 250–256, 263–265, 272 f.; Berghahn, Der Tirpitz-Plan (wie Anm. 2), S. 308–326; Lambi, The Navy and German Power Politics (wie Anm. 4), S. 269–271. Paul M. Kennedy, Maritime Strategieprobleme der deutsch-englischen Flottenrivalität. In: Marine und Marinepolitik im kaiserlichen Deutschland (wie Anm. 4), S. 178–210, hier S. 204–210, hat – gestützt allerdings auf nur wenige Quellen, denen nicht nur die hier angeführten Überlegungen Dähnhardts zu den deutschen maximalen Umfängen und zu den erreichbaren Relationen entgegenstehen – dagegen dafür plädiert, die Parität mit der britischen Flotte als das Rüstungsziel Tirpitz' ernsthafter in Erwägung zu ziehen.
[15] Vgl. William Michaelis, Tirpitz' strategisches Wirken vor und während des Weltkrieges. In: Deutsche Marinen im Wandel. Vom Symbol nationaler Einheit zum Instrument internationaler Sicherheit. Im Auftr. des Militärgeschichtlichen Forschungsamtes hrsg. von Werner Rahn, München 2005 (= Beiträge zur Militärgeschichte, 63), S. 397–425, hier S. 404.

dieser Bedingung des britischen militärischen Angriffs, dass Tirpitz das Seegebiet »zwischen Helgoland und der Themse« als den Raum angab, in welchem die deutsche Flotte zu ihrer eigentlichen Wirkung gelangen müsse[16].

Für die Gültigkeit der Annahme des britischen Angriffs ließ sich um 1900 eine Reihe guter Gründe anführen. Sie waren zunächst völkerrechtlicher Natur. Nach der Pariser Seerechtsdeklaration von 1856 war allein noch die effektive, mithin enge Blockade zulässig, um auch wirtschaftlichen Druck auf den Gegner ausüben zu können. Wollte Großbritannien also auf diese Weise dem Reich schaden, dessen zunehmender Industrialisierungsgrad es Mangelsituationen immer empfindlicher spüren lassen würde, so musste die Royal Navy im militärischen Wortsinne *angreifen*. Allerdings waren völkerrechtliche Regelungen im Wesentlichen Ausfluss realer Machtverhältnisse – die deutschen militärischen Spitzen von Heer wie Marine selbst waren im Bedarfsfall, wie noch zu zeigen sein wird, wenig geneigt, allein rechtlicher Bestimmungen wegen operative Nachteile in Kauf zu nehmen. Die Wirksamkeit des rechtlichen Zwanges zur Nahblockade setzte dessen Absicherung durch mächtige Neutrale voraus. Was gewährleistete also deren Interesse an einer Intervention? Das berührt die Frage nach einer deutschen Gesamtstrategie, die von Tirpitz in seinem Immediatvortrag möglicherweise mit dem Hinweis auf die »einheitliche Führung durch den Monarchen« angedeutet wurde. Indessen muss der Bezug zu einer umfassenden, ihrem Namen gerecht werdenden Gesamtstrategie im vorliegenden Fall als ziemlich weit hergeholt erscheinen. Schließlich dürfte im Reichsmarineamt die Einschaltung mächtiger Neutraler allenfalls eine flüchtige Rolle gespielt haben[17]. Rolf Hobson hat herausgearbeitet, wie wenig das Vorgehen des Großen Generalstabes und die strategischen Grundlinien der Kaiserlichen Marine aufeinander abgestimmt waren – bis hin zu der für die deutsche Seite katastrophalen Konsequenz, mit der das Bemühen um die rasche Niederwerfung Frankreichs die letztlich geradezu unbegrenzte Ausschöpfung des britischen Seemachtpotenzials nach sich zog. Denn es war die Aussicht auf eine drohende deutsche Hegemonie über den europäischen Kontinent, welche die Vereinigten Staaten dann im Ersten Weltkrieg dazu bewog, den Einsatz für die ›Freiheit der Meere‹ zurückzustellen, mit ihrer Seemachtposition Großbritannien also nicht in den Arm zu fallen, als es daran ging, den deutschen Gegner mit einer immer wirksameren Blockade immer nachhaltiger zu schwächen[18]. Dem Vorstellungshorizont des Staatssekretärs näher war wohl die Idee eines eigenständigen militärischen Druckes, konkret: eines ohne die britische Nahblockade (leichter) möglichen überraschenden Schlages gegen die britische Küste, der dann den Gegner im Sinne eines vorbeugenden Schutzes auf das Mittel der militärischen Nahblockade verweisen mochte.

1896, als Tirpitz sich ein erstes Mal mit der Möglichkeit eines britisch-deutschen Krieges auseinandersetzte, verfiel er auf den – damals allerdings noch Züge

---

[16] Denkschrift des Staatssekretärs des Reichsmarineamtes, Konteradmiral Tirpitz, Juli 1897. In: Rüstung im Zeichen der wilhelminischen Weltpolitik (wie Anm. 1), S. 122.
[17] Hobson, Imperialism at Sea (wie Anm. 2), S. 274–276, 279–284.
[18] Ebd., S. 330.

der aus der Verzweiflung geborenen *Ultima Ratio* tragenden – Ausweg, dem Gegner beim Angriff zuvorzukommen, gegen die Themse und die britische Metropole vorzustoßen, um so vielleicht die andere Seite zu einem übereilten Friedensschluss zu veranlassen[19]. Die britische Hauptstadt als Objekt militärischen Druckes hatte der Staatssekretär einmal mehr 1904 – und hier schon mit erheblich optimistischerem Tenor – bezeichnet: Ende des Jahres gab er seinem Kollegen des Auswärtigen Amtes, Staatssekretär Oswald Freiherr von Richthofen, zu verstehen, »daß wir gelegentlich einen Seesieg in der Nordsee erhoffen könnten und dann, selbst wenn nur zeitweise, den Handel der Ostseite Englands, darunter London, bedrohen. Diese Möglichkeit ist es recht eigentlich, die uns dazu verhelfen kann, von England in Zukunft als pari behandelt zu werden[20].« Spinnt man diesen Gedankengang einmal weiter und formuliert sehr pointiert, dann drohte die Risikoflotte mit der Bombardierung des damaligen Welthandelszentrums. Das überraschende Erscheinen der deutschen Flotte vor der britischen Küste – möglichst noch aus dem Nebel – war, wie das Bild illustriert (siehe S. 26), durchaus fester im Vorstellungshorizont der Zeit verankert. Dabei musste nicht unbedingt eine Invasion folgen, wie es der heute noch lesenswerte Roman von Erskine Childers als sinistres deutsches Vorhaben an die Wand malte[21]. Wenn die Dienstschrift Nr. IX die »Zerstörung und Brandschatzung der feindlichen Küstenstädte oder sonstiger Objekte« ganz allgemein zu den fünf hauptsächlichen Mitteln rechnete, den Gegner zur Aufgabe seines Widerstandes zu veranlassen[22], so durfte dies gerade auch für die am weitesten entwickelte Seehandels- und Industrienation gelten. Die Themsemündung ist von den deutschen Flussmündungen etwa 300 sm entfernt, war also bei 15 kn Fahrt binnen Tagesfrist gut erreichbar[23]. Betrachtete man dies nun von britischer Warte aus, schien angesichts der geografischen Nähe in dem Angriff, also in der jetzt militärischen Blockade, die sichere Vorkehrung gegen eine solche deutsche Option zu liegen. Damit aber bot sich wieder für die deutsche Seite die Gelegenheit zur Schlacht, die vor allem dann unter günstigen Umständen geschlagen werden konnte, wenn der Gegner davon ausgehen musste, dass die deutsche Seite das *Praevenire* spielen konnte. Hier kam die von Tirpitz erwähnte Mobilmachung ins Spiel.

---

19 Tirpitz an v. Stosch, 13.2.1896. In: Rüstung im Zeichen der wilhelminischen Weltpolitik (wie Anm. 1), S. 116.
20 Zit. bei Hubatsch, Der Admiralstab und die obersten Marinebehörden in Deutschland (wie Anm. 7), S. 117.
21 Erskine Childers, The Riddle of the Sands, London 1903.
22 Taktische und Strategische Dienstschriften des Oberkommandos der Marine, Nr. IX: Allgemeine Erfahrungen aus den Manövern der Herbstübungs-Flotte, 16.6.1894. In: Besteck, Die trügerische »First Line of Defence« (wie Anm. 6), S. 125-208, hier S. 126 f., Zitat S. 127.
23 In einer Stellungnahme des Kommandos der Hochseeflotte vom 11.12.1911 zur Frage der Dislozierung in einem britisch-deutschen Krieg (BA-MA, RM 5/1607, fol. 106-113) wurde der britischen wie der deutschen Flotte eine Vormarschgeschwindigkeit von 16 kn attestiert, wobei sich der Zeitbedarf für die Strecke zur »Elbe von der Themse aus« auf zwanzig Stunden belief (ebd., fol. 108 f.).

Titelseite Kladderadatsch, Nr. 33 vom 16. August 1914.
Quelle: Universitätsbibliothek Heidelberg

Auch spätere Aussagen von Tirpitz belegen diese Vorstellung, nach welcher sich für die eigene Flotte im Maße eines Rückzuges der britischen Verbände von den deutschen Küsten brauchbare Pressionsmöglichkeiten vor der Ost- bzw. Südostküste Großbritanniens eröffneten[24]. Allem Anschein nach war dies im Konzept des Staatssekretärs das militärische Druckmittel hinter der für die Risikoflotte zentralen Erwartung, dass der politische Angriff Großbritanniens (der Griff zu einer kriegerischen Lösung) mit dem militärischen Angriff zusammenfallen würde. Nur so konnte die Abschreckung funktionieren, nur so bei einem Versagen die Entscheidungsschlacht geschlagen werden, die darüber hinaus auch rasch geschlagen werden musste. Denn wie Tirpitz einmal den Reichskanzler warnte, könne das Reich die Blockade »auf die Dauer wirtschaftlich [...] nicht aushalten«[25].

Das politische und seestrategische Konzept des Staatssekretärs hatte andere Optionen nicht vorgesehen. Die radikale Einseitigkeit einer ausschließlichen Konzentration auf den Schlachtflottenbau lag nicht zum geringsten Teil darin begründet, dass sich sonst das auch nur für die heimischen Schlachtflotten angestrebte Verhältnis von 2:3 schwerlich hätte erreichen lassen, das Großbritannien dann aufgrund der von deutscher Seite der Royal Navy unterstellten personellen Engpässe – im Deutschen Reich galt die Wehrpflicht, die britischen Streitkräfte waren auf das Freiwilligensystem angewiesen – nicht mehr in eine größere Überlegenheit zu seinen Gunsten würde verwandeln können; dies war von Tirpitz mit dem Hinweis auf das Wehrsystem gemeint[26]. Damit wuchs ab der Jahrhundertwende eine Flotte heran, deren operative Möglichkeiten von ihrem ›Baumeister‹ – in Anlehnung an ein Urteil von William Michaelis nach dem Kriege – auf »die strategische Defensive aus der Deutschen Bucht« beschränkt waren[27]. Deren strategische Räson hing also von einem britischen militärischen Angriff ab. Alle in Tirpitz' Im-

---

[24] Tirpitz an Bülow, 20.4.1907. In: Die Große Politik der Europäischen Kabinette 1871-1914. Sammlung der Diplomatischen Akten des Auswärtigen Amtes. Im Auftr. des Auswärtigen Amtes hrsg. von Johannes Lepsius, Albrecht Mendelssohn Bartholdy und Friedrich Thimme, Bd 23/2, Berlin 1925, S. 365.

[25] Ebd.; zuweilen wird die Unterscheidung in den politischen Kriegseintritt und den militärischen Angriff, die diesem Zusammenfallen zugrunde liegt, von der Literatur übergangen – vgl. in diesem Zusammenhang auch die Bemerkung bei Besteck, Die trügerische »First Line of Defence« (wie Anm. 6), S. 32.

[26] Dass Tirpitz explizit jede ozeanische Handelskriegführung ausschloss – und dies in einem Zeitalter einer für die Industrienationen doch existenziell notwendigen Sicherheit der Seeverbindungslinien –, konnte er freilich auch plausibel mit dem Mangel an überseeischen Stützpunkten begründen (vgl. Denkschrift des Staatssekretärs des Reichsmarineamtes – wie Anm. 16 –). Doch steigerte Tirpitz dies zu besagter radikaler Einseitigkeit: Sie zeigte sich darin, dass er selbst die Flankierung der Schlachtflottenoperationen durch überseeische Kreuzerunternehmungen zurückwies. Die »Parallelaktion«, welche Kapitän z.S. Curt Freiherr von Maltzahn, seestrategische Autorität der Kaiserlichen Marine, ins Gespräch brachte und mit der er aus dem Nacheinander von Erringung der Seeherrschaft und deren Nutzung ein Nebeneinander machte, stieß auf Tirpitz' vehemente Ablehnung – vgl. Tirpitz' Randbemerkungen vom November 1899 zu den Vorstellungen von Kapitän z.S. v. Maltzahn und Vizeadmiral a.D. Valois. In: Rüstung im Zeichen der wilhelminischen Weltpolitik (wie Anm. 1), S. 127. Denn nur bei der ausschließlichen Konzentration auf den Schlachtflottenbau schien das Verhältnis von 2:3 überhaupt erreichbar.

[27] Michaelis, Tirpitz' strategisches Wirken vor und während des Weltkrieges (wie Anm. 15), S. 413.

mediatvortrag vom September 1899 genannten Faktoren waren integrale oder mehr nur flankierende Elemente dieses Abschreckungskonzeptes, das mit der Gültigkeit eines Seekriegsmodells und der dazugehörenden Stärkerelation stand oder fiel, in dem der Raum vor der gegnerischen Küste wesentliche Möglichkeiten zur Druckausübung bereithielt.

In der publizistischen wie in der historiografischen Diskussion ist die Tragfähigkeit des auf die fertig gestellte Risikoflotte bezogenen Konzeptes zuweilen heftig bestritten, mitunter aber auch als durchaus belastbar angesehen worden. Um nur wenige markante Beiträge zu dieser Debatte zu erwähnen[28], sei hier einmal ein Bogen von dem noch zu Zeiten des Flottenaufbaus sich äußernden Vizeadmiral a.D. Karl Galster zu dem Historiker Rolf Hobson geschlagen. Bereits 1907 bezeichnete Galster in uneingestandener Anlehnung an die Dienstschrift Nr. IX die für eine seestrategische Offensive dort geforderte Überlegenheit von 3:2 als ebenso notwendige wie für die Kaiserliche Marine doch unerreichbare Voraussetzung eines Erfolges der deutschen Schlachtflottenrüstung gegenüber der Royal Navy[29]. Unter Fortführung einer bereits während des Krieges formulierten Kritik hat dann Vizeadmiral a.D. Wolfgang Wegener in der Zwischenkriegszeit in der Fehleinschätzung der geografischen Position – die Bedeutung des unmittelbaren Zugangs zum Atlantik sei gänzlich verkannt worden – den verhängnisvollen Einfluss ›landmilitärischen‹ Denkens ausgemacht[30], ein Vorwurf, den nach dem Zweiten Weltkrieg sein Sohn, Vizeadmiral a.D. Edward Wegener, noch einmal unterstrich: Das »den Seekrieg und damit den Gesamtkrieg entscheidende Meer [sei] der Atlantische Ozean«, das »Nebenmeer Nordsee« dagegen ein »totes‹ Meer« gewesen, wo es »keinen Seeverkehr mehr« gegeben habe, demzufolge »auch keine Kontrolle der Seewege.« »In einem solchen Meer [aber werde] Seeherrschaft – sofern man vom Seeverkehr zum Zwecke einer Invasion [absehe] – zu einem Begriff ohne Inhalt[31].« Paul M. Kennedy hat um 1970 seine Einwände gegen die Rationalität des Konzeptes der Risikoflotte in dem »eklatanten Widerspruch zwischen seiner politischen und seiner strategischen Perspektive« gipfeln lassen: In dem Maße, wie die Risikoflotte tatsächlich eine abschreckende Wirkung entfaltet hätte, wäre die Wahrscheinlichkeit jenes offensiven operativen Ansatzes der Royal Navy zurückgegangen, der seinerseits aber für die Schlüssigkeit des Risikokonzeptes doch wiederum habe vorausgesetzt werden müssen[32]. Die vielleicht ausgefeilteste Kritik hat schließlich Rolf Hobson gut eine Forschergeneration später vorgetragen. Ihm ist es gelungen, in den Argumentationslinien von Tirpitz die auf

---

[28] Ein vollständiger Überblick über die einschlägige Forschung kann an dieser Stelle nicht gegeben werden. Zu dem älteren Forschungsstand siehe den Beitrag von Forstmeier, Der Tirpitzsche Flottenbau im Urteil der Historiker (wie Anm. 4); siehe ferner die weiterführenden Hinweise bei Hobson, Imperialism at Sea (wie Anm. 2), S. 1–6, 112, 261–264, 270 f., 293–295, 316–319.
[29] Karl Galster, Welche Seekriegs-Rüstung braucht Deutschland?, Berlin 1907, hier S. 16 f.
[30] Wolfgang Wegener, Die Seestrategie des Weltkrieges, Berlin 1929.
[31] Edward Wegener, Die Tirpitzsche Seestrategie. In: Marine und Marinepolitik im kaiserlichen Deutschland (wie Anm. 4), S. 236–262, Zitat S. 244.
[32] Kennedy, Maritime Strategieprobleme der deutsch-englischen Flottenrivalität (wie Anm. 14), S. 188–199, Zitat S. 199.

militärischer Zweckrationalität fußenden Anteile von jenen navalistischen Denkfiguren zu trennen, die sich Tirpitz im Einflussfeld wiederum nicht des militärischen, seemachttheoretischen Analytikers, sondern des Seemachtideologen Alfred Thayer Mahan angeeignet hatte. Die Wendung von der in der Dienstschrift Nr. IX verdichteten Doktrin der strategischen Offensive, die sich hinsichtlich der militärischen Einsichten im Lichte der internationalen Diskussion durchaus auf der Höhe ihrer Zeit befunden habe, zu dem Konzept der Risikoflotte erscheint bei Hobson als ideologiebedingte Korruption eines ursprünglich soliden militärischen Konzeptes. Zwischen der Dienstschrift Nr. IX und der Risikotheorie bestehe ein einschneidender Kontinuitätsbruch[33].

Mit diesem Urteil wandte sich Hobson ausdrücklich gegen die von Volker R. Berghahn 1971 hergestellte Verbindung zwischen der seestrategischen Doktrin der Dienstschrift Nr. IX und dem Konzept der Risikoflotte, welches – so Berghahn – die von jener Vorschrift entwickelte Maxime der strategischen Offensive mit der dafür vorauszusetzenden Überlegenheit von einem Drittel »ebensogut von der anderen Seite her« betrachten würde[34]. Was für Berghahn als reales militärisches Druckmittel gedacht ist, gerät für Hobson zu dem Ergebnis eines »gradual displacement of naval strategy by the ideology of sea power«[35]. Danach erschienene Arbeiten haben demgegenüber nachdrücklicher an die für lange Zeit für das Verhalten der Royal Navy gültigen Grundsätze der ›Blue Water School‹ erinnert. Vor deren Hintergrund haben sie dem für die Tirpitzsche Risikotheorie konstitutiven Ausgang von der britischen militärischen Offensive die militärisch-strategische Zweckrationalität zwar nicht im Hinblick auf die gesamte Entwicklung bis 1914, wohl aber für einen jeweils unterschiedlich befristeten Zeitraum nach der Jahrhundertwende durchaus attestiert[36]. Insofern haben diese Beiträge die Interpretation Berghahns bestätigt. Dabei spielte im Sinne einer Kontinuität zwischen dem Seekriegsmodell der Dienstschrift Nr. IX und dem der Risikotheorie als Bindeglied die in beiden Modellen nachweisbare Vorstellung eine wichtige Rolle, nach welcher der Zugang zur gegnerischen Küste auch Pressionsmöglichkeiten eröffnet[37], die Hinderung des jeweiligen Gegners an einem solchen Zugang also im Interesse der kriegführenden Parteien liegen muss.

Diesen »Hebel«, den Tirpitz in der »direkte[n] Bedrohung der britischen Küstengewässer« ausmachte, haben zwar zuweilen auch die oben erwähnten Kritiker gesehen[38], nicht immer wurde er wie zum Beispiel von Edward Wegener mit seiner Rede vom ›toten Meer‹ nachgerade ignoriert; auf die Auslotung des damit verbundenen Bedrohungspotenzials, das die britische Seite auf eine operative Notwen-

---

33 Hobson, Imperialism at Sea (wie Anm. 2), hier besonders S. 153–177, 180–182, 201–212, 247–273.
34 Berghahn, Der Tirpitz-Plan (wie Anm. 2), S. 194.
35 Hobson, Imperialism at Sea (wie Anm. 2), S. 209.
36 Vgl. Rödel, Krieger, Denker, Amateure (wie Anm. 6), S. 112, 118, 140 f., 168, 209–213, und Besteck, Die trügerische »First Line of Defence« (wie Anm. 6), S. 34–41.
37 Rödel, Krieger, Denker, Amateure (wie Anm. 6), S. 169 f.; Besteck, Die trügerische »First Line of Defence« (wie Anm. 6), S. 34–41.
38 Kennedy, Maritime Strategieprobleme der deutsch-englischen Flottenrivalität (wie Anm. 14), S. 178–210, hier S. 183; vgl. auch Hobson, Imperialism at Sea (wie Anm. 2), S. 270 f., 282–284.

digkeit verwiesen haben konnte, den deutschen Gegner in dessen Stützpunkten einzuschließen, wurde dabei aber verzichtet. Dagegen könnte doch gerade dieser Wirkungszusammenhang des vor der gegnerischen Küste eingesetzten Druckes die Kontinuitätslinie militärischer Zweckrationalität im seestrategischen Denken der Kaiserlichen Marine von der Dienstschrift Nr. IX an bis zum Kriegsbeginn herstellen. Zugleich ließe sich damit sowohl der Einwand Kennedys entkräften, nach dem die aufwachsende Risikoflotte das zu ihrem Abschreckungs- wie Schlachtenerfolg vorauszusetzende Seekriegsbild untergraben hätte (im Gegenteil hätte ein Rückzug von der engen Blockade die Royal Navy mit der Bürde belastet, die eigenen Küsten dem Gegner preiszugeben), als auch der von Hobson diagnostizierten Verdrängung der Seestrategie durch die Ideologie eine andere Deutung entgegenstellen (an die Stelle willkürlicher, weil einer neomerkantilistischen Ideologie entlehnter Stärkeberechnungen und ebenso begründeter irrationaler Verhaltenserwartungen gegenüber dem Gegner wäre eine fortgeltende militärisch-rationale Kalkulation zu setzen).

Wie an dieser Stelle jedoch sogleich eingeräumt werden muss, ergibt sich eine derartige ›Mechanik‹, nach der ein britischer Gegner in der Perspektive Tirpitz' des eigenen Schutzes wegen bestrebt sein musste, die deutsche Schlachtflotte möglichst an deren Küste festzuhalten, mehr nur implizit aus den hier ausgebreiteten Überlegungen. Gleichwohl fügt sie sich nahtlos in das Seekriegsbild der Dienstschrift Nr. IX, welches die operativen Szenarien im Wesentlichen auf die Alternative des eigenen oder gegnerischen Küstenraumes begrenzt hatte. Vor diesem Hintergrund wird es im Folgenden um die Operationspläne des Admiralstabes gehen. Im Zuge von deren Vorstellung erscheint es angesichts der im Vorstehenden entwickelten Positionen zur Tirpitzschen Risikoflotte lohnend, über die sehr verdienstvolle Darstellung von Ivo Nikolai Lambi[39] hinaus gleichzeitig das Augenmerk gerade auch auf die Rolle des Druckes vor der gegnerischen Küste und in Verbindung damit auf die Begründung des jeweils erwarteten gegnerischen Verhaltens zu richten. Was – so wäre zu fragen – sollte in den Augen der deutschen Planer die britische Seite zu dem jeweils unterstellten Vorgehen vermögen? Sollte es sich hierbei zeigen, dass die deutschen operativen Überlegungen vom britischen Angriff im Vertrauen auf besagte ›Mechanik‹ ausgingen, so wäre der sich 1914 offenbarende deutsche Fehlschlag dem Festhalten an dem in sich schlüssigen, aber vielleicht schon überholten Seekriegsbild der Dienstschrift Nr. IX zuzuschreiben[40], nicht aber einer Korruption professioneller Standards durch ideologische Einflüsse.

---

[39] Lambi, The Navy and German Power Politics (wie Anm. 4).
[40] Zu dieser Deutung vgl. Besteck, Die trügerische »First Line of Defence« (wie Anm. 6), die auch jüngste Veröffentlichungen zur Royal Navy aufgegriffen hat. Ebd., S. 60-69, auch ein weiterer Überblick über die Planungen des Admiralstabes; siehe auch Petter, Deutsche Flottenrüstung (wie Anm. 7), S. 219-227.

II. Operationsplanungen der Kaiserlichen Marine

1. Unter Wilhelm Büchsel und im Schatten massiver britischer Überlegenheit (1902–1908): Militärische Zweckrationalität hinter dem ideologischen Erklärungsmuster

Um die Jahrhundertwende lagen die der Risikoflotte von Tirpitz attestierten *guten Chancen* noch in weiter Ferne. Dafür – so hat es den Anschein – durfte die Kaiserliche Marine aufgrund ihrer Schwäche umso gewisser mit dem rechnen, was die Grundlage ihrer strategischen Räson bildete, mit dem britischen Angriff nämlich. 1899 verfügte die Kaiserliche Marine über 17 fertige oder im Bau befindliche Linienschiffe, dazu 11 Große Kreuzer, die Royal Navy dagegen über je 69 Einheiten in beiden Klassen[41]. Dies ergab ein Verhältnis von 138 zu 28 großen Schiffen oder 5:1. Die weltweite Dislozierung der britischen Verbände verminderte dieses Übergewicht zwar spürbar – wenigstens für den Anfang –, dennoch blieb der Royal Navy auch vor Ort die sichere Überlegenheit gegenüber der Kaiserlichen Marine. So ging im Juni 1899 der Admiralstab davon aus, dass der Gegner am zehnten Mobilisierungstag mit 15 Linienschiffen erster und 7 Linienschiffen zweiter Klasse, sowie 4 Panzerkreuzern, 28 Kreuzern und 39 Torpedobootszerstörern gegen die Küsten des Reiches vorstoßen könne[42]. Die aktive Flotte der Kaiserlichen Marine umfasste in diesem Zeitraum in der Heimat lediglich 5 Linienschiffe erster und 3 Linienschiffe zweiter Klasse, dazu 4 Küstenpanzerschiffe (mit 4 weiteren in Reserve), 4 Große und 7 Kleine Kreuzer, schließlich Torpedobootflottillen[43]. Rechnete man nur die Linienschiffe, so ergab dies ein Verhältnis von 22 zu 8 bzw. 2,75:1. Mit der begonnenen Verwirklichung der Flottengesetze wurde diese Relation für die deutsche Seite zunächst kaum günstiger.

Sichtbar wurde dies im Frühjahr 1904, als der Beginn des Russisch-Japanischen Krieges der Welt soeben die Möglichkeit der überfallartigen Kriegseröffnung ohne Kriegserklärung vor Augen geführt hatte. Für den Admiralstab war dies ein umso dringenderer Anlass, nach einem die wenigstens zeitweilige Selbstbehauptung ermöglichenden Konzept zu suchen. So entstanden 1904 und 1905 nicht nur die in jährlichen Abständen neu zu fassenden Operationspläne, sondern es wurde auch ein Rückblick auf die Überlegungen seit der Einrichtung des Admiralstabes angefertigt, der als eine Selbstvergewisserung hinsichtlich der eigenen Positionen dienen konnte. So legte man unter dem noch frischen Eindruck des im Februar im Fernen Osten ausgebrochenen Krieges im Admiralstab am 15. März zunächst die jährliche Operationsplanung gegen Großbritannien vor[44]. Das Kräfteverhältnis

---

[41] Nach Taschenbuch der Deutschen Kriegsflotte. Mit teilweiser Benutzung amtlichen Materials. Hrsg. von Bruno Weyer, 1. Jg, München 1900, S. 9–17, 25–35, 170–172, 177.
[42] Lambi, The Navy and German Power Politics (wie Anm. 4), S. 209.
[43] Rang- und Quartierliste der Kaiserlich Deutschen Marine für das Jahr 1900. Nach dem Stande vom 10. November 1899, Redigirt im Marine-Kabinet, Berlin [o.J.], S. 19–23, 27, 30 f., 43.
[44] BA-MA, RM 5/1604, fol. 4–23: »Denkschrift über die Kriegführung gegen England (Sommer 1904)«, 15.3.1904, Verfasser Korvettenkapitän Friedrich Boedicker (Dezernent A4).

war demnach so entmutigend wie in den Jahren zuvor: Im Winter 1904/05 würde Großbritannien in seinen heimatnahen Gewässern bei einer Verstärkung um zwei Drittel seiner Mittelmeerflotte eine Streitmacht aufbieten können, zu der 40 Linienschiffe, 21 Große Kreuzer, 73 Kleine Kreuzer und 103 große Torpedoboote bzw. Zerstörer zählen würden. Die Kaiserliche Marine würde dem nur 15 Linienschiffe, 8 kleinere Küstenpanzerschiffe, 3 Große Kreuzer, 16 Kleine Kreuzer und 31 große sowie 63 kleine Torpedoboote entgegenstellen können[45]. Selbst unter Einbeziehung der keineswegs gleichwertigen deutschen Küstenpanzerschiffe ergab sich damit für die großen Einheiten eine Kräfterelation von 61 zu 26, also von 2,35:1 zu britischen Gunsten.

Angesichts einer derartigen Übermacht schien das britische Vorgehen dem für die Bearbeitung des Kriegsfalles gegen Großbritannien zuständigen Dezernenten kaum zweifelhaft zu sein: Die britischen Verbände würden »wahrscheinlich« bestrebt sein, ohne vorherige Kriegserklärung – japanische Seestreitkräfte hatten dies eben erst vorexerziert – in der Nord- wie in der Ostsee den Kern der Kaiserlichen Marine zu einer Vernichtungsschlacht zu stellen bzw. andernfalls die Schlachtflotte »einzuschließen und die ganze deutsche Küste eng zu blockieren«. »Voraussichtlich« würden parallel dazu »militärische Maßnahmen« auch gegen die belgischen und niederländischen Küsten ergriffen werden. Energische Angriffe auf die deutschen Nordseeinseln sowie vor allem auf die Elbmündung und den Kaiser-Wilhelm-Kanal und die Besetzung einiger Plätze müssten auf jeden Fall erwartet werden. Städte wie Hamburg hätten »Brandschatzungen« zu gewärtigen[46]. In der Ostsee wäre ebenfalls von einer wenn auch nicht ganz so rabiaten britischen Offensive auszugehen. Wenigstens wurde hier kaum mit der Einrichtung britischer Abstützpunkte oder Brückenköpfe auf deutschem Gebiet gerechnet. Allerdings würde auch die dortige Küste in die enge britische Blockade einbezogen sein[47].

Im Hintergrund dieser der britischen Seite auch aufgrund ihrer beträchtlichen Überlegenheit unterstellten Vorgehensweise stand die Überlegung, dass die britischen Seestreitkräfte im Wesentlichen zwei Aufgaben in einem Kriege gegen Deutschland zu bewältigen hätten: zum einen die des »Schutz[es] der eigenen Küste und des eigenen Handels«, zum anderen die der »Vernichtung des deutschen Seehandels«, was auf die vollständige Abschnürung des deutschen Seeverkehrs hinauslief, um so »die wirtschaftliche Lebensfähigkeit Deutschlands zu zerstören und hierdurch den gefährlichen Konkurrenten auf dem Weltmarkte und den immer stärker werdenden Faktor in der Weltmachtpolitik zu beseitigen«. Mit der im Rahmen der zweiten Aufgabe betriebenen Vernichtung oder Einschließung der »deutsche[n] Schlachtflotte« und der »effektive[n] Blockade der ganzen deutschen Küste« würden die britischen Seestreitkräfte »gleichzeitig zur Lösung der ersten Aufgabe [...] in vollkommenster Weise« beitragen. Des Weiteren würde die Royal Navy die für das rheinisch-westfälische Industriegebiet wichtige Ein- und Ausfuhr über belgische und niederländische Häfen entweder durch eine Blockade oder

---

[45] Ebd., fol. 5.
[46] Ebd., fol. 7–11, Zitate fol. 7, 9.
[47] Ebd., fol. 9, 11–13.

durch eine strikte Überwachung zu sperren suchen. Das neomerkantilistische Argument dieser Lagebeurteilung gelangte noch einmal zum Ausdruck, als das britische Interesse an einem langen Krieg unterstrichen wurde, der es Großbritannien erlauben würde, umso gründlicher das Deutsche Reich und seine Wirtschaft machtpolitisch und ökonomisch aus den Absatzgebieten der Welt zu verdrängen[48].

Das davon unterscheidbare strategische Argument für das erwartete britische Vorgehen war in dem bereits zitierten geradezu eleganten Weg enthalten, auf dem von britischer Seite zugleich mit der Angriffs- auch die Schutzaufgabe gelöst werden würde. Auch fand es zwischen den Zeilen im Rahmen der Betrachtung der Aufgaben der Kaiserlichen Marine seinen Niederschlag. Diese bauten weitgehend auf dem erwarteten britischen Vorgehen auf. Die an der Küste vorhandenen örtlichen Verteidigungseinrichtungen sollten verstärkt und die »enge Blockade« der gesamten deutschen Küste dadurch verhindert werden, dass die Ostseezugänge nach Möglichkeit gegen britisches Eindringen gesperrt würden. Die Schlachtflotte sollte sich für die Ausnutzung »günstige[r] Aussichten [...] zur Schädigung der englischen Blockadeflotten« bereithalten. Für den vorliegenden Zusammenhang von Bedeutung waren schließlich die Aufgaben der »Führung eines energischen Handelskrieges«, wovon eine Diversionswirkung auf den Gegner erhofft wurde, und des »Beunruhigen[s]« und des »Unsichermachen[s] der englischen Küsten«. In ihnen schien ein Anreiz für die britische Seite zu liegen, zur Erfüllung der den eigenen Kräften zugedachten Schutzaufgabe die deutschen Seestreitkräfte umso sicherer einzuschließen[49]. (Vom Handelskrieg ernster betroffen konnte indessen bestenfalls der britische Skandinavien- und Ostseehandel sein.)

Allerdings war dabei selbst die um den hohen Preis der brutalen Missachtung der dänischen Neutralität vorgesehene Verminung der Belte – das eklatante britische Übergewicht ließ nur dieses Sperrverfahren zu, und für den Sund konnte gerade auch aufgrund der schwachen eigenen Kräfte nur an die »Bewachung« des Südausganges gedacht werden[50] – lediglich darauf angelegt, die Wucht der britischen Offensive zu dämpfen, nicht aber den Gegner zum möglichst weiten Vorschieben der eigenen Kräfte zu veranlassen. Denn die Vorteile, die nach der Denkschrift der deutschen Seite mit einer solchen Sperrung erwüchsen, erschöpften sich darin, dem Gegner eine enge Blockade der deutschen Ostsee-Häfen zu erschweren, damit in Grenzen die Fortführung des deutschen Ostseehandels und über den Kaiser-Wilhelm-Kanal sogar die teilweise Belieferung von Hamburg zu erlauben, der deutschen Schlachtflotte in der Ostsee »eine verhältnißmäßig [sic] große Bewegungsfreiheit« und ihr wie auch den Torpedobooten die immer noch günstigsten Gelegenheiten zu einem Einsatz gegen die in die Ostsee durchbrechenden britischen Verbände zu verschaffen. Dafür sollte es lohnen, »Dänemark [zu] zwingen[,] der Bundesgenosse Englands zu werden«, eine Entwicklung, die

---

[48] Ebd., fol. 6–8, Zitate fol. 6 f.
[49] Ebd., fol. 13 f.
[50] Ebd., fol. 16; darüber hinaus galt es auch die Interessen der neutralen Ostseeanrainer und das deutsche Bedürfnis zu berücksichtigen, wenigstens den Verkehr über die deutschen Ostseehäfen fortführen zu können.

nicht allein durch die Verletzung dänischer Hoheitsgewässer, sondern auch durch die erforderliche Besetzung dänischer Gebietsteile bewerkstelligt werden würde. Denn da die Belt-Sperren »am besten von Land aus durch Armeetruppenteile bewacht und verteidigt [würden], damit Seestreitkräfte sowohl gespart als auch weniger unnötigen Verlusten ausgesetzt werden [würden, sei] es notwendig, dänisches Gebiet zu besetzen«. Hierfür habe die Armee in dem (allerdings nicht zu erwartenden[51]) Fall eines ausschließlich britisch-deutschen Krieges eine gemischte Brigade zur »Vertheidigung der Minensperren Korsör–Sprogö–Nyborg« zugesagt[52].

Kaum etwas ist besser geeignet, die wahrgenommene eigene Position der Ohnmacht zu illustrieren, die der Schlachtflotte den Einsatz nur unter »besonders günstigen taktischen Umständen«[53] erlauben werde, als diese insgesamt eher begrenzten Vorteile, die sich der Dezernent von dem auch nur mit Hilfe der Armee erfolgversprechenden Neutralitätsbruch erwartete. Und selbst die darüber hinausgehende und dringend erwünschte »vollständige Besetzung Dänemarks« wurde mit Argumenten begründet, die auf die Schwächung des britischen militärischen Angriffs zielten und nicht etwa auf dessen Herausforderung. Hier war es dem Dezernenten »namentlich [um] einen sicheren und schnellen Nachrichtendienst in den dänischen Gewässern sowie die Herrschaft über ein für Torpedobootszwecke besonders geeignetes Gebiet« zu tun[54].

Gerade dieses dramatische Ungleichgewicht der Kräfte, das dem britischen Gegner ein derart rigoroses Vorgehen zu erlauben schien, dürfte auch zumindest mitverantwortlich dafür gewesen sein, dass der britische Angriff in der vom Chef des Admiralstabes, ab 1902 Vizeadmiral Wilhelm Büchsel[55], grundsätzlich gebilligten Denkschrift[56] überhaupt nicht infrage gestellt wurde. Zu trostlos erschien die eigene Lage angesichts einer ebenso idealen wie gänzlich realitätsfernen Forderung, nach der erst »die *dauernde* Seeherrschaft« die deutsche Seite in den Stand versetzte, das Inselreich durch Unterbrechung der Zufuhr oder durch Besetzung in einem

---

51 Vgl. Lambi, The Navy and German Power Politics (wie Anm. 4), S. 213 f.
52 BA-MA, RM 5/1604, »Denkschrift über die Kriegführung gegen England (Sommer 1904)«, 15.3.1904, fol. 17–20.
53 Ebd., fol. 22: »Bei der Unterlegenheit unserer Schiffe der Zahl wie der Gefechtskraft nach wird ein Einsetzen daher nur unter besonders günstigen taktischen Umständen erfolgen dürfen, es sei denn, daß zwingende Gründe ein anderes Verhalten ausdrücklich bedingen.« Vgl. zur Schwäche der unterlegenen deutschen Seite auch ebd., fol. 16 f.
54 Ebd., fol. 20.
55 Nachtrag zur Rangliste der Kaiserlich Deutschen Marine für das Jahr 1902. Nach dem Stande vom 21. Oktober 1902, Redigirt im Marine-Kabinet, Berlin [o.J.], S. 19. Zuvor wirkte von 1900 bis 1902 Vizeadmiral Otto v. Diederichs als Chef des Admiralstabes; Rang- und Quartierliste der Kaiserlich Deutschen Marine für das Jahr 1900. Nach dem Stande vom 8. Mai 1900, Redigirt im Marine-Kabinet, Berlin [o.J.], S. 17. Zu Diederichs vgl. die Biografie von Terrell D. Gottschall, By Order of the Kaiser. Otto von Diederichs and the Rise of the Imperial German Navy, 1865–1902, Annapolis, MD 2003.
56 BA-MA, RM 5/1604, »Sitzung über O.P. II am 6.4.04«, 7.4.1904, fol. 24–25. Die wohl bedeutendste Änderung in Einzelheiten, die der Chef des Admiralstabes vornahm, bezog sich auf die Beteiligung der Armee, die er nur für die begrenzte Besetzung dänischer Gebietsteile vorsehen lassen wollte.

britisch-deutschen Konflikt zur Aufgabe zu zwingen[57]. Dennoch bedeutete dies nicht den Verzicht auf den Versuch, auf die britische Offensive Einfluss zu nehmen. Denn auch diese Überlegungen enthielten Elemente, den Gegner zu einem bestimmten, für die deutsche Seite vorteilhaften Verhalten zu nötigen.

Als im Herbst 1904 der Admiralstab die Zeit gekommen sah, den Großen Generalstab auf die sowohl vorbehaltlosere (also auf die Voraussetzung keiner weiteren Verwicklungen auf dem Kontinent verzichtende) als auch substanziellere Unterstützung einer Inbesitznahme Dänemarks festzulegen[58], gab sich der federführende Dezernent in einem Rückblick auf die Entwicklung des O.P. II, d.h. der Operationsplanung für den Fall eines Krieges gegen Großbritannien, noch einmal Rechenschaft über die eigenen Positionen[59]. Nach den Notizen Boedickers ging der Plan einer Besetzung dänischen Gebietes auf Initiative des Konteradmirals Felix (von) Bendemann von Ende 1899 zurück. Der damalige Admiralstabschef wollte die unter dem Eindruck des »zur See übermächtige[n] England« sich aufdrängende Absicht eines bloßen Abwartens in der Elbe weiterentwickeln hin zu einer aktiven Einflussnahme auf das britische Vorgehen. Die von ihm vorgesehene weiträumige Besetzung der dänischen Inseln durch Operationen von Heer und Flotte würde englische Verbände ohne Zweifel dazu veranlassen, die deutsche Flotte im Bereich der Belte aufzusuchen, was beim Gegner die Kräfteteilung und damit für die deutsche Seite günstigere Aussichten zur Folge haben würde[60]. Im Grundsatz schloss sich Büchsel 1902 dieser Überlegung an, als er die einzige Chance zu etwaigen Erfolgen darin sah, »den Feind [zu] zwingen, sich zu teilen und auch die Ostsee zum Kriegsschauplatz [zu] machen«. Auch er votierte für eine großangelegte Besetzung dänischen Gebietes, die nach seiner Auffassung die Wegnahme »Seelands mit Kopenhagen, [die] Beschlagnahme der dänischen Flotte und [das] Einrücken in Jütland und Fünen« umfassen sollte[61]. Bei beiden von Boedicker wiedergegebenen Gedankengängen der Admiralstabschefs bot allein schon die Existenz deutscher Seestreitkräfte für den britischen Gegner Anreiz oder gar Nötigung genug, diese gerade auch in dem die deutsche Seite begünstigenden Bereich der Ostseezugänge aufzusuchen und zu vernichten[62]. Mit keinem Wort gingen die Betrachtungen zum Werdegang des Operationsplanes gegen Großbritannien auf die Möglichkeit ein, dass die Royal Navy nicht die deutschen Kräfte in der Ostsee aufsuchen würde.

Hinter dieser Überzeugung stand jedoch mehr als eine in verkürzter Lesart erfolgte bloße – und dabei auch nur vermeintliche – Übernahme von Clausewitz' Grundsätzen, wonach es im Letzten auf die Vernichtung der feindlichen Streit-

---

57 BA-MA, RM 5/1604, »Denkschrift über die Kriegführung gegen England (Sommer 1904)«, 15.3.1904, fol. 4.
58 BA-MA, RM 5/1604, fol. 36–37: Vermerk zu »Übersicht über die Entwicklung des O.P. II (September 1904)«, 3.10.1904, gez. Boedicker (Dezernent A4).
59 BA-MA, RM 5/1604, fol. 38–45R: »Bemerkungen zu O.P. II (September 1904)«.
60 Ebd., fol. 38, 38R.
61 Ebd., fol. 40R.
62 Ebd., fol. 42.

kräfte ankommen müsse⁶³. Ebenso wenig handelte es sich hier nur um die bedenkenlose Wiedergabe navalistisch geprägter Verhaltenserwartungen⁶⁴, so eindeutig diese in den damaligen Überlegungen des Admiralstabes ihre Spuren hinterlassen hatten. Denn schon der Entwurf der Denkschrift zu dem nächsten, für das Jahr 1905 geltenden O.P. II benannte konkreter die militärischen deutschen Optionen, welche die britischen Verbände zu einer Abriegelung der deutschen Stützpunkte veranlassen würde.

Anfang 1905 bilanzierte Boedicker zunächst die Konsequenzen der jüngsten politischen Verschiebungen: Die Verwicklung Russlands im Fernen Osten hatte in seinen Augen einen kriegerischen Konflikt mit dem Zweibund »unwahrscheinlich« werden lassen. Dagegen wich infolge der *Entente cordiale* die Gefahr eines isolierten britisch-deutschen Waffenganges der eines Krieges mit einer britisch-französischen Koalition. Für diesen Kriegsfall hob der bereits korrigierte und von Büchsel abgezeichnete Entwurf zur Denkschrift mit einem besorgten Seitenblick auf die Gebietsverletzungen, die nach den Operationsplänen des Großen Generalstabs beabsichtigt waren, das herausragende deutsche Interesse an der fortgesetzten Neutralität der Niederlande und Belgiens hervor, die trotz der zu befürchtenden britischen Kontrolle auch von deren Handel die Aussicht biete, unter der engen britischen Blockade wenigstens einen Teil des deutschen Seeverkehrs über die Häfen dieser Staaten abwickeln zu können. Demgegenüber blieb die gänzliche Missachtung der dänischen Neutralität gemäß diesen im Admiralstab angestellten Überlegungen ein Gebot militärischer Notwendigkeit⁶⁵.

Trotz des Hinzutritts Frankreichs änderte sich die im engeren Sinne militärische Lagebeurteilung nicht wesentlich, allenfalls dass die in Deutschland infolge der britischen Abschnürung zu besorgende »finanzielle und soziale Krisis« mit einer Art Schadloshaltung an Frankreich gemildert werden könnte. Zudem erschien jetzt die Aufgabe der Royal Navy, »die deutsche Flotte zu vernichten«, gleichrangig neben der, »den deutschen Seehandel zu vernichten,« und der, »die eigene Küste und den eigenen Handel zu schützen«. Überdies wurde gemäß der öffentlich vertretenen Risikotheorie der britischen Seite die Maxime unterstellt, auch nach dem Sieg über die Kaiserliche Marine gegenüber den anderen Seemächten über ausreichend überlegene Seemachtmittel zu verfügen⁶⁶. In seinen

---

[63] Zu Clausewitz und der mitunter verkürzenden Rezeption dieser Maxime vgl. Volkmar Regling, Grundzüge der Landkriegführung zur Zeit des Absolutismus und im 19. Jahrhundert. In: Volkmar Regling, Heinz-Ludger Borgert und Bernhard R. Kroener, Grundzüge der militärischen Kriegführung 1648–1939, München 1979 (= Handbuch zur deutschen Militärgeschichte. Hrsg. vom Militärgeschichtlichen Forschungsamt, 5, Abschnitt IX), S. 11–425, hier S. 320–327, besonders S. 324 f.

[64] Diesen Eindruck mag der Leser bei der Lektüre von Hobson, Imperialism at Sea (wie Anm. 2), S. 278–284, hier besonders S. 278–280, gewinnen.

[65] BA-MA, RM 5/1604, fol. 61–99: »Denkschrift zum O.P. II (1905)«, 1.1.1905 (Überschrift nach fol. 62: »Denkschrift über die Kriegführung gegen England 1905«), von Büchsel am 5.2. abgezeichnet (Verfasser nach Handschrift und Paraphe vom 25.2. Korvettenkapitän Friedrich Boedicker, Dezernent A4), hier fol. 62–66 (Zitat fol. 62).

[66] Ebd., fol. 61–88, Zitate fol. 71, 73.

Grundzügen aber ähnelte das vorhergesehene britische Vorgehen den Erwartungen des Vorjahres.

Wieder war nach dem durchgesehenen Entwurf zur Denkschrift vor allem der mit weit überlegenen Kräften geführte plötzliche, rasche britische Schlag gegen die deutsche Schlachtflotte zu gewärtigen, wieder auch – bei ausbleibender Gelegenheit zur Schlacht – als Alternative die enge Blockade der deutschen Seestreitkräfte und Handelsschifffahrt unter Einschluss eines Angriffs auf das westliche Schleusenwerk des Kaiser-Wilhelm-Kanals und der Festsetzung auf einem Teil der deutschen Nordseeinseln. Ebenso wenig fehlten der Hinweis auf den britischen Gewinn an einem langen, weil das Reich von den Weltmärkten je länger, desto nachhaltiger ausschließenden Krieg und überhaupt das der Gegenseite unterstellte neomerkantilistische Motiv[67]. Trotz der in dem Papier durchweg vernachlässigten Verstärkung durch französische Flottenteile wurde allerdings nicht mehr mit einem sofortigen britischen Vordringen in die Ostsee gerechnet. Stattdessen würden britische Verbände parallel zu der engen Abschließung der deutschen Nordseehäfen im Skagerrak einen Riegel errichten, »um zunächst hier den deutschen Ostseehandel abzuschließen und das Vorgehen deutscher Kreuzer gegen den englischen Handel und die englischen Küsten von dort aus zu verhindern«[68]. Genau hierin lag die vorher augenscheinlich nur am Rande mitbedachte, nunmehr ausdrücklich aber auch so bezeichnete eigentlich militärische Veranlassung für die britische Seite, die deutschen Seestreitkräfte möglichst zuverlässig einzuschließen. Die sich an das »wahrscheinliche [...] Vorgehen« der Royal Navy anlehnenden deutschen »Aufgaben« enthielten spiegelbildlich dazu neben erstens dem Versuch, im Sinne der bekundeten Risikotheorie und mit Rücksicht auf einen späteren Neuaufbau die Vernichtung der eigenen Schlachtflotte der britischen möglichst teuer zu stehen kommen zu lassen, dann neben zweitens dem Bemühen, einen Resthandel über die deutschen Ostseehäfen zu ermöglichen, schließlich drittens auch die Aufgabe, »den englischen Handel und die englischen Küsten zu beunruhigen, damit der englischen Bevölkerung der Kriegszustand zum Bewußtsein gebracht wird und möglichst viel englische Seestreitkräfte zum Schutz des englischen Handels gebunden und damit den an der deutschen Küste operierenden Flotten entzogen werden«. Wiewohl es mithin hier – wie schon im Vorjahr – nach wie vor darum ging, die Blockadeverbände auszudünnen, nicht also zu der ja befürchteten engen Blockade zu provozieren, verbarg sich hinter der Drohung deutscher Operationen vor der britischen Küste die auch jenseits aller neomerkantilistischen Motive oder kriegstheoretischen Denkfiguren auf der britischen Seite gesehene Nötigung, eine Skagerrakstellung aufzubauen. Diese wiederum sollte wie zuvor schon der deutschen Flotte Ansatzmöglichkeiten zu »energisch[en]« Angriffen bieten und darüber die Gelegenheit eröffnen, die gegnerische Kräfteteilung zu vertiefen, britische Verbände in die Ostsee zu ziehen und dabei in möglichst verlustreiche Gefechte in

---

[67] Ebd., fol. 68–81; zur navalistischen Deutung des erwarteten britischen Verhaltens vgl. auch ebd., fol. 65: »Will England den deutschen Seehandel vernichten, und das ist der Zweck des Krieges [!], so muß es auch die deutsche Ein- und Ausfuhr über Belgien und Holland unterbinden«.
[68] Ebd., fol. 80 f., Zitat fol. 81.

den dänischen Meerengen zu verwickeln, was allerdings wiederum nur mit der »Besetzung des neutralen Dänemarks auf Jütland, Fühnen [sic], Sprogoe und Seeland« durch Armeeverbände hinreichende Aussichten auf Erfolge zu verheißen schien[69].

Wenngleich unter dem Eindruck der eigenen Unterlegenheit die erwartete britische Offensive 1904/05 als ein sich von selbst verstehendes Vorgehen zur Grundlage eigener Operationsplanungen genommen wurde und obschon der Tenor der damaligen Denkschriften die ideologische Handschrift keineswegs vermissen ließ, hatte darin doch auch die militärische Überlegung der Dienstschrift Nr. IX ihre Spuren hinterlassen, nach welcher der Bereich vor der gegnerischen Küste tragfähige Optionen zur Ausübung eigenen Druckes bot. Der Admiralstab folgerte für den britischen Gegner daraus die Veranlassung, durch eine Absperrung ein deutsches Vordringen an die britischen Küsten zu verhindern. Der Stellenwert dieses Argumentes sollte sich zeigen, als im noch kaum angebrochenen Jahr 1905 die bisherige Operationsplanung mit ihrer Abstützung auf den Bruch der dänischen Neutralität ins Wanken geriet.

Im Frühjahr 1905 hatte Büchsel sein Ringen mit dem Großen Generalstab, diesen zu einer verlässlicheren Zusage hinsichtlich der beabsichtigten Besetzung Dänemarks zu bewegen, verloren geben müssen. Der Kaiser hatte angesichts der strategischen Nöte des Heeres gegen den Admiralstab entschieden. Die nach einer späteren Aufzeichnung des Admiralstabes »zur Besetzung von Jütland[,] Fühnen [und] Seeland« benötigten sechs Divisionen, »sämtlich mit besonders starker Artillerie«, standen definitiv nicht zur Verfügung[70]. Am 21. März entwickelte Büchsel vor Wilhelm II. die Konsequenzen dieser Entscheidung für die Marine, nach der sie »mit einer Unterstützung ihrer Kriegführung seitens der Armee durch Besetzung dänischen Gebiets nicht mehr rechnen solle«[71]. Von dem nur wenige Wochen zuvor durchgesehenen Entwurf zur Denkschrift zum O.P. II war noch die Erwartung einer überfallartigen und engen Blockade der deutschen Nordseehäfen und einer Abriegelung im Skagerrak durch die Royal Navy geblieben, was gleichzeitig bedeutete, dass ein Einlaufen britischer Flottenteile in die Ostsee vorerst als eher unwahrscheinlich gelten musste. Mit dem Wegfall der für die deutschen Minen-, Torpedoboot- und Schlachtflottenoperationen in der Besetzung dänischen Gebietes gelegenen Voraussetzung musste Büchsel den bisher für die Flotte im Kattegat geplanten Aufmarschraum aufgeben[72]. Wie er bedauernd feststellte, war die Kaiserliche Marine jetzt nicht mehr in der Position, dem »Feind [...] den Kriegsschauplatz aufzwingen [! zu] können«. Vielmehr habe man sich nun an »allen Möglichkeiten« des gegnerischen Handelns zu orientieren[73]. Gerade angesichts

---

[69] Ebd., fol. 81–88, Zitate fol. 81 f., 84 f.
[70] BA-MA, RM 5/1607, fol. 75–80: Admiralstab der Marine -A 1481 IV-, »Ostsee oder Nordsee als Kriegsschauplatz«, als Ms gedruckt 11 S., 18.8.1910, hier fol. 78–78R (= S. 7 f.); Zitat fol. 78R (= S. 8).
[71] BA-MA, RM 5/1604, fol. 105–112: »Zum Immediatvortrag. 21.III.05«, 20.3.1905, von Büchsel mit Einverständnisvermerk des Kaisers paraphiert, Zitat fol. 105.
[72] Ebd., fol. 106–107.
[73] Ebd., fol. 105R–106.

der zu befürchtenden britischen Angriffe gegen Punkte an der deutschen Nordseeküste und in Anbetracht der großen Überlegenheit des Gegners warb Büchsel vor dem Kaiser dafür, »die gesammte aktive Schlachtflotte in der Elbe aufmarschieren zu lassen«. Dort sollte sie »eine offensive Kriegführung in Anlehnung an unsere Küste« aufnehmen, was darauf hinauslief, den Gang der Dinge abzuwarten in der Hoffnung, dass der Gegner wenigstens einen Teil seiner Übermacht während eines aufreibenden Blockadedienstes einbüßen werde, bis dahin aber die Schlacht nicht zu suchen[74]. Bei diesen Überlegungen wurde die Option, mit Operationen vor der Küste des Gegners diesen unter Druck zu setzen, nicht gänzlich übergangen, erschien aber mehr nur an versteckter Stelle, als Büchsel die Unwahrscheinlichkeit einer Verlagerung der britischen Hauptkräfte in die Ostsee u.a. damit begründete, dass »die Engländer [...] so [...] ihre Verbindungslinie mit der Ostküste Englands und letztere selbst unseren Angriffen von der Elbe aus preisgeben« würden[75].

Gleichwohl war die Überzeugung, dass in dem Seegebiet vor der eigenen oder gegnerischen Küste der für das Kriegsgeschehen wesentliche Raum anzusiedeln war und dass es für beide Seiten demzufolge darauf ankommen musste, vor der Küste des anderen zu erscheinen und diesen an Operationen vor der eigenen Küste zu hindern, nach wie vor fest im strategischen bzw. operativen Denken des Admiralstabes verankert. Das Memorandum Büchsels zum Operationsplan gegen Großbritannien für 1906, das – sieht man einmal von der Frage etwaiger Verbündeter des als überragender Hauptgegner angesehenen Inselreiches ab – mit seinen wesentlichen Aussagen auch in der Planung für 1907 Bestand haben sollte[76], ging nach wie vor von einer überwältigenden britischen Überlegenheit aus[77]. In sinnge-

---

74   Ebd., fol. 108–110, Zitate fol. 108, 109.
75   Ebd., fol. 107–107R.
76   BA-MA, RM 5/1604, fol. 149–168: »Denkschrift über die Kriegführung gegen England. 1906. – O.P. II. –«, fol. 149 hdsl. Vermerk: »Diese Denkschrift ist S. M. d. Kaiser am 3.4.06 vorgelesen u. allerh. derselbe hat sich mit dem Wortlaut einverstanden erklärt. [gez.] Büchsel, 3.4.06«; während diese Denkschrift lediglich abschließend auf die Möglichkeit einer »Beteiligung Frankreichs und Russlands als Bundesgenossen Englands« einging – vgl. ebd., fol. 151 (Zitat), fol. 166R–168 –, geht »Entwurf zur Denkschrift zum O.P. 1907« (BA-MA, RM 5/1604, fol. 202–220, mit Vermerk der kaiserlichen Genehmigung, gez. Büchsel, 21.5.1907, ebd., fol. 202) von einer britisch-französischen Koalition aus (ebd., fol. 204). Darüber hinaus verzichtet das Memorandum zum Operationsplan für 1907 weitgehend auf die in der Denkschrift des Jahres noch anzutreffenden Ableitungen des Kriegszwecks (und auch streckenweise des Kriegsverlaufs) aus dem ideologischen Argument der Handelsrivalität.
77   BA-MA, RM 5/1604, fol. 131: »Übersicht über Kriegsbereitschaft und Stärkeverhältniß der englischen und deutschen Flotte Sommer 1906« mit Bearbeitungsvermerken vom 23. und 24.3.1906. In der Kategorie »a. Sofort verwendungsbereit in den heimischen Gewässern«, der angesichts des befürchteten überfallartigen Vorgehens Großbritanniens besondere Bedeutung zukam, betrug das britisch-deutsche Kräfteverhältnis bei Linienschiffen 31:16, bei Panzerkreuzern 12:2, Großen geschützten Kreuzern 3:0, bei Kleinen Kreuzern 12:6, bei Torpedokanonenbooten 8:0 sowie bei Zerstörern und Torpedobooten 100:37. Selbst ohne Einrechnung der im Mittelmeer sofort verwendungsbereiten britischen Einheiten ergab dies ein Kräfteverhältnis bei den großen Schiffen von 2,5–2,6:1 zu britischen Gunsten. BA-MA, RM 5/1604, »Denkschrift über die Kriegführung gegen England. 1906. – O.P. II. –«, fol. 151–151R ergänzt dazu: »Diese materielle Ueberlegenheit können wir zur Zeit weder durch eine grössere Kriegsbereitschaft noch eine bessere Ausbildung ausgleichen. Die Kriegsbereitschaft der englischen Flotte ist grösser als die der deutschen Flotte:

treuer Paraphrasierung des Gedankenganges in der Dienstschrift Nr. IX zog der Admiralstabschef daraus die Folgerung, »dass wir einen Angriffskrieg [i.e. die strategische Offensive] an der feindlichen Küste mit Aussicht auf Erfolg nicht führen können, sondern den Feind in unseren Gewässern erwarten müssen«. Der Gegner und nicht die eigene Seite könne »das Gesetz des Handelns vorschreiben«[78].

Nach dieser für das Bild der Kaiserlichen Marine vom Seekrieg charakteristischen Unterscheidung, welche den Stellenwert des Seeraumes vor der Küste unterstreicht, griff Büchsel die Vorstellungen der Vorjahre zum operativen Ablauf eines britisch-deutschen Seekrieges mit einigen Modifikationen erneut auf: Wieder stand zunächst das neomerkantilistische Motiv, das Reich vom Weltmarkt verdrängen zu wollen, im Vordergrund. Ziele Großbritanniens in einem Kriege seien zum einen die »[m]öglichst baldige und vollkommene Vernichtung der deutschen Flotte« als der militärischen Absicherung des deutschen wirtschaftlichen Aufstiegs, zum anderen die »Wegnahme der deutschen Handelsflotte, Unterbindung des gesammten Seeverkehrs Deutschlands, Brandschatzung oder Zerstörung deutscher Seehandelstädte«[79]. Hinsichtlich der Verwirklichung dieser Ziele unterschied Büchsel dann prinzipiell zwei erwartete Vorgehensweisen, die beide von Maßnahmen in Übersee und zur Unterbindung des deutschen Seeverkehrs über Belgien und den Niederlanden flankiert würden: Kämen allein militärische Erwägungen in Betracht, dann müsse mit der »rücksichtslose[n] Offensive« britischer Seestreitkräfte gerechnet werden, die sich je nach den Umständen zuerst gegen die deutsche Flotte oder den Westausgang des Kaiser-Wilhelm-Kanals wenden würde[80]. Müsse Großbritannien allerdings Rücksicht auf seine Überlegenheit gegenüber Dritten nach dem Kriege nehmen, also gemäß der öffentlich verlauteten Variante der Risiko-Theorie größere eigene Verluste vermeiden, so sei mit einer »engen Blockade« zuvörderst der deutschen Nordseehäfen zu rechnen, womit eine von der Royal Navy herbeigeführte Vernichtungsschlacht im freien Wasser verbunden sein könne. Das wiederum schließe das britische Bestreben ein, sich auf der deutschen Nordseeküste vorgelagerten Inseln festzusetzen[81]. Als eine weitere Möglichkeit stehe den britischen Seestreitkräften zur Minimierung ihrer Verluste die »Weite Blockade« offen. Gemeint war damit eine immer noch verhältnismäßig nahe Riegelstellung, zu der nach wie vor britische Streitkräfte einen oder mehrere Punkte vor der deutschen Nordseeküste besetzen würden, während das »Blockadegros [sich] voraussichtlich in einer Mittelstellung nordwestlich von Helgoland halten« würde und »nur leichte Streitkräfte nach der Helgoländer Bucht und nach dem Kattegat zur Beobachtung [...] vorgeschoben« würden[82]. Bei der Diskussion der britischen Optionen glaubte

---

sie bleibt im ganzen Jahr im allgemeinen auf derselben Höhe. Das englische Personal ist mindestens so gut ausgebildet wie das unsrige; die englischen Führer werden ihre Ueberlegenheit tactisch, die hohe Kriegsbereitschaft ihrer Flotten strategisch richtig ausnutzen.«

[78] BA-MA, RM 5/1604, »Denkschrift über die Kriegführung gegen England. 1906. – O.P. II. –«, fol. 151R.
[79] Ebd., fol. 152.
[80] Ebd., fol. 152R–155, Zitat fol. 152R.
[81] Ebd., fol. 152R, 155–156R.
[82] Ebd., fol. 156R–157, Zitat fol. 157.

Büchsel diese »weite« Blockade jedoch als »nicht [...] sehr wahrscheinlich« beiseite schieben zu können. Dabei kam trotz des in der Denkschrift nach wie vor mit Händen zu greifenden Einflusses einer navalistischen Ideologie wieder das unabhängig davon geltende militärische Argument zum Vorschein, das die britischen Seestreitkräfte zum engen Abschluss veranlassen werde: Nicht nur wäre eine immer noch in der Nähe von Helgoland errichtete »weite« Blockade nicht »ganz effectiv«, nicht nur gewönne die deutsche Schlachtflotte zusammen mit den Torpedobooten damit eine größere »Bewegungsfreiheit« und nicht nur fehlte den britischen leichten Blockadeeinheiten die zuverlässige Abstützung auf schwere Einheiten; vielmehr könnten dann deutsche Vorstöße »gegen den englischen Handel und die englische Küste leichter ins Werk gesetzt werden«[83]. So zählte es wiederum zu den deutschen Antworten auf das erwartete britische Vorgehen, nicht nur die Schlachtflotte »*auf* der Elbe« zu konzentrieren, um dort noch unter möglichst günstigen Umständen, gegebenenfalls dann aber doch um den Preis des eigenen Untergangs den britischen Schaden in einer Schlacht zu maximieren, sondern auch durch einleitende Torpedoboot- und Minenoffensiven die britische Küste zu beunruhigen[84]. Obzwar solche Offensiven auch hier wie in den Planungen der Vorjahre nicht dazu dienen sollten, die britische Seite zu einer engen Blockade zu zwingen, sondern – wie es die Denkschrift zum Plan für 1907 besonders deutlich werden ließ – lediglich die Bindung und Schwächung der für die britische Offensive verwendbaren Verbände bezweckten[85], ließ doch dieser Ansatz abermals die ›Mechanik‹ des antizipierten Seekriegsgeschehens mit dem an der jeweiligen Gegnerküste zu verortenden zentralen Operationsobjekt erkennen.

2. Unter Friedrich Graf von Baudissin (1908/09), Max von Fischel (1909‑1911) und August von Heeringen (1911‑1913): das Seekriegsbild der Dienstschrift Nr. IX im Einflussfeld einer sich wandelnden Technik

Der 1908 vollzogene Wechsel in der Chefstelle des Admiralstabes von Büchsel zu Admiral Friedrich Graf von Baudissin[86] fiel zusammen mit einer Auswertung der britischen Seemanöver, welche die in den Vorjahren noch für unwahrscheinlich gehaltene weite Blockade nunmehr als eine durchaus zu erwartende britische Vorgehensweise nahelegte. In der Tat hatte sich die britische Admiralität unter der energischen Führung des Ersten Seelords, Admiral of the Fleet Sir John Fisher, von einer Dislozierung der Schlachtflotte unter der deutschen Küste mehr und mehr abgewandt, sodass 1908 der Oberbefehlshaber der Kanalflotte für den Kriegsfall angewiesen wurde, nachts das Gros auf einen Sicherheitsabstand von 170 sm von der deutschen Küste zurückzunehmen, wobei eine Kreuzer-Zerstörer-

---

[83] Ebd., fol. 157‑157R.
[84] Ebd., fol. 157R‑166, Zitat fol. 160R (Hervorhebung durch Unterstreichung im Original).
[85] BA-MA, RM 5/1604, »Entwurf zur Denkschrift zum O.P. 1907«, fol. 219; vgl. dazu auch Besteck, Die trügerische »First Line of Defence« (wie Anm. 6), S. 63.
[86] Rangliste der Kaiserlich Deutschen Marine für das Jahr 1908. Nach dem Stande vom 6. Mai 1908, Redigiert im Marine-Kabinett, Berlin [o.J.], S. 14.

Gruppe innerhalb der Deutschen Bucht verbleiben sollte[87]. Noch im März 1908 erwirkte Baudissin beim Kaiser das Einverständnis für seine Absicht, die bisherige »Denkschrift zu dem Operationsplan [...] ein[zu]ziehen« und die Neuausgabe erst nach eingehender Prüfung vorzunehmen[88]. Der Immediatvortrag, der wie schon die unmittelbar vorangegangene Denkschrift Bezüge zur neomerkantilistischen Ideologie nun spürbar vermissen ließ, ging dabei nach wie vor von »vorgeschobenen feindlichen Blockadestreitkräfte[n]« aus. Die »Bekämpfung« dieser leichten Seestreitkräfte, die »mit Sicherheit anzutreffen« seien (während »voraussichtlich das feindliche Gros [sich] nicht dicht vor unseren Flussmündungen« aufhalten werde), solle den ersten Schritt dazu darstellen, zu jenem »Kräfteausgleich« zu gelangen, der seit 1905 die Voraussetzung für den Einsatz der Flotte in der »Entscheidungsschlacht« gebildet habe[89]. Abermals unterstrich Baudissin die Rolle von Vorstößen gegen die britische Küste, welche eine Entlastung von der britischen Offensive bringen sollten, selbst wenn diese nur von leichten Seestreitkräften bis unmittelbar an die deutsche Küste vorgetragen werden würde[90]. Auch wenn nicht mehr mit der Stationierung schwerer britischer Einheiten dicht vor den deutschen Flussmündungen gerechnet wurde, erschien solche Ablenkung britischer Kräfte umso gebotener, als sich die Qualität des britischen Angriffs zu verändern drohte. Denn in deutlicher Abkehr von Büchsel, der noch 1905 die Bedrohung »durch Untersee- und Torpedoboote« in der Elbe als »nicht hoch« eingeschätzt hatte[91], nahm Baudissin diese neue Form der Bedrohung sehr ernst: »Die stetige Weiterentwicklung des englischen Unterseeboots- und Minenwesens mit der deutlich erkennbaren Absicht ihrer offensiven[,] wenn nicht sogar überraschenden Verwendung an unserer Küste stellt uns vor neue schwere Probleme, die mit unseren bisherigen Erfahrungen nicht zu lösen sind[92].«

Im Herbst waren die Arbeiten soweit abgeschlossen, dass Baudissin dem Kaiser die Grundlinien einer neuen Operationsplanung erläutern konnte[93]. Die in erster Linie um eine britisch-deutsche Auseinandersetzung kreisenden Überlegun-

---

[87] Arthur J. Marder, From the Dreadnought to Scapa Flow. The Royal Navy in the Fisher Era, 1904-1919, vol. 1: The Road to War, 1904-1914, London, New York, Toronto 1961, S. 369 f.
[88] BA-MA, RM 5/1607, fol. 6-9R: »Immediatvortrag zur A.O. an den Chef der Hochseeverbände für den Krieg gegen England 1908«, 12.3.1908, gez. Baudissin, Vermerk Baudissins vom 24.3. zur kaiserlichen Genehmigung ebd., fol. 6. Vgl. ferner zur Manöverauswertung ebd., fol. 6-6R: »Aus den letzten grossen englischen Flottenmanövern hat sich mit grosser Wahrscheinlichkeit ergeben, dass die Engländer zur Zeit beabsichtigen, ihr Blockadegros ausserhalb des Aktionsbereichs unserer Torpedofahrzeuge die Entscheidungsschlacht erwarten zu lassen.«
[89] BA-MA, RM 5/1607, »Immediatvortrag zur A.O. an den Chef der Hochseeverbände für den Krieg gegen England 1908«, 12.3.1908, fol. 6-7.
[90] Ebd., fol. 7R-8: »Der Kräfteausgleich soll ferner, wie bisher, durch offensive Unternehmungen gegen den Seehandel, die Küsten und Kabelverbindungen des Feindes gefördert werden in der Erwartung, dass der Feind zum Schutz seiner bedrohten Interessen Streitkräfte vom Hauptkriegsschauplatz detachieren wird. Auch wird die Eröffnung der Feindseligkeiten durch einen überraschenden Torpedobootsangriff unsererseits im Auge behalten.«
[91] BA-MA, RM 5/1604, »Zum Immediatvortrag. 21.III.05«, 20.3.1905, fol. 108R.
[92] BA-MA, RM 5/1607, »Immediatvortrag zur A.O. an den Chef der Hochseeverbände für den Krieg gegen England 1908«, 12.3.1908, fol. 8-8R.
[93] BA-MA, RM 5/1607, fol. 13-26: »Zum Immediatvortrag« (Oktober 1908), vorgetragen am 24.10.1908, gez. Baudissin.

gen⁹⁴ verorteten die Möglichkeiten des britischen Handelns zwischen »2 Extremen«, »nämlich 1.) dem rücksichtslosesten Draufgehen mit dem unmittelbaren Zweck, unsere Flotte zu vernichten, sowie deren Wiederaufbau zu unterbinden, und 2.) Einem Abschluss der Nordsee auf dem Grundsatz der Ökonomie der Kräfte«. Beide Maßnahmen – und hier war ein Fortwirken der unter Büchsel mehrfach bekundeten neomerkantilistischen Weltsicht nicht auszuschließen – hätten »bei der Stärke und Schlagfertigkeit der englischen Flotte die Erreichung des ersten englischen Kriegszwecks[,] unseren sofortigen Abschluss vom Weltverkehr über See[,] zur Folge«⁹⁵. Aus der schon früher damit verbundenen Einsicht, dass ein langer Krieg Großbritannien alle Vorteile zuspiele, dem Reich indessen schade, zog Baudissin gegen vormalige Empfehlungen die doch auch konsequentere Folgerung, nicht mit dem Einsatz der Hochseeflotte zuzuwarten, sondern diese sofort einzusetzen: »Die Hochseeflotte muss also heraus, so wie wir sie mit Kriegsausbruch fertig stellen können, um den Gegner zu schlagen, wo sie ihn findet⁹⁶.«

Dieses Drängen auf das sofortige Suchen der Schlacht stellte den eigentlichen Bruch mit Sicht und Vorgehensweise des Vorgängers dar, weniger hingegen die Alternative eines britischen »Abschluss[es] der Nordsee auf dem Grundsatz der Ökonomie der Kräfte«. Denn zu den Erwägungen, die das unverzügliche Einsetzen der Hochseeflotte geboten erscheinen ließen, zählte schließlich auch die Analyse operativer Bedingungen. Sie verrieten ihrerseits, dass, wie schon im Immediatvortrag vom März und wie auch schon im Rahmen der »weiten« Blockade Büchsels, das Erscheinen britischer leichter Einheiten vor den deutschen Flussmündungen als nahezu selbstverständlich angenommen wurde. So sei mit an Sicherheit grenzender Wahrscheinlichkeit von einer britischen Minenoffensive auszugehen, welche die Hochseeflotte womöglich binnen Stundenfrist einschließen könne. Die durch überlegene leichte Seestreitkräfte gesicherten Minensperren würden es überhaupt nicht mehr erlauben, an die gegnerischen »Schlachtschiffe [...] heranzukommen«. Gleichzeitig würden britische Torpedo- und Unterseeboote der Hochseeflotte jeden operativ nutzbaren Aufmarsch- und Rückzugsraum in der Elbe nehmen – sie müsste sich schon »bis ins Innerste oder in den Kaiser Wilhelm Kanal« zurückziehen, um hinreichenden Schutz zu erlangen. Das aber käme dem Verzicht auf die eigenen Wirkungsmöglichkeiten gleich⁹⁷. Auch wenn bei diesem Plädoyer zugunsten des sofortigen Schlagens das gegnerische Gros und dessen Teile das Ziel bildeten, stellte wiederum die britische Ostküste den geografischen Raum dar, auf den die deutschen Operationen zielen sollten. Dies galt für den von

---

⁹⁴ Ebd., fol. 14R.
⁹⁵ Ebd., fol. 14R–15 (Zitat fol. 15). Immerhin verhehlte Baudissin, ebd. fol. 16, nicht seine Skepsis gegenüber der aus der Ideologie abgeleiteten bisherigen Erwartung, dass Großbritannien aggressiv gegen seinen Rivalen vorgehen werde, schließlich sei »es [...] eine Tatsache, dass wir bis heute nicht angegriffen wurden«. Vgl. auch ebd., fol. 17R–18.
⁹⁶ Ebd., fol. 15R–19, die Diskussion der übergeordneten politischen und strategischen, nicht der eigentlich operativen Gründe, die den sofortigen Einsatz nahe legen; Zitat fol. 23R.
⁹⁷ Ebd., fol. 20R–22; vgl. auch das Zitat fol. 20R: »Obgleich wir uns gegen diese Erkenntnis sozusagen geradezu gesträubt haben, hat jedes Manöver zur Evidenz erwiesen, dass wir mit einer so hochgradigen Wahrscheinlichkeit auf einen Minenabschluss rechnen müssen, dass es sich für uns um Stunden handeln kann, ob wir noch herauskommen.«

den Flottenoperationen unabhängigen »Kleinkrieg [, der] auf Sonderunternehmungen [...], für welche die feindliche Küste das wichtigste Ziel ist«, beschränkt werden sollte[98], wie für den eigentlichen Vorstoß der Hochseeflotte, der sich gegen die »feindliche Küste« wenden sollte[99], zumal es Baudissin eine »offene Frage [war], ob wir nicht mit einer Beschäftigung des Gegners unter seiner eigenen Küste, wenn uns dies gelingt, unsere Mündungen besser offen halten als mit einer Schlacht unmittelbar vor ihnen«[100].

Die Ausführungen des neuen Admiralstabschefs zeigen dreierlei: zunächst einmal ein für die deutsche Seite nach wie vor ernüchterndes Kräfteverhältnis[101], das lediglich die Aussicht bot, statt »allmählich [zu] verbluten«, doch »Krieg geführt und eine Schlacht gehabt« zu haben, bei der »es ohne eine Schwächung Englands nicht abgeh[en]« werde[102]; sodann nach wie vor das Bestreben, die Wirkung der etwaigen britischen Offensive herabzusetzen (wiederum also nicht diese allererst zu provozieren) und schließlich unverändert die Küste als zentralen Ort einer Druckausübung. Die für 1909 gefertigte Operationsdirektive »an den Chef der Hochseeverbände« erteilte diesem demgemäß die »Aufgabe«, den Gegner mit dem Ziel maximaler Schädigung und unter Aufbietung aller eigenen Kräfte unverzüglich anzugreifen. Bei einem Verfehlen des Gegners sollten »Küstenplätze« und »Schiffahrt« im Bereich von »Dover, Themse, Harwich, Humber, Tyne oder Teesbay, Firth of Forth [und] Dundee« durch Minenverseuchung sowie »durch andere Massregeln« geschädigt werden[103].

Ausgerechnet der Übergang zum Großkampfschiffbau, der, eingeleitet von britischer und nachvollzogen von deutscher Seite, das Übergewicht der Royal Navy zwar nicht beseitigte, es aber doch zumindest zunächst ein wenig schmälerte, trug mit dazu bei, dass schon ab Ende 1909 die sehr riskante offensive Vorgehensweise

---

[98] Ebd., fol. 20.
[99] Ebd., fol. 23R.
[100] Ebd., fol. 25.
[101] Ebd., fol. 28-29R, beigefügt sind Übersichten zum Stärkeverhältnis, nach denen am ersten Tag eines deutsch-britischen Krieges mit 25 gegnerischen Linienschiffen gerechnet wurde, zu denen bis zum sechsten Tag weitere 26 hinzukommen würden. Die Kaiserliche Marine konnte dagegen lediglich 16 Linienschiffe aufbieten, die dann noch um fünf weitere sowie acht keineswegs gleichwertige Küstenpanzer verstärkt würden. Bezieht man abermals die erheblich schwächeren Küstenpanzerschiffe in die Relation ein, so ergab dies ein Stärkeverhältnis von 1,7 - 1,8:1 zu britischen Gunsten. Bei den Panzerkreuzern war die britische Überlegenheit wiederum noch erdrückender, nämlich 26 zu 6 Einheiten. Insgesamt also hatte sich bei großen Schiffen das Kräfteverhältnis mit 2,2:1 noch nicht nennenswert im Sinne der Kaiserlichen Marine verbessert. Kaum günstiger war die Kräfterelation bei den Geschützten Kreuzern: 47 gegen 18 Schiffe. Ebenso konnte ein britischer Angreifer bei den Zerstörern und Torpedobooten schon in den ersten Kriegstagen auf eine doppelte Überlegenheit vertrauen.
[102] Ebd., fol. 26.
[103] BA-MA, RM 5/1607, fol. 38: »Entwurf einer A.O. an den Chef der Hochseeverbände. (für 1909)«, 1.4.1909: »Ich bestimme: Ihre Aufgabe ist, dem Gegner unter Einsatz aller Ihnen zur Verfügung stehenden Streitkräfte den grösstmöglichen Abbruch zu tun. Dazu sollen Sie mit allen verfügbaren Hochseestreitkräften den Feind in See angreifen. Wird der Feind nicht beim ersten Vorgehen in See angetroffen, so sind einige der in der Anlage bezeichneten feindlichen Küstenplätze mit Minen zu verseuchen [...] und [so ist] die feindliche Schiffahrt auch durch andere Massregeln nach Möglichkeit zu schädigen.«

unter Admiral Graf Baudissin einem behutsameren Ansatz wieder wich. Allerdings fiel dieser Wandel auch zusammen mit einem Wechsel auf dem Dienstposten des Admiralstabschefs. 1909 war auf Baudissin Admiral Max von Fischel gefolgt[104]. Anfang November 1909 unterrichtete Fischel den Kaiser darüber[105], dass die zu Ausbildungs- und Einfahrvorhaben in der Ostsee liegenden ersten deutschen Großkampfschiffe aufgrund ihrer Größe nicht mehr durch den Kaiser-Wilhelm-Kanal laufen und demzufolge auch nicht mehr auf diesem relativ sicheren Wege sich mit der in der Nordsee befindlichen Hochseeflotte vereinigen könnten. Vielmehr müssten sie den Weg über Skagen wählen, was die Gefahr erhöhte, dass diese von dem Gros getrennten modernsten Großkampfschiffe von einer britischen Übermacht geschlagen würden. Bis zum Ausbau des Kanals (kurz vor Kriegsbeginn) sollte dieses Problem die operativen Planungen des Admiralstabes belasten.

Eine erste, gerade auch unter dem Eindruck dieser Schwachstelle vorgenommene Relativierung des zuvor noch unbedingt offensiven Vorgehens mochte sich bereits der nur wenig später erlassenen Operationsdirektive entnehmen lassen, welche den Befehlshaber anwies, dass »jede Chance des Erfolges durch rücksichtsloses Ansetzen der ganzen Hochseeflotte zum Angriff in der Nordsee ausgenutzt werden solle«[106]. Trotz des draufgängerischen Tenors konnte dies auch schon als Anweisung zum Einsatz unter Vorbehalt des zu erwartenden Erfolges aufgefasst werden. Die ausführliche Denkschrift vom Sommer 1910 formulierte diese Bedingung schon etwas klarer: Man habe »bisher die Absicht gehabt, die Flotte von der Elbe aus je nach den Verhältnissen mehr offensiv oder mehr hinhaltend operieren zu lassen und jede sich bietende günstige Gelegenheit [!] zu einer Waffenentscheidung auszunutzen«. Diese Grundentscheidung sei »durch die beschränkte Benutzbarkeit des Kanals« jedoch noch einmal infrage gestellt und daher zu überprüfen. Die Argumentation der Denkschrift lief darauf hinaus, an dieser offensiven Orientierung unter dem Vorbehalt günstiger Umstände auch weiterhin festzuhalten. Man müsse sich »die Möglichkeit sichern, an den Feind heranzukommen, sobald sich eine günstige Gelegenheit zur Waffenentscheidung bietet«[107]. Dabei erörterte das Memorandum in Anlehnung an die unter Baudissin formulierten Einsichten wiederum die Möglichkeiten des Gegners sowie die eigenen Optionen, diese zu beeinflussen, was abermals Einblicke erlaubt in Verschiebungen im Kräfteverhältnis und in wahrgenommene Veränderungen bei dem erwarteten Vorgehen der anderen Seite, Einblicke auch in das Maß gesehener eigener Einfluss- bzw. Druckpotenziale und in die Bedeutung der Küsten.

In seiner Studie argumentierte der Admiralstab im Bewusstsein einer gegenüber den Verhältnissen unter Büchsel bereits günstiger gewordenen Kräfterelation.

---

[104] Nachtrag zur Rangliste der Kaiserlich Deutschen Marine für das Jahr 1909. Nach dem Stande vom 3. November 1909, Redigiert im Marine-Kabinett, Berlin [o.J.], S. 14.
[105] BA-MA, RM 5/1607, fol. 62–63R: »Zum Immediatvortrag. O Befehle 1910«, 4.11.1909, mit Vermerk der kaiserlichen Billigung, gez. v. Fischel, 9.11.
[106] BA-MA, RM 5/1607, fol. 68–68R: »Operationsdirektiven für 1910«, 22.12.1909, Zitat fol. 68.
[107] BA-MA, RM 5/1607, fol. 75–80: Admiralstab der Marine -A 1481 IV-, »Ostsee oder Nordsee als Kriegsschauplatz«, als Ms gedruckt 11 S., 18.8.1910, Zitate fol. 75 (= S. 1).

Jedenfalls schienen die Zeiten vorüber zu sein, in denen man zum partiellen Ausgleich des damals noch dramatischen Ungleichgewichts zur See die Besetzung Dänemarks planen zu müssen geglaubt und dabei dringend der am Ende dann versagten Unterstützung durch Heerestruppen bedurft hatte[108]. Wiewohl der letzte Erfolg in Gestalt eines »freien Zugang[s] zum Ozean« nicht zu erwarten stand, schrieb die Studie der Schlachtflotte gewisse Chancen zu, entsprechend dem Flottengesetz und dem für ihren Bau maßgeblichen Sinn und Zweck mit einer auf die Schlacht zielenden »aktive[n] Betätigung [...] den Druck des Seekrieges abzuschütteln, den England ohne grosse Mühe und ohne erhebliches Risiko durch Abschneiden unserer Zugänge zum Ozean für uns auf die Dauer unerträglich machen« könne[109]. Der rückschauende Historiker mag in dieser Formulierung die Vorstellung von einer britischen Fernblockade entdecken, indessen waren bei genauerem Hinsehen die Überlegungen des Admiralstabes noch weit entfernt von dem im Ersten Weltkrieg dann praktizierten Vorgehen.

Als ausschlaggebend für die den Kriegsparteien zugebilligten Handlungsspielräume wurden die beiden zu unterscheidenden Entstehungsmöglichkeiten eines Krieges angesehen: Zum einen der seitens Großbritanniens nicht angestrebte Kriegsausbruch in »einer für England zur Zeit ungünstigen Situation«, zum anderen die bewusste Ausnutzung einer »vorteilhafte[n] Konstellation, um Deutschland unschädlich zu machen«. In ersterem Falle galt es für die Hochseeflotte, die Gunst der Stunde zu nutzen und mit »eine[r] rasche[n] und rücksichtslose[n] Offensive [...] die feindlichen Seestreitkräfte in der Heimat« zu treffen. Dabei erschien »die Bedrohung der feindlichen Küste« neben der »des feindlichen Handels« als der »Weg«, um die Royal Navy in der Nordsee »zum Schlagen zu zwingen [sic!]«[110]. Belegte dies einmal mehr die zentrale Bedeutung der Gegnerküste, so galt dementsprechend auch die eigene Nordseeküste als der gegebene Operationsraum des Gegners, obgleich nicht mehr in dem Sinne, dass sich in der Küstenzone das gegnerische Gros aufhalten müsse. Im Gegenteil schien sich auf den ersten Blick die bereits von Baudissin angeführte Alternative zwischen den zwei extremen Möglichkeiten – »dem rücksichtslosesten Draufgehen [...] und [dem] Abschluss der Nordsee auf dem Grundsatz der Ökonomie der Kräfte« – mehr in Richtung auf das zuletzt genannte Extrem verlagert zu haben, worauf die Betrachtungen zu dem zweiten Fall einer möglichen Kriegsentstehung – dem von Großbritannien mit Bedacht herbeigeführten Krieg – zunächst hindeuteten.

So »kämpf[t]en [die beiden Parteien] letzten Endes um den Zugang zum Ozean, dessen Eingänge [jedoch] in Englands Händen« seien. Die Lage des Inselreiches erlaube ihm, »auch bei defensiver Kriegführung die Lebensadern unserer Seeinteressen zu unterbinden. Mit dem wirtschaftlichen Ruin [werde] der deutschen Seemacht der Nährboden entzogen und einem baldigen Wiederaufleben der deutschen Gefahr vorgebeugt[111].« Damit würde Großbritannien schon zwei der

---

[108] Vgl. ebd., fol. 78-78R (= S. 7 f.).
[109] Ebd., fol. 75 (= S. 1).
[110] Ebd., fol. 75R (= S. 2).
[111] Ebd.

ihm – hier wieder mit neomerkantilistischem Zungenschlag – nachgesagten Ziele erreichen, die Vernichtung einerseits von »Deutschlands Seemacht [...] in seiner Hochseeflotte« und andererseits von »Deutschlands wirtschaftliche[r] Konkurrenz [...] in seiner Kapitalkraft und in seinen Welthandelsbeziehungen«. Ein letztes der britischen Seite unterstelltes und auf die operative Durchführung bezogenes Ziel spiegelte die öffentlich vertretene Variante der Risikodoktrin mit dem Hinweis, dass, um den »Gewinn [...] nicht einem lachenden Dritten in den Schoss« fallen zu lassen, »Englands Verluste nicht so gross werden [dürften], dass es vorübergehend seine Vormachtstellung aufgeben [müsse]. Dadurch [würden] der englischen Offensive bestimmte Schranken gesetzt[112].« Vor diesem Hintergrund war die Frage aufgeworfen, was die Royal Navy dazu zwingen sollte, sich in dieser bequemen Situation überhaupt auf Umstände einzulassen, welche die deutsche Seite begünstigten.

Angesichts des thematischen Ausgangspunktes der Studie – Aufmarsch der Flotte in der Nord- oder der Ostsee – stellte sich die Kernfrage nach den wirklichen Zwängen, die einen britischen Befehlshaber zu einem bestimmten, für die deutsche Seite vorteilhafteren Verhalten nötigen würden, in erster Linie im Hinblick auf die Alternative Ostsee oder Nordsee als Kriegsschauplatz. Generell galt, dass eine Situation, in der »auch der Feind gezwungen [sei], den von uns gewählten Kampfplatz aufzunehmen«, sich herbeiführen lasse entweder »durch direkten Angriff oder durch die Wahl einer Stellung [...], von der aus [...] feindliche Lebensinteressen bedroht« seien. Eine in der Ostsee verharrende deutsche Flotte sei zu einer solchen Bedrohung nicht imstande. Im Falle einer von Großbritannien bewusst herbeigeführten »Kriegseröffnung« würde zwar der Gegner wohl »sofort mit erheblich überlegenen Kräften vorgehen«[113]. Dies bedeutete aber keineswegs, er »werde aus blosser Lust am Draufgehen uns Hals über Kopf in einer Stellung angreifen, die wir nur deshalb einnehmen, weil sie uns taktische Vorteile verspricht«. Der britische Flottenchef sei nicht gezwungen, eine in der Ostsee liegende deutsche Flotte unverzüglich aufzusuchen, um sie zu vernichten[114]. Vielmehr würde der Gegner die in der Nordsee gelegenen deutschen Basen zunächst abriegeln oder zum Teil auch nehmen. Entlastungsangriffe der Hochseeflotte von Skagen aus seien demgegenüber wegen fehlender Abstützung auf die neutrale dänische Position zum sicheren Fehlschlag verurteilt[115]. Auch würde eine von der Ostseeposition aus operierende deutsche Flotte das sich gegebenenfalls anschließende systematische Vordringen des Gegners durch die Ostseezugänge nicht verhindern können[116]. Dabei könne der britische Befehlshaber überdies noch jene »erhebliche[n] Vorteile« für sich nutzen, die ihm an dieser Stelle des Kriegsablaufes infolge einer deutschen Stationierungsentscheidung zugunsten der Ostsee bereits zugefallen seien. Frei von der Rücksichtnahme auf die Gefährdung der britischen Küsten

---

[112] Ebd., fol. 76–76R (= S. 3 f.).
[113] Ebd., fol. 75R (= S. 2).
[114] Ebd., fol. 76R (= S. 4).
[115] Ebd., fol. 77 (= S. 5).
[116] Ebd., fol. 77R–78 (= S. 6 f.).

könne er jetzt zahlreiche Zerstörer, Torpedo- und Unterseeboote, die andernfalls durch die Aufgabe der Verteidigung an der britischen Nordseeküste gebunden gewesen wären, im Bereich der Ostsee und ihrer Zugänge einsetzen[117]. Was aber änderte sich mit einer Stationierung der immer noch unterlegenen Hochseeflotte in der Nordsee, wenn doch auch hier die Einsicht galt, dass mit einer defensiven Kriegführung der Gegner seine Ziele erreichen werde, und warum konnte der Admiralstab nach wie vor davon ausgehen, dass der Gegner überhaupt offensiv vorgehen werde?

Wie es sich in den Operationsplänen und -direktiven der Vorjahre bereits abgezeichnet hatte, bezog sich die dem Gegner eingeräumte Möglichkeit der Zurückhaltung nur auf dessen Gros. Mit der Erwartung von dessen Schonung verband sich jedoch gleichzeitig die fortgesetzte Annahme offensiver Operationen vor allem der leichten Seestreitkräfte: Britische schwere Einheiten dürften weder durch Verwendung in küstennahen Operationen noch durch Blößen gegenüber deutschen leichten Streitkräften unnötig gefährdet werden. Das britische Gros sollte möglichst »nur [auf] die zu vernichtende [deutsche] Schlachtflotte« treffen, während die leichten deutschen Einheiten durch überlegene, von Panzerkreuzern unterstützte leichte britische Seestreitkräfte ausgeschaltet werden würden. Das britische Gros werde daher zweckmäßig in einer Position liegen, von der aus »alle Zugänge zur Nordsee beherrscht« werden können. Bis zum »Erscheinen des deutschen Gros im offenen Wasser« könne es durchaus in einem britischen Stützpunkt in Bereitschaft liegen. »Durch Bewachung der feindlichen [i.e. deutschen] Ausgänge, Verfolgung der ausbrechenden Schiffe durch die Panzerkreuzer, durch einen speziellen mobilen Küstenschutz und endlich durch Besetzung der Nordseeausgänge nach dem Ozean« würden deutsche Vorstöße »unschädlich gemacht« und damit gleichzeitig der deutsche »Ozeanhandel unterbunden« werden. »Diese letztere Massregel förder[e] langsam aber sicher die Erreichung des englischen Kriegsziels, auch ohne dass [bezogen auf den Kampf des Gros] ein einziger Schuss fällt[118].« Demgegenüber würde die erwähnte »Bewachung« dicht unter der deutschen Küste von britischen leichten Seestreitkräften getragen. Bei einem Aufenthalt der Hochseeflotte an der deutschen Nordseeküste würden die »Kämpfe der leichten Streitkräfte um die Beherrschung der inneren deutschen Bucht [...] die natürliche und unvermeidliche [!] erste Phase des modernen Seekriegs« bilden. Dabei relativierte der Admiralstab nunmehr die Gefahr »eine[r] völlige[n] Einschliessung« durch eine britische Minenoffensive mit der unterstellten bedrohlichen, aber mit einem konsequenten Minenabschluss auch unvereinbaren britischen »Absicht [...], durch U-Boote unserer Flotte den Aufenthalt hinter den Befestigungen unmöglich zu machen«. Gleichzeitig aber könnten den durch eigene Linienschiffe geschützten leichten deutschen Seestreitkräften dabei Erfolgsaussichten

---

[117] Ebd., fol. 78 (= S. 7): Der Gegner »kann nach Ausschaltung der Bedrohung seiner eigenen Küsten und Handelswege etwa 70 alte Zerstörer, 36 Coastal Destroyers, zahlreiche Torpedoboote und vor allen Dingen seine U-Boote zur offensiven Verwendung heranbringen, die sämtlich für die dauernde Nordseeblockade ungeeignet sind«.
[118] Ebd., fol. 76R (= S. 4).

gegen die in der Blockade verwendeten und tagsüber auf Panzerkreuzer gestützten britischen leichten Kräfte zugesprochen werden.

Was demnach die britische Seite zu dem erwähnten Vorschieben der leichten Seestreitkräfte unter Einschluss immerhin auch sichernder Panzerkreuzer in einem an eine naturgesetzliche Zwangsläufigkeit gemahnenden Maße veranlassen würde, war das Erfordernis, der Gefahr deutscher Vorstöße zu begegnen. Obgleich dieser Zusammenhang nicht ausdrücklich so hergestellt wurde, erschließt er sich ohne Weiteres aus den deutschen Optionen im Falle eines Großbritannien in einem ungünstigen Moment treffenden Kriegsausbruchs und aus den grundsätzlichen Überlegungen zu den Chancen, die gegnerischen Entscheidungen den eigenen Zwangsmöglichkeiten zu unterwerfen: Trotz der auf der Gegnerseite gesehenen Option, von einer risikoarmen Position aus durch Abschnürung des deutschen Seeverkehrs das Reich zur Aufgabe zwingen zu können, trotz auch der wahrgenommenen britischen Anstrengungen, mit Torpedofahrzeugen unter und über Wasser zum Schutz der eigenen Küsten beizutragen, nötigte diese Aufgabe der Küstensicherung angesichts der deutschen Drohung mit einem durch die »gesamte Macht« der konzentrierten Hochseeflotte getragenen »entschlossenen Angriff« den britischen Gegenspieler nach dem in der Denkschrift ausgebreiteten Seekriegsbild mit hinreichender Sicherheit immer noch dazu, mit nicht unerheblich verstärkten leichten Streitkräften die deutschen Verbände eng zu bewachen[119].

Damit erschien das Gleichgewicht, das die Dienstschrift Nr. IX zwischen der eigenen und der Gegnerküste hergestellt hatte, zwar bereits als gestört – die britische Flotte war nicht mehr gezwungen, dicht vor deutschen Küsten zu stehen, um das Reich empfindlich treffen zu können, während die kaiserliche Marine nach wie vor glaubte, mit der strategischen Offensive auf die Verwundbarkeit des britischen Küstenraumes setzen zu können. Die daraus abgeleitete Nötigung, aus militärischen Gründen zum eigenen Schutz in die deutschen Gewässer vordringen zu müssen, war aber erhalten geblieben. In diesem Sinne argumentierte Vizeadmiral August von Heeringen, der Fischel 1911 auf dem Posten des Admiralstabschefs gefolgt war[120], im Sommer dieses Jahres vor Wilhelm II. gegen eine Ostseestellung der Hochseeflotte. Es liege im deutschen »Interesse[,] möglichst bald zur ersten Schlacht zu kommen«. Der eigene Vorstoß in britische Gewässer stellte in den Augen Heeringens jedoch die Ausnahme dar: »In der Regel« müsse die Kaiserliche Marine danach trachten, »mit allen bereiten Seestreitkräften die Schlacht in der Nähe unserer Gewässer herbeizuführen«. Während er die Nordseestellung einschließlich der Skagerrakposition – letztere wenigstens solange, wie die modernsten Einheiten nicht durch den Kaiser-Wilhelm-Kanal das Gros erreichen konnten – hierfür als »geeignet« ansah, befand er im Falle einer Stationierung der Hochseeflotte in der Ostsee, dass dies »den Gegner von dem Zwange [entbinde,] baldigst

---

[119] Ebd., fol. 79–79R (= S. 9 f.).
[120] Rangliste der Kaiserlich Deutschen Marine für das Jahr 1911. Nach dem Stande vom 6. Mai 1911, Redigiert im Marine-Kabinett, Berlin [o.J.], S. 14.

zur Schlacht heranzukommen«[121]. Implizit – wörtlich war von einem ›Zwang‹ zur Schlacht die Rede – bestätigten damit seine Ausführungen die Rechnung mit dem potenziellen Druck der Hochseeflotte auf die britische Nordseeküste, welcher die britische Offensive nach sich zöge. Der weitere Schriftverkehr, den Heeringen in der Dislozierungsfrage 1911/12 sowohl mit dem Staatssekretär des Reichsmarineamtes als auch mit dem Chef der Hochseeflotte, Admiral Henning von Holtzendorff, führte, unterstrich die nun auch auf die Auswertung der britischen Flottenmanöver von 1909 und 1910 gestützte sichere Erwartung, gleich bei Kriegsbeginn der vor allem von leichten britischen Seestreitkräften getragenen Offensive in deutschen Gewässern ausgesetzt zu sein. Damit traf der deutsche Admiralstab wiederum recht genau die Absichten der britischen Admiralität, die sich unter dem neuen Ersten Seelord, Admiral of the Fleet Sir Arthur K. Wilson, auf eine Verstärkung der zumindest von leichten Seestreitkräften auszuführenden Operationen gegen die deutsche Nordseeküste einlassen wollte[122]. Die in der Dienstschrift Nr. IX zum Ausdruck gelangte seestrategische Logik, welche den Vorstoß vor die Küste des Gegners mit ausschlaggebenden Zwangsmöglichkeiten prämiert hatte, schien durch die Beobachtung der Übungstätigkeit der anderen Seite in bester Weise bekräftigt worden zu sein. Schien es doch »inzwischen fast zur Gewißheit geworden, daß die englischen Streitkräfte schon bei einer ernsten Spannung in der Nähe unserer Gewässer sog. before war positions eingenommen haben« würden[123]. Der Admiralstabschef drängte dementsprechend gegenüber dem Flottenchef auf den deutschen Aufmarsch in der Deutschen Bucht, weil von dort aus die Hochseeflotte weitaus »bedrohlich[er]« auf den britischen Gegner wirken könne als vom Skagerrak aus. Schließlich lägen die potenziellen Ziele eines deutschen Vorstoßes – hier war in bezeichnender Weise wieder die Rede von der »englischen Küste, [...] den wichtigsten englischen Schiffahrtsgebieten«, aber auch von »den Ausschiffungsplätzen der englischen Armee auf dem Kontinent« – von der Deutschen Bucht aus erheblich näher. Hier, »zwischen Helgoland und Hornsriff«, böte sich unter günstigsten Umständen, zu denen auch die mittlerweile eingetretene Möglichkeit des Ansatzes eigener Unterseeboote gegen die britische Schlachtflotte zählte, die Gelegenheit zur »erste[n] Schlacht«[124].

---

[121] BA-MA, RM 5/1607, fol. 87–89R: »Zum Immediatvortrag«, Juni 1911 (mit Erledigungsvermerk), Zitate fol. 87R–88.
[122] Marder, From the Dreadnought to Scapa Flow, vol. 1 (wie Anm. 87), S. 370. Zu den Beweggründen Wilsons vgl. auch Nicholas A. Lambert, Sir John Fisher's Naval Revolution, Columbia, SC 1999, S. 204–209.
[123] BA-MA, RM 5/1607, fol. 132–134R: Der Chef des Admiralstabes der Marine, »Zum Immediatvortrag. Aufmarsch der Hochseestreitkräfte im Kriege gegen England«, 10.1.1912, mit hdsl. Erledigungsvermerk v. Heeringens vom 16.1.1912, Zitat fol. 132–132R.
[124] Vgl. BA-MA, RM 5/1607, fol. 100–102: Schreiben an Staatssekretär des Reichsmarineamtes (Reinkonzept), 23.11.1911, paraphiert von v. Heeringen 23.11., hier fol. 100–101; ebd., fol. 126–130R: Schreiben an Flottenchef (Konzept), 28.12.1911, paraphiert von v. Heeringen, 28.12., hier fol. 126 f., 128 (Zitat), 129, 129R (Zitat). Vgl. auch ebd., fol. 140–145R: »Zum Immediatvortrag«, 28.1.1912, mit hdsl. Erledigungsvermerk v. Heeringens vom 31.1.1912, hier fol. 140R: »Wir haben absolut [»absolut« hdsl. ge- oder unterstrichen] sichere Nachrichten darüber, daß die englische Flotte ihre Kräfte bis in die unmittelbare Nähe unserer Gewässer vorgeschoben haben wird, sobald eine ernstliche Spannung eintritt.« Eine Verdeutlichung, dass damit

3. Die Begrenzungen der Dienstschrift Nr. IX und die Überlegungen des Admiralstabes unter Hugo von Pohl (1913/14)

Zwei Jahre später hätte diese Gewissheit, mit der trotz aller Beobachtungen zu einer möglichen ›weiten‹ Blockade und zu den zurückgenommenen Positionen des britischen Gros das Erscheinen substanzieller Bewachungsstreitkräfte vor der deutschen Küste erwartet wurde, erstmals ernsthaft erschüttert werden können. Ende 1913 lag die Auswertung des im Sommer durchgeführten großen britischen Manövers vor, die Admiral Hugo von Pohl, der 1913 Heeringen abgelöst hatte[125], im Januar 1914 dem Kaiser vortrug[126]. Nach dem Kräfteverhältnis der Manöverparteien wie auch nach der gesamten Anlage des Manövers konnte kaum ein Zweifel daran bestehen, dass mit ihm der britisch-deutsche Kriegsfall geübt worden war[127], und abermals hatte die Auswertung *prima facie* recht treffend die britischen operativen Vorkehrungen erfasst[128]. Gemäß den Feststellungen des deutschen Admiralstabes hatte die Royal Navy ihr Gros zusammen mit den Aufklärungs- und Unterstützungsverbänden nunmehr schon recht weit im Norden disloziert, im Firth of Forth und im Moray Firth. Weiter südlich operierten lediglich abgesetzte Panzerkreuzergeschwader von der Humber-Mündung aus. Nicht an das britische Gros gebundene Zerstörer- und Unterseeboot-Flottillen waren entlang der britischen Ostküste verteilt. Die britischen Sperrlinien lagen im Norden zwischen Schottland, den Orkney- und den Shetland-Inseln, weiter südlich verliefen sie zwischen Flamborough Head und Hanstholm. Wie der Admiralstab festhielt, war eine »Bewachung der roten [i.e. deutschen] Gewässer« nicht vorgesehen[129].

Anlage und Ablauf dieses wie auch des Manövers von 1912 ließen die deutschen Auswerter vermuten, dass die britische Seite sich auf »die *weite* Blockade« einstellte. In der Diskussion der für beide Seiten damit verbundenen Vor- und Nachteile zeigte sich zunächst wiederum die Bedeutung, die der Admiralstab dem Seeraum unmittelbar vor der gegnerischen Küste zumaß: Das Manöver habe deutlich werden lassen, dass trotz der Überlegenheit der britischen Schlachtflotte und

---

kein Vordringen bis in die Flussmündungen gemeint ist, folgt fol. 142R: »Wir wissen ganz einwandfrei, daß die Engländer mit ihren Destroyerlinien bis höchstens in Stellung Helgoland – Eider, Helgoland – Weser vorgehen werden und daß sie damit in erster Linie unsere Flottillen bekämpfen wollen. Das besagt nicht *eine* Nachricht, sondern alle Nachrichten völlig übereinstimmend.« (Hervorhebung durch Unterstreichung im Original).

125 Rangliste der Kaiserlich Deutschen Marine für das Jahr 1913. Nach dem Stande vom 14. Mai 1913, Redigiert im Marine-Kabinett, Berlin [o.J.], S. 14.
126 BA-MA, RM 5/v.900, fol. 24–37R: »Zum Immediatvortrag. Englische Flottenmanöver 1913«, 17.12.1913, mit hdsl. Vermerk gez. v. Pohl, 13.1.1914: »Se. Majestät haben mit sehr großem Interesse von den englischen Manövern Kenntnis genommen und die von uns daraus gezogenen Schlüsse, besonders bezüglich unseres Verhaltens bei der ›weiten Blockade‹ gebilligt.«
127 Ebd., fol. 25R–26R.
128 Vgl. Marder, From the Dreadnought to Scapa Flow, vol. 1 (wie Anm. 87), S. 371–377, und Arthur J. Marder, From the Dreadnought to Scapa Flow. The Royal Navy in the Fisher Era, 1904–1919, vol. 2: The War Years. To the Eve of Jutland, London, New York, Toronto 1965, S. 3–6.
129 BA-MA, RM 5/v.900, »Zum Immediatvortrag. Englische Flottenmanöver 1913«, 17.12.1913, fol. 27R–28.

trotz der Vorkehrungen zur Sicherung der britischen Küste diese nicht hätte zuverlässig gegen »überraschende Unternehmungen eines energischen Gegners« geschützt werden können. Entwicklungen auf britischer Seite deuteten auf eine weitere Verstärkung der Küstensicherung. Obwohl – wie der Admiralstab gleich an zwei Stellen notierte – die im Manöver gespielten Anlandungen kleineren Ausmaßes für die deutsche Seite »nicht in Frage« kamen, sah er doch in der britischen Besorgnis wegen möglicher deutscher »Raids« ein probates Mittel: Deutsche »Sonderunternehmungen gegen die englischen Küsten [könnten] einen für uns günstigen Einfluß auf die englische Kriegführung ausüben«. Gerade die »weite Blockade« biete hierfür günstige Voraussetzungen. Während die blockierte deutsche Seite im Zuge der ihr dabei zufallenden Bewegungsfreiheit die Initiative zu »Vorstöße[n]« unter anderem »gegen die englischen Küsten« nach Belieben ergreifen könne, müsse das britische Gros sich fortgesetzt in Bereitschaft für eine Antwort halten, was vor allem wegen des damit einhergehenden aufwendigen Kohlenverbrauchs einmal eine Situation eintreten lassen könnte, in der ein britisches Gros aufgrund der zur Bekohlung abgezogenen Einheiten den deutschen Schlag etwa gegen unterlegene Verbände nicht mehr würde auffangen können[130].

So zeichnete der Admiralstab bei seiner Auswertung einer Manöverlage, die erstmals die eigentliche Fernblockade anzudeuten schien, trotz des Risikos, das sich mit der nunmehr auch an die Hochseeflotte gerichteten Nötigung »zu fernoffensivem Vorgehen« verband[131], und trotz des Aufwandes, der fortan für die Aufklärung betrieben werde musste[132], die Zukunft für die deutsche Seekriegführung keineswegs in düsteren Farben. Vielleicht lag dies daran, dass der britische Verzicht auf eine Bewachung der deutschen Küste doch mehr für eine Übungskünstlichkeit gehalten wurde, denn die Auswertung setzte an dieser Stelle ausdrücklich den Vermerk hinzu, es handele sich hier um die »Absicht der Manöverleitung«[133]. Unter ähnlichem Blickwinkel galt auch die gewählte Lage der Sperrlinien als wenig zweckmäßig[134]. Augenscheinlich haben die Erkenntnisse, welche sich auf die wachsende Bedeutung der unmittelbaren britischen Küstensicherung und auf den im Manöver geübten Verzicht auf eine Bewachung der deutschen Nordseebasen bezogen, in den operativen Grundannahmen die in der Dienstschrift Nr. IX formulierte Alternative – entweder die eigene oder die Gegnerküste stelle den ausschlaggebenden Ort des Seekriegsgeschehens dar – nicht gänzlich beseitigen können. Deshalb wurde dann auch der nach wie vor überlegenen Gegnerseite unterstellt, einen überraschenden Schlag der Hochseeflotte durch die Präsenz eigener Streitkräfte vor den deutschen Stützpunkten verhindern zu wollen. Jedenfalls rechnete das auf die Auswertung hin vorgenommene eigene Kriegsspiel immer noch mit der britischen Bewachung als der Sicherungsvorkehrung gegen deutsche Vorstöße.

---

130 Ebd., fol. 36-37, Hervorhebung im Original durch Unterstreichung; siehe auch ebd., fol. 30R.
131 Ebd., fol. 36.
132 Ebd., fol. 37-37R.
133 Ebd., fol. 28.
134 Ebd., fol. 32-32R.

In dem Kriegsspiel, das zwar von dem Krieg einer französisch-britischen Koalition gegen den Dreibund ausging, sich dabei aber auf die britisch-deutsche Auseinandersetzung in der Nordsee beschränkte, sollte analog zu den britischen Manövern der beiden Vorjahre die »gelbe Partei« (die britischen Streitkräfte) ihr Gros im Firth of Forth konzentrieren, leichte Streitkräfte auf die Häfen der britischen Ostküste verteilen und die Nordseezugänge sperren. Abweichend von dem zuletzt beobachteten britischen Vorgehen hatte »Gelb« leichte Seestreitkräfte zur Bewachung der Deutschen Bucht »bis auf die Höhe der Emsmündung vorgeschoben«. Die »blaue Partei« (i.e. die deutschen Streitkräfte) sollte »jede Gelegenheit zur Offensive ausnutzen«. Sie hatte die »feindliche Blockade« energisch zu bekämpfen, die »Schlacht unter günstigen Umständen« anzustreben und so rasch es ging »Hilfskreuzer zum Handelskrieg [...] heraus[zu]bringen«. Ihre Schlachtflotte stand in der Deutschen Bucht. Ausdrücklicher Zweck des Kriegsspiels war es, eine Antwort auf das Problem zu erhalten, »in welcher Weise am besten der Kampf gegen eine *weite* Blockade der deutschen [sic] Bucht zu führen sei, und zwar im besonderen, wie weit die Offensive, zu der die weite Blockade dem Blockierten in größerem Maße [...] als die enge Blockade Gelegenheit bietet, mit Aussicht auf Erfolg ausgedehnt werden dürfe«[135].

Auch wenn die mit dem Kriegsspiel zu klärende Frage die Handlungsmöglichkeiten von »Blau« künstlich einengte, überrascht doch angesichts der gerade dem Blockierten bei einer ›weiten‹ Blockade zugebilligten vielfältigeren Optionen für ein offensives Vorgehen die eher beiläufige Erklärung, dass bei Anwesenheit einer einsatzbereiten überlegenen britischen Flotte in der Nordsee, die deutsche Seite »es nicht wagen [könne], ernstliche Unternehmungen gegen die [britische] Nordseeküste anzusetzen«[136]. Damit verneinte Pohl im Grunde die Wirksamkeit jenes Druckmittels, mit dem zuvor der Gegner zu einem für die Kaiserliche Marine vorteilhaften Verhalten hatte bestimmt werden sollen. (Allerdings wurde dieses die deutsche Seite begünstigende Verhalten von Anlage und Verlauf des Kriegsspiels insofern ohnehin angenommen, als der britische Gegner wenigstens leichte Streitkräfte vor die Deutsche Bucht legte[137].) Vielmehr erschöpfte sich das offensive Vorgehen von »Blau« in dem ausschließlich auf das gegnerische Gros zielenden Vorstoß, mit dem ein »Kräfteausgleich« herbeigeführt und so die Voraussetzung für eine »Freiwasserschlacht« unter günstigeren Umständen geschaffen werden sollte. Unterseeboote und Minenleger sollten diesen ersten Schlag gegen die im Firth of Forth versammelte Hauptmacht des Gegners führen. Da sie gegen dessen

---

[135] BA-MA, RM 5/v.900, fol. 132-140: »Denkschrift zum Immediatvortrag über das strategische Kriegsspiel des Admiralstabes Winter 1913/14, 5.5.1914, fol. 132 mit hdls. Vermerk gez. v. Pohl, 26.5.: »Im Immediatvortrage vom 26. Mai 1914 erledigt. Se. Majestät waren mit der Durchführung des Spiels und den darauf gebauten Schlußfolgerungen durchweg einverstanden: ›bei aller Defensive den offensiven Gedanken nicht fallen lassen!‹ Se. Maj. legen auf enges Zusammenwirken der U[-]Boote mit der Schlachtflotte und dem [!] Einsetzen der unseren vor der Schlacht großen Wert.« Hier fol. 132-133R, Hervorhebung im Original durch Unterstreichung.
[136] Ebd., fol. 135.
[137] Ebd., fol. 135R-136.

leichte Bewachungsstreitkräfte als nicht durchsetzungsfähig galten, beabsichtigte die »blaue« Flottenführung, mit den kampfkräftigsten Teilen ihrer Schlachtflotte die Unterseeboote und Minenfahrzeuge in die Nähe des Operationsgebietes zu begleiten[138]. Die in der Nordsee keineswegs ungewöhnlichen widrigen Witterungsverhältnisse beraubten »Blau« allerdings der für wesentlich erachteten Option[139] eines sofortigen Einsatzes. Zwar konnten Unterseeboote und Minenschiffe durch die »blaue« Schlachtflotte noch vor den Firth of Forth gebracht werden, die Liegeplätze des Gegners aber waren bereits verwaist. Das »gelbe« Gros hatte seinen Stützpunkt verlassen und konnte im Verein mit den von ihrer Bewachungslinie zurückmarschierenden leichten Seestreitkräften das seinerseits nach Entlassung der Unterseeboote und Minenschiffe auf die Deutsche Bucht zulaufende »blaue« Gros stellen und vernichten[140].

Admiral von Pohl folgerte aus diesem Verlauf des Kriegsspiels, dass in Anbetracht des ungünstigen Kräfteverhältnisses und der unzureichenden Aufklärungsmöglichkeiten »die Offensive mit dem größten und besten Teil unserer Streitkräfte nicht so weit vorgetragen« werden dürfe. Die Flotte müsse sich »vorläufig damit bescheiden [...], zur Fernoffensive bis an die feindlichen Stützpunkte heran die U-Boote und Minenschiffe anzusetzen«. Die unerwartet sich bietende Gelegenheit zu einer »kühne[n] Offensive mit allen Streitkräften bis an die feindliche Küste heran« abgerechnet, müsse das deutsche Gros sich auf die Bekämpfung der vor der Deutschen Bucht stehenden »Bewachungsstreitkräfte« konzentrieren und dabei »die feindliche Blockadelinie immer weiter hinausdrücken«. Das zwinge den Gegner zu laufender Verstärkung seiner Bewachungslinie. Dieses für den Gegner erwartete kräftezehrende Vorgehen bot dann in den Augen Pohls die Aussicht auf die erhoffte Entscheidungsschlacht unter einem für die deutsche Seite günstigeren Kräfteverhältnis[141]. Diese Schlussfolgerungen prägten den kurz vor Beginn der Feindseligkeiten am 30. Juli 1914 herausgegebenen »Operationsbefehl für den Nordseekriegsschauplatz«[142]. Wie in den ersten Kriegswochen deutlich werden sollte, verzichtete der britische Gegenspieler aber auf eine Bewachung und zeigte sich, anders als erwartet und abgesehen von dem Einsatz von Unterseebooten, nur im Rahmen überraschender Vorstöße in den Gewässern der Deutschen Bucht[143].

---

[138] Ebd., fol. 133R–134.
[139] Vgl. ebd., fol. 134–134R.
[140] Ebd., fol. 136–139.
[141] Ebd., fol. 139–140.
[142] Chef des Admiralstabs der Marine an Chef der Hochseestreitkräfte, »Operationsbefehl für den Nordseekriegsschauplatz«, 30.7.1914. In: Die deutsche Seekriegsleitung im Ersten Weltkrieg – Dokumentation. Bearb. von Gerhard Granier, Bd 1, Koblenz 1999 (= Materialien aus dem Bundesarchiv, 9), S. 67 f.
[143] Vgl. zu den britischen Operationen während des ersten Kriegsmonats James Goldrick, The King's Ships Were at Sea. The War in the North Sea August 1914–February 1915, Annapolis, MD 1984, S. 59–117.

III. Schlussbemerkung

Der deutsche Admiralstab hatte recht zeitnah zu den britischen Manövern die der Gegenseite offenstehende Option identifiziert, das eigene »Gros zunächst an der englischen Ostküste zurückzuhalten und abzuwarten, bis [die deutsche Seite], durch die Schädigung [ihres] Handels gezwungen, aus der deutschen [sic] Bucht herauskäme«[144]. Ebenso wenig sind ihm die britischen Anstrengungen zum Aufbau einer im Wesentlichen von Torpedofahrzeugen getragenen Küstensicherung verborgen geblieben. Dennoch hat er an der Vorstellung festgehalten, der Gegner werde sich zu einer Bewachung (und damit zu einer lediglich modifizierten engen Blockade) der Deutschen Bucht veranlasst sehen. Maßgeblich für diese Annahme war nicht mehr die unter Büchsel noch bestehende, wesentlich drückendere britische Überlegenheit, die zu einem rabiaten Vorgehen in Gestalt eines *Kopenhagen*[145] förmlich einzuladen schien. Auch spielten hierbei die in der navalistischen Ideologie der Zeit anzutreffenden neomerkantilistischen Gedankengänge, welche einen durch Handelsneid gespeisten *Furor Britannicus* an den Küsten des Reiches ausmalten, kaum eine Rolle. Derartige Vorstellungen haben sich in den operativen Überlegungen des Admiralstabes zum Ersten Weltkrieg hin nach dem hier ausgewerteten Material mehr und mehr verflüchtigt. Von erheblicher Bedeutung war demgegenüber die der Gegenseite unterstellte Furcht vor überraschenden deutschen *Raids*, die vom Admiralstab selbst zwar – soweit es den Einsatz der Schlachtflotte anging – offenbar nicht ernstlich erwogen, dennoch aber als latente Drohung in die Berechnungen einbezogen wurden. Die aufgrund einer ausgebauten Küstensicherung sich für den britischen Gegner ergebende Möglichkeit, von einer an die Deutsche Bucht vorgeschobenen Sicherungsvorkehrung Abstand zu nehmen und so die Hochseeflotte der Gelegenheit zu berauben, mit der Abnutzung der Bewacher zu einem vorteilhaften Kräfteverhältnis zu gelangen, ist dabei offensichtlich nicht bedacht worden[146]. Hierin lässt sich die Fixierung auf ein Seekriegsmodell entdecken, das sich im Wesentlichen um die Offensive in die feind-

---

[144] BA-MA, RM 5/v.900, »Denkschrift zum Immediatvortrag über das strategische Kriegsspiel des Admiralstabes Winter 1913/14, 5.5.1914, fol. 134R.

[145] Eine immer noch beachtenswerte Deutung des ›Kopenhagen-Komplexes‹, also jener verbreiteten Furcht vor einer Wiederholung der überfallartigen Wegnahme oder Zerstörung der Flotte des noch nicht im Kriegszustand befindlichen Dänemark 1807 durch britische Verbände, diesmal gegen die Kaiserliche Marine gerichtet, gibt Jonathan Steinberg, The Copenhagen Complex. In: Journal of Contemporary History, 1 (1966), 3, S. 23-46.

[146] In diesem Zusammenhang ist der Vergleich zu den durchaus radikalen Vorstellungen vom Seekrieg aufschlussreich, die sich bei dem von 1904 bis 1910 für die Entwicklung der Royal Navy verantwortlichen Sir John Fisher finden lassen. Vgl. vor allem Lambert, Sir John Fisher's Naval Revolution (wie Anm. 122), und, gerade auch darauf gestützt, Besteck, Die trügerische »First Line of Defence« (wie Anm. 6). Zu den Ergebnissen jetzt kritisch: Matthew S. Seligmann, Switching horses: The admiralty's Recognition of the Threat from Germany, 1900-1905. In: The International History Review, 30 (2008), 2, S. 239-258, und Matthew S. Seligmann, New Weapons for New Targets: Sir John Fisher, the Threat from Germany, and the Building of HMS Dreadnought. In: Ebd., S. 303-331.

lichen Küstengewässer dreht und das sich durchaus bis in die Dienstschrift Nr. IX zurückverfolgen lässt. So gesehen, scheint eher in dem Festhalten an der darauf gestützten und einige Jahre zuvor auch noch durchaus überzeugenden ›Mechanik‹ denn in dem Bruch mit dem grundlegenden seestrategischen Dokument der Kaiserlichen Marine eine wesentliche Ursache der 1914 sich zeigenden Fehlkalkulation der Kaiserlichen Marine zu liegen.

Nicht im Widerspruch zu der Dienstschrift Nr. IX, sondern vielmehr – wie es den Anschein hat – ganz im Banne des darin ausgebreiteten Seekriegsbildes hatte Tirpitz 1899 vor dem Kaiser noch ein Abschreckungsmodell entwickeln können, das dem Reich die Aussicht auf eine ›Weltpolitik‹ frei von Rücksichten auf die Interessen der ersten See- und Weltmacht Großbritannien zu bieten schien. Die Möglichkeiten der britischen Seite, militärischen Druck auf das Reich auszuüben, würden sich neutralisieren lassen, das Reich würde mit der Risikoflotte britischen Pressionen gegenüber schier unverwundbar sein. Vorausgesetzt war dabei, dass die militärische Offensive in eins fiele mit der politischen Entscheidung zum Kriegseintritt. Genau diese Identität von militärischem und politischem *Angriff* legte das den jeweiligen Küstenraum als Entscheidungszone ausgebende Seekriegsmodell nahe. Und es erwies sich in der Folge als so wirkungsmächtig, dass die vorrangige Planungsbehörde, der Admiralstab, es bis 1914 vermochte, auch diesem Seekriegsbild widerstreitende Erkenntnisse so weit noch zu integrieren, dass dessen vermeintliche Räson erhalten blieb.

James Goldrick

Die Royal Navy und der Krieg: Erwartungen und Realität in den ersten Monaten des Seekriegs im Ersten Weltkrieg

Neuere Forschungen haben das Wissen über die Planungen und die Vorbereitungen der Royal Navy in den Jahren vor 1914 wesentlich erweitert[1]. Das Bild ist noch lange nicht vollständig, aber es steht inzwischen fest, dass die Bemühungen, die Royal Navy auf den bevorstehenden Konflikt vorzubereiten, ambitionierter und umfassender waren als bisher angenommen. Dennoch bleibt es eine Tatsache, dass sie nicht nur materiell in vieler Hinsicht unzureichend auf den Krieg vorbereitet war; sie war in gewisser Weise auch psychologisch nicht dafür bereit. Man kann mit Recht fragen, weshalb dies so sein konnte, wo doch in dem Jahrzehnt zuvor zunehmend Wert auf Bereitschaft und Ausbildung gelegt und zumindest seit 1910 auf allen Ebenen ein Krieg mit Deutschland erwartet wurde. Die folgenden Ausführungen wenden sich Art und Ausmaß der ausgebliebenen Vorbereitung in jenen Bereichen zu, die unmittelbare Auswirkungen auf die Besatzungen der Kriegsschiffe hatten[2].

In den Anfangsmonaten des Krieges gab es eine Reihe unangenehmer Überraschungen, aber die größte war wahrscheinlich die »negative Überraschung«, dass es nicht zu einer Schlacht zwischen den beiden Flotten kam, was mit den Belastungen durch Operationen, die Woche für Woche und Monat für Monat andauerten, eine weitere Überraschung zur Folge hatte. Dies führte schließlich im Herbst des ersten Kriegsjahres zu einer Art Stimmungs- und Vertrauenskrise. Ein Angehöriger der Royal Navy schrieb darüber später: »October and November 1914 found us figuratively and actually ›feeling our way‹, just muddling through [...] We were finding out every day that theory is often very much different from actual practice[3].« Beattys Flaggleutnant beklagte sich bei seiner Mutter, »our life has been so frightfully monotonous that the time just passes away [...] We are doing nothing what-

---
[1] Siehe zum Beispiel: Jon Tetsuro Sumida, A Matter of Timing. The Royal Navy and the Tactics of Decisive Battle 1912–1916. In: Journal of Modern History, 67 (2003), 1, S. 85–136; Nicholas Lambert, Strategic Command and Control for Maneuver Warfare. Creation of the Royal Navy's »War Room« System, 1909–1915. In: Journal of Modern History, 69 (2005), 2, S. 361–410.
[2] Mein Dank gilt Dr. Nicholas Lambert, Professor John Hattendorf und Rear Admiral Richard Hill für ihre Anmerkungen zu verschiedenen Entwürfen dieses Beitrags.
[3] William Guy Carr, Brass Hats and Bell Bottomed Trousers. Unforgettable and Splendid Feats of the Harwich Patrol, London 1939, S. 83.

ever at this moment, at any rate nothing that does any harm to the enemy[4].« Ein damals junger Offizier gab im Nachhinein zu, »we really didn't know how to behave in war time, also there was always the bedevilment of so many expecting a short war [...] We were very slow getting into a proper war routine[5].« Jellicoe selbst gab zu, dass bis Ende Oktober »the well-being of the personnel [...] had been pressed hard«[6].

Das Erstaunen über die ausgebliebene Seeschlacht hatte eine Reihe von Ursachen. Die wichtigste war wahrscheinlich, dass es in der Royal Navy an einer fruchtbaren Debatte über Strategien und damit auch an einem Verständnis für die Grundsätze der maritimen Kriegführung fehlte. Der Naval War Course (später das Naval War College) bestand seit 1900 und wurde unter anderem durch die Beiträge von Julian Corbett bereichert[7]. In den vorangegangenen Jahren waren Stabslehrgänge für jüngere Offiziere eingerichtet worden, die aber noch keine rechten Früchte trugen, obwohl viele darum bemüht waren, die Mängel zu beheben. Ein kurzer Krieg war keineswegs das Hauptthema der britischen Planer in der Zeit vor dem Ausbruch des Ersten Weltkrieges, insbesondere nachdem die Maßnahmen, um die meisten Seestreitkräfte in Heimatgewässern zu konzentrieren, voll zur Geltung gekommen waren. Es besteht vielmehr der Eindruck, dass viele denkbare Kriegsszenarien untersucht und bewertet wurden[8].

Dennoch hatte all dies noch nicht die Haltung der Mehrheit geändert. Um sowohl die Kultur als auch die Strukturen der Royal Navy zu reformieren, war viel mehr Zeit notwendig, als ihr vor 1914 gegeben war. Entwicklungen dieser Art und in dieser Größenordnung nehmen in komplexen Organisationen eher mehrere Generationen statt einiger weniger Jahre in Anspruch. Selbst führende Offiziere, die sich selbst für historisch gebildet erachteten, waren sich sicher, dass der Krieg kurz sein und es bald zur Schlacht kommen würde[9]. Bei Ausbruch des Krieges sagte der gewöhnlich nüchtern denkende Beatty zu seiner Frau: »Before the dark nights of winter at sea are on us it might be all over[10].« Für eine Marine und in der Tat eine ganze Nation, die von der Vorstellung entscheidender Seesiege beherrscht waren, dauerte es eine gewisse Zeit, bis sich diese Einstellung änderte, und es dauerte einige Monate, ehe führende Offiziere sich darum bemühten, ihren Untergebenen entsprechende Beispiele in der Geschichte aufzuzeigen – jene, die auf die Dauer von Seekriegen in vorangegangenen »großen Kriegen« hinwiesen[11].

---

[4] Lieutenant Ralph Seymour an seine Mutter Lady Seymour, 17.11.1914. In: Elizabeth Seymour, Commander Ralph Seymour. Life and Letters of Commander Ralph Seymour, Glasgow 1926, S. 61.
[5] Angus Cunninghame, Random Naval Recollections, 1905–1951, Gartocharn 1979, S. 34.
[6] John Jellicoe, The Grand Fleet 1914-16: Its Creation, Development and Work, London 1919, S. 148.
[7] Donald M. Schurman, Julian S. Corbett 1854–1922. Historian of British Maritime Policy from Drake to Jellicoe, London 1981, S. 46 ff.
[8] Siehe Nicholas A. Lambert, Sir John Fisher's Naval Revolution, Columbia, SC 1999, insbesondere S. 261–273 und 284–289.
[9] Siehe die Bemerkung von Admiral Sir Reginald Custance. In: Arthur J. Marder, From the Dreadnought to Scapa Flow, vol. 2: The War Years. To the Eve of Jutland 1914-1916, London 1965, S. 47.
[10] Beatty an seine Frau, Brief vom 5.8.1914. In: The Beatty Papers. Selections from the Private and Official Correspondence of Admiral of the Fleet Earl Beatty, vol. 1: 1902–1918. Ed. by Bryan M. Ranft, London 1989, S. 113.
[11] Marder, From the Dreadnought to Scapa Flow, vol. 2 (wie Anm. 9), S. 48 f.

Angesichts der nüchternen Herangehensweise an die Probleme, derer sich so viele in der Royal Navy rühmten, lässt sich darüber streiten, ob die Bewahrung zahlreicher Illusionen noch im August 1914 allein auf die Schwierigkeit zurückzuführen ist, bei Übungen in Friedenszeiten die Realität des Krieges, insbesondere dessen zeitliche Dimension, in einer solchen Weise zu simulieren, dass Offiziere und Mannschaften auf das vorbereitet wurden, was ihnen bevorstand. Ungeachtet ihrer komplizierten und aufwendigen Planung waren Flottenmanöver zwangsläufig in ihrer Dauer begrenzt und wurden nach strengen Regeln durchgeführt. Diese Einschränkungen hatten zweierlei Auswirkungen. Da die Szenarien im Allgemeinen entwickelt wurden, um Kontakt zwischen den gegnerischen Flotten zu erzwingen mit dem Ziel, innerhalb der begrenzten zur Verfügung stehenden Zeit maximalen Nutzen zu erzielen, hatte dies zum einen zur Folge, »that we all thought the war would be short and sharp«[12]. Dabei bezogen sich einige der untersuchten Probleme durchaus mehr auf Fragen, die langwierige Operationen betrafen, wie zum Beispiel das Aufrechterhalten einer Blockade. Zum anderen wurden die Probleme länger anhaltender Operationen nicht vollständig untersucht oder erprobt, auch wenn einige der etwas Nachdenklicheren in der Royal Navy viele der wichtigsten Aspekte erkannt und sogar analysiert hatten.

Warum waren diese Übungen in ihrem Umfang so eingeschränkt? Dafür gab es zwei Gründe: An erster Stelle standen die Kosten; der zweite Grund war die Notwendigkeit, das Unfallrisiko zu minimieren. Sparsamkeit beim Verbrauch von Treibstoff war von entscheidender Bedeutung. Die jährlichen »Grand Manoeuvres«[13], wie Churchill sie nannte, dauerten etwa zwei bis drei Wochen. 1913 befand sich die Flotte innerhalb dieser Zeit etwa zehn Tage in einem taktischen Zusammenwirken auf See[14]. Die Kosten für Kohle und Öl der *Dreadnoughts* (insgesamt 19) und Vor-*Dreadnoughts* (insgesamt 14) in diesem Zeitraum allein für die Erste Flotte waren beachtlich[15]. Bei voller Leistung verbrauchten diese 33 Einheiten etwa 16 300 Tonnen Kohle pro Tag. Selbst bei der wesentlich geringeren (und taktisch unrealistischen) Geschwindigkeit von zehn Knoten wurden etwa 3870 Tonnen verbraucht[16]. Die tatsächlich von diesen Schiffen bei den Übungen verbrauchte

---

12 Barry Domvile, By and Large, London 1936, S. 51.
13 Winston S. Churchill, The World Crisis 1911–1914, Sydney 1923, S. 189.
14 Lambert, Sir John Fisher's Naval Revolution (wie Anm. 8), S. 284 f.
15 Zahlen aus Fleets and Squadrons in Commission at Home and Abroad, The Navy List, March 1913, London 1913, S. 269.
16 Die veröffentlichten Angaben zu britischen Linien- und Schlachtschiffen sind in Bezug auf den Betriebsstoffverbrauch bei den Vor-*Dreadnoughts* wesentlich genauer als bei den *Dreadnoughts*. Die Linienschiffe der *Duncan*-Klasse, die zwischen 1899 und 1901 auf Stapel gelegt wurden, sind Beispiele für Vor-*Dreadnoughts*. Sie verbrauchten bei voller Leistung pro Tag 420 Tonnen Kohle (die meisten anderen Klassen verbrauchten um die 350 Tonnen, und diese letztere Zahl wurde als Schätzwert für den täglichen Verbrauch bei voller Leistung für die Vor-*Dreadnoughts* der First Fleet verwendet), bei zehn Knoten waren es 100 Tonnen und bei sieben Knoten 50 Tonnen. Schätzungen zufolge hatten sie bei zehn Knoten einen Radius von 6070 nautischen Meilen und konnten 2240 Tonnen stauen. Siehe Raymond A. Burt, British Battleships 1889–1904, Annapolis, MD 1988, S. 198, in Bezug auf die *Duncans*, sowie S. 162, 179, 218, 233, 262 und 282 in Bezug auf andere Klassen. Die Leistung der *Dreadnoughts* ist etwas schwieriger zu bestimmen. Der Schlachtkreuzer *Indomitable* verbrauchte bei 23,2 Knoten pro Tag 600 Tonnen (diese Zahl wurde für die

Menge liegt zwischen diesen Zahlen. Neben den der Ersten Flotte zugeordneten Kreuzern und Flottillen gab es auch noch die gesamte Zweite Flotte. Obgleich die Admiralität nicht bis zur vollen Mobilisierung der Dritten Flotte ging, entsandte sie so viele andere Einheiten wie möglich, wie zum Beispiel die lediglich mit einer Stammbesatzung bemannten Zerstörerflottillen und Ausbildungsschiffe[17]. Bei einem Preis von zwei Pfund für eine Tonne Kohle und vier Pfund für eine Tonne des zugegebenen wesentlich effizienteren Öls belief sich die Treibstoffrechnung für alle an den jährlichen Manövern beteiligten Schiffe auf nahezu 200 000 Pfund[18]. Dies reichte dem Ersten Lord, um stattdessen eine komplette Testmobilmachung der Royal Navy in den Heimatgewässern im Jahre 1914 durchzuführen und dennoch mit einer Einsparung von 100 000 Pfund zu rechnen[19]. Da die Einführung von Öl als Treibstoff in großem Stil dazu beigetragen hatte, den Haushalt für Treibstoff in den Jahren 1910/1911 und 1911/1912 um mehr als 23 Prozent zu erhöhen hatte die Notwendigkeit, Kosten für Treibstoff einzusparen, den absoluten Vorrang [20].

Es besteht kein Zweifel, dass aus den Manövern viele Lehren gezogen wurden[21], aber dies war nicht genug, und das Problem der Treibstoffversorgung in den Stützpunkten und Ankerplätzen im Norden erwies sich für die Grand Fleet in den ersten Tagen des Krieges als ein großes Problem[22]. Darüber hinaus ist es angesichts der Tatsache, dass derartige Aspekte niemals vorher einem Test unterzogen wurden, der dem heutigen Begriff der »Prüfung bis zum Ausfall« gleichkommt, nicht verwunderlich, dass viele der anderen Probleme für das Personal, die sich aus dem Dauereinsatz 1914 ergaben und auf die Moral auswirkten, auf die technische Schiffskonstruktion zurückzuführen sind. Der erste Aspekt war die körperliche Arbeit bei der Kohlenübernahme.

Schätzung des Verbrauchs der *Dreadnoughts* der First Fleet bei voller Dauerleistung verwendet), 790 Tonnen pro Tag bei absoluter Höchstleistung und 130 Tonnen pro Tag bei zehn Knoten. Diese Werte galten als sehr gut. Siehe Oscar Parkes, British Battleships, London 1973, S. 495. Auf der Basis der Angaben zu Brennstoffbedarf und Leistung verbrauchte das Schlachtschiff *Bellerophon* knapp über 273 Tonnen Kohle und 104 Tonnen Öl pro Tag bei 18 Knoten und 111 Tonnen Kohle und 42,5 Tonnen Öl pro Tag bei zehn Knoten. Parkes, British Battleships, S. 499. Die Kohle- und Ölmischung variiert je nach Geschwindigkeit. Der tatsächliche Betriebsstoffverbrauch hing von zahlreichen Faktoren ab, einschließlich Wetter und Seegang, dem Können des schiffstechnischen Personals, dem Bewuchs des Unterwasserschiffes, dem Zustand der Maschinenanlage und der Qualität der Kohle.

17 Siehe Berwick Curtis, The Nucleus Crew System, 1904–1914. In: The Naval Review, 51 (1963), 2, S. 164 f.
18 Edgar J. March, British Destroyers 1892–1953, London 1966, S. 513. Der Brennwert von Öl betrug etwa das 1,3- bis 1,4-fache des Brennwerts von Kohle. Siehe Peter M. Rippon, Evolution of Engineering in the Royal Navy, vol. 1, Turnbridge Wells 1988, S. 82.
19 Churchill, The World Crisis (wie Anm. 13), S. 189.
20 Vgl. die Angaben in der Übersicht »Expenditure of Fuel &c, 1889–90 to 1913–14« bei Jon Tetsuro Sumida, In Defence of Naval Supremacy. Finance, Technology and British Naval Policy 1889–1914, Boston 1989, S. 353.
21 RA 1CS (Beatty) Letter to C-in-C Home Fleets of 31 December 1913. In: The Beatty Papers, vol. 1 (wie Anm. 10), S. 94 f.
22 Jon Tetsuro Sumida, British Naval Operational Logistics 1914–1918. In: The Journal of Military History, 57 (1993), 3, S. 466 f.

Die Bedeutung der schnellen Kohlenübernahme für den Einsatz war längst unumstritten, und daher wurde es als »all-hands«-Manöver zu einem Wettbewerb, der bereits 1907 als »our most important« bezeichnet wurde[23]. 1898 wurde beim Bunkern von 1270 Tonnen für die *Majestic* eine durchschnittliche Menge von 162 Tonnen pro Stunde vom Kommandanten des Schiffes (Prince Louis of Battenberg)[24] als eine »beispiellose Leistung« beschrieben, aber wesentliche Verbesserungen in der Arbeitsleistung standen erst noch bevor. Während in den Jahren 1906/1907 174 Tonnen pro Stunde als Rekord verzeichnet wurden, registrierte man ein Jahr später für ein Schlachtschiff bereits eine Leistung von 289,2 Tonnen pro Stunde bei einer Gesamtaufnahme von 1180 Tonnen[25]. Dies kam der praktisch möglichen Höchstleistung wahrscheinlich sehr nahe, da die durchschnittlichen 287 Tonnen pro Stunde über fünfeinhalb Stunden beim Schlachtkreuzer *Princess Royal* Anfang 1915 einen Rekord für dieses Schiff selbst unter Kriegsbedingungen darstellten[26]. Der Übergangstyp *Lord Nelson* erreichte beim Bunkern von 1800 Tonnen im Jahre 1911 einen Durchschnitt von 188 Tonnen pro Stunde[27]. Der durchschnittliche Wert von 343,9 Tonnen, den das Schlachtschiff *Vanguard* beim Bunkern von 1089 Tonnen Kohle im November 1910 erreichte, stellte eine außerordentliche Leistung dar, zumal die Mengen für andere Großkampfschiffe am selben Tag bei deutlich unter 200 Tonnen pro Stunde lagen[28]. Die 309 Tonnen der *Dreadnought*, die Anfang 1911 in Arosa Bay erreicht wurden, verdienen gleichermaßen hervorgehoben zu werden[29].

Der durch den Krieg ausgelöste Schock für die Einheiten bestand nicht in der Kohlenübernahme an sich, wie anstrengend sie auch immer ausfiel, sondern in deren Häufigkeit. Ein Beteiligter schrieb darüber: »In peace-time we used to look upon this as something of a severe strain, and grumbled if it occurred as often as once a month[30].« In Wirklichkeit war häufiges Kohlebunkern unvermeidbar, wenn Schiffe mit hoher Geschwindigkeit über längere Zeiträume fuhren, und es war immer ein Bestandteil der jährlichen Manöver und anderer Übungen[31]. Lord Chatfield beschrieb es als »the bugbear of the Navy in the decade before the War«[32]. Somit kam es nicht ganz unerwartet, dass der Schlachtkreuzer *Princess Royal* zwi-

---

23 Christopher Cradock, Whispers from the Fleet, Portsmouth 1908, S. 139.
24 Mark Kerr, Prince Louis of Battenberg, Admiral of the Fleet, London 1934, S. 135.
25 Ebd., S. 147 f.
26 The Royal Navy of Lieutenant Commander W.E.V. Woods, RN. In: 99 Years of Navy. Ed. by Sam Morley, London 1995, S. 40.
27 Nach Midshipman Robert King-Harman. In: Julian Thompson, The Imperial War Museum Book of the War at Sea 1914-1918, London 2005, S. 20.
28 Frederick C. Dreyer, The Sea Heritage. A Study of Maritime Warfare, London 1955, Abb. auf S. 64 zeigt C-in-C Home Fleet Memorandum vom 17. November 1910.
29 Kenneth G.B. Dewar, The Navy from Within, London 1939, S. 126.
30 In the Northern Mists: A Grand Fleet Chaplain's Note Book, London 1916, S. 31.
31 So benötigte zum Beispiel ein Panzerkreuzergeschwader Ende 1905 für die Überquerung des Nordatlantiks mit einer Durchschnittsgeschwindigkeit von 18,5 Knoten umfangreiche Vorbereitungen, und ein Kohletransporter mit walisischer Kohle musste nach Nordamerika gesandt werden. Siehe Kerr, Prince Louis of Battenberg (wie Anm. 24), S. 211 f.
32 Lord Chatfield, The Navy and Defence, London 1942, S. 49.

schen dem 27. Juli und dem 8. August 1914[33] viermal, das Schlachtschiff *St Vincent* zwischen dem 27. Juli und dem 13. August[34] genauso oft und der Kleine Kreuzer *Southampton* zwischen dem 27. Juli und dem 11. August[35] ebenfalls viermal Kohle bunkerte. Die Herausforderung bestand darin, dass das Tempo der Operationen nicht nachließ, als aus Wochen Monate wurden und sich das Kohlebunkern mit »disagreeable frequency« wiederholte[36]. Es war »a burning topic that was always in our minds«[37], obwohl die Dauer des Elends dadurch verringert werden konnte und wurde, dass man auf den Schiffen klug genug war, Angehörige der Besatzung zu den Kohleschiffen zu senden, um möglichst viel Kohle bereits im Voraus[38] in Säcke zu füllen und die Kohleschiffe entsprechend mit Kohlesäcken, Schaufeln und Ladegeschirr auszustatten[39]. Das nachfolgende Reinigen von Schiff und Besatzung dauerte lange und war nur begrenzt wirksam. Neben der Menge von Kohlenstaub, die am Mann klebte, »it took at least two days hard work thoroughly to clean the ship from the coal-dust that penetrates everywhere«[40]. Man konnte sagen, »that coal burning ships were, in fact, never really clean during the war, although many commanders would deny this«[41].

Eigenartigerweise gab es auch einige bemerkenswerte Vorteile. Der erste war die verbindende Wirkung für die Schiffsbesatzungen. Das Elend wurde praktisch von allen an Bord geteilt – nur der Kommandant, die Wache, diensthabende Köche und Stewards, die Schiffskapelle und einige Einheiten des Funkraumpersonals waren freigestellt. Es wurde beschrieben als »the only time that everybody could swear at each other [...] The officer was working just as hard as you were on the same job, so you were all equals there[42].« Es gab noch andere damit verbundene Lockerungen. Das Kohlebunkern bot eine Gelegenheit zum Verkleiden[43]. Die ständig wiederkehrende anstrengende Arbeit durch »every man and boy had a marked effect on their physique«[44], und sie stellte die anderen Gruppen vermutlich in etwa auf gleiche Stufe wie die Heizer. Die Auswirkungen des Kohlenstaubs auf die Lungen wurden nicht bedacht.

Der zweite Problembereich, der mit dem ungenügenden Üben von Dauerbelastungen zusammenhing, betraf die materielle Einsatzfähigkeit der Einheiten, und die einschlägigen Ausfälle wurden im Lauf der Zeit immer schwerwiegender. So-

---

33 The Royal Navy of Lieutenant Commander W.E.V. Woods (wie Anm. 26), S. 26–33.
34 Dudley Pound in the Grand Fleet, 1914–15, ediert von Paul G. Halpern. In: The Naval Miscellany, vol. 6. Ed. by Michael Duffy, Aldershot 2003, S. 386–395.
35 A Naval Lieutenant, 1914–1918. By »Etienne« [Stephen King-Hall], London 1919, S. 12–15 und 25–33.
36 Barry Bingham, Falklands, Jutland and the Bight, London 1919, S. 41.
37 Victor Hayward, HMS Tiger at Bay. A Sailor's Memoir 1914–18, London 1977, S. 81.
38 B.B. Schofield »Jacky« Fisher, HMS Indomitable and the Dogger Bank Action: A Personal Memoir. In: Naval Warfare in the Twentieth Century, 1900–1945. Essays in Honour of Arthur Marder. Ed. by Gerald Jordan, London 1977, S. 69.
39 Dudley Pound in the Grand Fleet, 1914–15 (wie Anm. 34), S. 402.
40 Bingham, Falklands (wie Anm. 36), S. 41.
41 Ragnar Colvin, Memoirs of Admiral Sir Ragnar Colvin 1882–1954, Durley 1992, S. 38.
42 Christopher McKee, Sober Men and True: Sailors' Lives in the Royal Navy 1900–1945, Cambridge, MA, 2002, S. 122.
43 Hayward, HMS Tiger at Bay (wie Anm. 37), S. 86.
44 William James, The Sky Was Always Blue, London 1951, S. 85.

wohl die geforderte Betriebsdauer der Maschinen als auch die Notwendigkeit des Fahrens mit hoher Geschwindigkeit waren unterschätzt worden. Die Zeit, die tatsächlich auf See verbracht wurde, war ein Teil dieses Problems, aber nicht der einzige. Der Einsatz des neuen Schlachtschiffes *Agincourt* war bezeichnend für die Großkampfschiffe; es verbrachte fast mehr als die Hälfte der Zeit zwischen dem 26. August und Ende November in Fahrt (und bunkerte zwölfmal Kohle)[45].

Das Problem wurde durch die Forderung nach hoher Geschwindigkeit noch verschärft. Beim Ausbruch des Krieges waren die Kommandanten größerer Einheiten noch bereit, mit geringer Geschwindigkeit zu fahren und sogar zu stoppen, entweder um verdächtige Handelsschiffe zu untersuchen oder gar um Kohle zu sparen[46]. Bereits lange vor Jahresende war dies für Großkampfschiffe in Heimatgewässern undenkbar. Die Notwendigkeit, ständig mit hoher Geschwindigkeit zu fahren, brachte zunehmend Probleme mit sich[47]. Selbst die alten Panzerkreuzer fuhren im Allgemeinen mit einer Geschwindigkeit von mindestens zehn Knoten und in Gewässern mit U-Boot-Bedrohung generell mit zwölf Knoten[48]. In den ersten fünf Monaten des Krieges legte der Schlachtkreuzer *Lion* mehr als 25 000 Seemeilen zurück[49]. Schätzt man in etwa, dass das Schiff in dieser Zeit 80 Tage in See war, dann entspricht dies knapp über 312 Seemeilen pro Tag bei einer durchschnittlichen Geschwindigkeit von 13 Knoten. Dies war ein Vielfaches der Leistung im Frieden. In den Jahren 1910 und 1911 waren für Großkampfschiffe insgesamt 70 bis 90 Tage auf See üblich, obgleich der Schlachtkreuzer *Inflexible* 1909 nicht weniger als 15 677 Seemeilen zurücklegte. Dies war die längste Gesamtstrecke in jenem Jahr, in dem die Großkampfschiffe der Heimatflotte im Durchschnitt in etwa 10 000 Meilen fuhren[50].

Ein noch heimtückischerer und schließlich der entscheidende Faktor war das Fehlen sicherer Ankerplätze, sicher vor dem Eindringen von U-Booten, da die Forderung, unter Dampf zu bleiben oder kurzfristig wieder zu sein, das technische Personal davon abhielt, regelmäßige Wartungsarbeiten durchzuführen. Der Bedarf an sicheren Häfen in den nördlichen Gewässern war zuvor schon mehrfach als vordringlich erkannt worden, manchmal als unmittelbare Lehre aus Manövern[51]. Allerdings wurde dem nicht die notwendige Priorität beigemessen – nicht nur aufgrund der damit verbundenen Kosten[52], sondern zum Teil auch, weil die Frage

---

45 Cunninghame, Random Naval Recollections (wie Anm. 5), S. 43.
46 Siehe zum Beispiel Dreyer, The Sea Heritage (wie Anm. 28), S. 79. Das Schlachtschiff *Orion* brachte Anfang August einen deutschen Trawler auf und nahm ihn anschließend in Schlepp.
47 Lady Wester Wemyss, The Life and Letters of Lord Wester Wemyss, London 1935, S. 192.
48 Rear Admiral A.H. Christian an Jellicoe, 29.9.1914. In: The Jellicoe Papers. Selections from the Private and Official Correspondence of Admiral of the Fleet Earl Jellicoe of Scapa, vol. 1: 1893-1916. Ed. by Alfred T. Patterson, London 1966, S. 71.
49 Commander Reginald Plunkett, With the Grand Fleet. In: The Naval Review, 3 (1915), S. 4.
50 Mitteilung des Fourth Sea Lord an den First Sea Lord vom 23.11.1911, ADM 116/3151. Mein Dank gilt Dr. Nicholas Lambert dafür, dass er mir die Ergebnisse seiner Forschungen in den UK National Archives zur Verfügung gestellt hat.
51 C-in-C Home Fleet's Review of the War Plans after Manoeuvres, 1913. In: The Beatty Papers, vol. 1 (wie Anm. 10), S. 82 f.
52 Siehe Arthur J. Marder, From the Dreadnought to Scapa Flow: The Royal Navy in the Fisher Era 1904-1919, vol. 1: The Road to War 1904-1914, London 1961, S. 420-426.

im Wesentlichen akademischer Art war, selbst für die Kommandanten auf See, nachdem nur einige wenige Tage simulierter Operationen vergangen waren. Bald darauf machten sie ganz andere Erfahrungen. Mitte Oktober 1914 notierte Beatty, »we have no place to lay our heads [...] We have been running now hard since the 28th July; small defects are creeping up which we haven't time to take in hand[53].« Es kam zu chronischer »Wrapperitis«, Austreten von Speisewasser aus den Rohrenden der Wasserrohrkessel, ein Problem, das infolge von Konstruktionsentscheidungen, die ein Jahrzehnt zuvor getroffen worden waren[54], britische Schiffe besonders betraf, und »Condensiritis«, das Eindringen von kühlendem Meerwasser in die Rohre, die den kondensierenden »verbrauchten« Dampf enthielten[55]. Letzteres betraf vor allem einige größere Einheiten, einschließlich der modernsten *Dreadnoughts* wie die *Orion*[56], und wurde für den Flottenchef zu einer Quelle großer Besorgnis[57]. Die ständige Zufuhr von sauberem Frischwasser für den Antriebsdampf der Turbinen (oder bei älteren Schiffen der Kolbenmaschinen) war ein entscheidendes Element der Antriebsanlagen der Schiffe jener Zeit. Aufgrund der »Wrapperitis« reduzierte sich allmählich die Menge des verfügbaren Frischwassers, das die Schiffe nur in begrenztem Maße destillieren konnten, während die »Condensiritis« bald den gesamten Frischwasservorrat kontaminierte und die Rohre durch die Salzablagerungen in ihnen dauerhaft schädigte, wenn das Speisewasser zu Dampf erhitzt wurde. Wenn dem nicht Einhalt geboten wurde, würden diese Probleme das Schiff schließlich komplett fahruntüchtig werden lassen.

Neben einem sicheren Stützpunkt erforderte die Lösung der technischen Probleme eine Kombination aus Selbsthilfe durch Bordmittel, zusätzliches technisches Personal (insbesondere kompetente Mechaniker), das bei Bedarf von den Geschwaderkommandeuren und Flottenbefehlshabern eingesetzt werden konnte[58], kurzfristig verfügbare Werkstattschiffe und regelmäßige Trockendockaufenthalte. Letztere waren vor allem im kalten Wasser der Nordsee notwendig, um Bewuchs zu vermeiden, der sich auf die Geschwindigkeit und den Treibstoffverbrauch auswirken würde. Die Selbsthilfe konnte tatsächlich sehr weit geführt werden und erstreckte sich sogar auf die Wiederherstellung des Mauerwerks ganzer Kessel[59] und den Austausch Tausender Rohre in den Kühlern[60]. Bei Schiffen in schlechtem Materialzustand konnte durch harte Arbeit relativ schnell ihre volle Leistungsfähigkeit wiederhergestellt werden, vorausgesetzt, diese wurde gut gesteuert. Der

---

53 Beatty an Winston Churchill (Erster Lord), 17.10.1914. In: The Beatty Papers, vol. 1 (wie Anm. 10), S. 141.
54 David K. Brown, The Grand Fleet. Warship Design and Development 1906‑1922, London 1919, S. 94.
55 Louis Le Bailly, From Fisher to the Falklands, London 1991, S. 23. Siehe auch: Rippon, Evolution of Engineering in the Royal Navy (wie Anm. 18), S. 134, 147.
56 Dreyer, Sea Heritage (wie Anm. 28), S. 89.
57 Jellicoe, The Grand Fleet (wie Anm. 6), S. 153.
58 VA 1BCS Memorandum vom 28.12.1914. In: The Beatty Papers, vol. 1 (wie Anm. 10), S. 192.
59 Beatty an Admiral Sir Frederick Hamilton (Zweiter Seelord) vom 17. und 21.2.1915, ebd., S. 249, 260.
60 Wie an Bord von *Iron Duke* im November 1914. Siehe Jellicoe an Lord Fisher (Erster Lord) vom 18.11.1914. In: The Jellicoe Papers, vol. 1 (wie Anm. 48), S. 96.

Schlachtkreuzer *Indomitable*, der im November 1914 noch Anlass zur ernsthafter Besorgnis gab, lieferte im Januar 1915 im Gefecht auf der Doggerbank eine hervorragende technische Leistung[61]. Der Panzerkreuzer *Kent* war aufgrund von Problemen mit dem Kondenser Mitte November auf eine Geschwindigkeit von zehn Knoten beschränkt[62]. Im Seegefecht bei den Falklandinseln, etwa drei Wochen später, übertraf er bei seiner erfolgreichen Verfolgung des Kleinen Kreuzers *Nürnberg* seine Nennleistung[63].

Jedes Jahr verschlechterte sich das Wetter zu Beginn von Herbst und Winter, und die Schiffe waren bei weitem nicht optimal für die raue See gerüstet. Beatty selbst klagte über die riesige und allgemein luvgierige *Lion*: »The decks leak like a sieve and it's like living under a perpetual shower bath[64].« Unter anderem weil die »Grand Manoeuvres« immer im Sommer durchgeführt wurden, waren es die Schiffsbesatzungen nicht gewohnt, das Schiff in schwerem Wetter zu fahren, und das, was sie dabei erlebten, gefiel ihnen nicht[65]. Diese Probleme sind zum Teil auf die Konstruktion[66], aber manchmal jedoch auch nur auf schlechtes Urteilsvermögen zurückzuführen, wie im Falle des Linienschiffs *Abermarle*, dessen Brücke beim »Rennen« im Pentland Firth Ende 1915 zerstört wurde. Dabei ertranken zwei Männer, und das Schiff verzeichnete große Wassereinbrüche. Der Rear Admiral, der den Verband aus vier Linienschiffen befehligte, hatte darauf bestanden, den Firth trotz der bekannten Gefahren und gegenteiliger fachkundiger Beratung bei schlechtem Wetter zu durchfahren[67]. Das war umso weniger entschuldbar, als dasselbe bereits im Dezember 1914 mit den Kreuzern *Boadicea* und *Blanche* geschehen war[68].

Das Alter war ein weiterer wichtiger Faktor. Viele ältere Kreuzer waren wieder in Dienst gestellt worden, um Patrouilleverbände aufzustellen, die für die Blockade gegen Deutschland notwendig waren. Es scheint, dass man von Beginn an das Gefühl hatte, als sei für viele dieser Einheiten die Zeit abgelaufen, schon ehe die Häufung von Mängeln und zunehmend schlechteres Wetter im Laufe der Zeit Wirkung zeigten[69]. Einige Schiffe, wie zum Beispiel die *Edgar*-Klasse auf den nörd-

---

61   James Goldrick, The King's Ships Were at Sea. The War in the North Sea August 1914–February 1915, Annapolis, MD 1984, S. 361.
62   Thomas B. Dixon, The Enemy Fought Splendidly: Being the 1914–15 Diary of the Battle of the Falklands and its Aftermath, Poole 1983, S. 19.
63   Admiralty Naval Staff Monograph (Historical), vol. 9: The Atlantic Ocean, 1914–1915, including the Battles of Coronel and the Falkland Islands [CB 917(G)] October 1923, S. 259.
64   Beatty an seine Frau, 29.9.1914. In: The Beatty Papers, vol. 1 (wie Anm. 10), S. 137.
65   Beatty an seine Frau, 23.10.1914, ebd., S. 146.
66   David K. Brown, The Grand Fleet (wie Anm. 54), S. 88–93, enthält eine hervorragende Zusammenfassung der britischen Kriegserfahrungen über das Verhalten bei Seegang und die Schiffskonstruktion. Cunninghame beschreibt in Random Naval Recollections (wie Anm. 5), S. 49, die Probleme des Schlachtschiffs *Agincourt*, das (trotz seiner Größe) dahingehend typisch war, dass es aufgrund seiner 6-Zoll-Geschützkasematten sehr nass war, während Jellicoe in The Grand Fleet (wie Anm. 6), S. 174 f., die Probleme der *Iron Duke*-Klasse beschreibt.
67   Colvin, Memoirs (wie Anm. 41), S. 38.
68   Jellicoe, The Grand Fleet (wie Anm. 6), S. 176.
69   Siehe zum Beispiel die Anmerkungen des Kommandanten der *Charybdis* in Lady Wemyss, The Life and Letters of Lord Wester Wemyss (wie Anm. 47), S. 160.

lichen Blockade-Linien, waren über 20 Jahre alt. Diese Schiffe erfüllten ihre Aufgaben bei gutem Wetter im Spätsommer und Frühherbst ziemlich gut, hatten jedoch ab Ende Oktober 1914 große Probleme sowohl mit den Maschinenanlagen als auch mit der Rumpfkonstruktion[70]. Die Lage spitzte sich im »großen Sturm« vom 11. November zu. Rear Admiral de Chair notierte auf seinem Flaggschiff, der *Crescent*, »that we really did not think the old ship would weather it«. Das veränderte Wesen der Seekriegsoperationen im Vergleich zum Frieden geht aus de Chairs Anmerkung hervor, »that it was quite the most appalling gale I ever experienced in all my years at sea«[71]. Die Schiffe seiner Majestät waren zu dieser Jahreszeit kaum jemals so weit nördlich eingesetzt gewesen, und selbst die Admirale konnten noch etwas über die Auswirkungen des Wetters lernen.

Der Personalbedarf stellte ein weiteres technikbedingtes Problem dar, obgleich der Besatzungsmangel sich bald auch auf die anderen Bereiche auswirkte. Man hatte bereits 1908 erkannt, dass die Friedensbesatzungsstärke für längere Fahrten mit hoher Geschwindigkeit nicht ausreichen würde, insbesondere, da zusätzliches Personal für das Kohlebunkern benötigt wurde. Dies war an sich schon eine anstrengende und personalintensive Aufgabe. Der Schlachtkreuzer HMS *Indomitable* nahm für die Hochgeschwindigkeitsfahrt über den Atlantik in jenem Jahr zusätzlich Heizer auf und brauchte diese auch dringend[72]. Nach den Manövern von 1912 unterrichtete der Oberbefehlshaber der Home Fleet die Admiralität über die Probleme mit der Bereitstellung von ausreichend Personal für den Waffeneinsatz und die Brückenbesatzung zusätzlich zu dem Bedarf an Maschinenpersonal. Er wies darauf hin, dass eine Krise nur deshalb verhindert wurde, weil die Übungen zu Ende gingen[73]. In diesem Zusammenhang war die Entscheidung Churchills vom August 1914, aus der Royal Naval Volunteer Reserve und anderen Reservisten die Royal Naval Division zu bilden, besonders unglücklich und rief in der Admiralität sofort Bedenken hervor[74]. Außerdem verärgerte sie die Kommandanten, die sich bitterlich über den Personalmangel auf ihren Schiffen beschwerten, sowie die langdienenden Reservisten[75]. Einige Zeit nach dem Krieg gab Churchill selbst zu, dass das zusätzliche Personal bereits Anfang 1915 von den fahrenden Einheiten komplett aufgebraucht worden sei[76].

---

[70] Rear Admiral Dudley de Chair (RA 10CS), »Report of Proceedings 1–31 October 1914« vom 1.11.1914. In: The Maritime Blockade of Germany in the Great War. The Northern Patrol 1914–1918. Ed. by John D. Grainger, Aldershot 2003, S. 53.
[71] Dudley de Chair, The Sea is Strong, London 1961, S. 181. Siehe auch Peter H. Liddle, The Sailor's War 1914-1918, Poole 1985, S. 90, im Hinblick auf andere Augenzeugenberichte über den Sturm.
[72] Herbert King-Hall, Naval Memories and Traditions, London 1920, S. 204 f.
[73] Befehlshaber der Home Fleet (Admiral Sir George Callaghan) an die Admiralität (Admiralty), Schreiben vom 5.8.1912. In: The Submarine Service 1900–1918. Ed. by Nicholas Lambert, Aldershot 2001, S. 185.
[74] Captain Herbert Richmond, Tagebuch vom 20.8.1914. In: Arthur J. Marder, Portrait of an Admiral, The Life and Papers of Admiral Sir Herbert Richmond, Cambridge, MA 1952, S. 100.
[75] Beatty an seine Frau, 6.11.1914. In: The Beatty Papers, vol. 1 (wie Anm. 10), S. 156.
[76] Gordon Taylor, London's Navy. A Story of the Royal Naval Volunteer Reserve, London 1983, S. 45–48.

Besatzungen, die zu Beginn der Auseinandersetzungen von einem »kurzen Krieg« ausgegangen waren, wurden durch die Auswirkungen der unzureichenden Ruhezeiten rasch desillusioniert. »We began to realize that even if a man was ›off duty‹, but remained fully dressed, and more often than not wet through, and spent his ›off duty‹ hours trying to sleep curled up at his action station, he was far from efficient when he was due to take his duty watch again[77].« Die in der Vergangenheit in der Royal Navy übliche Organisation mit zwei und vier Wachen konnte langfristig der Belastung nicht standhalten. Jeder zweite Mann auf Wache, dazu die Forderungen des häufigen Gefechtszustands, bei dem das gesamte Personal eingespannt war, und die schwere Arbeit des Kohlebunkerns bei jeder Rückkehr zum Hafen – das war eine zu große Belastung; aber jeder vierte Mann auf Wache bedeutete, dass zu wenig Leute da waren, um die Waffen zu bedienen und die notwendige Zahl an Ausgucken zu stellen.

Für eine gewisse Zeit absolvierten Heizer ihre körperlich anstrengenden Schichten in drei Wachen[78]. Captain (RN) W.R. Hall, später Leiter des Marinenachrichtendienstes, erkannte das Problem, als er 1913 den neuen Schlachtkreuzer *Queen Mary* in Dienst stellte, und bestand darauf, dass das gesamte Schiff auf der Grundlage von drei Wachen (Rot, Weiß und Blau) organisiert wurde. Dies fand damals bei anderen Kommandanten wenig Zustimmung[79], aber durch die Realität der Operationen während des Krieges wurde allmählich eine Änderung unumgänglich, wenn nicht bis Ende 1914[80], dann bis Anfang 1915[81].

Eine Änderung bei der Gewährung von Landgang war ebenfalls notwendig. Bei den meisten nördlichen Ankerplätzen gab es nur wenige Einrichtungen für Personal an Land, und die Politik zur Gewährung von Landgang war anfangs insbesondere für die Mannschaften viel zu restriktiv. Offizieren wurde Anfang September gestattet, die Schlachtkreuzer und deren Begleitschiffe für einen Landaufenthalt »zur Bewegung« zu verlassen (einige interpretierten das als Spaziergang durch die Straßen von Edinburgh), dies galt aber nicht für die Mannschaften[82]. Einschränkungen waren unvermeidbar, insbesondere zu jener Zeit, als die Schiffe aufgrund der Gefährdung der Ankerplätze in der Lage sein mussten, kurzfristig in See zu stechen. Doch die Beschränkungen konnten zu weit getrieben werden und wurden es auch. Dies führte dazu, dass einige Matrosen ihren Urlaub ausdehnten, als ihnen schließlich ein Landgang gestattet wurde[83]. Die an der Tyne stationierte Zerstörer-

---

77 William Guy Carr, By Guess and By God. The Story of the British Submarines in the War, London 1930, S. 83.
78 Rippon, Evolution of Engineering in the Royal Navy (wie Anm. 18), S. 83. Diese Aufteilung scheint bereits im 19. Jahrhundert eingeführt worden zu sein. Im Jahre 2006 ist dies noch immer die übliche Wachroutine des schiffstechnischen Personals in der Royal Navy und der Royal Australian Navy.
79 William James, The Eyes of the Navy. A Biographical Study of Admiral Sir Reginald Hall, London 1955, S. 14 f.
80 Cunninghame, Random Naval Recollections (wie Anm. 5), S. 46.
81 Hayward, HMS Tiger at Bay (wie Anm. 37), S. 86.
82 The Royal Navy of Lieutenant Commander W.E.V. Woods (wie Anm. 26), S. 36. Siehe auch A Naval Lieutenant (wie Anm. 35), S. 50.
83 Boy Seaman H.A. Hall, Diary, zit. von Henry Baynham, Men from the Dreadnoughts, London 1976, S. 214.

flottille hatte fast elf Wochen keinen Landgang gehabt. Das Problem wurde nur durch das Eingreifen der Mutter des Flottillenchefs gelöst[84]! Daraufhin wurden Anstrengungen unternommen, insbesondere in Scapa Flow, um Freizeiteinrichtungen sowohl für Offiziere als auch für Mannschaften zu schaffen. Dazu gehörten der Bau von Golfplätzen und Fußballfeldern sowie die Einrichtung eines »Kantinenschiffs«[85]. Aber es gab auch Fälle, in denen viele zu dem Schluss kamen, dass es sich nicht lohnen würde, für die wenigen erlaubten Stunden tagsüber an Land zu gehen. Diese Haltung war vor allem unter den Mannschaften verbreitet, aber auch einige Offiziere vertraten diese Ansicht[86].

Eine andere Überraschung war für viele die Notwendigkeit, die dem Komfort dienende Friedensausrüstung an Land zu geben. Sie hätte im Gefecht eine Gefahr darstellen können, obwohl es von Beginn an unterschiedliche Meinungen darüber gab, in welchem Ausmaß Schiffe für diesen Fall hergerichtet werden mussten. Während einige Schiffe (in weitgehend unzulässiger Weise) größere Teile der Schiffskonstruktion entfernen konnten (die *HMS Prince of Wales* ließ ihre hintere Brücke zurück[87]), die in der modernen Kriegführung von begrenztem Nutzen waren, gingen andere Demontagen zu weit. Bis auf einige brachten die Schiffe all ihre Boote an Land, am 1. und 2. August geschah dies in Scapa Flow massenweise[88]. Ein paar Wochen später wurden die meisten Boote wieder aufgenommen, da die Schiffe ihre Hafenroutine ohne sie einfach nicht bewältigen konnten. Die Tatsache, dass die Boote bei Minen- oder Torpedotreffern einen wesentlichen Bestandteil der Rettungseinrichtungen des Schiffes darstellten, war ebenfalls ein Faktor. Auch andere Gegenstände wurden ausgebaut, dies reichte von Flaggenschränken aus Holz (zur Vermeidung von Verletzungen durch Splitter), die beim Signalpersonal große Angst erzeugten[89], bis hin zu »wooden furniture, desks and library cupboards[90], mess stools and even paneling from bulkheads«[91]. Ein großer Teil dieses Materials wurde sehr vermisst, als die Wochen vergingen und das Personal sich auf einen langen Zeitraum einrichten musste. Gelegentlich siegte jedoch auch der gesunde Menschenverstand, wie beim Kreuzer *Southampton*, wo der Erste Offizier, Commander (RN) Edward Astley Rushton, einer der Bedächtigeren seiner Generation, die Berichte des Beobachters der Royal Navy bei der Japanischen Flotte während des Russisch-Japanischen Kriegs von 1904/1905 studiert hatte: Die Möbel blieben an Bord[92].

---

[84] Curtis, The Nucleus Crew System (wie Anm. 17), S. 171.
[85] Jellicoe, The Grand Fleet (wie Anm. 6), S. 85-86. Die erste Anregung bezüglich der Verhältnisse in Scapa Flow scheint bereits im September 1914 von Vice Admiral Sir Lewis Bayly gegeben worden zu sein, der das Erste Schlachtgeschwader befehligte. Siehe Lewis Bayly, Pull Together!, London 1939, S. 169 f.
[86] Cunninghame, Random Naval Recollections (wie Anm. 5), S. 34 f.
[87] Dewar, The Navy from Within (wie Anm. 29), S. 161.
[88] A Naval Lieutenant (wie Anm. 35), S. 24.
[89] By Guess and By God (wie Anm. 77), S. 83 f.
[90] The Royal Navy of Lieutenant Commander W.E.V. Woods (wie Anm. 26), S. 27 f.
[91] Eric Bush, Bless Our Ship, London 1958, S. 25.
[92] Stephen King-Hall, My Naval Life 1906-1929, London 1952, S. 100.

Die Realität der U-Boot-Abwehr erwies sich als eine weitere Herausforderung. Hierbei traf die zweite Einschränkung der exakten Simulation während der Friedensmanöver, die der Risikominimierung für Schiffe und Personal, mit der Notwendigkeit des Sparens zusammen. Die Royal Navy hatte mehr als zehn Jahre lang mit U-Booten experimentiert und immer komplexere und längere Übungen durchgeführt, sowohl in kleinem Maßstab als auch während der jährlichen Manöver[93]. Bis 1910 wurden Reichweite und Seeausdauer der neuesten Konstruktionen überzeugend demonstriert[94], und die Forderung etwa nach Ausgucken auf Überwasserschiffen, die im Besonderen auf U-Boote achten sollten, wurde als unabdingbar für Kriegszeiten akzeptiert[95]. Die Schwierigkeit bestand – für beide Seiten – darin, Angriffe in dem Umfang zu simulieren, dass der operative Kontext gänzlich erfasst wurde. Jeder 21-Zoll-Torpedo kostete mehr als tausend Pfund[96], eine 18-Zoll-Waffe nicht viel weniger, und ein Verlust war eine schwerwiegende Angelegenheit. Während der jährlichen Manöver war es U-Booten nicht gestattet, Übungstorpedos abzuschießen, da die Notwendigkeit, die teuren Waffen einzufangen, den taktischen Verlauf der Übung gestört hätte. Das spitzte sich bei den Manövern von 1913 zu, als sich die U-Boote mit Recht beschwerten, dass die Schiedsrichterregeln zu ihren Ungunsten ausfielen. Dabei war auch der unvermeidbare »Rangfaktor« nicht gerade hilfreich[97]. Zerstörer operierten mit ähnlichen Einschränkungen, insbesondere bei Nachtangriffen, obgleich sie viel mehr Bewegungsfreiheit hatten[98].

Die U-Boote waren von dem verständlichen Wunsch nach Risikominimierung besonders betroffen. Während die Kommandanten von Überwassereinheiten sehr wohl bereit waren, Kollisionsschäden, insbesondere bei Zerstörern und anderen kleinen Schiffen, als praktisch unvermeidlich hinzunehmen[99], hatte der Verlust von fünf U-Booten in der Royal Navy durch Kollision mit Überwasserschiffen in dem Jahrzehnt vor 1914[100] – was keineswegs nur in einem taktischen Umfeld geschah – die Sensibilität für ihre Verwundbarkeit und das wesentlich größere Risiko erhöht, dem Männer in U-Booten gegenüber denen in Zerstörern ausgesetzt sind.

Ohne den Lauf des tatsächlich lancierten Torpedos oder den Treffer aus Übungswaffen glaubten die Schiffskommandanten nur allzu leicht, dass ihre Schif-

---

93 Lambert, Sir John Fisher's Naval Revolution (wie Anm. 8), S. 83 ff.
94 The Naval Memoirs of Admiral of the Fleet Sir Roger Keyes, vol. 1, London 1934, S. 22 f. Siehe auch Inspecting Captain of Submarines to C-in-C Home Fleet Letter of 5 August 1910. In: The Submarine Service 1900–1918 (wie Anm. 73), S. 127 f. Siehe auch Lambert, Sir John Fisher's Naval Revolution (wie Anm. 8), S. 211.
95 Reginald Plunkett, The Modern Officer of the Watch, Portsmouth 1910, S. 89.
96 March, British Destroyers (wie Anm. 18), S. 513.
97 Captain S.S. Hall an Lord Fisher, Schreiben vom Juli (?) 1913. In: The Submarine Service 1900–1918 (wie Anm. 73), S. 193.
98 Lionel Dawson, Gone for a Sailor, London 1936, S. 217.
99 Bayly, Pull Together! (wie Anm. 85), S. 121.
100 Hugh M. Le Fleming, ABC Warships of World War 1, vol. 5: Submarines, London 1961, S. 8–10. Etwa vier Zerstörer sanken durch Kollision und zahlreiche weitere wurden in derselben Zeit beschädigt. Siehe ebd., vol. 3: Destroyers, bezüglich der gesunkenen Zerstörer.

fe nicht getroffen werden konnten[101]. Es stimmt außerdem, dass einige U-Boot-Fahrer zu sehr von ihren Fähigkeiten überzeugt waren. Eine gute Position für einen Angriff zu erreichen, war nicht dasselbe wie die richtige Angriffslösung. Und, wie sich gezeigt hat, war es auch nicht dasselbe wie der Besitz zuverlässiger Torpedos. Im Gegenteil, man neigte dazu, anzunehmen, dass die Zerstörung von U-Booten allzu leicht wäre, obwohl einige Kommandanten ihre Vorbehalte hatten. Während der Manöver des Jahres 1912 beschwerte sich der Kommandant des Kreuzers *Skirmisher* darüber, »that I was ordered to take my division [von Zerstörern] and clear the anchorage of submarines, and proceeded to look businesslike while realizing that I had no means wherewith to attack an enemy submarine and no clear notion how to set about doing so«[102]. Viele glaubten jedoch, dass das Sichten eines U-Boots an der Oberfläche gleichbedeutend mit dessen Zerstörung durch Artilleriefeuer oder Rammen sei[103].

Vor allem der Mangel an ausreichend realistischen Übungen machte es dem Personal schwer, das Risiko der U-Boote einzuschätzen, insbesondere zu einer Zeit, in der sich sowohl Schiffstypen als auch Waffen schnell weiterentwickelten. In dieser Situation verließ man sich auf die zweifelhaften operativen Erfahrungen des jüngsten Konflikts auf See, dem Russisch-Japanischen Krieg von 1904/1905[104]. Commander (RN) Dudley Pound notierte am 9. August, nach einem, wie er es nannte »a somewhat severe attack of ›Submarineitis‹, that I should imagine half the officers and men who are out for submarines have never seen a periscope coming toward them«[105]. So wuchs die Unsicherheit beachtlich, und der Druck auf das Personal nahm erheblich zu. Chatfield, der Kommandant des Schlachtkreuzers *Lion*, bemerkte die »increased strain; we were inexperienced and lurking dangers of unknown personality, give full rein to the imagination«[106].

Schließlich, und sogar ziemlich schnell, erwarben die Besatzungen der Royal Navy die notwendige Erfahrung und akzeptierten die Realität, mit der sie konfrontiert waren. Allerdings stellten die letzten Monate des Jahres 1914 für die Royal Navy mit Sicherheit eine starke Belastung der Stimmung in der Royal Navy dar, und es erforderte einige Anstrengung, um sich davon zu erholen. Obgleich nicht alle Faktoren, die diese Vertrauenskrise hervorriefen, das Ergebnis mangelnder Vorbereitung waren, so war doch ein wesentlicher Anteil darauf zurückzuführen. Dennoch lässt sich schwer vorstellen, wie es die Briten hätten viel besser machen können. Es war wahrscheinlich unvermeidbar, dass die Royal Navy angesichts des Zeitgeists und der Schwierigkeiten, das Wesen von Seeoperationen in einer Zeit solch schneller technischer Veränderungen vorherzusagen, nicht in der Lage war,

---

[101] Siehe die Kommunikation zwischen Max Horton auf *D6* und dem Kommandanten des Schlachtkreuzers *Indefatigable*, Arthur Leveson, bei den Manövern 1912. Siehe W.S. Chalmers, Max Horton and the Western Approaches, London 1957, S. 17.
[102] Admiral of the Fleet the Earl of Cork and Orrery, My Naval Life 1886–1941, London 1942, S. 74.
[103] Captain S.S. Hall an Lord Fisher, Schreiben vom Juli (?) 1913. In: The Submarine Service 1900–1918 (wie Anm. 73), S. 194.
[104] Lambert, Sir John Fisher's Naval Revolution (wie Anm. 8), S. 289.
[105] Dudley Pound in the Grand Fleet, 1914–15 (wie Anm. 34), S. 393.
[106] Chatfield, The Navy and Defence (wie Anm. 32), S. 123.

gründlich über ihre Aussichten in einem europäischen Krieg nachzudenken. Der aufmerksame Beobachter der Royal Navy in der Zeit von 1904 bis 1914 kann nur erstaunt sein über den Umfang der Veränderungen, größtenteils zum Besseren, die während dieser zehn Jahre erfolgten und übernommen wurden. Es lässt sich durchaus vermuten, dass sich sowohl Offiziere als auch Soldaten tatsächlich auf die Umstände eines langen Krieges eingestellt hatten, sobald die wichtigsten Defizite wie das Fehlen sicherer Ankerplätze beseitigt waren. Insbesondere die Grand Fleet überlebte die »lange Wache« von mehr als vier Jahren in einem bemerkenswert guten Zustand und trotz einiger Langeweile mit einer allgemein hohen Moral.

Das Wesen der Erfahrungen der Royal Navy in den Jahren 1914/15 lässt jedoch vermuten, dass die militärischen Organisationen Mechanismen entwickeln mussten, nach denen sie für einen langen Konflikt experimentieren und üben konnten, sowohl theoretisch als auch praktisch. Die Bereitschaft und die Notwendigkeit, sich bei Ausbruch des Konflikts vor einem Überraschungsangriff zu schützen, sind eigentlich fast immer legitime Beschäftigungen militärischer Führer und Planer, sind aber nur ein Teil der zu lösenden Aufgabe. »The continuing on of the same until it be truly finished, which yieledth the true glory« war in der Geschichte der Seekriegführung bei Weitem eine häufigere Erfahrung als Konflikte, deren ein sofortiges Ende erzwungen wurde. Wie die Offiziere und Mannschaften von 1914 erkannten, hatten sie mit ihren Vorgängern in den Kriegen gegen Spanien und Frankreich mehr gemeinsam als gedacht.

Andrew Lambert

»The possibility of ultimate action in the Baltic«[1]: Die Royal Navy im Krieg, 1914-1916

Die strategischen Probleme, denen Großbritannien im August 1914 gegenüberstand, waren immens. Politische und wirtschaftliche Interessen forderten eine umfassende, ganzheitliche und globale Strategie, die Frankreich, wenn nicht sogar Russland, frühzeitige und wirksame Hilfe bot, die die Dominions zufriedenstellte und die wichtige neutrale Staaten nicht vor den Kopf stieß. Die Grundlage dieser Strategie sollte die Seeherrschaft sein, die Fähigkeit, die Weltmeere unbehindert durch feindliche Aktionen für militärische und wirtschaftliche Aktivitäten zu nutzen. Der strategische Wert, den die See für die Ententemächte hatte, war unbestreitbar: Frankreich benötigte Soldaten und Unterstützung aus den Überseekolonien und -departements. Russland brauchte wirtschaftliche Hilfe, und Großbritannien konnte seine Kapazitäten nur voll ausschöpfen, indem es seine Dominanz der globalen Wirtschaft aufrechterhielt und die Ressourcen des Empire einsetzte.

Die Sicherung der Seeherrschaft wurde kompliziert durch das globale Ausmaß, die Verteilung der deutschen Kräfte und die verschiedenen Varianten eines möglichen Angriffs. Ein wesentlicher Teil der Vorkriegsplanung konzentrierte sich notwendigerweise darauf, Probleme zu erkennen und mögliche Lösungen aufzuzeigen, da detaillierte Pläne nur als Antwort auf Ereignisse entwickelt werden konnten. Die Ausgangsbasis bildete die Verteidigung, wobei die ersten Offensiven gegen Ziele gerichtet waren, die den Verteidigungsauftrag erleichtern würden.

Anders verhielt es sich mit der kontinentalen Militärplanung vor 1914. Diese war durch riesige Wehrpflichtarmeen, dem durch die Transportmittel begrenzten Raum und die unmittelbare Nähe potenzieller Gegner bestimmt und band Deutschland und Frankreich an offensive Strategien und sehr beschränkte Operationspläne. Obwohl die britische Armee diesen Einschränkungen nicht unterworfen war, hatte sie ihre Vorkriegsplanung dennoch auf einem einzigen Szenario aufgebaut, nämlich der Unterstützung der Politik der Entente durch Entsenden der kleinen British Expeditionary Force, um an der Seite der Franzosen zu kämpfen. Die British Expeditionary Force sollte in den Anfangsmonaten des Krieges, in einer Zeit, in der wichtige Entscheidungen zu treffen waren, auf die Entwicklung der britischen Strategie einen unverhältnismäßig starken Einfluss ausüben.

---

1   Winston Churchill an Sir Edward Grey, 21.8.1914. In: Randolph S. Churchill/Martin Gilbert, Winston S. Churchill, vol. 3, Companion, p. 1: Documents, July 1914-April 1915, London 1972, S. 48.

Die meisten Berichte über den Krieg zur See konzentrieren sich auf die Operationsführung und das taktische Verhalten bei konkreten Aktionen, die – obgleich faszinierend – dazu verführen, die Aufmerksamkeit vom größeren Bild abzulenken und dabei die Marinegeschichte vom Landkrieg zu trennen. Diese Darstellung versucht, das Muster umzukehren, indem sie den Schwerpunkt auf die Entwicklung der britischen Strategie legt und so die eine Hälfte der Vorgeschichte liefert, aus der sich die Ereignisse am 31. Mai 1916 entwickelten. Diese Aufgabe ist umso leichter, als der amtliche Historiker für Marinegeschichte (Official Historian of Naval Operations) Sir Julian Corbett, den Bericht über die große Strategie in seiner Arbeit mit operativem und taktischem Material verbindet. Corbett hatte die Ausbildung in der Marine vor 1914 dominiert; die wichtigsten politischen Entscheidungsträger in der Admiralität und dem Comittee of Imperial Defense stützten sich auf sein Können in der historischen Berichterstattung und brachten ihn damit in eine einzigartige Lage. Er hatte dazu beigetragen, die Marine gedanklich auf den Krieg vorzubereiten; während des Krieges hatte er wichtige analytische Beiträge geleistet und schließlich den ersten öffentlichen Bericht über den Krieg geschrieben.

Als der Krieg im August 1914 ausbrach, war Corbett das einzige zivile Mitglied des Historical Committee im Committee of Imperial Defence[2]. In dieser einzigartigen Position innerhalb der Kriegsmaschinerie der Marine schrieb er Denkschriften für den Naval Staff und notierte die Ereignisse zu dem Zeitpunkt, an dem sie geschahen; dabei nutzte er seinen privilegierten Zugang zu vertraulichen Unterlagen und den wichtigsten Entscheidungsträgern[3]. Im März 1916 erhielt er nach langen Verhandlungen zwischen den einschlägigen Abteilungen den Auftrag, die offizielle Geschichte zu schreiben, eine Entscheidung, die am 28. Juni 1916 öffentlich bekannt gegeben wurde[4].

I. Gesamtstrategie

Obgleich Großbritannien den Krieg auf See dominierte, hatte das Land damit keine Vorrangstellung in der Entente und auch nicht später bei Entscheidungen der Alliierten[5]. Einmal in den Krieg eingetreten, konnte es nicht länger frei agieren. Die Bedürfnisse des Bündniskrieges diktierten in der Regel die meisten strategischen Entscheidungen sowie die Gesamtstrategie. Dennoch hat die bekannte alte Debatte zwischen den Befürwortern einer Entscheidungsschlacht im Westen, den »Westerners«, und jenen, die ungewöhnliche Angriffe im Osten bevorzugten, den

---

[2] Col. E.Y. Daniel, Official Histories, 3.9.1919. Cabinet Memo: TNA CAB 103/83, S. 3. Der Vorsitzende war Corbetts Freund Admiral Sir Edmund Slade, Hankey und Daniel waren ebenfalls enge Freunde.
[3] Donald M. Schurman, Julian S. Corbett, 1854–1922. Historian of British Maritime Policy from Drake to Jellicoe, London 1981, S. 152–157.
[4] TNA CAB 103/83, S. 4, 6.
[5] David French, British Strategy and War Aims, 1914–1916, London 1986, S. x–xi. Ein sehr wichtiges Buch, das durch Konsultation von Julian S. Corbett, Naval Operations, 5 vols., London 1920–1938, und Unterlagen der Admiralität hätte verbessert werden können.

»Easteners«, die grundsätzlichere Entscheidung, die die Entwicklung der britischen Politik bestimmte, verschleiert. In der Realität hatte das Kabinett zwei Möglichkeiten: einen totalen Krieg mit Mobilmachung der Massen bzw. einen begrenzten Krieg oder »Normalbetrieb« – eine wirtschaftliche Kriegsstrategie gestützt auf Seeherrschaft, die davon ausging, dass Frankreich und Russland den Landkrieg führen, während Großbritannien für Munition, finanzielle Unterstützung und maritime Vorherrschaft sorgen würde.

Im Gegensatz zu den anderen Großmächten wurden die strategischen Entscheidungen der Briten durch die Belange der Marine und die zugrunde liegenden wirtschaftlichen Tatsachen bestimmt, die mit dem einzigartigen Status des Landes als Weltreich des Handels und des Kapitals einhergingen. Die ursprüngliche Option war ein begrenzter Krieg. So bemerkte ein Minister am 28. August 1914:

>»We decided that we could win through by holding the sea, maintaining our credit, keeping our people employed & our own industries going – By economic pressure, destroying Germany's trade cutting off her supplies. We should gradually secure victory. This policy is steadily pursued – We have never thought we could successfully afford to compete with her by maintaining also a continental army on her scale – Our Navy, finance & trade was our life's blood & we must see to it that these are maintained[6].«

Dies war die Strategie der Revolutionskriege und der Napoleonischen Kriege, die letzten »Großen Kriege«, auf die sich die britischen politischen Entscheidungsträger beziehen konnten. Dieses Modell, entsprechend aktualisiert, durchdrang Corbetts Schriften, insbesondere »The Campaign of Trafalgar« und »Some Principles of Maritime Strategy«[7]. In »Some Principles« stellte Corbett unter Berufung auf Clausewitz fest, wie wichtig eine durchdachte Theorie als Grundlage eines höheren Verständnisses sei. Er entwickelte außerdem Clausewitz' Grundidee des totalen und des begrenzten Krieges weiter, um zu zeigen, dass Großbritannien, möglicherweise allein, über die Fähigkeit verfügte, einen tatsächlich begrenzten Krieg zu führen. Dies war die 1914 angewandte Strategie, bei der die British Expeditionary Force als amphibische Interventionstruppe behandelt wurde, die man schnell zurückziehen konnte. Diese Strategie legte den Schwerpunkt auf die langfristige Sicherheit Großbritanniens und erkannte dabei die Bedrohung, die nach einem Sieg von Russland, Frankreich und Japan ausgehen könnte. Lord Kitcheners Mobilmachung »Neuer Armeen« war Teil dieser Strategie. Er wollte 1917, wenn der Rest Europas ausgeblutet war, eine Massenarmee ins Feld führen, um den Frieden zu diktieren. Das Scheitern des französischen und des russischen Heeres im Jahre 1914 beschleunigte jedoch das Engagement der britischen Landstreitkräfte und führte dazu, dass Schlachten wie die von Loos und an der Somme geführt wurden, um die schwächer werdenden Verbündeten zu unterstützen. Darüber hinaus führte die Mobilmachung von einer Million Männern zu einer »significant diminution of [Britain's] economic power«[8].

---

6 J.A. Pease an seinen Bruder, 28.8.1914. In: French, British Strategy (wie Anm. 5), S. 27.
7 John S. Corbett, Some Principles of Maritime Strategy, London 1911; John S. Corbett, The Campaign of Trafalgar, London 1910. Beiden Büchern liegen Vorlesungsprogramme des War Course zugrunde.
8 French, British Strategy (wie Anm. 5), S. xi.

Da sich bald zeigte, dass die anfängliche Strategie eines begrenzten Krieges nicht zu einer Entscheidung führen würde, bewegte sich Großbritannien unaufhaltsam auf einen totalen Krieg zu. Doch konnte es keinen totalen Krieg führen, ohne schwere wirtschaftliche Schäden zu erleiden. Im April 1916 erkannte das Kabinett diese Realität zähneknirschend an, und so musste Großbritannien seit 1916 zu versuchen, den Sieg mit militärischen Mitteln zu erringen. Der Skagerrakschlacht lagen somit große Hoffnungen und tiefe Ängste zugrunde[9].

Geleitet wurde die britische Kriegspolitik im Wesentlichen vom War Council, einer kleinen Gruppe wichtiger Minister und deren politischer Berater, die sich Ende November 1914 zum ersten Mal trafen. Die britischen Kriegsziele waren auf einen Regimewechsel in Deutschland beschränkt, wobei der Staat als militärischer Puffer gegen Russland erhalten bleiben sollte; die Marine und deren Ressourcen hingegen sollten aufgelöst werden[10].

II. Seestrategie

Im Jahr 1914 war der Erste Lord der Admiralität der 40-jährige liberale Politiker Winston Churchill, der politische Kopf der Royal Navy. Churchill hatte zu diesem Zeitpunkt bereits die meisten seiner positiven Eigenschaften und seine Schwächen demonstriert, die seine außerordentliche Karriere dominieren sollten. Seine Energie, seine Begeisterungsfähigkeit, sein Verhandlungsgeschick, seine literarische Begabung und sein Verständnis des Krieges wurden durch impulsive Neigungen, Egoismus und schlechtes Urteilsvermögen beeinträchtigt. Churchills leitender Marineberater (Senior Naval Advisor), der Erste Seelord Prince Louis of Battenberg, fühlte sich von dem dynamischen Politiker überwältigt und verließ den Naval Staff, der nun ohne Führer schlecht geeignet war, um eine Strategiedebatte zu führen.

Churchill war nicht bereit, in der Defensive zu verharren. Er war begierig nach der Schlacht und verstand, wie wichtig es war, den Gegner zu besiegen. Seine Strategie war einfach: »1st Phase: The clearing of the outer seas. 2nd Phase: The clearing of the North Sea. 3rd Phase: The clearing of the Baltic[11].«

In jeder Phase würde die Royal Navy überlegene Kräfte einsetzen, um den Erfolg sicherzustellen. Darüber hinaus hatte Churchill bereits Pläne für eine Reihe von Angriffsoptionen verabschiedet, die von einem Ausschuss unter Rear Admiral Sir Lewis Bayly erarbeitet worden waren[12]. Diese beinhalteten die Einnahme eines vorgeschobenen Stützpunktes auf einer deutschen oder niederländischen Insel, die Besetzung des dänischen Hafens Esbjerg, einen Zerstörerangriff gegen die Elbmündung oder die Einnahme des westlichen Eingangs des Nord-Ostsee-Kanals. Am 31. Juli 1914 sandte Churchill die Pläne an Premierminister Herbert Asquith

---

[9] Ebd., S. xii–xiv.
[10] Ebd., S. 23.
[11] Churchills Erklärung an den War Council vom 28.1.1915, zit. in: Churchill/Gilbert, Winston S. Churchill (wie Anm. 1), S. 463.
[12] Lewis Bayly, Pull Together! The Memoirs of Admiral Sir Lewis Bayly, London 1939, S. 130–140.

und bat das War Office, diese zusammen mit der Möglichkeit der Besetzung vorgeschobener Stützpunkte in Dänemark, Norwegen und Schweden zu prüfen[13]. Das Foreign Office war verständlicherweise entsetzt über die Vorstellung, neutrales Gebiet einzunehmen, schließlich hatte die Verletzung der belgischen Neutralität zum Kriegseintritt Großbritanniens geführt[14]. Churchills Vorschläge zeigten außerdem eine erstaunliche oder beabsichtigte Unkenntnis der Pläne des War Office über die Entsendung der Expeditionary Force auf den Kontinent. Ohne Truppen waren Baylys Pläne allerdings nur Papierverschwendung[15].

Churchill behauptete, dass die Royal Navy einen vorgeschobenen Stützpunkt benötigte, um die begrenzte Seeausdauer moderner Zerstörer und alter U-Boote auszugleichen, die dann eingesetzt werden konnten, um eine Nahblockade der deutschen Häfen zu errichten[16]. Die Admiralität hingegen hatte sich mindestens drei Jahre zuvor bereits von derartigen Gedanken verabschiedet. Zu Churchills Verteidigung sollte erwähnt werden, dass sich seine Pläne auf eine bedeutende Denkschule des Vorkriegsdenkens stützten[17]. Admiral of the Fleet Sir Arthur Wilson, Erster Seelord 1910-1911, der als Freiwilliger in die Admiralität zurückkehrte, wollte Helgoland einnehmen – eine außerordentlich schwierige Aufgabe. Von Beginn des Krieges an war jedoch der Zugang zur Ostsee in Churchills Vision über die Rolle der Royal Navy im Krieg von zentraler Bedeutung[18]. Diese Idee stammte ursprünglich von Admiral Lord Fisher, mit dem er eine ausführliche Korrespondenz pflegte[19]. Obgleich Churchill Fishers Idee akzeptiert hatte, wurde bald deutlich, dass er den tieferen Zweck, der der Strategie des alten Admirals zugrunde lag, nicht verstanden hatte. In seinem Wunsch zu handeln, schlug Churchill darüber hinaus alle möglichen umfangreichen Pläne vor, bei denen das Eingreifen verschiedener neutraler Mächte oder die Entsendung der japanischen Marine ins Mittelmeer ausreichend französische Kräfte freisetzen würde, um zwei Flotten in der Nordsee zu bilden, die beide ebenso stark wären wie die Hochseeflotte[20].

---

[13] Churchill an Asquith, 31.7.1914, und Churchill an Asquith und Grey, 3.8.1914. In: Churchill/Gilbert, Winston S. Churchill (wie Anm. 1), S. 6 f., 12-14.
[14] Tage Kaarsted, Great Britain and Denmark 1914-1920, Odense 1979.
[15] Schurman, Julian S. Corbett (wie Anm. 3), S. 158 f.
[16] Paul Halpern, A Naval History of World War I, Annapolis 1994, S. 101-105, enthält einen klaren und prägnanten Leitfaden zu den Plänen.
[17] Andrew D. Lambert, »This Is All Want«. Great Britain and the Baltic Approaches 1815-1914. In: Britain and Denmark. Political, Economic and Cultural Relations in the 19th and 20th Centuries. Ed. by Jørgen Sevaldsen with Bo Bjørke and Claus Bjørn, Copenhagen 2003, S. 147-170.
[18] Martin Gilbert, Winston S. Churchill, vol. 3, 1914-1916, London 1971, S. 44, 52 f., 84, 202, 225 f., 228, 231, 237, 246, 259, 265, 272, 348 und 400. Churchill an Grey, 3.8.1914. In: Churchill/Gilbert, Winston S. Churchill (wie Anm. 1), S. 15.
[19] Andrew Lambert, Great Britain and the Baltic. 1890-1914. In: Britain and the Baltic. Studies in Commercial, Political and Cultural Relations, 1500-2000. Ed. by Patrick Salmon and Tony Barrow, Sunderland 2003, S. 215-236.
[20] Churchill an Asquith, Grey und Kitchener, 25.8.1914, Churchill an Grey, 29.8.1914. In: Churchill/Gilbert, Winston S. Churchill (wie Anm. 1), S. 53 f., 65. John Rushworth Jellicoe, The Grand Fleet, 1914-1916. Its Creation, Development and Work, London 1919, S. 130, erwähnt die Ostseepläne ein einziges Mal ablehnend.

Im August und September wurden Churchills zahlreiche Pläne von anderen Abteilungen und von höheren Marineoffizieren auf See zunichte gemacht. Einzig und allein der Plan zur Einnahme Borkums, der westlichsten deutschen Insel, blieb bestehen. Churchill wollte die Insel als vorgeschobenen Stützpunkt für kleine Boote nutzen, die deutsche Flotte zermürben und die Einnahme Schleswigs sowie die Zerstörung des Nord-Ostsee-Kanals unterstützen, und zwar hinter einem Schirm aus Minen und U-Booten, der die deutsche Flotte aus der Nordsee fernhielt. Er nahm an, dass dies die Dänen dazu bringen würde, der Entente beizutreten und die Ostseeeingänge zu öffnen[21]. Jeder Berufsoffizier, der gefragt wurde, verwarf die Idee als irrsinnig und die einzige Überraschung ist, dass Kitchener als Kriegsminister sich einverstanden erklärte, hierfür eine Division in Bereitschaft zu halten – doch hatte er andere Gründe, die Truppen in Großbritannien zu lassen. Das zugrunde liegende Motiv war klar. »It is to secure the eventual command of the Baltic that British naval operations must tend[22].«

Die Kernpunkte Churchill'schen Denkens beruhten auf Fishers Strategie der »Flottilla Defence«, bei der die Nordsee von U-Booten und Zerstörern kontrolliert wird und die Schlachtflotte damit für Überseeoperationen eingesetzt werden kann. Churchill wollte diesen neuen Ansatz in seinen Beschaffungsentscheidungen des Jahres 1914 berücksichtigen, in denen er Großkampfschiffe zugunsten des Baus von U-Boot-Flottillen strich[23]. Neben der »Flottilla Defence« übernahm Churchill die grundlegenden Angriffs-Abschreckungsziele, die Fisher anstrebte. Leider waren Churchills Angriffspläne schlecht durchdachte und unbeholfene Varianten des geschickten und berechnenden Ansatzes, mit dem sich Fisher in der Dekade zuvor dem Thema Abschreckung und Kriegsplanung gewidmet hatte. Um es einfach zu formulieren: Sie waren sowohl operativ als auch politisch nicht realisierbar.

Fisher war an Borkum nicht interessiert und legte diesbezüglich nur ein Lippenbekenntnis ab, um sicherzustellen, dass Churchill seine nicht erhörten Forderungen nach neuen Kriegsschiffen und Hilfsschiffen befürwortete, als er im November 1914 sein Amt erneut übernahm. Fisher dachte an ausgedehnte Minenfelder und U-Boote, aber er sah keine Notwendigkeit für Borkum. Es war sehr weit entfernt von der Ostsee.

Churchills Pläne versagten an einem wichtigen Punkt. Sowohl das Foreign Office als auch die Admiralität hatten jegliche Hoffnung auf einen Beitritt Dänemarks zur Entente aufgegeben. Man konnte britische Interessen nicht fördern, indem man Deutschland veranlasste, Dänemark zu besetzen. Bereits ehe der Krieg erklärt wurde, forderte Deutschland, dass Dänemark den Großen Belt verminte, und dies geschah dann auch am 5. August 1914. Die Briten protestierten nicht gegen diesen illegalen Akt der Gefährdung der Schifffahrt in internationalen Gewässern. Die

---

[21] Churchill Memorandum 19.8.1914. In: Churchill/Gilbert, Winston S. Churchill (wie Anm. 1), S. 45 f.
[22] Churchill an Jellicoe, 8.10.1914. In: Ebd., S. 180–182, hier: S. 182.
[23] Nicholas Lambert, Sir John Fisher's Naval Revolution, Columbia, SC 1999, S. 296–303, hinsichtlich der Haushaltskrise 1914 und des geplanten Austauschs. Asquith an Venetia Stanley, 21.10.1914. In: Churchill/Gilbert, Winston S. Churchill (wie Anm. 1), S. 210, zeigt, dass der Premierminister diese Ideen akzeptiert hatte.

Deutschen verlegten danach in dänischen Gewässern noch mehr Minen; dabei setzten sie Schiffe ein, die unter dänischer Flagge fuhren. Den Dänen war bewusst, dass die Deutschen dies im Falle einer Bedrohung in einem noch wesentlich größeren Maßstab tun würden. Außenminister Eric Scavenius richtete seine Bemühungen darauf, die Deutschen aus Dänemark herauszuhalten, auch um den Preis, die Briten damit vor den Kopf zu stoßen. Scavenius war klar, dass ein Versuch der Briten, die dänischen Meerengen zu passieren, Anlass für eine deutsche Invasion bieten würde[24]. Auch Fisher wusste dies – seine Gedanken entwickelten sich daher entsprechend in eine etwas subtilere Richtung.

III. Die Grand Fleet

Die Strategie der Entente beruhte auf der Fähigkeit der Royal Navy, die Seeherrschaft aufrechtzuerhalten. Dies wurde durch den Besitz einer überlegenen Schlachtflotte, der Grand Fleet, sichergestellt, die zusammen mit anderen Kräften rund um die britische Küste die deutsche Marine in Nordsee und Ostsee einschloss. Die Grand Fleet war die Basis, von der alle Operationen ausgingen, aber sie war nicht der offensive Zweig der Navy. Die Briten konnten es nicht riskieren, die Grand Fleet zu verlieren, denn wie Churchill bekanntermaßen anmerkte, war Jellicoe »the only man who could lose the war in an afternoon«. Corbett hatte dies in seinen bedeutenden Schriften vor 1914 hervorgehoben. Er wusste, dass die Grand Fleet in den Napoleonischen Kriegen nur ein Seegefecht geführt hatte, und dazu gegen einen Gegner, der durch politischen und wirtschaftlichen Druck und nicht durch den Ehrgeiz der Marine auf die See hinausgedrängt wurde.

Vice Admiral Sir John Jellicoe, der bei Ausbruch des Krieges zum Befehlshaber der Grand Fleet ernannt wurde, erkannte die dringende Notwendigkeit, eine überlegene Flotte zu behalten[25]. Obgleich die Vernichtung der Hochseeflotte die britische Seeherrschaft gestärkt und wichtige Angriffsmöglichkeiten eröffnet hätte, hatten die Briten mehr zu verlieren als zu gewinnen, wenn sie eine Entscheidungsschlacht anstrebten. Großbritannien besaß eine beherrschende strategische Stellung zwischen Deutschland und dem Weltmeer und sicherte sich dabei die Möglichkeit einer Blockade und andere wichtige Vorteile. Viele erwarteten, dass dies die deutsche Flotte zwingen würde, die Initiative zu ergreifen. Corbett erkannte jedoch, dass sich Deutschland auf die Hochseeflotte verließ, um seine Küsten und den wichtigen Handel über die Ostsee zu sichern, einschließlich strategisch wichtiger Rohstoffe und Nahrungsmittel.

Die Hochseeflotte war zum einen in Größe und Feuerkraft wesentlich kleiner als die Grand Fleet und zum anderen lastete die »Magie von Trafalgar« schwer auf ihr, ein Gefühl, dass ein Kampf gegen die Erben Nelsons verhängnisvoll wäre. Auf beiden Seiten ließen die Kosten und die relativ geringe Zahl an Großkampfschif-

---

[24] Kaarsted, Great Britain and Denmark (wie Anm. 14), S. 8, 31–46.
[25] Alfred T. Patterson, Jellicoe. A Biography, London 1969; The Jellicoe Papers, 2 vols. Ed. by Alfred Temple Patterson, London 1966–1968.

fen vom Typ *Dreadnought* es nicht ratsam erscheinen, diese im Gefecht einzusetzen. In diese gewaltigen Symbole imperialer Macht und industrieller Stärke war soviel politisches Kapital investiert worden, dass der Verlust eines einzigen Schiffes eine nationale Katastrophe dargestellt hätte. Es verwundert kaum, dass der Kaiser sehr darauf bedacht war, seine Schiffe nicht zu gefährden und dass die Briten ständig ihre Schiffe zählten. Diese Flotten waren aus politischen Gründen geschaffen worden, ihre wahre Funktion war die Abschreckung[26]. Somit wurde das Aufeinandertreffen der Dreadnoughts hinausgezögert, während an jedem anderen Kriegsschauplatz erste Gefechte stattfanden, die größtenteils von kleineren und veralteten Schiffen durchgeführt wurden.

IV. Die erste Phase: Säubern der offenen See

Im August 1914 hatte Deutschland eine Reihe Kriegsschiffe und kleiner Handelsschiffe außerhalb der Nordsee disloziert. Diese stellten für die Handelsschifffahrt der Briten und Alliierten die einzige völkerrechtlich gedeckte Bedrohung dar. Nur einige wenige Visionäre wie Fisher glaubten, dass U-Boote eingesetzt würden, um Handelsschiffe zu versenken, ohne gemäß dem Völkerrecht Vorkehrungen für die Sicherheit der Passagiere und Besatzungen zu treffen.

Obgleich die Bedrohung durch deutsche Kreuzer in den britischen Planungen eine große Rolle spielte und es einige Monate dauerte, ehe man sie unter Kontrolle hatte, war das im Wesentlichen ein vorübergehendes Problem. Die Briten wussten, dass die Antwort darin bestand, die deutschen Kommunikationsverbindungen zum Heimatstützpunkt zu unterbrechen und damit den deutschen Schiffen den Zugang zu Trockendocks und Werkstätten zu versperren. Am 5. August empfahl der Unterausschuss Offensive des Committee of Imperial Defence, das deutsche Überseekabelnetz und das Fernfunknetz lahmzulegen[27]. Die Kabel wurden sofort durchtrennt, und die deutschen Überseestützpunkte mit Funkstationen wurden bald darauf erobert oder blockiert. Daraufhin mussten die deutschen Kriegs- und Hilfsschiffe stumm auf der Suche nach Treibstoff über die Meere ziehen. Im Gegensatz dazu ermöglichten die britischen Funkverbindungen, dass ihre Positionen gemeldet und Kriegsschiffe zusammengezogen werden konnten. Als die deutschen Kreuzer aufgespürt wurden, waren sie bereits bedeutend länger auf See gewesen, als dies mit der damaligen Technik zu erwarten war. Alle vier Kleinen Kreuzer von Admiral Graf Spee waren durch den totalen Ausfall und den enormen Verschleiß ihrer Dampfkessel dem Untergang geweiht. Es ist nicht verwunderlich, dass die nächste Generation der Hilfskreuzer über Dieselmotoren verfügte.

Deutsche Überwasserschiffe eroberten oder zerstörten lediglich zwei Prozent der britischen Seeschifffahrt – Verluste, die leicht zu verkraften waren und durch eroberte deutsche Fracht ausgeglichen sowie von der staatlichen Kriegsrisikoversiche-

---

[26] Hew Strachan, The First World War, vol. 1: To Arms. Oxford [et al.] 2001, S. 413.
[27] Julian S. Corbett, Naval Operations, vol. 1: To the Battle of the Falklands, London 1920, S. 43, 129 f.

rung finanziert wurden[28]. Durch Letzteres wurde sichergestellt, dass im Schifffahrtswesen keine Panik ausbrach. Die Verbindung aus einer weltweiten Kriegsplanung[29] und der Verfügbarkeit übermächtiger Kräfte gewährleistete, dass der Kreuzerkrieg bis Weihnachten 1914 vorüber war – als Höhepunkt beendete das Seegefecht bei den Falklandinseln am 8. Dezember die Bedrohung und gestattete es den Briten, ihre an vorderster Front stehenden Schiffe in den Heimatgewässern zu konzentrieren. Entscheidend war, dass sich Admiral Graf Spee außerhalb der deutschen Funkverbindungen befand, als er an der chilenischen Küste ankam und nicht gewarnt werden konnte, dass die Briten Schlachtkreuzer entsandt hatten, um ihn abzufangen[30].

V. Die zweite Phase: Säubern der Nordsee

Vom ersten Tag des Krieges an überließ die Hochseeflotte den Briten die Initiative und gestattete ihnen damit, ihre Expeditionary Force unbehelligt nach Frankreich überzusetzen. Nachdem sich die Frontlinie in Frankreich stabilisiert hatte, drängte die beachtliche Überlegenheit der Royal Navy die Frage auf, wie diese eingesetzt werden könnte, um die Deutschen zu schlagen. Der Versuch diese Frage zu beantworten, führte letztendlich zur Skagerrakschlacht.

Ehe die Briten jedoch eine bedeutende Offensive starten konnten, mussten sie die Vorherrschaft auf See sichern und grundlegende strategische Vorbereitungen treffen. Außerdem konnte die Royal Navy nicht so frei agieren wie sie wollte. Der Transport und die logistische Unterstützung der British Expeditionary Force waren ein wesentlicher Auftrag. Die Hauptroute für die erste Operation verlief zwischen Southampton und Newhaven sowie Le Havre, sicher hinter Kreuzerpatrouillen-Linien, gedeckt durch die Channel Fleet. Bis Ende August funktionierte das System reibungslos und ermöglichte damit eine zügige Verlegung der IV. Division in der Zeit zwischen dem 20. und 23. August 1914. Der Erfolg der deutschen Offensive in Belgien verunsicherte jedoch bald das Heer und erschütterte die Grundlagen der bisherigen Marinestrategie. Nachdem die British Expeditionary Force voll in Frankreich eingesetzt war, blieben die belgische und die französische Küste ungeschützt und Churchill sah sich gezwungen, einen kleinen Verband der Royal Navy nach Ostende zu senden, um die Stellung zu stabilisieren. Es handelte sich jedoch nicht um eine ernstzunehmende Streitmacht, die in der Lage gewesen wäre, die deutsche Flanke zu bedrohen, die wichtigen Kanalhäfen zu sichern und Antwerpen zu schützen; in Wirklichkeit musste General Aston vortäuschen, über eine reale Streitmacht zu verfügen[31].

---

[28] Arthur J. Marder, From the Dreadnought to Scapa Flow. The Royal Navy in the Fisher Era, 1904-1909, vol. 2: The War Years. To the Eve of Jutland, London 1966, S. 127.
[29] Nicholas Lambert, Admiral Sir John Fisher an the Concept of Flottilla Defence 1904-1909. In: The Journal of Military History, 59 (1995), S. 639-660.
[30] Strachan, The First World War, vol. 1 (wie Anm. 26), S. 475.
[31] Churchill an Aston, 25.8.1914. In: Churchill/Gilbert, Winston S. Churchill (wie Anm. 1), S. 54 f.; Jim Beach, The British Army, the Royal Navy and the »Big Work« of Sir George Aston, 1902-1914. In: Journal of Strategic Studies, 29 (2006), S. 145-168.

Am 28. August räumten Kreuzer, Zerstörer und U-Boote des in Harwich stationierten Geschwaders, unterstützt durch Schlachtkreuzer der Grand Fleet, die Helgoländer Bucht und beschränkten damit die Möglichkeit eines deutschen Eingreifens von See her. Dieses Unternehmen, das von den Kommandanten des in Harwich stationierten Geschwaders, Tyrwhitt und Keyes, vorgeschlagen worden war, wurde von Churchill schnell gebilligt. Dass die chaotische Führungsstruktur und die unklugen Interventionen des Admiralty War Staff beinahe zur Katastrophe geführt hätten, wurde in der Euphorie des Sieges schnell vergessen[32]. Obgleich Helgoland die Welt daran erinnerte, dass der »Zauber von Trafalgar« nicht verblasst war, trug es nicht dazu bei, den Vormarsch der deutschen 1. Armee an die Marne zu stoppen und veranlasste damit die British Expeditionary Force, ihren Ausschiffungshafen von Le Havre weiter westlich nach St. Nazaire zu verlegen.

Während die Krise an der Westfront weiter voranschritt, hatte die Royal Navy eine Militär- und Wirtschaftsblockade errichtet, die den Deutschen den Zugang zur Außenwelt wirkungsvoll abschnitt. Die Grand Fleet deckte das 10. Kreuzergeschwader, das die tägliche Überwachung der Handelsschiffe durchführte, die versuchten, die 200-Meilen-Lücke zwischen Schottland und Norwegen zu passieren. Während die Blockade andauerte, konnte die Entente auf die amerikanische Industrie sowie auf Rohstoffe und Personal ihrer Überseereiche zurückgreifen. Zur gleichen Zeit wurden deutsche Reservisten, die aus den Vereinigten Staaten zurückkehrten, in Gewahrsam genommen. Die Blockade war die eine Hälfte der Strategie der Entente[33]. Die andere bestand darin, das deutsche Heer in Frankreich zu schlagen.

Die Untätigkeit der Deutschen auf See verwunderte die meisten Offiziere, aber Corbett wusste:

»[T]he German High Command certainly believed the war would be a short one – too short for our blockade to make itself felt – and that they then also regarded Russia as their most formidable enemy, they were more immediately concerned with the command of the Baltic than with that of the North Sea[34].«

Die Seeschlacht vom 28. August, die vorrangige Notwendigkeit, die Flotte und die Kontrolle über die Ostsee zu erhalten, sprachen gegen eine Reaktion Deutschlands. Es sollte bedeutend schwerer werden als viele gedacht hatten, die deutsche Flotte herauszulocken, um sie zu vernichten. Trafalgar war das unmittelbare Ergebnis von Napoleons großer Dummheit. Der Kaiser und sein Gefolge waren nicht im Begriff, diesen Fehler zu wiederholen – sie hatten Mahan gelesen. So warnte Fisher Churchill: »The movements of the German Fleet will be dictated from the Army headquarters (just as Villeneuve was sent to sea by Napoleon from Cadiz)[35].«

Die britischen Planer projizierten leider ihre eigenen strategischen Sorgen auf ihre Gegner und gingen davon aus, dass diese durch dieselben Bedrohungen zum

---

[32] Strachan, The First World War, vol. 1 (wie Anm. 26), S. 416.
[33] The maritime Blockade of Germany in the Great War. The Northern Patrol 1914–1918. Ed. by J. Grainger, Aldershot 2003.
[34] Corbett, Naval Operations, vol. 1 (wie Anm. 27), S. 158.
[35] Fisher an Churchill, 15.9.1914. In: Churchill/Gilbert, Winston S. Churchill (wie Anm. 1), S. 118 f. Corbett verwies darauf in »Trafalgar«.

Handeln veranlasst würden. Entsprechend lief die Grand Fleet am 9. September in Richtung Süden aus und erwartete, dass die Verlegung der britischen VII. Division nach Frankreich die Hochseeflotte herauslocken würde[36]. Sie konnte nicht glauben, dass die deutsche Untätigkeit nicht der Auftakt zu einem dramatischen Invasionsversuch »aus heiterem Himmel« war. Tatsächlich waren die einzigen deutschen Initiativen moderne Formen der Unterbrechung der Seeverbindungen wie Minenlegen und U-Boot-Angriffe. Diese waren in begrenztem Maße erfolgreich, obgleich die gesunkenen Schiffe – mit Ausnahme des brandneuen Schlachtschiffes *HMS Audacious* – keine große Rolle spielten. Dies macht deutlich, dass der Eindruck, die Deutschen seien unfähig zu handeln, in dieser Form nicht zutraf. Churchill versuchte, die Moral zu heben; am 21. September sprach er in Liverpool davon, die deutsche Flotte aus dem Hafen zu locken, wie »Ratten aus dem Loch«. Obgleich der Kern seiner Aussage auf Zustimmung traf, fanden viele eine solche Ausdrucksweise unangemessen und geschmacklos[37]. Die unvermeidbare Katastrophe geschah am folgenden Tag, als drei alte Kreuzer vor der niederländischen Küste versenkt wurden und 1400 Offiziere und Mannschaften ihr Leben ließen[38].

Deutschland versuchte noch immer, den Krieg im Westen durch einen militärischen K.-o.-Schlag zu gewinnen, aber nach der Niederlage an der Marne begannen die beiden Armeen ein Wettrennen ans Meer, das die Belagerung Antwerpens zur Folge hatte. Churchill kannte die Geschichte gut genug, um den Wert eines großen belgischen Hafens zu erkennen und schickte eilends eine zusammengewürfelte Truppe aus Reservisten der Royal Navy als Festungstruppe dorthin, und er bot an, diese zu führen. Glücklicherweise blieb den Männern die enthusiastische Führung Churchills, eines ehemaligen subalternen Offiziers der Kavallerie, erspart. Der strategische Gedanke war vollkommen richtig, aber da die regulären Truppen vollständig gebunden waren, hatte Großbritannien der massiven Belagerungsartillerie, die die Deutschen zum Einsatz brachten, nichts entgegenzusetzen. Am 10. Oktober ergab sich die Stadt, wenn auch die meisten der britischen Soldaten entkamen[39].

Die Entente verfügte nicht über genügend Soldaten, um Churchills verlorene Sache zu retten und war auch nicht in der Lage, die Häfen von Ostende und Seebrügge zu halten. Die Royal Navy reagierte darauf, indem sie am 12. Oktober die Dover-Patrol mit einem mächtigen Zerstörerverband aufstellte. Als das »Wettrennen ans Meer« die belgischen Strände erreichte, erkannten sogar die Franzosen den Wert der Unterstützung durch die Seestreitkräfte. Am 17. Oktober wurden vor der Küste bei Texel vier kleine deutsche Torpedoboote von einem kleinen Verband der in Harwich stationierten Flottille abgefangen und versenkt; dies war der einzige Versuch deutscher Überwasserschiffe, in dieser kritischen Phase des Krieges die britische Herrschaft über den Ärmelkanal in Frage zu stellen. Wieder einmal erkannten die Briten einfach nicht, dass die Deutschen ein anderes Spiel spielten.

---

[36] Corbett, Naval Operations, vol. 1 (wie Anm. 27), S. 164.
[37] Gilbert, Winston S. Churchill, vol. 3 (wie Anm. 18), S. 84.
[38] Churchill/Gilbert, Winston S. Churchill (wie Anm. 1), S. 128.
[39] Fisher bestand darauf, dass der Krieg nach einem Jahr vorbei gewesen wäre, hätte man die British Expeditionary Force nach Antwerpen entsandt.

Die deutschen Reservetruppen wurden bis an die Grenze der Belastbarkeit getrieben und sicherten Belgien unter schweren Verlusten. Als sie die Küste erreichten, gewährte die Dover-Patrol von Rear Admiral Hood der bedrängten belgischen Armee starke Unterstützung[40]. Drei ehemalige brasilianische Flusskanonenboote mit geringem Tiefgang erwiesen sich als besonders nützlich und ergänzten die Linienschiffe der Vor-Dreadnought-Ära. Das entschiedene Eingreifen der Dover-Patrol stärkte die belgische Verteidigung um Nieuport, während das Tal der Yser überflutet wurde. Am 2. November war das Wettrennen ans Meer vorbei; die Royal Navy hatte dabei den Verlauf der Front tatsächlich beeinflussen können. Der Verlust von Ostende war jedoch ein schwerer Schlag, umso mehr, als die britische Armee die Hafenanlagen unbeschädigt hinterlassen hatte, da sie eine schnelle Rückkehr nach Belgien erwartete[41].

Während der verzweifelten Schlacht an der belgischen Küste versuchte Churchill noch immer, die Initiative zu erlangen, indem er U-Boote in die Ostsee entsandte. Auch Jellicoe lag viel an diesem Unternehmen, das schnell durchgeführt wurde[42]. Zwei U-Boote erreichten die Ostsee, ein drittes wurde entdeckt und musste zurückkehren. Die deutsche Reaktion auf die U-Boote zeigt, dass die Beherrschung der westlichen Ostsee ein außerordentlich sensibles Thema war[43].

Das Verminen des Hafens von Gorleston am 3. November durch deutsche Kräfte sorgte für eine gewisse Umverteilung der britischen Seestreitkräfte, aber solche Operationen hatten keinen strategischen Wert. Die Deutschen ließen damit vielmehr die alten Linienschiffe und die leichten Kräfte der Dover-Patrol, die damals eine wichtige Rolle an der belgischen Küste spielten, zugunsten einer unbedeutenden Hafenstadt außer Acht. Bei dieser Operation wurden auch die unersetzlichen deutschen Schlachtkreuzerverbände riskiert, da den Deutschen nicht bewusst war, dass die Briten dank hervorragender Arbeit bei Ausbruch des Krieges, dank einer russischen Kriegsbeute und vermutlich dank fortwährender Anstrengungen bereits vor dem Krieg ihren Funkcode geknackt hatten. Entschlüsselte deutsche Funksignale, Churchills »unbezahlbare Informationen«, zeigten, dass es nicht notwendig war, mit der Grand Fleet Risiken einzugehen[44]. Auch wenn die deutschen Motive verborgen blieben, wurden von nun an die Flottenbewegungen und selbst das Auslaufen von U-Booten der Admiralität auf dem Silbertablett serviert. Leider nutzte sie diese unerwarteten, »besonderen Nachrichten« eine ganze Weile lang nicht optimal aus[45].

---

[40] Strachan, The First World War, vol. 1 (wie Anm. 26), S. 275, unterschätzt diesen Beitrag stark.
[41] Corbett, Naval Operations, vol. 1 (wie Anm. 27), S. 214 f., 225, 234.
[42] Gilbert, Winston S. Churchill, vol. 3 (wie Anm. 18), S. 53.
[43] Corbett, Naval Operations, vol. 1 (wie Anm. 27), S. 237.
[44] Churchill an Fisher, 21.12.1914. In: Churchill/Gilbert, Winston S. Churchill (wie Anm. 1), S. 326.
[45] Patrick Beesly, Room 40. British Naval Intelligence 1914-1918, Oxford, New York 1984, ist der Standardbericht.

VI. Die dritte Phase: Säubern der Ostsee?

Der Kreuzerkrieg kam mit der Zerstörung des Geschwaders von Admiral Graf Spee vor den Falklandinseln am 8. Dezember zu einem dramatischen Ende. Obgleich die Briten im Großen und Ganzen die Seeherrschaft besaßen, war ihre Position in den Heimatgewässern bei weitem nicht sicher. Der weitverbreitete Einsatz von U-Booten und Minen in Verbindung mit der Bedrohung durch Angriffe auf die Küsten führte bei der Royal Navy zu einigen größeren Problemen, während die Deutschen nahezu ungestört die Ostsee kontrollierten.

Bis Ende 1914 hatte sich das Kräftegleichgewicht auf See entschieden zugunsten Großbritanniens geändert: Drei Schlachtkreuzer kehrten aus Überseeeinsätzen zurück und ein neuer wurde zusammen mit einigen neuen Schlachtschiffen indienstgestellt. Deutschland hatte bedeutend weniger Schiffe zur Verfügung, und das relative Ungleichgewicht der Kräfte sollte mit der Zeit nur noch größer werden. Um die sich verbessernde strategische Lage auszunutzen, wurde Fisher Ende Oktober trotz der Proteste des Königs wieder ins Amt geholt. Fisher brachte »elan, dash initiative, a new spirit«[46]. Er setzte sofort ein massives Schiffbauprogramm in Gang, um eine neue Flotte für Angriffsoperationen zu schaffen. Dazu gehörten torpedosichere Monitore mit schwerem Geschütz und geringem Tiefgang, leichte Schlachtkreuzer mit geringem Tiefgang, zahlreiche Minensuchboote und Motorleichter.

> »Now that the outer seas had been cleared the paramount need was to obtain a closer hold on the North Sea, with a view to the possibility of ultimately pressing our offensive into the enemy's waters. Such operations would involve coastal attack and inshore work, and required a special class of vessel[47].«

Diese Operationen verfolgten ein ganz spezielles Ziel. Im War Council vom 1. Dezember hob Fisher die Bedeutung hervor »of adopting the offensive«[48]. Er hatte bereits seinen Freund und Mitarbeiter Corbett angewiesen, eine Denkschrift auszuarbeiten, wie diese Flotte eingesetzt werden konnte, um die Kontrolle über die Ostsee zu erzielen. Fisher und Corbett stimmten darin überein, dass ein solcher Plan vorsichtig entwickelt werden müsste und kurzfristig nicht umgesetzt werden könnte. Die Absicht bestand darin, bereit zu sein, falls die passive Kontrolle der Seewege und die Blockade die deutsche Wirtschaft nicht ruinierten. Wichtig war die Nutzung ausgedehnter Minenfelder, um die Hochseeflotte aus der Nordsee herauszuhalten, während die Briten in die Ostsee eindrangen. Borkum wurde mit keinem Wort erwähnt[49]. Das Papier endete mit einer sehr deutlichen Argumentation für eine größere Offensive.

---

[46] Asquith an Venetia Stanley, 2.11.1914. In: Churchill/Gilbert, Winston S. Churchill (wie Anm. 1), S. 247.
[47] Julian S. Corbett, The Naval Operations, vol. 2: The Dardanelles Operations, S. 3.
[48] War Council Minutes 1.12.1914. In: Churchill/Gilbert, Winston S. Churchill (wie Anm. 1), S. 290.
[49] John Fisher, Records, London 1919, S. 217–222, und Fear God and Dread Nought. The Correspondence of Admiral of the Fleet Lord Fisher of Kilverstone, vol. 3: Restoration, Abdication, and Last Years, 1914–1920. Ed. by John A. Marder, London 1959, S. 45.

»The risks, of course, must be serious; but unless we are fairly sure that the passive pressure of our Fleet is really bringing German to a state of exhaustion, *risks must be taken to use our Command of the Sea with greater energy;* or, so far as the actual situation promises, we can expect no better issue for the present war than that which the continental coalition was forced to accept in the Seven Years' War[50].«

Corbett verwies überdies auf die Krise von 1761, als Russland seine Flotte eingesetzt hatte, um Preußens gefährdete Ostseeküste zu öffnen und Berlin ohne Verteidigung geblieben war; der Todesstoß war lediglich dank politischer Veränderungen verhindert worden[51]. Derartige historische Anspielungen zeigen, dass das Papier Corbetts Werk war und nicht, wie Marder behauptet, »in substance, Fisher's work«[52]. Es war dazu gedacht, das arg bedrängte War Council davon zu überzeugen, Fishers Konzept zu unterstützen: Aber Fisher war nicht bereit, Einzelheiten preiszugeben. Auch Corbett konnte nur raten, darauf verweist seine Vermutung, dass die Grand Fleet in die Ostsee eindringen würde[53]. Fisher wusste, dass dies unmöglich war. Darüber hinaus blieb Corbett vage in der Frage, wie Fisher verhindern wollte, dass die Ostsee durch deutsche Minen abgeschlossen wurde[54]. Dennoch war Fisher über die bisherige Entwicklung hocherfreut[55]. Er ließ zahlreiche Minensuchboote bauen[56], die gemeinsam mit dem Rest seiner neuen »baltischen« Flotte indienstgestellt wurden, und er hatte nicht vor, dieses Thema mit Politikern zu erörtern.

Churchill war damit jedoch überhaupt nicht einverstanden, und Hankey teilte Corbett mit, dass der Erste Lord der Admiralität über die Ausarbeitung der Denkschrift verärgert war. Es würde noch eine ganze Weile dauern, ehe der Fisher-Corbett-Plan umgesetzt werden konnte – zu lange für einen Mann, der begierig darauf war, den Schlachtenlärm zu hören und der davon überzeugt war, dass der Krieg in einem Jahr gewonnen werden konnte. So vertraute er nur zu gern auf opportunistische, improvisierte und überstürzte Pläne[57]. Hankey glaubte, dass Fisher Corbetts strategische Konzepte verstand und Churchills impulsiven Drang unterdrückte. Es scheint einleuchtender, dass Fisher Corbetts besseres Verständnis der Geschichte und Strategie ausnutzte, um die unbedachten Entwürfe zunichte zu machen, die in den Stunden der Dunkelheit, wenn Fisher fest schlief, Churchills

---

50 Fisher, Records (wie Anm. 49), S. 222. Die vorsichtige Verwendung der Sprache und wirksamer historischer Analogien lassen keinen Zweifel daran bestehen, dass es sich um Corbetts Arbeit handelt.
51 In seinem wichtigen Buch, Julian S. Corbett, England in the Seven Years' War. A Study in Combined Strategy, London 1907, verleiht Corbett seinen Bemerkungen großes Gewicht. Jonathan Dull, The French Navy and the Seven Years' War, Lincoln, NE 2005, S. 190, enthält einen neueren Bericht.
52 Fear God, vol. 3 (wie Anm. 49), S. 45. Dies mag erklären, weshalb Corbett in Churchill/Gilbert, Winston S. Churchill (wie Anm. 1), S. 284–287, nicht genannt wird.
53 Fisher, Records (wie Anm. 49), S. 220.
54 Schurman, Julian S. Corbett (wie Anm. 3), S. 159 f.
55 Fisher an Corbett, 3.12.1914. In: Fear God, vol. 3 (wie Anm. 49), S. 45.
56 Die Briten hatten eine Fülle von Informationen über japanische Minenräumung in den Jahren 1904–1905 sichergestellt: CAB 45/1.
57 Es ist festzuhalten, dass Churchill über dieses Thema seit dem 19.8.1914 nachgedacht hatte. In: Churchill/Gilbert, Winston S. Churchill (wie Anm. 1), S. 44, 75, 83, 95.

produktivem Geist entsprangen. Churchills Borkum-Papier vom 2. Dezember unterschied sich grundlegend von jenem von Fisher und Corbett. Es war sehr optimistisch und beruhte auf einer Reihe ungerechtfertigter Vermutungen[58]. Die Argumente, die Fisher daraufhin einsetzte, um Churchills Angriffspläne zu unterlaufen, waren historisch-strategischer Natur[59]. Dies war jedoch mühselig und kostete viel Zeit, die für die Kriegführung gegen Deutschland hätte genutzt werden sollen.

Fisher passte seine Neubaupläne an die Gegebenheiten in der Ostsee an. Er hatte nicht die Absicht, die Grand Fleet dorthin zu entsenden. Er benötigte vielmehr ein neues Geschwader zur küstennahen Kriegführung, das durch schnelle Handelsschiffe zum Minenlegen unterstützt wurde. Im Gegensatz dazu lehnte Churchill, der überzeugt war, dass der Krieg 1915 beendet sein würde, es ab, die von Fisher geforderten neuen Schlachtkreuzer zu bewilligen. »Long before they can be finished we shall have smashed up the German Navy in harbour with out monitors, or they will have fought their battle in blue water, or peace will have been signed[60].« Schließlich stimmte er zu: »The Baltic is the only theatre in which naval action can appreciably shorten the war[61].« Dies genügte für Fisher, der seinem dynamischen Schüler gerne die Führung in öffentlichen Debatten und im War Council überließ.

Fisher hielt also an seinen Forderungen fest und nutzte dabei nicht selten Rücktrittsdrohungen, um die neuen Schiffe zu erhalten. Als er Ende Januar 1915 überredet wurde, seinen Rücktritt zurückzunehmen, forderte er vom War Council die Genehmigung, seine leichten Schlachtkreuzer der *Courageous*-Klasse als Teil der Baltic Fleet in Auftrag zu geben, ehe er Churchills Dardanellen-Plan unterstützte[62]. Churchill befürwortete dies, indem er das War Council daran erinnerte, »that the ultimate object of the Navy was to obtain access to the Baltic [...] this operation was of great importance as Germany was, *and always had been*, very nervous of an attack from the Baltic. For this purpose special vessels were required, and the First Sea Lord had designed cruisers etc.« Der Schatzkanzler, David Lloyd George, genehmigte die Ausgaben sofort[63]. Der neue Schiffstyp wurde »imperatively demanded for the Baltic, where she can go through the international highway of the Sound owing to her shallow draught«. Die schwedische Seite des Öresund war nämlich nicht vermint, aber zu seicht für Schiffe mit größerem Tiefgang[64].

---

58 Churchill memo. 2.12.1914. In: Ebd., S. 291–294.
59 Corbett, The Naval Operations, vol. 2 (wie Anm. 47), S. 161.
60 Churchill an Fisher, 21.12.1914. In: Fear God, vol. 3 (wie Anm. 49), S. 105; Churchill/Gilbert, Winston S. Churchill (wie Anm. 1), S. 323 f.
61 Churchill an Fisher, 22.12.1914. In: Churchill/Gilbert, Winston S. Churchill (wie Anm. 1), S. 325 f.
62 Gilbert, Winston S. Churchill, vol. 3 (wie Anm. 18), S. 272 f.
63 Fishers Notizen des Treffens in Fisher an Churchil, 13.3.1918. In: Fear God, vol. 3 (wie Anm. 49), S. 521 f.
64 Fisher an Churchill, 25.1.1915. In: Fear God, vol. 3 (wie Anm. 49), S. 145; Lambert, »This is all we want« (wie Anm. 17); Kaarsted, Great Britain and Denmark (wie Anm. 14), S. 46.

Schließlich enthielt Fishers neue Flotte fünf Schlachtkreuzer, 37 Monitore[65], Minensuchboote, Küstenmotorschiffe und gepanzerte Landungsboote; zusätzlich wurden acht schnelle Handelsschiffe gekauft, um die Nordsee zu verminen. Diese Flotte sollte Anfang 1916 fertiggestellt sein. Bis dahin bevorzugte Fisher einen kombinierten Einsatz, um die belgische Küste zu sichern und die U-Boot-Stützpunkte in Ostende und Seebrügge zu blockieren; zur Unterstützung der Armee setzte er veraltete Kriegsschiffe ein.

Den Zweck von Fishers neuer Flotte macht dieser in Corbetts Denkschrift deutlich:

> »[I]t is for consideration whether, even if the suggested operation is not feasible, a menace of carrying it out – concerted with Russia – might not avail seriously to disturb German equilibrium and force her to desperate expedients, even hazarding a fleet action or to alienating entirely the Scandinavian Powers by drastic measures of precaution[66].«

Obgleich sich der letzte Satz auf eine deutsche Invasion Dänemarks bezieht, lässt das zugrunde liegende Abschreckungsmotiv Fishers Handschrift erkennen. Dies war die Arbeit eines gerissenen Manipulators, der versuchte, die Denkweise in der deutschen Hochseeflotte so zu beeinflussen, dass diese nach seinen Wünschen handelte, was er in einigen Fällen auch erreicht hatte[67]. Fishers Vorgehen vor dem Krieg lässt stark vermuten, dass das russische Heer ebenso wenig Teil seines Plans war wie der Einsatz der Grand Fleet in der Ostsee. Die Bedrohung durch russische Truppen und britische Dreadnoughts sollte ausreichen. Der wirkliche Zweck des Ostseeplans bestand darin, die Hochseeflotte durch Bedrohung der Ostseeeingänge zum Kampf in der Nordsee, möglichst im Skagerrak, zu bewegen. Wäre die Hochseeflotte versenkt worden, hätte Fisher die Blockade in die Ostsee ausdehnen und die deutsche Wirtschaft ruinieren können[68].

Aus seiner Stellung im Planungsprozess erkannte Corbett, dass – abgesehen von Fisher – die militärische Führung der Marine sowohl die zivile als auch die militärische völlig überschätzte, bis zu welchem Grad Deutschland bereit war, seine Flotte für offensive Operationen einzusetzen und damit die Herrschaft über die Ostsee zu riskieren. Ohne die Hochseeflotte und den Nord-Ostsee-Kanal, der im Juni 1914 für Großkampfschiffe wieder geöffnet wurde, wäre Deutschland im August nie in den Krieg eingetreten. Dies hatte Fisher im Jahre 1911, wenn nicht sogar früher, vorhergesehen[69].

Eine Operation in der Ostsee, als Schein- oder tatsächlicher Angriff, war die einzige Möglichkeit für die Briten, ihre Seeherrschaft einzusetzen, um den Verlauf des Krieges in dem von ihnen geplanten Zeitrahmen zu beeinflussen, und mögli-

---

[65] Ian L. Buxton, Big Gun Monitors, Tynemouth 1979, enthält eine beispielhafte Studie über diesen Schiffstyp.
[66] Fisher, Records (wie Anm. 49), S. 221 f.
[67] Siehe Andrew Lambert, Fisher's Formative Years: The Education of a Strategist, unveröffentlichter Vortrag, gehalten im British Joint Services Staff and Command College, Shrivenham, Oktober 2004.
[68] Avner Offer, The First World War: An Agrarian Interpretation, Oxford 1989, über die Entwicklung des Blockadegedankens und Fishers Denken.
[69] Hankey an Fisher, 28.5.1917. In: Fisher, Records (wie Anm. 49), S. 214 f.; Fisher an Hankey, 28.5.1917. In: Fear God, vol. 3 (wie Anm. 49), S. 429.

cherweise der einzige Weg, um eine allgemeine Mobilmachung zu vermeiden. Möglicherweise hätte sie auch das aufkommende U-Boot-Problem gelöst.

Obgleich Churchill die weitreichenden Ziele von Fishers Plan nicht erkannte, was erklären könnte, weshalb er noch immer davon besessen war, Borkum einzunehmen, Dänemark einzubeziehen und russische Truppen einzusetzen, nahm er die Ostseepläne zur Kenntnis und setzte am 29. Dezember Asquith dahingehend unter Druck. Sein Bericht an die Regierung beschrieb jedoch einen Feldzug, in dem das Risiko einer Katastrophe auf See beinahe genauso wahrscheinlich war wie die unvermeidliche Entfremdung wichtiger neutraler Mächte. Er war weit entfernt von Fishers Konzept, das Deutschland dazu bewegen sollte, die Neutralität Dänemarks zu verletzen. Churchills Vorschlag erfüllte jedoch Fishers Zweck, die Ostsee auf der Tagesordnung des Kabinetts zu belassen und, wie er erwartete, sickerte dies durch und alarmierte sowohl die Deutschen als auch die Dänen[70]. Churchills Plan war allein deshalb zum Scheitern verurteilt, weil Asquith und Grey die dänische Neutralität nicht verletzen wollten, zumal die skandinavischen Länder einen gemeinsamen Neutralitätspakt unterzeichnet hatten[71]. Doch der Stillstand in Frankreich und Belgien ließ wenige Möglichkeiten offen, und eine Ostseestrategie, die die britische Position unterstützte, war die beste Option[72]. Fisher wich ernsthaften Diskussionen über Borkum gekonnt aus, indem er Churchill daran erinnerte, dass der Besitz der Insel eine »rein militärische Frage« sei[73]. Selbst das War Council konnte lediglich dazu gebracht werden, am 7. Januar 1915 »prinzipiell« der Einnahme Borkums zuzustimmen.

Eines der wichtigsten Felder, auf dem Fisher und Churchill unterschiedliche Meinungen vertraten, war der Einsatz von Minen. Fisher legte seinen Plänen umfangreiche und wirksame strategische Minenfelder zugrunde, während Churchill eine bemerkenswert zögerliche Haltung gegenüber dem Einsatz von Minen zeigte. Fisher delegierte offensive Minenlegepläne an Arthur Wilson, und Anfang Januar war er bereit, obgleich der Bestand an Minen noch gering war[74]. Churchill beantwortete die diesbezüglichen Briefe einfach nicht, weil er lediglich den Einsatz taktischer Minenfelder vor Borkum erwartete[75]. Er wollte keine Minen legen, er wollte eine Schlacht. Wie er Jellicoe mitteilte, »it would be folly to mine while the ›good information‹ lasts«[76]. Dies widersprach einer Weisung von Asquith vom September, mit der Legung von Minen im großen Maßstab zu beginnen[77]. Der Mangel an Minen und die schlechte Qualität der vorhandenen spiegelten jedoch das begrenzte Interesse an diesem Krieg wider, aber Fisher hatte nie Zweifel an ihrer Wirksamkeit.

---

[70] Gilbert, Winston S. Churchill, vol. 3 (wie Anm. 18), S. 225 f., Churchill an Fisher, 22.12.1914. In: Fear God, vol. 3 (wie Anm. 49), S. 107; Churchill Cabinet Memorandum 31.12.1914. In: Churchill/Gilbert, Winston S. Churchill (wie Anm. 1), S. 347–349; Kaarsted, Great Britain and Denmark (wie Anm. 14), S. 53.
[71] Kaarsted, Great Britain and Denmark (wie Anm. 14), S. 51–53.
[72] Gilbert, Winston S. Churchill, vol. 3 (wie Anm. 18), S. 228, 231.
[73] Fisher an Churchill, 4.1.1915. In: Churchill/Gilbert, Winston S. Churchill (wie Anm. 1), S. 371 f.
[74] Fisher an Churchill, 2. und 4.1.1915. In: Ebd., S. 361–363, 372 f.
[75] Churchill an Fisher, Wilson und Vice Admiral Oliver (Chief of Staff), 3.1.1915. In: Ebd., S. 365 f.
[76] Churchill an Jellicoe, 18.1.1915. In: Ebd., S. 426.
[77] Asquith an Churchill, 29.9.1914. In: Ebd., S. 144.

Schlachtgeschwader der Grand Fleet.
Quelle: IWM, Q 18121

Der Erste Lord der Admiralität, Winston Churchill, beim Verlassen von Guildhall, London, 1913.
Quelle: ullstein bild

Der Erste Seelord: Sir John (Jacky) Fisher, Admiral of the Fleet, 1st Baron of Kilverstone (die Aufnahme zeigt ihn noch als Vice Admiral).
Quelle: ullstein bild

Während seine Kritiker behaupteten, dass Fishers Ostseepläne auf Wunschdenken und veralteten, undurchführbaren Konzepten beruhten, ist die Realität insgesamt vielschichtiger[78]. Fisher hatte seit langem erkannt, dass die Ostsee in einem Krieg mit Deutschland eine Schlüsselrolle spielen würde. Während der Haager Friedenskonferenz von 1899 hatte er begriffen, wie wichtig die Ostsee für Deutschland war. Er hatte auf die Marokko-Krise von 1905 reagiert, indem er die Channel Fleet in die Ostsee entsandte, und sie blieb der Mittelpunkt seines Denkens. Er glaubte, dass nur eine ernste Bedrohung der Verbindungswege über die Ostsee die deutsche Flotte zu einem von den Briten gewünschten Zeitpunkt und an einem von ihnen gewünschten Ort zur Schlacht zwingen würde – wie Corbett formulierte, »the sublime moments of naval history have to be worked for«. Fisher war, wie immer, direkter. »Make the German Fleet fight and you win the war! How can you make the German fleet fight? By undertaking on a huge scale, with an immense armada of rapidly-built craft, an operation that threatens the German Fleet's existence[79]!«

Obgleich er nie eine vollständige oder definitive Fassung seines Plans vorlegte und die Einzelheiten sich schnell änderten, plante Fisher weder die Grand Fleet in die Ostsee zu entsenden noch aller Wahrscheinlichkeit nach den Neubau einer Armada, bevor die Hochseeflotte wesentlich reduziert oder vernichtet wurde. Die wahrhaft tollkühnen Pläne waren die von Arthur Wilson, Lewis Bayly und vor allem Winston Churchill. Obgleich Fisher mit dem Wort »Kopenhagen« ein beachtliches Schreckgespenst heraufbeschwören konnte, war dies doch die öffentliche Rhetorik der Abschreckung und nicht die Weisheit eines Strategen. Als sich zur Jahreswende 1914/15 die Gelegenheit für eine Offensive auf See bot, war Fisher bemerkenswert zurückhaltend und sollte erst dann aktiv werden, als der richtige Zeitpunkt gekommen war[80]. Es wäre gut gewesen, wenn sich andere ebenso zurückgehalten hätten.

VII. Umverteilung

Um die Chancen zum Abfangen deutscher Vorstöße zu verbessern, wurde die extreme Konzentration der Grand Fleet vom August im November auf Anraten von Arthur Wilson verringert. Wilson erkannte die Verlockung einer absoluten Konzentration der Seestreitkräfte für einen K.-o.-Schlag und riet:

> »What we have to do is to dispose our forces so as to prevent the Germans from doing us more injury than we can possibly help and never to miss a good opportunity of injuring them. It is, above all, important to dispose the fleet so that the greatest possible

---

[78] Es ist erwähnenswert, dass die Kritik auf voreingenommenen zeitgenössischen Quellen zu beruhen scheint, in der Regel jenen, die nicht wussten, was er beabsichtigte. Fisher nahm seine Pläne mit ins Grab.
[79] Fisher an Lloyd George, 11.7.1917. In: Fear God, vol. 3 (wie Anm. 49), S. 465.
[80] Andrew D. Lambert, The Royal Navy, 1856-1914. Deterrence and the Strategy of World Power. In: Navies and Global Defence. Ed. by Keith Nielsen and Elizabeth J. Errington, Westport, London 1995.

number of troops may be spared for the front, and this makes some dispersal of the fleet absolutely necessary[81].«

Einige ältere Linienschiffe wurden zur lokalen Verteidigung an Tyne und Humber aus der Grand Fleet abgezogen, andere Stellen wurden durch Monitore und alte Kreuzer geschützt. Da von der Hochseeflotte keine direkte Bedrohung ausging, konnten die Briten ihre anfängliche Konzentration lockern und sich auf offensive Operationen vorbereiten. Die erste Priorität hatten die belgischen Häfen, die von U-Booten genutzt wurden. Sechs alte Linienschiffe schlossen sich der Dover-Patrol an und am 23. November beschossen zwei von ihnen Seebrügge, wobei sie große Schäden verursachten[82]. Ernsthaftere Maßnahmen erforderten aber gemeinsame Operationen. Am 9. Dezember 1914 schienen die Aussichten vielversprechend, aber zwei Tage später traf Admiral Hood den französischen Befehlshaber General Foch und erkannte, dass dieser nur kleinere Operationen plante. Ohne Zusammenarbeit mit der Armee wäre jedoch alles, was über eine gelegentliche Bombardierung hinausging, Verschwendung gewesen und hätte die Schiffe unnötigen Risiken ausgesetzt. Somit war das einzige eingesetzte Linienschiff die alte *Revenge* aus dem Jahre 1891, die durch den Ausbruch des Krieges vor dem Verschrotten gerettet worden war[83].

Die britische Umverteilung hatte zur Folge, dass die deutschen Truppen zur Verteidigung der Küsten von der Ostsee zu den Hauptkriegsschauplätzen verlegt wurden. Die Notwendigkeit, die deutschen Streitkräfte zu binden, war nur ein weiterer dringender Grund, die Offensive zu suchen. Ein Schlachtkreuzerangriff auf den Militärstützpunkt und das Waffenarsenal in Scarborough und den bedeutenden Hafen von Hartlepool am 16. Dezember waren das Äußerste, was die deutschen Seestreitkräfte an Initiative ergriffen haben. Vorgewarnt, stellten die Briten eine Falle, aber aufgrund von dichtem Nebel und missverständlichen Signalen konnten die Deutschen entkommen. Dabei wurde allerdings die vom Unglück verfolgte *Blücher* mehrmals von der Küstenbatterie Hartlepool getroffen. Wieder einmal hatten die Deutschen ihren Schlachtkreuzerverband für ein unbedeutendes Resultat riskiert.

Die Briten konnten sich nicht mit einer solchen Leichtigkeit der deutschen Küste nähern, aber sie fanden bald eine neue Angriffsmöglichkeit. Am ersten Weihnachtsfeiertag begleitete das Harwich-Geschwader drei Wasserflugzeugträger in die Position für einen Angriff auf die Zeppelinhallen bei Cuxhaven[84]. Die Flugzeuge verfehlten die Hallen in dichtem Nebel, flogen dann jedoch über Wilhelmshaven und beobachteten die Hochseeflotte. Bezeichnenderweise waren keine anderen deutschen Schiffe auf See, und als ein Verband entsandt wurde, verhinderte dichter Nebel die Suche nach Tyrwhitts Geschwader[85].

---

[81] Corbett, Naval Operations, vol. 2 (wie Anm. 47), S. 4 f.
[82] Ebd., S. 9–12.
[83] Ebd., S. 19.
[84] Diese Operation war für Ende Oktober geplant. Asquith an Venetia Stanley, 24.10.1914. In: Churchill/Gilbert, Winston S. Churchill (wie Anm. 1), S. 217.
[85] Corbett, Naval Operations, vol. 2 (wie Anm. 47), S. 51 f.; R.D. Layman, The Cuxhaven Raid. The World's First Carrier Air Strike, London 1985.

Am Tag nach dem Überfall auf Scarborough tauschte Vice Admiral Sir Lewis Bayly das Kommando eines Schlachtgeschwaders der Grand Fleet gegen das über die Channel Fleet. Dies war ein wichtiger Schritt, denn Bayly war vor dem Krieg wesentlich an der Offensivplanung beteiligt gewesen. Er war ein Offizier mit wirklich »offensiven« Verdiensten und die Bedeutung seiner Versetzung wurde schnell deutlich[86]. »One of the most important functions of the Channel Fleet would probably be the bombardment of the enemy's shore defences in a combined operation with the military[87].« Die Channel Fleet bestand nun aus 14 Vor-Dreadnoughts und der alten *Revenge*. Bayly forderte sofort einen Gegenangriff auf die deutsche Küste, aber es gab nicht genügend Zerstörer und Minensuchboote, um eine solche Operation zu unterstützen.

Die belgische Küste war der einzige Ort in Europa, wo die Entente die Seeherrschaft ausnutzen konnte, um militärische Operationen zu unterstützen; bei gründlicher Beobachtung und einer Landoffensive waren die Erfolgsaussichten besser als an jedem anderen Ort an der Westfront. Der Befehlshaber der British Expeditionary Force, General Sir John French, war ein ungewöhnlicher Soldat. Er hatte seine Laufbahn in der Royal Navy begonnen, hatte bereitwillig zur Vorkriegsplanung von gemeinsamen Operationen der Streitkräfte beigetragen und glaubte ernsthaft, dass die British Expeditionary Force und die belgische Armee mit Unterstützung der Royal Navy die Deutschen von der belgischen Küste vertreiben könnten. Die Admiralität sandte Bayly schnell Verstärkung. Die Abriegelung beiden deutschen Flottillenstützpunkte und die Sicherung der vollständigen Kontrolle über den Ärmelkanal hätten die Verteidigungslast der Royal Navy stark erleichtert. Auch die Aussicht, die Hochseeflotte für eine Schlacht herauszulocken, ließ Fisher nie außer Acht[88].

Marschall Joffre akzeptierte den britischen Plan auf der Konferenz der Alliierten in Chantilly am 27. Dezember, aber der belgische König weigerte sich, seine Truppen unter britisches Kommando zu stellen. Drei Tage später wurde die HMS *Formidable*, eines der Schlachtschiffe Baylys, vor Start Point von U24 versenkt. Anstatt wie befohlen in den Hafen von Portland einzulaufen, war Bayly auf See geblieben, um sein Geschwader auszubilden; er hatte es jedoch versäumt, den vorgeschriebenen Zickzack-Kurs einzuschlagen. Das Schiff sank, es gab zahlreiche Tote und Bayly wurde seines Amtes enthoben, da er es versäumt hatte, die normalen Sicherheitsvorkehrungen zu treffen. Obgleich die Katastrophe die Notwendigkeit unterstrich, sich mit den belgischen Stützpunkten zu befassen, wollte die Regierung General French keine Verstärkung bewilligen, um die belgische Armee zu ersetzen. Vor dem Ausbruch des Krieges hatten die Briten sich nicht auf eine Kontinentalstrategie festgelegt, und sie änderten diese Strategie im Laufe des Jahres 1914 auch nicht. Alles sprach für ein solches Engagement, aber die militärischen Traditionen Großbritanniens und die deutlich zum Ausdruck gebrachten

---

[86] Fisher an Jellicoe, 28.1.1914. In: Fear God, vol. 3 (wie Anm. 49), S. 115; Bayly, Pull Together (wie Anm. 12), S. 130–140, 161–180.
[87] Corbett, Naval Operations, vol. 2 (wie Anm. 47), S. 53 f.
[88] Fisher an Jellicoe, 11.12.1914. In: Fear God, vol. 3 (wie Anm. 49), S. 93.

Meinungen vieler Mitglieder des Kabinetts und der Admiralität standen dem strikt entgegen. Auch sind die nachfolgenden Ereignisse und die Vorkriegsträume nicht geeignet, im Nachhinein eine Unvermeidbarkeit der Entscheidung zu konstruieren. Tatsächlich begann die Admiralität am 4. Januar mit der Planung für Borkum, aber Churchills sprunghaftes Temperament war bereits zu den Dardanellen geschwenkt, eine kurzfristige Operation, die enormen politischen und strategischen Nutzen bot und die durchgeführt werden konnte, ehe die für die Ostsee oder Borkum benötigten neuen Schiffe fertig waren[89].

Kitchener hatte seine Kollegen überredet, eine Zermürbungsstrategie zu verfolgen, die davon ausging, dass die Alliierten den Krieg durch schiere zahlenmäßige Überlegenheit gewinnen würden, zumindest solange die Franzosen und die Russen weiterkämpften. Churchill, Lloyd George und War Council Secretary Colonel Hankey waren jedoch klug genug zu erkennen, dass ohne einige prestigeträchtige Siege bei gleichzeitg geringen eigenen Verlusten die Begeisterung für den Krieg zu schwinden beginnen würde[90].

VIII. Die Dardanellen

Diese Sorgen bestimmten ihre Reaktion auf einen gerade eröffneten neuen Kriegsschauplatz im östlichen Mittelmeer. Nach dem peinlichen Entkommen zweier deutscher Kriegsschiffe nach Istanbul war die Türkei im November 1914 in den Krieg eingetreten und setzte Russland unter Druck. Als General Sir John French erklärte, dass der Krieg an der Westfront nicht gewonnen werden könnte, musste sich die Regierung neu orientieren. Gerade als Churchills unnachahmliche Überzeugungs- und Inspirationskraft benötigt wurde, um seine Kollegen dazu zu bringen, eine gemeinsame Operation an der belgischen Küste durchzuführen, stürzte er sich in sein Dardanellen-Abenteuer.

Nachdem Churchill Vice Admiral Sir Sackville Carden gedrängt hatte, einen Plan für einen Angriff auf die Meerengen von See her zu entwickeln, legte er diesen mit der für ihn typischen Unverfrorenheit dem War Council vor und behauptete, Carden hielte die Operation für machbar. Fisher und Admiral Sir Henry Jackson, die seit dem Ausbruch des Krieges Unternehmungen in Übersee geplant hatten, bevorzugten eine gemeinsame Operation. Unverzagt machte Churchill weiter, als wären Fisher, Lloyd George und Kitchener alle seiner Meinung. Churchill glaubte und überzeugte viele seiner Kollegen, dass ein Flottenverband, der vor Istanbul erschien, den Zusammenbruch des »jungen türkischen« Regimes hervorrufen und den Frieden sichern würde. Diese unbegründete Vermutung bestimmte sein operatives Denken. Am 7. Januar 1915 verwarf Kitchener im War Council die belgische Offensive, indem er sich weigerte, die notwendigen Truppen bereitzustellen. Gleichzeitig stimmte er im Prinzip Churchills anderem großen Plan

---

[89] Gilbert, Winston S. Churchill, vol. 3 (wie Anm. 18), S. 237, 246 f.
[90] French, British Strategy (wie Anm. 5), S. 66.

zu, nicht zuletzt, weil für Borkum nur eine Division benötigt wurde. Mithilfe von Cardens Plan für einen gleichmäßigen Vorstoß der Royal Navy durch die Dardanellen, bei dem systematisch jede Festung zerstört und jede Mine geräumt wurde, umging Churchill elegant Kitcheners Einwand, dass nicht ausreichend Personal zur Verfügung stünde, um die Meerenge zu sichern. Kitchener bevorzugte eine Marineoperation, bei der er nichts zu verlieren hatte.

Da das Kabinett nicht bereit war, Truppen für die Belgien-Offensive bereitzustellen und bestrebt war, sich nicht zu stark an der Westfront zu engagieren, zerstörte die Erklärung der Admiralität, dass die deutsche Besetzung von Ostende und Seebrügge für die britische Sicherheit nicht entscheidend sei, die Hoffnungen von General French endgültig. Fisher erklärte daraufhin, dass eine reine Marineoperation ein unzumutbares Risiko darstelle. Da keine anderen Optionen vorlagen, stimmte das War Council am 8. Januar für die Dardanellen[91]. Carden würde durch ältere Linienschiffe Verstärkung erhalten, die mit dem Ende der Planungen für eine Offensive in Belgien im Ärmelkanal und mit der Vernichtung des deutschen Kreuzergeschwaders in fernen Gewässern frei würden.

Am 13. Januar brachte General French seinen Plan wieder vor das War Council und forderte einen Angriff auf Seebrügge. Da aber weder er noch Marshall Joffre an einen schnellen strategischen Sieg an dieser Front glauben, scheiterte French. Stattdessen konnte sich Carden den Angriff auf die Dardanellen genehmigen lassen[92]. Kurz danach zog die französische Armee 100 000 Mann aus den Plänen für einen Angriff an der Kanalküste ab. Am 25. griffen die Deutschen die British Expeditionary Force-Linien an und verringerten damit die Chancen für eine bedeutende Offensive weiter[93].

Die Schlacht auf der Doggerbank am 23. Januar war trotz offensichtlich gewordener grober Fehler in der Führung, in der Kommunikation und beim Schießen durch Beattys Verband ein überwältigender Erfolg dank Funkaufklärung, Entzifferung von Funksprüchen und überlegener Feuerkraft. Dies verstärkte den Eindruck der mühelosen Überlegenheit, der mit der Schlacht bei Helgoland vermittelt worden war, und stützte Churchills Glauben, dass er beachtliche Ressourcen für die Dardanellen einsetzen könne. Fisher war anderer Meinung. Er war gern bereit, Schiffe für die Operation zur Verfügung zu stellen, solange sie den Charakter einer Demonstration und eines Ablenkungsmanövers hatte.

»But when the enterprise began to take on the aspect of a serious attempt to force the Straits, and reduce Constantinople, without military co-operation, he began to contemplate it each day with graver apprehension [...] So much, indeed, would have to be staked for success, that it would gravely prejudice, and even render impossible, the plans he was elaborating to secure a perfect control of Home Waters and the Baltic.«

Am 25. Februar sandte Fisher Churchill ein Memorandum, in dem er argumentierte, dass der Einsatz schwerer Schiffe als Schiffsartillerie lediglich den Deutschen nützen würde.

---

[91] War Council 8.1.1915. In: Churchill/Gilbert, Winston S. Churchill (wie Anm. 1), S. 396.
[92] French, British Strategy (wie Anm. 5), S. 70.
[93] Corbett, Naval Operations, vol. 2 (wie Anm. 47), S. 64–80.

»The pressure of sea power to-day is probably not less but greater and more rapid in action than in the past; but it is still a slow process and requires great patience. In time it will almost certainly compel the enemy to seek a decision at sea, particularly when he begins to realise that his offensive on land is broken [...]

[W]e ought to aim at a complete closure of the North sea , and the declaration of a blockade [...]

The sole justification for coastal bombardments and attacks by the fleet on fortified places, such as the contemplated prolonged bombardment of the Dardanelles forts by our Fleet, is to force the decision at sea, and so far and no further can they be justified [...]

It has been said that the first function of the British Army is to assist the fleet in obtaining command of the sea. This might be accomplished by military co-operation with the navy in such operations as the attack of Zeebrugge, or the forcing of the Dardanelles, which might bring out the German and Turkish fleets respectively. Apparently, however, this is not to be. The English Army is apparently to continue to provide a small sector of the allied front in France, where it is no more help to the navy than if it were at Timbuctoo [...]

Being already in possession of all that a powerful fleet can give a country, we should continue quietly to enjoy the advantages without dissipating our strength in operations that cannot improve the position[94].«

Es gibt kaum wichtigere Erklärungen für Fishers strategische Ideen, als dieses Memorandum. Der Vorrang der Suche nach einer Entscheidung auf See und die wichtige Rolle, die das Heer im Hinblick auf dieses Ziel spielte, waren für seine Ostsee- und Nordseepläne von zentraler Bedeutung. Aber er war nicht an der Schlacht um der Schlacht willen interessiert und sah keinen Grund zur Eile. Dies war eine hervorragende Kritik an Churchills unerbittlichem Druck auf »Action this Day«[95] und es scheint, dass sie durch Corbett unterstützt oder entworfen wurde.

Churchill setzte dem seine eigene Analyse entgegen, dass die Überlegenheit zu Hause völlig ausreichend sei und spaltete damit die Admiralität. Da die endgültige Entscheidung vom War Council zu treffen war, wurde Fishers Rat zur Marinepolitik durch politische Faktoren aufgehoben[96]. Asquith überredete ihn, im Amt zu bleiben, indem er den Seeangriff auf Seebrügge absagte. Das War Council traf sich am 28. Februar, wobei die Dardanellen die einzige bereits verfügbare Möglichkeit für eine Offensive waren. Asquith unterstützte Churchill. Fisher war zum Rücktritt entschlossen, aber Kitchener riet ihm davon ab. Dabei wies er darauf hin, welche große politische Wirkung ein Erfolg zu jener Zeit haben würde, da die aufgestellten Armeen noch nicht zum Einsatz bereit waren. Dies war zutreffend. Die politische Entscheidung war getroffen worden, und nachdem Fisher seinen Protest gegenüber dem zuständigen Minister erklärt und den Premierminister persönlich informiert hatte, war es seine Pflicht weiterzumachen. Er tröstete sich selbst mit dem Gedanken, dass bei einem Scheitern des Angriffs die Schiffe schnell zurückgezogen werden konnten, solange keine Truppen angelandet wurden[97]. Wie immer

---

[94] Fisher Cabinet Memorandum 25.1.1915. In: Gilbert, Winston S. Churchill, vol. 3 (wie Anm. 18), S. 263 f.
[95] Damit ist eine Inschrift auf einem Stempel gemeint, den Churchill als Premierminister von 1940–45 verwendete.
[96] Corbett, Naval Operations, vol. 2 (wie Anm. 47), S. 105.
[97] Fisher Memorandum 25.1.1915. In: Fear God, vol. 3, S. 49; Churchill/Gilbert, Winston S. Churchill (wie Anm. 1), S. 452–455.

durchdachte er schnell die vorhandenen Möglichkeiten und bereitete den Erfolg vor, indem er einem Dutzend leistungsstarker Flusskanonenbooten befahl, bereit zu stehen, um die Donau aufwärts zu fahren und die österreichische Flussflottille zu vernichten. Da die British Expeditionary Force für eine Küstenoffensive nicht stark genug war, sagte Fisher den Angriff auf Seebrügge von See her solange ab, bis die neuen Monitore bereit waren[98]. Stattdessen versuchte die Admiralität, mit einer Sperre aus Minen und Netzen sowie starken Geleitkräften die Straße von Dover für U-Boote zu sperren. Dieses ehrgeizige Vorhaben scheiterte jedoch an technischen Unzulänglichkeiten[99].

In den Heimatgewässern erwiesen sich Fishers Befürchtungen als unbegründet. Die deutsche Flotte blieb ruhig, sie beschränkte sich auf die Abriegelung von Seegebieten. Dies war die erste rücksichtslose U-Boot-Offensive, der man nur schwer begegnen konnte. Das Versenken von Handelsschiffen, ohne für die Sicherheit von Passagieren und Besatzung zu sorgen, war eindeutig illegal, aber da es keine weiteren Alternativen gab, war die deutsche Entscheidung nahezu unausweichlich. Die Verluste waren beschämend, umso mehr als sich die U-Boote schwer aufspüren und versenken ließen. Wortreiche Diskussionen über rechtliche Fragen bei Wirtschaftsblockaden und U-Boot-Krieg waren kaum mehr als ein Deckmantel für die Eskalation des Konflikts hin zum totalen Krieg. Die Briten konnten sich mit der Seeherrschaft und einer eher schwachen Form der Blockade moralisch aufspielen, da ihre Aktionen keine Leben auf See forderten. Darüber hinaus arbeiteten sie eng mit der amerikanischen Regierung zusammen, um möglichen ersten Streitigkeiten über Neutralitätsrechte aus dem Weg zu gehen.

IX. Blockade

In seiner Denkschrift vom 25. Januar 1915 hatte Fisher betont, dass die Blockade der Schlüssel für die britische Sicherheit sei, da sie das einzige Instrument sei, das Seeherrschaft an Land zur Wirkung bringen könnte. Vor dem Krieg hatte Corbett behauptet, dass der Wirtschaftskrieg Teil einer nationalen Gesamtstrategie sei. Obgleich eine Handelsblockade einer militärischen Blockade untergeordnet sei, sei sie auch ein wesentliches Druckmittel: »[W]hile its immediate object was to keep the enemy's commercial ports closed, its ulterior object was to force his fleet to sea[100].« Corbett machte damit deutlich, dass eine Entscheidungsschlacht unter günstigen Bedingungen nur herbeigeführt werden kann, indem die lebenswichtigen Interessen des Feindes, wie zum Beispiel die Handelswege, angegriffen werden[101].

---

[98] Corbett, Naval Operations, vol. 2 (wie Anm. 47), S. 106–8, Corbett fasste diese Schiffe unter Monitoren zusammen, einem ganz anderen Typ. Siehe Buxton, Big Gun Monitors (wie Anm. 65).
[99] Corbett, Naval Operations, vol. 2 (wie Anm. 47), S. 273.
[100] Julian S. Corbett, Some Principles of Maritime Strategy, London 1988, S. 185.
[101] Schurman, Julian S. Corbett (wie Anm. 3), S. 67, unter Bezugnahme auf den Schriftwechsel zwischen Fisher und Corbett vom März 1907, der zur Streitschrift »Some Principles of Naval Warfare«. ADM 116/1043B, Corbett, Some Principles (wie Anm. 100), S. xxiv, einschließlich »Green

Fisher wusste, dass auf Deutschlands einzigem lebenswichtigen Handelsweg über See Eisenerz aus Schweden transportiert wurde.

Auf operativer Ebene, so Corbett, »the object of naval warfare must always be directly or indirectly either to secure the command of the sea or to prevent the enemy from securing it«[102]. Doch betonte Corbett in einer seiner Schriften zugleich, dass die See – im Gegensatz zum Land – nicht erobert werden kann. »You cannot, as lawyers say, ›reduce it into possession‹ because you cannot exclude neutrals from it as you can from territory you conquer[103].« Stattdessen ermöglichte die Seeherrschaft die Kontrolle über die Seeverbindungen und die Fähigkeit, dem Feind diese Verbindungen zu verweigern. Dies gestattete den überlegenen Seestreitkräften, »to exert direct military pressure upon the national life of our enemy ashore«[104]. Für Corbett war Seeherrschaft das maritime Äquivalent zur Eroberung eines Gebiets. Er gab dieser Strategie auch eine moralische Qualität. Es war nicht die »Vernichtung des Handels«, sondern nur dessen »Verhinderung«.

> »No form of war indeed causes so little human suffering as the capture of property at sea. It is more akin to process of law, such as distress for rent, or execution of judgement, or arrest of a ship, than to a military operation.«

Dies hob sich positiv ab von der »beklagenswerten Grausamkeit« der Kaperei oder der unbegrenzten U-Boot-Kriegführung[105]. Er betonte außerdem, dass die Nahblockade oder taktische Blockade einzelner Häfen durch eine strategische Blockade der großen Handelswege ergänzt worden sei[106]. Corbett behauptete, dass es, da das Recht auf Beschlagnahme auf See dem auf Kontribution an Land entspreche, unangemessen wäre, Seemächten dieselben Rechte zu verwehren. Er bezeichnete es zutreffend als Trugschluss zu glauben, dass es beim Krieg nur um Heere und Seestreitkräfte ginge. Stattdessen betonte er unter Hinweis auf die Lehren des deutschen Generals Colmar von der Goltz, dass Kriege durch die Fähigkeit einer Seite »auf die Bürger und ihr gemeinsames Leben Druck auszuüben«, beendet werden könnten. Goltz hatte geschrieben, dass man »Frieden erzwingen« könne, indem man »das feindliche Land die Lasten des Krieges stark genug fühlen lasse, dass dort die Sehnsucht nach Wiederkehr der Ruhe [...] überwiegt«[107]. Ohne das Recht, Privateigentum zu erbeuten, hätten Aktivitäten der Seestreitkräfte, die über die Verteidigung gegen eine Invasion hinausgingen, wenig Sinn. Um den Feind unter Druck zu setzen, ohne eine Blockade zu verhängen, sei es notwendig, auf solch grausame Methoden zurückzugreifen wie wahllosen, flächendeckenden Küs-

---

Pamphlet«. In: The Papers of Admiral Sir John Fisher, 2 vols. Ed. by Peter Kemp, London 1964, S. 318–345, führte.
[102] Corbett, Some Principles (wie Anm. 100), S. 91.
[103] Ebd., S. 93.
[104] Ebd., S. 94.
[105] Ebd., S. 95.
[106] Ebd., S. 97. Es sollte nicht vergessen werden, dass Corbett ausgebildeter Anwalt war und sich einen scharfen juristischen Verstand bewahrt hatte.
[107] Ebd., S. 97 f. (Anm. des Übers., dt. Zitat aus: Colmar Freiherr von der Goltz, Kriegführung. Kurze Lehre ihrer wichtigsten Formen, Berlin 1895, S. 19). Es ist typisch für Corbett, dass er von der Goltz' Kriegführung einsetzt, um auf diesen Punkt zu verweisen. Deutschland war der wahrscheinliche Kriegsgegner und somit begründete er britische Maßnahmen mit deutschen Argumenten.

tenbeschuss. Würden solche Rechte tatsächlich verweigert, dann würde der Krieg zu einem »rein juristischen Verfahren«[108]. Dies würde jene, die bestrebt sind, den Frieden zu erhalten (Corbett ging davon aus, dass das die Briten seien.), ihres größten Abschreckungsmittels berauben. Da die Handelswege eines Landes eine entscheidende strategische Ressource waren, stellten sie ein rechtmäßiges Ziel dar und die Drohung, diese abzuschneiden, war eine wesentliche Einschränkung[109].

Für Corbett war die Blockade, einschließlich der Erbeutung von Eigentum des Feindes, eine entscheidende strategische Waffe Großbritanniens. Dieser Waffe Beschränkungen aufzuerlegen, ohne dies bei Landoperationen gleichermaßen zu tun, wäre unrealistisch gewesen. Seine Argumente halfen in der Zeit der Regierung Edwards VII., eine Beschränkung der Rechte bei der Kriegführung durch die Regierung zu verhindern; dadurch blieb die politische Handlungsfreiheit bis zum Ausbruch des Krieges 1914 gewahrt. Seine Kollegen, namentlich Hankey[110] und Fisher, waren in alle wichtigen Entscheidungen des Jahres 1914 einbezogen, mit denen die schwache und kraftlose Politik vom August in ein vernünftiges Konzept für einen totalen Krieg umgewandelt wurde. In diesem Prozess waren Corbetts klare, historisch begründete Argumente unerlässlich.

Wie zynische Beobachter britischer Politik vor 1914 erwartet hatten, waren unrechtmäßige deutsche Aktionen die beste Verteidigung für Völkerrechtsverletzungen durch die Briten. Es half der deutschen Sache nicht, als Corbett nachwies, dass ihre Beschwerden über Nahrungsmittelblockaden zu ihrer eigenen Vorkriegspolitik im Widerspruch standen[111]. Zu Corbetts zahlreichen Aufgaben gehörte die Mitarbeit in der Propagandaoffensive, wo seine juristische Ausbildung und seine umfangreichen Vorkriegsstudien zur Blockadefrage schnell zum Tragen kamen. Er lieferte historische und analytische Belege für den Widerstand der Admiralität und des Committee of Imperial Defence gegen Zugeständnisse des Foreign Office[112]. In einer Streitschrift aus dem Jahre 1915 verteidigte er die britische Politik gegenüber jenen im Land, die für eine liberale Haltung eintraten, während er in einer anderen Publikation im Jahre 1917 versuchte, die Amerikaner davon zu überzeugen, dass die »Freiheit der Meere« unnötig sei[113].

X. Die Ostseeeingänge und die Blockade Deutschlands

Um die vollständige Blockade Deutschlands durchzusetzen, musste Großbritannien Einheiten der Royal Navy in die Ostsee entsenden. Dadurch erhielt der

---

[108] Ebd., S. 98.
[109] Ebd., S. 99, 102.
[110] Stephen W. Roskill, Hankey. Man of Secrets, 3 vols., London 1970-1978, hier: vol. 1, S. 162 und Anmerkungen.
[111] Corbett, Naval Operations, vol. 2 (wie Anm. 47), S. 263.
[112] Schurman, Julian S. Corbett (wie Anm. 3), S. 169-172.
[113] Julian S. Corbett, The Spectre of Navalism, London 1915; Julian S. Corbett, League of Peace and a Free Sea, New York 1917.

rechtliche Status der dänischen Meerengen eine grundlegende Bedeutung[114]. Diese Frage geriet in den Fokus der Politik der Großmächte, als man versuchte, das Seerecht festzuschreiben und zu internationalisieren[115]. Beide Fragen waren durch die britische Strategie miteinander verbunden.

Während der vielschichtigen diplomatischen Verhandlungen, die durch die Unabhängigkeit Norwegens notwendig wurden, diskutierten Deutschland und Russland darüber, die Ostsee für Kriegsschiffe von Nichtanrainerstaaten zu schließen, aber die Initiative scheiterte angesichts des britischen Widerstands. Sir Charles Hardinge, Ständiger Staatssekretär im Außenministerium, schreibt diesbezüglich:

»If in time of war the Straits remain open that is all we want. If Germany tries to close them we shall regard ourselves as absolutely free to do what we like and even to ignore the integrity of Norway should we require a base on the Norwegian coast[116].«

Die Grundlage der britischen Politik hinsichtlich der miteinander verbundenen Probleme Norwegens und der Meerengen bildete eine offensive Seestrategie, die darauf abzielte, die deutschen Seestreitkräfte zu vernichten und eine vollständige Blockade zu verhängen. Die Zugangsfrage wurde weiterhin im Blick gehalten und stützte sich auf die Praxis während des Krim-Krieges. Dänemark würde die Meerengen nicht schließen, solange es Sanktionen fürchtete[117]. Die Ostsee war für die britische Kriegsplanung gegen Deutschland also von zentraler Bedeutung[118].

Seit 1909 war sich die Admiralität darüber im Klaren, dass die Kontrolle über die Ostsee nicht nur einfach die Entsendung einer Flotte bedeutete. Dies veranlasste Hankey, darüber nachzudenken, wie die Blockade funktionieren sollte, wenn die Ostsee nicht von der Royal Navy kontrolliert würde. Er riet, die Londoner Erklärung von 1911 abzulehnen, die den britischen Handlungsfreiraum ernsthaft beschränkte und nie vom Parlament ratifiziert wurde, sowie die Definition von Konterbande auszudehnen, um eine Fernblockade zu gestatten[119]. Dies war eine Frage der Zweckmäßigkeit und nicht des Prinzips.

XI. Der Ausbruch des Krieges und das Versagen juristischer Beschränkungen

Beim Ausbruch des Krieges ging Hankey davon aus, dass die Regierung eine vorwiegend maritime Politik verfolgen würde[120]. Die Anforderungen der Operationen zu Lande und die Notwendigkeit, mächtige und strategisch günstig gelegene neu-

---

[114] Daniel Patrick O'Connell, The Influence of Law Upon Sea Power, Manchester 1975, S. 97–113.
[115] Carsten Holbraad, Danish Neutrality. A Study in the Foreign Policy of a Small State, Oxford 1991, S. 49; Folke Lindberg, Scandinavia in Great Power Politics, 1905–1908, Stockholm 1958, S. 5–7.
[116] Hardinge an Nicholson (Minister at St. Petersburgh), 5.2.1908. In: British Documents on the Origins of the War 1898–1914, 11 vols. hier: vol. 8: Arbitration, Neutrality and Security. Ed. by George P. Gooch and Harold Temperley, London 1926–1938, S. 164 f.
[117] Protokoll des Außenministeriums über die baltische Straße vom 7.5.1908: Ebd., S. 180–182.
[118] Lambert, Great Britain and the Baltic (wie Anm. 19), untersucht Fishers Strategie.
[119] Hankey Memo. Februar 1911: ADM 116/1236.
[120] Roskill, Hankey (wie Anm. 110), S. 134.

trale Staaten zu beschwichtigen, bewogen das Foreign Office jedoch, sich der wirtschaftlichen Kriegführung in zögerlicher, legalistischer Weise anzunähern, zum Ärger des Oberbefehlshabers der Grand Fleet, Jellicoe. Er hatte möglicherweise eine wirksame Blockade erwartet, um die Deutschen aus ihren Stützpunkten herauszulocken, und musste feststellen, dass seine Flotte auf der Grundlage einer Rechtsordnung operierte, die auf der nicht ratifizierten Londoner Seekriegsdeklaration beruhte. Entworfen zur Erfüllung der verschiedenen Anforderungen, mit denen sich Großbritannien jetzt konfrontiert sah, hätte diese die Vorherrschaft zur See nutzlos gemacht. Derartig einseitige Beschränkungen konnten den ersten Rückschlag an Land nicht lange überleben. Die Vorkriegssorgen um die Neutralen, vor allem Holland, das als Mittler zu Deutschland auftrat, sowie Berichte über Nahrungsmangel unter den deutschen Truppen und die Verstaatlichung der Nahrungsmittelvorräte hatten zur Folge, dass Außenminister Grey, Lloyd George und vor allem Churchill auf eine Änderung der bisherigen Haltung drängten. Gegen die Naval Lords und die Mehrheit des Kabinetts drückte Churchill eine Maßnahme durch, die die alte Vorstellung der »ununterbrochenen Reise« auf Lebensmittel anwandte, die als Konterbande galten, da die deutsche Regierung die Vorräte verstaatlicht hatte. Dies entsprach zwar nicht den Tatsachen, aber derartige Feinheiten störten Churchill ebenso wenig wie die völlige Revision der offiziellen englischen Politik der letzten fünfzehn Jahre. Es bedurfte jedoch eines gerissenen Anwalts, um eine halblegale Rechtfertigung für die Veränderung zu nennen. Innenminister Reginald McKenna hatte trotz seines abrupten Rückzugs aus der Admiralität nie das Interesse an dieser Thematik verloren, und er brachte mit viel Geschick die nützlichen Aspekte der alten und neuen Praxis in Einklang.

Nach einer Konferenz im Foreign Office am 19. August mit den wichtigsten Ministern des Kabinetts, den Marinechefs und Juristen sowie Corbetts altem Freund Admiral Edmond Slade, der den Krieg damit verbrachte, an der Blockade zu arbeiten, wurde eine neue Rechtsverordnung (Order in Council) veröffentlicht. Neutrale Schiffsladungen, die neutrale Häfen anliefen, wurden jetzt beschlagnahmt. Trotz aller zweifelhafter Legalität war die Maßnahme für einen totalen Krieg völlig angemessen. Die Wirkung wurde am 25. August noch verstärkt, als die niederländische Regierung informiert wurde, dass ihr der Import von Nahrungsmitteln nur gestattet würde, wenn sie diese nicht an die Deutschen weiterleitete. Bis zum 30. des Monats waren 52 Getreideschiffe beschlagnahmt worden, ohne dass versucht wurde, dies zu rechtfertigen.

Jegliche juristische oder diplomatische Bedenken wurden durch den öffentlichen Druck nach einer Alternative zu dem Blutvergießen an Land überwunden. Nachdem das Kabinett eine Demokratie dazu bewogen hatte, einen Krieg zu führen, sollte es bald erkennen, welch gefährlichen Kräfte es freigesetzt hatte. Es war nicht mehr Herr der Lage und musste auf den öffentlichen Druck reagieren. Gegner der neuen Ordnung wurden einfach ignoriert. Schon bald kamen auch Öl und andere Rohstoffe auf die Liste der zu beschlagnahmenden und festzuhaltenden Güter, obwohl sie rechtlich nicht zur Kriegsbeute erklärt werden konnten. Anfang September betrieben die Briten eine illegale Blockade, da sie hofften, den Krieg ohne übermäßige Verluste gewinnen zu können, und eine solche Maßnahme von der Öffentlichkeit gefordert wurde[121].

Nur ein neutraler Staat hatte die Macht, Großbritannien zur Einhaltung der Londoner Deklaration zu zwingen. Obgleich das amerikanische Außenministerium die Illegalität der britischen Maßnahme erkannte, war Präsident Woodrow Wilson nicht willens, gegen diese Praxis vorzugehen. In dem Bestreben, das Schicksal von Präsident Madison aus dem Jahre 1812 zu vermeiden, der seiner Meinung nach über frühere Regierungsverordnungen in einen unnötigen Krieg mit Großbritannien gezwungen worden war, versuchte Wilson, dieses Thema von der Presse fernzuhalten und setzte auf den Zeitfaktor. Überzeugt, dass die Entente die Zivilisation repräsentierte, wollte Wilson im Interesse lokaler und regionaler Belange nicht denselben Fehler begehen wie Madison. Während sein Botschafter in London US-Bürgern, die mit Deutschland Handel trieben, wirksam die Unterstützung entzog und die Handelsblockade zu Holland hinnahm, unterbreitete Wilson den Briten Vorschläge, wie die Situation entschärft werden könne. Über die Einschätzung des Präsidenten informiert, lehnten es die Briten einfach ab, irgendwelche Zugeständnisse zu machen und verschärften die Definition für Konterbande. Wilsons Vorgehen beendete den Widerstand des Kabinetts gegen das Programm eines umfassenden Wirtschaftskrieges.

Als Fisher Ende Oktober in die Admiralität zurückkehrte, setzte er die äußerste Waffe ein, um den neutralen Handel zu unterbrechen. Einem lange ausgereiften Plan folgend, erklärte er, die Nordsee sei so stark vermint, dass Schiffe vor der Weiterfahrt britische Häfen anlaufen müssten, um neue Segelanweisungen zu erhalten. Sobald sie dies taten, wurden sie festgehalten. Ende Januar 1915 verwendeten die Briten das Argument der »nationalen Sicherheit«, das Wilsons schwachem Protest vom 26. Dezember entnommen wurde, als Rechtfertigung ihres Handelns[122]. Dies ähnelte in auffallender Weise der Formulierung »Selbsterhaltung«, die Mahan verwendet hatte, um das Handeln der Briten zu Zeiten Napoleons zu rechtfertigen[123]. Als die Deutschen warnten, dass ihre Reaktion auf die britische Maßnahme dazu führen könne, versehentlich neutrale Schiffe zu versenken, legte Wilson sofort scharfen Protest ein. Die Briten führten die deutsche Drohung als Ursache für die Ablehnung der Pariser Seerechtsdeklaration aus dem Jahre 1856 an. Wilson ignorierte weiterhin rechtswidrige Aktionen der Briten, da ein Sieg der Alliierten den Interessen Amerikas diente[124]. Damit bahnte er den Weg für den Sieg der Alliierten 1918 und 1945: Im Zeitalter eines totalen Krieges würde keine Großmacht freiwillig auf ihr wichtigstes strategisches Mittel verzichten, sofern sie nicht durch Aktionen der Neutralen oder Vergeltungsmaßnahmen des Feindes dazu gezwungen wurde. 1914 entwickelten die Briten neue Regeln für den Seekrieg. Nur Schweden, aufgrund seiner sicheren Lage an der Ostsee, konnte sich

---

[121] John W. Coogan, The End of Neutrality. The United States, Britain and Maritime Rights, 1899–1915, Ithaca 1981, S. 154–168, erörtert die Entwicklung der britischen Politik.
[122] Ebd., S. 170–215, bezüglich des seit Langem angeführten Arguments der Amerikaner.
[123] Alfred Thayer Mahan, The Influence of Sea Power upon History 1660–1782, London 1892, S. 357.
[124] Coogan, The End (wie Anm. 121), S. 222–233.

den Briten widersetzen, und dies im Wesentlichen deshalb, weil Russland auf schwedische Industrieerzeugnisse angewiesen war[125].

Die Auswirkungen der Blockade auf Deutschland wurden schrittweise sichtbar, wobei die rechtlichen und diplomatischen Bedenken des Foreign Office und der juristischen Berater der Regierung die Royal Navy oft frustrierten. Tatsächlich wurde sie nicht einmal als Blockade bezeichnet. Schließlich wurden Holland, Dänemark und zu einem geringeren Grade Schweden Importbeschränkungen auferlegt. Obgleich die deutsche Wirtschaft vor 1915 und selbst im Januar 1915 nicht ernsthaft beeinträchtigt wurde, wurde das Mehl knapp, was dazu führte, dass man Kartoffelmehl einsetzte, um Brot zu backen. Den Deutschen gelang es nicht, die Produktion dem Bedarf anzupassen, und die Lage verschlechterte sich allmählich[126]. Aber das Instrument des Wirtschaftskrieges war für Asquiths War Council nicht wirksam genug.

XII. Dardanellen

Mitte Februar 1915 stellten die Dardanellen in Ermangelung anderer Alternativen für die Briten die einzige Möglichkeit für eine Offensive dar. Während die Minister vom Zusammenbruch der Türkei große diplomatische, strategische und wirtschaftliche Gewinne erwarteten, überzeugte Churchill sie damit, dass man sich leicht zurückziehen könne, falls der erste Angriff nicht erfolgreich verlief. Auch in anderen Bereichen zeigte sich die tatsächliche Bedeutung von Seemacht, und besonders an Italiens Entscheidung, der Entente beizutreten; mit seiner offenen Küste und der Abhängigkeit von Importkohle und -öl konnte dieses keinen Krieg gegen Großbritannien führen. Der Einfluss der Seemacht auf die neutralen Balkanstaaten war hingegen weniger stark, und selbst Griechenland war nicht übermäßig beeindruckt[127]. Gerade als Churchills Plan umgesetzt werden sollte, bat Hankey Corbett um eine Studie zu den Geschehnissen von 1807, als die Flotte die Dardanellen erfolgreich passierte, ohne dass dies politische Auswirkungen auf Istanbul hatte[128]. Hankey und Admiral Jackson setzten diese Arbeit ein, um Truppen anzufordern, die den Erfolg der Seestreitkräfte sichern sollten, und nach langem Zögern stellte Kitchener zwei Divisionen bereit, die XXIX. Division und die ANZAC-Division in Ägypten. Dennoch hielt Churchill an der Meinung fest, dass die Dardanellen ein kurzfristiges Engagement darstellten, indem er dem War Council am 3. März mitteilte, dass die Ostsee noch immer das eigentliche strategi-

---

[125] Brian J.C. McKercher and Keith E. Nielsen, The Triumph of Unarmed Forces. Sweden and the Allied Blockade of Germany 1914-1917. In: Journal of Strategic Studies, 7 (1984), 2, S. 178-199, hier S. 199.
[126] Paul Halpern, World War I. The Blockade. In: Naval Blockades and Sea Power. Strategies and Counter-Strategies 1805-2005. Ed. by Bruce A. Elleman and Sarah C.M. Paine, Abingdon 2006, S. 91-103; Eric W. Osborne, Britain's Economic Blockade of Germany 1914-1919, London 2004, enthält eine weniger positive Interpretation.
[127] French, British Strategy (wie Anm. 5), S. 74-78.
[128] Schurman, Julian S. Corbett (wie Anm. 3), S. 161, siehe auch TNA CAB 24/1 vom 5.2.1915.

sche Ziel darstelle, das später in Angriff genommen werden sollte, »when our new monitors were completed«[129].

Der ursprüngliche Plan eines vorsichtigen Angriffs von Vice Admiral Carden, bei dem die wichtigsten türkischen Festungen allmählich ausgeschaltet und die Minenfelder geräumt werden sollten, wurde durch Churchills Eingeständnis behindert, dass der Vorrat an schwerer Munition begrenzt sei[130]. Dieser hoffte jedoch, dass ein unaufhaltsamer stetiger Fortschritt die Moral der Verteidiger untergraben würde[131]. Carden tat wie ihm geheißen, und die ersten Phasen des Dardanellen-Angriffs verliefen gut. Das führte zu einer für Churchill typischen, übertriebenen Erklärung, die die Regierung gewissermaßen verpflichtete, den Angriff zu Ende zu führen. Damit schob er jeder Möglichkeit eines leichten Rückzugs einen Riegel vor. Das Ziel dieser Äußerungen bestand darin, die Balkanmächte für den Krieg zu gewinnen. Aber Griechenland, Bulgarien und Rumänien erwiesen sich als bemerkenswert resistent gegenüber den Versprechungen über einen Anteil bei der Aufteilung des Fells des osmanischen Löwen. Fisher, der darum bemüht war, die militärische Zusammenarbeit zu sichern, wies Corbett an, ähnliche Operationen während des Russisch-Japanischen Krieges zu untersuchen[132].

Als der Angriff der Royal Navy auf die Dardanellen dem Ende entgegenging, wandte sich Churchill plötzlich wieder Borkum zu. Nach zweimonatiger Ruhe schlug er Fisher seinen neuen Plan vor, ein Geschwader schneller Großkampfschiffe in die Ostsee zu entsenden, um eine Blockade der deutschen Küste zu verhängen[133]. Dies war visionär und gleichzeitig aussichtslos. Fisher umging den Plan geschickt, indem er ihn an Arthur Wilson sandte und Churchill daran erinnerte, dass man nichts tun könne, ehe die Operationen in der Türkei beendet seien[134].

Während die Hoffnungen auf lokale Unterstützung im Kampf gegen die Türkei schwanden, erhöhten Churchill und Fisher, die sich auf Erkenntnisse aus der Funkaufklärung verließen, nach denen die Festungen ihre Munition nahezu aufgebraucht hatten, den Einsatz. Am 11. März telegrafierte Churchill an Carden, dass er »energisch« handeln solle; die möglichen Ergebnisse rechtfertigten es, Risiken einzugehen[135]. Es gab einigen Grund für Optimismus, denn es hatte auf See bis zu diesem Zeitpunkt keine Verluste oder schweren Schäden gegeben. Churchill wies darüber hinaus Admiral Carden auf die Auswirkungen des Beschusses von Festungen durch die Schiffsartillerie hin; ein Thema, in dem er weder über praktische Erfahrungen noch theoretisches Verständnis verfügte. Auf ihm lastete ein großer politischer Druck: Die Politik der Entente und die britische Regierung forderten einen Erfolg und es ging um seinen Kopf. Ein Beobachter schrieb: »Winston is

---

[129] Gilbert, Winston S. Churchill, vol. 3 (wie Anm. 18), S. 324.
[130] Churchill an Carden, 5.2.1915. In: Churchill/Gilbert, Winston S. Churchill (wie Anm. 1), S. 487.
[131] Gilbert, Winston S. Churchill, vol. 3 (wie Anm. 18), S. 276.
[132] Corbett an Fisher, 1.3.1915. In: Churchill/Gilbert, Winston S. Churchill (wie Anm. 1), S. 604 f.
[133] Churchill an Jellicoe, 9.3.1915. In: Ebd., S. 656–658.
[134] Fisher an Churchill, 3.3.1915. In: Ebd., S. 622.
[135] Churchill an Carden, 11.3.1915. In: Gilbert, Winston S. Churchill, vol. 3 (wie Anm. 18), S. 337.

very excited and ›jumpy‹ about the Dardanelles; he says he will be ruined if the attack fails[136].« Asquith merkte, dass Churchill Carden vorwärts trieb, aber er handelte nicht[137]. Am 13. März 1915 betonte Churchill, der durch Cardens mangelnde Begeisterung alarmiert war, die Notwendigkeit der Eile: »[T]he operations should new be pressed forward methodically and resolutely by night and day the unavoidable losses being accepted[138].« Obgleich Carden gezwungen war nachzugeben, forderte er gezielt zusätzliche Munition und Minenräumschiffe der Flotte[139]. Während Churchill vom Ruhm träumte, wollte Fisher vorwärtskommen oder aufgeben[140]. Er war sich seit langem darüber im Klaren, dass die Dardanellen Churchills Denken bestimmten, abgesehen natürlich von der Ostsee. Obgleich Churchills Borkum-Pläne Papierverschwendung waren, waren seine Energie und seine Fürsprache von entscheidender Bedeutung[141]. Darüber hinaus verbrauchten die Dardanellen die Ressourcen, die Fisher für die Ostsee angelegt hatte, und bedrohten die Umsetzung dieser Ideen.

Als Cardens Plan, die Durchfahrt durch die Meerenge zu erzwingen, plötzlich zu scheitern drohten, knickte er ein und übergab das Kommando an Admiral de Robeck. Dies konnte in der Admiralität niemanden überraschen. Carden war vor dem Krieg auf einen ruhigen Posten auf der Marinestation auf Malta abgeschoben worden und hatte das Kommando erst übernommen, als zwei höherrangige Offiziere in Ungnade gefallen waren[142]. Es fehlte ihm an Energie, Dynamik und Charisma, um solch einen anspruchsvollen Auftrag erfolgreich auszuführen, gleichzeitig dem ständigen Druck von Churchill ausgesetzt zu sein und zu wissen, dass die Experten gegen den Plan waren. Am 18. März, dem Tag seiner Kommandoübernahme, stieß de Robeck in die Meerenge vor. Er verlor drei alte Linienschiffe, zwei davon in einem kleinen Minenfeld, und drei weitere wurden beschädigt. Die Verluste der Briten beliefen sich nur auf 60 Tote. Trotz der anfänglichen Begeisterung für weitere Versuche unternahm de Robeck keinen weiteren Vorstoß. Dies war bedauerlich; es wäre eine sehr riskante Operation gewesen, aber sie hätte Erfolg haben können, und der Verlust einiger 20 Jahre alter Linienschiffe war keine Bedrohung für die Seeherrschaft der Entente. Churchill, Asquith und Kitchener waren dafür, weiter vorzustoßen, aber de Robecks Entschluss, gestützt durch die War Group der Admiralität, überzeugte das Kabinett am 23. März, eine amphibische Operation zu unterstützen[143]. Dadurch kam zum erlittenen Rückschlag der Marine noch eine militärische Katastrophe hinzu. Es wäre vielleicht möglich gewesen, sich ohne Gesichtsverlust zurückzuziehen, wenn Churchills öffentliche Erklärung nicht das Kabinett festgelegt hätte. Fisher und die Seelords waren besorgt, dass die neue

---

136 Lord Esher Tagebuch 20.3.1915. In: Churchill/Gilbert, Winston S. Churchill (wie Anm. 1), S. 719.
137 Asquith an Venetia Stanley, 12.3.1915. In: Ebd., S. 683.
138 Gilbert, Winston S. Churchill, vol. 3 (wie Anm. 18), S. 342 f.
139 Carden an Churchill, 14. und 15.3.1915. In: Churchill/Gilbert, Winston S. Churchill (wie Anm. 1), S. 693, 696 f.
140 Fisher an Churchill, 15.3.1915. In: Ebd., S. 698.
141 Fisher an Churchill, 16.3.1915. In: Ebd., S. 701 f.
142 Fisher an Jellicoe, 16.3.1914. In: Fear God, vol. 3 (wie Anm. 49), S. 166.
143 French, British Strategy (wie Anm. 5), S. 85.

Operation materielle Reserven und Personal von der Grand Fleet abziehen könnte. Es ging ihnen nicht um alte Schiffe, sie brauchten ausgebildetes Personal für neue Kriegsschiffe. Fisher begriff, dass seine Ostseestrategie langsam mehr und mehr unterlaufen wurde, da Churchill jedes freie Schiff und jeden freien Mann, einschließlich vieler Spezialschiffe, unaufhaltsam abzog. Das Scheitern der amphibischen Operation am 25. April war das denkbar schlechteste Ergebnis; die Truppen blieben nutzlos auf türkischem Boden sitzen und konnten nichts tun, um einen Angriff der Royal Navy zu unterstützen, während sie gleichzeitig eine riesige Armada zu ihrer Unterstützung und ihrer Versorgung banden[144].

Allerdings war der Angriff der Royal Navy aufgrund von Details, aber nicht wegen des Konzepts zum Scheitern verurteilt. Die von de Robeck in die Meerenge geführten Schiffe waren erstaunlich schlecht auf eine Bekämpfung von Landzielen vorbereitet. Die meisten gehörten zur Reserveflotte, und allen mangelte es an spezieller Artillerieausbildung. Die meisten Magazine waren kaum mehr als zur Hälfte gefüllt und keines enthielt Sprengmunition für die großen Geschütze. Die von ihnen abgefeuerten panzerbrechenden 15- und 12-Zoll-Geschosse enthielten eine Sprengladung von 12 bis 15 Pfund Schwarzpulver und einen Zünder, der so ausgelegt war, dass er vor dem Explodieren eine Stahlkonstruktion durchdringen sollte[145]. Wurde eine türkische Festung getroffen, dann explodierten die Geschosse nur, wenn sie auf einen Stahlgegenstand aufkamen, wie zum Beispiel ein schweres Geschütz. Sie verursachten kaum Gebäudeschäden. Churchill und Admiral Oliver waren von der Wirkung des deutschen Haubitzenfeuers auf Antwerpen beeindruckt gewesen, das sie nachzuahmen hofften. Allerdings gelang es ihnen nicht, die Flotte mit Sprengmunition auszustatten. Wie die entscheidenden Beschießungen durch Seestreitkräfte im Zweiten Weltkrieg gezeigt haben, kann eine mächtige Flotte mit einem großzügigen Vorrat an geeigneter Munition die besten Küstenverteidigungen ausschalten. De Robecks Flotte machte ihre Sache sehr gut und hätte am folgenden Tage weiter kämpfen können gegen eine Verteidigung, die über keine schwere Munition mehr verfügte, abgesehen von einer einzigen Minenreihe. Churchills Vision beinhaltete jedoch nicht, auch auf Details zu achten. Tatsächlich prahlte er damit, dass die eingesetzte Munition veraltet war! Der Mangel an leistungsfähigen und erfahrenen Minenräumschiffen war ebenso katastrophal.

Unverzagt erarbeitete Churchill schließlich am 24. März einen kurzen Lagebericht für das Kabinett, der darlegte, wie er den Krieg gewinnen würde, indem er Borkum eroberte und »a British army of invasion, not less than 500,000 strong, at Emden«[146] landete.

Fisher vermied eine derartige Dummheit, indem er betonte, dass eine Offensive davon abhängig sei, wie man mit der Bedrohung durch U-Boote fertig würde, gegen die »an effective means of protection is not yet in sight«[147].

---

[144] Zur letzten Arbeit über den Feldzug siehe: Tim Travers, Gallipoli 1915, Stroud 2001.
[145] Iain McCallum, The Riddle of the Shells, 1914-1918: The Test of Battle, Heligoland to the Dardanelles. In: Warship 2004. Ed. by Antony Preston, London 2004, S. 13-20.
[146] Churchill Memorandum 24.3.1915. In: Churchill/Gilbert, Winston S. Churchill (wie Anm. 1), S. 737.
[147] Fisher an Churchill, 31.3.1915. In: Ebd., S. 763.

Churchill schickte den Plan und Fishers Einwände an Arthur Wilson und wies ihn an: »»implement« this project on the assumption that we are not crippled by losses at the Dardanelles«[148]. Churchills absolute und schamlose Weigerung, den Rat des von der Regierung ausgewählten Fachmanns, eines Mannes, den er ernannt hatte, in Betracht zu ziehen, war ein Beleg für den völligen Zusammenbruch der zivilen und militärischen Beziehungen in der Admiralität. Es war höchste Zeit, dass er die Admiralität verließ – obgleich seine politischen Kollegen diese Tatsache erst noch begreifen mussten. Nur durch seinen eigenen Rücktritt und damit den Sturz Churchills konnte Fisher das System wiederherstellen.

XIII. U-Boot-Krieg

Die deutsche U-Boot-Offensive begann Wirkung zu zeigen. Der Bedrohung für Transporte der britischen Armee begegnete man durch den Einsatz kleiner, schneller Kanaldampfer; zugleich wurde eine zusätzliche Patrouille eingerichtet, die die Arbeiten an der Dover-Sperre vorantrieb und die belgischen Häfen beschoss.

Nicht ein einziger britischer Soldat starb bei der Überquerung des Kanals, Handelsschiffe andernorts hatten weniger Glück. Den Briten kam außerdem zugute, dass die Versenkung der *Lusitania* im Mai katastrophale Auswirkungen auf die Haltung der Öffentlichkeit hatte. Als Folge wurden die deutschen U-Boot-Einsätze beendet, und zugleich erhielt die Royal Navy die Gelegenheit, ihre U-Boot-Abwehrmaßnahmen zu verbessern. Im Zeitalter vor der Entwicklung von Sonar und Wasserbomben konnten U-Boote lediglich in der Nähe ihrer Stützpunkte bekämpft werden.

Aufgefangene und »dechiffrierte feindliche Funksprüche« veranlassten die Grand Fleet, aktiv zu werden. Im April und Mai 1915 lief sie viermal mit dem Harwich-Geschwader in die mittlere Nordsee und die Helgoländer Bucht aus. Es waren allerdings keine deutschen Schiffe zu sehen.

All diese Aktivitäten konnten jedoch die mächtige, aber uneinige Marineführung nicht zusammenhalten. Fisher hatte dem Dardanellen-Angriff nur als schnellem Entscheidungsschlag zugestimmt. Selbst vor dem großen Angriff der Royal Navy hatte er Churchill daran erinnert, dass »die Nordsee der entscheidende Kriegsschauplatz war und immer sein würde«[149]. Als die amphibischen Landungen am 25. April 1915 an den Stränden von Gallipoli zum Stillstand kamen und Churchills schnellen K.-o.-Schlag zu einem langfristigen Engagement werden ließen, erklärte Fisher, dass die Operation seine eigenen Pläne für die Nord- und Ostsee gefährden würde. Seine Pläne basierten auf einer frühzeitigen Rückkehr der Einheiten und ihrer Besatzungen von Gallipoli, und wenn das War Council eine weitere Landung unterstützte, wäre diese unmöglich. Am 14. Mai traten die unüberwindbaren Differenzen zwischen Fisher und Churchill im War Council zutage.

---

[148] Churchill an Wilson, 1.4.1915. In: Ebd., S. 763, Fußnote 1.
[149] Gilbert, Winston S. Churchill, vol. 3 (wie Anm. 18), S. 347; French, British Strategy (wie Anm. 5), S. 86.

Nicht nur die Minister setzten sich für Gallipoli ein; Churchill sandte »the new monitors which had been designed as an essential element in the North Sea plans« hinter Fishers Rücken in die Schlacht. »Without them the offensive could not be pushed into German waters«.

> »The plan, which as Lord Fisher believed, could alone give decisive results within measurable time was obviously to be postponed indefinitely, and feeling unable any longer to be responsible for the conduct of the war at sea, the next morning resigned[150].«

Der Zufall, dass der Mangel an Sprengmunition in Frankreich zur selben Zeit einen Skandal verursachte, bot Asquith die Gelegenheit, seine Regierung in eine Koalition mit den Konservativen umzubilden, womit er die Forderung nach Parlamentswahlen geschickt umging[151]. Die Konservativen forderten sogleich die Entlassung Churchills aus der Admiralität. Damit waren innerhalb kurzer Zeit sowohl Fisher als auch Churchill ausgeschieden. Die Dynamik, die Visionen und die Energie dieser beiden Männer sollte man in den kommenden Jahren vermissen.

Churchills Besessenheit warf einen langen Schatten: Kitchener fühlte sich verpflichtet, mehr Truppen einzusetzen, um das britische Ansehen in der islamischen Welt, nicht zuletzt in Indien und Ägypten, zu erhalten. Erneute Landungen auf Gallipoli erfolgten im Juli, aber sie brachten keine weiteren Erfolge. Dieses Scheitern machte eine Änderung der Strategie notwendig. Kitchener, dem das Ergebnis Recht gab, weigerte sich, weitere Verbände bereitzustellen. Der Vorstoß von See her war versucht worden und war gescheitert. Es würde keinen weiteren Versuch geben. Den Ministern blieb kaum eine andere Wahl als Kitcheners Politik der Zermürbung an der Westfront[152]. Die Schlacht von Loos im September ließ Gallipoli wie einen Erfolg aussehen, war aber das Ergebnis der Notwendigkeit, Russland den Rücken zu stärken. Gleichzeitig bereitete sie den Weg zur Einführung der allgemeinen Wehrpflicht[153].

XIV. Eine neue Admiralität

Churchill und Fisher, die dynamischste Verbindung, die je die Admiralität führen sollte, wurden durch Männer ganz anderer Art ersetzt. Weder Sir Arthur Balfour, ein scharfsinniger, philosophischer, ehemaliger konservativer Premierminister noch Admiral Sir Henry Jackson, ein ruhiger und tüchtiger, aber außergewöhnlich passiver Papierkrieger, besaßen ein Fünkchen der Energie und Dynamik ihrer Vorgänger[154]. Balfour glaubte nicht an die Ostsee, während Jackson Fishers Einwände gegen Angriffe auf Festungen von See her teilte. Die strategischen Ziele der Männer liefen darauf hinaus, die Hochseeflotte zu beobachten und auf eine güns-

---

[150] Corbett, Naval Operations, vol. 2 (wie Anm. 47), S. 409 f.
[151] French, British Strategy (wie Anm. 5), S. 94 f.
[152] Ebd., S. 103–111.
[153] Ebd., S. 111 f.
[154] Ruddock F. Mackay, Balfour. Intellectual Statesman, Oxford 1985; Malcolm H. Murfett, Admiral Sir Henry Jackson (1915–1916). In: The First Sea Lords. From Fisher to Mountbatten. Ed. by Malcolm H. Murfett, London 1995, S. 91–100.

tige Gelegenheit zu warten sowie gleichzeitig die Seeherrschaft aufrechtzuerhalten[155]. Aufgrund des Vorsprungs beim drahtlosen Nachrichtenwesen, Jacksons Spezialgebiet, war das vernünftig.

Die Briten drängten weiterhin in die Helgoländer Bucht und den Skagerrak und versuchten erneut, die Zeppelinhallen mit Wasserflugzeugen anzugreifen. Die Bedrohung durch U-Boote, Luftschiffe und Minenleger stand dabei ganz im Gegensatz zur Untätigkeit der Hochseeflotte. Im August versenkten britische Kreuzer in der Nähe von Hoorns Riff einen Minenleger, ohne auf Widerstand über Wasser zu treffen und legten anschließend selbst Minen in der Nähe der Deutschen Bucht[156].

Im Ärmelkanal nutzte Admiral Sir Reginald Bacon, der Befehlshaber der Dover-Patrol, seine Erfahrungen in der Schiffsartillerie, um weitreichende Beschießungen vorzubereiten[157]. Unter Ausnutzung der scheinbar unbegrenzten Ressourcen der britischen Schiffbauindustrie und der Verfügbarkeit verschiedener schwerer Geschütztürme hatte Fisher zuvor in kaum mehr als sechs Monaten 14 neue Monitore bauen lassen. Diese hässlichen, mit schweren Geschützen ausgerüsteten Kästen boten einen wirksamen Schutz gegen Minen und Torpedos; sie waren Verbrauchsgüter und keine Kapitalanlagen. Am 21. und 22. August 1915 führte Bacon drei Monitore mit einer Unterstützungsflotte aus einem Wasserflugzeugträger, Minensuchbooten, Zerstörern und Netzlegern in einen zweistündigen Angriff auf Seebrügge aus einer Entfernung von etwa 20 000 Yards (18 300 m). Der Angriff verursachte einige Schäden, ebenso wie ein zweiter Einsatz gegen Ostende zwei Wochen später. Die Monitore verfehlten jedoch das wirkliche Ziel, die Schleusen des Brügge-Kanals. Dennoch zwang diese Bedrohung die Deutschen, die U-Boote und Zerstörer in Flandern im Inland in Brügge zu stationieren und umfangreiche Küstenverteidigungen zu errichten. Die Stärke und Qualität der deutschen Küstenverteidigungen an der belgischen Küste waren ein Beweis für deren Bedeutung und den Wert von Bacons Operationen, um Ressourcen von der Hochseeflotte abzuziehen. Obgleich Bacons Tätigkeit als eine Maßnahme zur Abwehr von U-Boot-Angriffen begonnen hatte, wurde sie bald in die Kämpfe in Flandern mit einbezogen: Mit seinem nächsten großen Angriff Ende September und Anfang Oktober unterstützte er die Loos-Offensive[158]. Dies war typisch für das Schicksal, das Fishers neue Flotte ereilte. Es war vorgesehen, dass sie als geschlossener Verband agierte, und nun war sie vom Wash bis zu den Dardanellen verstreut und verfügte bei weitem nicht über genügend Stärke, um die beabsichtigte strategische Wirkung zu erzielen.

Infolge eines Kabinettsbeschlusses von Anfang September wurde Gallipoli am 9. Januar 1916 evakuiert, gerade als schwere Haubitzen aus Österreich eintrafen,

---

[155] Mackay, Balfour (wie Anm. 154), S. 273 f.
[156] Julian S. Corbett, Naval Operations, vol. 3: Events in Home Waters from the Spring of 1915 to the Battle of Jutland, London 1923, S. 54, 124‑127.
[157] Sir Reginald Bacon, The Dover Patrol 1915‑1917, London 1919. Bacon war zusammen mit Jellicoe und Jackson ein wichtiges Mitglied von Fishers Vorkriegsexpertengruppe und der erste Kapitän der HMS Dreadnought.
[158] Corbett, Naval Operations, vol. 3 (wie Anm. 156), S. 149‑154; Buxton, Big Gun Monitors (wie Anm. 65), S. 45‑49.

um den Brückenkopf unhaltbar zu machen. Die Evakuierung war eine glänzende Operation[159]. Aber sie kennzeichnete das Ende einer strategischen Ära. Im April 1916 entsandte das Kabinett die New Armies nach Frankreich, um zu versuchen, den Krieg militärisch mit einem Schlag zu gewinnen. Dies erfolgte in dem Wissen, dass ein Scheitern den Bankrott bedeuten konnte[160]. Dieses »kontinentale Engagement« war ein strategischer Sprung ins Dunkle.

Die Strategie der Marine stützte sich jetzt mehr und mehr auf die Blockade, und hier waren die Royal Navy und das Foreign Office unterschiedlicher Meinung bezüglich der Methode der Umsetzung. Jellicoe beschwerte sich wiederholt, dass die Arbeit des 10. Kreuzergeschwaders vergebens war, da so viele Schiffe passieren durften. Aber solange Sir Edward Grey Außenminister war, war eine rigorose Blockade nicht möglich. Er lehnte alle Maßnahmen ab, die die wichtigen neutralen Staaten hätten verärgern können[161]. Im Gegensatz zu der einfachen Lage, die zwischen 1807 und 1812 herrschte, als es keine wichtigen neutralen Staaten gab, erreichte der britische Wirtschaftskrieg seinen vollen Umfang erst, nachdem die Vereinigten Staaten in den Krieg eingetreten waren. Die bis dahin getätigten halbherzigen Maßnahmen waren nicht geeignet, die Hochseeflotte in absehbarer Zeit auf See zu bringen.

Während der Dardanellen-Einsatz zu Jellicoes Bestürzung weiterhin Mannschaften und Ressourcen band, schien es keine Gelegenheit für wesentliche Operationen in der Nordsee zu geben. Kreuzer und Zerstörer liefen weiterhin in Richtung Helgoländer Bucht aus, beschlagnahmten zahlreiche Trawler und gelegentlich ein schwedisches Handelsschiff, das Eisenerz in deutsche Häfen brachte. Gleichzeitig wurden mehr Minen gelegt. Als Reaktion darauf schickte die deutsche Flotte getarnte Minenleger und Hilfskreuzer. Anfang 1916 begann der Zyklus von Angriff und Gegenangriff durch leichte Kräfte zu eskalieren, und am 9. Februar 1916 wussten die Briten, dass die deutsche Flotte unter einem neuen Kommando stand. Am folgenden Tag wurde ein Minensuchboot östlich der Doggerbank von deutschen Zerstörern versenkt[162]. Die absolute Notwendigkeit, die Ostsee für schwedische Importe offen zu lassen, sorgte jedoch dafür, dass die Hochseeflotte nur unter außerordentlichen Umständen Vorstöße riskieren würde[163]. Die einzige Möglichkeit für die Briten, die Hochseeflotte herauszufordern, bestand darin, die Ostseeroute zu bedrohen. Die deutschen Befürchtungen wurden in der erstaunlichen Reaktion auf das Auftauchen britischer U-Boote in der Ostsee offenbar. Als am 13. August 1915 *E 13* in der Flintrinne des Öresunds, weit innerhalb der dänischen Hoheitsgewässer, auf Grund lief, drängten die deutschen Zerstörer die Dänen ab und eröffneten das Feuer; dabei töteten sie 15 Mann der Besatzung[164].

---

[159] French, British Strategy (wie Anm. 5), S. 140-151.
[160] Ebd., S. 159-163
[161] Eric W. Osborne, Britain's Economic Blockade of Germany, 1914-1919, beschäftigt sich mit dieser Debatte.
[162] Corbett, Naval Operations, vol. 3 (wie Anm. 156), S. 259-275.
[163] Ebd., S. 287.
[164] Corbett, Naval Operations, vol. 1 (wie Anm. 27), S. 237; Kaarsted, Great Britain and Denmark (wie Anm. 14), S. 54-61.

Obgleich Admiral Scheer wesentlich aggressiver war als seine Vorgänger, ging er doch keine großen Risiken ein. Er wollte einen Teil der Grand Fleet in Gewässern binden, in denen er die Möglichkeit zum Rückzug hatte. Es bedurfte wenig Scharfsinns seitens der Briten, um diese Absicht zu erkennen. Im März inszenierten sowohl die Briten als auch die Deutschen Überfälle ohne große Wirkung[165]. Selbst als Tyrwhitts Verband tief in die Deutsche Bucht eingedrungen war und durch angeschlagene Schiffe behindert wurde, brach die deutsche Flotte die Verfolgung ab. In den folgenden Monaten hielten Gerüchte über eine britische Offensive sowie einen großen Einsatz der Grand Fleet, der die Aufmerksamkeit der Deutschen auf die Nordsee konzentrieren sollte – während die Russen ihre Minensperren in der Ostsee erneuerten, nachdem das Wintereis aufgetaut war – die Hochseeflotte im Hafen. Der Einsatz war kostspielig; zwei Schlachtkreuzer kollidierten, als die Grand Fleet in dichten Nebel geriet. Bacon nutzte diesen Einsatz jedoch auch, um an der belgischen Küste eine Netz- und Minensperre zu legen.

Der Überfall der deutschen Schlachtkreuzer auf Lowestoft am folgenden Tag traf mit der Rückkehr der Grand Fleet in den Hafen zusammen. Sie gerieten jedoch nördlich der holländischen Küste in ein britisches Minenfeld. Dadurch war die *Seydlitz* gezwungen, zum Stützpunkt zurückzukehren. Die Beschießung von Lowestoft wurde durch Tyrwhitts Verband unterbrochen, und man zog sich schnell auf die Hauptmacht zurück. Die Briten antworteten mit dem Legen weiterer Minen und einem versuchten Luftangriff auf die Zeppelinhallen von Tondern. Der Luftangriff scheiterte, aber ein Geleitschiff schoss am 4. Mai das Luftschiff L7 ab. Der Mythos von der Unverwundbarkeit des Zeppelins war damit beendet. Wieder einmal gab es trotz der Berichte über Zeppeline keine Bewegung der Hochseeflotte, so dass Jellicoe nach Scapa Flow zurückkehrte[166].

Die Beschießung Lowestofts hatte aber weitreichendere Folgen, als Scheer möglicherweise erhofft hatte. Die Admiralität verteilte die Flotte neu, um eine Wiederholung zu vermeiden. Sie kündigte dies auch in einem offenen Brief an, was Jellicoes Hoffnung, den Feind zur Schlacht zu zwingen, ruinierte. Es schien keine Alternative zu geben. Empört über »den demoralisierenden Mangel an Offensivgeist« nutzte Hankey sein Amt als Sekretär im War Council, um Jellicoe am 17. Februar zu Gesprächen mit dem War Committee der Admiralität nach London zu bitten. Als das Treffen zu der Schlussfolgerung kam, dass es weder in den Heimatgewässern noch in der Ostsee eine Möglichkeit für eine strategische Offensive gab, klagte er: »It is no good. The Navy has completely lost the spirit of the offensive[167].« Die Admiralität drängte darauf, etwas zu unternehmen – der übliche Ausweg einer politisch bedrängten Teilstreitkraft. Sowohl Jellicoe als auch Beatty waren verärgert, dass sie gedrängt wurden, größere Risiken einzugehen. Jellicoe brachte seine Ansichten gegenüber Jackson sehr deutlich zum Ausdruck. Er wies darauf hin, dass selbst wenn die Deutschen auf einen Luftangriff oder das Legen

---

[165] Kaarsted, Great Britain and Denmark (wie Anm. 14), S. 59.
[166] Corbett, Naval Operations, vol. 3 (wie Anm. 156), S. 297–312.
[167] Portrait of an Admiral. The Life and Papers of Sir Herbert Richmond. Ed. by Arthur J. Marder, London 1952, S. 201

von Minen reagierten, es zu wenig Tageslicht gäbe, um eine Schlacht durchzuschlagen, und seine Zerstörer zu geringe Kohlenvorräte hätten, um einen weiteren Tag zu warten. Es war »not, in my opinion, wise to risk unduly the heavy ships of the Grand Fleet in an attempt to hasten the end of the High Seas Fleet, particularly if the risks come not from the High Seas Fleet itself, but from [...] mines and submarines«[168].

Die Grand Fleet sollte weiterhin beobachten und warten bis die Hochseeflotte geschlagen war, ehe sie diese Möglichkeiten überdachte. Die von Fisher in Auftrag gegebene Flotte war nun im Wesentlichen vollständig, aber sie war nicht für die Schlacht zusammengezogen worden, und niemand in der Admiralität und der Grand Fleet teilte Fishers Vision, sie einzusetzen, um die Zugänge zur Ostsee zu bedrohen – die einzige Option, die die Möglichkeit bot, den Feind unter günstigen Bedingungen zur Schlacht zu zwingen[169].

XV. Der Vorabend der Skagerrakschlacht

Die Bewegungen, die in der Skagerrakschlacht kulminierten, waren die ambitioniertesten, die bis zu diesem Zeitpunkt von beiden Flotten unternommen wurden. Nach einer Folge von Einsätzen, die darauf abzielten, eine größere Schlacht durch gezielte Luftangriffe und Minenlegeoperationen in der Nordsee herbeizuführen, akzeptierte Jellicoe schließlich die zu Grunde liegende strategische Logik des Seekriegs. Nur indem er die deutsche Seeherrschaft in der Ostsee bedrohte, konnte er hoffen, die Bewegungen der Deutschen zu beeinflussen. Folglich

»[he] prepared a plan that went beyond anything he had yet hazarded. Two squadrons of light cruisers were to proceed to the Skaw, which they were to reach by dawn on June 2. Thence they would sweep right down the Kattegat as far as the Great Belt and the Sound, while a battle squadron would push into the Skagerrak in support. Such a bait, it was hoped, could scarcely fail to draw a strong enemy force from the Bight. Possibly, as had happened before, they would not come far enough north to ensure an action, but at least they might be lured into a trap[170].«

Die Falle bestand aus einer neuen Minensperre und U-Booten. Am Ende trafen die beiden Flotten jedoch aufeinander, bevor diese Pläne in die Tat umgesetzt werden konnten. Wir können daher nur darüber spekulieren, welche Folgen diese Operation gehabt hätte. Die vorrangige Bedeutung der Ostsee in der britischen Kriegsplanung erklärt jedoch, warum Jellicoe am 31. Mai im Skagerrak war, obgleich das Datum durch politischen Druck bestimmt wurde. »The 1916 campaign was conducted by a government which badly needed some spectacular victories to increase its waning authority[171].« Es verwundert kaum, dass die Enttäuschung darüber groß war, dass die Seeschlacht, die schließlich stattfand, kein neues Trafalgar war.

---

[168] Jellicoe an Jackson, 13.4.1916. In: Alfred T. Patterson, Jellicoe. A Biography, London 1969, S. 100.
[169] Corbett, Naval Operations, vol. 3 (wie Anm. 156), S. 313-317.
[170] Ebd., S. 320.
[171] French, British Strategy (wie Anm. 5), S. 181.

Michael Epkenhans

Die Kaiserliche Marine 1914/15:
Der Versuch der Quadratur des Kreises

I.

»Wenn der liebe Herrgott der Marine nicht hilft, so sieht es schlimm aus[1].« Mit diesem hilflos klingenden Satz beendete der »Vater der Flotte«, Großadmiral Alfred von Tirpitz, am Abend des 14. September 1914, dem Tag der Niederlage an der Marne, den täglichen abendlichen Brief an seine Ehefrau im fernen Berlin. Diese Briefe aus dem ersten Kriegsjahr, die in Inhalt und Ton alle ähnlich lauten, wie auch die Tagebücher des Chefs des Marinekabinetts, Admiral Georg Alexander von Müller, des Chefs des Admiralstabs, Admiral Gustav Bachmann, sowie des Leiters der Zentralabteilung im Reichsmarineamt, Kapitän zur See Albert Hopman, aus diesen Monaten bestätigen dieses Bild. Sie zeigen eine Marineführung, die düster in die Zukunft blickte, die zudem unentschlossen und – zu allem Überfluss – untereinander wie auch mit allen anderen politischen und militärischen Instanzen nahezu heillos zerstritten war.

Wie ist dieser Befund zu erklären, und, vor allem, wie versuchte die Führung der Marine im Laufe des ersten Kriegsjahres, die unübersehbaren Probleme bei der Seekriegführung gegen England, aber auch bei der internen Entscheidungsfindung zu lösen?

Der Ausbruch des Krieges kam der Führung der Marine ungelegen. 1912, während des berühmt-berüchtigten »Kriegsrats« vom 8. Dezember, hatte Tirpitz zwar versprochen, die Marine würde in eineinhalb Jahren, d.h. im Sommer 1914, fertig sein[2]; ein Jahr später hatte er es in einer Geheimrede vor Offizieren des Reichsmarineamtes sogar als würdiger für eine große Nation bezeichnet, »um das höchste Ziel zu kämpfen und vielleicht ehrenvoll unterzugehen als ruhmlos auf die Zukunft zu verzichten«[3]. Den verfügbaren Quellen zufolge hat der Staatssekretär des Reichsmarineamts jedoch entgegen seiner häufig sehr scharfen Rhetorik weder vor

---

1   Tirpitz an seine Ehefrau, 14.9.1914, zit. nach: Alfred v. Tirpitz, Erinnerungen, Leipzig 1919, S. 403.
2   Vgl. die Tagebucheintragung von Admiral v. Müller vom 8.12.1912. In: John C.G. Röhl, An der Schwelle zum Weltkrieg. Eine Dokumentation über den »Kriegsrat« vom 8. Dezember 1912, Militärgeschichtliche Mitteilungen, 21 (1977), S. 100.
3   Aufzeichnung von Korvettenkapitän Schultz vom 9.10.1913 über eine geheime Rede Tirpitz' vor seinen Offizieren. In: BA-MA, Nachlass Tirpitz, N 253/423.

noch während der Julikrise direkt oder indirekt zu einem Krieg gedrängt: Der Aufbau der Flotte war keineswegs abgeschlossen; im Gegenteil, die katastrophale Finanzlage der Marine und die Änderung der Prioritäten in der Rüstungspolitik machten es vielmehr zunehmend schwieriger, »die Schiffe zu bauen, die bewilligt sind«[4], wie Tirpitz im Frühjahr 1914 selbst eingestehen musste. Vor allem aber verbot es das Kräfteverhältnis zwischen der Hochseeflotte und der Grand Fleet, in gleicher Weise wie der Generalstab auf einen Krieg zu drängen:

	Hochseeflotte[5]	Grand Fleet
Dreadnoughts	13	21
Vor-Dreadnoughts	8	8
Schlachtkreuzer	3	4
Panzerkreuzer	1	8
Kleine Kreuzer und Leichte Kreuzer	7	13
Torpedoboote und Zerstörer	90	42

Diese Zahlen berücksichtigen freilich weder die britische Kanalflotte mit zahlreichen älteren Schiffen noch die »Harwich-Force«, einen der Grand Fleet zugeordneten, kampfstarken Verband von Kreuzern und Zerstörern, noch die vielen ganz modernen Einheiten, die unmittelbar vor ihrer Fertigstellung standen und denen die Kaiserliche Marine allein von der Zahl her nur wenig entgegenzusetzen hatte. Nicht ohne Neid – »das muss ihm sein Feind lassen« – hatte Tirpitz daher im April 1914 anerkannt, dass Winston Churchill, Erster Lord der Admiralität seit 1911, »die englische Flotte [...] während seiner Amtszeit auf eine außerordentliche Höhe gebracht« hatte[6]. In Gedanken spielte Tirpitz zwar mehrere Möglichkeiten durch, um den »englischen Vorsprung wieder einzuholen« – »Erweiterung des vorhandenen Rahmens« oder »Ausbau und innere Konsolidierung des vorhandenen Rahmens«[7] –, politisch durchsetzbar war aber vorläufig keines dieser Lösungsmodelle, wie er selbst einsah bzw. in seinen Auseinandersetzungen mit dem Reichskanzler und dem Staatssekretär des Reichsschatzamtes bald einsehen musste[8].

Verhindern wollte Tirpitz einen Krieg trotz des offenkundigen Dilemmas, in dem er sich befand, allerdings auch nicht. Nachdem er Ende April noch überzeugt war, dass »der lediglich durch das Vorhandensein unserer Flotte auf England erzeugte Druck – Gefährdung seiner Weltmachtstellung – [...] besser als alles andere

---

[4] Handschriftlicher Zusatz Tirpitz' zu den von Capelle verfassten »Notizen zum Immediatvortrag« vom 17.5.1914. In: BA-MA, Nachlass Tirpitz, N 253/29.
[5] Zahlen nach: Paul G. Halpern, A Naval History of World War I, London 1994, S. 9, sowie für die britische Seite mit von Halpern z.T. abweichenden Angaben Arthur J. Marder, From the Dreadnought to Scapa Flow. The Royal Navy in the Fisher Era, 1904–1919, vol. 2: The War Years: To the Eve of Jutland, London [et al.], S. 4 f.
[6] Tirpitz an Müller, 30.4.1914. In: Alfred von Tirpitz, Politische Dokumente. 2 Bde, Stuttgart, Berlin, Hamburg 1924–1926, hier: Bd 1, S. 422.
[7] Ebd.
[8] Vgl. Michael Epkenhans, Die wilhelminische Flottenrüstung 1908–1914. Weltmachtstreben, industrieller Fortschritt, soziale Integration, München 1991 (= Beiträge zur Militärgeschichte, 32), S. 391–399.

den Frieden sichert und uns vor schweren Verwicklungen zwischen Dreibund und Tripleentente bewahrt«[9], war er nun durchaus bereit, eine offensivere Politik mitzutragen. Die Vermittlungsversuche des englischen Außenministers Sir Edward Grey beinhalteten in seinen Augen zunächst das Risiko einer erneuten großen politischen Blamage wie während der erst wenige Jahre zurückliegenden Marokko-Krise. Tirpitz, bis in die letzten Julitage ohnehin zur Kur im schweizerischen Tarasp, war in das komplizierte Kalkül des Reichskanzlers, Theobald von Bethmann Hollweg, zwar nicht eingeweiht; dessen Politik gegenüber Russland und – in der Verlängerung – gegenüber Frankreich schien ihm aber offenbar einzuleuchten. Als einen »Eventualpräventivkrieg« gegen die Entente sollte er später die Strategie des Reichskanzlers beschreiben[10]. Da der Staatssekretär des Reichsmarineamtes einen Krieg gegen diese beiden Mächte aus Sicht der Marine offenbar für ungefährlich hielt, und – erstaunlich genug – nach den sehr zuverlässigen Tagebuchaufzeichnungen des Leiters der Zentralabteilung, Kapitän zur See Albert Hopman, am 29. Juli sogar noch glaubte, dass die englische Regierung nur »bluff[e]«[11], überlegte er den allerdings schwer zu verifizierenden Aussagen seines Bürovorstehers zufolge, am gleichen Tag in sein Sommerhaus in St. Blasien im Schwarzwald zurückzukehren[12]. Mit dieser vergleichsweise optimistischen Einschätzung der Lage stand Tirpitz innerhalb der Marine im Übrigen nicht allein da: Der Chef des Admiralstabs, Admiral Hugo von Pohl, dachte offenbar ähnlich. Der von ihm am 24. Juli – also nach Überreichung des österreichischen Ultimatums an Serbien – verfasste und am 30. Juli – also nach der österreichischen Kriegserklärung an Serbien – von Wilhelm II. gebilligte Operationsplan sprach zwar von der »Möglichkeit eines Umschwunges der Haltung Englands«, behandelte im Übrigen aber allein einen Krieg gegen Frankreich und Russland[13]. Auch Wilhelm II. glaubte zunächst, dass mit der serbischen Antwort »eigentlich jeder Grund zum Krieg« fortfiele[14] bzw. dass es sich allenfalls um einen Krieg gegen Russland und Frankreich handeln würde. Dementsprechend hatten sich die Einheiten der Hochseeflotte nach ihrer vorzeitigen Rückkehr aus norwegischen Gewässern zunächst nach Kiel und nicht nach Wilhelmshaven begeben.

Die Realität sollte die verantwortlichen Politiker und Militärs dann schneller einholen, als ihnen offenbar lieb war. Am Abend des 29. Juli ließ England, wie es

---

9 Tirpitz an Müller, 30.4.1914. In: Tirpitz, Politische Dokumente (wie Anm. 6), Bd 1, S. 422.
10 Vgl. die Aufzeichnung des Historikers Fritz Kern über ein Gespräch mit Tirpitz im Januar 1919. In: Fritz Kern, Skizzen zum Kriegsausbruch im Jahre 1914. Hrsg. und eingel. von Hans Hallmann, Darmstadt 1968, S. 9.
11 Tagebuchaufzeichnung Hopmans vom 29.7.1914. In: Albert Hopman, Das ereignisreiche Leben eines ›Wilhelminers‹. Tagebücher, Briefe, Aufzeichnungen 1901 bis 1920. Hrsg. von Michael Epkenhans, München 1994, S. 404.
12 Mantey an Hollweg, 16.4.1929. In: BA-MA, Nachlass Hollweg, RM 3/11675; vgl. auch die geheime Denkschrift von Admiral Gustav Bachmann, Der Admiralstab der Kaiserlichen Marine, Berlin 1936 (unveröffentlicht), S. 19, BA-MA, RM 8/1272.
13 Mantey an Hollweg, 16.4.1929. In: BA-MA, Nachlass Hollweg, RM 3/11675. Der Operationsplan in: Die deutsche Seekriegsleitung im Ersten Weltkrieg. Dokumentation. Bearb. von Gerhard Granier, 4 Bde, Koblenz 1999–2004, hier: Bd 1, Nr. 2.
14 Tagebucheintragung Plessens vom 28.7.1914, zit. nach: Kaiser Wilhelm II. als Oberster Kriegsherr im Ersten Weltkrieg. Quellen aus der militärischen Umgebung des Kaisers 1914–1918. Bearb. und eingel. von Holger Afflerbach, München 2005, S. 642.

im Tagebuch des Leiters der Zentralabteilung im Reichsmarineamts, Hopman, hieß, »die Maske« fallen und teilte einer Meldung des Marineattachés in London zufolge mit, »dass in einem Falle des Krieges Frankreich-Deutschland England nicht untätig bleiben könne«[15]. Erst jetzt begann Tirpitz mit den verantwortlichen Offizieren in seiner Umgebung das Verhalten der Flotte gegenüber Großbritannien zu diskutieren. »Tirpitz«, notierte Hopman, war, »für möglichst baldige Schlacht, falls« – dies gilt es zu betonen – »englische Flotte in die Nähe von Helgoland kommt[16]. Behncke [gemeint war der stellvertretende Chef des Admiralstabs] mehr für Kräfteausgleich[17].«

Die Folge dieser Diskussionen war der noch am gleichen Tage unterzeichnete »Operationsbefehl Nr. 1«[18]: Ziel der Operationen sollte es sein, »die englische Flotte durch offensive Vorstöße gegen die Bewachungs- oder Blockadestreitkräfte der Deutschen Bucht sowie durch eine bis an die britische Küste getragene rücksichtslose Minen- und, wenn möglich, U-Bootsoffensive zu schädigen.« Diese Strategie sollte einen »Kräfteausgleich« schaffen. Dieser wiederum war die Voraussetzung für eine Schlacht »unter günstigen Umständen«. Sollte sich »schon vorher [eine] günstige Gelegenheit zum Schlagen« bieten, so sollte diese ausgenutzt werden.

Über diesen Operationsbefehl ist bereits während des Ersten Weltkrieges und in den Jahrzehnten danach unendlich viel gestritten und noch mehr geschrieben worden. Entscheidend ist, dass er keine klare Handlungsanweisung enthielt, sondern vielmehr bewusst »verschwommen und orakelhaft« formuliert worden war, wie der zeitweilige Chef des Admiralstabs während des Krieges, Admiral Gustav Bachmann, 1936 in einer geheimen Denkschrift offen eingestand[19]. Wie ist dieses Urteil zu erklären?

---

[15] Tagebucheintragung Hopmans vom 29.7.1914, zit. nach: Hopman, Das ereignisreiche Leben (wie Anm. 11), S. 404.
[16] Zu Tirpitz' Haltung und zur Bedeutung dieses Vorbehalts vgl. Kurt Assmann, Deutsche Seestrategie in zwei Weltkriegen, Heidelberg 1957, S. 41 f.
[17] Tagebucheintragung Hopmans vom 30.7.1914, zit. nach: Hopman, Das ereignisreiche Leben (wie Anm. 11), S. 406. 1935 erklärte Behncke seine Haltung so: »Die anfängliche Zurückhaltung lag in der Ansicht begründet, dass vor allem zunächst die neuen Großkampfschiffe und die Reservegeschwader kampfbereit sein müssten, was nach spätestens drei Monaten zu erwarten war. Ich habe diese Bereitstellung aller Kräfte als unentbehrlich für die Schlacht angesehen. Dann sollte sie geschlagen und der erste Operationsbefehl im Sinne des offensiven Einsatzes der Flotte zu diesem Zweck ergänzt werden. Dafür habe ich gekämpft, es jedoch unter Pohl nicht erreichen können.« Zit. nach: Assmann, Deutsche Seestrategie (wie Anm. 16), S. 57, Anm. 22. In den Handakten von Admiral Behncke befindet sich ein kleiner Zettel mit einem nachträglichen Vermerk: »Auf Grund dieses Zettels, den Exz[ellenz] v. Pohl mit zum Im[mediat]vortrag nahm, wurde der Operationsbefehl für den Nordseekriegsschauplatz am 1 (?) August 1914 genehmigt. B.« Die Aufzeichnung für Pohl lautete: »Das Ziel der Oper[ationen] soll zunächst sein 1) die engl[ische] Flotte durch offensive Vorstöße gegen die Bewachungs- u[nd] Blockadestreitkräfte der deutschen Bucht sowie durch eine bis an die britischen Küsten getragene Minen- u[nd] Ubootsoffensive zu schädigen. 2) Nachdem durch diese Kriegführung ein Kräfteausgleich geschaffen ist u[nd] die Engländer ihre Mittel an Minen[,] Zerstörern u[nd] Ubooten geschwächt haben, ist nach Bereitstellung u[nd] unter Zusammenfassung [gestrichen: Einsatz] aller Kräfte zu versuchen, unsere Flotte unter günstigen Umständen [gestrichen: zu einem vernichtenden Schlag] in der Schlacht einzusetzen.« BA-MA, RM 5/6695b.
[18] In: Die deutsche Seekriegsleitung (wie Anm. 13), Bd 1, Nr. 8.
[19] Gustav Bachmann, Der Admiralstab der Kaiserlichen Marine, (1936), S. 54. In: BA-MA, RM 8/1272. Bachmann war diesbezüglich kein Einzelfall. Auch die Leiter des Marinearchivs –

Die Auswertung der Manöver der Royal Navy in den Jahren 1912/13 hatte ergeben, dass diese sich entgegen aller bisherigen Annahmen vermutlich auf eine weite Blockade beschränken würde. Interne Kriegsspiele hatten gezeigt, dass die Hochseeflotte bei offensiven Vorstößen gegen diese Blockadelinie voraussichtlich hohe Verluste erleiden würde. Die Marineführung hatte sich zwar in der Folgezeit bemüht, dieses Ergebnis unter Hinweis auf mögliche andere Formen der Durchführung einer Offensive zu relativieren, auf Teilerfolge zu setzen[20].

»Wir werden uns«, so hieß es im Immediatbericht des Chefs des Admiralstabes, Admiral Hugo von Pohl, vom 26. Mai 1914, »vorläufig damit bescheiden müssen, zur Fernoffensive bis an die feindlichen Stützpunkte heran die U-Boote und Minenschiffe anzusetzen, unser Gros aber zunächst zum energischen, rastlosen Kampf gegen die Bewachungsstreitkräfte der Deutschen Bucht zu verwenden. Dadurch müssen wir die feindliche Blockadelinie immer weiter hinausdrücken; denn so zwingen wir den Gegner, immer mehr Streitkräfte in eine weite, an sich schwache und leicht verletzliche Linie einzustellen, verwehren ihm den Einblick in unser Aufmarschgebiet und unsere Stützpunkte und erschweren ihm Vorstöße seiner leichten Streitkräfte und U-Boote[21].«

Wie diese auf den ersten Blick plausibel klingende Strategie aber konkret umgesetzt, wie die Grand Fleet dazu gezwungen werden könnte, zu diesen Bedingungen zur Schlacht anzutreten, war im Sommer 1914 allen Beteiligten letztlich unklar. Symptomatisch für die Ratlosigkeit ist die vielfach kolportierte Tatsache, dass zur gleichen Zeit, als der Chef des Admiralstabes diese Strategie dem Kaiser empfahl, der Chef der Hochseeflotte, Admiral Friedrich von Ingenohl, während der Kaisermanöver auf Tirpitz' Frage, »was man mit der Flotte machen werde, wenn die Engländer überhaupt nicht [also noch nicht einmal mit Bewachungsstreitkräften] in der Deutschen Bucht erscheinen«, die Antwort schuldig geblieben war[22].

II.

Mit dem 4. August 1914, dem Tag, an dem das Ultimatum Londons an Berlin ablief, die deutschen Truppen aus Belgien zurückzuziehen, begann der Seekrieg gegen Großbritannien, »de[n] gefährlichste[n] Gegner zur See«, wie Tirpitz bereits

---

die Admirale v. Mantey und Assmann – bemühten sich in den 1930er Jahren, intern ein differenzierteres Bild der Seekriegführung zu Beginn des Krieges zu zeichnen. Vgl. dazu stellvertretend den Vortrag von Vizeadmiral Kurt Assmann: »Gedanken über die Probleme der deutschen Seekriegführung im Weltkriege« vom 21.2.1938 vor den Angehörigen der Marineakademie. BA-MA, RM 8/1121; später in überarbeiteter, nüchternerer Form erschienen unter dem Titel: Deutsche Seestrategie in zwei Weltkriegen, Heidelberg 1957.

[20] Der Krieg zur See, 1914-1918. Hrsg. vom Marine-Archiv, später von der Kriegswissenschaftlichen Abteilung der Marine bzw. vom Arbeitskreis für Wehrforschung in Zusammenarbeit mit dem Bundesarchiv-Militärarchiv, 22 Bde, Berlin [u.a.] 1920-1941, Koblenz 1964-1966, Nordsee, Bd 1. Bearb. von Otto Groos, (Manuskript für die 3. Aufl., Berlin 1940), S. 165 f., BA-MA, RM 8/208.

[21] »Denkschrift zum Immediatvortrag über das strategische Kriegsspiel des Admiralstabes Winter 1912/14« vom 5.5.1914, vorgelegt vom Chef des Admiralstabes, Pohl, am 26.5.1914. In: BA-MA, RM 5/900.

[22] Vgl. Albert Hopman, Das Logbuch eines deutschen Seeoffiziers, Berlin 1924, S. 393.

im Sommer 1897 konstatiert hatte[23]. Um diesem Gegner Paroli bieten zu können, war Wilhelmshaven seit 1912 Hauptstützpunkt der Hochseeflotte. Der Chef der Hochseeflotte, Ingenohl, der selbst erst am 31. Juli mit seinem Flaggschiff *Friedrich der Große* dorthin verlegt hatte, begann unmittelbar danach, durch U-Boot-Streifen den Aufenthaltsort der Grand Fleet aufklären zu lassen. Erfolgreich waren diese jedoch nicht. Zugleich ließ Ingenohl die Deutsche Bucht durch Torpedoboote sichern, hinter denen stärker bewaffnete Kleine Kreuzer standen.

Am 14. August 1914 wandte sich der Flottenchef in einem Tagesbefehl an seine Kommandanten und Offiziere. Darin gab er bekannt, dass bisher von einzelnen Bewachungsstreitkräften am Ausgang der Nordsee bzw. am Eingang des Kanals abgesehen »kein Engländer zu finden« sei.

»Dies Verhalten unserer Feinde«, so betonte er, »lässt auf die Absicht schließen, sich selbst jedem Verlust, den sie durch uns befürchten, zu entziehen, uns jedoch zu veranlassen, mit unseren Schlachtschiffen an ihre Küste zu kommen, um ihren Minen und Unterseebooten zum Opfer zu fallen. Diesen Gefallen dürfen wir unseren Feinden nicht tun. Kommen müssen und werden sie schließlich doch, und dann wird Abrechnung gehalten. Und zu dieser Abrechnung müssen wir mit allen unseren Schlachtschiffen zur Stelle sein[24].«

Was Ingenohl – und der Chef des Admiralstabs, Pohl, war der gleichen Meinung[25] – hier seinen Kommandanten klar zu machen versuchte, war in hohem Maße Wunschdenken[26]; die Überzeugung des Flottenchefs, die Grand Fleet *müsse* eine Schlacht unter Bedingungen schlagen, die für die Hochseeflotte günstig, für sie selbst aber höchst ungünstig wären, entbehrte jeder Grundlage. Im Januar 1918, als er längst verabschiedet worden war, gestand Ingenohl diesen »strategische[n] Irrtum« (Otto Groos) auch offen ein:

»Die ganze bisherige Ausbildung der Flotte vor dem Krieg, unsere Taktik, unsere Manöver, ja zum Teil unsere Schiffbaupolitik bis in einige Einzelheiten der Schiffskonstruktion hinein [beruhten] auf der Ansicht von der Entscheidungsschlacht innerhalb oder in unmittelbarer Nähe der Deutschen Bucht unter der Voraussetzung, dass die englische Flotte bei ihrer Übermacht eine engere Blockade der Deutschen Bucht der Nordsee einrichten würde, um uns die Zufuhr von See abzusperren und zugleich damit

---

[23] Denkschrift des Staatssekretärs des Reichsmarineamts, Kontreadmiral Tirpitz vom Juli 1897. In: Volker R. Berghahn und Wilhelm Deist, Rüstung im Zeichen wilhelminischer Weltpolitik. Grundlegende Dokumente 1890 bis 1914, Düsseldorf 1988, S. 122.
[24] Tagesbefehl Ingenohls vom 14.8.1914, zit. nach: Reinhard Scheer, Deutschlands Hochseeflotte im Weltkrieg, Berlin 1920, S. 56. Vgl. auch das ähnlich lautende Schreiben Ingenohls an Pohl vom 15.8.1914. In: Die deutsche Seekriegsleitung (wie Anm. 13), Bd 2, Nr. 159.
[25] Vgl. das Schreiben Pohls an Ingenohl vom 19.8.1914: »Es würde dem Allerhöchst erlassenen Operationsbefehl nicht entsprechen, die Entscheidung fern von unseren Küsten zu suchen. Wir würden damit die Vorteile, die die Nähe der eigenen Häfen gewährt, aufgeben und den Verlust havarierter Schiffe steigern. Der Gesamterfolg würde beeinträchtigt. Die Entscheidung muss daher so lange verschoben werden, bis der Gegner in die Nähe unserer Küsten kommt. Ich halte es nicht für ausgeschlossen, dass die öffentliche Meinung Englands die Flotte mit der Zeit zu einem offensiven Vorgehen zwingen wird.« In: Die deutsche Seekriegsleitung (wie Anm. 13), Bd 2, Nr. 160.
[26] Assmann, Deutsche Seestrategie (wie Anm. 19), S. 30.

unsere Flotte zur engsten Defensive zu zwingen und sie zu veranlassen, sich zum Kampf zu stellen[27].«

Genau diesen Gefallen tat die Grand Fleet der Hochseeflotte nicht. Im Gegenteil: Sie machte bereits Ende August 1914 deutlich, dass sie eine Fernblockade verhängen, dennoch aber zugleich zu ihren Bedingungen offensiv gegen die Vorpostenlinien in der Deutschen Bucht vorstoßen und dabei Einheiten der Hochseeflotte überrumpeln konnte. Zur großen Überraschung des Hochseekommandos griffen Leichte Kreuzer und Torpedoboote, hinter denen schwere Einheiten standen, die deutschen Streitkräfte bei Helgoland an. Drei Kleine Kreuzer und ein Torpedoboot sanken nach kurzem Gefecht unter hohen Personalverlusten, ohne dass die Hochseeflotte ihrerseits hatte eingreifen können[28]. Eine Barre in der Jade war wegen Niedrigwassers nicht passierbar gewesen.

Die Folgen dieses Desasters für die weitere Seekriegführung waren fatal: Sie verunsicherten die Führung der Marine. Hinzu kam, dass Wilhelm II. der Seekriegführung nunmehr engere Fesseln anzulegen begann, als dies der nur schwierig umsetzbare Operationsbefehl ohnehin tat. Dessen Weisung: »Keine Vorstöße, ehe ich es befehle«[29], war, wie auch der eigentlich unbeteiligte Chef des Generalstabes, Generaloberst Helmuth von Moltke, richtig erkannte, »unmöglich«[30]. Doch auch die von Pohl übermittelte Empfehlung »S[eine]r Majestät, [...] Zurückhaltung zu üben, damit das Ziel unserer Operation: Zusammenfassen aller unserer Streitkräfte zur Entscheidungsschlacht, nicht durch vorzeitige Verluste gefährdet wird«[31], war nicht gerade eine Ermutigung zu einer offensiveren Kriegführung. Im Grunde offenbarte Pohl damit einmal mehr, dass die Marine im Hinblick auf die Führung des Seekrieges gegen England weiterhin ratlos war. In einem quälenden, von persönlichen Animositäten geprägten Entscheidungsprozess versuchte die Marineführung in den folgenden Wochen zwar, eine neue Linie zu finden. Die Ergebnisse der internen Diskussionen waren jedoch eher unbefriedigend. Ingenohls Antrag Mitte September, mit einem Teil der Schlachtkreuzer weiter vorzustoßen[32], führte

---

27 Denkschrift Ingenohls vom Januar 1918, zit. nach: Der Krieg zur See, Nordsee (wie Anm. 20), S. 182 (Auch für das vorhergehende Zitat).
28 Vgl. Eric W. Osborne, The Battle of Heligoland Bight, Bloomington, IN 2006. Bei diesem Gefecht kam der Erste Führer der Torpedoboote, Kontreadmiral Leberecht Maaß, ums Leben. Einer der ersten neuen Zerstörer der Kriegsmarine trug seinen Namen zur Erinnerung an dessen heldenhaftes Verhalten; weitere Einheiten, die ebenfalls an »Helden« der Kaiserlichen Marine erinnerten, folgten.
29 Randnotiz Wilhelms II. zu dem Schreiben Pohls an Ingenohl vom 29.8.1914. In: Die deutsche Seekriegsleitung (wie Anm. 13), Bd 2, Nr. 161.
30 Ebd. (Anmerkung).
31 Ebd.
32 Am 9.9.1914 waren die in die Ostsee detachierten Einheiten zurückgerufen worden. Vgl. Der Krieg zur See, Ostsee, Bd 1. Bearb. von Rudolf Firle, S. 124 f. Auf Vorschlag von Konteradmiral Hipper plante der Admiralstab mit Zustimmung des Chefs der Hochseeflotte, Ingenohl, einen Vorstoß der Schlachtkreuzer *Moltke*, *Seydlitz* und *von der Tann* gegen die Blockadelinie in der Nordsee, »um die Kriegführung in der Nordsee nicht ganz defensiv zu gestalten«. Vgl. die Aufzeichnungen des Chefs des Admiralstabs, Pohl, vom 9.9.1914 (dort das Zitat) und 16.9.1914 (über das hier erwähnte Gespräch mit Tirpitz). In: Hugo v. Pohl, Aus Aufzeichnungen und Briefen während der Kriegszeit, Berlin 1920, S. 54 f., 62 f.; auch Pohl an Behncke, 8.9.1914. In: Die deutsche Seekriegsleitung (wie Anm. 13), Bd 2, Nr. 162, mit weiteren Verweisen. Der von Kon-

nach heftigen Debatten vielmehr erneut zu einer allerhöchsten Entscheidung, die seine Handlungsfreiheit einschränkte: Anfang Oktober befahl Wilhelm II., »dass die Flotte sich zurückhält und Aktionen vermeidet, die zu größeren Verlusten führen können«[33]. »Günstige Gelegenheiten« sollten zwar auch weiterhin genutzt werden, aber, so hieß es ausdrücklich, »eine Verwendung der Flotte außerhalb der Deutschen Bucht, die der Feind z.B. durch seine Bewegungen im Skagerrak anstrebt, liegt außerhalb der im Operationsbefehl erwähnten günstigen Gelegenheiten[34].«

Tirpitz hat diese Weisung als »Tod der Flotte« gedeutet. Damit, so behauptete er, verliere sie »den Beweis ihrer Existenzberechtigung«[35]. »Er ist der Überzeugung«, schrieb Hopman in diesen Oktobertagen, »dass die Chancen einer Schlacht für uns durchaus nicht ungünstig sind, dass wir in vielen Punkten unserem Gegner überlegen sind [...] und dass dementsprechend ein großer Erfolg für uns durchaus nicht ausgeschlossen ist.«

Ob die Flotte diesen Erfolg hätte haben können, ist angesichts des Verhaltens der Grand Fleet allerdings mehr als fraglich. Ganz abgesehen davon gab es gute Gründe für das Bestreben des Kaisers wie auch des Reichskanzlers, die Flotte als fleet-in-being zurückzuhalten, sie nicht leichtfertig aufs Spiel zu setzen. Nicht nur der Befehlshaber der Grand Fleet, Admiral John Jellicoe[36], sondern auch Tirpitz, Ingenohl und Pohl konnten, so unglaublich dies klingen mag, an einem Nachmittag wenn nicht wie sein Gegner den ganzen Krieg verlieren, so aber doch die deutsche Stellung auf dem Kontinent in den ohnehin schon schwierigen ersten Monaten des Krieges erheblich, vielleicht sogar entscheidend schwächen[37].

Entgegen seiner bald einsetzenden äußerst harschen Kritik an Kaiser und Kanzler, Admiralstabschef und Flottenchef hat auch Tirpitz die Existenz der Flotte keineswegs riskieren, eine Seeschlacht um der Schlacht willen schlagen wollen. Die Flotte dürfe sich nicht »aventurieren«, notierte beispielsweise der Chef des Militärkabinetts, Generaloberst Moriz von Lyncker, bereits am 10. August 1914 nach einem Gespräch mit der Marineführung, und dem preußischen Kriegsminister Generalleutnant Erich von Falkenhayn antwortete der Staatssekretär des Reichsmarineamtes auf dessen Frage, warum die Flotte nicht schlage, »das wäre dasselbe, als wenn preußisches Armeekorps jetzt gegen Petersburg marschieren wolle«[38]. Hinzu kommt, dass

---

teradmiral Behncke daraufhin entwickelte erheblich umfassendere und zum Eingehen größerer Risiken bereite Operationsplan fand jedoch nicht die Zustimmung des Admiralstabschefs, Pohl. Zu der daran sich entzündenden grundsätzlichen Auseinandersetzung zwischen Tirpitz und dem Chef des Admiralstabs vgl. die Ausführungen und Denkschriften in: Tirpitz, Politische Dokumente (wie Anm. 6), Bd 2, S. 103-118; Der Krieg zur See, Nordsee, Bd 2. Bearb. von Otto Groos, S. 65-76, 82-92; Albert Hopman, Das Kriegstagebuch eines deutschen Seeoffiziers, Berlin 1925, S. 47-54, sowie den Schriftwechsel in: BA-MA, RM 5/4718.

33 Pohl an Ingenohl, 6.10.1914. In: Die deutsche Seekriegsleitung (wie Anm. 13), Bd 2, Nr. 164.
34 Ebd.
35 Hopman an Trotha, 10.10.1914, zit. nach: Hopman, Das ereignisreiche Leben, S. 459.
36 Vgl. dazu den Beitrag von Andrew Lambert in diesem Band.
37 Vgl. den Vortrag Assmanns: »Gedanken über die Probleme der deutschen Seekriegführung im Weltkriege« vom 21.2.1938 vor den Angehörigen der Marineakademie, S. 18. BA-MA, RM 8/1121; Assmann, Deutsche Seestrategie (wie Anm. 16), S. 41.
38 Tagesmeldung Hopmans vom 18.8.1914, zit. nach: Tirpitz, Politische Dokumente (wie Anm. 6), Bd 2, S. 61.

auch Tirpitz sich des Zusammenhanges zwischen See- und Landkriegführung durchaus bewusst war, auch wenn er die daraus abzuleitenden Schlussfolgerungen später zu relativieren versuchte. So betonte der Staatssekretär des Reichsmarineamtes in einem Schreiben an den Chef des Admiralstabes am 16. September 1914 zwar noch einmal, dass »das Ziel unseres gesamten militärischen und administrativen Vorgehens seit etwa 20 Jahren [...] die Schlacht« gewesen sei und dass daher alle Überlegungen, die Flotte bis zum Friedensschluss zurückzuhalten, deren Stellung gegenüber der Armee nachhaltig schwächen würden; gleichwohl betonte er ausdrücklich: »In der nächsten Zeit muss indessen mit der Schlacht noch gewartet werden, bis die Türkei definitiv losgeschlagen hat und bis die Hauptentscheidung im Westen gefallen ist[39].«

III.

Auch wenn die große Schlacht 1914/15 ausblieb, fanden mit Genehmigung des Kaisers im Herbst/Winter 1914/15 dennoch kleinere Vorstöße statt. Diese »Reizstrategie« (Kurt Assmann) war zwar keine wirkliche Alternative zur großen Seeschlacht. Damit sollten aber wenigstens Teile der Grand Fleet aus ihren Stützpunkten herausgelockt und vernichtet werden, so wie es der Operationsbefehl vorsah. Anfang November stieß die Hochseeflotte erstmals gegen die englische Ostküste vor und beschoss Great Yarmouth[40]. Englische Einheiten waren dabei nicht angetroffen worden. Durch den vergleichsweise reibungslosen Ablauf des Unternehmens ermutigt, unternahm die Hochseeflotte am 16. Dezember einen erneuten Vorstoß[41]. Dieses Mal beschoss sie Hartlepool, Whitby und Scarborough. Als die Vorhut jedoch auf englische Zerstörer traf, wich der Flottenchef mit dem Gros zunächst aus und trat nach Eintreffen der Meldung des Kleinen Kreuzers *Hamburg* über ein Gefecht mit einem englischen Torpedoboot dann endgültig den Rückmarsch an. Die Schlachtkreuzer setzten ihren Marsch daher allein fort und beschossen ihre Ziele. Überlegenen englischen Kräften – darunter das englische II. Schlacht- und das I. Schlachtkreuzergeschwader – konnten sie anschließend erfolgreich ausweichen. Viele Kommandanten hatten freilich bereits zu diesem Zeitpunkt das Gefühl, dass »das letzte Ziel aller Vorstöße, der Kampf mit einem ebenbürtigen Gegner, [...] wieder nicht erreicht worden« war[42]. Wäre das Gros nicht ausgewichen, sondern hätte es an dem vereinbarten Treffpunkt auf die Schlachtkreuzer, die durch den angetretenen Rückmarsch nunmehr auf sich allein gestellt worden waren, gewartet, so der Vorwurf, dann wäre es vielleicht zu jener Schlacht mit Teilen der Grand Fleet gekommen, auf die die Flottenführung gehofft hatte und in der sie möglicherweise wichtige Erfolge hätte erzielen können.

---

39 Tirpitz an Pohl, 16.9.1914. In: Ebd., S. 104–106, hier: S. 105 f.
40 Der Krieg zur See, Nordsee, Bd 2 (wie Anm. 32), S. 251–294.
41 Vgl. Der Krieg zur See (wie Anm. 32), Nordsee, Bd 3. Bearb. von Otto Groos, S. 50–121.
42 Eintragung von Kapitän z.S. Bölken in das Kriegstagebuch des Linienschiffs *Pommern*. In: Ebd., S. 110 f.

Bei näherem Hinsehen war dieser Vorwurf aber kaum berechtigt. Angesichts der einschränkenden Befehle war Ingenohl überzeugt, die Flotte nicht riskieren zu dürfen. Hinzu kam, dass schlechtes Wetter ohnehin die Bewegungen beider Flotten erheblich behinderte und dementsprechend eine richtige Einschätzung der Lage im Operationsgebiet erschwerte[43].

Ende Januar 1915 erfolgte ein erneuter Vorstoß, dieses Mal gegen die Doggerbank. Dieses Unternehmen endete mit einem Debakel, da die Admiralität den deutschen Funkverkehr hatte entschlüsseln und dementsprechend reagieren können. Überraschend stießen die – nicht durch das Gros gedeckten – Schlachtkreuzer auf starke englische Kräfte; der Panzerkreuzer *Blücher* ging dabei mit hohen Personalverlusten im Gefecht unter, während die englischen Einheiten trotz erheblicher Beschädigungen alle ihre Heimathäfen erreichten[44].

IV.

Nach diesem Debakel auf der Doggerbank war die seit längerem diskutierte Ablösung Ingenohls, dem die Verantwortung für diesen Misserfolg zugeschoben wurde, unvermeidlich. Innerhalb weniger Tage wurde er durch den bisherigen Chef des Admiralstabes, Pohl, abgelöst, dessen Aufgaben wiederum der Chef der Station Ostsee, Vizeadmiral Gustav Bachmann, übernahm. Wie Bachmann, der Pohl sehr reserviert gegenüberstand[45], beobachtet hatte, schien der neue Flottenchef immerhin mehr Vertrauen zu genießen als sein Vorgänger. Mit seiner noch als Chef des Admiralstabs durchgesetzten Entscheidung, der Kriegführung zur See durch die Erklärung des verschärften Handelskriegs mit U-Booten neue, entscheidende Impulse zu verleihen, erweckte er trotz seines überhasteten Vorgehens in dieser Frage den Eindruck, energischer auftreten zu wollen als sein Vorgänger[46]. Die sträfliche

---

[43] Halpern, A Naval History (wie Anm. 5), S. 41 f. Vgl. auch den Vortrag Assmanns: »Gedanken über die Probleme der deutschen Seekriegführung im Weltkriege«, S. 28: »M.H. wir haben uns dran gewöhnt, den Tag von Hartlepool eine ›verpasste Gelegenheit‹ zu nennen [...] Wir wollen uns vor Übertreibungen hüten, die nur den *Engländern* Freude machen. Dass es zu einem großen Erfolge gegen wertvolle Teile kam, war bei fehlerhaftem Verhalten des Feindes möglich, aber angesichts der überlegenen Geschwindigkeit der beteiligten englischen Verbände keineswegs wahrscheinlich. Trotzdem wird niemand Ingenohl von dem Vorwurf entlasten können, zur Unzeit Kehrt gemacht zu haben.« BA-MA, RM 8/1121.

[44] Der Krieg zur See, Nordsee, Bd 3 (wie Anm. 41), S. 189–249.

[45] In seinem Tagebuch notierte Bachmann am 14.2.1915: »Adm[iral] v. Pohl empfing mich wieder in seiner überaus gnädigen, herablassenden Weise und stimmte den Ton der ganzen Konferenz von vornherein auf die Note: ›Ich weiß alles besser, als du, da ich nicht nur bedeutsamer bin, als du kleines Wesen, sondern als früherer Inhaber deines Postens auch in deinen Funktionen und Pflichten besser Bescheid weiß als du!‹ Besonders trat dies bei der mit dem Stabe abgehaltenen Sitzung zutage, sodass ich mich einmal veranlasst sah, darauf hinzuweisen, dass ich nicht gekommen sei, um Belehrungen entgegenzunehmen, sondern um mich mit der Flottenleitung über ein gedeihliches und verständnisvolles Zusammenarbeiten zu verständigen.« BA-MA, MSg 1/764.

[46] Vgl. hierzu die Dokumente in: Die deutsche Seekriegsleitung (wie Anm. 13), Bd 3, passim; Joachim Schröder, Die U-Boote des Kaisers. Die Geschichte des deutschen U-Boot-Krieges gegen Großbritannien im Ersten Weltkrieg, Lauf an der Pegnitz 2000, S. 95–187 [2. Aufl., München

Unterschätzung der damit verbundenen politischen Risiken hatte nach den Versenkungen der *Lusitania* und der *Arabic*, bei denen auch amerikanische Staatsbürger zu Tode kamen, jedoch zur Folge, dass der uneingeschränkte U-Boot-Krieg nach heftigen internen Auseinandersetzungen nach wenigen Monaten zumindest vorläufig auf politischen Druck eingestellt werden musste[47].

Gleichermaßen groß waren die Hoffnungen hinsichtlich des Einsatzes der Hochseeflotte. Noch in seiner Funktion als Chef des Admiralstabs hatte Pohl versucht, dem Flottenchef mehr Freiheit zu geben[48], und selbst Wilhelm II. gab sich bei der Begrüßung der zurückgekehrten Einheiten von der Doggerbank in Anwesenheit des neuen Flottenchefs Anfang Februar 1915 in Wilhelmshaven erstaunlich martialisch: »Unsere Aufgabe«, so erklärte er auf dem Oberdeck des im Gefecht schwer beschädigten Schlachtkreuzers *Seydlitz*, »ist es nach wie vor, wo und wie es nur möglich ist, dem Gegner Abbruch zu tun. Und wenn das eigene Schiff untergeht, er muss mit hinunter [...] Der Gegner muss runter, wir dürfen nicht dulden, dass unser Volk ausgehungert wird, das werden wir uns nicht gefallen lassen[49].« Pohl dachte ähnlich: »Ich möchte zu gern einen Erfolg haben, mein ganzes Denken und Trachten ist darauf gerichtet«, schrieb er Anfang März 1915 an seine Frau[50], und im Juli 1915, als die Kritik an seiner Führung der Flotte unüberhörbar war, teilte er dieser mit:

>»Ich wollte heute einen Vorstoß machen, um endlich wieder einmal die Schiffe in Bewegung zu setzen und womöglich an den Feind heranzukommen; da versagten wieder 4 Schiffe zu gleicher Zeit mit Maschinendefekten [...] Es ist geradezu zum verzweifeln, dass immer so viele Schiffe reparaturbedürftig sind und ich so in meinem Tun behindert wurde. Ich muss raus, sobald ich nur kann. Es ist eine ganz schreckliche Stellung, ich möchte so gern etwas erreichen und kann es nicht. Alle Führer an Land haben Erfolge, jetzt wieder Hindenburg und Gallwitz, und ich sitze dahier [sic] und kann nicht; dabei muss ich meine Leute damit vertrösten, dass unsere Zeit noch kommt[51].«

Ob Pohl sich nur »kampflustig« gab, letztlich aber doch nicht bereit war, Risiken einzugehen, wie die internen Schriftwechsel zwischen ihm und dem Chef des Admiralstabes vom März 1915 nahezulegen scheinen, muss offen bleiben[52]. Er hatte aber durchaus Recht, wenn er intern auf den »Widerspruch« hinwies, »die Flotte Vorstöße machen zu lassen und doch die Bedingung hinzustellen, dass sie [...] aus politischen Gründen [...] in ihrem Bestande erhalten bleibt. Jeder Vorstoß, auch wenn er nur 70 sm von Helgoland führt, kann zum vollen Einsetzen der Flotte führen[53].«

  2003]; Tagebucheintragung Hopmans vom 4.2.1915. In: Hopman, Das ereignisreiche Leben (wie Anm. 11), S. 559 mit weiteren Verweisen.
47 Schröder, Die U-Boote (wie Anm. 46), S. 126-145, 171-183.
48 Vgl. dazu das Schreiben Pohls an Ingenohl vom 11.1.1915, mit dieser die vom Kaiser gebilligten Richtlinien übersandte. In: Die deutsche Seekriegsleitung (wie Anm. 13), Bd 1, Nr. 75.
49 Rede Wilhelms II. in Wilhelmshaven, 4.2.1915, zit. nach: Die Deutsche Seekriegsleitung (wie Anm. 13), Bd 2, Nr. 171.
50 Pohl an seine Ehefrau, 2.3.1915. In: Pohl, Aus Aufzeichnungen (wie Anm. 32), S. 116.
51 Pohl an seine Ehefrau, 17.7.1915. In: Ebd., S. 137 f. (auch: Die deutsche Seekriegsleitung – wie Anm. 13 – Bd 2, S. 78, Anm. 3).
52 So Granier in: Die deutsche Seekriegsleitung (wie Anm. 13), Bd 2, S. 49. Ebd., Nr. 173-179, sowie ebd., Bd 1, Nr. 75-76.
53 Pohl an Müller, 14.3.1915. In: Ebd., Nr. 173.

Panzerkreuzer (Großer Kreuzer) *Blücher*, begleitet von deutschen Torpedobooten.
Quelle: Marineschule Mürwik (MSM)/Wehrgeschichtliches Ausbildungszentrum (WGAZ)

SMS Blücher während des Doggerbankgefechtes (24. Januar 1915) im Augenblick des Kenterns.
Quelle: IWM, Q 22687

Die Schiffe des III. Geschwaders während der Skagerrakschlacht.
Gemälde von Claus Friedrich Bergen (1885–1964).
Quelle: ullstein bild/VG Bild-Kunst, Bonn, 2008

Schlachtkreuzer (Großer Kreuzer) *Seydlitz*, aufgenommen von Bord eines weiteren deutschen Großkampfschiffes.
Quelle: MSM/WGAZ

Auch wenn Tirpitz und Bachmann Pohls Führung nur wenige Wochen nach dessen Ernennung zum Flottenchef kritisierten, stand dieser mit seiner Meinung keineswegs allein da. Die vorhandenen Dokumente zeigen, dass zumindest Vizeadmiral Reinhard Scheer[54], einer der angesehensten Admirale und Geschwaderführer zu dieser Zeit, diese Haltung Pohls nicht nur aus Loyalität gegenüber seinem unmittelbaren Vorgesetzten, sondern auch aus innerer Überzeugung unterstützte. Bereits Ende Februar 1915, unmittelbar nach Übernahme des Kommandos über die Hochseeflotte durch Pohl, hatte er dem neuen Chef des Admiralstabs aus eigenem Antrieb seine Haltung ausführlich erläutert. Scheer stimmte dabei der noch von Ingenohl verfassten vergleichsweise kritischen Stellungnahme zu den weitergehenden Forderungen des Admiralstabs zu[55]. »Wir haben«, so Scheer unter Berufung auf Ingenohls Denkschrift vom 19. Januar 1915, »keine Veranlassung, den Engländern eine Schlacht unter günstigen Umständen anzubieten, sondern sie sollen uns kommen.‹ Wenn eine an Zahl und Kampfkraft der eigenen Schiffe unterlegene Flotte eine entgegengesetzte Taktik verfolgt, so ist mit größter Wahrscheinlichkeit auf einen Misserfolg zu rechnen[56].« Mit großer Schärfe wies er auch die Vorschläge des Admiralstabs, bei weiter reichenden und länger dauernden Vorstößen den wachsenden Gefahren durch U-Boot- und Torpedobootangriffe »durch Marschsicherung, Platzwechsel, Aufklärung durch Luftschiffe und Abwehr durch eigene U-Boote« entgegenzuwirken, als »eine Redensart« zurück, »in der Praxis auf der Nordsee versagend«. »Haben sich«, so fragte er weiter, »die politischen Verhältnisse schon so geändert, dass wir das Bedürfnis nach unserer Flotte als fleet in being nicht mehr empfinden? Oder sind andere Kräfte am Werk, die, um das Prestige der Marine zu heben, ihr eine Schlacht um jeden Preis, d.h. auch den der Vernichtung, zuschieben wollen?«

Mit Unterstützung des Admiralstabschefs gelang es Pohl Ende März 1915 schließlich, Klarheit über die für ihn gültigen Direktiven zu erhalten. Nach einem Immediatvortrag Bachmanns entschied Wilhelm II., »dass dem Führer [der Hochseestreitkräfte] zur Erreichung des ihm gesteckten Operationszieles Freiheit des Handelns zustehe«, dieser aber »selbstverständlich« die »bei solchen Unternehmungen hinsichtlich Aufklärung und rechtzeitigen Abbrechens bei Eintritt ungünstiger Verhältnisse die nötige Vorsicht« zu beachten habe[57]. »Eine Aufforderung zu offensiverem Vorgehen durchzusetzen lag aber«, wie Bachmann seinem Stellver-

---

54 Zu Scheer vgl. Mein lieber Schatz! – Briefe von Admiral Reinhard Scheer an seine Ehefrau, August bis November 1918. Hrsg. von Michael Epkenhans, Bochum 2006, Einleitung.
55 Am 7.1.1915 hatte der Chef des Admiralstabs eine neue Denkschrift über die Seekriegführung vorgelegt. (In: Der Krieg zur See – wie Anm. 20 –, Nordsee, Bd 3 – wie Anm. 41 –, S. 266–274; auch in: Tirpitz, Politische Dokumente – wie Anm. 6 – Bd 2, S. 191 f.) Darin wurde dem Flottenchef trotz enger Grenzen wieder mehr Operationsfreiheit als bisher zugebilligt. Dieser hatte dagegen jedoch in einer Stellungnahme vom 19.1.1915 Bedenken gelten gemacht. Vgl. dazu das Schreiben Pohls an Ingenohl vom 11.1.1915, mit dem dieser die vom Kaiser gebilligten Richtlinien übersandte (in: Die deutsche Seekriegsleitung – wie Anm. 13 – Bd 1, Nr. 75), sowie Ingenohls Stellungnahme vom 19.1.1915 in: Der Krieg zur See (wie Anm. 20), Nordsee, Bd 3 (wie Anm. 41), S. 275–278.
56 Scheer an Bachmann, 24.2.1915. In: BA-MA, RM 8/1647 (auch für die folgenden Zitate).
57 Bachmann an Müller, 30.3.1915. In: Die deutsche Seekriegsleitung (wie Anm. 13), Bd 2, Nr. 177.

treter, Behncke, am 31. März 1915 berichtete, »bei der Allerhöchsten entgegengerichteten Stimmung und Ansicht außer [dem] Bereiche der Möglichkeit«[58].

Diese neue Richtlinie hatte zur Folge, dass die Hochseeflotte in den folgenden Monaten zwar einige Vorstöße in das Gebiet um Helgoland und bis zur Doggerbank, nicht aber gegen die englische Küste selbst unternahm, immer »streng im ›Rahmen des Mottos: Nichts riskieren‹«[59]. Pohl konnte sich dabei sogar – erstaunlich genug – auf die »Zustimmung des Großadmiral[s]« berufen, wie sich der Stabschef der Hochseeflotte, Kapitän zur See William Michaelis später erinnerte: »Am 14.5.15 hatte ihm Tirpitz auf dem Flottenflaggschiff gesagt, dass er an seiner Flottenführung nichts auszusetzen habe, nur müssten wir innerhalb 50 sm Helgoland zu schlagen suchen; 100 sm, wie Pohl es wolle, sei ihm persönlich zu weit[60].« Im Juli und August 1915 beteiligten sich Teile der Hochseeflotte an den Kämpfen in Kurland und dem – ergebnislosen – Vorstoß in den Rigaischen Meerbusen[61], und im September und Oktober 1915 lief die gesamte Flotte zu zwei Unternehmungen an die niederländische Küste und in das Skagerrak aus[62]. Zu Begegnungen mit der Grand Fleet kam es dabei nicht.

Auf den Einheiten der Flotte erweckten die ergebnislosen Vorstöße alsbald erneut das Gefühl, dass unter Pohl in gleicher Weise wie unter Ingenohl »der einheitliche feste Wille einer starken Führung fehlt, den Feind da, wo er Gelegenheit gibt, auch mit Kraft anzufassen und mit Siegerwillen zu zwingen«[63]. Diese Stimmung unter den »denkenden und tatenfreudigen Offizieren«[64], die sich einfach nicht mit Pohls Meinung abfinden wollten, »die Flotte könne nichts machen«, wurde freilich nicht von allen Verantwortlichen in der Hochseeflotte geteilt. Auch dieses Mal war es, wie im Frühjahr, Scheer, der sich in einem Gespräch mit Bachmann ausdrücklich hinter Pohl stellte. Im Gegensatz zu »Levetzow, Raeder, von Trotha« schien Scheer, »der mich im Stationsgebäude aufsuchte«, wie der Admiralstabschef in seinem Tagebuch durchaus erstaunt und nicht ohne einen kritischen Unterton notierte, »mit dem jetzigen Zustande der Tatenlosigkeit und des Hinwurs-

---

58   Bachmann an Behncke, 31.3.1915, ebd., Nr. 178.
59   So Assmann in seinem Vortrag »Gedanken über die Probleme der deutschen Seekriegführung im Weltkriege« vor Angehörigen der Marineakademie vom 21.2.1938 (wie Anm. 19), S. 29.
60   Dieses Urteil beruht auf einem nachträglichen Bericht des Chefs des Stabes der Hochseeflotte, Kapitän z.S. William Michaelis. Vgl. dazu dessen Ausarbeitung für das Marinearchiv: »Tirpitz strategisches Wirken vor und während des Weltkrieges«, 12.1.1934, S. 25, BA-MA, RM 8/1233. Jetzt abgedruckt unter dem Titel: William Michaelis, Tirpitz' strategisches Wirken vor und während des Weltkrieges. In: Deutsche Marinen im Wandel. Vom Symbol nationaler Einheit zum Instrument internationaler Sicherheit. Im Auftr. des Militärgeschichtlichen Forschungsamtes hrsg. von Werner Rahn, München 2005 (= Beiträge zur Militärgeschichte, 63), S. 397–425. Ähnlich lautend der Brief Pohls an seine Frau vom 14.5.1915. In: Pohl, Aus Aufzeichnungen (wie Anm. 32), S. 128.
61   Der Krieg zur See (wie Anm. 20), Ostsee, Bd 2. Bearb. von Heinrich Rollmann, S. 199–285.
62   Ebd., Nordsee, Bd 4. Bearb. von Otto Groos, S. 287–294, 344–346, 349 f.
63   Trotha an Müller, 9.7.1915. In: Ebd., S. 232 (auch für das folgende Zitat).
64   Tagebucheintragung Bachmanns vom 12.7.1915. In: Die deutsche Seekriegsleitung (wie Anm. 13), Bd 2, Nr. 183. Zur Haltung Bachmanns im Sommer 1915 vgl. auch dessen Brief an Levetzow vom 6.7.1915. In: Gerhard Granier, Magnus von Levetzow: Seeoffizier, Monarchist und Wegbereiter Hitlers; Lebensweg und ausgewählte Dokumente, Boppard 1982, S. 209–211.

telns zufrieden«. Auch in internen Besprechungen stellte Scheer sich allem Anschein loyal an die Seite des Flottenchefs, wie der II. Admiral seines III. Geschwaders, Konteradmiral Karl Schaumann, ein Jahrzehnt später unter Hinweis auf Besprechungen und Eingaben zwischen März und Juli 1915 ausdrücklich betonte. Er allein habe für »unverzügliches schärfstes Vorgehen« plädiert[65]. »*Keiner* der vielen anwesenden Admirale und Stabsoffiziere«, so Schaumann unter Hinweis auf eine Sitzung auf dem Flottenflaggschiff im Juli 1915, »unterstützte mich, besonders möchte ich hervorheben, dass die anwesenden Geschwaderchefs, insbesondere *mein* Geschwaderchef Adm[iral] Scheer, sich ganz einverstanden mit dem Flottenchef im *Nicht*sunternehmen zeigten«[66].

Wie Bachmann richtig erkannt hatte, waren wohl die älteren, nicht aber die jüngeren Offiziere der Flotte mit diesem »Hinwursteln« einverstanden. Einer ihrer Wortführer, der Kommandant des Schlachtkreuzers *Moltke*, Kapitän z.S. Magnus von Levetzow, der bereits im Sommer 1915 hinter den Kulissen gegen den Flottenchef intrigiert hatte[67], machte Anfang Januar 1916 in einer Unterredung mit Pohl keinen Hehl aus der Missstimmung der jüngeren Offiziere über »die völlige Passivität der Kriegführung, die es verabsäume, dem Feind den Schaden zuzufügen, der ihm nach Lage der Dinge zugefügt werden könnte und müsste«[68]. Der Zusammenbruch des schwer kranken Flottenchefs nur wenige Tage später verhinderte, dass Pohl zu den von Levetzow erhobenen Vorwürfen ausführlich Stellung nehmen bzw. die Prinzipien seiner Führung der Flotte ändern konnte.

V.

Die Äußerungen Levetzows, die die Stimmung in Teilen des jüngeren Offizierkorps zutreffend wiedergaben, die hier nur angerissenen Diskussionen über die Frage der »Seeschlacht« und die Operationen der Hochseeflotte in den ersten 18 Monaten des Krieges lassen einige Grundprobleme erkennen, die die Seekriegführung fast während des ganzen Krieges beeinträchtigen sollten.

Zu diesen Problemen gehörten
1. die bereits in ihren Grundzügen hier erläuterte Einengung der operativen Freiheit des Flottenchefs durch Admiralstab, politische Führung und schließlich Wilhelm II. selbst,
2. die Frage nach den operativen Möglichkeiten, die die Hochseeflotte überhaupt hatte, und wie sie diese nutzte, sowie, eng damit verknüpft, die Frage nach möglichen Alternativen im Bereich der Seekriegführung und

---

[65] Vgl. dazu die Auszüge aus Schaumanns Kriegstagebucheintragung vom 26.3.1915. In: Der Krieg zur See, Nordsee, Bd 4 (wie Anm. 62), S. 64; ebd., S. 65–68, weitere Ausführungen über Schaumanns Eintreten für ein offensives Vorgehen im Frühjahr 1915.
[66] Schaumann an Tirpitz, 28.1.1928. In: BA-MA, Nachlass Tirpitz, N 253/263. Vgl. ebd. auch eine Kopie von Pohls Schreiben an Scheer vom 7.4.1915, in dem er zu Schaumanns Bericht Stellung nimmt.
[67] Granier, Magnus von Levetzow (wie Anm. 64), S. 14, 212, Anm. 3, mit weiteren Verweisen.
[68] Levetzow an Holtzendorff, 7.1.1916. In: Ebd., S. 213.

3. die ungelöste Frage der Spitzengliederung der Marine sowie das Fehlen einer einheitlichen Gesamtkriegführung.

Zu 1. Das größte Problem der Seekriegführung war die Devise: »Du sollst Erfolge erzielen, aber du darfst nichts riskieren! Diese Forderung zu erfüllen, heißt die Quadratur des Kreises lösen!« Treffender konnte der Leiter des Marinearchivs, Vizeadmiral Kurt Assmann, zwanzig Jahre nach dem Ende des Ersten Weltkrieges das Dilemma, vor dem die Marineführung während des Ersten Weltkrieges gestanden hatte, kaum beschreiben. Soweit es die Hochseeflotte betraf, gelang es 1914/15 nicht, einen Ausweg aus dieser Sackgasse zu finden, in die man durch eigene Schuld hineingeraten war. Der Operationsbefehl für die Hochseeflotte blieb auch nach der Entscheidung des Kaisers vom 6. Oktober 1914 ein Gegenstand der Diskussion innerhalb der Marineführung wie auch zwischen Marineführung, politischer Leitung und Wilhelm II. Die Marineführung drängte zwar mehrfach auf dessen Lockerung, konnte diese aber nur bedingt erreichen. Symptomatisch für die Haltung des Kaisers waren dessen Äußerungen gegenüber dem Chef des Admiralstabes Ende März 1915:

»Er dächte nicht daran, seine kostbare Flotte weiter zu riskieren, lediglich um einmal durch Zufall vielleicht ein paar feindliche Schiffe abzufassen; die Gefahr einer Überrumpelung der vorgestoßenen Flotte durch überlegene feindliche Streitkräfte bliebe trotz aller Aufklärung bestehen; überdies sei die Nordsee jetzt ein Meer voller Gefahren: sie schwämme voller Minen, überall zeigten sich die Sehrohre feindlicher U-Boote; die Flotte hätte bereits ihre Schuldigkeit getan, sie hätte den Engländern im Kampf Respekt beigebracht und wirke durch ihr bloßes Vorhandensein; sie müsse sich daran gewöhnen auszuharren, bis er, der Kaiser, ihr den Befehl gebe zu schlagen, oder auch bis zum Frieden, bei dem eine intakte starke Flotte ein gewichtiger Faktor sein würde[69].«

Spätere Kritik bezüglich der Verwendung der Seestreitkräfte wies Wilhelm II. am 30. August 1915 durch eine an Tirpitz und den Chef des Admiralstabs gerichtete äußerst scharfe Kabinettsordre zurück[70]. Erst dem neuen Flottenchef, Admiral Scheer, sollte er im Februar 1916 größere Freiheiten zugestehen.

Auch wenn man anerkennt, dass der vorhandene Operationsbefehl durchaus größere Aktivität grundsätzlich zuließ, wird man die Bedeutung dieser immanenten Schranken nicht unterschätzen dürfen. 1914/15 bildete der Kaiser innerhalb des monarchischen Systems trotz seiner bekannten Schwächen die letzte Autorität, die zu diesem Zeitpunkt niemand wirklich infrage zu stellen wagte. Auch Tirpitz, der zeitweilig mit dem Gedanken spielte, den Kaiser in den Hintergrund zu schieben, hat für diese Überlegungen nicht die notwendige Unterstützung finden können[71]. Weder Ingenohl noch Pohl haben sich daher berechtigt gefühlt, gewährte Spielräume über die von Ersterem stärker als von Letzterem angewandte »Reizstrategie« hinaus auszunutzen. Auch Bachmann, ein überzeugter Tirpitzianer, hat es bei dieser »Sachlage« für »unmöglich« gehalten, »Befehle oder Anweisungen [zu] erlas-

---

[69] Tagebucheintragung Bachmanns vom 30.3.1915. In: Die deutsche Seekriegsleitung (wie Anm. 13), Bd 2, Nr. 176.
[70] Kabinettsordre vom 30.8.1915. In: Tirpitz, Politische Dokumente (wie Anm. 6), Bd 2, S. 415 f.
[71] Vgl. Raphael Scheck, Alfred von Tirpitz and German Right-Wing Politics, 1914–1930, Atlantic Highlands, NJ 1998, S. 37 f.

sen, die den Hochseechef zu einer energischeren Offensive drängen«[72]. Verantwortlich dafür war – jenseits der Treue zum Monarchen – die Tatsache, dass das Streben nach Teilerfolgen stets mit dem Risiko eines weitgehenden bzw. sogar des vollständigen Verlusts der Flotte behaftet gewesen wäre. Nicht nur Wilhelm II., sondern auch Bethmann Hollweg hatte mehrfach deutlich gemacht, dass dieser Verlust zu vermeiden sei, denn die damit verbundenen Folgen könnten katastrophale Ausmaße annehmen. Dies war auch den Verantwortlichen in der Marineführung durchaus klar: »Ein einziger Entschluss von mir kann dem Kriege eine andere Wendung geben, so oder so. Er kann mich zu dem berühmtesten Mann machen oder großes Unheil über unser Vaterland bringen«, schrieb Pohl, der mit dieser Meinung keineswegs allein stand, zu Recht Ende März 1915 an seine Frau[73]. Schließlich, und dies gilt es im Hinblick auf die nicht zu leugnenden Schwächen Ingenohls und Pohls gleichermaßen hervorzuheben, gab es in der Marine zu diesem Zeitpunkt keine wirklichen personellen Alternativen, von denen offensiveres und zugleich erfolgreicheres Handeln hätte erwartet werden können. »Nur ein weit überragendes Genie, das in diesem Falle auch nicht einmal Tirpitz war, hätte 1914 die Seeschlacht gehabt«, konstatierte einer seiner engsten Getreuen nach dem Krieg kritisch, wenn auch nur im internen Briefwechsel[74].

Zu 2. Diese »fixe« Idee von der Seeschlacht, die aus der Sicht der Hochseeflotte nur eine »Freiwasserschlacht« (Bachmann) sein durfte, hatte zur Folge, dass die Hochseeflotte ihre durchaus vorhandenen operativen Möglichkeiten selbst nicht nutzte. Dabei erkannten zahlreiche Verantwortliche durchaus, dass sich das Herbeiführen einer Entscheidungsschlacht, wie von Alfred T. Mahan in seinen diversen Werken und von Tirpitz in seiner berühmten »Dienstschrift IX« beschrieben, durch offensive Vorstöße herbeizuführen, von selbst verbot. Die Kriegsspiele des Winters 1913/14, die Erfahrungen der ersten Monate des Krieges und die Stärke des Gegners und dessen Verhalten hatten diese Einschätzung bestätigt, wie Ingenohl Mitte Januar 1915 in einem Bericht an den Chef des Admiralstabes noch einmal betonte:

»Wir haben bei der Propaganda für die Schaffung der Flotte mit gutem Erfolge den Gedanken benutzt, dass die englische Flotte selbst nach einem entscheidenden Siege über uns aufgehört haben würde, die erste der Welt zu sein. Der tatsächlichen militärischen Lage gegenüber, in der wir uns befinden würden, wenn wir die ganze Flotte verlieren, England aber nur einen Teil der seinen, hält dieser Gedanke nicht stand. Eine ungünstig verlaufende Schlacht kann nur zum Schaden der Gesamtkriegführung ausschlagen. Wir würden mit einer gegen die englische Übermacht zu unseren Ungunsten ausfallenden Entscheidungsschlacht – um dieses Wort zu gebrauchen – im jetzigen Stadium des Krieges nur Englands Geschäfte besorgen. Jede entscheidende Schlacht darf meiner festen Überzeugung nach nur in unserer Hälfte der Nordsee geschlagen werden und nicht an der feindlichen Küste. Auf die Dauer wird die bisher beiderseits befolgte

---

[72] Bachmann an Behncke, 31.3.1915. In: Die deutsche Seekriegsleitung (wie Anm. 13), Bd 2, Nr. 178.
[73] Pohl an seine Frau, 24.3.1915. In: Pohl, Aus Aufzeichnungen (wie Anm. 32), S. 120.
[74] Mantey an Hollweg, 16.4.1929, BA-MA, RM 3/11675.

Strategie des Abwartens nicht durchgeführt werden können; der Feind wird sich uns mit der Zeit nähern müssen[75].«

Mit dieser Auffassung stand Ingenohl keineswegs allein da: Auch Scheer, der Chef des III. Geschwaders, dachte – wie beschrieben – in dieser Hinsicht 1914 und auch 1915 nicht anders als der Flottenchef oder dessen viel gescholtener Nachfolger, Pohl[76]. Diese Äußerungen offenbaren den neuralgischen Punkt der ganzen Diskussion über die Strategie im Seekrieg: die, wie Assmann später zu Recht betonte, »Vernachlässigung« der »alte[n] und selbstverständliche[n] Wahrheit, dass die Schlacht nur ein Mittel zum Zweck der Strategie ist« und nicht deren »Endziel«[77]. Damit einher ging die Weigerung, anzuerkennen, dass »zum Schlagen [...] zwei gehören: einer, der die Schlacht sucht, und einer, der die Schlacht annimmt«[78]. Sieht man einmal davon ab, dass die Grand Fleet diesen strategischen Zwang aus einer anderen, geografisch außerordentlich günstigeren Warte heraus nicht verspürte, so war dies, mit umgekehrtem Vorzeichen, auch auf deutscher Seite bei einem Teil der Akteure der Fall. Hinzu kam, dass die ganze interne Diskussion sich in Überlegungen erschöpfte, »wie wir unter für uns günstigen Umständen die Schlacht herbeiführen könnten, nicht aber, was wir eigentlich mit der Schlacht erreichen wollten.« Wirklich strategische Ziele konnten unter diesen Bedingungen aber nur das Aufbrechen der Blockade bzw. das Fernhalten Englands vom Kontinent sein. Beides stand aber 1914/15 nicht zur Debatte.

Doch es war nicht allein dieses falsche Verständnis von Seestrategie bzw. der Bedeutung einer Seeschlacht, das die Suche nach Handlungsalternativen behinderte. Hinzu kam die Überlagerung aller operativen Planungen durch die schließlich zur Manie gewordene Sorge des »Vaters der Flotte« um deren Zukunft. Alle Kriegsbriefe und Denkschriften lassen diese erkennen. Offenkundige Widersprüche in seinem eigenen Verhalten versuchte er dabei mit der Autorität seiner Person und seines Amtes zu verdrängen, wie sein Verhalten gegenüber Ingenohl zeigt. So schrieb er diesem nach einem Besuch in Wilhelmshaven am 25. Oktober 1914:

»Soweit man in dieser ganzen Frage zu einer Ansicht kommen kann, halte ich es persönlich nicht mehr für wahrscheinlich, dass wir überhaupt zu einem größeren Zusammenstoß unserer Flotte mit der englischen Flotte kommen werden – von der Frage der Zweckmäßigkeit hier ganz abgesehen. Auf einen Punkt möchte ich gerade deshalb Ihre Aufmerksamkeit hinlenken. Nach dem Kriege werden die Engländer behaupten, wir wären überhaupt *nie* aus den Häfen herausgekommen. Wenn wir nur einmal auf 60 oder 80 sm nördlich Helgoland gewesen wären, ev[entuell] auch nur mit einem wesentlichen Teil unserer Flotte, T[orpedo]b[oo]te vielleicht etwas weiter, so würden wir sagen können, das Umgekehrte wäre der Fall. Wir wären tatsächlich herausgekommen, die Engländer aber nicht herausgekommen. Behauptung gegen Behauptung. Von uns, der viel schwächeren Flotte, hätte man doch nicht verlangen können, dass wir gegen die Minen der Themse hätten anrennen sollen oder die Schlacht bei den Orkney-Inseln hätten su-

---

[75] Ingenohl an Pohl, 19.1.1915. In: Der Krieg zur See, Nordsee, Bd 3 (wie Anm. 41), S. 275–278, hier: S. 277, sowie ebd., S. 159 f. Ähnlich argumentierte Pohl in seiner Denkschrift vom 11.6.1915. In: Ebd., Bd 4 (wie Anm. 62), S. 419–422.
[76] Siehe oben S. 127.
[77] Assmann, Deutsche Seestrategie (wie Anm. 16), S. 38.
[78] Ebd., S. 39.

chen sollen. Es ist das, wie gesagt, m.E. weniger eine Schlachtfrage als eine Frage des Prestiges nach dem Kriege. Sollte ein solcher Vorstoß ohne erhebliche Verluste unsererseits ausführbar sein, so würde ich meinen, dass er für die Empfindungen in der Marine u[nd] auch im Volke sehr nützlich sein würde. Kommt nach einem solchen Vorstoß dann noch ein Versuch nach Osten, so würde das Urteil noch verstärkt werden, dass die Flotte alles versucht hat, was in ihrer Macht gestanden hat. Ausschließlich der Vorstoß nach Osten könnte dagegen bei vielen Nichtsachverständigen u[nd] bei den Engländern leicht die Behauptung auslösen, also in die Nordsee hat man sich nicht hineingetraut, nicht ein einziges Mal. Darum hat man den Schein zu wahren gesucht durch einen Luftstoß nach Osten. Ich wollte Ihnen, mein lieber Admiral, diese Erwägung doch aussprechen, ohne Ihren Handlungen oder Ihren Entschließungen dabei vorgreifen zu wollen, weil ich dazu kein amtliches Recht habe. Ich sehe dabei vollständig ein, dass sich die Gesamtsituation gerade für die Flotte mit dem Fortschreiten der Zeit ungünstiger gestaltet hat als sie m.E. früher vorgelegen hat[79].«

Diese Haltung hinderte Tirpitz freilich nicht, alsbald in Ingenohl den Sündenbock zu sehen, der mit dazu beitrug, sein Lebenswerk zu vernichten. Dass selbst enge Gefolgsleute dafür immer weniger Verständnis hatten, störte Tirpitz dabei kaum. Dagegen hatte Scheer durchaus Recht, wenn er im Februar 1915 unter Anspielung auf dessen Verhalten schrieb:

»Was wir nach dem Kriege brauchen, wird schon seine Begründung finden. Darum braucht sich der Staatssekretär nicht zu grämen. Wenn es etwa nicht zum Schlagen kommt, weil sich die englische Flotte bis zum Friedensschluss zurückhält, so trifft uns doch nicht das geringste Odium. Wahnsinn aber wäre es, den Engländern die Schlacht an ihrer Küste anzubieten. Wie kommt es aber überhaupt, dass der Staatssekretär das maßgebende Wort über die Kriegführung sprechen will[80]?«

Spätestens an dieser Stelle gilt es zu fragen, welche Alternativen es für die Kaiserliche Marine im Krieg gegen England gegeben hätte? Geradezu besessen von der Idee, nur eine klassische Schlachtflotte könne in einer entscheidenden Seeschlacht die Seeherrschaft erringen, hatte Tirpitz annähernd zwei Jahrzehnte lang versucht, alle Diskussionen über Alternativen bereits im Ansatz zu verhindern. Im Frühjahr 1914 hatte er angesichts der englischen Übermacht allerdings erstmals über die Aufstellung zweier fliegender Geschwader zur Kriegführung im Atlantik nachgedacht[81]. Was dies konkret bedeuten sollte, blieb unklar. Im August 1914 griff er diese Idee erneut auf, ohne sie jedoch in irgendeiner erkennbaren Weise umzusetzen[82]. Als dieser Gedanke aus der Flotte selbst im November 1914 vorgetragen wurde, wurde er nicht mehr näher berücksichtigt, da die Marineführung nunmehr auf ein anderes Mittel zu setzen begann: Das U-Boot. Auch dieses Seekriegsmittel war von Tirpitz aus grundsätzlichen Erwägungen, aber auch, weil es ihm noch

---

[79] Tirpitz an Ingenohl, 25.10.1914. In: BA-MA, RM 8/1302. Bezeichnenderweise fehlt dieser Brief in den von Tirpitz edierten Dokumentensammlungen.
[80] Scheer an Bachmann, 24.2.1915, BA-MA, RM 8/1647.
[81] Vgl. hierzu Werner Rahn, Strategische Probleme der deutschen Seekriegführung 1914-1918. In: Der Erste Weltkrieg. Wirkung, Wahrnehmung, Analyse. Hrsg. von Wolfgang Michalka, München 1994, S. 348 f.
[82] Vgl. die Tagesmeldung Hopmans vom 20.8.1914, BA-MA, RM 3/11486.

nicht die notwendige Einsatzreife zu haben schien, vernachlässigt worden[83]. Erst der unerwartete Erfolg von *U 9* Ende September 1914 im Ärmelkanal war Anlass, über dessen Einsatz intensiver nachzudenken. Tirpitz war darüber so überrascht und zugleich erfreut, dass er Champagner verteilen und dessen Befürworter, die er lange bekämpft hatte, überschwänglich feiern ließ[84]. Dass die Möglichkeiten des U-Boot-Krieges dabei bald genauso fahrlässig überschätzt wurden wie die damit verbundenen politischen Risiken unterschätzt wurden, sollte sich bereits 1915 während der ersten großen U-Boot-Offensive zeigen.

Weitgehend verkannt wurde auch die strategische Wechselwirkung zwischen dem heimischen Kriegsschauplatz und dem Krieg in Übersee. Tirpitz setzte auf die »Fernwirkung« der Schlachtflotte, glaubte durch einen Sieg im »nassen Dreieck vor Helgoland« auch das Empire zu treffen. Die Möglichkeit, durch einen Handelskrieg mit Kreuzern die überaus wichtigen britischen Verbindungen nach Übersee zu unterbrechen und damit das »perfide Albion«, wie es bald hieß, im Mark zu treffen, wurde daher nicht näher in den Blick genommen. Die deutschen Auslandskreuzer wie auch das in Tsingtau stationierte Kreuzergeschwader konnten sich daher allenfalls tapfer schlagen und am Ende untergehen. Im Rahmen der Gesamtstrategie spielten sie, erstaunlich genug, keine Rolle[85].

Dies galt auch für den von der Marineführung völlig verkannten Nebenkriegsschauplatz auf der Ostsee. Der Chef des I. Geschwaders, Vizeadmiral Wilhelm von Lans, musste im Frühjahr 1915 bitter erfahren, was es bedeutete, den Gedanken an einen nutzlosen Seekrieg gegen Großbritannien aufzugeben und sich der Ostsee zuzuwenden. Dessen Gedanke, sich in der Nordsee auf die Funktion einer »fleet-in-being« zu beschränken, bezeichnete Tirpitz als »Gift für die Flotte«. Dabei spiegelte Lans' Forderung die reale Lage nüchtern wider. Gleichermaßen blieben hier die Möglichkeiten einer operativen Zusammenarbeit von Heer und Marine weitgehend ungenutzt. Auf Anforderung der Armee beschoss die Marine allenfalls einzelne Küstenabschnitte; combined operations sollte es erst Ende 1917 unter zudem völlig veränderten Bedingungen geben[86].

Zu 3. Der Streit über die Verantwortung für die »ausgebliebene Seeschlacht« (Paul Sethe) war letztlich nur der Auslöser für zunehmend heftigere Konflikte zwischen Flottenchef und Admiralstabschef, dem Staatssekretär des Reichsmarineamts sowie dem Chef des Marinekabinetts über grundsätzliche Fragen der Seestrategie und der Taktik, der Schiffbau- und der Personalpolitik sowie der Spitzengliederung insgesamt. Nunmehr rächte sich, dass diese Konflikte, die bereits lange vor 1914 virulent gewesen waren, aufgrund der überragenden Stellung von Tirpitz vor Kriegsausbruch entweder nicht ausgetragen oder aber von diesem mit allen ihm zur Verfügung ste-

---

[83] Zum Stand des U-Boot-Baus vgl. die Denkschrift »Stand des U-Bootwesens« (1911) sowie den Bericht der Inspektion des Torpedowesens über »Militärische und technische Erfahrungen auf Unterseebooten während der Herbstmanöver in der Nordsee« vom 9.1.1913. In: BA-MA, RM 3/10981 bzw. 10992.
[84] Tagebucheintragung Hopmans vom 23.9.1914. In: Hopman, Das ereignisreiche Leben (wie Anm. 11), S. 444 mit weiteren Verweisen.
[85] Zu diesem Komplex ausführlich Rahn, Strategische Probleme (wie Anm. 81), S. 341–365.
[86] Assmann, Deutsche Seestrategie (wie Anm. 16), S. 66–68.

henden Mitteln der Disziplinierung unterdrückt worden waren. Das schwächste Glied in diesen Auseinandersetzungen war zweifellos der jeweilige Flottenchef, zunächst Ingenohl, dann Pohl. Ingenohl, seit 1913 Chef der Hochseeflotte, erweckte zwar den Eindruck, offensiv vorgehen zu wollen, wirkte aber unsicher, »fragte«[87] zu viel und galt bald als Mann ohne »die großen Eigenschaften, die das Glück an die Flagge fesseln«[88]. Nach dem Debakel auf der Doggerbank musste er daher seinen Platz räumen – zu Unrecht, wie selbst enge Anhänger von Tirpitz ein Jahrzehnt später einräumen sollten. Der Chef des Admiralstabs, Pohl, war ebenfalls umstritten. Aufgrund seiner Herkunft – sein Vater war ein einfacher Zahlmeister gewesen – wurde er von Tirpitz wie auch von anderen Angehörigen der Marineführung, die aus den sogenannten »erwünschten Kreisen«[89] stammten, als »kleiner Mann«[90] und als entscheidungsschwach beurteilt[91]. Als verantwortlicher Ratgeber des Kaisers für die Seekriegführung gelang es ihm nicht, den Spagat zu bewältigen zwischen dem Wunsch, die Flotte entsprechend dem Willen von Kanzler und Kaiser aus politischen Gründen bis zum Friedensschluss zu erhalten[92], und der Einsicht, »dass eine lebhaftere Betätigung der Flotte in der Nordsee im Sinne des Operationsbefehls durchaus nötig ist«[93]. Dieser Drahtseilakt führte zu immer heftigeren Auseinandersetzungen mit Tirpitz[94]. Tirpitz litt im wahrsten Sinne des Wortes unter der Untätigkeit der Flotte. Die Sündenböcke für dieses Versagen hatte er dabei schon zu Beginn des Krieges ausgemacht: »Pohl, Müller, der Reichskanzler und der Kaiser haben die Flotte zurückgehalten. Ich glaube jetzt, dass sie keinen Schuss abgeben wird, und mein Lebenswerk endet mit einem Minus[95].« Der Chef des Marinekabinetts schließlich, Müller, stand irgendwie dazwischen, versuchte zwischen allen zu vermitteln, und war daher bald bei allen gleichermaßen verhasst.

---

[87] Tagebucheintragung Hopmans vom 29.9.1914. In: Hopman, Das ereignisreiche Leben (wie Anm. 11), S. 448.
[88] Tagesmeldung Hopmans vom 15.11.1914. In: Ebd., S. 501.
[89] Dazu Holger H. Herwig, Das Elitekorps des Kaisers. Die Marineoffiziere im Wilhelminischen Deutschland, Hamburg 1977, S. 37-58; vgl. ebd., S. 65, die Äußerung Pohls gegenüber Korvettenkapitän Bogislaw v. Selchow kurz vor Kriegsausbruch: »Sie wissen ja gar nicht, mein lieber Selchow, was Sie vor anderen voraushaben, dass Sie einem Uradelsgeschlecht angehören; denn was für Sie Selbstverständlichkeiten sind, dazu brauchen andere unendlichen Schweiß. Und das ist etwas so Häßliches; den muss man immer wieder herunter waschen.«
[90] So u.a. Tirpitz zu Plessen am 10.11.1914, zit. nach: Hopman an Capelle, 10.11.1914. In: Hopman, Das ereignisreiche Leben (wie Anm. 11), S. 494.
[91] So der Abteilungschef im Admiralstab, Kapitän z.S. Hans Zenker, gegenüber Hopman. Vgl. Hopman an Capelle, 10.11.1914. In: Ebd.
[92] Vgl. Pohls Aufzeichnung vom 6.8.1914 über ein dementsprechendes Gespräch mit Bethmann Hollweg. In: Der Krieg zur See (wie Anm. 32), Nordsee, Bd 1. Bearb. von Otto Groos, S. 81 f.; sowie z.B. Pohl an Ingenohl, 6.10.1914. In: Die deutsche Seekriegsleitung (wie Anm. 13), Bd 2, Nr. 164.
[93] Pohl an Behncke, 8.9.1914. In: Die deutsche Seekriegsleitung (wie Anm. 13), Bd 2, Nr. 162.
[94] Vgl. dazu Pohl, Aus Aufzeichnungen (wie Anm. 32), passim; Tirpitz, Politische Dokumente (wie Anm. 6), Bd 2, passim; Georg Alexander v. Müller, Regierte der Kaiser? Kriegstagebücher, Aufzeichnungen und Briefe des Chefs des Marinekabinetts Admiral Georg Alexander v. Müller 1914-1918. Hrsg. von Walter Görlitz, Göttingen 1959, passim, sowie Hopman, Das ereignisreiche Leben (wie Anm. 11), passim.
[95] Tirpitz an seine Ehefrau, 24.9.1914. In: Tirpitz, Erinnerungen (wie Anm. 1), S. 406.

Verantwortlich für diese unbefriedigende Situation war das Fehlen einer einheitlichen Führung, die in gleicher Weise wie der Große Generalstab zu Lande den Krieg zur See führen konnte. Tirpitz hatte das Oberkommando, das diese Funktion hätte übernehmen können, bereits 1899 zerschlagen, um eine mögliche konkurrierende Institution zu beseitigen. Dabei hatte er dem Kaiser suggeriert, dass dies notwendig sei, damit dieser selbst den Oberbefehl ausüben könne. Dazu war dieser von seiner ganzen Veranlagung allerdings nicht imstande; im Gegensatz zur Armee glaubte er jedoch fast bis zuletzt, dieser Aufgabe gerecht werden zu können. Am 29. Juli 1914 hatte Tirpitz seiner eigenen Darstellung zufolge zwar versucht, den Kaiser über den Chef des Marinekabinetts dazu zu bewegen, ihm auch die Leitung des Admiralstabs zu übertragen, war aber an dessen Widerstand gescheitert. Wilhelm II. hatte sich nur dazu entschließen können, den Chef des Admiralstabs, Pohl, mit Kabinettschreiben vom 30. Juli 1914 anzuweisen, sich vor Vorträgen »mit dem Staatssekretär des Reichsmarineamts in Verbindung [zu] setzen und im Vortrage selbst auf etwaige abweichende Ansichten des Staatssekretärs aufmerksam [zu] machen«[96]. So wie Tirpitz es ihm bei der Zerschlagung des Oberkommandos suggeriert hatte, wollte Wilhelm II. in der Marine – im Gegensatz zur Armee, wo er den Landkrieg der Obersten Heeresleitung überließ – den Oberbefehl tatsächlich selbst übernehmen, ohne dazu aber wirklich in der Lage zu sein. Da Wilhelm II. – vor allem nach dem verlustreichen Gefecht bei Helgoland am 28. August 1914 – grundsätzlich dazu neigte, die Handlungsfreiheit des Flottenchefs direkt bzw. indirekt einzuschränken, anstatt diesem und dem Chef des Admiralstabs die Beurteilung der Lage und die Durchführung von Operationen zu überlassen[97], oder aber Entscheidungen unnötig hinauszögerte, verunsicherte er die für die Seekriegführung Verantwortlichen in zunehmendem Maße.

Zusätzlich verschärft wurde dieses strukturelle Problem durch die Tatsache, dass die Verantwortlichen für die Seekriegführung nicht in der Lage waren, die vorhandenen Probleme nüchtern zu analysieren und hieraus gemeinsam verantwortete Entscheidungen abzuleiten. Persönliche Animositäten, Rivalitäten und Eitelkeiten hatten vielmehr zur Folge, dass sie über weite Strecken aneinander vorbei redeten:

»Tirpitz glaubte, Pohl wolle die Flotte überhaupt nicht einsetzen, während Pohl der Überzeugung war, Tirpitz dränge lediglich aus Prestigegründen zu vor- also unzeitigem Einsatz. Beides war zweifellos unzutreffend; aber bei der Ungeklärtheit der Verhältnisse zwischen den beiden Chefs war eine *Zusammenarbeit*, wie sie der Sache wohl hätte nützen können, *ausgeschlossen*[98].«

Die Folge waren gegenseitige Anschuldigungen und die Suche nach einem »Sündenbock«. Nach Lage der Dinge war in der Entscheidungskette der Flottenchef, Ingenohl, dafür angesichts seiner unmittelbaren Verantwortung für die Operationen

---

[96] Müller an Pohl, 30.7.1914. In: Tirpitz, Politische Dokumente (wie Anm. 6), Bd 2, S. 34. Zu den damit verbundenen Problemen für die Seekriegführung vgl. Die deutsche Seekriegsleitung (wie Anm. 13), Bd 1, S. 73, Anm. 3, mit weiteren Verweisen.

[97] Vgl. dazu u.a. die Briefe Hopmans an Capelle vom 3.10.1914 bzw. 15.11.1914. In: BA-MA, RM 3/11486 (auch in: Hopman, Das ereignisreiche Leben – wie Anm. 11 –, S. 451–453, 501).

[98] Bachmann, Der Admiralstab der Kaiserlichen Marine, Berlin 1936 (unveröffentlicht), S. 20, BA-MA, RM 8/1272.

gegen England besonders geeignet. Dessen Ablösung erfolgte zwar erst im Februar 1915; die Diskussion darüber hatte jedoch bereits im Herbst 1914 begonnen. Im Rahmen dieser Diskussion war Scheer mehrfach als einziger wirklich geeigneter Nachfolgekandidat genannt worden[99].

Um Scheer allerdings bereits zu diesem Zeitpunkt zu einem Anwärter für die Nachfolge des Flottenchefs zu machen, an dem kein Weg vorbei ging, reichten die positiven Urteile über ihn nicht aus. Was immer Scheer im Januar 1915 persönlich erhofft haben mag, nach einem Vortrag des Chefs des Marinekabinetts übertrug Wilhelm II. nicht ihm, sondern Pohl das Kommando der Hochseeflotte[100]. Warum Müller bei dieser Entscheidung seine angeblich nur wenige Tage zuvor gegebene »Zusicherung« nicht einhielt, im Falle einer Ablösung Ingenohls Scheer als dessen Nachfolger vorzuschlagen, muss angesichts fehlender Quellen offen bleiben[101].

Angesichts der Stimmung gegen Ingenohl in der Flotte wie auch innerhalb der Marineführung insgesamt war dieser Wechsel unvermeidlich geworden, und Pohl schien daher – trotz aller Vorbehalte – ein durchaus geeigneter Kompromisskandidat zu sein. Wie desolat die Lage innerhalb der Flotte und wie groß der Mangel an geeigneten Führern – Scheer inbegriffen – im Frühjahr 1915 tatsächlich war, machte auch ein Besuch des neu ernannten Admiralstabschefs, Bachmann, in Wilhelmshaven Mitte Februar 1915 deutlich:

> »Der Stab«, notierte er anschließend, »machte auf mich einen völlig ›vermießquiemten‹ [sic] Eindruck. Lauter mürrische, verdrießliche, mißgelaunte, im besten Falle resignierte Gesichter. Der Chef des Stabes, K[a]p[i]t[än] z.S. Michaelis, mag ein vortrefflicher Offizier sein; nach seinen Äußerungen zu schließen[,] ist er aber zusammengesetzt aus Bedenken, sieht überall Schwierigkeiten und folgert daraus, es sei das Beste, nichts zu tun. Der Eindruck, den ich vom Chef und vom Stabe der Hochseestreitkräfte empfing, war überaus trübe und hoffnungslos [...] Nach einem Besuch bei Krosigks [...] ging ich in's Kasino, wo ich Raeder traf und mit ihm eine lange Besprechung hatte. Er trug mir sehr interessante Einzelheiten von dem Gefecht auf der Doggerbank vor, unterrichtete mich über die Stimmung im Offizierkorps, wobei er hervorhob, welch' einen vorzüglichen Einfluss in dieser Hinsicht die kriegerische Betätigung der Kreuzer auf ihre Offiziere und Besatzungen gehabt hätte, und gab schließlich ein kurzes Urteil über die Führer ab. Auf Pohl scheint man in der Flotte jetzt mit Vertrauen zu blicken, ganz im Gegensatz zu Ingenohl, der zum Schluss auch nicht die geringste Spur von Vertrauen mehr genossen hat. Hipper ist zu Anfang des Krieges nicht auf der Höhe gewesen, wie Raeder sagte; er ist nervös und zag gewesen, was sich besonders bei der Unternehmung gegen Yarmouth fühlbar gemacht hat. Später ist er besser geworden und am 24. Januar soll er sich recht brav gehalten haben. Aber ein Führer ist er nicht; die Führung macht sein Stab. Lans hat sich mit seinen Kommandanten total verkracht. Seine angebliche Forschheit ist in Wirklichkeit nur brutale Rücksichtslosigkeit. Er ist so hochgradig nervös, dass er das I. Geschwader unmöglich weiter führen konnte [...] Scheer gilt in sei-

---

[99] Vgl. dazu Scheer, Mein lieber Schatz! (wie Anm. 54), Einleitung.
[100] Müller an Ingenohl, 31.1.1915. In: Die deutsche Seekriegsleitung (wie Anm. 13), Bd 1, Nr. 12, sowie Müller, Regierte der Kaiser? (wie Anm. 94), S. 86 f. (Eintragungen vom 31.1. bzw. 1.2.1915).
[101] Vgl. die Aufzeichnung Hopmans vom 27.1.1915 über ein Gespräch mit Müller am Vortage in: Tirpitz, Politische Dokumente (wie Anm. 6), Bd 2, S. 200-202; auch: Hopman, Das ereignisreiche Leben (wie Anm. 11), S. 553 f. (Eintragungen vom 26./27.1.1915).

nem Geschwader als angenehmer, ruhiger Vorgesetzter, der weiß, was er will. Er ist der einzige Geschwaderchef, der einen harmlosen Spitznamen hat. Aber dem offensiven Gedanken ist er absolut abhold. Friedliches Liegen in den Flüssen und Häfen und friedensmäßiger Ausbildungsdienst genügt ihm zur Befriedigung seines kriegerischen Pflichtgefühls. Über die anderen Führer ist kein Wort zu verlieren; wir haben eben keine ›Führer‹, es sind alles Friedensadmirale[102].«

Tirpitz und seine Anhänger plädierten angesichts dieser desolaten Situation ohnehin nicht mehr allein für das Auswechseln einer Person, das aus ihrer Sicht nur ein Herumkurieren an Symptomen, nicht aber eine wirkliche Beseitigung der strukturellen Probleme bedeutete hätte. Stattdessen forderten sie offen, »*einer* Person von Allerhöchster Stelle die Verantwortung für die gesamte Kriegführung der Marine« zu übertragen. Nach Lage der Dinge konnte dies nur Tirpitz sein. Doch obwohl sich der Staatssekretär des Reichsmarineamts nunmehr auch selbst offensiv ins Spiel brachte, war an die Bildung einer einheitlichen Seekriegsleitung zu diesem Zeitpunkt nicht zu denken. Wilhelm II. war in gar keiner Weise bereit, seine Befehlsgewalt zugunsten von Tirpitz einzuschränken[103]. Hinzu kam, dass es aus Sicht des Chefs des Marinekabinetts – Tirpitz eingeschlossen – in der Marine auch im Sommer 1915 noch »keinen besseren« Flottenchef als Pohl gab. Selbst mancher Anhänger des Staatssekretärs wie der Chef des Admiralstabs, Bachmann, hatte Bedenken, »solch einem Marinepapst die gesamte Macht über die Marine, Kommandogewalt und Verwaltung in die Hand zu geben; er würde in Selbstherrlichkeit ersticken«[104]. Obwohl Tirpitz und seine Anhänger im Laufe des Jahres 1915 mehrere Vorstöße unternahmen, um eine einheitliche Seekriegsleitung unter seiner Führung zu schaffen, scheiterten sie damit am Ende doch[105].

Das vielfach beschriebene polykratische Chaos des Kaiserreichs wurde hier deutlich. Dieses Chaos, vor allem aber auch die Unfähigkeit des Kaisers, seiner Aufgabe als Oberster Kriegsherr gerecht zu werden, erklären auch, warum es keine einheitliche Gesamtkriegführung gab, die das Handeln von Politik, Armee und Marine koordinierte. Selbst überzeugten Tirpitzianern standen nach dem Kriege die Haare regelrecht zu Berge, als sie erkennen mussten, wie sehr alle Institutionen des Reiches selbst in den wichtigsten Angelegenheiten aneinander vorbeigearbeitet und vorbeigeplant oder sogar miteinander konkurriert anstatt zusammengearbeitet hatten. Tirpitz' teils sehr halbherzig, teils sehr massiv vorgetragene Versuche, die

---

[102] Eintragung vom 14.2.1915, Bachmann-Tagebuch, BA-MA, MSg 1/764. Unvollständig in: Walther Hubatsch, Die Ära Tirpitz. Studien zur deutschen Marinepolitik 1890–1918, Göttingen 1955, S. 121 f.; auch erwähnt in: Die deutsche Seekriegsleitung (wie Anm. 13), Bd 1, Nr. 76, Anm. 1. Vgl. dagegen Friedrich Forstmeier, Zum Bild der Persönlichkeit des Admirals Reinhard Scheer (1863–1928). In: Marine-Rundschau, 58 (1961), S. 73–93, hier: S. 77, der – ohne den wirklichen Urheber zu erkennen – Raeders Urteil für »eine von Misstrauen diktierte Ausdeutung der Scheer'schen Zurückhaltung [hält], die weit an der Wahrheit vorbeigeht.«

[103] Müller an Trotha, 19.7.1915. In: Der Krieg zur See, Nordsee, Bd 4 (wie Anm. 62), S. 235–237 (auch für das folgende Zitat).

[104] Tagebucheintragung Bachmanns vom 31.3.1915. In: BA-MA, MSg 1/764; auch in: Hubatsch, Die Ära Tirpitz (wie Anm. 102), S. 120.

[105] Vgl. die in: Tirpitz, Politische Dokumente (wie Anm. 6), Bd 2, S. 128–280, abgedruckten Briefwechsel; Hopman, Tagebucheintragungen vom 13.12./28.12.1915 und 6.1.1916. In: Hopman, Das ereignisreiche Leben (wie Anm. 11), S. 751 f., 759 bzw. 763 mit weiteren Verweisen.

vom Kaiser nicht ausgefüllte »Stelle« im Bereich der Seekriegführung zu füllen, scheiterten daran, dass er 1914/15 nicht mehr die starke Persönlichkeit war wie in den Jahren zuvor. Dazu hatte er nicht nur zu viele Gegner in der Marine, sondern auch Wilhelm II. stand ihm zunehmend reservierter gegenüber. Ein Beobachter hielt zutreffend Ende Dezember 1915 fest:

> »Gewinne immer mehr den Eindruck, dass Staatssekr[etär] fertig ist. Denkt nur noch daran, wie er sich vor Nation und Geschichte weiß waschen kann gegen die Angriffe seiner jetzt überhand gewinnenden Gegner. Vielleicht klebt er auch zu sehr an seiner Stellung. Produktiv ist er nicht mehr[106].«

VI.

Die Lage am Ende des Jahres 1915 war daher tatsächlich düster: Als fleet-in-being erfüllte die Hochseeflotte zwar ihre Funktion, nicht aber als erfolgreiche Herausforderin der Grand Fleet. Tirpitz' Schlachtflottenkonzept war insofern an der Geografie, der englischen Überlegenheit und dem Wandel des Seekrieges im Zeichen einer immer schneller sich verändernden Technik gescheitert. Die Bereitschaft, daraus die notwendigen und die richtigen Konsequenzen zu ziehen, wuchs allerdings erst allmählich. Selbstkritisch notierte ein enger Vertrauter Tirpitz', Konteradmiral Hopman, nach seinen ernüchternden Erfahrungen als Befehlshaber der Aufklärungsstreitkräfte auf dem Ostseekriegsschauplatz Ende Oktober 1915 in seinem Tagebuch:

> »Die große Politik dürfen wir nicht mehr durch die Brille des Flottengesetzes besehen, das ist und bleibt tot, trotz S.M., von T[irpitz] u.s.w. Mit Großkampfschiffen kann man in wenigen Jahren überhaupt nichts mehr machen. Kreuzer beherrschen die Ozeane, U-Boote, Minen u[nd] Kanonen ihre Ränder, U-Boote spielen vielleicht auch auf dem Ozean eine größere Rolle, als wir jetzt ahnen[107].«

Dies war eine sehr nüchterne Erkenntnis nach eineinhalb Jahren Krieg zur See. Dass die Verantwortlichen in Politik, Armee und Marine aus dem offenkundigen Scheitern der bisherigen Planungen zur See wie auch zu Lande bald darauf ganz andere Lehren zogen, mit der Koppelung des Großangriffs bei Verdun mit dem erneuten Übergang zum uneingeschränkten U-Bootkrieg einen weiteren Schritt zum totalen Krieg machen wollten, und der krankheitsbedingte Zusammenbruch Pohls im Januar 1916 den Weg frei machen sollte für einen – angeblich – energischeren Nachfolger, den Chef des III. Geschwaders, Scheer, steht auf einem anderen Blatt. Dass dieser wiederum nur an die von Ingenohl, der schimpflich aus dem Amt gejagt worden war, entwickelte »Reizstrategie« wieder aufnahm, ist eine der vielen Ironien der Geschichte der Kaiserlichen Marine.

---

[106] Tagebucheintragung Hopmans vom 28.10.1915, zit. nach: Hopman, Das ereignisreiche Leben (wie Anm. 11), S. 720.
[107] Ebd.

Werner Rahn

Die Seeschlacht vor dem Skagerrak:
Verlauf und Analyse aus deutscher Perspektive

I. Vorbemerkung

Am 30. Mai 1916 bereiteten sich an den Küsten der Nordsee zwei riesige Flotten auf einen Vorstoß in Richtung Skagerrak vor. Es war die deutsche Hochseeflotte, die an diesem Tag 100 Kriegsschiffe verschiedener Größe umfasste und eine Besatzungsstärke von insgesamt etwa 45 000 Mann hatte. Der Kern dieser Flotte passierte am 31. Mai vormittags Sylt in einem Abstand von 30 Seemeilen, Generalkurs Nord, Fahrt 14 Knoten. Die britische Grand Fleet bestand an diesem Tag aus 151 Kriegsschiffen verschiedener Größe und hatte eine Besatzungsstärke von insgesamt etwa 60 000 Mann. Diese Flotte – aufgeteilt in drei Gruppen – befand sich am Morgen des 31. Mai etwa 140 Seemeilen östlich ihrer schottischen Stützpunkte, Generalkurs Ost, Fahrt 17 Knoten. Wenige Stunden später trafen die britischen und deutschen Verbände aufeinander und lieferten sich zwölf Stunden lang auf engem Raum heftige und wechselvolle Gefechte, die als Skagerrakschlacht und als Battle of Jutland in die Geschichte des Ersten Weltkrieges eingegangen sind. Wie kam es dazu? Was geschah in diesen zwölf Stunden? Welche Erfahrungen hatte die Hochseeflotte machen müssen, und welche Konsequenzen zog die deutsche Marineführung daraus für die weitere Seekriegführung? Welche Auswirkungen hatte der Schlachtverlauf auf Führung, Einsatz und Weiterentwicklung der damaligen Seekriegsmittel? Im folgenden Beitrag wird versucht, auf der Grundlage einer gerafften Ablaufschilderung Antworten zu geben. Dabei werden einige taktische Entscheidungen des deutschen Flottenchefs, Vizeadmiral Reinhard Scheer, und seines Befehlshabers der Aufklärungsschiffe, Vizeadmiral Franz Hipper, ebenso analysiert wie die der britischen Seebefehlshaber, Admiral Sir John Jellicoe und Vice-Admiral Sir David Beatty[1].

---

[1] Aus Anlass des 60. Jahrestages der Schlacht hat im Frühjahr 1976 eine Gruppe von elf Offizieren an der Marineschule Mürwik auf Weisung des damaligen Kommandeurs, Flottillenadmiral Helmut Kampe, eine mehrstündige Präsentation vorbereitet und vorgetragen. Im Mittelpunkt stand der Ablauf der Schlacht, der anhand zahlreicher Skizzen wechselseitig aus deutscher und englischer Sicht dargestellt wurde. Der vollständige Text der Präsentation mit allen Skizzen, weiteren Anlagen, Quellen- und Literaturverzeichnis befindet sich als Manuskriptdruck im Wehrgeschichtlichen Ausbildungszentrum der Marineschule Mürwik (WGAZ/MSM): Skagerrak 31. Mai 1916. Darstellung und Analyse einer Seeschlacht. Ein Rückblick nach 60 Jahren, Flensburg 1976 (= Dar-

Bis 1940 sind über die Schlacht zahlreiche Darstellungen, Erinnerungen und Detailuntersuchungen erschienen, die sich auf eigene Erlebnisse oder auf eine gründliche Auswertung der Quellen und Aussagen von Zeitzeugen stützten. Nach 1945 dominierten im englischen Sprachraum Darstellungen und Analysen, die sich – mit wenigen Ausnahmen – fast ausschließlich auf die Auswertung britischer Quellen beschränkten[2].

II. Zur Vorgeschichte der Schlacht

Bis 1914 stand auf deutscher Seite die Schlacht im Mittelpunkt aller operativen und taktischen Überlegungen der Marineführung. Demgegenüber blieb die strategische Analyse eines künftigen deutsch-britischen Seekrieges unzureichend, wie Korvettenkapitän Rudolph Firle bereits 1921 im offiziösen, vom Marine-Archiv herausgegebenen Reihenwerk »Der Krieg zur See 1914« selbstkritisch reflektierte[3]:

---

stellungen und Quellentexte zur Wehrgeschichte. Hrsg. vom Wehrgeschichtlichen Ausbildungszentrum der Marineschule Mürwik, Signatur: 12566/13919). Die folgenden Ausführungen stützen sich in Teilen auf das im Frühjahr 2006 aus Anlass einer Präsentation im Deutschen Marine-Museum (Wilhelmshaven) überarbeitete Manuskript von 1976.

2 Eine vertiefte Untersuchung der Schlacht sollte bei allen quellenkritischen Vorbehalten namentlich gegenüber zeitnah entstandenen Texten folgende Werke nicht übergehen. Für die deutsche Perspektive: Der Krieg in der Nordsee, Bd 5: Von Januar bis Juni 1916. Bearb. von Otto Groos, Berlin 1924, (Textband und Kartenband) (= Der Krieg zur See 1914-1918. Hrsg. vom Marine-Archiv, Verantwortlicher Leiter der Bearbeitung: Vizeadmiral a.D. Dr. phil. h.c. E. von Mantey); Reinhard Scheer, Deutschlands Hochseeflotte im Weltkrieg. Persönliche Erinnerungen, Berlin 1919 [Engl. Ausgabe: Germany's High Seas Fleet in the World War, London 1920), sowie V.E. Tarrant, Jutland. The German Perspective, London 1995. Für die britische Perspektive: Julian S. Corbett, History of the Great War: Naval Operations, vol. 3, London 1923 (revised edition London 1940); John Jellicoe, The Grand Fleet 1914-1916: Its Creation, Development and Work, London 1919 (dt. Ausgabe: Lord Jellicoe's Erinnerungen. Englands Flotte im Weltkrieg, Berlin 1937); und Arthur J. Marder, From the Dreadnought to Scapa Flow, The Royal Navy in the Fisher Era, 1904-1919, vol. 3: Jutland and After (May 1916-December 1916), London 1966 (revised edition: London 1978); Geoffrey Bennett, The Battle of Jutland, London 1964 (dt. Übersetzung: Die Skagerrakschlacht. Die größte Seeschlacht der Geschichte, München 1976). Diese Übersetzung ist wegen der sachkundigen Hinweise und Kommentare des Übersetzers R.K. Lochner in 259 Anmerkungen und in einem Nachwort besonders wertvoll (siehe ebd. S. 245-278 und 205-218). Darüber hinaus soll noch auf zwei Arbeiten verwiesen werden, die sich sehr gründlich sowohl mit den deutschen als auch den britischen Quellen auseinandergesetzt haben: N.J.M. Campbell, Jutland. An Analysis of the Fighting. London 1986, sowie Holloway H. Frost, The Battle of Jutland, Annapolis 1936 (dt. Ausgabe: Grand Fleet und Hochseeflotte im Weltkrieg, Berlin 1938).

3 Der Krieg in der Ostsee, Bd 1: Von Kriegsbeginn bis Mitte März 1915. Bearb. von Rudolph Firle, Berlin 1921 (= Der Krieg zur See 1914-1918. Hrsg. vom Marine-Archiv. Verantwortlicher Leiter der Bearbeitung: Vizeadmiral a.D. E. von Mantey), S. 163. Hervorhebung im Original. Nach allem, was bislang von dem Wirken des Vizeadmirals a.D. von Mantey als Leiter des Marine-Archivs bekannt ist, kann davon ausgegangen werden, dass diese Wertung auch seiner Einschätzung entsprach. Vgl. dazu Werner Rahn, Strategische Optionen und Erfahrungen der deutschen Marineführung 1914 bis 1944: Zu den Chancen und Grenzen einer mitteleuropäischen Kontinentalmacht gegen Seemächte. In: Deutsche Marinen im Wandel. Vom Symbol nationaler Einheit zum Instrument internationaler Sicherheit. Im Auftrag des MGFA hrsg. von Werner Rahn, München 2005 (= Beiträge zur Militärgeschichte, 63), S. 197-233, bes. S. 208 f. Firle schied im Febru-

»Der Hochbetrieb der heimischen Flotten-Friedensausbildung des letzten Jahrzehnts vor dem Kriege hatte in der Marine die formale Flottentaktik und Schießausbildung in den Vordergrund gestellt. Die Flotte war zur Schlacht erzogen worden. Wer die Manöver der letzten Jahre vor dem Kriege eingehend durcharbeitet, dem wird aber auffallen, daß der Ort, an dem die Manöverschlacht geschlagen wurde, von Jahr zu Jahr von der Jade- und Elbe-Mündung nach Helgoland und darüber hinaus, aber noch nicht eigentlich in die *hohe See* gerückt war. Man war strategisch dem Ausbau der Flotte gefolgt und rechnete, da das gesetzmäßige Flottenprogramm noch nicht vollendet war, mit einem Schlagen unter Anlehnung an die Heimat, die man in der Deutschen Bucht, etwa im Umkreis von 100 Seemeilen von Helgoland, empfand. Mit deutscher Gründlichkeit war das Offizierkorps in den Einzelheiten der Taktik und Waffenausbildung, in einer Personal und Material bis zur Belastungsgrenze anstrengenden pflichttreuen Kleinarbeit aufgegangen. Dabei war der weite Blick für die großen strategischen Linien des Seekrieges noch nicht genügend entwickelt worden. Eine solche Periode erzieht den Offizier mehr zum gehorsamen und fleißigen Soldaten als zum genialen Führer.«

Dieser »geniale Führer« war jedoch weder Tirpitz noch ein anderer Flaggoffizier[4].

Bei Kriegsausbruch 1914 sollte die große Überlegenheit des Gegners durch eine Minen- und U-Boot-Offensive reduziert werden, um dann eine Schlacht »unter günstigen Umständen« zu suchen. Als der angestrebte Kräfteausgleich auf sich warten ließ, unternahm die Hochseeflotte im November und Dezember 1914 erste Vorstöße, bei denen Schlachtkreuzer Hafenstädte an der britischen Ostküste beschossen[5]. Doch am 24. Januar 1915 gab es bei dem Schlachtkreuzergefecht auf der Doggerbank einen verlustreichen Rückschlag, dessen tiefere Ursachen nicht zuletzt in der erfolgreichen Nutzung der Funkaufklärung auf britischer Seite lagen. Nachdem der Flottenchef, Admiral Friedrich von Ingenohl, den Befehl für den Vorstoß der eigenen Schlachtkreuzer durch einen Funkspruch übermittelt hatte, der in der britischen Admiralität schnell entschlüsselt werden konnte, gelang es dem Gegner, den deutschen Verband zur richtigen Zeit am richtigen Ort mit überlegenen Kräften zu überraschen[6]. Der Ausgang des Gefechtes entsprach zwar

---

ar 1921 aus der Reichsmarine aus und wurde nach Studium (mit Promotion) später Generaldirektor des Norddeutschen Lloyd.

4   Siehe dazu in diesem Band (S. 113-138) den Beitrag von Michael Epkenhans. Vgl. auch Wulf Diercks, Der Einfluß der Personalsteuerung auf die deutsche Seekriegführung 1914 bis 1918. In: Deutsche Marinen im Wandel (wie Anm. 3), S. 235-267.

5   Zum Operationsbefehl für den Nordseekriegsschauplatz vom 30. Juli 1914 siehe: Der Krieg in der Nordsee, Bd 1: Von Kriegsbeginn bis Anfang September 1914. Bearb. von Otto Groos, 2. Aufl., Berlin 1922 (= Der Krieg zur See 1914-1918. Hrsg. vom Marine-Archiv), S. 41-54. [Siehe demnächst die Edition der 3. Aufl. auf der Grundlage des Manuskriptes von 1940]. Zum Vorstoß der Hochseeflotte am 3. November 1914 gegen Yarmouth siehe: Der Krieg in der Nordsee, Bd 2: Von Anfang September bis November 1914. Bearb. von Otto Groos, Berlin 1922, S. 251-277, zum Vorstoß gegen Hartlepool, Whitby und Scarborough am 15. und 16. Dezember 1914 siehe: Der Krieg in der Nordsee, Bd 3: Von Ende November 1914 bis Anfang Februar 1915. Bearb. von Otto Groos, Berlin 1923, S. 50-121. Die wichtigsten Dokumente zur deutschen Seekriegführung im Ersten Weltkrieg sind inzwischen publiziert, siehe: Die deutsche Seekriegsleitung im Ersten Weltkrieg. Bearb. von Gerhard Granier, 4 Bde, Koblenz 1999-2004 (= Materialien aus dem Bundesarchiv, 9). Zum Op.-Befehl vom 30.7.1914 siehe Bd 1, Dok. 8, S. 67 f.

6   Zur Vorgeschichte des Vorstoßes zur Doggerbank am 24. Januar 1915 und zum Verlauf des Gefechtes siehe: Der Krieg in der Nordsee, Bd 3 (wie Anm. 5), S. 189-247, S. 279-289, Anl. 6 bis 8. Vgl. auch Paul G. Halpern, A Naval History of World War I, Annapolis, MD 1994,

nicht ganz den britischen Erwartungen, doch der Verlust des Panzerkreuzers *Blücher* und die schwere Beschädigung des Schlachtkreuzers *Seydlitz*[7] wogen auf deutscher Seite in Verbindung mit der unzureichenden Vorbereitung und Sicherung des Vorstoßes so schwer, dass der Flottenchef und sein Chef des Stabes, Vizeadmiral Richard Eckermann, Anfang Februar 1915 abgelöst wurden. Der Nachfolger Ingenohls, der bisherige Chef des Admiralstabes Admiral Hugo von Pohl, unternahm zwar bis Ende 1915 mit der Flotte sieben kürzere Vorstöße, doch diese gingen nicht weiter als 120 Seemeilen über Helgoland hinaus, führten zu keiner Gefechtsberührung mit dem Gegner und hatten damit keinerlei strategische Auswirkungen. Die Marineführung war über die Einsatzmöglichkeiten der Flotte zerstritten und entwickelte kein überzeugendes Konzept für den Einsatz der Flotte[8].

Nach dem Ausfall Pohls als Folge einer schweren Erkrankung – er verstarb am 22. Februar 1916 – übernahm Vizeadmiral Reinhard Scheer, bislang Chef des III. Geschwaders, bestehend aus den acht modernsten Großkampfschiffen der Marine[9], am 18. Januar 1916 die Führung der Hochseeflotte. Bei den Auseinandersetzungen der vergangenen Monate über den Einsatz der Flotte hatte er keine Position gegen Pohl bezogen und nicht auf eine baldige Schlacht gedrängt[10]. Doch mit dem neuen Chef des Stabes, Kapitän zur See Adolf von Trotha (bislang Kommandant des Schlachtschiffes *Kaiser*), und dem neuen Chef der Operationsabteilung, Kapitän zur See Magnus von Levetzow (bislang Kommandant des Schlachtkreuzers *Moltke*), gewannen zwei Seeoffiziere großen Einfluss, die zu den schärfsten Kritikern der Flottenführung unter Pohl gehörten. Sie waren bestrebt, in der Nordsee eine energischere Seekriegführung mit der Flotte durchzusetzen[11]. Bereits Ende Januar entstand der erste Entwurf zu den neuen »Leitgedanken für

---

S. 40–48. Zur britischen Marinefunkaufklärung im Ersten Weltkrieg grundlegend: Patrick Beesly, Room 40. British Naval Intelligence 1914–1918, Oxford, New York 1984; zur Vorgeschichte des Doggerbankgefechtes ebd., S. 57–62. Vgl. auch Korvettenkapitän Kleikamp, Der Einfluß der Funkaufklärung auf die Seekriegführung in der Nordsee 1914–1918. Dienstschrift Nr. 13. Hrsg. von der Leitung der Führergehilfenausbildung der Marine, Kiel 1934, S. 14 f.

[7] Der Panzerkreuzer *Blücher* (17 500 t, Hauptbewaffnung zwölf 21-cm-Geschütze, 25 Kn) war das letzte Schiff des Verbandes und damit das erste Ziel der Verfolger, denen er mit seiner schwächeren Artillerie nicht gewachsen war. Er sank unter hohen Personalverlusten (792 von insgesamt 1026 Mann). Der Schlachtkreuzer *Seydlitz* entging nach einem schweren Treffer, bei dem zwei Geschütztürme ausbrannten (165 Tote), nur knapp einer Katastrophe. Weitere Details in: Der Krieg in der Nordsee, Bd 3 (wie Anm. 5), S. 206–220.

[8] Siehe dazu in diesem Band den Beitrag von Michael Epkenhans. Zu den Operationen der Hochseeflotte bis Ende 1915 siehe: Der Krieg in der Nordsee, Bd 4: Von Anfang Februar bis Ende Dezember 1915. Bearb. von Otto Groos, Berlin 1924.

[9] Kaiser-Klasse (1909–13): 27 000 t, Hauptbewaffnung: zehn 30,5-cm-, vierzehn 15-cm-Geschütze, 5 TR, 22 Kn, etwa 1200 Mann Besatzung; *König*-Klasse (1911–14): 28 600 t, gleiche Bewaffnung, 21 Kn.

[10] Siehe dazu jetzt die biografische Skizze über Scheer von Michael Epkenhans in: Mein lieber Schatz! Briefe von Admiral Reinhard Scheer an seine Ehefrau August bis November 1918. Hrsg. von Michael Epkenhans, Bochum 2006 (= Kleine Schriftenreihe zur Militär- und Marinegeschichte, 12), S. 17–71, hier bes. S. 29 f.

[11] Siehe: Die deutsche Seekriegsleitung, Bd 2 (wie Anm. 5), S. 79, und Gerhard Granier, Magnus von Levetzow. Seeoffizier, Monarchist und Wegbereiter Hitlers. Lebensweg und ausgewählte Dokumente, Boppard a.Rh. 1982 (= Schriften des Bundesarchivs, 31), S. 11–17.

die Seekriegführung in der Nordsee«[12], die von dem Grundgedanken ausgingen, dass das bestehende Kräfteverhältnis es verbiete, »die Entscheidungsschlacht gegen die versammelte englische Flotte zu suchen«. Durch ständige Einwirkung auf den Gegner müsse erzwungen werden, dass dieser »aus seiner jetzt abwartenden Stellung« herausgehe, »gegen uns gewisse Streitkräfte [vorschiebe], die uns günstige Angriffsmöglichkeiten bieten«. Es müsse jedoch verhindert werden, dass beim Gegner »ein solches Überlegenheits-Gefühl [sic]« aufkomme, »dass er sich nicht mehr scheut, uns nach seinem Willen zur Schlacht zu stellen«. Bei den »gangbaren Wegen« für diese offensivere Seekriegführung stand der Handelskrieg mit U-Booten an erster Stelle, gefolgt vom Minenkrieg, Handelskrieg im Norden und vom Luftkrieg. Mit den Luftschiffen verfügte die Marine nicht nur über ein weitreichendes Aufklärungsmittel (mit Funkverbindung zum Heimatstützpunkt), sondern auch über eine Offensivwaffe, die mit ihren Bomben das britische Mutterland direkt treffen konnte, wie die Luftschiffeinsätze ab Frühjahr 1915 bewiesen[13]. Die »lebhafte Betätigung der Hochseestreitkräfte« stand bei dieser Aufzählung an letzter Stelle.

Mit dem Einsätzen von U-Booten im Handelskrieg hatte der Seekrieg gegen Großbritannien ab Februar 1915 militärisch und völkerrechtlich eine neue Dimension erreicht, die nach der Versenkung von britischen Passagierdampfern (*Lusitania* 30 396 BRT am 7. Mai 1915, *Arabic* 15 801 BRT am 19. August 1915) mit hohen Verlusten unter den Passagieren zu einer schweren Krise in den deutsch-amerikanischen Beziehungen geführt hatte. Gegen den Widerstand der Marineführung hatte die Reichsleitung daraufhin den Abbruch des Handelskrieges mit U-Booten westlich der Britischen Inseln durchgesetzt. Im Frühjahr 1916 konnte jedoch die militärische Führung gegen die Bedenken des Reichskanzlers die Wiederaufnahme eines »verschärften U-Boot-Krieges« erreichen. Dabei sollten bewaffnete britische Handelsschiffe warnungslos versenkt, Passagierdampfer jedoch geschont werden. Die neue Phase des U-Boot-Krieges begann im März 1916 und führte nur wenige Wochen später mit der Torpedierung des französischen Kanaldampfers *Sussex* am 24. März 1916 zu einer erneuten schweren Krise in den deutsch-amerikanischen Beziehungen. Mit einer ultimativ scharfen Note drohte Washington am 18. April 1916 mit dem Abbruch der diplomatischen Beziehungen, falls das Reich nicht unverzüglich seine bisherige Methode des U-Boot-Einsatzes gegen Fracht- und Passagierschiffe aufgebe[14]. Die Reichsleitung stand jetzt vor der Entscheidung,

---

12 Vollständig veröffentlicht in: Die deutsche Seekriegsleitung, Bd 2 (wie Anm. 5), Dok. 184, S. 81 f., mit zahlreichen weiteren Literaturhinweisen. Vgl. auch Der Krieg in der Nordsee, Bd 5 (wie Anm. 2), S. 27 f.

13 Zu den ersten Luftschiffeinsätzen gegen Großbritannien siehe: Der Krieg in der Nordsee, Bd 4 (wie Anm. 8), passim. Zu den Luftschiffen insgesamt siehe vor allem Douglas H. Robinson, Deutsche Marineluftschiffe 1912 bis 1918, Hamburg 2006.

14 In Anlehnung an Werner Rahn, Die Kaiserliche Marine und der Erste Weltkrieg. In: Ringelnatz als Mariner im Krieg. Hrsg. von Stephan Huck, Bochum 2003 (= Kleine Schriftenreihe zur Militär- und Marinegeschichte, 4), S. 39–89, hier S. 62 f. Die *Sussex* war nicht gesunken, sondern hatte schwer beschädigt einen Hafen erreicht. Zu weiteren Details, auch zum Entscheidungsprozess im Frühjahr 1916, siehe vor allem Granier, Die deutsche Seekriegsleitung, Bd 3 (wie Anm. 5), Dok. 385–402, S. 241–282; zur *Sussex* ebd., Dok. 404, Fußnote 3, S. 283. Grundlegend für den

sich diesem Druck nicht zu beugen und damit den Bruch mit der neutralen Großmacht zu riskieren oder aber – nicht zuletzt im Hinblick auf die ungewissen Aussichten der strategischen Wirkung eines U-Boot-Krieges gegen Großbritannien – in der Frage der Methode des U-Boot-Einsatzes gegen Handelsschiffe nachzugeben. Die meisten U-Boote unterstanden jedoch dem Flottenchef, der die künftigen offensiven Einsätze der Hochseeflotte in einem strategischen Zusammenhang mit den Einsätzen der U-Boote im Handelskrieg sah und daher allein aus seiner Immediatstellung zum Kaiser als Oberbefehlshaber der Marine eine starke Position im Vergleich zu den übrigen Immediatstellen der Marine hatte, wie zum Beispiel zum Chef des Admiralstabes.

Ende Februar 1916 – das heißt einige Wochen vor der erneuten Krise in den deutsch-amerikanischen Beziehungen wegen des U-Boot-Krieges – hatte Scheer Gelegenheit, in Wilhelmshaven Wilhelm II. seine Vorstellungen vom künftigen Einsatz der Flotte vorzutragen. Dabei ging er bereits davon aus, dass der Handelskrieg mit U-Booten demnächst in verschärfter Form wieder aufgenommen werden könne.

Wie es Scheer gelang, die Zustimmung des Kaisers für seine Konzeption zu erlangen, erläuterte er kurz darauf in einem längeren Brief einem Crewkameraden, dem inzwischen verabschiedeten Vizeadmiral a.D. Harald Dähnhardt: Dem Gegner solle keine Entscheidungsschlacht an seinen Küsten angeboten werden. Bei seiner großen Überlegenheit könne er offensiv bis in die Deutsche Bucht vordringen. Diese Gefahr müsse durch eigene Vorstöße vermieden werden, beispielsweise durch Unternehmungen großen Stils beim Bombardement der gegnerischen Küste oder Handelskrieg. Scheer war sich von vornherein bewusst, wie begrenzt dabei die Möglichkeiten der Hochseeflotte waren: »Alle diese Unternehmungen hätten aber natürlich nur defensiven Charakter und würden in England nicht das Gefühl erzeugen, daß das Land unter der Wirkung unserer Seemacht zu leiden hätte, wie wir unter der seinigen. Dies sei allein durch den U-Bootskrieg zu erreichen, der als dauernder Druck auf England lasten müsse. Und mit diesem U-Bootskrieg [...] sei die Tätigkeit der Flotte in Zusammenhang zu bringen, womit bei allen Schiffsbesatzungen das Gefühl erzeugt wird, an dem Krieg selbst aktiv tätig zu sein und die Flotte, als Werk des Kaisers, auch gerade in dieser letzten entscheidenden Phase als überaus nützlich und unentbehrlich in Erscheinung träte und damit auch ihre Existenzberechtigung erwiese, wenn sie verhinderte, daß der Feind die Quellen des U-Bootkrieges selbst verstopft[15].«

Bereits in diesen Formulierungen werden zwei Aspekte deutlich: Es ging einmal um die Existenzberechtigung der Flotte auch über den Krieg hinaus und zum anderen um ihre Abschreckungswirkung als »fleet in being« zur Unterstützung des

---

Handelskrieg mit U-Booten weiterhin: Der Handelskrieg mit U-Booten. Bearb. von Arno Spindler, 5 Bde, Berlin 1932–41 und Frankfurt a.M. 1964 und 1967 (= Der Krieg zur See 1914–1918. Hrsg. vom Marine-Archiv u.a.); siehe neuerdings auch: Joachim Schröder, Die U-Boote des Kaisers. Die Geschichte des deutschen U-Boot-Krieges gegen Großbritannien im Ersten Weltkrieg, Bonn 2003.

15   VAdm Scheer an VAdm z.D. Dähnhardt, 12.3.1916. In: Granier, Die deutsche Seekriegsleitung, Bd 2 (wie Anm. 5), Dok. 186, S. 87–91.

U-Boot-Krieges, das heißt, die Flotte hatte nur eine indirekte strategische Wirkung allein durch ihre Kampfkraft und einsatzbereite Präsenz in der südlichen Nordsee mit der Option, gegebenenfalls auch den Gegner in der Ostsee zu bekämpfen.

Im Rahmen der vom Kaiser gebilligten Konzeption unternahm Scheer im März und April 1916 mit der Hochseeflotte wieder Vorstöße bis zur britischen Ostküste. Bei dem zweiten Unternehmen am 24./25. April beschossen die Schlachtkreuzer unter Führung von Konteradmiral Friedrich Boedicker (in Vertretung des erkrankten Vizeadmirals Hipper[16]) die Häfen Lowestoft und Great Yarmouth, während das Gros der Flotte zur Fernsicherung des Unternehmens nach Westen bis 3°35' Ost – also westlich von Texel – vorstieß[17]. Zur gleichen Zeit fand in Berlin am 24. April beim Reichskanzler die entscheidende Sitzung über die deutsche Reaktion auf das amerikanische Ultimatum vom 18. April statt. Theobald von Bethmann Hollweg forderte den Chef des Admiralstabes, Admiral Henning von Holtzendorff, auf, unverzüglich einen »vorläufigen Befehl zur Führung des U-Bootkrieges nach Prisenordnung« zu erlassen. Dieser Befehl ging noch am gleichen Tag durch Funkspruch an den Flottenchef[18]. Scheer reagierte darauf bereits am 25. April nachmittags, das heißt noch vor dem Einlaufen in Wilhelmshaven, und befahl allen an der Westküste Großbritanniens operierenden U-Booten den Rückmarsch in die Heimstützpunkte mit dem Hinweis: »Alle U-Boote Handelskrieg nur noch nach Prisenordnung führen[19].« Am 27. April sandte er folgendes Telegramm an Holtzendorff, der zum Vortrag beim Kaiser in das Große Hauptquartier gereist war: »Da Fortführung des U-Bootshandelskrieges gemäß Prisenordnung nach bisherigen Erfahrungen nicht durchführbar ist und die Boote unnütz der Vernichtung preisgibt, habe ich alle U-Boote vom Handelskrieg zurückgerufen. Der U-Boothandelskrieg gegen England hört damit auf[20].« Zur Begründung hielt er dazu in seinem Kriegstagebuch fest[21]: »Ich habe mich zu diesem Schritt entschließen müssen, da Handelskrieg nach Prisenordnung ein Untersuchen der Fahrzeuge voraussetzt. Diese Überwasserverwendung widerspricht der Eigenart der Waffe und liefert die Boote jedem heimtückischen Überfall wehrlos aus, sodaß mit Bestimmtheit große Verluste an Booten vorauszusehen sind[,] ohne entsprechende Erfolge erhoffen zu können. Diese Erfahrung wird durch die letz-

---

16 Hipper hatte unter den dauernden nervlichen Belastungen seiner Führungsverantwortung so starke Erschöpfungserscheinungen gezeigt, dass Scheer im April 1916 sogar erwog, ihn vorzeitig in den Ruhestand versetzen zu lassen. Dies wurde jedoch vom Chef des Admiralstabes, Admiral Holtzendorff, abgelehnt. Siehe dazu Tobias A. Philbin, Admiral von Hipper: The Inconvenient Hero, Amsterdam 1982, S. 123 f.
17 Siehe Der Krieg in der Nordsee, Bd 5 (wie Anm. 2), S. 129–148.
18 Nach Aufzeichnung des Chefs des Admiralstabes vom 27.4.1916. In: Granier, Die deutsche Seekriegsleitung, Bd 3 (wie Anm. 5), Dok. 404, S. 283–287, hier S. 284 f.
19 Kriegstagebuch K.d.H. (= Kommando der Hochseestreitkräfte) vom 24.4. bis 29.5.1916, hier 25.4., 4 h 36 , S. 14. In: BA-MA, RM 47/v. 592 (ohne Paginierung).
20 Ebd., 27.4.1916, S. 5. Das KTB vom 26.4. bis 2.5.1916 hat im Original keine durchgehende Paginierung!
21 Ebd., 27.4.1916, S. 6. Das KTB wurde am 11.5.1916 dem Chef des Admiralstabes vorgelegt.

ten Unternehmungen nach der Westküste unzweideutig bestätigt[22]. So meldet F.d.U. [Führer der U-Boote, Fregattenkapitän Hermann Bauer], dem ich die Erlaubnis erteilt hatte, auf *U 67* an einer Unternehmung nach der Westküste teilzunehmen, um sich ein eigenes Bild über die Verhältnisse des Handelskrieges zu bilden, auf der Rückkehr durch F.T.: ›*U 67* ist beschossen worden von englischem Dampfer unter englischer Flagge, schwedischen Dampfer unter schwedischer Flagge, Dampfer ohne Flagge.‹[23] [...] Unter diesen Umständen vermag ich die Führung des Handelskrieges nach Prisenordnung durch U-Boote bei der fortschreitenden Bewaffnung feindlicher und neutraler Dampfer und dem immer üblicheren Mißbrauch neutraler Abzeichen und Flaggen nicht zu verantworten, so sehr ich die Einstellung der wirksamsten Form des Wirtschaftskrieges gegen England, dessen Wirkung unter Umständen für den Ausgang des Krieges entscheidend hätte werden können, aus militärischen Gründen bedauern muß.« Abschließend wies Scheer dann noch darauf hin, dass die U-Boote »nunmehr für rein militärische Aufgaben frei« seien und dass erwogen werde, wie sie »in operativem und taktischem Zusammenhang mit den Unternehmungen der Flotte am zweckmäßigsten zu verwenden sind«.

Anfang Mai gab die Reichsregierung in einer Note an die US-Regierung die Zusicherung, künftig gegen Handelsschiffe nur nach Prisenordnung vorzugehen[24]. Die sofortige Reaktion Scheers auf das sich Ende April abzeichnende deutsche Nachgeben gegenüber Washington entsprach nicht der tatsächlichen Lage beim Handelskrieg mit U-Booten. Dessen ungeachtet aber war mit ihr jetzt die Frage aufgeworfen, was mit der Hochseeflotte geschehen sollte, deren Einsätze wenige Wochen vorher vor allem in Verbindung mit dem U-Boot-Krieg gesehen wurde[25]. Der Chef des Stabes im Kommando der Hochseestreitkräfte, Kapitän zur See von Trotha, sah in dem Zurückweichen der Reichsregierung unter dem Druck Washingtons nicht nur ein Symbol der Schwäche, sondern bereits den Anfang vom

---

22 Dazu am Rand: Strich mit Fragezeichen und Randbemerkung: »Nein! Auch nicht durch Mittelmeer bestätigt.« Dieser Hinweis zeigt, dass die U-Boote im Mittelmeer nach Auffassung des Admiralstabes offensichtlich erfolgreich Handelskrieg nach Prisenordnung führen konnten.

23 *U 67* war vom 7. bis 30.4.1916 in See und operierte ab 15.4. westlich der Britischen Inseln, war jedoch ab 10.4. wegen eines Schadens am vorderen Tiefenruder in seiner Tauchfähigkeit eingeschränkt, was Scheer am 27.4.1916 nicht wissen konnte. Weitere Details in: Der Handelskrieg mit U-Booten, Bd 3: Oktober 1915 bis Januar 1917, Berlin 1934, S. 113 f. Vgl. Hermann Bauer, Als Führer der U-Boote im Weltkriege. Der Eintritt der U-Boot-Waffe in die Seekriegführung, Leipzig 1941, S. 360‑363. Vgl. auch Der Krieg in der Nordsee, Bd 5 (wie Anm. 2), S. 175‑177.

24 Deutsche Note an die Vereinigten Staaten, 4.5.1916. In: Der Handelskrieg mit U-Booten, Bd 3 (wie Anm. 23), S. 145‑149.

25 Von den 35 bis Juli 1916 verloren gegangenen U-Booten waren nur vier durch britische U-Boot-Fallen, aber kein einziges durch ein bewaffnetes Handelsschiff versenkt worden. Es zeigte sich immer wieder, dass die U-Boot-Kommandanten mit einiger Erfahrung durchaus nach Art der Prisenordnung vorzugehen verstanden und unter Einsatz ihrer Bordgeschütze beim Anhalten und Versenken der Dampfer beachtliche Erfolge erzielten. Dabei erhielten die Besatzungen in der Regel die Chance, in die Rettungsboote zu gehen, um auf diese Weise entweder die Küste zu erreichen oder von anderen Schiffen aufgenommen zu werden. Siehe die Untersuchungen Spindlers: Der Handelskrieg mit U-Booten, Bd 3 (wie Anm. 23), S. 105‑120, 350‑352, sowie Bd 4, S. 197. Zu den Verlustzahlen siehe Robert M. Grant, U-Boat Intelligence 1914‑1918, London 1969.

Ende einer deutschen Flottenpolitik. Nur zwei Wochen vor der Skagerrakschlacht, am 19. Mai 1916 schrieb er an den Chef des Marinekabinetts, Admiral Georg von Müller[26]: »1. Unsere Regierung gibt den Krieg verloren und sucht nach einem Wege, wie sie zu einem Frieden kommt. Sie steht dabei zwischen 2 Gefahren, zwischen dem Willen unserer Gegner und dem Willen unseres Volkes. 2. Die Entwicklung unserer Marine war eine verfehlte Spekulation. Man muß versuchen, dies dem Volk langsam verständlich zu machen[27]. 3. Die Marine wird als politisches Instrument vor der Nation für das Unglück verantwortlich dastehen, sie wird für die Zukunft zur Küstenverteidigungstruppe herabsinken. 4. Damit gibt man die Politik der letzten 20 Jahre auf. Der Gedanke, das deutsche Volk national zu entwickeln und seiner Bedeutung nach in die Welt zu stellen, ist damit ein verlorener[28].« Aus diesen Sätzen wird deutlich, welche machtpolitische Zielvorstellung ein einflussreicher Seeoffizier mit dem Flottenbau verband, der 1913/14 als Kommandant des Schlachtschiffes *Kaiser* bei einer mehrmonatigen Auslandsreise eines deutschen Flottenverbandes in den Südatlantik und Pazifik bereits im Ansatz die globale Dimension von Seemacht erfahren und diese Erfahrungen in seiner Eigenschaft als Flügeladjutant schon während der Reise unmittelbar dem Monarchen übermittelt hatte[29]. Im Mai 1916 hat Trotha offensichtlich bereits gespürt, welch politischer Absturz der Marine bevorstehen würde, wenn es der Flotte nicht gelingen sollte, in einer Auseinandersetzung mit der britischen Grand Fleet zumindest

---

26 Auszug aus dem Brief Trotha an Müller, 19.05.1916. In: Nachlaß Vizeadmiral a.D. Eberhard von Mantey, Bd 3: Ausarbeitungen über Admiral a.D. v. Müller (Privatbesitz). Müller hatte die Originale seiner Kriegsbriefe Ende Januar 1935 dem Marine-Archiv übergeben. Mantey ließ von diesen Briefen für seinen Handgebrauch Abschriften anfertigen – Umfang etwa 95 Manuskriptseiten.

27 Dazu die handschriftliche Bemerkung Manteys etwa 20 Jahre später (als Ergänzung innerhalb des Textes): »Sie war nur insofern verfehlt, als Tirpitz ganz einseitig für die ›Schlacht bei Helgoland‹ baute u. an ein größeres Ziel nicht dachte. Er war *stehen* geblieben i.d. Gedanken der 90er Jahre.« (Hervorhebung im Original).

28 Mantey kommentierte dies später in einer Randbemerkung: »Diese Sätze sind insofern bemerkenswert, als das, was Trotha in seiner Herzenssorge etwa 2 Wochen vor der Skagerrakschlacht fürchtete, Wort für Wort eingetreten ist.« Der lange Antwortbrief Müllers vom 23.5.1916 war nach Manteys Einschätzung »ein Trostbrief«, in dem Müller um Verständnis für die Haltung der Reichsleitung in der U-Boot-Frage warb: Es sei »eine gewisse Ernüchterung eingetreten, die wohl im krassen Widerspruch steht mit der Hurrahstimmung [sic] der ersten Kriegszeit, die sich über die Widerstandsfähigkeit der Feinde und die Grenzen des eigenen Könnens hinwegsetzte.« Müller war davon überzeugt, »dass es ein Verbrechen an der Zukunft des deutschen Volkes gewesen wäre, zu dem vorliegenden Zeitpunkte einen Bruch mit Amerika herbeizuführen [...] Meiner Ansicht nach sind die Erwartungen der Marine bezüglich der Wirkung des U-Bootskrieges [...] ebenso sehr überspannt, wie von ihr die Wirkungen eines Bruches mit Amerika unterschätzt werden.«

29 Es handelte sich um die Detachierte Division, die aus den Schlachtschiffen *Kaiser* und *König Albert* sowie dem Kleinen Kreuzer *Straßburg* bestand. Verbandschef war Konteradmiral Hubert von Rebeur-Paschwitz. Der Verband war Anfang Dezember 1913 aus Wilhelmshaven ausgelaufen und nach einer Reise von etwa 22 000 Seemeilen Mitte Juni 1914 nach Deutschland zurückgekehrt. Bei dieser Reise wurden zahlreiche Häfen sowohl in den deutschen Kolonien in West- und Südwestafrika als auch in südamerikanischen Staaten (einschließlich Chile) angelaufen. Siehe Nauticus, 16 (1914), S. 45, sowie die monatlichen Hinweise über Schiffsbewegungen und angelaufene Häfen in: Marine-Rundschau, 24 (1913), und 25 (1914), passim. Siehe auch Albert Hopman, Das ereignisreiche Leben eines ›Wilhelminers‹. Tagebücher, Briefe, Aufzeichnungen 1901 bis 1920. Im Auftrag des Militärgeschichtlichen Forschungsamtes hrsg. von Michael Epkenhans, München 2004 (= Beiträge zur Militärgeschichte, 62), S. 347 f. (auch FN 272), 357 und 361 f.

einen Achtungserfolg zu erringen, auch wenn dieser mit empfindlichen Verlusten erkauft werden musste. Dieser erhoffte Erfolg war jedoch nur mit Einsätzen zu erreichen, bei denen die Hochseeflotte weiter als bisher nach Norden vorstieß, um eine Reaktion des Gegners zu provozieren.

Für Ende Mai plante Scheer daher einen Vorstoß zur britischen Ostküste. Dabei sollte Sunderland am Tyne bombardiert werden, ein kleiner Hafen, der nur 80 Seemeilen südlich des Firth of Forth lag, wo Teile der britischen Grand Fleet, unter anderem die Schlachtkreuzer, stationiert waren. Weiträumige Aufklärung durch Luftschiffe und die Dislozierung von U-Booten vor den britischen Stützpunkten sollten die Hochseeflotte vor Überraschungen bewahren. Mit der Einstellung des U-Boot-Krieges hatte jedoch die Hochseeflotte ihre von Scheer gegenüber dem Kaiser propagierte Unterstützungsfunktion verloren. Der geplante Sunderland-Vorstoß war nun – strategisch gesehen – innerhalb der Konzeption des Flottenchefs ein Torso. Was sollte er beim Gegner außer Beunruhigung überhaupt bewirken? Worauf gründete Scheer seine Hoffnung, dass der Gegner nur Teile seiner Flotte vorschieben und damit der Hochseeflotte »günstige Angriffsmöglichkeiten« bieten würde, hatte er doch bereits im Frühjahr 1915 – damals eventuell noch in der Illusion eines kurzen Krieges – gegenüber dem damaligen Chef des Admiralstabes, Vizeadmiral Gustav Bachmann, die kritische Frage gestellt, ob nicht Kräfte am Werk seien, »die, um das Prestige der Marine zu heben, ihr eine Schlacht um jeden Preis, d.h. auch den der Vernichtung, zuschieben wollen«. Scheer vertrat damals die Auffassung, dass es ein »Wahnsinn« wäre, »den Engländern die Schlacht an ihrer Küste anzubieten«[30].

Nach aller Kriegserfahrung waren Kräftekonzentration und Schwerpunktbildung Grundvoraussetzungen für einen Erfolg. Warum sollte die Royal Navy anders verfahren, wenn ihr der Gegner – wie jetzt mit der Sunderland-Planung – noch den Gefallen tat, bis in die Nähe ihrer Stützpunkte vorzustoßen? Doch Scheer hielt an dem Plan fest und entsandte zwölf U-Boote auf Wartepositionen vor britischen Stützpunkten (unter anderem zwei Boote vor dem Pentland Firth, sieben Boote vor dem Firth of Forth, zwei Boote nördlich der Humber-Mündung (siehe Karte auf S. 154). Als sich abzeichnete, dass die Wetterlage eine Aufklärung durch Luftschiffe nicht zulassen würde, wurde die Unternehmung aufgegeben. Um jedoch die noch bis Ende Mai verfügbare Stehzeit der U-Boote im Operationsgebiet zu nutzen, plante Scheer ab 28. Mai als Alternative einen Vorstoß in das Skagerrak, um dort Handelskrieg zu führen. Der Vorteil dieses Unternehmens war, dass die Aufklärung durch Luftschiffe nicht den Stellenwert zu besitzen schien, wie bei einer Operation gegen die britische Ostküste.

Der Operationsbefehl vom 28. Mai 1916 (siehe Dok. 1) ging bei den »Nachrichten vom Feind« weitgehend von Vermutungen und Einzelbeobachtungen aus[31]. Man rechnete mit einem lebhaften »Handelsverkehr aus dem Skagerrak nach dem Westen und Südwesten«. Ziel des Vorstoßes (»Eigene Absichten«) war es, durch »das

---

[30] Brief Scheer an Bachmann vom 24.2.1915 (Abschrift). In: BA-MA, RM 8/1647, Bl. 88–91. Ich danke Michael Epkenhans für den Hinweis auf diese Quelle.
[31] Anlage 2 KTB K.d.H. vom 30.5. bis 1.6.1916. In: BA-MA, RM 47/v. 594 (ohne Paginierung).

Erscheinen der Kreuzer vor und in dem Skagerrak« den Gegner »zum Vorschieben von Streitkräften« zu veranlassen, um dadurch den eigenen U-Booten an der britischen Ostküste »Angriffsgelegenheiten zu bieten«. Der Befehlshaber der Aufklärungsschiffe sollte am 31. Mai morgens mit der I. und II. Aufklärungsgruppe – das heißt mit fünf Schlachtkreuzern und vier modernen Kleinen Kreuzern – sowie mit drei Torpedobootsflottillen (ein Kleiner Kreuzer und 30 Torpedoboote) bis zum Skagerrak vorstoßen und »Kreuzer- und Handelskrieg bis zum 1. Juni morgens vor und in dem Skagerrak und bis unter die norwegische Küste« führen, »feindliche Streitkräfte vernichten und überlegene Streitkräfte auf das eigene Gros ziehen«. Der Ausführungsbefehl sollte durch den unverschlüsselten Funkspruch »[Datum] GG 2490« – das war das Aktenzeichen des Op.-Befehls! – an alle Einheiten herausgehen. Das Datum besagte, »dass an dem angegebenen Tag der B.d.A. mit den ihm zugeteilten Streitkräften morgens auslaufen sollte«. Dieser Funkspruch (»31. Gg. 2490«) ging am 31. Mai 1916 um 15.40 Greenwich Mean Time (künftig: GMT für alle Zeitangaben[32]) heraus und wurde von der britischen Funkaufklärung sogleich als ein wichtiges Signal für eine eventuelle bevorstehende Operation der Hochseeflotte gedeutet.

III. Zur Ausgangslage aus britischer Perspektive

Die deutsche U-Boot- und Minenoffensive der ersten Kriegsmonate hatte in erheblichem Maße die Einsatzgrundsätze der britischen Flotte beeinflusst. Nachdem die Grand Fleet bis Ende Oktober 1914 ein Großkampfschiff, drei Panzerkreuzer und zwei Kreuzer durch deutsche U-Boote und Minen verloren hatte[33], sah Admiral Sir John Jellicoe in diesen Seekriegsmitteln eine Gefahr für den Bestand seiner Flotte. Er war daher nicht gewillt, eine Schlacht in der südlichen Nordsee zu suchen, wo der Gegner mit dieser Art der Seekriegführung im Vorteil sein würde. Seine Überlegungen trug Jellicoe im Oktober 1914 der Admiralität in einer Denkschrift vor. Er vermutete eine Verwendung der deutschen U-Boote in taktischem Zusammenhang mit der Hochseeflotte:

»Wenn zum Beispiel die feindliche Schlachtflotte vor einer vorstoßenden Flotte abwenden sollte, würde ich annehmen müssen, daß die Absicht bestände, uns auf Minen und U-Boote zu ziehen, und ich würde es ablehnen, mich auf diese ziehen zu lassen.

---

[32] Alle Zeitangaben in diesem Beitrag erfolgen nach GMT (Zeitzone Z). An Bord der deutschen Einheiten galt im Mai 1916 die mitteleuropäische Sommerzeit, d.h. zwei Stunden vor GMT (Zeitzone B). Bei den Zeitangaben in den deutschen Kriegstagebüchern und Gefechtsberichten besteht daher eine Zeitdifferenz von zwei Stunden zu den britischen Quellen. In dem Werk Der Krieg in der Nordsee, Bd 5 (wie Anm. 2) sind alle Zeiten auf MEZ (Zeitzone A) reduziert worden. In den britischen und amerikanischen Werken über den Seekrieg 1914-18 in der Nordsee erfolgen alle Zeitangaben nach GMT.

[33] Schlachtschiff *Audacious* (23 300 t, 24.10.1914 auf einer deutschen Minensperre) sowie die Panzerkreuzer *Cressy*, *Hogue* und *Aboukir* (12 200 t, 22.9.1914) und die Kreuzer *Pathfinder* (3000 t, 5.9.1914) und *Hawke* (7350 t, 14.10.1914) durch U-Boote. Details in: Der Krieg in der Nordsee, Bd 2 (wie Anm. 5), passim.

Ich wünsche die Aufmerksamkeit Ihrer Lordschaften ganz besonders auf diesen Punkt zu lenken, da dies als eine Ablehnung der Schlacht erscheinen und in der Tat möglicherweise damit enden könnte, daß der Feind nicht so, wie erhofft und erwartet, zur Schlacht gestellt würde. Ein solches Ergebnis würde durchaus im Widerspruch stehen mit dem Gefühl aller britischen Marineoffiziere und Mannschaften, aber neuen und unerprobten Methoden der Kriegführung gegenüber müssen neue Formen der Taktik erdacht werden, um ihnen entgegenzutreten. Ich fühle, daß eine solche Taktik, wenn unverstanden, ein Odium auf mich laden wird[34].«

Solange die Hochseeflotte nicht weiter nach Norden oder in Richtung Ärmelkanal vordrang, sah sich die Royal Navy nicht zu größeren Abwehrmaßnahmen gezwungen. Die defensive britische Seestrategie zahlte sich allmählich aus. Die langsame Wirkung des Wirtschaftskrieges gegen Deutschland wurde jedoch in der Grand Fleet nicht als gleichwertiger Ersatz für eine Schlacht empfunden. Offiziere und Besatzungen fühlten sich der offensiven Tradition eines Nelson verpflichtet und wünschten eine Schlacht, die wie bei Trafalgar mit einer Vernichtung des Gegners enden sollte[35]. Als Scheer im April 1916 begann, die britische Ostküste zu beschießen, nahm in Großbritannien die Kritik an der bisherigen defensiven Seestrategie zu. Da sich das Kräfteverhältnis der Flotten zueinander weiter zugunsten der Briten verändert hatte, nicht zuletzt durch den Zulauf der fünf sehr kampfkräftigen und schnellen Großkampfschiffe der *Queen-Elizabeth*-Klasse ab Frühjahr/Herbst 1915, wurden offensive Vorstöße gefordert, um die Hochseeflotte hervorzulocken[36]. Doch Jellicoe vertraute darauf, dass der ursprünglich eingeschlagene Weg den sicheren Erfolg bringen würde: Aufrechterhaltung der Fernblockade und eine Schlachtentscheidung nur dann, wenn sie in nördlichen Teilen der Nordsee möglich war.

Bereits am 28. und 29. Mai 1916 konnte die britische Admiralität den Ergebnissen der Funkaufklärung entnehmen, dass Scheer für die Hochseeflotte eine höhere Einsatzbereitschaft befohlen hatte[37]. Am 30. Mai 1916 vormittags wusste die Admiralität, dass sich die Hochseeflotte abends auf der Außenreede von Wilhelmshaven versammeln sollte. Daraufhin wurden Jellicoe und sein Befehlshaber der Schlachtkreuzer, Vice-Admiral Beatty, darüber informiert, dass die deutsche Flotte möglicherweise am frühen Morgen des 31. Mai auslaufen würde. Nachdem der Funkspruch Scheers »31. Gg. 2490« an alle Einheiten der Hochseeflotte von der

---

[34] Denkschrift Admiral Jellicoe vom 30. Oktober 1914 vollständig publiziert im Original und in deutscher Übersetzung als Anlage 17 in: Ebd., S. 324-328. Vgl. dazu Marder, From the Dreadnought, vol. 3 (wie Anm. 2), S. 8 f., und jetzt Andrew Gordon, The Rules of the Game: Jutland and British Naval Command, London 1996, passim.

[35] Siehe dazu jetzt grundlegend Nicolas Wolz, Das lange Warten. Kriegserfahrungen deutscher und britischer Seeoffiziere 1914 bis 1918, Paderborn, München 2008 (= Zeitalter der Weltkriege, 3).

[36] *Queen Elizabeth*: 29 150 t, 24 Kn, acht 38,1-cm- und sechzehn 15,2-cm-Geschütze, vier Torpedorohre, reine Ölfeuerung der Kessel. Weitere Details bei Siegfried Breyer, Schlachtschiffe und Schlachtkreuzer 1905-1970. Die geschichtliche Entwicklung des Großkampfschiffes, München 1970, S. 159-168.

[37] Die folgenden Ausführungen in Anlehnung an Beesly, Room 40 (wie Anm. 6), S. 152-155. Zu den wichtigsten britischen und deutschen Funksprüchen vor dem Auslaufen der beiderseitigen Flottenverbände siehe Der Krieg in der Nordsee, Bd 5 (Textband) (wie Anm. 2), Anl. 16 und 17, S. 483-553.

Deutsche und britische Seestreitkräfte

Schiffstyp	Hochseeflotte	Grand Fleet
Großkampfschiffe	21	37
Schlachtkreuzer	5	9
Schlachtschiffe	16	28
Ältere Linienschiffe oder Panzerkreuzer	6	8
Kleine/Leichte Kreuzer	11	26
Zerstörer/T-Boote	62	80
Einheiten insgesamt:	**100**	**151**

© MGFA 05796-05

britischen Funkaufklärung richtig als ein wichtiges Signal des Gegners für eine geplante Flottenoperation gedeutet wurde, erhielt Jellicoe um 17.40 GMT den Befehl zum Auslaufen. Um für alle Eventualitäten gerüstet zu sein, sollte er mit der Grand Fleet etwa 180 Seemeilen östlich von Aberdeen die weitere Entwicklung abwarten. Die Grand Fleet lief um 22.30 GMT aus Scapa Flow aus und war damit um einige Stunden früher in See als der Gegner. Allerdings fehlten genauere Informationen über Ziel und Umfang der deutschen Flottenaktion, so dass Jellicoe und Beatty am Morgen des 31. Mai nicht wussten, dass die gesamte Hochseeflotte in See war. Zumal sie um 12.48 GMT von der Admiralität folgenden Funkspruch erhielten: »No definite news of the enemy. They made all preparations for sailing early this morning. It was thought Fleet had sailed but Directionals place the flagship in the Jade at 11.10 A.M. GMT. Apparently they have been unable to carry out air reconnaissance which had delayed them[38].« Wie kam es zu diesem Funkspruch, der nicht ohne Folgen bleiben sollte? Der deutsche Flottenchef gab bei jedem Auslaufen sein Funkrufzeichen (DK) an die Funkstation Wilhelmshaven (Dritte Einfahrt) ab, um sein Auslaufen gegenüber dem Gegner zu verschleiern. Diese Funkstation wickelte weiterhin den Routineverkehr ab, während das Flottenflaggschiff für die Dauer einer Unternehmung einen anderen Rufnamen erhielt. Doch »Room 40« in der Admiralität hatte diesen Rufzeichenwechsel schon längere Zeit richtig erfasst und wusste, dass die Funkstation mit dem Rufzeichen DK stets in Wilhelmshaven blieb. Allerdings war die britische Funkaufklärung noch nicht voll im Entscheidungsprozess der Admiralität integriert. So konnte es geschehen, dass der Chef der Operationsabteilung, Captain Thomas Jackson, am 31. Mai mittags im Room 40 erschien und nur fragte, wo die deutsche Funkstation mit dem Rufzeichen DK eingepeilt werde. Er erhielt als Antwort »Wilhelmshaven«, stellte keine weiteren Fragen und verließ den Raum, um den oben zitierten Funkspruch aufzusetzen[39]. Zu diesem Zeitpunkt befand sich Jellicoe mit der Grand Fleet etwa 80 Seemeilen vor dem Treffpunkt mit Beatty, der mit seinen Verbänden von Rosyth ausgelaufen war.

---

[38] Zit. nach Gordon, The Rules of the Game (wie Anm. 34), S. 73. Vgl. auch Nigel Steel and Peter Hart, Jutland 1916. Death in the Grey Wastes, London 2003, S. 57 f.
[39] Details bei Beesly, Room 40 (wie Anm. 6), S. 155.

IV. Zusammensetzung, Gliederung und Formation der Flottenverbände

Die Zusammensetzung, Gliederung und nicht zuletzt Formation der beiden Flotten, die sich am Vormittag des 31. Mai 1916 aufeinander zu bewegten, bilden zum Verständnis der oft sehr schnell wechselnden Ereignisse eine wichtige Grundlage. Dies gilt auch für die Kampfkraft der beteiligten Einheiten, auf die hier nur anhand einzelner Beispiele eingegangen wird[40].

Die britische Grand Fleet unter Admiral Jellicoe bestand aus vier Geschwadern mit 24 Großkampfschiffen und drei Schlachtkreuzern, dazu drei Kreuzergeschwader mit acht älteren Panzerkreuzern und zehn Leichten Kreuzern sowie drei Zerstörerflottillen mit 51 Zerstörern. Die 24 Schlachtschiffe liefen in sechs parallelen Divisions-Kiellinien zu je vier Einheiten (»Divisions-Dwarslinie«); es war eine Formation, die im Vergleich zu einer Kiellinie gegnerischer U-Booten ein kleineres Ziel bot und aus der heraus Jellicoe in kürzester Zeit auf jeder Flanke eine Gefechtslinie bilden konnte. 38 Zerstörer bildeten eine enge U-Boot-Sicherung und zwei Geschwader mit neun Leichten Kreuzern einen Aufklärungsgürtel. 13 Seemeilen vor den Leichten Kreuzern standen sieben ältere Panzerkreuzer in einem breiten Aufklärungsgürtel, ein weiterer Panzerkreuzer stand als Signalwiederholer zwischen dieser Aufklärungslinie und der Grand Fleet. Das III. Schlachtkreuzer-Geschwader (drei Einheiten) unter Rear-Admiral Sir Horace L.A. Hood bildete zusammen mit zwei Leichten Kreuzern und vier Zerstörern die Vorhut. Die Flotte fuhr im Zickzackkurs mit einer Vormarschgeschwindigkeit von 14 Knoten nach Südosten, um gegen 14.00 GMT die Position 57°45' N, 4°15' O zu erreichen.

Der Schlachtkreuzer-Verband unter Vice-Admiral Beatty bestand aus zwei Geschwadern mit sechs Schlachtkreuzern und dem V. Schlachtgeschwader (vier schnelle Großkampfschiffe der *Queen-Elizabeth-Klasse*) unter Rear-Admiral Hugh Evan-Thomas, drei Kreuzergeschwadern mit 13 Leichten Kreuzern und vier Zerstörerflottillen mit 29 Zerstörern. Die beiden Schlachtkreuzergeschwader fuhren in zwei Kolonnen nebeneinander, fünf Seemeilen dahinter das V. Schlachtgeschwader. Die Leichten Kreuzer bildeten acht Seemeilen vor den Großkampfschiffen eine nach Südosten ausgerichtete 25 Seemeilen lange Aufklärungslinie. Beatty sollte mit seinem Verband um 14.00 GMT die Position 56°40' N, 5° O (etwa 69 Seemeilen südsüdöstlich der Grand Fleet) erreichen und anschließend, wenn sich bis dahin nichts ereignet hatte, nach Norden zur Position der Grand Fleet schwenken. Nach Vereinigung der Verbände sollte die gesamte Flotte Richtung Horns Riff laufen. Als Beatty noch etwa zehn Seemeilen von der für 14.00 GMT befohlenen Position entfernt war, drehte er mit seinem Verband nach Norden und stationierte das kampfkräftige V. Schlachtgeschwader fünf Seemeilen nordnordwestlich von seinem Flaggschiff *Lion*. Es war eine Position, von der aus das Geschwader sich

---

[40] Zur Kampfkraft der britischen und deutschen Einheiten siehe folgende Handbücher: Taschenbuch der Kriegsflotten. 1914/15 Kriegsausgabe. Hrsg. von B. Weyer, München 1914; Erich Gröner, Die deutschen Kriegsschiffe 1815-1945, Bd 1, München 1966, und Breyer, Schlachtschiffe und Schlachtkreuzer (wie Anm. 36).

beim Zusammentreffen mit Jellicoe schnell in die Grand Fleet einordnen konnte, denn nördlich von Beatty war eine Feindberührung ausgeschlossen. Die Aufklärungslinie der Leichten Kreuzer stand jetzt acht Seemeilen achteraus der *Lion* auf einer Linie von Südwest nach Nordost. Diese Formationsänderung, insbesondere die Stationierung des V. Schlachtgeschwaders, sollte für Beatty schwerwiegende Folgen haben[41].

Die deutsche Hochseeflotte bestand aus dem Gros unter Vizeadmiral Scheer und den Aufklärungsstreitkräften unter Vizeadmiral Hipper. Das Gros setzt sich zusammen aus drei Geschwadern mit 16 Großkampfschiffen der *Kaiser*- und *König*-Klasse und der *Nassau*- und *Helgoland*-Klasse sowie sechs älteren Linienschiffen der *Braunschweig*- bzw. *Deutschland*-Klasse, die von 1904 bis 1908 noch vor dem *Dreadnought*-Sprung gebaut worden waren, einer Aufklärungsgruppe mit fünf Kleinen Kreuzern sowie vier Torpedobootflottillen mit einem Führerkreuzer und 32 T-Booten.

Die Aufklärungsstreitkräfte unter Vizeadmiral Hipper bestanden aus zwei Aufklärungsgruppen mit fünf Schlachtkreuzern und vier Kleinen Kreuzern sowie drei Torpedobootflottillen mit einem Führerkreuzer und 30 T-Booten. Am 31. Mai 1916 um 1.00 GMT ging Hipper mit seinen Einheiten Anker auf. Seine Marschformation war Kiellinie der I. Aufklärungsgruppe (I. A.G.) mit einer U-Boot-Sicherung durch elf T-Boote. Vor der I. A.G. marschierten in acht Seemeilen Abstand in einem viertelkreisförmigen Aufklärungssektor von Nordwest bis Nordost vier Kleine Kreuzer der II. Aufklärungsgruppe zusammen mit dem II. Führer der Torpedoboote (II. F.d.T.) auf dem Kleinen Kreuzer *Regensburg*. Bei jedem Kreuzer befanden sich drei oder vier T-Boote. Die Vormarschgeschwindigkeit lag bei 16 Knoten.

Um 3.30 GMT ging das Gros unter Vizeadmiral Scheer in der Jade und der Elbmündung Anker auf. Die Marschformation war eine lange Kiellinie mit einem Schiffsabstand von 700 Metern und einem Geschwaderabstand von 3500 Metern, das heißt insgesamt etwa 13 Seemeilen. Das Gros lief in der Reihenfolge III. Geschwader (Konteradmiral Paul Behncke mit den Schlachtschiffen der *Kaiser*- und *König*-Klasse), Flottenflaggschiff *Friedrich der Große*, I. Geschwader (Vizeadmiral Erhard Schmidt mit den Schlachtschiffen der *Helgoland*- und *Nassau*-Klasse) und II. Geschwader (Konteradmiral Franz Mauve mit den Linienschiffen der *Braunschweig*- und *Deutschland*-Klasse). Kreisförmig um die Flotte verteilt marschierten im Abstand von fünf bis acht Seemeilen sechs Kleine Kreuzer mit je einem T-Boot. 26 weitere T-Boote bildeten die Nahsicherung gegen U-Boote[42]. Alle Einheiten hatten Dampf auf in allen Kesseln für eine Marschfahrt von 14 Knoten.

---

[41] Zu den Formationen der britischen Verbände siehe Textskizzen Nr. 4 und 5 in: Der Krieg in der Nordsee, Bd 5 (wie Anm. 2), S. 219, 227. Siehe hierzu auch den Beitrag Brooks in diesem Band.

[42] Zur Formation der deutschen Verbände siehe Textskizzen Nr. 2 und 3, S. 217 f. In: Der Krieg in der Nordsee, Bd 5 (wie Anm. 2). Zur Terminologie der Kriegsschiffstypen der Kaiserlichen Marine: Gemäß Flottengesetz von 1900 setzte sich der Schiffsbestand der Flotte aus Linienschiffen, Großen und Kleinen Kreuzern zusammen. Die Großen Kreuzer wurden bis 1918 auch als Panzerkreuzer und ab dem Großen Kreuzer *Von der Tann* auch als Schlachtkreuzer bezeichnet. In diesem Beitrag werden die deutschen Großkampfschiffe, sofern sie dem Typ Linienschiff ab der *Nassau*-Klasse zuzurechnen sind, als Schlachtschiffe und die Großen Kreuzer ab der *Von der Tann* als Schlachtkreuzer bezeichnet. Der Begriff »Linienschiff« steht für ältere Linienschiffe, die vor dem sogenannten *Dreadnought*-Sprung gebaut wurden.

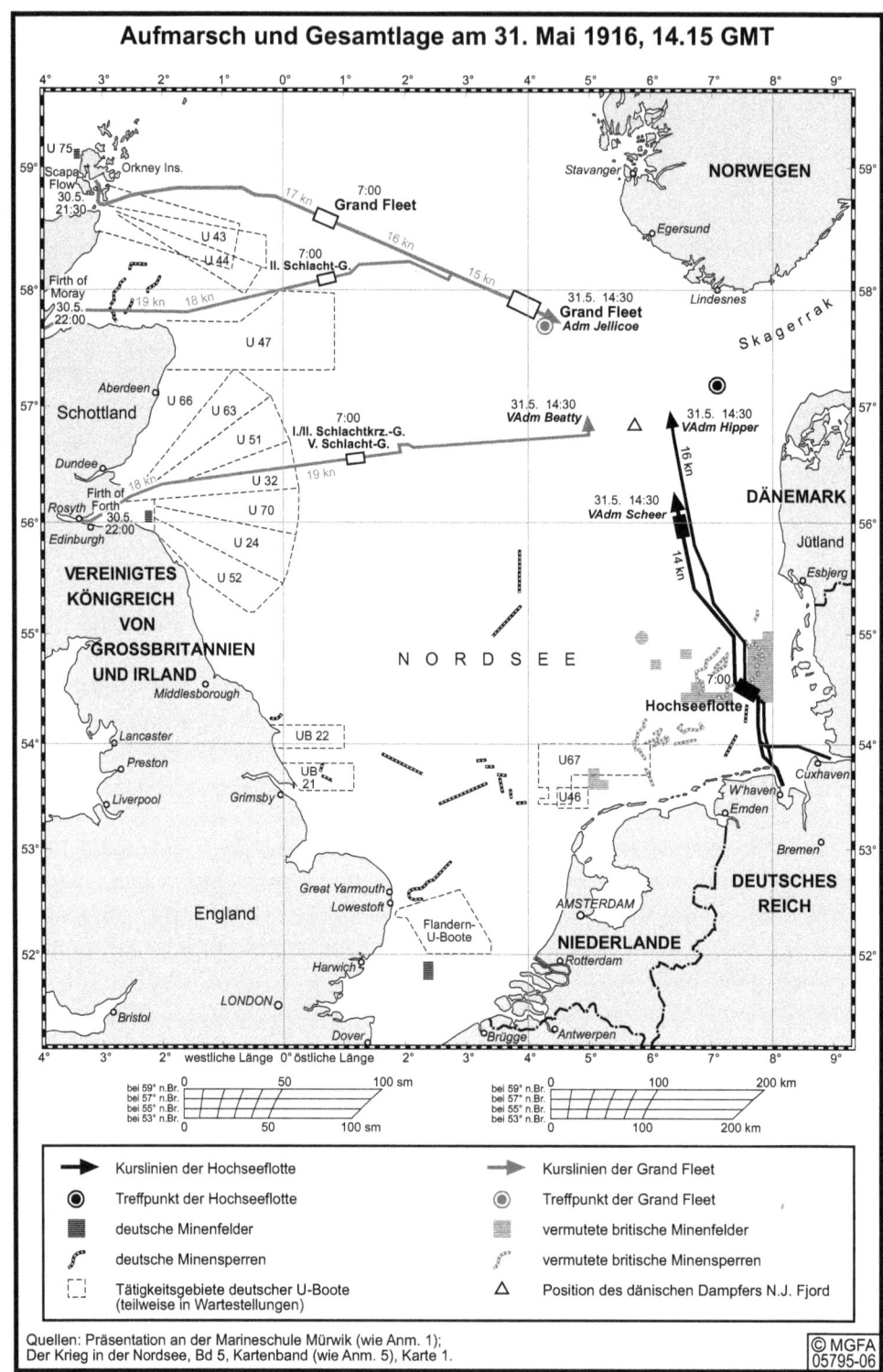

Die kartografische Rekonstruktion der Schlacht hat noch Jahre später allen Beteiligten einiges Kopfzerbrechen bereitet, da die Wegekarten und Positionen der Schiffe erheblich voneinander abwichen. Diese Unterschiede konnten nur auf dem Wege des Ausgleichs beseitigt werden, indem bestimmte Bezugspunkte gewählt wurden, die beide Seiten beobachtet hatten, beispielsweise Untergangspositionen von Schiffen oder bewegungslose Wracks. Daher sollten alle später rekonstruierten Karten nicht zu falschen Schlussfolgerungen und voreiligen Bewertungen führen. Die jeweilige taktische Lage konnten die damaligen Befehlshaber aufgrund ihrer unzulänglichen Aufklärungsmittel und der wechselnden Sichtverhältnisse kaum genauer erfassen. Das heftige Artilleriefeuer und die hohe Geschwindigkeit der großen Einheiten führten dazu, dass der damit verbundene starke Rauch und Qualm bei dem schwachen westlichen Wind lange Zeit über der Wasseroberfläche hing. Unter diesen Bedingungen blieb nur zu oft im Dunkeln, wo der jeweilige Gegner stand und welchen Kurs er lief[43].

V. Der Aufmarsch und die erste Gefechtsberührung

Als die Hochseeflotte am 31. Mai 1916 eine Position einige Seemeilen nördlich von Helgoland erreicht hatte, gingen auf dem Flottenflaggschiff *Friedrich der Große* zwischen 5.50 und 6.48 GMT drei Aufklärungsmeldungen ein. *U 32*, vor dem Firth of Forth stehend, meldete: »Zwei Großkampfschiffe, 2 Kreuzer, mehrere Torpedoboote (Position gem. Quadratzahl: 60 Seemeilen östlich Firth of Forth) mit südöstlichen Kursen.« Die Funkbeobachtungsstation Neumünster meldete: »Zwei große Kriegsschiffe oder Verbände mit Zerstörern ausgelaufen aus Scapa Flow.« Um 6.48 GMT meldete *U 66* aus einer Position 60 Seemeilen östlich Peterhead: »Acht feindliche Großkampfschiffe in Sicht, kleine Kreuzer, Torpedoboote mit nordöstlichem Kurs (Position).«

Daraufhin kam Scheer zu folgender Beurteilung der Lage: »Diese Meldungen könnten den Gedanken nahe legen, daß der Feind von unserem Auslaufen Kenntnis erhalten hat. Gegen diese Annahme jedoch spricht die Kürze der zur Übermittelung [sic] der Nachricht zur Verfügung stehenden Zeit, die divergierenden Kurse der Verbände sowie ihre Zusammensetzung, so daß ein Zusammenhang mit unserer Unternehmung nicht wahrscheinlich ist[44].« Um 11.55 GMT erhielt Scheer aus Neumünster eine weitere Meldung mit dem Wetterbericht für den Firth of Forth (Westwind Stärke 1, diesig), die einen aufschlussreichen Zusatz enthielt: »Derartige Meldungen im allgemeinen nur beobachtet, wenn Flottenverband in See[45].« Dieser Hinweis schien dem Flottenstab so unwichtig zu sein, dass er erst gar nicht im Kriegstagebuch festgehalten wurde.

---

43 Siehe dazu: Ebd., S. VI-VIII (Vorwort), und ebd., Kartenband, Beiblatt mit Erläuterungen zu den Karten.
44 KTB K.d.H. vom 31.5.1916, BA-MA, RM 47/v 594, S. 4. Die zitierten Aufklärungsmeldungen ebd., S. 3 f. Vgl. Der Krieg in der Nordsee, Bd 5 (wie Anm. 2), S. 213 f. und S. 520 f.
45 Siehe Der Krieg in der Nordsee, Bd 5 (wie Anm. 2), Anl. 17, Zitat S. 521.

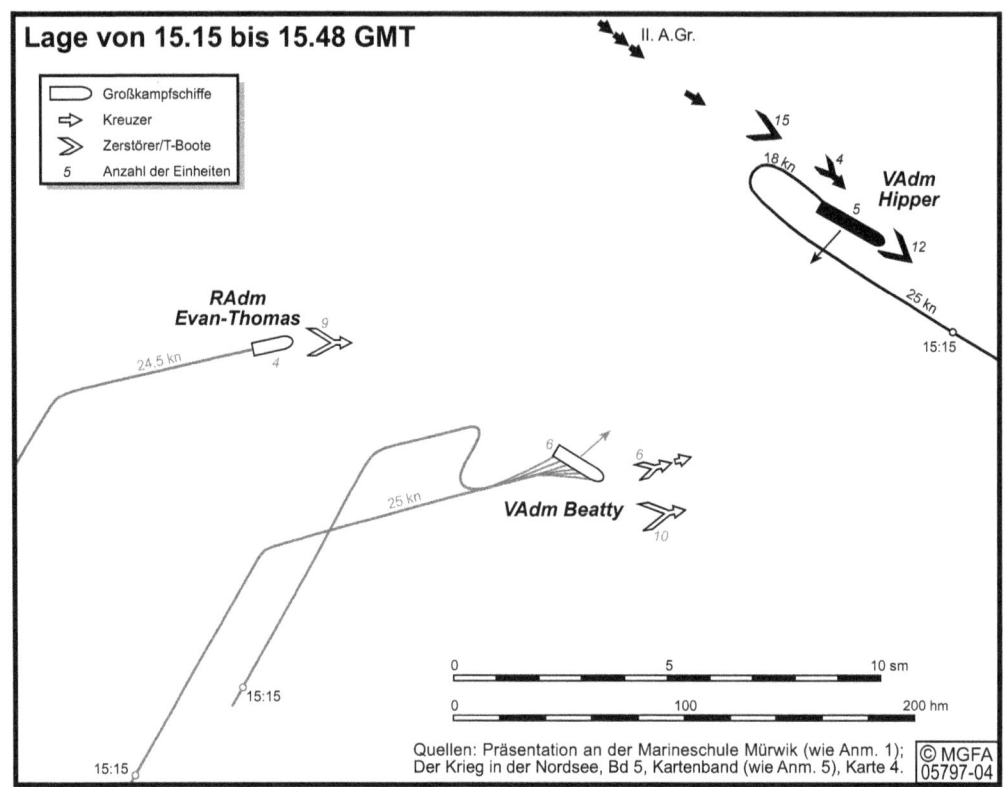

Bei den konvergierenden Kursen der deutschen und britischen Streitkräfte wäre es in jedem Fall zu einer Gefechtsberührung gekommen. Je länger sich dieses Zusammentreffen hinausschob, umso näher wäre Beatty mit seinem Schlachtkreuzerverband bei der Grand Fleet gewesen und umso ungünstiger wäre die Lage für Hipper geworden, der sich etwa 50 Seemeilen vor dem Gros der Hochseeflotte befand: Es war ein bloßer Zufall, »daß gleich nach der Schwenkung der britischen Schlachtkreuzer nach Norden ein ganz nebensächliches Ereignis zur vorzeitigen Gefechtsberührung führte«[46].

Gegen 14.00 Uhr war vom Kleinen Kreuzer *Elbing*, dem linken Flügelkreuzer der Aufklärungslinie vor Hippers Schlachtkreuzern, im Westen ein Frachtdampfer gesichtet worden. Es war das dänische Schiff *N.J.-Fjord*. Zur Untersuchung des Dampfers wurden die großen Torpedoboote *B 109* und *B 110* (1843 t, 37 Kn) abgeteilt, die das Schiff stoppten und gerade untersuchen wollten. Der gestoppte Dampfer blies Dampf ab. Diese Dampfwolke zog die Aufmerksamkeit der britischen Kreuzer *Galatea*, Flaggschiff des I. Leichten Kreuzergeschwaders, und *Phaeton* auf sich, die nur etwa zwölf Seemeilen westnordwestlich am östlichen Ende des breiten Aufklärungsstreifens standen. Während Beatty mit den Schlachtkreuzern schon auf Nordkurs geschwenkt war, näherten sich die Kreuzer der *N.J.-Fjord* und stellten fest, dass bei dem gestoppten Dampfer ein »Zweischornsteinschiff« lag.

---

[46] Ebd., S. 220.

Die entsprechende Meldung (»Zweischornsteinschiff hat Dampfer angehalten in OSO, 8 sm ab, suche Fühlung«) ging um 14.10 GMT mit Scheinwerfer an Beatty. Nur wenige Minuten später folgte die Meldung – durch Flaggensignal an alle – »Feind in Sicht! Zwei feindliche Kreuzer gesichtet in Ost«, ergänzt durch einen entsprechenden Funkspruch mit Positionsangabe. Die beiden Kreuzer begannen die Verfolgung der deutschen Torpedoboote und eröffneten das Feuer, worauf von Nordosten her der Kreuzer *Elbing* mit hoher Fahrt zur Unterstützung der T-Boote heranlief. Kurz darauf meldete *Elbing* die sich ebenfalls mit hoher Fahrt nähernden britischen Kreuzer als »Panzerkreuzer«. Die ersten Gefechte der leichten Streitkräfte begannen.

Keine Seite wusste, dass sich die gegnerische Flotte im Anmarsch befand. Jeder rechnete nur mit vorgeschobenen leichten Streitkräften des Gegners. Doch bereits um 14.35 GMT befahl Jellicoe für die Grand Fleet »Dampf auf für äußerste Kraft«, um gegebenenfalls sofort mit hoher Fahrt Beatty entgegenlaufen zu können. Hipper befand sich mit seinen beiden Aufklärungsgruppen auf Nordkurs 51 Seemeilen vor Scheer. 45 Seemeilen westlich von Hipper stand Beatty mit seiner Schlachtkreuzerflotte. Dieser hatte gerade nach Norden gedreht, um sich mit der Grand Fleet zu vereinigen, die sich zu diesem Zeitpunkt etwa 70 Seemeilen nordnordwestlich von ihm befand. Nachdem die Meldung der *Galatea* um 14.32 GMT auf der *Lion* eingegangen war, reagierte Beatty sofort, befahl eine allgemeine Kursänderung auf Südsüdost und erhöhte die Fahrt, um seinen Verband zwischen den Gegner und dessen Stützpunkte zu schieben. Wegen des dichten Rauches der Schlachtkreuzer, eine Folge der erhöhten Fahrt, und der Entfernung von fünf Seemeilen zwischen den beiden Flaggschiffen wurde das Flaggensignal mit der Kursänderung weder auf der *Barham* (Flaggschiff von Rear-Admiral Evan-Thomas) gesehen, noch wurde es vom Schlachtkreuzer *Tiger* weitergegeben, der eigentlich als Signalwiederholer fungieren sollte. Es dauerte daher einige Minuten, bis Evan-Thomas die Lage erkannt hatte und mit seinem Geschwader ebenfalls auf SSO-Kurs ging. Diese Verzögerung führte jedoch dazu, dass sich die Distanz zwischen der *Lion* und der *Barham* auf beinahe zehn Seemeilen erhöhte und damit das V. Schlachtgeschwader bei einem eventuellen Gefecht der Schlachtkreuzer nicht sofort unterstützend eingreifen konnte[47]. Um 14.39 GMT meldete *Galatea*, dass in ONO eine »starke Rauchwolke wie von einer Flotte« gesichtet worden war. Gegen 15.00 GMT erkannte Beatty, dass der Gegner nicht in der Lage sein werde, den minenfreien Weg bei Horns Riff ohne Gefechtsberührung zu erreichen. Er änderte daher seinen Kurs auf Ost und dann auf Nordost, um näher an den Gegner heranzukommen, dessen leichte Streitkräfte (Kreuzer der II. A.G. mit ihren T-Booten) er um 15.15 GMT in Sicht bekam[48].

---

[47] Nach Marder, From the Dreadnought, vol. 3 (wie Anm. 2), S. 57 f. Vgl. Julian S. Corbett, Naval Operations, vol. 3: Events in Home Waters from the Spring of 1915 to the Battle of Jutland, S. 331; Gordon, The Rules of the Game (wie Anm. 34), S. 81-101; Steel/Hart, Jutland 1916 (wie Anm. 38), S. 63 f., und in diesem Band den Beitrag von Brooks.

[48] Alle Signale nach: Der Krieg in der Nordsee, Bd 5 (wie Anm. 2), S. 486-488 (Anl. 16).

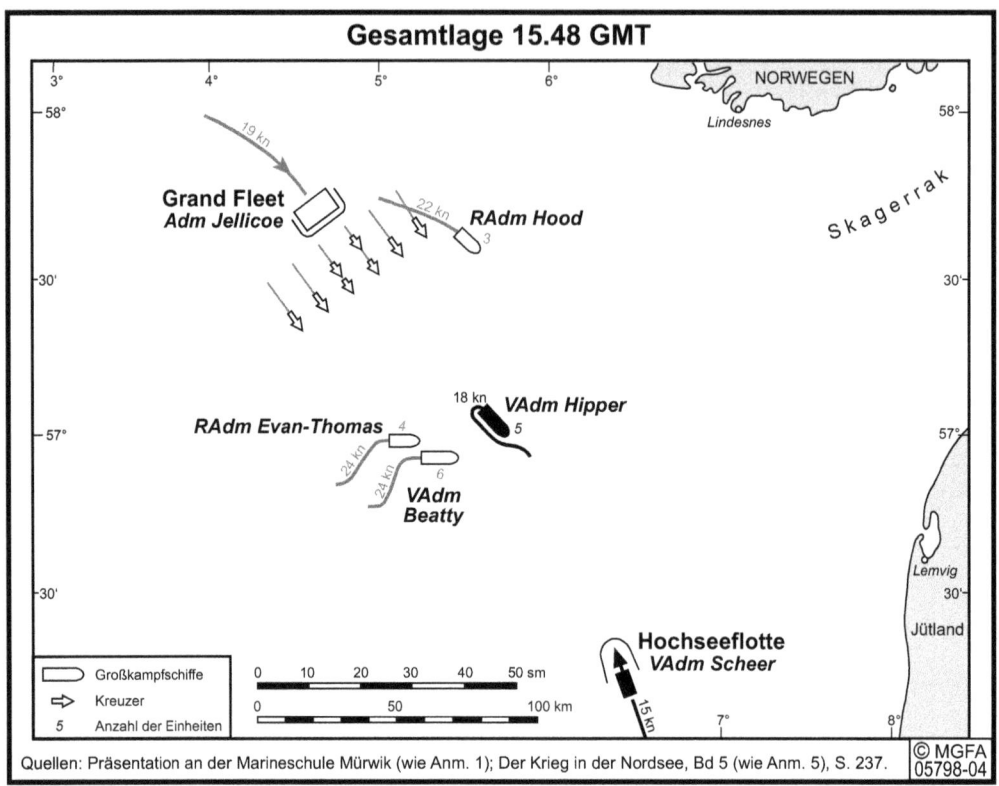

Um 15.29 GMT sichteten die deutschen Einheiten im Westen zunächst starke Rauchwolken und kurze Zeit später zwei Kolonnen schwerer Schiffe, die nach Norden liefen. Daraufhin meldete Hipper an Scheer: »Feindliche Gros in Sicht in (Quadratangabe). Feindliches Gros ist 6 Schiffe stark, steuert Nord.« Hipper ging auf Parallelkurs und war bereit, ein Gefecht auf einem Kurs anzunehmen, der »ihn von seinem Gros wegführte und somit dem Befehl Scheers zuwiderlief«[49]. In Erwartung eines Gefechts an Backbordseite befahl Hipper um 15.29 GMT »Feuerverteilung von rechts«. In diesen Minuten beobachtete er jedoch beim Gegner eine Kursänderung auf Süd, der er sofort durch eine Schwenkung auf südöstlichem Kurs folgte, da ihm diese Entwicklung »im Hinblick auf die gegebene Möglichkeit, feindl[iche] Streitkräfte auf das eigene Gros zu ziehen, besonders willkommen war«[50]. Was war tatsächlich geschehen? Beatty hatte um 15.33 GMT den Übergang von der Kolonnenformation in die Gefechtskiellinie befohlen. Daher war sein II. Schlachtkreuzergeschwader vorübergehend auf Südkurs gegangen. Diese Formationsänderung hatte Hipper als eine generelle Kursänderung gedeutet. Es muss hier Spekulation bleiben, wie sich die weiteren Ereignisse entwickelt hätten, wenn Beatty auf Nordostkurs geblieben wäre. In jedem Fall trifft nicht zu, wie in der

---

[49] Frost, Grand Fleet (wie Anm. 2), S. 188.
[50] Nach KTB B.d.A. 31.5.1916, S. 4, BA-MA, RM 8/880.

britischen Literatur meist vertreten[51], dass Hipper sofort auf Südostkurs gegangen sein soll, als er beim Gegner schwere Einheiten erkannt habe.

VI. Die erste Phase: Das Gefecht der Schlachtkreuzer[52]

Nach der Gefechtsberührung der leichten Streitkräfte liefen die Schlachtkreuzerverbände aufeinander zu. Nachdem sich die Entfernung auf 18 700 m (187 Hektometer/hm) verringert hatte, zögerte Hipper noch mit der Feuereröffnung. Er wusste, dass er die britischen Schlachtkreuzer wegen der geringeren Reichweite der schweren Artillerie (178 bis 187 hm) der eigenen Schlachtkreuzer noch nicht wirkungsvoll bekämpfen konnte[53]. Um die Entfernung zu verringern, wendete er daher mit der I. Aufklärungsgruppe um zwei Strich (22,5°) nach Steuerbord und eröffnete um 15.48 GMT auf 130 hm das Feuer[54], das vom Gegner sofort erwidert wurde. Die Sichtverhältnisse waren dabei für die britischen Schlachtkreuzer nach Osten erheblich ungünstiger: »So kam es, dass Admiral Beatty, als die Entfernung tatsächlich bereits auf 180 hm heruntergegangen war, sich noch außerhalb der Reichweite seiner Geschütze glaubte[55].«

Aufgrund der erwähnten Verzögerung bei der Übermittlung der Kursänderung auf SSO stand Rear-Admiral Evan-Thomas mit dem V. Schlachtgeschwader weit zurück und konnte zunächst nicht in das Gefecht eingreifen. 50 Seemeilen im Süden näherte sich Scheer mit 15 Knoten den Schlachtkreuzern, die auf ihn zulie-

---

51   Corbett, Naval Operations, vol. 3 (wie Anm. 47), S. 332; L. Gibson/J.E.T. Harper, The Riddle of Jutland, London 1934, S. 122; Bennett, Die Skagerrakschlacht (wie Anm. 2), S. 87 f.; Marder, From the Dreadnought, vol. 3 (wie Anm. 2), S. 64; Halpern, A Naval History of World War I (wie Anm. 6), S. 318, und Gordon, The Rules of the Game (wie Anm. 34), S. 108. Vgl. demgegenüber Tarrant, Jutland, S. 71, und Campbell, Jutland (beide wie Anm. 2), S. 34.

52   Die Darstellung der vier Phasen der Schlacht erfolgt in Anlehnung an das Manuskript der Präsentation in Wilhelmshaven im Mai 2006 (siehe oben Anm. 1), ohne dass dies jeweils in Fußnoten belegt wird. Ich danke den Fregattenkapitänen a.D. Friedrich-Wilhelm von Wedelstaedt und Wilhelm Knöß, die 2006 jeweils die deutsche und die britische Seite vorgetragen haben, für die gute Zusammenarbeit und für ihr Einverständnis.

53   Die Einheiten des an der Spitze laufenden I. britischen Schlachtkreuzergeschwaders (*Lion*, *Queen Mary*, *Princess Royal* und *Tiger*) hatten mit ihrer schweren Artillerie eine maximale Reichweite von etwa 210 hm. Der Krieg in der Nordsee, Bd 5 (wie Anm. 2), S. 235.

54   Tatsächlich fielen die ersten Salven zwischen 154 hm (*Lützow*) bis auf 162 hm (*Von der Tann*). Ebd., S. 236. Im KTB B.d.A. vom 31.5.1916, S. 4, BA-MA, RM 8/880, heißt es dazu: »[Es] konnte 5 h 49 das Feuer auf 130 hm eröffnet werden. Es wurde vom Gegner sofort erwidert, dessen Spitze zu dieser Zeit ziemlich genau querab von *Lützow* stand. Unter Fahrtvermehrung wurde durch *Victor* um 5 h 54 Nm. die Kiellinie wieder hergestellt.« Vgl. auch Georg von Hase, Die zwei weißen Völker. Deutsch-Englische Erinnerungen eines deutschen Seeoffiziers, Leipzig 1920, S. 84-107. Hase war I. Artillerieoffizier des Schlachtkreuzers *Derfflinger*. Die englische Übersetzung seines Buches (Kiel and Jutland, London 1921) ist für die meisten britischen Autoren neben der Übersetzung der Erinnerungen Scheers (Germany's High Sea Fleet in the World War, London 1919) auch heute noch die wichtigste deutsche Quelle.

55   Der Krieg in der Nordsee, Bd 5 (wie Anm. 2), S. 235.

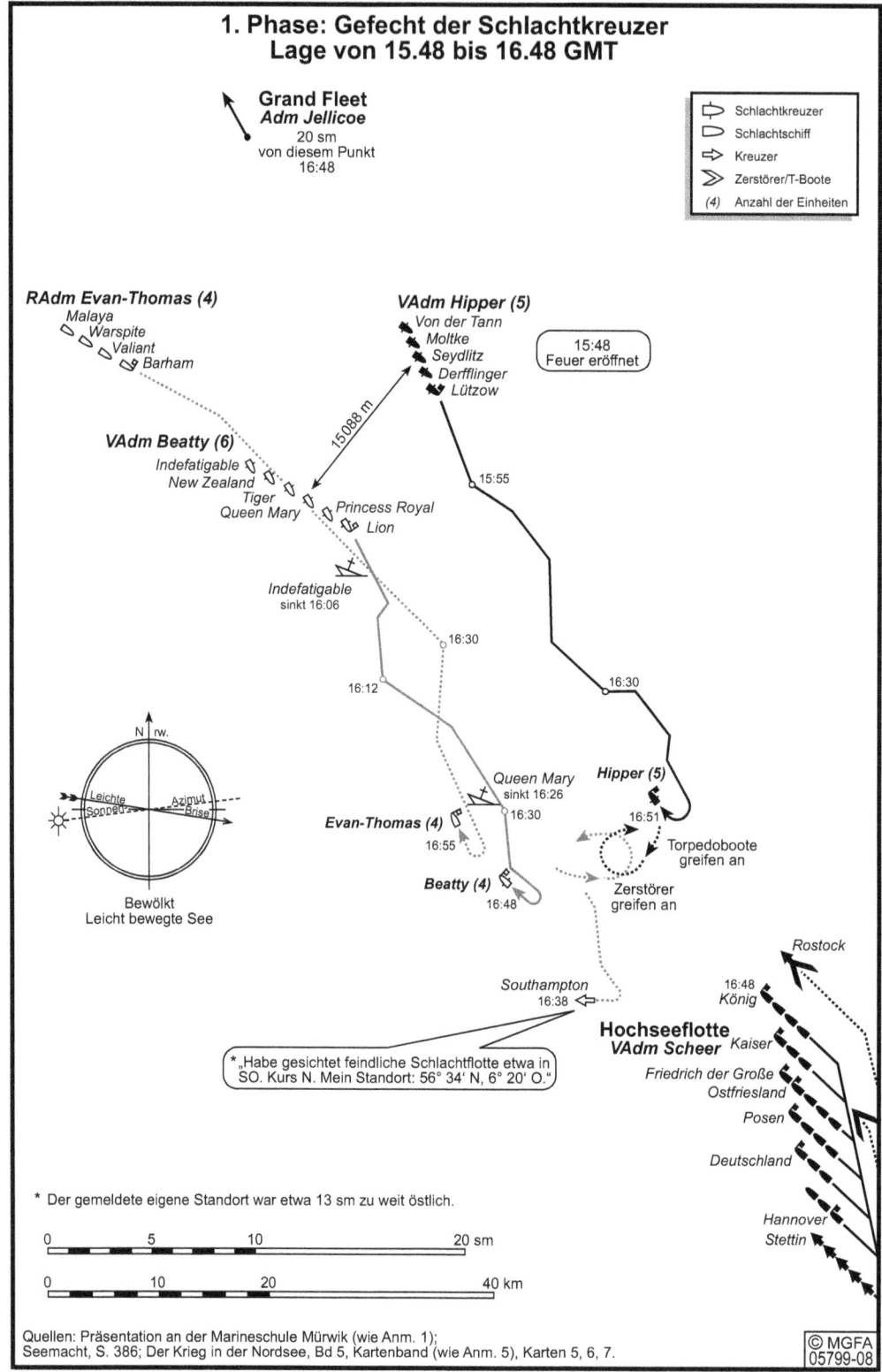

fen. Jellicoe stand 50 Seemeilen nordwestlich der eigenen Schlachtkreuzer, die sich aber mit hoher Fahrt von ihm entfernten. Zur Unterstützung Beattys entsandte er daher um 16.09 GMT das III. Schlachtkreuzergeschwader (drei Einheiten) unter Rear-Admiral Hood nach Südosten. Aufgrund der ungenauen Positionen als Folge der langen Koppelnavigation seit dem Auslaufen[56] sowohl bei Jellicoe als auch bei Beatty stieß Hood mit einer Fahrt von 25 Knoten zu weit nach Osten vor, was jedoch später Hipper in eine kritische Lage bringen sollte.

In dem einstündigen Gefecht auf Südkurs verlor Beatty nach wenigen Minuten den Schlachtkreuzer *Indefatigable* (18 500 t, acht 30,5-cm-Geschütze), der im Artillerieduell mit dem Schlachtkreuzer *Von der Tann* (19 064 t, acht 28-cm-Geschütze) wahrscheinlich fünf schwere Treffer erhielt und nach einer heftigen Explosion sank. Von der Besatzung (1019 Mann) gab es nur zwei Überlebende, die von einem deutschen Torpedoboot geborgen wurden. Kurz vorher war der Schlachtkreuzer *Lion* (26 270 t, acht 34,3-cm-Geschütze), das Flaggschiff Beattys, nur knapp einer gleichartigen Katastrophe entgangen, weil es nach einem schweren Treffer gerade noch gelungen war, die Munitionskammern zu schließen und zu fluten[57]. Wenige Minuten nach dem Untergang der *Indefatigable* befahl Beatty zur Entlastung einen Zerstörerangriff, der jedoch wirkungslos blieb, da fast zur gleichen Zeit auch Hipper einen Torpedobootangriff befohlen hatte. Es kam zu heftigen Gefechten zwischen den Linien, während das Artillerieduell der Schlachtkreuzer zunächst noch andauerte. Torpedoangriffe gegen die Schlachtkreuzer des jeweiligen Gegners waren weitgehend blockiert. Doch allein die mögliche Gefährdung durch Torpedos führte dazu, dass sowohl die deutschen als auch die britischen Schlachtkreuzer abdrehten. Beide Seiten erzielten keine Torpedotreffer. Der britische Zerstörer *Nomad* und die deutschen Torpedoboote *V 29* und *V 27* gingen bei diesen Gefechten verloren, doch große Teile der Besatzungen konnten gerettet werden[58].

Ab 16.06 GMT hatte Evan-Thomas mit dem V. Schlachtgeschwader (vier Schlachtschiffe der *Queen-Elizabeth*-Klasse) so weit aufgeholt, dass seine Einheiten mit ihren 38,1-cm-Geschützen auf eine Entfernung von 174 hm in das Gefecht eingreifen konnten und bald darauf erste Treffer auf den Schlachtkreuzern *Von der Tann* und *Moltke* erzielten. Zur gleichen Zeit lag der Schlachtkreuzer *Queen Mary* (ein Schwesterschiff der *Lion*) unter konzentrischem Feuer von *Derfflinger* und *Seydlitz* und erhielt in wenigen Minuten wahrscheinlich fünf Treffer mit verheerender Wirkung, wie der I. Artillerieoffizier der *Derfflinger* beobachtete[59]: »Zuerst zuckte im

---

[56] Die britischen Verbände konnten wegen der Wetterlage (bedeckter Himmel) seit dem Auslaufen kein astronomisches Besteck nehmen.

[57] Zu Details siehe Bennett, Die Skagerrakschlacht (wie Anm. 2), S. 90 f.; Gordon, The Rules of the Game (wie Anm. 34), S. 111, und Steel/Hart, Jutland 1916 (wie Anm. 38), S. 91 f.

[58] Zu den Details dieser Gefechte siehe: Der Krieg in der Nordsee, Bd 5 (wie Anm. 2), S. 249–252. Zu den Personalverlusten siehe ebd., Anl. 13 und 14, S. 479–482.

[59] Hase, Die zwei weißen Völker (wie Anm. 54), S. 101. Vgl. auch Bennett, Die Skagerrakschlacht (wie Anm. 2), S. 93 f. Zur Kampfkraft und zu den Schwächen der brit. Schlachtkreuzer siehe im Detail N.J.M. Campbell, Battle Cruisers: The Design and Development of British and German Battle-cruisers of the First World War Era, London 1978 (= Warship Specials, 1), passim; John A. Roberts, Battlecruisers, Annapolis, MD 1999.

Vorschiff eine grelle rote Flamme auf. Danach erfolgte im Vorschiff eine Explosion, der eine viel gewaltigere Explosion im Mittelschiff folgte, schwarze Bestandteile des Schiffes flogen in die Luft, und gleich darauf wurde das ganze Schiff von einer ungeheueren Explosion erfasst. Eine riesige Rauchwolke entwickelte sich. Die Masten stürzten nach der Mitte zusammen, die Rauchwolke verdeckte alles und stieg immer höher[60].« Die *Queen Mary* ging so schnell im dichten Qualm unter, dass die nachfolgenden Schiffe Ausweichmanöver fahren mussten, um nicht auf das Wrack zu laufen. Von der Besatzung (1274 Mann) überlebten nur neun Mann dieses Inferno, zwei davon wurden von deutschen T-Booten gerettet. Beatty und der Kommandant seines Flaggschiffs, Captain (RN) Alfred E.M. Chatfield, hatten den Untergang beobachtet; von Chatfield ist die viel zitierte Reaktion Beattys überliefert: »There seems to be something wrong with our bloody ships today[61].« Es ist allerdings eine Legende, dass Beatty daraufhin um zwei Strich (22,5°) auf den Gegner zugedreht haben soll. Evan-Thomas war jetzt mit dem V. Schlachtgeschwader in vollem Gefecht, und das wirkungsvolle Artilleriefeuer seiner Einheiten trug dazu bei, dass Hipper nach dem Untergang der *Queen Mary* seinen Vorteil im Kampf Schiff gegen Schiff nicht ausnutzen konnte.

Mit Beginn des Schlachtkreuzergefechtes hatte Scheer die Fahrt der Flotte auf 15 Knoten erhöht und gleichzeitig den Schiffsabstand für alle Geschwader auf 500 m verringert. Um 16.20 GMT ging er auf Westkurs, um den Gegner zwischen die eigenen Schlachtkreuzer und das Gros zu bringen. Er wollte verhindern, dass der Gegner »beim Sichten des Gros abdrehen und mit seiner überlegenen Geschwindigkeit entweichen« könne. Doch nur wenige Minuten später schwenkte Scheer wieder auf Nordkurs, um möglichst bald die I. Aufklärungsgruppe unterstützen zu können, die nach den Meldungen Hippers gegen sechs Schlachtkreuzer und fünf Schlachtschiffe[62] zu kämpfen hatte. Um 16.32 GMT kamen Backbord voraus Rauchwolken in Sicht, »die bald als feindliche schwere Streitkräfte ausgemacht werden«, die SO-Kurs steuerten und nach Insichtkommen der deutschen

---

[60] Das entsprechende Foto ist mehrfach veröffentlicht worden, siehe z.B. bei Bennett, Die Skagerrakschlacht (wie Anm. 2), vor S. 193.
[61] Zit. nach Marder, From the Dreadnought, vol. 3 (1978) (wie Anm. 2), S. 67; vgl. auch Gordon, The Rules of the Game (wie Anm. 34), S. 120 f. Siehe dazu den Kommentar von R.K. Lochner in: Bennett, Die Skagerrakschlacht (wie Anm. 2), S. 265 (Anm. 136 zum Originaltext auf S. 95): »Im Englischen galt damals (1916) das Wort ›bloody‹ (das in deutschen Übersetzungen dieses Ausspruchs von Beatty stets mit ›verdammt(en)‹ wiedergegeben worden ist) durchaus noch als unflätig. Sinngemäß müssen seine Zeitgenossen den Eindruck gehabt haben, Admiral Beatty habe von seinen ›Scheißschiffen‹ gesprochen!« Zu weiteren Aussagen von Zeitzeugen siehe Steel/Hart, Jutland 1916 (wie Anm. 38), S. 113 f.
[62] Um 16.20 GMT hatte der Kleine Kreuzer *Frankfurt*, Flaggschiff der II. A.G., ein »feindliches Gros« – das britische II. Schlachtgeschwader – mit fünf Schiffen gemeldet. Diese Meldung war die Ursache dafür, dass man auf deutscher Seite noch Tage nach der Schlacht der Auffassung war, das britische V. Schlachtgeschwader (schnelle Schlachtschiffe der *Queen-Elizabeth*-Klasse) habe aus fünf Einheiten bestanden und die britische Seite habe den Verlust einer Einheit verschwiegen. Siehe Immediatbericht Chef des Admiralstabes A. 16350 vom 3.6.1916, S. 2, BA-MA, RM 5/v. 903, Bl. 49–52. In dem ersten Bericht des Admiralstabes (ebd., Bl. 44–48) wurde bei der ersten Zusammenstellung der beiderseitigen Verluste das Großkampfschiff *Warspite* als Verlust des Gegners (»von uns festgestellt«) aufgeführt.

Flotte durch Schwenkung nach Steuerbord auf Nordkurs zum laufenden Gefecht aufdrehten[63].

Auf britischer Seite hatte etwa um 16.30 GMT das Flaggschiff des II. Leichten Kreuzergeschwaders, der Leichte Kreuzer *Southampton*, der zusammen mit drei Kreuzern etwa zweieinhalb Seemeilen vor den Schlachtkreuzern aufklärte, zunächst Rauch, dann Masten und Schiffe, den Kleinen Kreuzer *Rostock* und schließlich die Spitzenschiffe der Hochseeflotte, die Schlachtschiffe des III. Geschwaders gesichtet. Kommodore William E. Goodenough zögerte zunächst noch einige Minuten, um mehr Details für seine Aufklärungsmeldung zu erfassen. Inzwischen hatte sich jedoch die Entfernung zu den deutschen Einheiten auf etwa 110 hm verringert und nach einem mahnenden Hinweis des Kommandanten seines Flaggschiffs[64] gingen in Minutenabständen die wichtigsten Aufklärungsmeldungen des Tages heraus: 16.30 GMT »Ein feindlicher Kreuzer in SO, steuert NO«, 16.33 GMT mit Scheinwerfer an Beatty: »Schlachtschiffe in SO« und 16.38 GMT mit Funkspruch an Jellicoe und Beatty: »Habe gesichtet feindliche Schlachtflotte etwa in SO. Kurs N (Eigener Standort)«[65]. Diese Meldungen kamen für Jellicoe und Beatty völlig überraschend, da sie erst wenige Stunden vorher von der Admiralität erfahren hatten, dass Scheer mit seinem Flaggschiff noch in der Jade liege (siehe oben S. 151). Die unerwartete Konfrontation mit der gesamten Hochseeflotte hatte zu Folge, dass Jellicoe in den nächsten zwölf Stunden alle weiteren Nachrichten aus London skeptisch beurteilte.

Beatty sichtete um 16.38 GMT im Süden die ersten Einheiten der Hochseeflotte. Es blieb ihm keine andere Wahl, als nach Norden abzudrehen, um außerhalb der wirksamen Artilleriereichweite dieses nunmehr überlegenen Gegners zu bleiben und zugleich die Hochseeflotte in Richtung Grand Fleet zu ziehen.

Um 16.43 GMT konnten vom deutschen Flottenflaggschiff *Friedrich der Große* deutlich zwei Gruppen von Schiffen ausgemacht werden, »von denen die eine aus 5 *Queen Elizabeths*, die andere aus Schlachtkreuzern besteht«. Nur zwei Minuten später eröffnete das Gros der Hochseeflotte das Feuer, das vom Gegner gegen 16.55 GMT erwidert wurde[66].

Bis zum Eingreifen der Hochseeflotte waren folgende Verluste eingetreten: Beatty hatte zwei Schlachtkreuzer und einen Zerstörer verloren. Hipper dagegen nur zwei Torpedoboote. Während die britischen Schlachtkreuzer 28 schwere Treffer erhalten hatten, führten die 25 schweren Treffer, die die deutschen Schlachtkreuzer bislang hinnehmen mussten, kaum zum Ausfall von Gefechtswerten. Lediglich auf der *Seydlitz* war ein Geschützturm ausgebrannt.

---

[63] Nach KTB K.d.H. 31.5.1916, S. 8, BA-MA, RM 47/v. 594.
[64] »If you're going to make that signal, you'd better make it now, sir. You may never make another.« Zit. nach Marder, From the Dreadnought, vol. 3 (wie Anm. 2), S. 70, siehe auch ebd., Fußnote 45.
[65] Siehe ebd., S. 70, und Der Krieg in der Nordsee, Bd 5 (wie Anm. 2), Anhang 16, S. 489 f. Die gemeldete Position war allerdings etwa 13 sm zu weit östlich, siehe Campbell, Jutland (wie Anm. 2), S. 58.
[66] KTB K.d.H. 31.5.1916, S. 9, BA-MA, RM 47/v. 594.

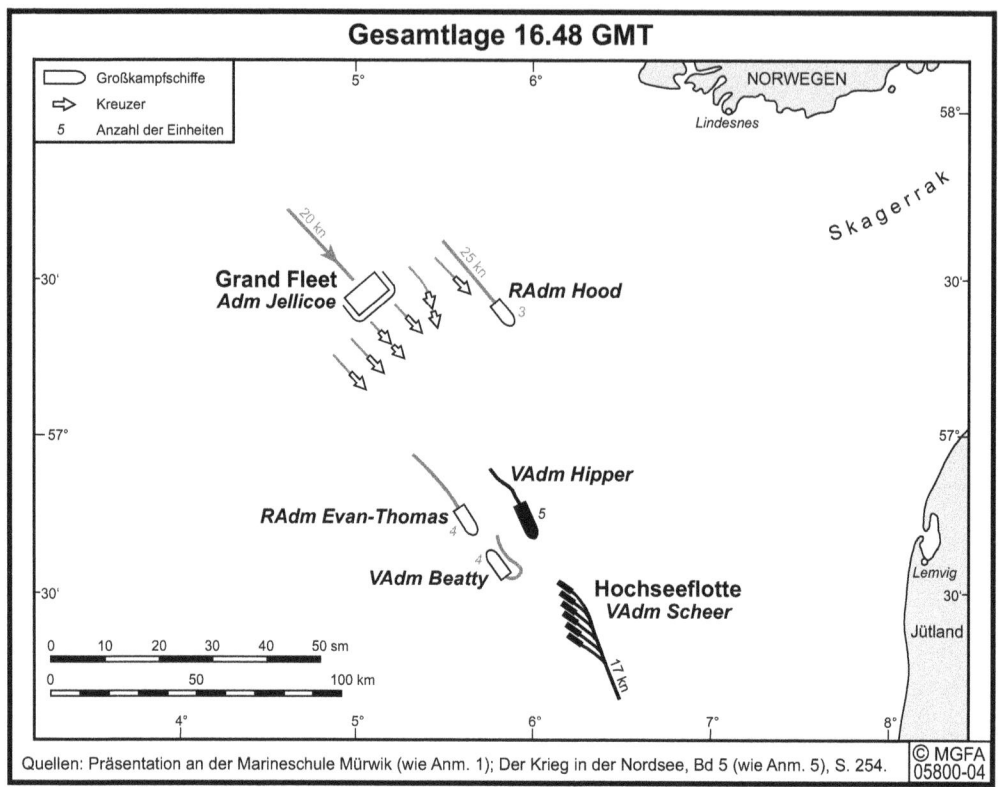

VII. Die 2. Phase: Der Wettlauf nach Norden

Bei Insichtkommen der kämpfenden Schlachtkreuzer ließ Scheer die Fahrt der Flotte auf 17 Knoten erhöhen und auf den Gegner zudrehen. Er wollte bei der Verfolgung die Geschwindigkeit einzelner britischer Schiffe herabsetzen. Er wusste allerdings nicht, dass sich von Norden her Jellicoe mit 20 Knoten näherte. Hipper setzte sich mit seinen Schlachtkreuzern an die Spitze und blieb im Gefecht. Um 16.58 GMT befahl Scheer eine Divisions-Gefechtswendung um zwei Strich nach Backbord auf Kurs Nordwest und ging mit der Flotte auf Höchstfahrt. Die Spitzenschiffe des III. Geschwaders erreichten dabei bis zu 21 Knoten, um in ihre Artilleriereichweite zu kommen. Nach dem Befehl »Feuer eröffnen« (16.46 GMT) versuchten diese Einheiten auf eine Entfernung von über 190 hm, die britischen Schlachtkreuzer zu bekämpfen, mussten aber bald auf die Schlachtschiffe des V. Schlachtgeschwaders übergehen, die erst kurz vor 17.00 GMT mit einer Schwenkung auf Nordkurs gingen. Alle vier Schiffe erhielten besonders am Schwenkungspunkt schwere Treffer. So lag das Schlachtschiff *Malaya* 25 Minuten lang unter dem konzentrischen Feuer von vier deutschen Großkampfschiffen und erhielt fünf schwere Treffer, die hohe Personalverluste (63 Tote, 69 Verwundete) zur Folge hatten.

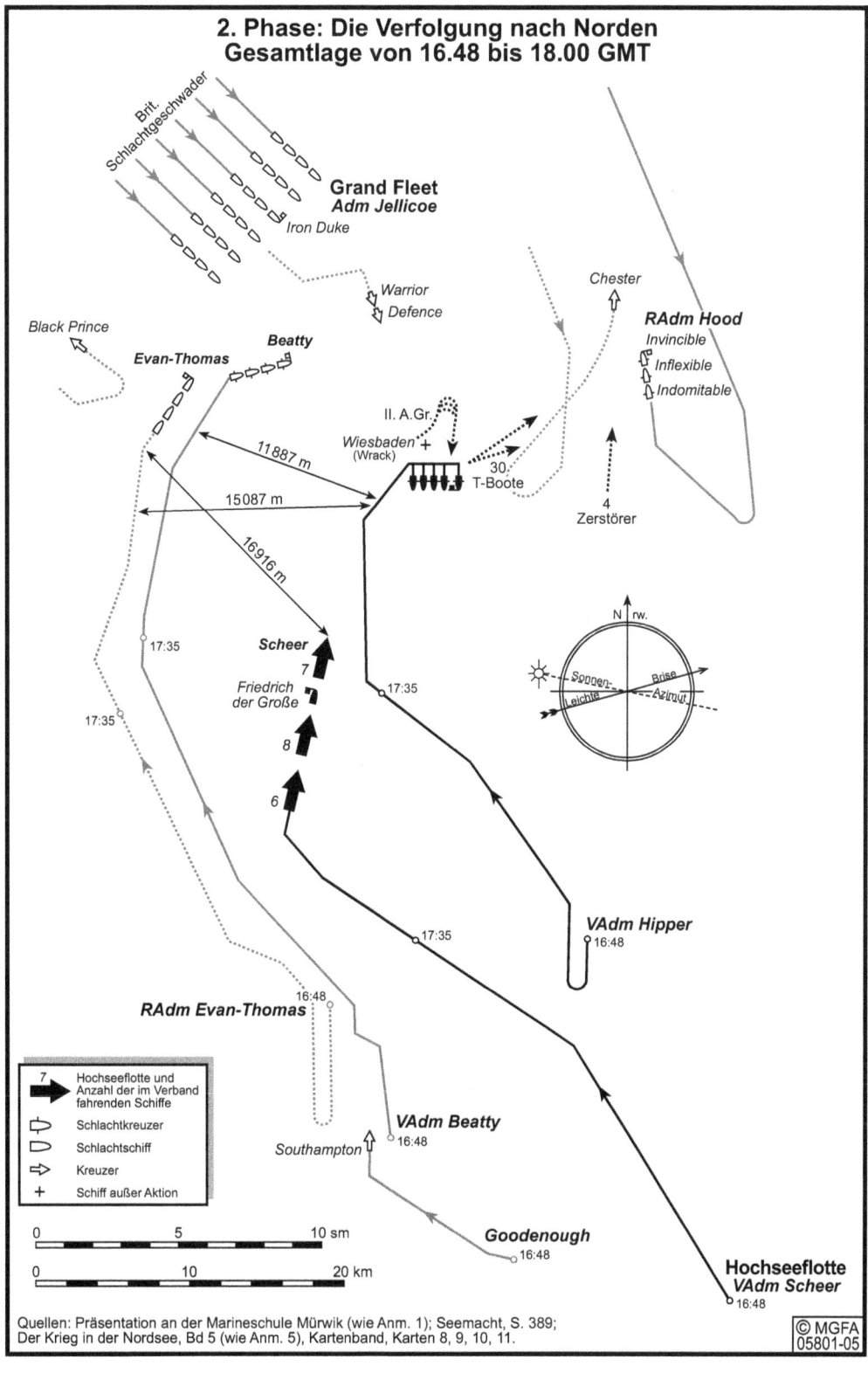

Es gelang der Hochseeflotte allerdings nicht, weitere Einheiten des Gegners außer Gefecht zu setzen oder zumindest ihre Geschwindigkeit herabzusetzen. Beatty konnte seine hohe Fahrt beibehalten und allmählich die deutsche Spitze nach Osten abdrängen.

Für den verfolgenden Hipper wurde die Lage ungünstiger, da das Wetter und die Tageszeit zunehmend gegen ihn standen. Die Sicht wurde schlecht, und er musste gegen die tief stehende Sonne schießen. Der Gegner schoss sich deshalb schnell auf die deutschen Spitzenschiffe ein. Die Führung wurde überdies schwierig, da um 17.15 GMT auf der *Lützow*, dem Flaggschiff Hippers, durch einen schweren Treffer die gesamte F.T.-Anlage ausgefallen war und damit seine Verbindung zu Scheer auf optische Signalmittel, Flaggen und Scheinwerfer, beschränkt blieb.

Hipper verfolgte den nach Norden ablaufenden Gegner. Die I. Aufklärungsgruppe drehte dabei allmählich auf Nordost, weil Beatty mit hoher Fahrt auf Nordnordost-Kurs ging und dadurch erreichte, dass Hipper die aus Nordwesten herannahende Grand Fleet verborgen blieb. Um 17.40 GMT schwenkte das Gros der Hochseeflotte divisionsweise auf Nordkurs. Im Gegensatz zu den britischen Befehlshabern, die jetzt genau wussten, wer ihnen gegenüberstand und wann es zu einem Gefecht der beiden Flotten kommen musste, war zu diesem Zeitpunkt auf deutscher Seite weder bekannt, wann die Situation sich ändern sollte, noch war bekannt, dass die Situation sich überhaupt entscheidend ändern könnte. Die Schlachtschiffe konnten die hohe Fahrt nicht lange durchhalten, der Abstand zu den Schlachtkreuzern vergrößerte sich. Auch bei den Schlachtkreuzern gab es Schwierigkeiten, die hohe, teilweise auf 26 Knoten »gesteigerte Geschwindigkeit noch länger zu halten. Die seit 4 Uhr Nachm. [i.e. 15.00 GMT] nicht mehr gereinigten Feuer waren infolge der steinhaltigen Kohle stark verschlackt und, da die Besatzungen seit 12 Uhr mittags keine Nahrungsmittel mehr erhalten hatten, traten bei Heizern und Kohlentrimmern Anzeichen von Erschöpfung auf, da auch die Ölzusatzfeuerung infolge Verstopfung von Leitungen [...] mehrfach versagte[67].«

Während Hipper an Backbord mit den Schlachtkreuzern Beattys im Gefecht lag, meldete um 18.02 GMT der im Nordosten von Hipper stehende Führer der II. Aufklärungsgruppe vom Kleinen Kreuzer *Frankfurt*: »Bin beschossen von feindlichen Linienschiffen.« Was verbarg sich hinter diesem Funkspruch? Die II. Aufklärungsgruppe (vier Kleine Kreuzer) war um 17.40 GMT überraschend auf den Leichten Kreuzer *Chester* gestoßen, der zum III. Schlachtkreuzergeschwader von Rear-Admiral Hood gehörte. Die deutschen Kreuzer hatten zur Täuschung das inzwischen bekannte britische Erkennungssignal gezeigt und dann die *Chester* auf 55 hm in ein heftiges Gefecht verwickelt. Hood stand zu diesem Zeitpunkt mit seinem Verband, Kurs Südsüdost (Fahrt 25 Knoten), etwa 14 Seemeilen östlich von Hipper und drehte jetzt sofort nach Nordwesten, um der *Chester* zu Hilfe zu eilen. Um 17.56 GMT griff er, für die deutschen Kreuzer völlig überraschend, in das Gefecht ein, bei dem der Kleine Kreuzer *Wiesbaden* einen schweren Treffer in die Maschinenanlage erhielt und manövrierunfähig liegen blieb (siehe Dok. 9). Der

---

[67] Der Krieg in der Nordsee, Bd 5 (wie Anm. 2), S. 269. Siehe auch Dok. 6.

Kleine Kreuzer *Pillau* erhielt ebenfalls einen schweren Treffer[68], konnte sich jedoch mit 24 Knoten aus der Gefahrenzone zurückziehen. Die Angriffe der deutschen Torpedoboote zwangen Hood kurzzeitig zum Ausweichen nach Nordosten, blieben aber ansonsten wirkungslos. Das Eingreifen Hoods zwang Hipper, für kurze Zeit nach Süden abzudrehen. Dadurch blieb ihm die Annäherung der Grand Fleet im Norden verborgen.

Damit war die Verfolgung nach Norden beendet. Bis auf einen britischen Zerstörer war keine Einheit des Gegners außer Gefecht gesetzt worden. Aufgrund der Sichtverhältnisse hatten die Briten jetzt besser geschossen. Beide Seiten erreichten fast die gleiche Trefferzahl beim Gegner. Die Deutschen erhielten 25 schwere Treffer, davon allein 21 die Schlachtkreuzer Hippers. Die britischen Verbände erhielten 27 schwere Treffer, davon allein 18 die Schlachtschiffe des V. Schlachtgeschwader unter Evan-Thomas.

VIII. Die 3. Phase: Das Hauptgefecht der Flotten

Die Probleme und Grenzen bei der taktischen Führung der damaligen Schlachtflotten hat Corelli Barnett in seinem Werk »Anatomie eines Krieges« sehr anschaulich beschrieben: »Die Schlachtflotten dieser Epochen glichen in Wirklichkeit, wie die Armeen, Dinosauriern: Sie waren schwerfällig, mächtig stark gepanzert, aber mit rudimentären, zur Beobachtung und Führung geeigneten Nervensystemen ausgestattete Wesen. Obwohl sein Flaggschiff zehnmal mehr wog als das von Nelson, die dreifache Geschwindigkeit erreichen konnte und ein Geschoß die zehnfache Reichweite besaß, vermochte Jellicoe durch seinen Ausguck und seine Kreuzervorposten nicht weiter und mit keiner größeren Sicherheit zu sehen als Nelson[69].«

Als Beatty nach Norden gedreht hatte, um Scheer an die Grand Fleet heranzuführen, meldete er die Feindberührung detailliert per Funkspruch. Der Spruch wurde jedoch von Jellicoes Flaggschiff nur verstümmelt empfangen. Es war nicht die erste von vielen irreführenden Meldungen, die Jellicoe erhalten sollte. Beattys angegebene Position unterschied sich um 20 Seemeilen von derjenigen, die Kommodore Goodenough von der *Southampton* gemeldet hatte, und keine dieser Positionen konnte mit den inzwischen von der Admiralität um 17.45 GMT gemeldeten Positionen der deutschen Flotte in Übereinstimmung gebracht werden. Die britischen Schiffe waren schon seit 17 Stunden in See. Durch ihre zahlreichen Kurs- und Fahrtänderungen sowie unterschiedliche Strom- und Windverhältnisse hatten sich daher die Irrtümer in der Koppelnavigation der Einheiten summiert.

---

[68] Der Treffer ging in die vorderen Heizräume, wo vier Kohlekessel ausfielen. Mit den verbliebenen vier Ölkesseln erreichte die *Pillau* noch 24 Knoten. Zu weiteren Details des Gefechts siehe: Der Krieg in der Nordsee, Bd 5 (wie Anm. 2), S. 274 f.

[69] Corelli Barnett, Anatomie eines Krieges. Eine Studie über Hintergründe und entscheidende Phasen im Ersten Weltkrieg, München 1963, S. 161 f.

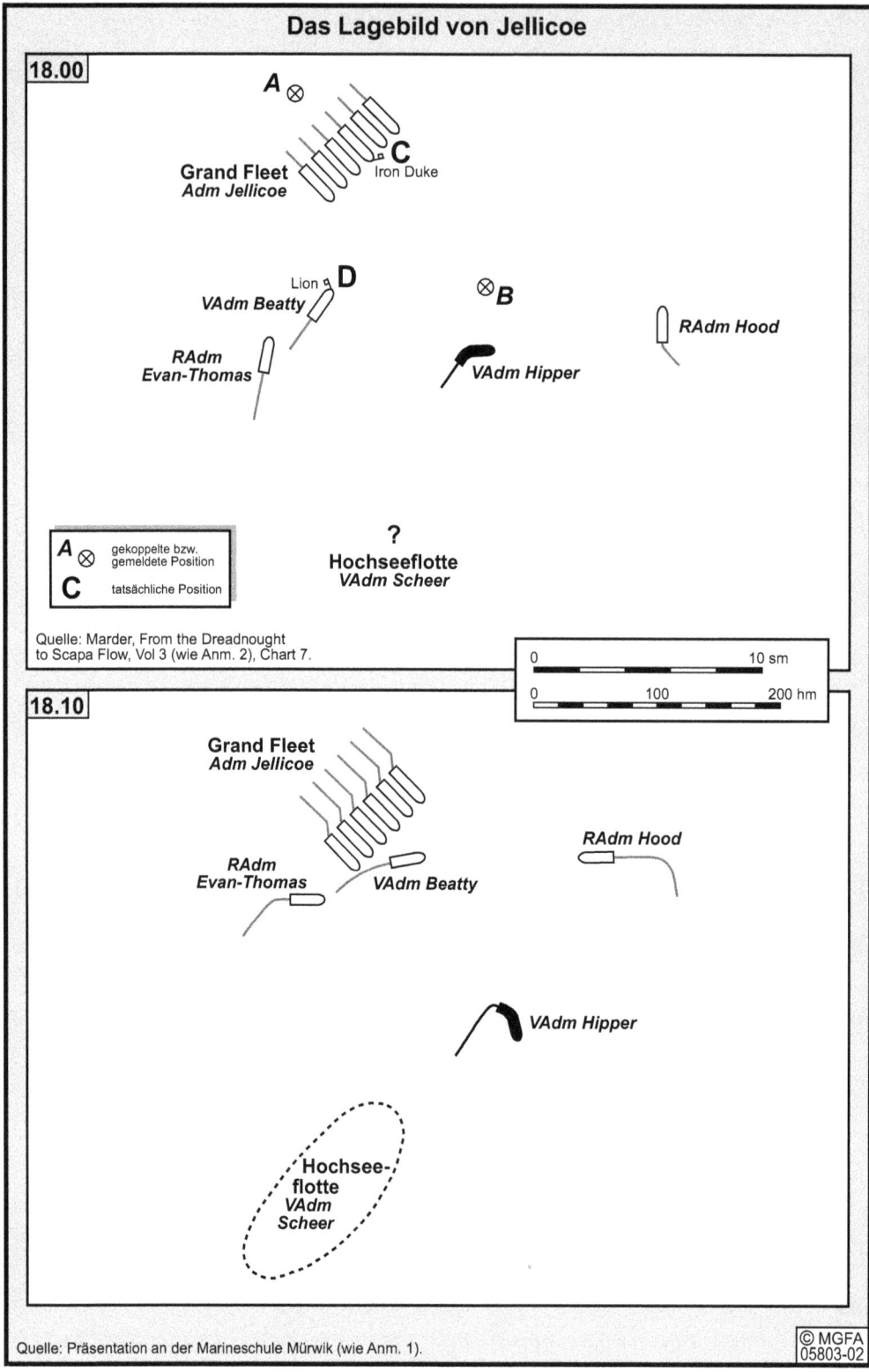

Jellicoe versuchte, in seinen Informationen die Unstimmigkeiten zu beseitigen, doch diese waren so gravierend, dass er seine Entscheidung für die Aufnahme des Gefechtes nur auf Vermutungen gründen konnte. Er benötigte etwa 15 Minuten, um die Grand Fleet aus der Kolonnenformation zur Gefechtslinie zu formieren und war daher dringend auf zuverlässige Informationen seiner Aufklärungsstreitkräfte über den Gegner angewiesen. Doch diese blieben weitgehend aus.

Als die Grand Fleet, das heißt zuerst das Spitzenschiff der rechten Divisionskolonne (Schlachtschiff *Marlborough*) um 18.00 GMT die sich von Südwesten mit hoher Fahrt nähernden Schlachtkreuzer Beattys sichtete, befand sich die *Lion* auf der Position »D« (siehe Karte auf S. 168). Bis zu diesem Zeitpunkt war Jellicoe jedoch davon ausgegangen, sein Flaggschiff *Iron Duke* befinde sich auf Position »A« und das Flaggschiff Beattys vermutete er etwa zwölf Seemeilen voraus auf Position »B«. Tatsächlich befanden sich Jellicoe auf Position »C« und Beatty bereits auf Position »D« etwa fünfeinhalb Seemeilen südsüdwestlich vom Flottenflaggschiff *Iron Duke*[70].

Beattys Schlachtkreuzer liefen mit Ostkurs scharf vor dem Bug der Schlachtgeschwader vorbei. Jellicoe signalisierte an Beatty: »Where is the enemy battlefleet?« und erhielt darauf die vage Antwort: »Enemy battle-cruisers bearing SE.« Jellicoe wiederholte seine Frage und erhielt dann die Antwort: »Have sighted enemy battlefleet bearing SSW« ohne jede Ergänzung über Entfernung oder Kurs der Hochseeflotte[71]. Beatty war noch in schwere Kämpfe mit dem Gegner verwickelt und konnte vielleicht keine genauere Meldung abgeben, zumal seine Haupt F.T.-Station seit 16.05 GMT durch einen Treffer ausgefallen war.

Jellicoe hatte zwei Möglichkeiten, um aus der Kolonnenformation eine Gefechtslinie zu bilden: Entweder mit der rechten Kolonne (Steuerbord) – dann wäre er bald auf die Hochseeflotte gestoßen, bevor sich seine Gefechtslinie voll entwickelt hatte – oder mit der Backbordkolonne, aus der sich eine Gefechtslinie mit größerer Entfernung zur Hochseeflotte gebildet hätte. Jellicoe hatte nicht sehr viel Zeit für weitere Überlegungen, er musste schnell entscheiden, da sich die beiden Flotten mit hoher Fahrt aufeinander zu bewegten. Ein längeres Warten hätte zu einem Desaster geführt[72]. Correlli Barnett hat die Problematik jeder möglichen Entscheidung sehr anschaulich beschrieben[73]: »Jellicoe und Scheer fuhren nunmehr mit einer Stundengeschwindigkeit von 40 Seemeilen[74] aufeinander zu; sie glichen Blinden, die einen Wagen nach den Weisungen anderer fahren, Blinden aber, die jeden Augenblick die Sehkraft zurückgewinnen konnten, dann die Entscheidung über die günstigste Gefechtsformation für 20 und mehr Schlachtschiffe

---

70 Nach Marder, From the Dreadnought, vol. 3 (wie Anm. 2), Kartentasche Chart 7.
71 Nach Gordon, The Rules of the Game (wie Anm. 34), S. 434.
72 Zu weiteren Details siehe ebd., S. 433–445, und Marder, From the Dreadnought, vol. 3 (wie Anm. 2), S. 93–110.
73 Barnett, Anatomie eines Krieges (wie Anm. 69), S. 162.
74 Da sich die Grand Fleet und die Spitzenschiffe der Hochseeflotte mit jeweils 18 Knoten einander näherten, trifft diese Angabe nicht zu, zumal beide Flotten nicht direkt aufeinander zuliefen. Daher lag die tatsächliche Annäherungsgeschwindigkeit bei etwa 28 Knoten. Nach Marder, From the Dreadnought, vol. 3 (wie Anm. 2), S. 99.

zu fällen hatten und entsprechend klare Befehle erteilen mußten – und all das mit der Schnelligkeit, mit der ein Autofahrer einem Hund ausweicht.«

Jellicoe befahl um 18.15 GMT die Bildung der Gefechtskiellinie, wobei die Backbord-Flügeldivision die Führung mit Kurs Südost zu Ost zu übernehmen hatte. Beattys Schlachtkreuzer, die noch im Gefecht mit Hippers Einheiten waren, liefen mit 25 Knoten an die Spitze der Grand Fleet. Evan-Thomas beobachtete das Evolutionieren der Flotte, erkannte, dass er den Schlachtkreuzern Beattys wegen seiner geringeren Geschwindigkeit nicht mehr folgen konnte und drehte daraufhin nach Backbord, um eine Position hinter der achtern stehenden 6. Schlachtschiffdivision einzunehmen. Dabei kam das Geschwader unter heftigen Beschuss der Hochseeflotte. Auf dem Schlachtschiff *Warspite* gab es bei der Drehung nach Backbord einen Ruderversager, so dass das Schiff auf den Gegner zudrehte und mit »Äußerster Kraft« zwei Vollkreise fahren musste, bevor der Ruderversager behoben werden konnte. Das Schiff war für die im Abstand von 88 bis 140 hm passierenden Einheiten der Hochseeflotte das erste lohnende Ziel für die gesamte schwere und mittlere Artillerie. Es erhielt 13 Treffer und wurde dabei so schwer beschädigt, dass es aus dem Flottenverband ausschied und zu seinem Heimathafen Rosyth entlassen wurde[75].

Etwa zur gleichen Zeit griffen die älteren Panzerkreuzer des I. Kreuzergeschwaders in das Geschehen ein, beschossen das bewegungslos zwischen den Linien liegende Wrack der *Wiesbaden* und näherten sich dabei bis auf 70 hm der Hochseeflotte. Das Flaggschiff des Rear-Admirals Robert K. Arbuthnot, der Panzerkreuzer *Defence*, erhielt zahlreiche Treffer und versank nach einer heftigen Explosion, die von der gesamten Grand Fleet beobachtet wurde. Von der Besatzung (903 Mann) gab es keine Überlebenden. Dem schwer beschädigten Panzerkreuzer *Warrior* gelang es zwar, sich aus dem Gefecht zurückzuziehen, doch er erreichte nicht mehr seinen Heimathafen[76].

Während sich die Grand Fleet um etwa 18.20 GMT zur Gefechtslinie entwickelte, kam es weiter östlich zu heftigen Gefechten zwischen den deutschen Schlachtkreuzern und dem III. Schlachtkreuzergeschwader unter Hood, der sich an die Spitze des britischen Schlachtkreuzerverbandes gesetzt hatte. Die Gefechtsentfernung war mit etwa 90 bis 100 hm für Großkampfschiffe sehr gering und die britische Seite hatte zunächst die besseren Sichtbedingungen, so dass besonders *Derfflinger* und *Lützow* schwere Treffer hinnehmen mussten, ohne dass sie den Gegner sahen und das Feuer erwidern konnten. Das britische Flaggschiff *Invincible* schoss so hervorragend, dass Hood den Artillerieoffizier über das Sprachrohr anfeuerte: »Your fire is very good. Keep at it as quickly as you can. Every shot is telling[77].« Sekunden später sollte sich das Blatt wenden, wie der Artillerieoffizier der *Derfflinger* beobachtete: »In diesem Moment zerriß der Nebelschleier querab vor uns, als ob sich ein Bühnenvorhang teilte. Und vor uns stand in der Mitte des

---

[75] Siehe Marder, From the Dreadnought, vol. 3 (wie Anm. 2), S. 112.
[76] Die *Warrior* sank am 1. Juni 1916 etwa 160 Seemeilen östlich von Aberdeen; vorher konnte die Besatzung gerettet werden. Ebd., S. 113.
[77] Zit. ebd., S. 114. Dieses Zitat erscheint in fast allen Veröffentlichungen über die Schlacht.

nebelfreien Teiles des Horizontes in völliger Klarheit und mit scharf umrissenen Konturen ein Großkampfschiff [...] Mit höchster Fahrt steuerte es annähernd parallelen Kurs mit uns. Seine Geschütze hatte es auf uns gerichtet, und krachend schlug gerade wieder eine Salve ein, die uns vollkommen eindeckte.« *Derfflinger* und die schon schwer angeschlagene *Lützow* konzentriert ihr Feuer auf die *Invincible*, die in kürzester Zeit etwa fünf Treffer erhielt und um 18.35 GMT mit einer heftigen Explosion unterging[78]. Von der gesamten Besatzung (1032 Mann) gab es nur sechs Überlebende (darunter der Artillerieoffizier Commander H.E. Dannreuther). Bei diesem Gefecht erhielt die *Lützow* weitere acht schwere Treffer, sodass das Schiff sich nicht mehr im Verband der I. Aufklärungsgruppe halten konnte und mit geringer Fahrt unter Begleitung von vier Torpedobooten nach Süden lief.

Etwa um 18.30 GMT veränderte sich die Lage grundlegend. Die Grand Fleet entfaltete mit ihren 24 Schlachtschiffen ihre überwältigende Stärke. Sie hatte sich fast vollständig zu einer Gefechtslinie formiert mit Beattys Schlachtkreuzern an der Spitze. Auf östlichen Kursen fuhr die Grand Fleet jetzt quer vor die Spitze der von Südwesten sich nähernden Hochseeflotte und befand sich damit erstmalig in der vorteilhaften taktischen Position des »Crossing the T«, aus der heraus sie den Gegner unter schwersten Feuer nahm[79].

Um 18.01 GMT hatte Scheer die Meldung erhalten, der Kleine Kreuzer *Wiesbaden* sei manövrierunfähig und im Nordosten stünden Schlachtschiffe. Hipper musste dem zunehmenden Druck von Backbord über Nordost, Ost bis Südwest weichen. Er drehte auf das eigene Gros zu. Um 18.15 GMT hielt Scheer ein Lagebild fest:

Scheer vermutete den Gegner im Westen bis Nordwesten auf südöstlichem Kurs. Die deutsche Linie steuerte Parallelkurs. Zwischen den Linien wurde der Standort der *Wiesbaden* angenommen. Dieses Lagebild war unvollständig und teilweise falsch (vgl. Karte auf S. 172).

Die Hochseeflotte befand sich auf Nordost-Kurs und lief auf die *Wiesbaden* zu. An der Spitze fuhr das Flaggschiff Hippers, die *Lützow*, die nach Backbord, nach Steuerbord und nach voraus feuerte. Das Feuer des Gegners kam von voraus und hauptsächlich von Backbord. Im Gefecht lagen die Schlachtkreuzer und die Spitze des III. Geschwaders. Scheer hielt also auf den Gegner zu!

Gegen 18.20 GMT wurde der Druck auf die Spitze immer stärker. Die Schlachtkreuzer fingen an nach Ost bis Südost abzustaffeln. Die Spitze folgte dieser Bewegung. Die Hochseeflotte beschrieb nun einen Halbkreis. Fast alle Einheiten feuerten nach Backbord, also nach Nordwesten, Norden und Nordosten.

---

[78] Zit. nach Hase, Die zwei weißen Völker (wie Anm. 54), S. 116. Siehe dazu die Abbildung 35 bei Gordon, The Rules of the Game (wie Anm. 34), nach S. 308. Das Wrack der *Invincible* zerbrach in zwei Teile, die bei der geringen Wassertiefe den Grund berührten und noch lange Zeit sichtbar blieben. Siehe Bild bei Marder, From the Dreadnought, vol. 3 (wie Anm. 2), nach S. 102.

[79] Eine Schlachtflotte, die sich auf dem Querbalken des »T« befand, konnte die gesamte Breitseite ihrer Artillerie auf die Spitzenschiffe des Gegners feuern, während der Gegner das Feuer nur mit den ersten Schiffen und dann auch nur mit den vorderen Geschützen erwidern konnte.

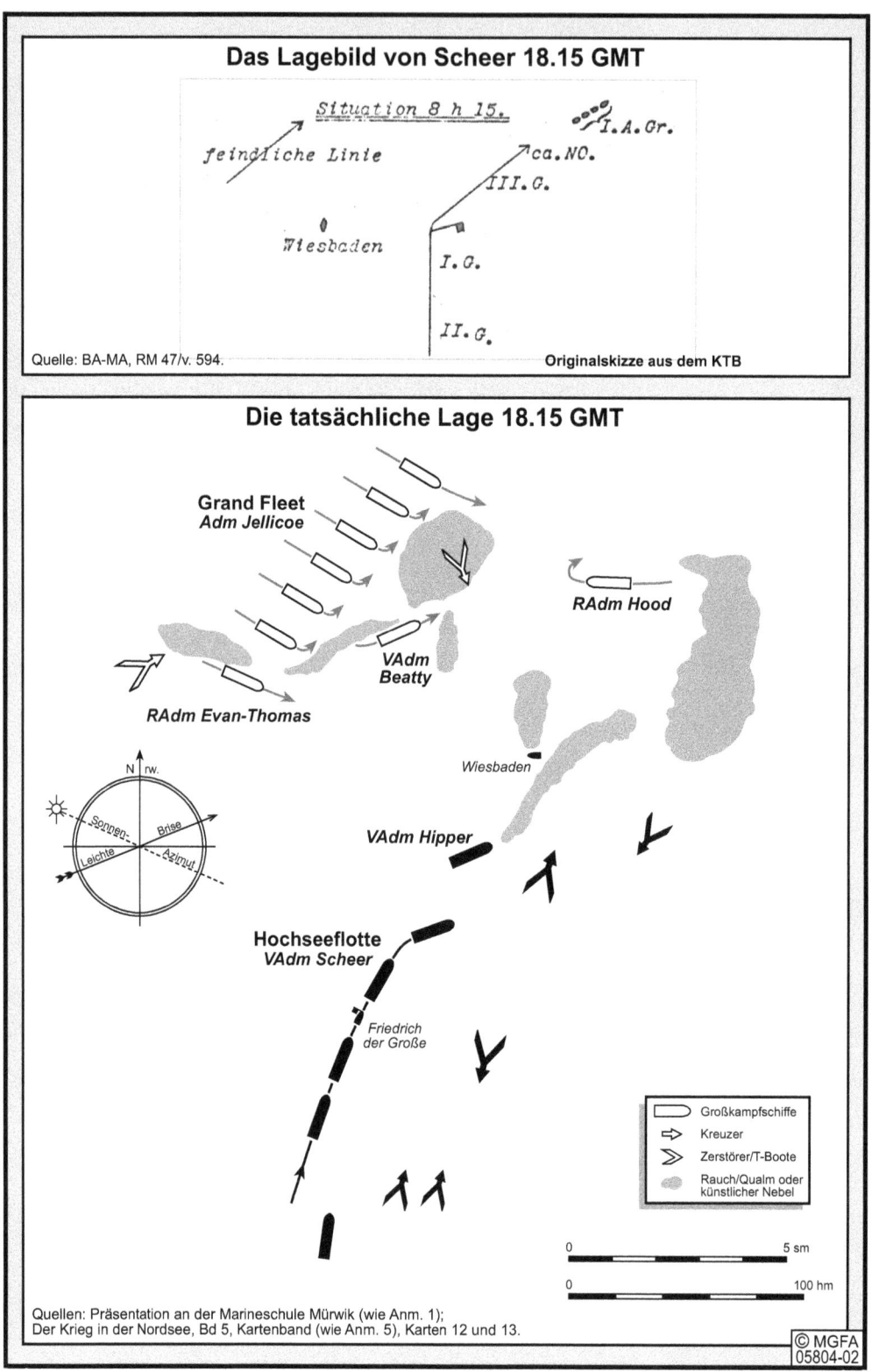

Kurz danach, um 18.25 GMT erhielt Scheer von dem Torpedoboot *G 11*, dem Führerboot der V. Torpedobootsflottille, das einige Überlebende des britischen Zerstörers *Nomad* gerettet hatte, über Funk eine wichtige Meldung: »Nach Aussage Gefangener vom Zerstörer *Nomad* 60 große Schiffe in der Nähe, darunter 20 neue Linienschiffe und 6 Schlachtkreuzer.« Scheer musste also jetzt davon ausgehen, dass die gesamte Grand Fleet in der Nähe war. Doch um die manövrierunfähig zwischen den Linien liegende *Wiesbaden* zu entlasten und möglichst hinter die eigene Linie zu bringen, staffelte er um 18.18 GMT mit einer Gefechtswendung um zwei Strich (22,5°) nach Backbord. Nachdem gegen 18.20 GMT das an der Spitze laufende III. Geschwader nach Steuerbord weiter auf etwa Ostkurs geschwenkt war, wurde die Lage der Flotte kritischer. Scheer sah sich bereits 18.37 GMT gezwungen, die gesamte Flotte mit dem taktischen Manöver einer Gefechtskehrtwendung auf Gegenkurs zu bringen. In seinem Kriegstagebuch heißt es dazu: »Da der Druck des feindlichen Feuers auf die Spitze offenbar sehr stark, ein weiteres Abbiegen der Spitze zu ungünstiger artilleristischer und taktischer Situation führen muß, sehe ich mich gezwungen, die Linie umzulegen[80].«

Die Einheiten des Gros drehten, mit dem letzten Schiff des am Ende der Gefechtslinie laufenden II. Geschwaders beginnend, nach und nach über Steuerbord auf Gegenkurs. Da das II. Geschwader wegen der hohen Fahrt und wegen der wechselnden Kurse der Flotte zurückgefallen war und noch nicht wieder den allgemeinen Gefechtskurs eingenommen hatte, ging das Schlussschiff des I. Geschwaders, das Schlachtschiff *Westfalen*, vorzeitig auf Gegenkurs und übernahm damit die Führung auf dem von Scheer befohlenen Westkurs.

Die Schlachtkreuzer staffelten nach Süden ab, wobei die schwer beschädigte *Lützow* unter Sicherung von vier Torpedobooten ausscherte (siehe Dok. 7). Um 18.56 GMT musste Hipper sein Flaggschiff *Lützow* verlassen, das nach mehr als 15 schweren Treffern und starkem Wassereinbruch im Vorschiff nicht mehr als Führerschiff fungieren konnte[81]. Der damalige Stabschef Hippers, der spätere Großadmiral Erich Raeder, beschrieb in seinen Erinnerungen die Lage und das Zögern Hippers, sein Flaggschiff zu verlassen[82].

---

[80] KTB K.d.H. 31.5.1916, S. 11, BA-MA, RM 47/v. 594. Zu den taktischen Entscheidungen Scheers und den Erörterungen in seinem Stab siehe die kritischen Beobachtungen seines Flaggleutnants, Kapitänleutnant Ernst von Weizsäcker, aufgezeichnet am 6. und 11. Juni 1916, in: Gerhard Granier, Eindrücke von der Skagerrakschlacht. Die Aufzeichnungen des Kapitänleutnants Ernst von Weizsäcker. In: Marineforum, 71 (1996), 12, S. 20–23, hier S. 21: »Die Beratungen des Flottenstabes waren auch etwas unruhig und vom Chef des Stabes nicht zentralisiert. Jedermann redete dem Flottenchef in die Ohren.«

[81] KTB *S.M.S. Lützow* 31.5.1916, S. 6 f.: »8h 30 N. Inzwischen drei Treffer, scheinbar durch eines der an B.B. stehenden Elizabeth-Schiffe, B.B. vorn, Abtlg. 13–16 (Bug- u. Breitseitraum) unter Wasser und ausgefallen. *Lützow* sackt sichtbar schnell vorn weg. Das Schiff kann nur noch 15, bald nur noch 12 sm Fahrt laufen. B.d.A. geht in schwerem Granatfeuer auf Torpedoboot von Bord, um auf *Seydlitz* oder anderem Kreuzer an Bord zu gehen.« (BA-MA, RM 8/880, Bl. 179 f.) Insgesamt hat die *Lützow* in der Schlacht 24 schwere Treffer erhalten.

[82] »Ich meldete Vizeadmiral Hipper, daß wohl der Augenblick gekommen sei, auf einen anderen Schlachtkreuzer überzusteigen, um die Führung des Verbandes in der Hand zu behalten. Es entsprach der ritterlichen Einstellung meines Befehlshabers, wenn er zunächst unwirsch äußerte, er dächte nicht daran, sein Flaggschiff zu verlassen. Da ich seine Art genau kannte, erwiderte ich zu-

Mit dem Torpedoboot *G 39* versuchte Hipper, sich mit seinem Stabe auf dem Schlachtkreuzer *Moltke* einzuschiffen, was ihm jedoch wegen der laufenden Gefechte erst nach zwei Stunden gelang. Die I. Aufklärungsgruppe wurde in diesen Stunden vom Kommandanten der *Derfflinger*, Kapitän zur See Johannes Hartog, geführt.

Um 18.55 GMT traf Scheer eine bemerkenswerte Entscheidung: »Da das Feuer an der neuen Queue nachläßt, lege ich 8 Uhr 55 nachmittags [18.55 GMT] die Linie nochmals um durch Gefechtswendung nach Stb. [Steuerbord], um noch einmal zu versuchen, die *Wiesbaden* aufzunehmen, die unter konzentriertem Feuer mehrerer Schlachtschiffe an Stb. achteraus liegt[83].« Es kam zur denkwürdigen zweiten Gefechtskehrtwendung. Viele Vermutungen sind später geäußert worden, warum Scheer erneut auf den Gegner zudrehte. Die einzige Quelle, die die Situation nicht aus dem Betrachtungswinkel des grünen Tisches wiedergibt, ist sein Kriegstagebuch, das am 1. Juni abgeschlossen wurde. Darin steht ganz klar als Begründung für das erneute Anlaufen: Die Rettung der *Wiesbaden* – Scheer selbst schrieb später in seinem Immediatbericht an den Kaiser als Begründung (siehe Dok. 2): 1. War es noch zu früh für den Nachtmarsch. 2. Die Freiheit des Entschlusses – des eigenen Handelns – musste zurückgewonnen werden. 3. Der Rückweg in die Deutsche Bucht musste frei bleiben. Als Erfolg erhoffte sich Scheer: die Überraschung des Gegners, die Erleichterung der Lösung vom Gegner, die Hilfe für die Besatzung der *Wiesbaden*[84]. Dieser Bericht wie andere Schilderungen über diese Entscheidung hinterlassen den Eindruck, als ob Scheer mit seinem Stab die Lage und mögliche Entscheidungen genauer erörtert hat, als im KTB festgehalten wurde. Verschiedene spätere Aussprüche von Scheer und Hipper deuten dagegen darauf hin, dass kaum größere Erwägungen und Überlegungen stattfanden[85]. Das Schicksal der *Wiesbaden* war wohl der einzige Grund für die

---

nächst nichts, wies ihn aber nach einigen Minuten auf die ständig größer werdende Entfernung des Verbandes der eigenen Schlachtkreuzer hin, deren Führung ihm obliege. Von *Lützow* wäre das schon deswegen nicht möglich, weil die Funkentelegraphie des Schiffes ausgefallen sei. Vizeadmiral Hipper stimmte nun sofort zu.« Erich Raeder, Mein Leben, Bd 1: Bis zum Flottenabkommen mit England 1935, Tübingen 1956, S. 116.

83 KTB K.d.H. 31.5.1916, S. 11, BA-MA, RM 47/v. 594.
84 Vgl. dazu die Erinnerungen von Scheer, Deutschlands Hochseeflotte (wie Anm. 2), S. 226: »Das Manöver mußte den Feind überraschen, seine Pläne für den Rest des Tages über den Haufen werfen und, wenn der Stoß wuchtig ausfiel, das Loslösen für die Nacht erleichtern. Auch der Anblick der *Wiesbaden* bewog mich, einen Versuch zu machen, ihr Hilfe zu bringen und wenigstens die Besatzung zu bergen.« Vgl. dazu die Aufzeichnungen Weizsäckers vom 6. und 11. Juni 1916: »Bei dem Abendessen am 5. Juni bezeichnete der Flottenchef dem Prinzen Heinrich und dem Admiral von Holtzendorff gegenüber den ganzen Erfolg als einen Zufall. Er habe eigentlich nur zwei selbständige Ideen gehabt, die ›Wiesbaden‹ herauszuschlagen und die Kreuzer voll einzusetzen.« Zit. nach Granier, Eindrücke (wie Anm. 80), S. 22.
85 Konteradmiral Albert Hopman beschrieb am 11.6.1916 in einem Brief an Vizeadmiral Souchon, was er bei seinem Besuch in Wilhelmshaven zwischen 3. und 6. Juni 1916 vom Verlauf der Schlacht erfahren hatte: »Der Schlachtengott hat uns sehr geholfen, aber schließlich war es doch, wie Trotha richtig sagte, unser Angriffsgeist, der die Situation zu unsern Gunsten gestaltet hat. Der zweimalige Schlag mit dem Hammer hat den englischen Ambos zersplittert. Scheer hat nachher scherzhaft geäußert, man werde sich wohl später in allen Akademien usw. den Kopf dar-

zweite Gefechtskehrtwendung in Richtung der Grand Fleet. Der I. Führer der T-Boote erhielt um 19.00 GMT den Signalbefehl, die Besatzung der *Wiesbaden* aufzunehmen. Das Kriegstabebuch gibt in anderen Situationen ganz klar die Entschlüsse Scheers und seine Begründungen wieder. Warum sollte es hier ungenau sein?

Die Absichten Scheers wurden zunichte gemacht durch das mörderische Feuer, unter dem sich der Kleine Kreuzer befand. Auf die *Wiesbaden* konzentrierte sich zeitweilig ein Großteil der britischen Artillerie. Eine Rettung war unmöglich. Gleichzeitig setzte sich die Flotte einem immer schwerer werdenden britischen Artilleriefeuer aus. Scheer muss sich bald darüber im Klaren gewesen sein, welches Risiko er mit der ganzen Flotte eingegangen war, um die Überlebenden eines Kreuzers zu bergen (vgl. Karte Vorsatz vorne).

Um 19.13 GMT erhielten die Schlachtkreuzer den oft zitierten Befehl: »Gefechtswendung rein in den Feind! Ran[86]!« Nur wenige Minuten später folgte das Signal: »Große Kreuzer auf die feindliche Spitze operieren!« Raeder beschrieb die Situation in seinen Erinnerungen: »Das den Schlachtkreuzern vom Flottenchef gegebene Signal ›RICHARD‹ d.h. ›Ran an den Feind. Voller Einsatz!‹ – schien uns zunächst nicht der Lage zu entsprechen, da einmal die Schlachtkreuzer stark gelitten hatten und eine erhebliche Artilleriewirkung nicht mehr ausüben konnten und andererseits ein Einbruch in die verhältnismäßig noch intakte feindliche Linie kaum Erfolg versprach. Wie wir uns richtig vorstellten, entsprang dieser Befehl der impulsiven Art des Flottenchefs, der damit bewirken wollte, daß die Schlachtkreuzer den Angriff der Torpedobootsflottillen energisch unterstützen sollten[87].«

Wie kritisch die Lage an der Spitze der Hochseeflotte war, hielt der Kommandant des Schlachtschiffes *Markgraf*, Kapitän zur See Karl Seiferling, später in seinem Gefechtsbericht fest: »Um 9.14 Uhr [19.14 GMT] wurde weiter nach St.B. [Steuerbord] gedreht und jetzt stellte sich unsere Lage als die ungünstigste während des ganzen Kampfes dar. Das von vorn kommende feindliche Feuer, das der Seite nach sehr gut lag, bestrich unsere Linie der Länge nach mit gutem Erfolge; das von Westen kommende Feuer des Feindes konnte nicht erwidert werden, da nichts von den Schiffen auszumachen war. Diese Lage verschlechterte sich bei der jetzt folgenden Kursänderung nach St.B. noch dadurch, dass die vorderen Schiffe wegen der vorn sich vorbeiziehenden I. Aufklärungsgruppe Fahrt verringerten und dadurch eine Stauung der ganzen Linie veranlassten. Die Schiffe lagen für kurze Zeit fast ohne Fahrt dicht aufgeschlossen und boten dem feindlichen Feuer ein ausgezeichnetes Ziel, ohne selbst feuern zu können[88].«

    über zerbrechen, was er sich gedacht habe. Er habe sich tatsächlich nichts gedacht.« Zit. nach Hopman, Das ereignisreiche Leben (wie Anm. 29), S. 823–828, Zitat S. 827.

[86] Im Kommandostand der *Derfflinger* las der Signalgast den Funkspruch vor und fügte dann die Erklärung hinzu, die im Signalbuch hinter dem Signal stand: »Den Feind rammen! Die befohlenen Schiffe sich rücksichtslos einsetzen.« Der Kommandant befahl daraufhin: »Äußerste Kraft voraus! Kurs Süd-Ost!« Nach Hase, Die zwei weißen Völker (wie Anm. 54), S. 125.

[87] Raeder, Mein Leben, Bd 1 (wie Anm. 82), S. 117.

[88] Gefechtsbericht *S.M.S. Markgraf* vom 2. Juni 1916, BA-MA, RM 8/879, Bl. 222–226, hier Bl. 223 f.

Vom Flottenflaggschiff wurde gegen 19.16 GMT ein »starker Brand auf einem unserer Panzerkreuzer« beobachtet. Die Spitzenschiffe erhielten »starkes feindliches Feuer«, der Gegner war wegen der ungünstigen Beleuchtung »sehr schlecht zu sehen«. Daher entschloss sich Scheer um 19.18 GMT zur dritten Gefechtskehrtwendung nach Steuerbord, »da die Panzerkreuzer und [das] III. Geschwader von drei Seiten stark beschossen werden, eigene Panzerkreuzer und Spitze müssen abbiegen, abstaffeln. Zwei eigene Panzerkreuzer scheinen beschädigt zu sein[89].«

Um 19.21 GMT erhielten die Torpedoboote den Angriffsbefehl. Sie bildeten zusammen mit den Schlachtkreuzern quasi einen Schirm vor dem nach Südwesten mit 17 Knoten ablaufenden Gros. Jellicoe nutzte seine vorteilhafte Lage nicht aus, sondern drehte angesichts der deutschen Torpedoboote nach Südosten ab. Die Gefechtsberührung ging verloren. Bald wussten beide Seiten nicht mehr, wo der jeweilige Gegner stand.

Das Hauptgefecht der Flotten war seit 19.18 GMT vorbei. Bis zum Formieren der Hochseeflotte für die Nacht dauerte es jedoch noch über zwei Stunden. Der Angriff der Torpedoboote schien den Gegner beeindruckt zu haben. Sein Artilleriefeuer wurde schwächer und hörte auf. Um 20.15 GMT befahl Scheer den Nachtangriff aller noch einsatzbereiten Torpedoboote. Der Ansatz erwies sich als Fehlschlag, da die Flottillen erheblich nördlicher als berechnet standen und daher keine Ziele fanden. Bereits kurz vorher hatte der II. Führer der T-Boote die kampfkräftigste II. Flottille mit elf Booten zum Nachtangriff auf das Gros des Gegners entlassen, das er im Sektor Ost bis Nordost vermutete. Die Flottille erhielt die Weisung, um Skagen nach Kiel zu laufen, falls der Rückmarsch zur Deutschen Bucht nicht ratsam sei. Die Flottille fand keinen Gegner und meldete am 1. Juni 1916 0.13 GMT, dass sie um Skagen in die Ostsee laufen werde. Die Hochseeflotte lief geschwaderweise Generalkurs Süd.

Kurz vor dem sichtbaren Untergang der Sonne um 20.19 GMT kam es an der Spitze der Flotte zu einem erneuten Gefecht. Der Gegner stand im Südosten. Es war Beatty mit seinen Schlachtkreuzern, der inzwischen nur 90 bis 110 hm östlich der I. A.G., des III. und II. Geschwaders der Hochseeflotte stand und diese Verbände etwa 15 Minuten lang unter starken Beschuss nahm. Die deutschen Verbände schwenkten deshalb nach Steuerbord auf West-zu-Süd, drehten dann aber wieder auf Süd. Zehn Minuten später war die Flotte erneut gezwungen, nach Westen zu schwenken. Daraufhin gab Scheer das denkwürdige Signal: »Kurs SSO ¼ Ost 16 sm Fahrt. Durchhalten! Hochseechef.« Er begründete seinen Entschluss folgendermaßen: »Dies wiederholte Abbiegen der Spitze ist aus strategischen Gründen ungünstig; wir müssen bei Hellwerden bei Hornsriff stehen, um nicht von der Deutschen Bucht durch nachdrängende oder neue von Süden vorstoßende Streitkräfte, die aus den südlichen Stützpunkten Englands auf die Nachricht vom gestrigen Kampf vorgeschickt sein können, abgeschnitten zu werden. Bei Nacht ist die Möglichkeit des Durchbruchs größer als bei Tage; die Spitze muß also unter vollem Einsatz ein Abgedrängtwerden verhindern und *durchhalten*[90].«

---

[89] Alle Zitate nach KTB K.d.H. 31.5.1916, S. 12, BA-MA, RM 47/v. 594.
[90] Ebd., S. 14. Hervorhebung im Original.

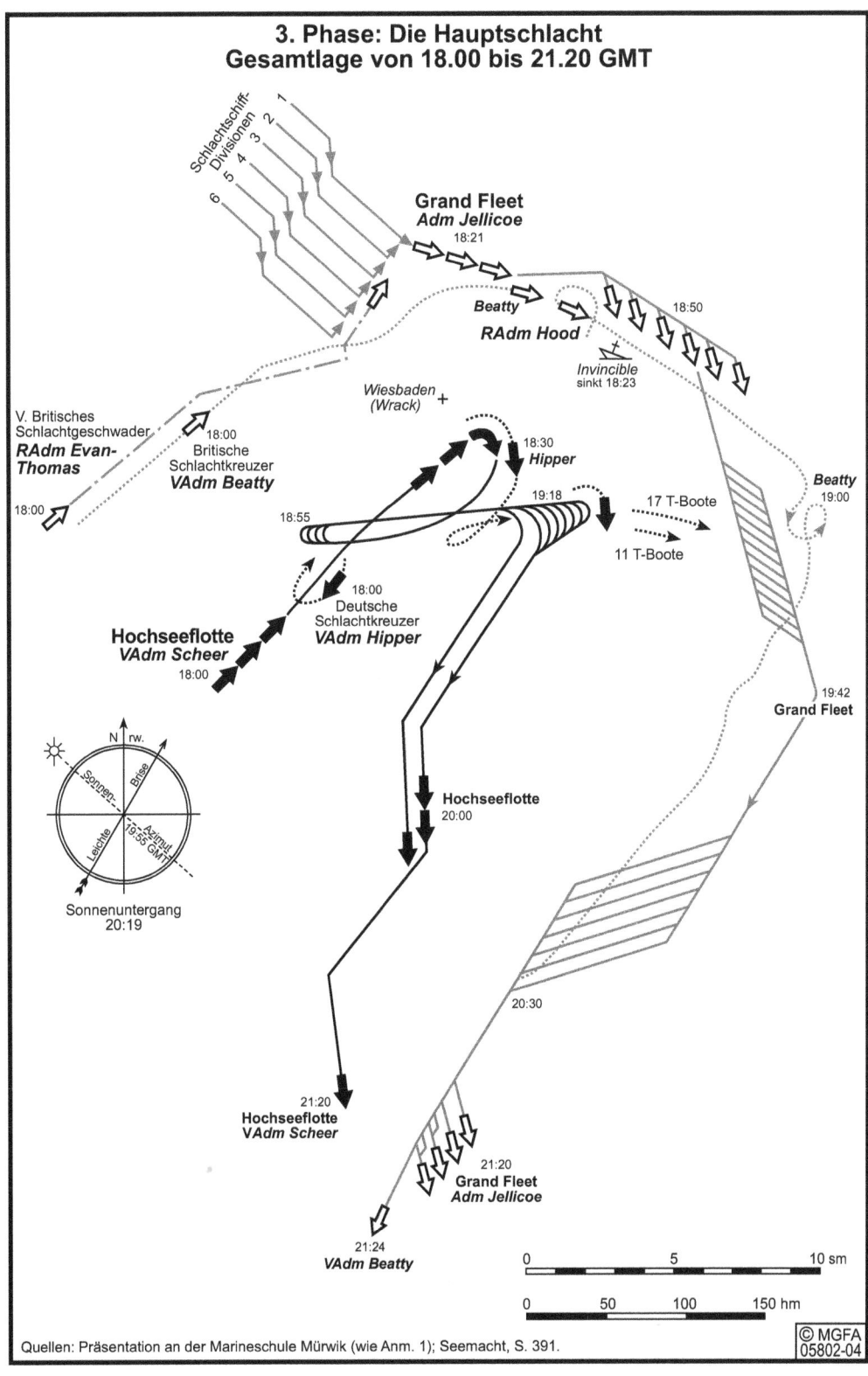

Damit war das Hauptgefecht beendet. Die Schlachtkreuzer hatten den Artilleriekampf am Nachmittag begonnen, sie beendeten ihn auch bei Einbruch der Dunkelheit. Es war das letzte Mal, dass sich deutsche und britische Großkampfschiffe während des Ersten Weltkrieges im Artilleriegefecht gegenüberstanden. Um 21.20 GMT kreuzte Beatty, nicht wissend, wo sich die deutschen Verbände befanden, etwa fünf Seemeilen vor dem Spitzenschiff der Hochseeflotte – das war zu dieser Zeit das ältere Linienschiff *Hannover* – mit Südwestkurs den Weg der deutschen Flotte.

Von 18.00 und 21.00 GMT traten folgende Verluste ein: Die Hochseeflotte verlor einen Kleinen Kreuzer und zwei Torpedoboote, die Grand Fleet verlor einen Schlachtkreuzer und zwei ältere Panzerkreuzer. Die Trefferergebnisse zeigen aber eindeutig die günstige artillerietaktische Position der Grand Fleet in dieser Phase, vor allen Dingen beim zweiten »Crossing the T« gegen 19.15 Uhr. Insgesamt erhielten die deutschen Schiffe 49 schwere Treffer, davon 31 allein die Schlachtkreuzer Hippers. Die britischen Schiffe erhielten in dieser Gefechtsphase insgesamt 38 schwere Treffer, davon 33 allein die Schiffe *Warspite*, *Invincible*, *Warrior* und *Defence*.

IX. Die 4. Phase: Die Nachtgefechte

Die Dunkelheit setzte schnell ein. Es wurde diesig, und Jellicoe musste Direktiven für die Nacht festgelegen. Da sich die Grand Fleet zwischen der Hochseeflotte und ihren Stützpunkten befand, musste er mit weiteren Gefechtsberührungen rechnen. Doch er lehnte einen möglichen Nachteinsatz der Flotte aus folgenden Gründen ab: »I rejected at once the idea of a night action between the heavy ships, as leading to possible disaster owing, first, to the presence of torpedo craft in such large numbers, and, secondly, to the impossibility if distinguishing between our own and enemy vessels. Further, the results of a night action under modern conditions must always be very largely a matter of pure chance[91].« Jellicoe wollte den Vorteil seiner günstigen Position nicht aufgeben: »I therefore decided to steer to the southward, where I should be in a position to renew the engagement at daylight, and should also be favourably placed to intercept the enemy should he make for his base by steering for Heligoland or towards the Ems and thence along the north German coast[92].« Jellicoe ging daher um 21.01 GMT mit der Grand Fleet in Divisionskolonnen auf Südkurs mit einer Marschfahrt von 17 Knoten.

Scheer vermutete den Gegner im Süden oder Südwesten. Daraus erklärt sich wohl der Befehl für die Nachtformation. Das schwächere II. Geschwader und die angeschlagenen Schlachtkreuzer wurden um 21.10 GMT an den Schluss der Linie verlegt. Zur Begründung dieser Entscheidung heißt es im Kriegstagebuch: »Diese Streitkräfte stehen seitlich der Linie, behindern also das Gros bei den zu erwartenden Zerstörerkämpfen. Das II. Geschwader nach vorne zu nehmen, halte ich bei der

---

[91] Jutland Despatches, S. 21, zit. nach Marder, From the Dreadnought, vol. 3 (wie Anm. 2), S. 151.
[92] Ebd., S. 153.

Die Seeschlacht vor dem Skagerrak

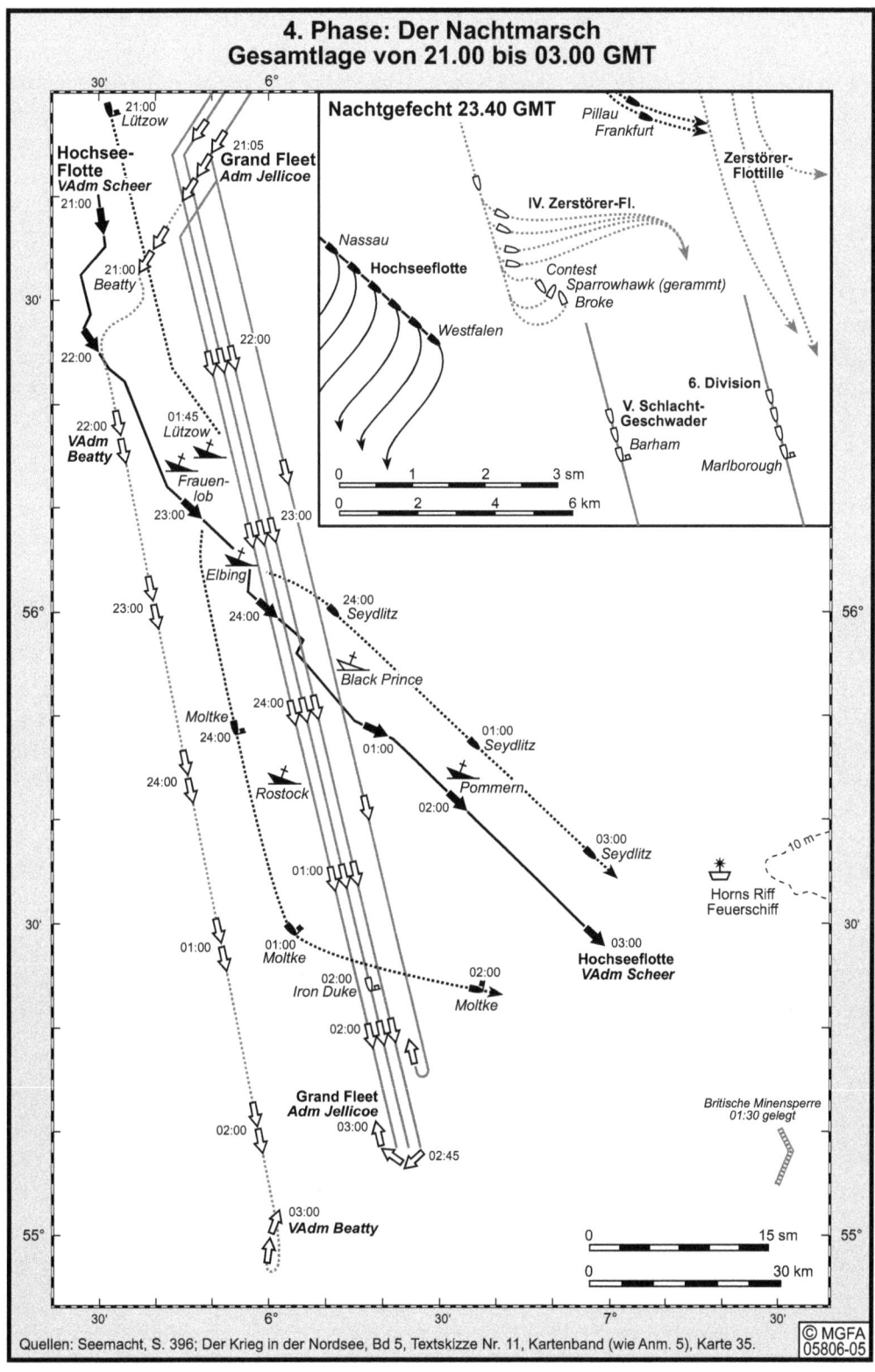

geringeren Widerstandsfähigkeit seiner Schiffe gegen Torpedotreffer[93] für unrichtig, wenn auch bei der Aufstellung am Schluß die Gefahr besteht, dass der Feind bei Hellwerden Fühlung gewinnt und die Queue stark belastet wird. Schließlich ist dann immer noch Zeit, es an einen anderen Platz zu stellen[94].« Die Steuerbordseite galt als die Gefahrenseite, daher erfolgte dort die Seitendeckung durch Kleine Kreuzer der IV. Aufklärungsgruppe.

Zu diesem Zeitpunkt stand das Gros der Gegner aber noch im Osten, also an Backbord. Möglicherweise glaubte Scheer, der Gegner sei bereits vor der Spitze der eigenen Flotte durchgegangen und damit sei der Weg praktisch frei.

Beide Flotten befanden sich auf leicht konvergierenden Kursen und blieben für den jeweiligen Gegner unsichtbar, näherten sich jedoch allmählich. Sie fuhren auf südlichen Kursen entlang der Seiten eines sehr langen, schlanken V. Es war Zufall, dass sich die Flotten nicht an der Spitze des V trafen. Es war eine Angelegenheit von nur wenigen Minuten, verursacht durch Scheers Entscheidung, das an der Spitze stehende II. Geschwader an das Ende der Linie zu senden. Hinzu kam, dass die Grand Fleet 17 Knoten und die Hochseeflotte nur 16 Knoten lief. Zufälle, kein Plan führten dazu, dass Jellicoe die Spitze des V wenige Minuten vor der Hochseeflotte erreichte, dann wurde aus dem V ein X und beide Flotten entfernten sich voneinander. Keiner Seite war klar, was wirklich geschah[95].

Hipper – inzwischen an Bord des Schlachtkreuzers *Moltke* – verlor bei einer Schwenkung den Anschluss an das eigene Gros und hatte überdies den Befehl: »Anhängen!« nicht verstanden. Bemüht, an die Spitze des Gros zu kommen, um damit die übliche Position einzunehmen, verlor er bald die Orientierung. Demgegenüber hatten *Derfflinger* und *Von der Tann* befehlsgemäß ihre Position am Ende der Kiellinie eingenommen. *Moltke* und *Seydlitz* versuchten, das Gros an Backbord zu überholen. Beide Schiffe standen etwa um 22.10 GMT in Höhe des Spitzenschiffes des Gros, des Schlachtschiffes *Westfalen*. Sie passierten die sieben Kreuzer der II. und IV. Aufklärungsgruppe, die aus unerklärlichen Gründen an Backbordseite des Gros standen. Die Kleinen Kreuzer kamen 20 Minuten später nach Backbord ins Gefecht mit britischen Kreuzern. Dabei erhielt der ältere Kreuzer *Frauenlob* einen Torpedotreffer und sank mit fast der gesamten Besatzung. Nur neun Mann von 329 überlebten[96].

---

[93] Es handelte sich um sechs ältere Linienschiffe, die vor dem *Dreadnought*-Sprung gebaut worden waren und daher in ihrer Einteilung des Unterwasserschiffes bei Torpedotreffern mehr gefährdet waren als Großkampfschiffe.

[94] KTB K.d.H. 31.5.1916, S. 14, BA-MA, RM 47/v. 594.

[95] Nach Gibson/Harper, The Riddle of Jutland (wie Anm. 51), S. 219 f. Vgl. Auch Marder, From the Dreadnought, vol. 3 (wie Anm. 2), S. 165.

[96] Der Kleine Kreuzer *Frauenlob* (1901–03 gebaut, 3180 t, 21 Kn, zehn 10,5-cm-Geschütze) gehörte zu den ältesten Schiffen, die an der Schlacht teilnahmen. Es war die letzte Einheit ihrer Klasse, die notgedrungen aus Mangel an Kreuzern noch im Flottenverband fuhr. Die übrigen sechs noch verbliebenen Einheiten dieses Typs waren bereits ab 1914 nur im Küstenschutz eingesetzt. Nach Gröner, Die deutschen Kriegsschiffe, Bd 1 (wie Anm. 40), S. 164 f. Siehe auch die Zeitzeugenberichte in: Steel/Hart, Jutland 1916 (wie Anm. 38), S. 302 f.

Admiral Reinhard Scheer (links). Vizeadmiral Franz (Ritter von) Hipper (1916 in den erblichen Adelsstand erhoben).
Quelle: akg-images

Luftaufnahme von Teilen der Hochseeflotte. Die Fotografie vermittelt einen Eindruck von den Anforderungen, die angesichts der Länge der Kiellinien und der Qualmentwicklung an die taktische Führung der Flotte gestellt waren, die sich vorwiegend auf die optische Befehlsgebung abstützen musste.
Quelle: MSM/WGAZ

Seydlitz mit schweren Treffern auf dem Rückmarsch nach der Skagerrak-Schlacht.
589.
G. Finke,
Wilhelmshaven

SMS Seydlitz nach der Schlacht: Erkennbar sind Treffer vor allem im Bereich des Vorschiffs sowie dessen tieferes Eintauchen. Vergleiche die Aufnahme auf Seite 125.
Quelle: MSM/WGAZ

SMS Seydlitz nach der Schlacht: Deutlich zu sehen ist das tiefliegende Vorschiff und das demgegenüber hoch aus dem Wasser kommende Achterschiff.
Quelle: MSM/WGAZ

SMS Seydlitz nach der Schlacht: Das Vorschiff ist kaum noch über Wasser zu halten. Gleichzeitig krängt das Schiff deutlich nach Backbord.
Quelle: MSM/WGAZ

SMS Derfflinger nach der Skagerrakschlacht: Das Bild zeigt die Einschläge auf dem Schiff (ohne Vor- und Achterschiff).
Quelle: Bundesarchiv-Militärarchiv

Gefechtsschäden (aufgerissenes Oberdeck) auf dem Schlachtkreuzer (Großen Kreuzer) *Derfflinger*.
Quelle: Bundesarchiv-Militärarchiv

Gefechtsschäden auf dem Schlachtschiff (Linienschiff) *König*.
Quelle: Bundesarchiv-Militärarchiv

Hipper hielt fest, dass er mit *Moltke* gegen 22.30 GMT im Begriff war, »unter Fahrtverminderung wieder an die I. A.Gr. heranzuschließen«, als er auf vier große Schiffe gestoßen sei, die an Backbord »also zwischen eigenem Gros und *Moltke* in Sicht kamen und anscheinend Fühlung am eigenen Gros hielten«. Hipper war also der Meinung, dass das eigene Gros an Backbord von ihm stand. Tatsächlich stand er Backbord voraus vom eigenen Gros und vor ihm befand sich das englische Gros. Im Kriegstagebuch Hippers heißt es weiter, dass die *Moltke* bei »dem Versuch nach vorübergehenden Abdrehen [...] durch Nachvornziehen mit hoher Fahrt auf die Position beim Gros zu gelangen«, noch zweimal auf diese Schiffe gestoßen sei. Feindmeldungen konnten wegen der unklaren FT-Station der *Moltke* erst verspätet über ein Torpedoboot (*G 39*) abgesetzt werden[97]. Möglicherweise hätten diese früher abgesetzten Sprüche den Flottenstab auch nur verwirrt.

Raeder übergeht in seinen Memoiren die Ereignisse der Nacht geschickt: Den Funkbefehl des Flottenchefs, an den Schluß der Linie zu gehen, habe der B.d.A. nicht erhalten, deshalb habe er sich bemüht, »mit hoher Fahrt seine gewohnte Stellung an der Spitze des marschierenden Gros zu erreichen. Hierbei war *Moltke* durch vielfache Ausweichmanöver von der Gefechtslinie abgekommen und zeitweise in bedenkliche Nähe englischer Verbände geraten, ohne daß diese jedoch das Feuer eröffneten. Bei Hellwerden konnte *Moltke* dann in der Nähe von Hornsriff die befohlene Stellung im Flottenverbande endlich wieder einnehmen[98].«

Der Schlachtkreuzer *Seydlitz* konnte die hohe Fahrt von 22 Knoten nicht halten und verlor bald den Anschluss an *Moltke*. Gegen Mitternacht kamen Backbord querab auf 15 hm Entfernung drei Einheiten der *Queen-Elizabeth*-Klasse auf Südkurs in Sicht. Die *Seydlitz* benutzte zur Täuschung das inzwischen bekannte britische Erkennungssignal und drehte nach Steuerbord auf Nordkurs ab. Im Gefechtsbericht hieß es später: »Zufällig brannte gleichzeitig im Großtopp, wahrscheinlich durch Induktion durch die F.T., eine weiße Laterne. Im Schutze des eigenen Rauches gelang es trotzdem, die feindlichen Schiffe abzuschütteln[99].«

Die Hochseeflotte wurde seit etwa 21.00 GMT von dem Schlachtschiff *Westfalen* geführt, das in seinem Kriegstagebuch dazu – sicher nicht ohne Stolz! – festhielt: »Die eigene Linie steuert, von *Westfalen* navigatorisch geführt, Hornsriff an[100].« Eine andere Führung gab es praktisch nicht mehr.

Auch die Verbindungen zwischen den Schiffen rissen ab. Man versuchte, Fühlung zum Vordermann zu halten, und bekämpfte alles, was in die Nähe kam. Auf dem Marsch nach Hornsriff brach die Hochseeflotte am 31. Mai gegen 23.55 GMT durch die Hecksee der Grand Fleet, nur etwa 2,3 Seemeilen vom letzten Schlachtschiff des V. Schlachtgeschwaders entfernt. Es war die *Malaya*, deren Kommandant, Captain (RN) A.D.E.H. Boyle, zwar die eigenen Zerstörerangriffe und das Abwehrfeuer der deutschen Einheiten sichtete, jedoch keine Meldung abgab und

---

[97] KTB B.d.A., S. 5 (1.6.1916), BA-MA, RM 8/880, Bl. 5.
[98] Raeder, Mein Leben, Bd 1 (wie Anm. 82), S. 118 f.
[99] Kdo *S.M.S. Seydlitz*, G.B.Nr. GG 199 vom 7. Juni 1916, BA-MA, RM 8/880, Bl. 105–108, Zitat: Rückseite von Bl. 107. Vgl. auch Steel/Hart, Jutland 1916 (wie Anm. 38), S. 336.
[100] KTB *S.M.S. Westfalen*, BA-MA, RM 8/878, Bl. 175 f.

es auch ablehnte, seinem Artillerieoffizier, der ein Schlachtschiff vom Typ *Westfalen* (wegen ihres großen Krans) erkannt und bereits die Geschütze auf den Gegner gerichtet hatte, die erbetene Feuererlaubnis zu geben: »The Captain refused on the ground that the Admiral was only two ships ahead and therefore able to see everything that *Malaya* could[101]!« Auch andere Großkampfschiffe beobachteten die Gefechte, griffen jedoch nicht ein und informierten auch nicht Jellicoe, der mit seinem Flaggschiff etwa 13 Seemeilen südlicher stand und den Gegner am Morgen des 1. Juni erneut bekämpfen wollte.

In der Zeit zwischen 23.30 GMT und 2.40 GMT kam es zu Kämpfen mit britischen Zerstörern, die immer wieder von Backbord anliefen. Dank der Scheinwerferdisziplin und dem wirkungsvollen Abwehrfeuer auf deutscher Seite schienen die Zerstörer nicht zu erkennen, gegen wen sie eigentlich operierten. Der Kommandant der *Westfalen*, Kapitän zu See Johannes Redlich, kam in seinem Gefechtsbericht vom 2. Juni 1916 bei der Bewertung der britischen Zerstörerangriffe zu folgendem Ergebnis: »Alle englischen Torpedobootsangriffe verrieten eine sehr geringe Schulung im Angriffsverfahren und im Erkennen der Lage und der Gegenmanöver des angegriffenen Gegners. Alle Angriffe erfolgten einzeln und im Auflaufen. Wenn es nicht ihre Taktik überhaupt ist, im Auflaufen zu schießen, so sind die Zerstörer bei dem Versuche, vor die Spitze zu kommen, stets in zu geringer Entfernung aufgedampft, so daß sie gesichtet und abgeschossen werden konnten. Die beiden Boote, die als Rotte unter Feuer genommen wurden, haben vielleicht im Eifer der Verfolgung unseres Bootes [sic] Westfalen zu spät bemerkt und sind dadurch völlig überrascht worden[102]. Denn anders läßt sich das Manöver des zweiten Bootes, aufzudrehen und vor *Westfalen* herzulaufen, statt zum Zangenangriff abzudrehen, nicht erklären[103].«

Wenn auch vier britische Zerstörer versenkt wurden, so ganz erfolglos waren die Angriffe nicht. Der Kleine Kreuzer *Elbing* musste vor den Zerstörern ausweichen und wurde beim Durchbrechen durch die eigene Linie vom Schlachtschiff *Posen* gerammt. Der Kreuzer erhielt ein Leck, beide Maschinenräume liefen voll. Der Kreuzer trieb »manövrier- und kampfunfähig an der Steuerbordseite der deutschen Linie achteraus«[104].

Gegen Mitternacht erkannten die Schlachtschiffe *Nassau* und *Thüringen* auf 10 hm einen britischen Panzerkreuzer, der offensichtlich glaubte, auf das eigene Gros gestoßen zu sein. *Ostfriesland*, *Nassau* und *Thüringen* und das Flottenflaggschiff versenkten den Gegner in Minuten. Es war der Panzerkreuzer *Black Prince*, der nach den Taggefechten den Anschluss an die Grand Fleet verloren hatte und jetzt mit der gesamten Besatzung (857 Mann) unterging. Die britischen Zerstörer feuerten mit ihrer leichten Artillerie immer wieder ganz wirkungsvoll in die Scheinwerfer der deutschen Schlachtschiffe. Da die Schiffsführung im Geschwaderver-

---

101 Marder, From the Dreadnought, vol. 3 (wie Anm. 2), S. 180.
102 Siehe dazu Der Krieg in der Nordsee, Bd 5 (wie Anm. 2), S. 385, Textskizze Nr. 14 auf S. 386.
103 Kommando S.M.S. *Westfalen*, Gg. B.Nr. 278 vom 2.6.1916, BA-MA, RM 8/878, Bl. 1981-186, Zitat S. 12 (Rückseite von Bl. 186).
104 Der Krieg in der Nordsee, Bd 5 (wie Anm. 2), S. 372. Zum weiteren Schicksal des Kreuzers bis zur Selbstversenkung siehe ebd., S. 404.

band bei Nacht mit 16 Knoten Fahrt und einem Schiffsabstand von 500 bis 600 m aus dem Kommandostand wegen der unzureichenden Sichtverhältnisse ausgeschlossen war, standen die Kommandanten mit den Wachoffizieren und dem Brückenpersonal ungeschützt auf der offenen Brücke. Treffer in die Scheinwerfer führten dann wegen der Splitterwirkung zu erheblichen Personalausfällen. So schlug auf dem Schlachtschiff *Oldenburg* gegen 0.13 GMT eine Granate in den Backbord oberen Scheinwerfer ein. Die Sprengstücke töteten drei Offiziere und vier Mann, verwundeten den Kommandanten (Kapitän zur See Wilhelm Höpfner), drei weitere Offiziere und neun Mann, darunter den Rudergänger und den Wachoffizier. Es bestand die Gefahr, dass das führerlos gewordene Schiff mit Vorder- oder Hintermann zusammenstoßen konnte. In dieser Situation soll der Kommandant ans Ruder gesprungen sein und das Schiff wieder auf Kurs gebracht haben. Im Kriegstagebuch und Gefechtsbericht der *Oldenburg* wird dieses Eingreifen des Kommandanten allerdings nicht erwähnt[105] (siehe Dok. 8).

Zur letzten Aktion kam es gegen 2.10 GMT. Eine britische Zerstörerflottille griff von Backbord voraus kommend an, wurde von den deutschen Schiffen nicht sofort als Gegner identifiziert und schoss mindestens zehn Torpedos ab. Das Linienschiff *Pommern* wurde getroffen, brach auseinander und versank innerhalb weniger Augenblicke mit der gesamten Besatzung (844 Mann).

Ab 0.30 GMT standen Luftschiffe über der Nordsee. *L 11* meldet um 3.10 GMT einen Verband von zwölf britischen Schlachtschiffen 95 Seemeilen nordwestlich von Helgoland mit Kurs Nordnordost. Um 4.07 GMT gab Scheer an alle das Signal: »Verbandsweise einlaufen!« Er hielt als Begründung fest: »Ich nehme davon Abstand, die von *L 11* gemeldeten feindlichen Streitkräfte zur Schlacht zu stellen, da ein Kampf hiergegen im jetzigen Zustand der Flotte und bei unzureichender Luftaufklärung keinen Erfolg versprechen kann. Das Wetter ist viel zu diesig, Sichtweite keine Geschwaderlänge. Auch die bei Hornsriff beabsichtigte Aufnahmestellung für *Lützow* ist nicht mehr nötig, da gemeldet wird: ' 3 Uhr 45 Vormittags *Lützow* gesprengt. Mannschaft geborgen. G 40[106]«.

Im Laufe der Nacht hatte es die britische Admiralität versäumt, die relativ genauen Ergebnisse ihrer Funkaufklärung – Position, Kurs und Fahrt der Hochseeflotte – rechtzeitig an Jellicoe weiterzugeben[107]. So stieß die Grand Fleet zwar am 1. Juni 1916 gegen 2.45 GMT nach Süden bis auf etwa 55°08' Nord vor, der Schlachtkreuzerverband Beattys sogar bis 54°58' Nord, etwa 75 Seemeilen westlich von Sylt. Doch es blieb ein Stoß ins Leere. Die britischen Verbände gingen auf Gegenkurs und traten ihren Rückmarsch an.

Das Einlaufen war jedoch nicht so gefahrlos wie es möglicherweise scheint. Die vom britischen Minenleger *Abdiel* auf Befehl Jellicoes erst in der Nacht zum 1. Juni gelegte Sperre von 80 Minen auf dem vermuteten Einlaufweg der Hochseeflotte

---

[105] Nach: Der Krieg in der Nordsee, Bd 5 (wie Anm. 2), S. 376. Siehe dazu jedoch KTB *S.M.S. Oldenburg*, 31.5.1916 und Gefechtsbericht *S.M.S. Oldenburg*, B.B. Nr. 1096 vom 3. Juni 1916, BA-MA, RM 8/878, Bl. 209 f. und Bl. 211–221.
[106] KTB K.d.H. 1.6.1916, S. 19, BA-MA, RM 47/v. 594.
[107] Siehe Beesly, Room 40 (wie Anm. 6), S. 159–163, und Marder, From the Dreadnought, vol. 3 (wie Anm. 2), S. 172–180.

westlich des Lister Tiefs sollte sich allerdings nicht auswirken. Südlich Horns Riff geriet die Flotte jedoch in ein britisches Minenfeld, das dort seit dem 5. Mai 1916 lag. Das Schlachtschiff *Ostfriesland* erhielt einen Minentreffer, konnte jedoch die Fahrt fortsetzen. Auf Befehl Scheers hielten die folgenden Einheiten ihren Kurs durch und entgingen dadurch dieser Minengefahr[108].

Das Wrack der *Wiesbaden* war am frühen Morgen des 1. Juni 1916 gesunken. Nur ein Mann, der Oberheizer Hugo Zenne überlebte den Untergang (siehe Dok. 9). Die manövrierunfähigen Kleinen Kreuzer *Elbing* und *Rostock* wurden auf Befehl ihrer Kommandanten versenkt, als sich britische Einheiten näherten. Vorher konnten die Besatzungen von Torpedobooten geborgen werden.

Die Rückfahrt der *Seydlitz* gestaltete sich erheblich schwieriger. Das Schiff hatte 22 schwere Artillerietreffer und einen Torpedotreffer erhalten. Mit bis zu 5300 Tonnen Wasser im Schiff erreichte die *Seydlitz* nur mit großer Mühe die Jade (siehe Dok. 6). Die Besatzung kämpfte bis zur Erschöpfung um den Erhalt ihres Schiffes, das erst am 6. Juni bei günstigem Hochwasser mit Schlepperhilfe über den Achtersteven in die Südschleuse der III. Einfahrt einlaufen konnte.

Am Nachmittag des 1. Juni beziehungsweise am Morgen des 2. Juni lagen die Hochseeflotte und die Grand Fleet wieder auf ihren gewohnten Ankerplätzen und die Bestandsaufnahme begann. Am 2. Juni verfügte Jellicoe über 24 voll einsatzbereite Großkampfschiffe (davon drei Schlachtkreuzer), die – wie Jellicoe noch an diesem Tag der Admiralität melden konnte – in einer Vier-Stunden-Bereitschaft für sofortige Operationen verfügbar waren. Die Instandsetzung der durch schwere Treffer beschädigten sieben Großkampfschiffe war – mit Ausnahme des Schlachtschiffes *Marlborough*, das einen Torpedotreffer erhalten hatte – bis zum 20. Juli 1916 abgeschlossen.

Im Vergleich zu der materiellen Einsatzbereitschaft der Grand Fleet verfügte Scheer am 1. Juni nur über sieben voll einsatzbereite Schlachtschiffe, die in der Schlacht keinen Treffer erhalten hatten, einen Kleinen Kreuzer und 51 Torpedoboote[109]. Am 10. Juni kam ein Schlachtschiff hinzu. Alle anderen Einheiten waren so beschädigt, dass die Instandsetzung bei einzelnen Einheiten bis Ende Juli dauerte, zum Beispiel beim Großkampfschiff *König*, das zehn schwere Treffer erhalten hatte, bis zum 21. Juli 1916. Das Gros der Schlachtschiffe war am 24. Juli wieder einsatzklar. Die Instandsetzung der Schlachtkreuzer *Moltke* und *Von der Tann* (beide jeweils mit vier schweren Treffern) dauerte bis zum 30. Juli sowie 2. August 1916. Die Schlachtkreuzer *Seydlitz* (22 schwere Treffer und ein Torpedotreffer) und *Derfflinger* (21 schwere Treffer) lagen bis September und Oktober in der Werft[110].

---

[108] Der Krieg in der Nordsee, Bd 5 (wie Anm. 2), S. 415 f., und Kartenband Nr. 36.
[109] Daten zur Grand Fleet nach Marder, From the Dreadnought, vol. 3 (wie Anm. 2), S. 251 f., ergänzt durch Daten nach: Der Krieg in der Nordsee, Bd 5 (wie Anm. 2), S. 476, Anl. 10. Daten zur Hochseeflotte, S. 477, Anl. 11. Das Schlachtschiff *König Albert* hatte nicht an der Schlacht teilgenommen, sondern lag in der Werft. Das neue Schlachtschiff *Bayern* (Bewaffnung: acht 38-cm-Geschütze) war erst im Sommer 1916 voll einsatzbereit.
[110] Der Krieg in der Nordsee, Bd 5 (wie Anm. 2), S. 477, Anl. 11; vgl. jedoch die etwas abweichenden Daten in: Der Krieg in der Nordsee, Bd 6: Von Juni 1916 bis Frühjahr 1917. Bearb. von Walter Gladisch, Berlin 1917, S. 30.

Verluste, Munitionsverbrauch und Treffer

Verluste Einheiten

Schiffstyp	Hochseeflotte	Grand Fleet
Schlachtkreuzer	1	3
Schlachtschiffe	–	–
Ältere Linienschiffe oder Panzerkreuzer	1	3
Kleine/Leichte Kreuzer	4	–
Zerstörer/T-Boote	5	8
Einheiten insgesamt:	**11**	**14**
Gesamttonnage der Verluste (in t)	61 180	115 025
Personalverluste		
Gefallene	2 551	6 094
Verwundete	507	674
Gefangene	–	177
Munitionsverbrauch		
nur schwere Artillerie	3 597	4 598
Treffer		
nur schwere Artillerie	120	100

Die 5 deutschen Schlachtkreuzer feuerten durchschnittlich je Schiff 334 Schuss (bei 8 bzw. 10 Rohren schwerer Artillerie je Einheit). Die 8 Linienschiffe des I. und die 8 Linienschiffe des III. Geschwaders der Hochseeflotte feuerten durchschnittlich je Schiff 119 Schuss (bei 10 Rohren schwerer Artillerie je Einheit des III. Geschwaders und 12 Rohren schwerer Artillerie je Einheit des I. Geschwaders).

© MGFA 05807-06

X. Auswertung und Folgen der Schlacht

Die größeren Personal- und Materialverluste der Grand Fleet führten dazu, dass auf deutscher Seite das Gefühl eines Sieges überwog, zumal der Gegner seine Verluste bereits am 2. Juni 1916 bei einer ersten Veröffentlichung in einer Form zugegeben hatte, die den Eindruck einer Niederlage, wenn nicht gar eines Desasters erwecken konnte[111]. Auf deutscher Seite wollte der Admiralstab zunächst die tatsächlichen Verluste (insbesondere den Verlust der *Lützow*) verschleiern, um die Briten »in dem Glauben zu lassen, dass wir noch fünf Schlachtkreuzer besitzen [und] sie nur noch sieben Schlachtkreuzer besitzen«. Dies sei »von hoher Wichtigkeit, weil hierdurch unsere späteren Operationen günstig beeinflußt werden«. Doch Wilhelm II. zeigte mehr Realismus als seine Flaggoffiziere und entschied bei dem Immediatvortrag des Chefs des Admiralstabes am 3. Juni, dass der Verlust

---

[111] Nach Marder, From the Dreadnought, vol. 3 (wie Anm. 2), S. 241. Siehe auch Steel/Hart, Jutland 1916 (wie Anm. 38), S. 418-421.

der *Lützow* und des Kleinen Kreuzers *Rostock* unbedingt zugegeben werden sollte, »da ja die Besatzungen gerettet sind und nun Geheimhaltung ausgeschlossen« sei[112]. Doch erst am 7. Juni veröffentliche der Admiralstab den Verlust der beiden Einheiten, was der Gegner mit Genugtuung zur Kenntnis nahm und im neutralen Ausland bei der Bewertung der deutschen Öffentlichkeitsarbeit eher negativ zu Buche schlug (siehe Dok. 9).

Das Gefühl eines Sieges über die Royal Navy brachte der Kaiser mit großem Pathos bereits am 5. Juni 1916 vor den Abordnungen der Schiffsbesatzungen zum Ausdruck: »Die englische Flotte wurde geschlagen! Der erste gewaltige Hammerschlag ist getan, der Nimbus der englischen Weltherrschaft herabgerissen, die Tradition von Trafalgar in Fetzen gerissen. Wie ein elektrischer Funke ist die Nachricht durch die Welt geeilt und hat überall, wo deutsche Herzen schlagen [...] beispiellosen Jubel ausgelöst[113].«

Die Mannschaften der Hochseeflotte konnten durchaus stolz sein, hatten sie doch Leistungen und Einsatzbereitschaft bewiesen, die von ihren Vorgesetzten in höchsten Tönen gelobt wurden, wie fast allen Gefechtsberichten zu entnehmen ist, zum Beispiel im Kriegstagebuch des Kommandanten der *Lützow*, Kapitän zur See Victor Harder: »Das Verhalten der Mannschaft während der Schlacht, der Nachtfahrt, der Arbeiten zur Erhöhung der geringen übrig gebliebenen Gefechtskraft und der Sicherungsarbeiten im Innenschiff hat an allen Stellen über alles menschliche Erwarten Taten höchster Tapferkeit, Selbstverleugnung und Begeisterung für Kaiser und Reich gezeigt. Trotz allen Schmerzes über den Verlust des Schiffes haben diese Beweise militärischer Tugend einen unauslöschbaren Stolz auf solche mir unterstellten Mannschaften in mir hinterlassen[114].«

Wenn man diese Formulierungen heute liest, kommt unwillkürlich die Frage hoch, warum war es den Seeoffizieren in den folgenden Monaten und Jahren nicht gelungen, bei den Mannschaften diese Haltung und Einsatzbereitschaft zu erhalten? Warum kam es nur ein Jahr später, im Sommer 1917 zu den ersten Unruhen in der Hochseeflotte? Nach der Skagerrakschlacht unterschätzten die verantwortlichen Befehlshaber und Kommandanten offensichtlich ihre Führungsverantwortung für die Aufrechterhaltung der hohen Motivation und Einsatzbereitschaft, die die Mannschaften, Unteroffiziere und Deckoffiziere bei den Gefechten unter Beweis gestellt hatten. Während von den 28 Kommandanten der an der Schlacht beteiligten großen Einheiten gemäß der Rangfolge ihres Jahrgangs bis Kriegsende

---

[112] Zit. nach Chef des Admiralstabes A 16350 IV vom 3.6.1916. In: BA-MA, RM 5/v. 903, Bl. 49–52, bes. Bl. 51 f., handschriftlicher Vermerk des Kaisers auf Bl. 52. Siehe auch Die deutsche Seekriegsleitung, Bd 2 (wie Anm. 5), Dok. 188, S. 95 f., und Der Krieg in der Nordsee, Bd 5 (wie Anm. 2), S. 441.
[113] Ansprache Kaiser Wilhelms II. In: Die deutsche Seekriegsleitung, Bd 2 (wie Anm. 5), Dok. 189, S. 97–99, Zitat S. 98, zur Datierung siehe ebd., S. 97, Anm. 1.
[114] KTB *S.M.S. Lützow*, 1.6.1916, S. 10, BA-MA, RM 8/880, Bl. 181. Vgl. Der Krieg in der Nordsee, Bd 5 (wie Anm. 2), S. 403: Wenn etwas den Kommandanten über den Verlust seines Schiffes trösten konnte, so waren es, wie er im Bericht ausführte, »die Beweise militärischer Tugend der ihm unterstellten Mannschaften, die in seinem Herzen den unauslöschlichen Stolz hinterließen, diese haben führen zu dürfen.«

15 zum Konteradmiral befördert wurden[115], blieben die hoch qualifizierten und im Einsatz bewährten Deckoffiziere von einer vergleichbaren Förderung weitgehend ausgeschlossen. Nur sehr wenige von ihnen wurden zum aktiven Seeoffizier oder Marine-Ingenieur befördert. Die hier erkennbare Ungleichbehandlung der Dienstgradgruppen, die auch auf anderen Gebieten einen bemerkenswerten Selbstbezug des Seeoffizierkorps offenbarte, dürfte wesentlich dazu beigetragen haben, dass die gemeinsam durchgestandene Gefahr während des singulären Schlachtereignisses im Sommer 1917 keine wirkungsmächtige Erinnerung war.

XI. Erfahrungen im taktischen Bereich

Hipper wies in seinem Bericht[116] (Dok. 4) auf den »ungeheure[n], bei unseren jetzigen Schiffen nicht wiedergutzumachenden Nachteil« [hin], der sich aus der geringeren Schussweite der eigenen Geschütze in Verbindung mit der unterlegenen Geschwindigkeit im Vergleich zum Gegner ergeben hatte. Hinzu kamen die unterschiedlichen Sichtverhältnisse, die dazu geführt hatten, dass die deutschen Einheiten zeitweilig für den Gegner als Scheibe fuhren, da sie kein Ziel erkennen konnten. Hipper machte in diesem Zusammenhang darauf aufmerksam, dass die eigenen Hilfsbeobachter »im Mars den Gegner mitunter sehr gut haben sehen können, während von unten nichts auszumachen war. Vielleicht erklärt sich auch hieraus, dass das aus den Marsen geleitete englische Feuer wirksam fortgeführt wurde, während unsere Geschütze schweigen mussten.« Das Artilleriefeuer der britischen Schlachtkreuzer bezeichnete er als wenig wirksam, da es zu keinen schwerwiegenden Beschädigungen bei den eigenen Einheiten geführt habe. Ganz anders war dagegen seine Bewertung der Grand Fleet: Das Artilleriefeuer habe einen »vorzüglichen Eindruck« gemacht: »Die Salven kamen völlig geschlossen heraus (Zentralabfeuerung). Die Aufschläge lagen der Länge und Seite nach fast auf einem Fleck. Das Schießen war ein Beweis, wie sorgfältig alle die Batteriestreuung vergrößernden Einflüsse bei den englischen Geschützen ausgeschaltet sind (Kalibrieren), und wie ausgezeichnet die engl. Feuerleitungs-Anlagen durchgebildet sind (Richtungsweiser mit Höhenrichtgerät).« Der entscheidende Satz galt jedoch der britischen Munition: »Daß von den Engländern nicht mehr erreicht ist, ist eine Folge ihres mangelhaften Geschoß-Materials, im Besonderen der wenig wirksamen Spreng-Ladung.«

Scheer sah in der geringeren Geschwindigkeit der eigenen Verbände einen schwerwiegenden Nachteil. In seinem Bericht über die taktischen Erfahrungen der Schlacht (siehe Dok. 3) musste er anerkennen, dass es dem Gegner mit seinem

---

[115] Siehe Ehrenrangliste der Kaiserlich Deutschen Marine 1914-18. Hrsg. und Verl. Marine-Offizier-Verband. Bearb. von Albert Stoelzel, Berlin 1930, S. 122-125. Es waren Kapitäne zur See der Crewen 1985 bis 1887; zu ihrer Rangfolge siehe Rangliste der Kaiserlich Deutschen Marine für das Jahr 1914 (Stand: 12. Mai 1914), Berlin 1914, S. 110-116.
[116] Anlage zu B.d.A./Gg. 80/0 vom 4.7.1916: Erfahrungen aus der Schlacht vor dem Skagerrak auf Gebiete der Artillerie, BA-MA, RM 8/888, Bl. 92-97.

schnellen Verband, also den Schlachtkreuzern zusammen mit den schnellen Schlachtschiffen der *Queen-Elizabeth*-Klasse, gelungen sei, eine für ihn günstige taktische Stellung zu erringen: »Der feindliche schnelle Verband schreibt also bei einem solchen Verfahren [Überflügelung der deutschen Schlachtkreuzer, was auch das Gros zum Abbiegen zwinge] unserem Gros seine Handlungsweise vor, ohne dass dieses selbst in der Lage ist, den an Zahl vielleicht erheblich unterlegenen Gegner wirksam zu schädigen. Durch entsprechendes Verhalten kann der feindliche schnelle Verband unser Gros in eine Richtung drücken, aus der er den Anmarsch weiterer eigener Streitkräfte erwartet, die dann aus einer ihnen günstigen Stellung auf unser Gros zu stoßen und dies womöglich an der Spitze völlig zu umfassen in der Lage sind. Die Zweckmäßigkeit dieser Taktik für den Gegner muß anerkannt werden[117].«

Während die schwere Artillerie der Großkampfschiffe mit ihrer Trefferwirkung erfolgreich war, blieb der Einsatz der Torpedowaffe mit dem Ziel einer unmittelbaren Waffenwirkung sowohl auf deutscher als auch auf britischer Seite enttäuschend. Die deutschen Einheiten schossen 109 Torpedos (davon 14 von Großkampfschiffen und Kleinen Kreuzern) und erzielten nur drei Treffer: Das Schlachtschiff *Marlborough* wurde getroffen, konnte danach nur noch 17 (später nur 12) Knoten laufen und musste vorzeitig nach Rosyth entlassen werden. Die übrigen zwei Torpedotreffer wurden gegen Zerstörer erzielt. Die britischen Einheiten schossen 74 Torpedos (davon 12 von Großkampfschiffen und 10 von Leichten Kreuzern) und erzielten fünf oder sechs Treffer: Das Linienschiff *Pommern* sank sofort nach Treffern ebenso wie der Kleine Kreuzer *Frauenlob* und das T-Boot *V 29*. Der Kleine Kreuzer *Rostock* blieb nach einem Treffer manövrierunfähig. Der Schlachtkreuzer *Seydlitz* erhielt einen Treffer im Vorschiff, der jedoch zunächst keine negativen Auswirkungen auf die Kampfkraft des Schiffes hatte. Scheer sah im Massenangriff der Torpedoboote die wichtigste Gefechtsverwendung dieser Waffe am Tage und forderte, der Angriff müsse so nahe an den Gegner herangetragen werden, »daß die Torpedos unter allen Umständen – auch bei Ausweichbewegungen des Gegners – über die feindliche Linie hinauslaufen, sodaß der Feind *unbedingt* innerhalb der Torpedoreichweite bleibt«. Scheer verband mit dem Massenangriff ganz bewusst den vollen Einsatz der Torpedoboote. Es sei Sache der Flottillenchefs, »die Angriffe, der Gefechtslage entsprechend ohne Rücksicht auf Verluste, die dabei sehr wahrscheinlich eintreten werden, bis zum absolut sicheren Erfolg an den Feind heran[zu]tragen«[118].

Aus deutscher Sicht schien sich die bisherige Flottentaktik bewährt zu haben. Bei künftigen Vorstößen sollte jedoch der Abstand zwischen Aufklärung und Gros von 50 auf 20 Seemeilen verringert werden. Es sollte von vornherein versucht werden, die schnellen Verbände des Gegners »in eine bestimmte Richtung – z.B. auf Hornsriff oder Borkum zu – zu ziehen, die es dem eigenen Gros ermöglicht,

---

[117] Kdo. D. Hochseestreitkräfte Gg. 5700/0 vom 8. August 1916: »Taktische Erfahrungen aus der Schlacht vor dem Skagerrak am 3.5./1.6.1916«, BA-MA, RM 8/878, Bl. 222–236, Zitat Bl. 223 f.
[118] Ebd., Bl. 230 (Hervorhebung im Original). Zum Torpedoeinsatz siehe Der Krieg in der Nordsee, Bd 5 (wie Anm. 2), S. 473–475, Anl. 8 und 9.

den Gegner abzuschneiden und ihn so, trotz seiner überlegenen Geschwindigkeit, in breiter Formation und unter günstigen taktischen Bedingungen zu stellen«.

Eine Analyse des britischen Funkverkehrs war zu dem Ergebnis gekommen, dass zahlreiche eigene Funksprüche von der britischen Admiralität erfasst, eingepeilt und zum Teil entschlüsselt worden waren. Daraus wurde die Erkenntnis abgeleitet, dass absolute Funkstille der in See befindlichen Einheiten, einschließlich des auf dem Flaggschiff eingeschifften Flottenstabes, eine wesentliche Voraussetzung für überraschende und erfolgreiche Vorstöße der Hochseeflotte sein musste[119].

Die Hochseeflotte lief im August 1916 erneut aus, um die Beschießung Sunderlands nachzuholen. Die Aufklärung versagte jedoch erneut – das Unternehmen wurde abgebrochen[120]. Hier wurde eine Hauptschwäche der damaligen Flotten erneut sichtbar: Alle Verbesserungen in der Aufklärung, der Flottentaktik und der operativen Zusammenarbeit mit U-Booten und Luftschiffen und nicht zuletzt bei der Funkaufklärung konnten nicht darüber hinwegtäuschen, dass die zentrale taktische Führung großer Flottenverbände auf engem Raum von einem Flottenflaggschiff aus problematisch blieb. Denn der jeweilige Flottenchef verfügte nur selten über ein klares Lagebild. Seine Aufklärungs- und Führungsmittel entsprachen nicht den technischen Möglichkeiten der damaligen Großkampfschiffe hinsichtlich Geschwindigkeit und Waffenwirkung. Erfolgsaussichten und Risiken waren somit beim Einsatz großer Flottenverbände nicht mehr kalkulierbar, was letztlich mit dazu beitrug, dass die Skagerrakschlacht der einmalige Schlagabtausch zwischen der deutschen und britischen Flotte blieb.

Doch im Sommer 1916 sah Scheer die Ergebnisse der Skagerrakschlacht noch als Bestätigung für die Richtigkeit der bisherigen Flottenrüstung. Für ihn war das Großkampfschiff weiterhin »der Grundpfeiler der Seemacht«, der sich »durch Verstärkung des Geschützkalibers, Erhöhung der Geschwindigkeit und Vervollkommnung des Panzer- und Unterwasserschutzes« weiter entwickeln müsse[121].

Für die weitere Kriegführung kam Scheer allerdings zu einer realistischen Lagebeurteilung. In seinem Immediatbericht vom 4. Juli 1916 führte er aus (siehe Dok. 2):

»Bei günstigem Verlauf der neu einsetzenden Operationen wird der Gegner zwar empfindlich geschädigt werden können, trotzdem kann kein Zweifel bestehen, daß selbst der glücklichste Ausgang einer Hochseeschlacht England in *diesem* Kriege nicht zum Frieden *zwingen* wird [Hervorhebungen durch Admiralstab in Druckfassung]. Die Nachteile unserer militärgeographischen Lage gegenüber der des Inselreiches und die große materielle Übermacht des Feindes werden durch die Flotte nicht in dem Maße ausgeglichen werden können, daß wir der gegen uns gerichteten Blockade oder des Inselreiches selber Herr werden, auch nicht, wenn die Unterseeboote für militärische Zwecke voll verfügbar sind.

Ein sieghaftes Ende des Krieges in absehbarer Zeit kann nur durch Niederringen des englischen Wirtschaftslebens erreicht werden, also Ansetzen des Unterseebootes

---

[119] Vgl. Kleikamp, Der Einfluß der Funkaufklärung (wie Anm. 6), S. 23–31, und Beesly, Room 40 (wie Anm. 6), S. 165–167.
[120] Siehe Der Krieg in der Nordsee, Bd 6 (wie Anm. 110), S. 33–74, und Marder, From the Dreadnought, vol. 3 (wie Anm. 2), S. 285–307.
[121] Kommando der Hochseestreitkräfte Gg. 5068 O vom 4. Juli 1916: Immediatbericht, BA-MA, RM 8/878, Bl. 48–66.

gegen den englischen Handel. Hierzu irgend eine abgeschwächte Form zu wählen, muß ich nach pflichtgemäßer Überzeugung nach wie vor Euerer Majestät dringend abraten, nicht nur weil es dem Wesen der Waffe widerspricht und der Einsatz der Boote nicht im Verhältnis zu dem zu erwartenden Gewinn steht, sondern weil es trotz größter Gewissenhaftigkeit der Kommandanten nicht möglich ist, in Englands Gewässern, in denen die amerikanischen Interessen lebendig sind, Zwischenfälle zu vermeiden, die uns zu demütigendem Nachgeben zwingen, wenn wir nicht bis zur vollen Schärfe durchhalten können.«

Diese Lagebeurteilung lässt erkennen, dass Scheer von der Hochseeflotte keine Wende im Seekrieg gegen Großbritannien erwartete, sondern allein auf den U-Boot-Krieg setzte.

Trotzdem wollte er die Flotte weiterhin in der Nordsee offensiv einsetzen, um doch noch einen Erfolg zu erzielen. Dabei blieb unklar, was mit durchaus möglichen Teilerfolgen erreicht werden sollte. Statt für die Flotte sinnvolle Alternativen zur Nordseeschlacht zu entwickeln, war die Marineführung weiterhin bestrebt, die Existenzberechtigung der Flotte schlechthin beweisen zu müssen. Als Alternativen boten sich einmal die Nutzung der eigenen Überlegenheit in der Ostsee oder zum anderen Vorstöße in Richtung Ärmelkanal an, um Druck auf den Gegner auszuüben.

Die Skagerrakschlacht trug indirekt dazu bei, dass im Januar 1917 der verhängnisvolle Entschluss für den uneingeschränkten U-Boot-Krieg getroffen wurde. Danach fungierte die Hochseeflotte als reine Hilfswaffe für die U-Boot-Kriegführung. Ihre Tätigkeit erschöpfte sich vor allem in der monotonen Aufgabe, die Minensucharbeiten auf den Ein- und Auslaufwegen der U-Boote zu sichern. Als Bilanz ist festzuhalten[122]: Die Operationen der Hochseeflotte erreichten in der Skagerrakschlacht ihren Höhepunkt, doch die Schlacht selbst brachte keine Wende in der Seekriegführung.

Die Hochseeflotte blieb, was sie schon seit Kriegsausbruch weitgehend gewesen war – eine »fleet in being«, die allein durch ihr Vorhandensein strategisch wirkte. Ihre starke Präsenz band im Nordseebereich die britische Grand Fleet und damit auch leichte Seestreitkräfte, die für Geleitschutzaufgaben im Atlantik fehlten. Die Flotte sicherte den eigenen Küstenbereich, blockierte die Ostsee für alliierte Nachschublieferungen nach Russland und bot der U-Boot-Kriegführung einen gewissen Rückhalt bei der Sicherung der Ein- und Auslaufwege. Die Flotte hatte also entgegen der gängigen Bewertung durch Historiker, die ihr jede strategische Bedeutung absprechen[123], durchaus ihren militärischen Wert für die deutsche

---

[122] Der folgende Abschnitt in Anlehnung an Werner Rahn, Skagerrak – Fragen, die sich uns aufdrängen. In: Marineforum, 51 (1976), 7, S. 192. Der Text war ein Diskussionsbeitrag zu: Michael Salewski, Skagerrak! Sechzig Jahre Rückblick. Warum nur erinnern wie uns immer wieder? In: Marineforum, 51 (1976), 5, S. 115-118; weitere Diskussionsbeiträge ebd., H. 6, S. 158-161, H. 7, S. 192-195 und 202 f., sowie H. 8, S. 225-227. Vgl. dazu zehn Jahre später: Jörg Duppler, Die Seeschlacht vor dem Skagerrak. Schlusspunkt einer Epoche des Seekrieges. In: Marineforum, 61 (1986), S. 147-150.

[123] So Thomas Nipperdey, Deutsche Geschichte 1866-1918, Bd 2: Machtstaat vor der Demokratie, München 1993, S. 771; vgl. dazu die abweichende Bewertung bei Salewski, Der Erste Weltkrieg, Paderborn, München 2003, S. 345.

Kriegführung. Doch eine nüchterne Kosten-Nutzen-Rechnung muss zu dem Ergebnis kommen, dass sie letztlich nicht das geleistet hat, was man von ihr erwartete oder erwarten konnte.

In den späteren Jahren hat die Skagerrakschlacht die Traditionsbildung in den folgenden deutschen Marinen nachhaltig beeinflusst[124]. Sie wurde als zentrales Ereignis des Seekrieges 1914-18 gedeutet und als Beweis für die Richtigkeit des deutschen Schlachtflottenbaus herangezogen. Die offizielle Geschichtsschreibung der Marine konzentrierte sich in den ersten Nachkriegsjahren auf die Vorgeschichte und Darstellung der Schlacht. Das offiziöse Werk »Der Krieg zur See 1914-1918« kam zu dem Ergebnis, »daß der deutsche Anspruch auf den Sieg in der Schlacht vor dem Skagerrak auch der strengsten geschichtlichen Forschung standhält«[125]. Als Beweis für diese These wurden auf deutscher Seite immer wieder die größeren Verluste des Gegners angeführt, ohne den Umstand zu berücksichtigen, dass die deutsche Seite mit guten Gründen am 1. Juni 1916 der Weiterführung des Gefechtes ausgewichen war. Dabei kam die strategische Analyse der Nordseekriegführung zu kurz. Auch nach der negativen Kriegserfahrung neigten führende Offiziere der Reichs- und Kriegsmarine zu der Auffassung, dass eine bei Kriegsbeginn durchgeschlagene Seeschlacht in der Nordsee eine strategische Entscheidung gebracht hätte. Bei der inneren Geschlossenheit des Marineoffizierkorps galt es als selbstverständlich, dass auf Tirpitz und die erfolgreichen Flottenführer Scheer und Hipper nicht die geringste Kritik fallen durfte. Der verantwortliche Leiter des Marine-Archivs, Vizeadmiral a.D. Eberhard von Mantey, bemühte sich bis Anfang der 1930er Jahre stets darum, die Stellungnahmen und Einwände dieser Offiziere weitgehend zu berücksichtigen. Dies galt besonders für die Darstellung der Nordseekriegführung bis einschließlich der Skagerrakschlacht. Der Verfasser der ersten fünf Bände, Korvettenkapitän (ab 1924 Fregattenkapitän) Otto Groos hat besonders eng mit Tirpitz und Trotha zusammengearbeitet. Im Herbst 1932 gab Mantey gegenüber Raeder zu, die ersten Nordseebände seien »ganz im Tirpitzschen Fahrwasser« geschrieben, was ihre spätere Umarbeitung notwendig mache[126]. Groos musste sich allerdings bereits 1927 von einem jüngeren Offizier vorhalten lassen, dass er »für die eigene Seite fehlerausgleichend geschrieben« und die Leistungen der Hochseeflotte betont hervorgehoben habe[127].

Man muss sich heute vor Augen halten, dass die Reichs- und Kriegsmarine von 1919 bis 1943 – also 24 Jahre lang – von Offizieren geführt wurde, die bereits 1916 in der Hochseeflotte wichtige Positionen eingenommen hatten: Trotha als Chef des Stabes bei Scheer, Behncke als Chef des III. Geschwaders, Zenker als Kommandant des Schlachtkreuzers *Von der Tann* und nicht zuletzt Raeder als I. Admiralstabsoffizier Hippers. Diese personelle Kontinuität hat wahrscheinlich dazu

---

[124] Siehe dazu in diesem Band den Beitrag von Jörg Hillmann.
[125] Der Krieg in der Nordsee, Bd 5 (wie Anm. 2), S. IX: Vorwort des Herausgebers.
[126] Nach Rahn, Strategische Optionen (wie Anm. 3), S. 208.
[127] Gottfried Krüger, Kritischer Vergleich der bisherigen Skagerrak-Literatur. In: Marine-Rundschau, 32 (1927), S. 236 f. Krüger (Crew IV/1916) war 1926 Oberleutnant zur See und im Zweiten Weltkrieg als Kapitän zur See bis 1942 in der Seekriegsleitung eingesetzt.

beigetragen, dass eine kritische Auseinandersetzung mit den strategischen Grundlagen und Schwächen des Tirpitz'schen Schlachtflottenbaus unterblieb.

In diesem Zusammenhang soll auch an einen bemerkenswerten Offizier erinnert werden – an den Artillerieoffizier des Schlachtkreuzers *Lützow*, Korvettenkapitän Günther Paschen (Crew 1898)[128]. Er war – nicht zuletzt nach Einschätzung britischer Historiker[129] – wohl einer der fähigsten Artillerieoffiziere aller beteiligten Großkampfschiffe. In der Reichs- und Kriegsmarine lehrte er Artilleriekunde an der Marineschule Mürwik und erreichte in den 1930er Jahren als Ergänzungsoffizier den Rang eines Kapitäns zur See. Soweit man heute weiß, hat Paschen nur zwei Fehler gemacht: Die erste Fehlentscheidung traf er als Artillerieoffizier der *Lützow*, als er am 31. Mai 1916 bei Beginn des Schlachtkreuzergefechtes eine Stunde lang mit Sprenggranaten und nicht – wie die anderen Schlachtkreuzer – mit Panzersprenggranaten schoss. Dies Versäumnis hat möglicherweise den Schlachtkreuzer *Lion* vor dem Untergang bewahrt[130].

Der zweite Fehler war die Fehleinschätzung eines Bürgers und Pensionärs über die brutale Diktatur in Deutschland mit ihren weitreichenden Fangarmen und hatte für ihn tödliche Folgen: Im Sommer 1943 äußerte er in Flensburg freimütig Zweifel an der Existenz der Wunderwaffen, wurde denunziert und im Oktober 1943 vom Volksgerichtshof wegen angeblicher Wehrkraftzersetzung zum Tode verurteilt. Das Urteil wurde wenige Wochen später vollstreckt. Kein Marinekamerad, weder Raeder, Dönitz noch Flaggoffiziere aus seiner Crew 1898, die Admirale Gottfried Hansen, Walter Gladisch und Werner Tillessen, haben – soweit bekannt – etwas unternommen, um die Vollstreckung des Urteils zu verhindern[131]. Raeder erwähnte Paschen 1956 zwar in seinen Erinnerungen und lobte dessen hervorragende Feuerleitung, doch das spätere Schicksal dieses Offiziers, das ihm zweifellos bekannt gewesen sein dürfte, erwähnte er mit keinem Wort des Bedauerns[132].

Der Zweite Weltkrieg drängte die Erinnerung an Skagerrak mehr und mehr in den Hintergrund, denn die Epoche der Großkampfschiffe schien nun endgültig

---

[128] Günther Paschen (* 29.8.1880, hingerichtet 8.11.1943), Crew 1898, im Ersten Weltkrieg bis Juli 1915 I. AO des Linienschiffes *Schwaben*, anschließend I. AO des Schlachtkreuzers *Lützow* bis 1.6.1916, dann I. AO des Schlachtschiffes *Baden* bis April 1917, danach Kommandeur der 2. Abteilung der I. Werftdivision (zugleich Kommandant Schulschiff *Braunschweig* dann *Schlesien* bis Oktober 1917, anschließend für zwei Monate Kommandant des Kanonenbootes *Panther*. Ab Dezember 1917 Kommandeur der Matrosenartillerieabteilung auf den baltischen Inseln, ab August 1918 bis Kriegende Stab des Befehlshabers der baltischen Gewässer, Adjutant.

[129] Vgl. N.J.M. Campbell, Battle Cruisers (wie Anm. 59) S. 52: »[H]er shooting was probably the best of any of the German ships.«

[130] Siehe Günther Paschen, *S.M.S. Lützow* in der Skagerrakschlacht. In: Marine-Rundschau, 31 (1926), S. 175-184, bes. S. 178: »Mein Kummer ist noch heute, daß ich in der ersten Stunde der Schlacht, auf Grund der allgemeinen Anweisungen und bestärkt durch die mir kurz vorher erteilten Ratschläge von maßgebender Seite, keine Panzergeschosse [Panzersprenggranaten] verfeuert habe, sondern brisante Granaten. *Lion* und sein Admiral hätten sie wohl sonst kaum überlebt.« Siehe auch Campbell, Jutland (wie Anm. 2), S. 42 f.

[131] Zur Anklage und zum Gerichtsverfahren 1943 siehe Heinrich Walle, Marineoffiziere im Widerstand gegen Hitler und das NS-Regime. In: Deutsche Marinen im Wandel (wie Anm. 3), S. 485-502, bes. S. 490-493.

[132] Raeder, Mein Leben, Bd 1 (wie Anm. 82), S. 115.

vorbei zu sein. Heute stellt sich die Frage: Warum Erinnerung an Skagerrak nach 90 Jahren? Der Opfer dieser gewaltigen Schlacht zu gedenken, ist das eine – auf beiden Seiten haben insgesamt 8645 Mann ihr Leben gelassen, 1181 wurden verwundet. Die Fehler und Unterlassungen aufzuzeigen und zu benennen, ist das andere. Es gilt aber auch, an ein zentrales Versagen zu erinnern, das grundsätzlich den Zusammenhang von Militär und politischer Führung betrifft: Im Ersten Weltkrieg gelang es der deutschen Führung nicht, die seestrategische Zielsetzung für den Einsatz der Hochseeflotte und der U-Boote in den Rahmen einer einheitlichen Gesamtkriegführung einzuordnen, eine Gesamtstrategie fehlte.

Dokumente

Einführung

Über die deutsche Seekriegführung in der Nordsee im Ersten Weltkrieg, insbesondere über die Einsätze der Hochseeflotte, ist in den Akten des früheren Marine-Archivs (heute im Bundesarchiv-Militärarchiv, Freiburg) umfangreiches Quellenmaterial überliefert, das bislang – von Einzeluntersuchungen abgesehen[a] – nur in dem offiziösen Reihenwerk »Der Krieg zur See 1914-1918«, Unterreihe »Der Krieg in der Nordsee« ausgewertet wurde[b]. Es sind vor allem die Bestände RM 5 (Admiralstab der Marine), RM 8 (Kriegswissenschaftliche Abteilung der Marine, früher Marine-Archiv), RM 47 (Kommando der Hochseestreitkräfte), RM 49 (Befehlshaber im Flottenbereich) und RM 92 (Schwere und mittlere Kampfschiffe), in denen das wichtigste Quellenmaterial, beispielsweise Kriegstagebücher und Gefechtsberichte, überliefert ist. In dem Bestand RM 8/878 bis 889 sind die Kriegstagebücher und Berichte aller beteiligten Einheiten und Stäbe über die Skagerrakschlacht, der Immediatbericht des Flottenchefs, Presseberichte, Erfahrungsberichte, Attachémeldungen etc. gesondert zusammengefasst, entweder in Form von Abschriften oder zum Teil auch als Original. Die Einzelakten über Schlachtschiffe, Schlachtkreuzer und Kreuzer (Bestand RM 92) enthalten neben den Kriegstagebüchern und Gefechtsberichten sehr gute Aufnahmen von den Gefechtsschäden (siehe zum Beispiel RM 92/3938 *S.M.S. Derfflinger* und RM 92/3939 *S.M.S. König*). Diese hier genannten Aktenbestände sind nach 1958, d.h. nach Rückgabe der Marineakten von Großbritannien an die Bundesrepublik Deutschland, im Original oder als Mikrofilm nur von wenigen Historikern benutzt worden, so von Arthur J. Marder für sein fünfbändiges Werk »From the Dreadnought to Scapa Flow«[c] und von N.J. M. Campbell[d].

Bei der folgenden Auswahl von neun Dokumenten sollten möglichst alle Ebenen der Seekriegführung berücksichtigt werden: Die strategische Zielsetzung des Seekrieges gegen Großbritannien, die operative Planung, die zur Schlacht führte, die operativen und taktischen Erfahrungen bei der Auswertung der verschiedenen

---

[a] Siehe zum Beispiel Gerhard P. Groß, Die Seekriegführung der Kaiserlichen Marine im Jahre 1918, Frankfurt a.M., Bern 1989 (= Europäische Hochschulschriften, Bd III/387).

[b] Siehe dazu die Einführung von Gerhard P. Groß zur kritischen Edition des Bandes 7 »Der Krieg in der Nordsee«: Der Krieg zur See 1914-1918. Der Krieg in der Nordsee, Bd 7: Vom Sommer 1917 bis zum Kriegsende 1918. Kritische Edition. Textband und Kartenschuber. Im Auftrag des MGFA bearbeitet und neu hrsg. von Gerhard P. Groß unter Mitarbeit von Werner Rahn, Hamburg, Berlin, Bonn 2006, S. 1-30.

[c] Siehe Marder, From the Dreadnought, vol. 3 (wie Anm. 2), S. IX f. Vgl. dazu den Vermerk der Dokumentenzentrale des Militärgeschichtlichen Forschungsamtes vom 15.5.1963 über die Anfertigung eines Mikrofilms von 62 Seiten aus einer Akte für Prof. Marder, Universität Honolulu (Hawaii) in: BA-MA, RM 5/4754 (Admiralstab der Marine: Akten betreffend Seeschlacht vor dem Skagerrak), Bl. 1.

[d] Campbell, Jutland (wie Anm. 2), und Campbell, Battle Cruisers (wie Anm. 59), allerdings ohne genaue Quellenangabe.

Gefechtsphasen und nicht zuletzt der Gefechtsdienst und die Leckabwehr eines Großkampfschiffes während und nach der Schlacht.

Über das Innenleben eines Großkampfschiffes mit mehr als 1300 Mann Besatzung während eines Gefechtes sind von Zeitzeugen nur wenige Berichte überliefert, die das Zusammenwirken der Bereiche Schiffsführung, Waffeneinsatz und Schiffsantrieb mit Leckabwehr und Brandbekämpfung schildern[e]. Die Kampfkraft eines Kriegsschiffes war (und ist) ganz wesentlich von der Ausbildung und Einsatzbereitschaft der Besatzung abhängig. Im Artilleriegefecht großer Überwassereinheiten kam es darauf an, im Zusammenwirken von Mensch und Technik eine Perfektion zu erreichen, die Voraussetzung war, um den Kampf Schiff gegen Schiff erfolgreich zu bestehen[f]. Das Gefechtsgeschehen und seine Auswirkungen auf das eigene Schiff erlebte der weitaus größte Teil der Besatzung im Schiffsinneren auf der jeweiligen Gefechtsstation. Lediglich die Schiffsführung, das Personal in den Artillerieleitständen und auf dem Signaldeck sowie die Ausguckposten sahen den Gegner und waren in der Lage, Einzelheiten des Gefechtes unmittelbar zu beobachten. Demgegenüber war das Personal in der Maschinenanlage, in den Kohlebunkern, in den Munitionskammern und auf Leckabwehrposten auf die sporadischen Informationen angewiesen, die von Fall zu Fall vom Ersten Offizier aus der Schiffszentrale oder vom Kommandanten aus dem Kommandostand über Telefone oder Sprachrohre kamen. Die erste Gefechtsberührung zwischen deutschen und britischen Großkampfschiffen seit Januar 1915 wirkte nach dem »langen Warten« (Wolz) auf viele Seeoffiziere wie eine Befreiung. So ließ der Kommandant des Schlachtschiffes *Markgraf*, Kapitän zur See Karl Seiferling, bei Beginn des Gefechtes vor der ersten Salve an alle Stellen durchgeben: »Hurra Markgraf«[g].

Die unmittelbare Konfrontation mit der Realität des Seekrieges trat durch die Trefferwirkung an Bord ein, die vielfach Tod und Verwundung bedeutete[h]. Einsames Sterben und Überleben auf See, wie sie vom einzigen Überlebenden des Kleinen Kreuzers *Wiesbaden* beschrieben wurden[i], oder das Schicksal von eingeschlossenen Besatzungsteilen, die beim Untergang ihres Schiffes nicht mehr gerettet werden konnten[j], zeigen bedrückende Dimensionen der Seekriegführung.

Die Hervorhebungen im Dokumentenanhang erfolgen gemäß dem Original.

---

[e] Siehe z.B. den Bericht des I. Artillerieoffiziers des Schlachtkreuzers *Derfflinger* Hase, Die zwei weißen Völker (wie Anm. 54). Vgl. auch Steel/Hart, Jutland 1916 (wie Anm. 38). Der Matrose Richard Stumpf vom Schlachtschiff *Helgoland* geht in seinen viel zitierten Tagebuchaufzeichnungen (Warum die Flotte zerbrach. Kriegstagebuch eines christlichen Arbeiters, Berlin 1927) nur kurz auf die Skagerrakschlacht ein. Die *Helgoland* hatte nur einen Treffer erhalten und dabei keine Personalverluste.

[f] In Anlehnung an Wolz, Das lange Warten (wie Anm. 35), S. 122. Vgl. auch die Erinnerungen von Scheer, Deutschlands Hochseeflotte im Weltkrieg. Persönliche Erinnerungen, Berlin 1919, S. 286 f.

[g] Siehe Dok. Nr. 5.

[h] Siehe die bei Wolz, Das lange Warten (wie Anm. 35), S. 122–133, angeführten Beispiele.

[i] Siehe Dok. Nr. 9.

[j] Siehe Dok. Nr. 7 und Hermann A.K. Jung, Skagerrak. Mit Schlachtkreuzer »Lützow« an der Spitze, Erlebnisbericht, Leipzig 1937, S. 43, und Paschen, S.M.S. Lützow (wie Anm. 130), S. 181.

Dokument 1

Kommando der Hochseestreitkräfte, Operationsbefehl Nr. 6 vom 28. Mai 1916.
Fundort: BA-MA, RM 8/878, Bl. 35–39; weitere Überlieferung in RM 47/v. 594 (Anl. 2 zum KTB des Kommandos der Hochseestreitkräfte vom 31. Mai/ 1. Juni 1916).

* * *

Kommando   den 28.5.1916
der Hochseestreitkräfte
Gg. 2490/0

Ganz Geheim!
O.-Sache.

Operationsbefehl Nr. 6
(gem. O.-Plan II, 5.)

A.) Nachrichten vom Feind:

Teile des englischen Gros werden in den Häfen *der schottischen NO.-Küste, im Humber* und *im Kanal* vermutet.

Einzelne Streitkräfte (auch U-Boote) sind wiederholt *im Skagerrak* und an der *norwegischen Südwestküste* gemeldet. Lebhafter Handelsverkehr aus dem Skagerrak nach dem Westen und dem Südwesten.

B.) Eigene Absicht:

Durch das Erscheinen der Kreuzer vor und in dem Skagerrak soll der Feind zum *Vorschieben* von Streitkräften veranlaßt werden, um dadurch unseren an der englischen *Ostküste stehenden U.-Booten* Angriffsgelegenheiten zu bieten.

Dazu *Vorstoß des B.d.A.* am 31. Mai morgens mit I. und II. Aufklärungsgruppe, II. F.d.T. auf »Regensburg«, II., VI. und IX. T-Flottille nach dem *Skagerrak*. Kreuzer- und Handelskrieg bis zum 1. Juni morgens *vor* und *in* dem Skagerrak und bis unter die norwegische Küste. *Feindliche Streitkräfte vernichten,* überlegene auf das eigene Gros ziehen.

Mit Luftschiff-Aufklärung ist nicht zu rechnen. Gegen 6 Uhr morgens am 1. Juni Sammeln auf das Gros. Das *Gros* – I. und III. Geschwader, IV. Aufkl.Gr., »Hamburg«, I. F.d.T.

I.F.

I. F.d.T. auf »Rostock« und Rest der T.-Flottillen – stehen am 1. Juni 3 Uhr vormittags in 106ε Zus. 4ᵃ.

Rückmarsch aller Streitkräfte und weiteres Verhalten der Lage entsprechend.

Das Marinekorps unterstützt die Unternehmung nach Maßgabe der verfügbaren Streitkräfte.

Das *II. Geschwader* sichert zunächst die Deutsche Bucht; *Heranziehung des II. Geschwaders* zur Vereinigung mit dem Gros vorbehaltenᵇ.

C.) Ausführungsbestimmungen

1.) Auslaufen des B.d.A.

Auslaufen der dem B.d.A. zugeteilten Streitkräfte am 31. morgens nach Anweisung des B.d.A. Feuerbestellung hierfür selbständig veranlassen.

Feindliche und neutrale Dampfer sind einzubringen. *Keine Untersuchung in See!* Beim Einbringen zeitlich berücksichtigen, daß Dampfer tunlichst noch im Schutze unserer Streitkräfte in die Deutsche Bucht gelangen.

Im Falle der Verlegung des Rückweges aus dem Skagerrak nach der Nordsee durch starke feindliche Streitkräfte steht den Kreuzern und T.-Flottillen oder abgesprengten Teilen der Weg durch den Kleinen Belt oder den Sund nach der Ostsee offen.

2.) Auslaufen des Gros.

Am 31. Mai vormittags (genaue Uhrzeit wird durch Signal befohlen) in der Reihenfolge: IV. Aufkl.Gruppe, III. Geschw., Flottenflaggschiff angehängt, I. Geschwader. Schiffsabstand 7 hm, Geschwaderabstand 35 hm. *Fahrt 14 sm.* Dampf auf in *allen* Kesseln. Gros steuert westlich Helgoland über Platz E und Platz F nach 55° Nord, 7° 25' Ost, dann über Quadrat 100α Zus. Mitte nach 106ε Zus. IV Mitteᶜ.

Während der Nacht Geschwaderabstand 6 sm. Bei Hellwerden wieder aufschließen. Spitze dazu auf 12 sm gehen.

Es ist beabsichtigt, 6 Uhr vormittags am 1. Juni in 106ε Zus. IV. zu stehenᵈ.

ᵃ Es handelt sich um die ungefähre Position 57°15' Nord, 7°20' Ost gemäß Karte Nr. 5 (Quadratkarte) in: Der Krieg in der Nordsee, Bd 1 (wie Anm. 4). Vgl. auch: Der Krieg in der Nordsee, Bd 5, Kartenband (wie Anm. 2), die dort in Karte 1 eingezeichnete Position.

ᵇ Am 30. Mai 1916 entschloss sich der Flottenchef, Vizeadmiral Scheer, auf Drängen des Chefs des II. Geschwaders, Konteradmiral Franz Mauve, dieses Geschwaders (bestehend aus sechs älteren Linienschiffen) »trotz der geringen Kampfkraft und mangelnden Widerstandsfähigkeit seiner veralteten Schiffe unmittelbar an der Unternehmung teilnehmen zu lassen«. (Zit. nach Der Krieg in der Nordsee, Bd 5 – wie Anm. 2 –, S. 190). Der entsprechende Funkspruch ging am 30. Mai 1916 um 17.41 GMT an alle Einheiten, konnte allerdings von der britischen Funkaufklärung erst am Nachmittag des 31. Mai 1916 entziffert werden. Siehe Beesly, Room 40 (wie Anm. 6), S. 152.

ᶜ Siehe Karte Nr. 5 (Quadratkarte) in: Der Krieg in der Nordsee, Bd 1 (wie Anm. 4).

ᵈ Ebd.

3.) Marschsicherung des Gros

IV. Aufkl.Gruppe, »Hamburg« und I. F.d.T. nach Austritt aus dem minenverseuchten Gebiet Marschsicherung bilden um das Gros; Reihenfolge melden.

4.) Verteilung der dem Gros zugeteilten T.Boote
zur Sicherung regelt und meldet I. F.d.T.:

2 schnelle Boote zum Flottenflaggschiff, je eine Flottille zum I. und III. Geschwader, der Rest auf die Marschsicherungskreuzer verteilt.

5.) Prisenkommandos

Die fahrbereiten Schiffe des II. Geschwaders stellen je 2 Prisenkommandos.
B.d.A. sorgt für Überführung der Prisenkommandos und für Verteilung auf die ihm zugeteilten T.-Flottillen und veranlaßt Unterweisung der Prisenkommandos über die minenfreien Einlaufkurse.
Die einzubringenden Dampfer sollen durch die Amrumbank-Durchfahrt die Elbe ansteuern und der Kommandantur Cuxhaven zur Untersuchung übergeben werden.

D.) **Falls** noch im Laufe des 31. Mai oder 1. Juni
Luftschiffernaufklärung möglich wird, so klären auf:

1 Luftschiff zwischen Linie Hanstholm–Ryvingen, norwegischer Südwestküste bis Ekerö und bis Helgoland in SzO *280* sm ab.
1 Luftschiff zwischen Helgoland in SzO *280* sm ab und Helgoland in SOzS *280* sm ab.
1 Luftschiff zwischen Helgoland in SOzO *280* sm ab und Helgoland in SOzS *240* sm ab.
1 Luftschiff zwischen Helgoland in SOzO *240* sm ab und Helgoland in OzS *200* sm ab.
1 Luftschiff über den Hoofden.

E.) Unterseeboote

Es liegen bis 1. Juni abends in *Angriffs*-Stellungen:
2 große U.-Boote vor *Scapa Flow*
1 großes U.-Boot vor dem M*oray Firth*
7 große U.-Boote und 1 UB.-Boot vor dem *Firth of Forth*
3 große U.-Boote *nördlich von Terschelling Bank*
2 UB.-Boote vor dem *Humber.*

Flandern-Boote (6–8 UB-Boote) *nach Befehlen des Marinekorps in den Hoofden.*
Außerdem *Minenverseuchung* durch UE.-Boote an der schottischen Küste und durch UC.-Boote in den Hoofden^e.

F.) F.T.-Bestimmungen:
siehe F.T.-Anlage.

G.) Allgemeines

1.) Der Befehl zur Ausführung dieser Operation am 31. Mai wird durch F.T. »Datum, GG 2490« befohlen. Das *»Datum«* besagt, daß an dem angegebenen Tage der B.d.A. mit den ihm zugeteilten Streitkräften morgens auslaufen soll. Das Auslaufen der *übrigen* Streitkräfte ordnen die betreffenden Befehlshaber und Führer möglichst unauffällig an.
2.) Sicherung der Deutschen Bucht gegen U-Boote am Tage *vor der Unternehmung nach Anweisung des B.d.A., während der Unternehmung nach Anweisung des Chefs des II. Geschwaders*^f.
Flugzeuge, wenn möglich, weitgehende Aufklärung und Bedeckungsdienst.
3.) Schiffe und Torpedoboote malen hinteren Schornstein rot.
4.) *Torpedoboote* treten Unternehmung mit *vollem* Brennstoffbestand (*Deckungsladung*) an.
5.) *Feuerbestellung:*
Durch Hochseekommando werden angefordert:
Maßnahme Nord vom 1. Operationstage 2 Uhr nachm. an,
Maßnahme West vom 1. Operationstage 6 Uhr nachm. an.

H.) Dieser Befehl ist streng geheim zu halten.

Die Kommandanten dürfen ihn den Offizieren und Besatzungen erst beim Inseegehen bekanntgeben. *Er darf nicht in Feindeshand fallen.*

gez. Scheer

---

^e »Große U-Boote« U 43 bis U 63: Wasserverdrängung über Wasser etwa 730–800 t, vier Torpedorohre, ein 8,8-cm-Geschütz, Fahrbereich 8000–9000 Seemeilen (bei 8 Kn); UB-Boote, Typ UB II (UB 18 bis UB 47): Wasserverdrängung über Wasser etwa 265 t, zwei Torpedorohre, ein 8,8-cm-Geschütz, Fahrbereich 5000 bis 6400 Seemeilen (bei 5 Kn); UC-Boote, Typ UC I (UC 1 bis UC 15): Wasserverdrängung über Wasser 168 t, zwölf Minen, Fahrbereich 915 Seemeilen (bei 5 Kn); UE-Boote (U 71 bis U 74): Wasserverdrängung über Wasser 755 t, zwei Torpedorohre und 34 Minen, ein 8,8-cm-Geschütz, Fahrbereich 5400 bis 7800 Seemeilen (bei 7 Kn). Daten nach: Der Handelskrieg mit U-Booten, Bd 1, S. 162–166, und Bd 3 (wie Anm. 14), S. 14–16.

^f In dem Funkspruch des Flottenchefs vom 30.5.1916 um 17.41 GMT heißt es: »Leitung des F.T.-Verkehrs in Deutscher Bucht durch III. Einfahrt.« In: Der Krieg in der Nordsee, Bd 5 (wie Anm. 2), S. 519.

An
alle Admirale und Schiffe des I., II., III. Geschwaders, der I., II. und IV. Aufkl. Gruppe, I., II. F.d.T., I., II., III., V., VI., VII. und IX. T-Flottille, F.d.U., M.L.A., II. S.Fl.Abt., Nordsee-Vorpostenflottille, S.M.S. »Arkona«, Marinekorps, Station N., Admiralstab der Marine, O.d.O., E. Hauptstelle Neumünster[g].

Anlage zu Absatz F. des O.-Befehls Nr. 6

Ganz Geheim!
O.-Sache.

F.T.-Bestimmungen

1.) *Leitung des F.T.-Verkehrs*:
    a) in der *Deutschen Bucht*, einschließlich des regelmäßigen Fernverkehrs mit K.F.S. Brügge, Neumünster sowie sämtlichen Luftschiffen und mit den B.A. zur Ortsbestimmung beim Flaggschiff *des II. Geschwaders* (F.T.-Namen gemäß Ziffer 5.)
    b) für das *Gros* beim *Flottenflaggschiff*,
    c) für die *vorgeschobenen Streitkräfte* (I. und II. Aufklärungsgruppe u.s.w.) gemäß »Regelung des F.T.-Verkehrs in der Deutschen Bucht« (G. 2862 F.2. vom 27.III.15 Abschnitt A Ziffer 4).
2.)   *F.T.-Wiederholer*:
    a) für die Flottillen bei I. und II. Aufkl.Gruppe:
        II. F.d.T. auf S.M.S. »Regensburg«
    b) für die Flottillen beim Gros: in Sonderfällen:
        I. F.d.T. auf S.M.S. »Rostock«,
    – im allgemeinen unmittelbarer Verkehr mit Flottenflaggschiff
3.) Etwa erforderliche *Abänderung zu 1) und 2)* nach F.T.-Befehlen.
4.) F.T.-Verkehr:
    a) *Hochseestreitkräfte*: auf das dringend notwendige beschränken und nach Möglichkeit auf w w 5[h]! Letzteres gilt besonders für den Fernverkehr zwischen S.M.S. Deutschland, K.F.S. Neumünster und Flottenflaggschiff.
    Die Linienschiffe und Kreuzer haben nötigenfalls die als wichtig gekennzeichneten (»λ«) Signale *optisch* den bei ihnen stehenden Torpedobooten zu übermitteln.
    b) S.M.S. »*Deutschland*« und K.F.S. *Neumünster* regeln ihre Sendeenergie derart, daß die Abnahme ihrer Signale durch die in See stehenden Hochseestreit-

---

[g] F.d.T. = Führer der Torpedoboote; F.d.U. = Führer der U-Boote; M.L.A. = Marine-Luftschiffabteilung; S.Fl.Abt. = Seeflieger-Abteilung; O.d.O. = Oberbefehlshaber der Ostseestreitkräfte; E. Hauptstelle = Entzifferungs-Hauptstelle.
[h] »W W 5« meint eine bestimmte F.T.-Wechselwelle.

kräfte auch *ohne* besondere Anfrage und Verstandenmeldung durch das Flottenflaggschiff und B.d.A. sichergestellt ist.

c) Bei Signalen von *Luftschiffen*, die vom Gros nicht weiter als von der Leitstation (S.M.S. »Deutschland«) abstehen, kann ohne weiteres angenommen werden, daß sie auch vom Flottenflaggschiff und B.d.A. u.s.w. verstanden worden sind, sobald die Leitstation verstanden meldet. Einer nochmaligen Anfrage und Verstandenmeldung durch das Flottenflaggschiff bedarf es daher in diesen Fällen im allgemeinen nicht.

5.) *F.T.-Namen.* – treten nach Vorgang des Flottenflaggschiffs in Kraft:

Für »alle teilnehmenden Hochseestreitkräfte«	u a
»Hochseechef«	x a
»Flaggschiff des Hochseechefs«	r ä
»B.d.A.«	k ä
»Flaggschiff des B.d.A.«	m z
»Flaggschiff des II. F.d.T. (Regensburg)«	m t
»Flaggschiff des II. Geschwaders«	
(als Leitstation in der deutsch. Bucht)[i]	d k

6.) *F.T.-Umsetztafel*:

a) Mit Beginn der Operation bezw. nach Vorgang des Flottenflaggschiffes sind alle Funksprüche (nach Sign.B. und F.V.B.)[j], die diese Operation betreffen, von den *teilnehmenden Hochseestreitkräften* nach anliegender »γλ«-Umsetztafel zu chiffrieren! Diese Umsetztafel »γλ 2« hat nur Gültigkeit für die Dauer dieser Operation; sie befindet sich auch nur im Besitz der am Schluß genannten Befehlshaber, Schiffe der Hochseestreitkräfte, sämtlicher teilnehmender Luftschiffe und Torpedoboote, sowie der 3 K.F.S. Neumünster, Nordholz (durch M.L.A.) und Brügge (durch Marinekorps) und der N.A. der Station N[k].
Eine Mitteilung an weitere Dienststellen an Land und an Bord ist im Interesse der Geheimhaltung streng verboten. Die »γλ«-Tafel darf nur von Seeoffizieren (u. F.T.-Fähnrichen) benutzt werden.

b) Der F.T.-Verkehr der in der deutschen Bucht *zurückbleibenden Bewachungs- und Sicherungsstreitkräfte* – sowie etwaiger Verkehr der Hochseestreitkräfte mit ihnen wird nach den allgemein gültigen Umsetztafeln abgewickelt.

---

[i] Nach dem Befehl zur Teilnahme des II. Geschwaders an der Unternehmung ging das Rufzeichen »DK« für die Dauer der Unternehmung an die F.T.-Station »Dritte Einfahrt« in Wilhelmshaven.
[j] F.V.B. = Funk-Verkehrsbuch.
[k] N.A. = Nachrichten-Abteilung.

Dokument 2

Immediatbericht des Kommandos der Hochseestreitkräfte über die Seeschlacht vor dem Skagerrak vom 4. Juli 1916

Fundort: BA-MA, RM 5/4754, Bl. 6-36; weitere Überlieferung in RM 8/878, Bl. 48-77, sowie RM 47/34 und 809 (Druckfassung des Admiralstabes).

Editorische Vorbemerkung

Die Originalfassung des Immediatberichtes umfasst 62 Seiten Maschinenschrift (zweizeilig), enthält zehn Skizzen mit dem jeweiligen Gefechtsbild und folgende acht Anlagen: I. Plan der beabsichtigten Unternehmung, II. Operationsgebiete der U-Boote vor den feindlichen Häfen, III. Der Vormarsch, IV. Das Kreuzergefecht (Karte), V. und VI. Gesamtgefechtsbild (Karte), VII. Der Rückmarsch, VIII. Zusammenstellung der Treffer und Personalverluste. Wilhelm II. hat den Bericht am 14. Juli 1916 zur Kenntnis genommen und als »vorzüglich« bewertet. Eine Abschrift des Berichtes mit allen Skizzen und Anlagen lag dem Admiralstab bereits am 10. Juli 1916 vor[a], der den Bericht drucken ließ. Die Druckfassung (Umfang ohne Anlagen 21 Seiten) ist zwar stilistisch nur ganz geringfügig überarbeitet worden, hat jedoch im Abschnitt »F« (»Die weitere Seekriegführung«) auf Seite 17 bei einer zentralen Aussage Scheers durch Fettdruck von nur zwei Worten eine bemerkenswerte Zukunftsperspektive der deutsch-britischen Konfrontation angedeutet: Es könne kein Zweifel bestehen, »daß selbst der glücklichste Ausgang einer Hochseeschlacht England in *diesem* Kriege nicht zum Frieden *zwingen* wird«. Die Randbemerkung »richtig« Wilhelms II. deutet möglicherweise an, dass der Kaiser die nur begrenzte strategische Wirkung der Flotte erfasst hatte. Scheer legte am 16. Juli 1916 einen weiteren Bericht vor, in dem er sich kritisch mit dem am 6. Juli 1916 von der britischen Admiralität veröffentlichten Bericht von Admiral Jellicoe vom 24. Juni 1916 auseinandersetzte[b]. Dabei ging Scheer – nach Fehlinterpretation der Aufklärungsmeldung eines Luftschiffes – noch davon aus, dass ein Teil der Grand Fleet während der Nacht zum 1. Juni 1916 die Jammerbucht angesteuert habe, und führte dann aus: »Unverständlich bleibt ferner, daß die leichten Streitkräfte des Gegners, die bis 4,30 Uhr vormittags im Gefecht mit unserem Gros standen und somit während der ganzen Nacht Fühlung an uns hatten, keine Möglichkeit gefunden haben sollten, den Admiral Jellicoe und den Admiral Beatty über unseren Standort, unseren Kurs und unsere Fahrt zu unterrichten. Aber selbst davon abgesehen, muß man annehmen, daß allein schon das Feuer unserer Ge-

---

[a] BA-MA, RM 8/878, Bl. 48-66.
[b] Kommando der Hochseestreitkräfte, Gg. 5260 O vom 16.7.1916 (Bestandteil der Druckfassung des Immediatberichtes S. 19-21, zit. nach: BA-MA, RM 47/34 und 809). Der Bericht Jellicoes ist in der Originalfassung und in deutscher Übersetzung in Form von Zeitungsausschnitten vorhanden in: BA-MA, RM 5/4754, Bl. 42-72.

schütze und die brennenden Kreuzer und Zerstörer des Feindes dem englischen Gros unseren Weg hätten zeigen müssen.«

Der Immediatbericht ist bereits 1921 vollständig veröffentlicht worden. Auszüge des Berichtes mit genauen Belegen der verschiedenen Fundorte des Entwurfs, des Originals und der Druckfassung sind in der grundlegenden Dokumentation von Gerhard Granier über die deutsche Seekriegleitung im Ersten Weltkriege ediert[c].

Bei der folgenden Edition von Auszügen des Dokuments wurde angestrebt, nicht nur die wichtigsten Aussagen des Berichtes zu berücksichtigen, sondern zugleich auch dessen Gliederung erkennbar werden zu lassen. Daher sind von den meisten Abschnitten, die detailliert den Verlauf des Geschehens nach der ersten Auswertung der Kriegstagebücher und Gefechtsberichte schildern, nur die Überschriften genannt worden.

Die Skizzen und Anlagen des Berichtes konnten nicht berücksichtigt werden. Alle Uhrzeiten sind – soweit nicht anders gekennzeichnet – mitteleuropäische Sommerzeit (Zeitzone B), das heißt zwei Stunden vor GMT.

* * *

Kommando der   den 4. Juli 1916
Hochseestreitkräfte
Gg. 5068 O.
Der Chef des Marine-Kabinetts[d].

An
Seine Majestät
den Kaiser und König,

Berlin

Eurer Kaiserlichen und Königlichen Majestät melde ich über die Unternehmung am 31. Mai und 1. Juni und über die Seeschlacht vor dem Skagerrak alleruntertänigst das Folgende:

---

[c] Die deutsche Seekriegsleitung, Bd 2 (wie Anm. 5), Dok. 192, S. 106–109; ebd., S. 106, in Anm. 2 Hinweis auf die Veröffentlichung in den Nachrichten der Marine-Offizier-Hilfe, 3 (1921), S. 321–330.

[d] Im Kopf der ersten Seite [Bl. 6] Vermerk Wilhelm II. »Vorzüglich« mit Paraphe und Datum: 14/VII 16. Marinekabinett, Buch-Nr.: 4631; mit hs. Vermerk Admiral von Müller, 25.7.1916: »Chef des Admiralstabes zurückzugeben.« Darunter Eingangsstempel des Admiralstabes der Marine vom 27. Juli 1916, darunter hs. Vermerk: »Hat Sr. Exc. [Exzellenz] vorgelegen.« (Paraphe).

A. Die mit der Unternehmung verbundene Absicht.

Die Unternehmung gegen Lowestoft am 23. und 24. April dieses Jahres hatte im Sinne unseres Operationsplanes gewirkt[e].

Der Gegner hatte die Herausforderung als solche empfunden und war offenbar nicht gesonnen, einen zweiten ähnlichen Schlag ohne Gegenwehr hinzunehmen. Er begann sich zu regen. Man hörte von Umgruppierungen seiner Seestreitkräfte auf die verschiedenen Stützpunkte der Ostküste und von wiederholten Aufmärschen beträchtlicher Flotten*teile* in der nördlichen Nordsee.

Diese unseren Absichten entsprechende Lage wollte ich nach Fertigstellung der »Seydlitz«[f] durch einen erneuten Vorstoß der gesamten Flotte ausnutzen.

Die vorläufige Aufgabe des Unterseebootshandelskrieges gestattete die Mitwirkung aller fahrbereiten Unterseeboote.

Ich entsandte daher Mitte Mai alle Unterseeboote zu einer Streife durch die nördliche Nordsee und ließ sie vom 23. Mai ab Angriffsstellungen vor den Hauptstützpunkten des Feindes – *Humber, Firth of Forth, Moray Firth und Scapa Flow* – beziehen, um alsdann durch einen Vorstoß unserer Flotte den Gegner zum Auslaufen und unter günstigen Bedingungen zum Kampf zu nötigen.

Auf diese Weise war Aussicht vorhanden, die Unterseeboote zum Angriff zu bringen; gleichzeitig konnten sie wertvolle Aufklärungsdienste leisten.

Für den Vorstoß wurden zwei Unternehmungen vorbereitet: Die eine in nordwestlicher Richtung gegen die englische Küste, die andere nach Norden in das Skagerrak hinein.

Für den Vorstoß nach Nordwesten war weitgehende Luftschiffaufklärung unerläßlich, da er in ein Seegebiet führte, in dem wir uns *gegen* unseren Willen nicht zur Schlacht stellen lassen durften.

Bei der Unternehmung nach Norden, für die die jütische Küste im Osten eine gewisse Deckung gegen feindliche Überraschungen bot, war, zumal in Anbetracht der großen Entfernungen von den feindlichen Stützpunkten, diese Gefahr geringer. Luftschiffaufklärung war zwar auch hierfür erwünscht, aber nicht unbedingt notwendig.

Der Vorstoß nach Nordwesten erschien als der wirkungsvollere; er wurde deshalb zunächst in Aussicht genommen. Dementsprechend wurden alle Luftschiffe vom 23. Mai ab für die Unternehmung bereitgehalten.

Leider war das Wetter dem Vorhaben abhold. Die Flotte wartete vom 23. bis 30. Mai vergeblich auf einen für die Luftaufklärung geeigneten Tag.

Als auch am 30. Mai eine Änderung der Wetterlage nicht abzusehen war, beschloß ich, da die Unterseeboote nicht länger in Angriffsstellung gelassen werden

---

[e] Es handelt sich um den Vorstoß (mit Küstenbeschießung) gegen Lowestoft und Great Yarmouth. Die Hochseeflotte war dabei als Rückhalt weit nach Westen vorgestoßen. Siehe: Der Krieg in der Nordsee, Bd 5 (wie Anm. 2), S. 126–156.

[f] Der Schlachtkreuzer *Seydlitz* hatte am 24. April 1916 etwa 40 Seemeilen nordnordwestlich von Norderney einen Minentreffer erhalten und war erst am 28. Mai 1916 wieder einsatzbereit; siehe ebd., S. 134 f. und 194.

konnten, die Operation nach Nordwesten aufzugeben und das nach Norden gerichtete Unternehmen gegebenenfalls ohne Luftschiffaufklärung auszuführen.

B. Die Anlage der Unternehmung.

Der Befehlshaber der Aufklärungsschiffe, Vizeadmiral Hipper, erhielt Befehl, mit der I. und II. Aufklärungsgruppe, dem II. Führer der Torpedobootsstreitkräfte auf »Regensburg« und der II., VI. und IX. Torpedobootsflottille am 31. Mai 4 Uhr morgens die Jade zu verlassen und aus Sicht von Hornsriff und der dänischen Küste nach dem Skagerrak vorzustoßen, sich noch vor Dunkelwerden an der norwegischen Küste zu zeigen, damit die Engländer Kunde von dem Unternehmen erhielten, und während des Spätnachmittags und der folgenden Nacht vor und in dem Skagerrak Kreuzer- und Handelskrieg zu führen.

Das Gros, bestehend aus dem I., II. und III. Geschwader, IV. Aufklärungsgruppe, I. Führer der Torpedobootsstreitkräfte auf »Rostock« und dem Rest der Torpedobootsflottillen, sollte 4,30 Uhr vormittags folgen, die Aufklärungsstreitkräfte während der Unternehmung decken und am Morgen des 1. Juni aufnehmen.

Die ausliegenden Unterseeboote erhielten Funkspruch, daß am 31. Mai und 1. Juni mit dem Auslaufen feindlicher Streitkräfte zu rechnen sei.

Anlage I[g] zeigt den Plan der beabsichtigten Unternehmung, Anlage II das den Unterseebooten für die Streife zugewiesene Gebiet und ihre Verteilung vor die feindlichen Häfen.

Das Marinekorps übernahm es bereitwilligst, in gleicher Weise die englischen Ausfallhäfen an den Hoofden zu blockieren.

C. Der Verlauf der Unternehmung.

1.) Bis zum Zusammentreffen mit dem Feind.

Der von den Minensuchformationen westlich der Amrumbank durch die feindlichen Minenfelder gebahnte Weg führte die Hochseestreitkräfte sicher in die freie See.

Luftschiffaufklärung war zunächst der Wetterlage wegen nicht möglich.

7,37 Uhr vormittags meldete »U 32« etwa 70 sm östlich des Firth of Forth 2 Großkampfschiffe, 2 Kreuzer und mehrere Torpedoboote mit südöstlichem Kurs.

8,30 Uhr vormittags teilte die Funkentelegraphie-Entzifferungsstelle Neumünster mit, daß 2 große Kriegsschiffe oder Verbände mit Zerstörern aus Scapa Flow ausgelaufen seien.

8,48 Uhr vormittags meldete »U 66«, daß es etwa 60 sm östlich Kinnaird Head 8 feindliche Großkampfschiffe, kleine Kreuzer und Torpedoboote mit nordöstlichem Kurs gesichtet habe.

---

g   Die Anlagen des Immediatberichts sind nicht abgedruckt. Vgl. zu diesem Punkt jedoch Dok. 1.

Die Meldungen gaben kein Bild von den Absichten des Feindes. Die verschiedenartige Stärke der einzelnen Flottenteile und ihre auseinanderführenden Kurse ließen einstweilen weder auf ein operatives Zusammenarbeiten, noch auf ein Vorgehen gegen die Deutsche Bucht, noch auf irgendwelche Beziehung zu unserer Unternehmung schließen.

Die Nachrichten änderten somit nichts an dem befohlenen Vorhaben, nährten lediglich die Hoffnung, daß es uns gelingen möchte, einen Teil der feindlichen Flotte zum Kampf zu stellen.

2.) Der erste Gefechtsabschnitt: Das Kreuzergefecht.

[...]

3.) Der zweite Gefechtsabschnitt: Die Verfolgung.

[...]

4.) Der dritte Gefechtsabschnitt: Die Schlacht.

[...] Unmittelbar nach dem Umlegen der Linie verstummte das feindliche Feuer vorübergehend, zum Teil, weil der von den Torpedobooten zum Schutz der Linie, insbesondere der Panzerkreuzer, entwickelte Rauch dem Gegner die Sicht benahm, hauptsächlich aber wohl wegen der empfindlichen Verluste, die der Feind erlitten hatte.

An sicheren Verlusten (gesunken) wurden beobachtet: Ein Schiff der »Queen Elizabeth« Klasse (Name unbekannt), ein Schlachtkreuzer (»Invincible«), zwei Panzerkreuzer (»Black Prince« und »Defence«), ein kleiner Kreuzer und zwei Zerstörer (einer davon gezeichnet 04).

Schwer beschädigt, zum Teil in Brand geschossen wurden: Ein Panzerkreuzer (»Warrior«, später gesunken), drei kleine Kreuzer, drei Zerstörer.

Auf unserer Seite war nur »V.48« gesunken, »Wiesbaden« manövrierunfähig und »Lützow« so schwer beschädigt, daß der Befehlshaber der Aufklärungsschiffe sich gezwungen sah, das Schiff etwa 9 Uhr abends im feindlichen Feuer zu verlassen und auf »Moltke« umzusteigen.

Die Führung der I. Aufklärungsgruppe ging damit bis 11 Uhr abends auf den Kommandanten »Derfflinger« (Kapitän zur See Hartog) über.

Auch die übrigen Panzerkreuzer und die Spitzenschiffe des III. Geschwaders hatten gelitten, hielten aber ihren Platz in der Linie.

Nachdem der Feind das Feuer gegen unsere West steuernde Linie hatte abbrechen müssen, warf er sich auf die bereits schwer beschädigte »Wiesbaden«. Das Schiff wehrte sich, wie deutlich zu beobachten war, tapfer gegen die erdrückende Übermacht.

Den Nachtmarsch anzutreten war es noch zu früh. Der Feind hätte uns noch vor dem Dunkelwerden nach seinem Willen stellen, die Freiheit des Entschlusses nehmen und schließlich den Rückweg in die Deutsche Bucht verlegen können.

Dem vorzubeugen gab es nur ein Mittel: dem Gegner durch einen nochmaligen rücksichtslosen Vorstoß einen zweiten Schlag zu versetzen und die Torpedoboote mit Gewalt zum Angriff zu bringen.

Das Manöver mußte den Feind überraschen, seine Pläne für den Rest des Tages über den Haufen werfen und, wenn der Stoß wuchtig ausfiel, das Loslösen für die Nacht erleichtern. Daneben gewährte es die Möglichkeit, einen letzten Versuch zu machen, der schwer bedrängten »Wiesbaden« Hilfe zu bringen und wenigstens die Besatzung zu bergen.

Dementsprechend wurde 8,55 Uhr [18.55 GMT] nachmittags die Linie abermals nach Steuerbord auf Ostkurs herumgeworfen, den Panzerkreuzern befohlen, unter vollem Einsatz auf die Spitze des Feindes zu operieren, allen Torpedobootsflottillen Befehl zum Angriff gegeben und dem I. Führer der Torpedobootsstreitkräfte, Kommodore Michelsen, Weisung erteilt, die »Wiesbaden«-Besatzung durch Torpedoboote bergen zu lassen.

Die sich aus dieser Bewegung entwickelnde Schlacht zeigte sehr bald ein Bild ähnlich dem 8,35 nachmittags, nur daß die Stauchung der Spitze noch stärker wurde [...]

Die zur »Wiesbaden« entsandten Boote mußten den Versuch, die Besatzung zu retten, aufgeben. »Wiesbaden« und die vorgehenden Boote lagen in so schwerem Feuer, daß der Flottillenchef den Einsatz seiner Boote für aussichtslos hielt. Im Abdrehen feuerten »V.73« und »G.88« insgesamt 4 Torpedos gegen die »Queen Elizabeth«.

Das gegen die Linie gerichtete Feuer des Feindes vereinigte sich vornehmlich auf die Panzerkreuzer und die V. Division[h]. Die Schiffe litten um so schwerer, als sie vom Feinde wenig mehr als das Aufblitzen der Salven sehen konnten, selbst aber anscheinend gute Ziele boten.

Ganz besonders das Verhalten der Panzerkreuzer verdient höchste Anerkennung: Selbst in dem Gebrauch ihrer Waffen durch Verluste erheblich herabgesetzt, zum Teil schwer havariert, gingen sie rücksichtslos, dem erhaltenen Befehl entsprechend, gegen den Feind vor.

Ebenso anerkennenswert ist die Führung des III. Geschwaders (Chef Kontreadmiral [sic] Behncke) und das Verhalten der Schiffe der V. Division. Sie und die Panzerkreuzer trugen die Last des Kampfes und ermöglichten dadurch den wirkungsvollen Einsatz der Torpedobootsflottillen.

Als erste griffen die vorn bei den Kreuzern stehenden Boote der VI. und IX. Torpedobootsflottille an. Ihnen folgten vom Gros aus die III. und V. Torpedobootsflottille.

Die II. Torpedobootsflottille hielt der II. Führer der Torpedobootsstreitkräfte zunächst zurück, um sie nicht hinter der VI. und IX. Torpedobootsflottille ins Leere stoßen zu lassen; der Verlauf hat diese Maßnahme gerechtfertigt. Die 1. Torpedobootshalbflottille und einzelne Boote der VI. und IX. Torpedobootsflottille

---

[h] Die V. Division bestand aus vier Schlachtschiffen der *König*-Klasse.

waren mit der Deckung der havarierten »Lützow« beschäftigt. Zum Ansatz der aufmarschierenden VII. Torpedobootsflottille fand sich keine Gelegenheit mehr.

Die VI. und die IX. Torpedobootsflottille nahmen im Anlauf das bis dahin auf die Panzerkreuzer gerichtete schwere feindliche Feuer auf sich, trugen den Angriff bis auf 70 hm gegen die Mitte einer im Kreisbogen Ostsüdost bis Süd steuernden, mehr als 20 Großkampfschiffe umfassenden Linie heran und kamen unter günstigen Bedingungen zum Schuß. Im Angriff erhielt »S.35« einen schweren Treffer mittschiffs und sank sofort.

Alle übrigen Boote kehrten zurück und legten im Ablaufen zum Schutz der bedrängten Spitze einen dichten Rauchschleier zwischen Feind und eigenes Gros.

Mit dem Ansatz der Torpedobootsflottillen war der Zweck des Stoßes erreicht.

Die Linie wurde deshalb 9,17 Uhr nachmittags durch Gefechtskehrtwendung zunächst auf Westkurs umgelegt und dann durch Schwenkung auf südwestlichen, südlichen und schließlich südöstlichen Kurs herumgeholt, um der umfassenden Bewegung des Feindes, dessen Spitze bereits Südost peilte, zu begegnen und uns den Rückweg offenzuhalten.

Das feindliche Feuer verstummte sehr bald nach der Kehrtwendung.

Der Feind muß auf den Angriff der IV. und IX. Torpedobootsflottille hin abgedreht sein: Die III. und V. Torpedobootsflottille fanden nur noch leichte Streitkräfte und damit keine Gelegenheit zum Angriff.

Die Verluste des Gegners können für diesen Gefechtsabschnitt nicht angegeben werden. Bisher ist nur bekannt geworden, daß »Marlborough« einen Torpedotreffer erhalten hat. Es darf mit Sicherheit angenommen werden, daß weitere Erfolge erzielt sind.

Auch unserer Panzerkreuzer und die Spitzenschiffe des III. Geschwaders hatten schwer gelitten. Trotzdem waren alle Schiffe in der Lage, die für die Nachtfahrt erforderliche hohe Geschwindigkeit (16 sm) und damit ihren Platz in der Linie zu halten. Selbst »Lützow« konnte, als sie gegen 9,30 Uhr abends querab vom Flottenflaggschiff zuletzt gesehen wurde, noch mittlere Fahrt laufen.

5.) Der Nachtmarsch und die Nachtkämpfe.

Durch die Meldungen der Torpedobootsflottillen über die Stärke des gesichteten Feindes war es zur Gewißheit geworden, daß wir uns im Kampfe mit der ganzen englischen Flotte befunden hatten.

Es war mit Sicherheit zu erwarten, daß der Feind versuchen würde, uns während der Dämmerungsstunden mit starken Streitkräften und während der Nacht durch Zerstörerangriffe nach Westen abzudrängen, um uns bei Hellwerden zur Schlacht zu stellen. Die Macht dazu besaß er.

Gelang es, die feindliche Umfassung zum Stehen zu bringen und Hornsriff vor dem Feinde zu erreichen, so blieb uns die Freiheit des Entschlusses für den nächsten Morgen gesichert.

Dies zu ermöglichen, mussten alle Flottillen für die Nacht zum Angriff angesetzt werden, auch auf die Gefahr hin, daß sie bei Tagesanbruch bei den zu erwartenden neuen Kämpfen fehlen sollten. Das Gros selbst mußte in geschlossenem Verbande auf dem nächsten Wege Hornsriff ansteuern und diesen Kurs allen Angriffen des Feindes trotzend durchhalten [...]

6.) Die Lage am 1. Juni morgens.

[...]

D. Die beiderseitigen Verluste.

Der Feind hat bei vorsichtiger Bewertung der von uns gemachten Beobachtungen verloren:

1 Großkampfschiff der »Queen Elizabeth«-Klasse	28 500 t
3 Schlachtkreuzer (»Queen Mary«, »Indefatigable«, »Invincible«)	63 000 t
4 Panzerkreuzer (»Black Prince«, »Defence«, »Warrior« und einer der »Cressy«-Klasse	53 700 t
2 kleine Kreuzer	9 000 t
13 Zerstörer	15 000 t
Im Ganzen:	169 000 t

Wir haben verloren[i]:

1 Schlachtkreuzer (»Lützow«)	26 700 t
1 älteres Linienschiff (»Pommern«)	13 200 t
4 kleine Kreuzer (»Wiesbaden«, »Elbing«, »Rostock«, »Frauenlob«)	17 150 t
5 Torpedoboote	3 680 t
Im Ganzen:	60 730 t

Die Verluste des Feindes sind fast durchweg Totalverluste, während wir die Besatzungen von »Lützow«, »Elbing«, »Rostock« und die Hälfte der Torpedobootsbesatzungen bergen konnten.

Auf unserer Seite sind verfeuert 3996 Schuß schweren, 3521 Schuß mittleren, 2962 Schuß leichten Kalibers und 107 Torpedos.

---

[i] Nicht nur die deutsche, sondern auch die britische Seite hatte den dem Gegner zugefügten Schaden überschätzt: Jellicoe hatte im Anhang zu seinem Bericht vom 24. Juni 1916, der von der britischen Admiralität am 6. Juli 1916 veröffentlicht wurde, folgende deutsche Verluste genannt: »List of enemy vessels put out of action, 31 May–1 June 1916. Battleships or Battle Cruiser: 2 Battleships, Dreadnought type. 1 Battleship, Deutschland type. (Seen to sink.) 1 Battle-cruiser. (Sunk – Lützow admitted by Germans.) 1 Battle-cruiser. (Seen to be severely damaged as to render it extremely doubtful if they could reach port.) Light-Cruisers. 5 Light-cruisers. (Seen to sink; one of them had the appearance of being a larger type, and might have been a battleship. Torpedo-Boat Destroyers. 6 Torpedo-Boat Destroyers. (Seen to sink) 3 Torpedo-Boat Destroyers. (Seen to be so severely damaged as to render it extremely doubtful if they could reach port.) Submarines. 1 Submarine (Sunk.)« [Zit. nach Zeitungsausschnitt in: BA-MA, RM 5/4754, Bl. 56 f.]

Die Personalverluste und die auf die einzelnen Schiffe entfallenden Treffer sind in Anlage VIII zusammengestellt[j].

E. Schlußfolgerung.

Der errungene Erfolg ist der angriffsfreudigen, zielbewußten Führung durch die Unterführer und den vortrefflichen, von hervorragendem kriegerischem Geist getragenen Leistungen der Besatzungen zu danken.

Er ist nur möglich gewesen dank der Güte unserer Schiffe und ihrer Waffen, dank der zielbewußten Friedensschulung der Verbände und dank der gewissenhaften Einzelschiffsausbildung.

Die reichen Erfahrungen werden sorgfältig verwertet werden.

Die Schlacht hat bewiesen, daß wir uns in dem Ausbau unserer Flotte und der Entwickelung der einzelnen Schiffstypen von richtigen strategischen und taktischen Anschauungen haben leiten lassen, daß wir deshalb die eingeschlagenen Bahnen weiter verfolgen müssen.

An dem Erfolg haben alle Waffen ihren Anteil. Den Ausschlag hat aber unmittelbar und mittelbar die weittragende schwere Artillerie der *Großkampfschiffe* gegeben: Sie hat den größten Teil der dem Gegner zugefügten, bisher bekannten Verluste herbeigeführt und die Torpedobootsflottillen zu erfolgreichem Angriff an das Linienschiffsgros herangebracht. Das Verdienst der Torpedobootsflottillen, durch ihren Angriff den Großkampfschiffen schließlich eine glatte Loslösung vom Feinde ermöglicht zu haben, wird durch diese Feststellung nicht geschmälert.

Das *Großkampfschiff* – Linienschiff und Kreuzer – ist und bleibt deshalb der Grundpfeiler der Seemacht. Es wird sich weiter entwickeln müssen durch Verstärkung des Geschützkalibers, Erhöhung der Geschwindigkeit und Vervollkommnung des Panzer- und Unterwasserschutzes.

F. Die weitere Seekriegführung.

Euerer Majestät melde ich zum Schluß alleruntertänigst, daß die Hochseeflotte Mitte August bis auf »Derfflinger« und »Seydlitz« zu neuem Schlagen bereit sein wird.

Bei günstigem Verlauf der dann einsetzenden Operationen wird der Gegner zwar empfindlich geschädigt werden können, trotzdem kann kein Zweifel bestehen, daß selbst der glücklichste Ausgang einer Hochseeschlacht England in *diesem* Kriege nicht zum Frieden *zwingen* wird[k]: Die Nachteile unserer militärgeographischen Lage gegenüber der des Inselreichs und die große materielle Übermacht des Feindes werden durch die Flotte nicht in dem Maße ausgeglichen werden können,

---

j   Vgl. Der Krieg in der Nordsee, Bd 5 (wie Anm. 2), S. 477 und 481 f.
k   Marginalie des Kaisers: »richtig«.

daß wir der gegen uns gerichteten Blockade oder des Inselreiches selber Herr werden, auch nicht wenn die Unterseeboote für militärische Zwecke voll verfügbar sind.

Ein sieghaftes Ende des Krieges in absehbarer Zeit kann nur durch Niederringen des englischen Wirtschaftslebens erreicht werden, also durch Ansetzen des Unterseebootes gegen den englischen Handel. Hierzu irgend eine abgeschwächte Form zu wählen muß ich nach pflichtmäßiger Überzeugung nach wie vor Euerer Majestät dringend abraten, nicht nur weil es dem Wesen der Waffe widerspricht und der Einsatz der Boote nicht im Verhältnis zu dem zu erwartenden Gewinn steht, sondern weil es trotz größter Gewissenhaftigkeit der Kommandanten nicht möglich ist, in Englands Gewässern, in denen die amerikanischen Interessen lebendig sind, Zwischenfälle zu vermeiden, die uns zu demütigendem Nachgeben zwingen, wenn wir nicht bis zur vollen Schärfe durchhalten können.

(Unterschrift) Scheer
Admiral
und Chef der Hochseestreitkräfte[1]

---

[1] Wilhelm II. hatte Scheer am 5. Juni 1916 in Wilhelmshaven zum Admiral befördert und ihm den Orden Pour le Mérite verliehen.

Dokument 3

Kommando der Hochseestreitkräfte Gg. 5700/0 vom 8. August 1916: Taktische Erfahrungen aus der Schlacht vor dem Skagerrak am 31.5./1.6.1916
Fundort: BA-MA, RM 8/878, Bl. 222–236

* * *

Abschrift

Kommando   den 8. August 1916
der Hochseestreitkräfte
Gg. 5700/0
Umdrucksache Nr. 111

Ganz Geheim!

Taktische Erfahrungen aus der Schlacht
vor dem Skagerrak am 31.V./1.VI.1916

I. Taktik des feindlichen schnellen Verbandes.

Dem taktischen Verhalten des Feindes lag offensichtlich die Absicht zu Grunde, mit seinem schnellen Verbande den *unterlegenen* Gegner von seiner Basis abzuschneiden, um ihn dann niederkämpfen zu können, den *überlegenen* Gegner zu binden und auf das eigene Gros zu ziehen.

Zusammensetzung und Geschwindigkeit des schnellen Verbandes gestatteten dem Gegner diese Taktik: die vereinigten englischen Schlachtkreuzergeschwader bilden zusammen mit dem V. Battle Squadron – »Queen Elizabeth«-Klasse – eine Streitmacht, die unserer I. Aufklärungsgruppe unter allen Umständen überlegen sein mußte und die sich andererseits durch ihre Geschwindigkeit dem deutschen Gros entziehen konnte[a].

Gestützt auf seine Überlegenheit entwickelte der englische Führer des schnellen Verbandes das Gefecht zunächst *vom eigenen Gros fort* in Richtung auf die deutsche Basis und dahin, wo aller Wahrscheinlichkeit nach etwaige deutsche Verstärkungen stehen mußten. – Das »*Abschneiden*«, das in den englischen Berichten eine

---

[a] Die schnellen Schlachtschiffe der *Queen-Elizabeth*-Klasse (acht 38,1-cm-Geschütze, 24 Knoten) und die Schlachtschiffe *Revenge* und *Royal Oak* (acht 38,1-cm-Geschütze, 21 Knoten) waren im Mai 1916 die einzigen Großkampfschiffe der Royal Navy mit reiner Ölfeuerung ihrer Kessel. Daher konnten diese Einheiten über längere Zeit hinweg eine hohe Fahrtstufe laufen und waren nicht wie die mit Kohle gefeuerten Kesselanlagen der übrigen Großkampfschiffe (insbesondere die der deutschen Hochseeflotte!) abhängig von der körperlichen Leistungsfähigkeit der Heizer und Kohlentrimmer. Hinzu kam, dass Kohlekessel regelmäßig zur Entschlackung der Feuerroste für einige Zeit außer Betrieb gesetzt werden mussten.

große Rolle spielt, gelang ihm entgegen seiner eigenen Behauptung nicht; *er erzwang aber durch diese Taktik, ob beabsichtigt oder unbeabsichtigt, mag dahin gestellt bleiben, trotz der eintretenden Verluste, gewaltsam die Aufklärung des deutschen Gros,* konnte das eigene Gros über die feindliche Hauptmacht unterrichten und drückte den ihm folgenden Gegner in eine Richtung, die zum Zusammentreffen mit dem englischen Gros in einer für dieses günstigen taktischen Stellung führen mußte.

Kommt es hierbei zu einem Kampf der schnellen Verbände *vor der Spitze* unseres Gros – wie am 31.V. nach Vereinigung unserer Streitkräfte – [,] so entwickelt sich entweder bei voller Ausnutzung der Geschwindigkeiten zur Vermeidung einer Umfassung ein Teilgefecht zwischen den schnellen Verbänden, das bei der Überlegenheit des Gegners zu einem ungleichen Kampf werden wird, da das deutsche Gros mangels genügender Geschwindigkeit nicht wird eingreifen können. –

Nutzen andererseits unsere Panzerkreuzer ihre Geschwindigkeit nicht aus, sondern bleiben sie – mit der Geschwindigkeit des eigenen Gros laufend – im engen Anschluß an dessen Spitze, so müssen sie vor dem schnellen Verband des Gegners abbiegen, um der Überflügelung durch diesen zu entgehen; dadurch wird auch das eigene Gros zum Abbiegen gezwungen. Der feindliche schnelle Verband schreibt also bei einem solchen Verfahren unserem Gros seine Handlungsweise vor, ohne daß dieses selbst in der Lage ist, den an Zahl vielleicht erheblich unterlegenen Gegner wirksam zu schädigen. Durch entsprechendes Verhalten kann der feindliche schnelle Verband unser Gros in eine Richtung drücken, aus der er den Anmarsch weiterer eigener Streitkräfte erwartet, die dann aus einer ihnen günstigen Stellung auf unser Gros zustoßen und dieses womöglich an der Spitze völlig zu umfassen in der Lage sind.

Die Zweckmäßigkeit dieser Taktik für den Gegner muß anerkannt werden. Es liegt auch keine Veranlassung vor, anzunehmen, daß er in Zukunft wesentlich von ihr abweichen wird, es sei denn, daß er auf Grund der Erfahrungen vom 31. Mai von vornherein seinen schnellen Verband in geringerem Abstand vom Gros operieren ließe. Zu *enges* Zusammenarbeiten würde jedoch für ihn die so wertvolle gewaltsame Aufklärung der feindlichen Hauptmacht insofern ungünstig beeinflussen, als dem englischen Gros dann unter Umständen vor dem Zusammentreffen mit dem feindlichen Gros nicht genügend Zeit zum Einnehmen einer taktisch – nach Wind, Beleuchtung und Linienrichtung – günstigen Stellung verbliebe.

Die große Zahl schneller kleiner Kreuzer begünstigt die Aufklärungstätigkeit des Gegners auch nach Beginn des Gefechts.

II. Eigene Taktik.

1.) Zusammenarbeit
von schnellem Verband und Gros.

Unsere taktische Stärke liegt bei der zahlenmäßigen Unterlegenheit im *Zusammenhalt unserer Streitkräfte* und im *plötzlichen geschlossenen Angriff an einer Stelle.*

Zur Bindung des Gegners müssen auch wir die Panzerkreuzer als schnellen Verband vorschieben. Eine Entwickelung des Gefechts unserer vorgeschobenen Panzerkreuzer mit dem englischen schnellen Verband in der Richtung *fort vom eigenen Gros* ist jedoch zu vermeiden, da sie unsere Panzerkreuzer mit Wahrscheinlichkeit in den Kampf mit weit überlegen feindlichen Streitkräften führt, ohne daß die Möglichkeit der Unterstützung durch das eigene Gros besteht.

Unser Bestreben muß vielmehr sein, die schnellen gegnerischen Verbände – falls sie auch in Zukunft getrennt von ihrem Gros in der Nordsee angetroffen werden – *möglichst überraschend auf das eigene Gros stoßen zu lassen.* Bei dem gegenseitigen Kräfteverhältnis darf der Abstand unserer Panzerkreuzer vom Gros nicht zu groß sein, andererseits muß der schnelle Verband so weit vorgeschoben sein, daß der Feind zunächst beim Zusammentreffen mit ihm über Anwesenheit und Standort unserer Hauptstreitmacht im Unklaren bleibt.

Beim Zusammentreffen mit dem schnellen feindlichen Verbande muß von vornherein versucht werden, diesen in eine bestimmt Richtung – z.B. auf Hornsriff oder Borkum zu – zu ziehen, die es dem eigenen Gros ermöglicht, den Gegner abzuschneiden und ihn so, trotz seiner überlegenen Geschwindigkeit, in breiter Formation und unter günstigen taktischen Bedingungen überraschend zu stellen. Ob man die I. Aufklärungsgruppe zu diesem Zweck gelegentlich durch eine Division unserer schnellsten Linienschiffe verstärkt, wird von der Lage (Nachrichten vom Feind, eigene Sonderabsichten usw.) abhängig zu machen sein.

2.) Luftschiffaufklärung.

Diese Taktik setzt jedoch möglichste Sicherheit vor Überraschungen durch unerwartet hinzutretende überlegene feindliche Streitkräfte voraus. Die hierfür notwendige *Aufklärung* kann nach einem Zusammentreffen unserer Panzerkreuzer mit den schnellen vorgeschobenen englischen Verbänden von unseren schwimmenden Streitkräften nicht mehr erzwungen werden, sie muß in erster Linie von den Luftschiffen geleistet werden.

Grundsätzlich ist daher Luftschiffaufklärung für weiter ausholende Unternehmungen vorzusehen, in Zukunft umsomehr, als damit gerechnet werden muß, daß die Engländer ihr Gros in engerem Anschluß an den schnellen Verband operieren lassen werden, das Eingreifen des Gros also früher zu erwarten sein wird, als am 31. Mai. –

3.) Die kleinen Kreuzer und Torpedoboote.

Der B.d.A. berichtet:

»Die Aufstellung der kleinen Kreuzer der II. Aufklärungsgruppe *während des Tagmarsches* auf einem Kreisbogen von etwa 8 Strich vor der I. Aufklärungsgruppe, in Sichtweite von dieser, jedoch nicht weiter als 10 sm, mit Torpedobootsgruppen bei den einzelnen Kreuzern, hat sich durchaus bewährt.«

»*In der Schlacht* hat sich gezeigt, daß *schnelle kleine Kreuzer an der Spitze der I. Aufklärungsgruppe unentbehrlich sind,* um von vorn anlaufende feindliche leichte Streitkräfte abzuwehren und die Spitzenschiffe von dieser Aufgabe zu entlasten, ferner, daß die schnellen kleinen Kreuzer wertvoll sind zur *Unterstützung der eigenen Flottillen beim Angriff* (S.M.S. ›Regensburg‹) und zur *Abwehr des Gegenangriffs feindlicher Zerstörer.*«

»Zur Erfüllung dieser Aufgaben ist eine außerordentlich große Beweglichkeit der vor der Spitze der I. Aufklärungsgruppe operierenden kleinen Kreuzer Erfordernis, damit sie den oft scharfen Bewegungen der I. Aufklärungsgruppe schnell folgen können und eine gegenseitige Behinderung vermieden wird. Aus diesem Grunde werden in der Schlacht keinesfalls mehr als 4 kleine Kreuzer an der Spitze der I. Aufklärungsgruppe stehen dürfen, die überschießenden werden zweckmäßig am Schluß der I. Aufklärungsgruppe aufgestellt, um bei Kehrtwendungen an der neuen Spitze zur Stelle zu sein; sie werden hier auch Gelegenheit haben, falls die I. Aufklärungsgruppe im Anschluß an das Gros kämpft, Zerstörerangriffe gegen die Grosspitze abwehren zu helfen. Sind 5 kleine Kreuzer vorhanden – höher wird die Zahl der Kreuzer der II. Aufklärungsgruppe sich in nächster Zeit nicht steigern –, so tritt richtigerweise eine Teilung in zwei Gruppen zu 3 und 2 Kreuzern ein.«

Diesen Ausführungen wird beigetreten und dem B.d.A. die Aufstellung der kleinen Kreuzer in diesem Sinne je nach der vorhandenen Zahl überlassen. Zur Erfüllung dieser ihrer Aufgaben dürfen sich die kleinen Kreuzer nicht zu weit von der I. Aufklärungsgruppe entfernen, da sie sonst bei der Ihnen zur Verfügung stehenden Geschwindigkeit leicht den rechtzeitigen Anschluß an die Spitze nicht erreichen werden[b] [...]

Die im Frieden gewonnene und wiederholt zum Ausdruck gebrachte Erfahrung, daß für je *2 T.Flottillen ein Geleitkreuzer* vorhanden sein müßte, hat ihre Bestätigung gefunden. *Zurzeit* erlaubt die geringe Zahl unserer schnellen kleinen Kreuzer jedoch die Durchführung dieser Maßnahme noch nicht.

4.) Gefechtsaufklärung.

Die oben angeführten Aufgaben der kleinen schnellen Kreuzer in der Schlacht entziehen diese nach Einleitung eines Gefechts der *Aufklärungstätigkeit*. Zur Ausführung *weiterer* Vorstöße für Zwecke der Gefechtsaufklärung reicht ihre Geschwindigkeit auch nicht aus, sodaß die Gefahr, bei solchen Vorstößen abgeschnitten und einzeln vernichtet zu werden, vorliegen würde. Anderseits ist besonders bei der vom Gegner vorauszusetzenden Taktik des getrennten Operierens der einzelnen Streitkräfte eine Aufklärung nach Einleitung eines Gefechts mit

---

b   Der folgende Abschnitt behandelt die Führung der Torpedobootsflottillen.

einem Teil der feindlichen Streitmacht unbedingtes Erfordernis. Die taktische *Fernaufklärung* fällt, wie oben gesagt, in erster Linie den Luftschiffen zu. Bei dem Wesen der Luftschiffwaffe muß jedoch mit dem Ausfall der Aufklärung durch sie an einzelnen Stellen – Ausfall durch Materialschaden, Abgedrängtwerden, strichweise Unsichtigkeit usw. – gerechnet werden. Hier müssen schnelle schwimmende Streitkräfte einsetzen. – Es soll versucht werden, für diese Aufgaben der »*Gefechtsaufklärung*« die II. T.-Flottille zu verwenden[c]. Sie kann bei rottenweisem Vorgehen, vermöge ihrer hohen Geschwindigkeit, feindliche vorgeschobene leichte Streitkräfte eher umgehen, um an das Gros heranzukommen oder sich ihnen, wenn nötig, entziehen, ihre Tätigkeit ist weniger auffällig als die der kleinen Kreuzer, endlich können sich ihr bei solchen Aufklärungsvorstößen, besonders bei weniger sichtigem Wetter, günstige Gelegenheiten zum unauffälligen Angriff bieten.

Die II. T.-Flottille soll hierzu in Zukunft auf *dem Vormarsch* mit 2 weiteren schnellen T.-Flottillen beim B.d.A. marschieren und nach Eintritt der I. Aufklärungsgruppe ins Gefecht nach Anweisung des B.d.A. die Gefechtsaufklärung so lange übernehmen, bis die englischen Hauptstreitkräfte mit Sicherheit in den Kampf eingegriffen haben. Ist dies der Fall, so sammelt die Flottille und der *Angriff* wird nun auch für sie Hauptaufgabe. Diese Gefechtsaufklärung ist derart gedacht, daß z.B. auf den Befehl des B.d.A.:

»II. T.-Flottille Gefechtsaufklärung Sektor Nord bis Ost« die Flottille rottenweise in dem genannten Sektor etwa bis zu 15 bis 20 sm von den eigenen Streitkräften vorstößt und sich weiterhin in der befohlenen Peilung zu diesen hält.

Es ist von *größter Wichtigkeit*, daß die Flottenführung *so schnell wie möglich* über etwa neu auftretende Streitkräfte genau unterrichtet wird.

Für Abfassung dieser Meldungen gelten die hierüber jetzt erlassenen *neuen* Bestimmungen im Signalbuch der Kaiserlichen Marine.

Nähere Anweisungen erteilt der B.d.A.

---

[c] Die II. Torpedobootsflottille bestand aus elf großen Torpedobooten, die 1914–15 auf den Werften Blohm & Voss (Hamburg), A.G. Vulcan (Stettin) und Germania (Kiel) innerhalb von wenigen Monaten gebaut und abgeliefert wurden. Die Boote *B 97*, *B 98* sowie *B 109* bis *B 112* (gebaut von Blohm & Voss) waren 1916 die kampfkräftigsten Torpedoboote der Hochseeflotte (Einsatzverdrängung etwa 1840 t, reine Ölfeuerung, 35 bis 37 Knoten, Fahrbereich 2600 Seemeilen bei 20 Kn, vier 10,5-cm-Geschütze, sechs Torpedorohre, etwa 120 Mann Besatzung). Der Bau dieser Boote war allerdings nicht das Ergebnis einer vorausschauenden Rüstungsplanung des Reichsmarineamtes unter Tirpitz, sondern eher ein Zufallsprodukt. Blohm & Voss hatte von der russischen Marine den Auftrag für Maschinenanlagen erhalten, die – für Zerstörer bestimmt – jedoch noch nicht ausgeliefert worden waren. Die Werft konnte daher dem Reichsmarineamt den zügigen Bau großer Torpedoboote anbieten. Die Germania-Werft in Kiel hatte für Argentinien vier Zerstörer in Bau (etwa 1730 t, 33 Knoten), die bei Kriegsausbruch beschlagnahmt und für die Kaiserliche Marine im Frühjahr 1915 fertig gestellt wurden. Technische Daten nach Gröner, Die deutschen Kriegsschiffe, Bd 1 (wie Anm. 40), S. 247 f. Vgl. auch: Die Überwasserstreitkräfte und ihre Technik. Bearb. von Paul Köppen, Berlin 1930 (= Der Krieg zur See 1914–1918. Hrsg. vom Marine-Archiv), S. 50–52.

5.) Torpedoangriffe in der Tagschlacht.

a) Die wichtigste Gefechtsverwendung der Torpedoboote am Tage liegt im *Torpedobootsmassenangriff*. Er muß so nahe an die feindliche Linie herangetragen werden, daß die Torpedos unter allen Umständen – auch bei Ausweichbewegungen des Gegners – über die feindliche Linie hinauslaufen, sodaß der Feind *unbedingt* innerhalb der Torpedoreichweite bleibt. Werden die Torpedoboote zum Massenangriff befohlen, so werden sie von der *Leitung* bewußt voll eingesetzt. Sache des Flottillenchefs (Gruppenführer) ist es dann, die Angriffe, der Gefechtslage entsprechend ohne Rücksicht auf Verluste, die dabei sehr wahrscheinlich eintreten werden, bis zum absolut sicheren Erfolg an den Feind heranzutragen.

b) Wenn es zu einer Begegnung mit dem feindlichen Gros *kurz vor Dunkelwerden* kommt, so ist es für die späteren Torpedoboots-Nachtangriffe von höchster Wichtigkeit, daß die Torpedoboote grundsätzlich die Fühlung an dem feindlichen Gros aufrechterhalten, die wie bekannt, besonders in der Übergangszeit zwischen Tag und Nacht sehr leicht verloren geht.

Hat – wie am 31.V. abends – *vor* Dunkelheit schon ein Torpedobootsangriff stattgefunden, so werden die Torpedoboote, die zuletzt am Feinde gewesen sind, in erster Linie berufen sein, *die Fühlung zu behalten*. Zweckmäßig wird mit dem Angriffsbefehl die Anordnung verbunden werden: »Fühlung am Feind behalten.«

Im übrigen werden die T.-Flottillen auf die ihnen seitens der F.d.T.'s zugegangenen Erfahrungen und Anweisungen verwiesen[d] [...]

7.) Nachtmarsch des Gros.

Die notwendigen Ausweichbewegungen des Gros während der Nacht sind *ohne Benutzung* der F.T. einwandfrei von den einzelnen Schiffen und ihren Hintermännern mit anerkennenswerter Sicherheit ausgeführt worden; ob dies auch in wirklich »schwarzen« Nächten möglich sein wird, muß die weitere Erfahrung lehren. Der *Schiffsabstand* wird zu solchen Manövern so gewählt werden müssen, daß der Vordermann gut ausgemacht werden kann; er wird je nach der Sichtigkeit der Nacht verschieden sein.

Nach einer bis zur Dunkelheit durchgeschlagenen Schlacht muß das Gros möglichst beschleunigt *auf einem Generalkurs die Linie formieren*, damit ein Nebeneinanderfahren von Verbänden, das zu Verwechselungen von Freund und Feind führen kann und die Bewegungsfreiheit des Einzelnen behindert, vermieden wird.

Werden infolge des Verhaltens des Gegners während der Nacht oder wegen der eigenen Absichten für den nächsten Morgen Umgruppierungen aus der einmal eingenommenen Linie von der Leitung befohlen, so müssen diese so ausgeführt werden, daß die Manövrierfreiheit der Linie nach beiden Seiten nicht beeinträchtigt wird[e] [...]

---

d   Es folgt unter lfd. Nr. 6 der Abschnitt über die Marschsicherung.
e   Es folgt unter lfd. Nr. 8 der Abschnitt über »Kleine Kreuzer als Signalwiederholer«. Darin heißt es unter anderem: »Von *besonderer Wichtigkeit* ist durchaus *zuverlässige* Wiederholung der in der Li-

10.) Sicherung des Rückmarsches
in der Deutschen Bucht.

Der von der Flotte gewählte Rückmarschweg in der inneren Deutschen Bucht wird in Zukunft *unmittelbar* vor dem Einlaufen der Flotte nach Anweisung des B.d.A., der rechtzeitig über den beabsichtigten Weg unterrichtet werden wird, durch alle Minensuchdivisionen auf Minen abzusuchen sein, um sicheres Einlaufen der Flotte zu gewährleisten. – Ferner werden die zum Suchen befähigten T.-Flottillen (V. T.-Flottille, 13. T.-Halbflottille), wenn möglich, zu dem gleichen Zweck, vor der Flotte zu verwenden sein. – Der Sicherungsdienst durch Flugzeuge ist rechtzeitig anzufordern. –

III. Artillerietaktisch günstige Stellung.

1.) Die Wind*lee*stellung hat sich als günstig erwiesen; die über ihren Wert im Frieden herrschenden Ansichten haben sich bestätigt.
2.) Wie in früheren Gefechten, so hat auch am 31. Mai die *Beleuchtung* eine ausschlaggebende Rolle für die artilleristischen Erfolge auf beiden Seiten gespielt. In den einzelnen Gefechtsabschnitten hat jedesmal *der* Gegner die größeren artilleristischen Erfolge erzielt, der die günstigere Zielbeleuchtung hatte, während der andere mehr oder weniger als Scheibe fahren mußte, ohne seine Artillerie zum Tragen bringen zu können, trotzdem die Gefechtsentfernung volle Ausnutzung der Artillerie hätte erwarten lassen.

Das Gewinnen der *günstigeren Beleuchtungsseite* ist daher ein *besonders wichtiger* Faktor bei der Wahl der taktischen Stellung zum Gegner, der besonders für uns ausschlaggebend sein kann, wenn es darauf ankommt, in kürzester Zeit mit vollem Einsatz einen entscheidenden Erfolg zu erringen.

IV. Allgemeines.

1.) Es ist für die Flottenleitung von besonderer Bedeutung, *schwere Verluste beim Gegner* auch schon während des Gefechts durch kurzes F.T.-Signal zu erfahren.
2.) Die *Nebel-* und *Rauchentwicklung* durch kleine Kreuzer und Torpedoboote hat sich zum eigenen Schutz und zur Sicherung schwer bedrängter Streitkräfte in mehreren Fällen besonders gut bewährt.

---

nie gegebenen Gefechtssignale, da sonst Unsicherheit entsteht, als daß die Linie Nutzen von den Signalwiederholern hat. Es dürfen also nur *einwandfrei* erkannte Signale wiederholt werden.« Unter lfd. Nr. 9, in dem der Abschnitt über den F.T.-Verkehr behandelt wird, heißt es: »Die F.T. Verbindung mit dem B.d.A. z.B. blieb auch aufrechterhalten, als dieser nach Zerstörung der F.T.-Anlagen auf *Lützow* zum Wechsel des Flaggschiffes gezwungen war und auf der Überfahrt zur *Moltke* für über 2 Stunden vom Torpedoboot *G 39* aus mit dessen beschränkten [sic] F.T.-Personal seinen F.F.-Verkehr abwickeln musste.« – Hervorhebungen im Original unterstrichen.

Bei selbständiger Anwendung dieses Schutzmittels muß bedacht werden, daß dadurch ebenso die eigenen Angriffswaffen behindert und die Führung gestört werden können.

3.) Es hat sich wiederholt als günstig erwiesen, im feindlichen Feuer zur Erschwerung des Einschießens Zickzackkurse zu fahren.

4.) *Größte Beschränkung* des *Scheinwerfer*gebrauchs ist erforderlich, solange das Scheinwerferlicht nicht *unbedingt* für wirksames Abwehrschießen *notwendig* ist. Durch das anscheinend auf die Scheinwerfer gerichtete Feuer der feindlichen Streitkräfte während der Nacht sind erhebliche Personalverluste eingetreten. In erster Linie gilt dies von den vorderen *Brücken*scheinwerfern. Benutzung der Leuchtgeschosse wird in vielen Fällen vorzuziehen sein.

5.) *Erkennungssignale*.
   a) Die Anwendung der feindlichen Erkennungssignale bei Nacht ist in mehreren Fällen von ganz *besonderem Wert* für schwer havarierte eigene Streitkräfte gewesen, die sich des feindlichen Angriffs schwerlich noch hätten erwehren können, wenn die Täuschung mit Hilfe des englischen Erkennungssignals nicht gelungen wäre.
   Mit Sicherheit ausgemachte feindliche Erkennungssignale sind daher sofort bekanntzugeben.
   b) Die *besonderen Erkennungszeichen* eigener Streitkräfte werden an anderer Stelle behandelt.
   Hier soll jedoch nochmals ausdrücklich darauf hingewiesen werden, daß die *eigenen Torpedoboote selbst und allein dafür verantwortlich sind, daß sie sich rechtzeitig als eigene Boote zu erkennen geben!* Boote, die nicht als eigene zu erkennen sind, müssen als *feindliche behandelt* und rücksichtslos unter Feuer genommen werden. So sind z.B. die Zerstörer, die S.M.S. »Pommern« vernichtet haben, vorher von den Schlußschiffen des III. Geschwaders gesichtet, aber nicht beschossen worden, weil Zweifel über ihre Zugehörigkeit bestanden.

6.) *Feindliche Zerstörer* waren bei Nacht zum Teil sehr mangelhaft abgeblendet und verrieten sich dadurch auf große Entfernung vor ihrem Angriff.

7.) Die Möglichkeit des Ausfalls der F.T. auf dem Flottenflaggschiff und dem Flaggschiff des B.d.A. oder die Notwendigkeit, das Führerschiff wechseln zu müssen, machen es erforderlich, daß 2 schnelle Torpedoboote mit guter F.T.-Einrichtung bei diesen Flaggschiffen stehen.

gez. Scheer.

Dokument 4

Taktische Erfahrungen des Befehlshabers der Aufklärungsschiffe (B.d.A.) vom 4. Juli 1916
Fundort: BA-MA, RM 8/888, Bl. 92-97.

Editorische Vorbemerkung

Es handelt sich um die Anlage eines Schreibens des Befehlshabers der Aufklärungsschiffe Gg. 80/0 vom 4. Juli 1916, die am 31. Juli 1916 vom Kommando der Hochseestreitkräfte (Gg. 5571/A.2) an folgenden Verteiler versandt wurde: Staatssekretär des Reichsmarineamtes, Chef des Admiralstabes der Marine, Oberbefehlshaber der Ostseestreitkräfte, Kaiserliches Generalkommando des Marinekorps und Kaiserliches Kommando der Mittelmeerdivision. Das überlieferte Exemplar ist vom Kommando der Mittelmeerdivision vereinnahmt und anschließend an den Schlachtkreuzer *Goeben* und den Kleinen Kreuzer *Breslau* weitergeleitet worden[a].

* * *

Abschrift

B.D.A.
Gg. 80/0.

Ganz Geheim!

Anlage zu B.d.A. Gg. 80/0 vom 4.7.16

II. Erfahrungen aus der Schlacht vor
dem Skagerrak auf Gebiete der Artillerie

Zielverteilung:

1.) Wenn sich im allgemeinen auch die Zielverteilung von selbst ergab, so wird doch immer ein kurzes Signal (α bezw. γ) erforderlich sein, das keine Unklarheit darüber läßt, von welcher Seite die Ziele zu zählen sind.
Diese Signale können aber lediglich einen Anhalt geben. Es muß den Schiffen unbenommen bleiben, unter möglichster Innehaltung dieser Zielverteilung – vor allem soweit die feindl. Spitze in Frage kommt – das Ziel zu wählen, gegen

---

[a] Siehe BA-MA, RM 8/888, Bl. 97, mit den verschiedenen Eingangsstempeln und Abzeichnungsvermerken.

das in Ansehung der ganzen Lage und in Berücksichtigung der Sichtigkeits-Verhältnisse am ehesten ein Erfolg zu erwarten ist.

Daß demgemäß häufig eine ungewollte Feuervereinigung eintreten wird, wird sich nicht vermeiden lassen.

Sorgfältigster Gebrauch der Aufschlagmeldeuhr, die noch sehr der Vervollkommnung bedarf, ist unerläßlich. (Verbesserung der Aufschlagmeldeuhr wird an anderer Stelle bereits weiter verfolgt.)

2.) Bei dem Auftreten von feindlichen Streitkräften an beiden Seiten liegt das Bedürfnis nach einem kurzen Signal vor, durch das die Schiffsseite, für die das Feuerverteilungssignal (α oder γ) gilt, angezeigt wird.

Durch Einführung von zwei neuen Flaggen – einer St.B.- und einer B.B.-Seiten-Flagge würde sich diesem Bedürfnis am leichtesten abhelfen lassen.

Die betr. Flagge würde, falls Unklarheiten möglich, im Verein mit α oder γ gezeigt werden, oder sie würde allein bezw. mit χ (T.Boote brechen durch) zusammen gezeigt, auf das Hinzutreten neuer Streitkräfte an der betr. Schiffsseite aufmerksam machen.

3.) Im Laufe des Gefechts wurde es, als sich die feindl. Panzerkreuzer in nördlicher Richtung unserem Feuer entzogen, nötig, das Feuer der eigenen Panzerkreuzer auf die Malaya-Schiffe überzuleiten[b].

Als unmißverständliches Signal wäre in Frage gekommen: »Gr. Kreuzer den in W stehenden Teil des Feindes unter Feuer nehmen« (9 F X ; WO[11]).

Dieses Signal mit Flaggen zu geben, war unmöglich. Z-Station, auch wenn sie klar gewesen wäre, stand nicht mehr zur Verfügung, da der Anschluß an das eigene Gros hergestellt war.

Es wurde deswegen als W. [Winkspruch] durch die Linie gegeben: »Mit S.A. [schwere Artillerie] auf Linienschiffe übergehen«.

Dieser Befehl ist durchgekommen und daraufhin von *allen* Schiffen ausgeführt worden, nachdem vorher bereits richtigerweise einige Schiffe der Gefechtslage entsprechend ihr Feuer übergeleitet hatten.

Dieser Fall zwingt zur Erwägung der Frage, ob nicht dem Führer der Panzerkreuzer der Gebrauch der Z-Station *für besondere Gefechtslagen* auch nach dem Anschluß an das Gros einzuräumen ist.

Ich möchte diese Frage in Ansehung der manigfachen [sic], nicht vorherzusehenden Lagen, die für die gr. Kreuzer eine besondere, genaue Befehlserteilung nötig machen können, bejahen; sie ist unter den Erfahrungen zum Ft.-Dienst näher behandelt[c].

Zeitpunkt des Feuereröffnens:

4.) Der Umstand, das die engl. Pz.Kreuzer, vielleicht auf Grund schlechter Beleuchtungs-Verhältnisse, vielleicht auch wegen zu spät eingeleiteter Entwick-

---

[b] Bei den hier genannten *Malaya*-Schiffen handelt es sich um die schnellen Schlachtschiffe der *Queen-Elizabeth*-Klasse.
[c] In BA-MA, RM 8/888 bislang nicht nachweisbar.

lung zur Linie, mit dem Feuereröffnen zögerten, gestattete auch uns mit dem Feuereröffnen zu warten, bis sich der Feind in wirksamer Schußentfernung (140 bis 150 hm) befand.

In diesem späten Feuereröffnen, das den Gegner längere Zeit in unserem Schußbereich zu bleiben zwang, lag hauptsächlich die Möglichkeit einer schnellen artilleristischen Niederkämpfung der engl. Panzer-Kreuzer begründet. Ein frühzeitigeres Feuereröffnen hätte dem Gegner ermöglicht, sofort aus unserem Schußbereich herauszulaufen.

5.) Der ungeheure, bei unseren jetzigen Schiffen nicht wiedergutzumachende Nachteil, in dem wir uns bei aller sonstigen Güte unserer Artillerie infolge der geringeren Schußweite unserer Geschütze im Verein mit der unterlegenen Geschwindigkeit den Engländern gegenüber befinden, kann auch in Zukunft nur dann einigermaßen wieder ausgeglichen werden, wenn die Möglichkeit späten Feuereröffnens ausgenutzt wird. Demgegenüber steht allerdings die Notwendigkeit, das Feuer zu erwidern, sobald es vom Gegner eröffnet wird, und die eigenen Geschütze den Gegner erreichen können.

6.) Hingewiesen sei hierbei auf den Widerspruch der Wünsche, die wir strategisch und taktisch hinsichtlich der Sichtigkeits-Verhältnisse hegen müssen.

Strategisch – zur besten Ausnutzung der Luftaufklärung – ist größte Sichtigkeit, taktisch – zur besten Ausnutzung unserer Artillerie – geringe (von möglichst nicht über 8 sm) erwünscht.

Beleuchtungs-Verhältnisse:

7.) Der Einfluß der Beleuchtung ist im Gegensatz zu dem des Windes ganz außerordentlich in die Erscheinung getreten.

Nachdem im ersten Teil des Gefechts – bis etwa 7 Uhr Nm. – die etwa in WSW bis SW stehenden englischen Panzer-Kreuzer sehr gut auszumachen gewesen waren, war gegen 7 Uhr 30 Min. Nm. von den zu der Zeit etwa NNW stehenden Malaya-Schiffen nichts zu erkennen. Eine Erwiderung des wirksamen Feuers dieser Schiffe, die genau unter der etwa 20 Grad hochstehenden Sonne standen, war unmöglich. Nur sofortiges Abstaffeln konnte die Lage retten.

Später gegen 9 Uhr Nm. war wiederum von dem etwa Ost peilenden feindl. Gros nichts als das Aufblitzen der Geschütze zu sehen, während dieses, nach der Wirksamkeit seines Feuers zu urteilen, unsere Panzer-Kreuzer – wahrscheinlich als Silhouetten in der untergehenden Sonne – ausgezeichnet hat erkennen können.

8.) Vor den Windverhältnissen, deren Ungunst bereits am 24. Januar 15 das eigene Feuern nicht ausschlaggebend beeinträchtigt hat[d], und die auch jetzt keine wesentliche Rolle gespielt haben – vielleicht in Anbetracht der stets gelaufenen

---

d   Hipper verweist hier auf das Doggerbank-Gefecht am 2. Januar 1915, bei dem die I. Aufklärungsgruppe unter seinem Kommando schwere Verluste hinnehmen musste (Untergang des Panzerkreuzers *Blücher*, schwerer Artillerietreffer auf dem Schlachtkreuzer *Seydlitz*).

hohen Geschwindigkeiten – scheint günstige Beleuchtung von *ausschlaggebender Bedeutung* für einen Erfolg zu sein.

Falls sich günstige Beleuchtung nicht erreichen oder in Anbetracht der sich ändernden Verhältnisse nicht wahren läßt, muß der Abbruch des Kampfes, falls möglich, unter gleichzeitigem Einsatz der Torpedoboote und Nebel-Entwicklung im Auge behalten werden, um nicht nur als Scheibe für den Gegner zu fahren.

Vor Eröffnung des Kampfes wird häufig eine Beurteilung der besten Beleuchtungsverhältnisse nach der Sichtbarkeit der in verschiedenen Peilungen den Verband sichernden Kreuzer möglich sein.

9.) Beachtungswert [sic] ist auch die Tatsache, daß die Hilfsbeobachter im Mars den Gegner mitunter sehr gut haben sehen können, während von unten nichts auszumachen war. Vielleicht erklärt sich auch hieraus, daß das aus den Marsen geleitete englische Feuer wirksam fortgeführt wurde, während unsere Geschütze schweigen mußten[e].

Beobachtungen
über das feindliche Artilleriefeuer:

10.) Das Feuer der engl. Panzer-Kreuzer hat keine schwerwiegenden Beschädigungen der eigenen Panzer-Kreuzer zur Folge gehabt. Da die Aufschläge selten dicht an den eigenen Schiffen lagen, ist ein einwandfreies Urteil über Streuungen hier nicht möglich.

11.) Dagegen machte das Feuer der Malaya Schiffe und auch später das des feindl. Gros einen vorzüglichen Eindruck.

Die Salven kamen völlig geschlossen heraus (Zentralabfeuerung).

Die Aufschläge lagen der Länge und Seite nach fast auf einem Fleck. Das Schießen war ein Beweis, wie sorgfältig alle die Batteriestreuung vergrößernden Einflüsse bei den engl. Geschützen ausgeschaltet sind (Kalibrieren), und wie ausgezeichnet die engl. Feuerleitungs-Anlagen durchgebildet sind. (Richtungsweiser mit Höhenrichtgerät.) Daß von den Engländern nicht mehr erreicht ist, ist eine Folge ihres mangelhaften Geschoß-Materials, im Besonderen der wenig wirksamen Spreng-Ladung.

---

[e] Vgl. dazu die Anlage zum Gefechtsbericht des Schlachtkreuzers *Derfflinger*: Erfahrungen bei der Verwendung der eigenen Artillerie (BA-MA, RM 8/880, Bl. 76 f.): »In den Gefechten nach Nordwesten und in östlicher Richtung hatten wir *erheblich* schlechtere Sichtigkeitsverhältnisse als der Gegner; so wurde *Derfflinger* in diesen letzten Gefechtsabschnitten dauernd mit vorzüglich liegenden Salven eingedeckt, während von *Derfflinger* aus der Gegner größtenteils überhaupt nur am Mündungsfeuer zu erkennen war. Allerdings gibt der Fleckeroffizier an, daß er fast dauernd die feindlichen Schiffskörper hat ausmachen können. Es ist anzunehmen, daß die englischen Geschütze mit R.W. [Richtungsweiser] vom Mars aus eingerichtet worden sind. Für solche Gefechtslagen ist erforderlich, daß mindestens unsere Hilfsbeobachtungs-Fernrohre als Geber für die Folgezeiger an den R.W. Gebern eingerichtet sind. Die beste Lösung ist natürlich der R.W. Geber im Mars eines Dreibeinmastes« (Hervorhebung im Original unterstrichen).

12.) Ob später, wie es den Anschein hatte, die Streuungen tatsächlich größer geworden sind, kann mit Bestimmtheit nicht behauptet werden, da zu der Zeit die Aufschläge von zu vielen Schiffen auf einen geringen Raum vereinigt waren.

13.) In diesem *späteren* Gefechtsabschnitt sind auch häufig Querschläger in der Luft beobachtet worden, von denen zu Anfang nichts bemerkt worden war.

Möglich ist, daß es sich um von der Wasseroberfläche abgeprallte Geschosse handelte, bei denen der Zünder nicht funktioniert hatte. Andererseits läßt sich mit ziemlicher Bestimmtheit sagen, daß im *Beginn* des Kampfes alle auf die Wasseroberfläche aufschlagenden Geschosse auch krepierten.

Aus beiden Beobachtungen zusammengenommen ließe sich der Schluß ziehen, daß infolge Verbrennungsraum-Vergrößerung der Gasdruck im Rohr und die davon abhängige Anfangsgeschwindigkeit nach einer bestimmten Schußzahl nicht mehr ausgereicht hat, den Zünder scharf zu machen.

Möglich ist aber auch, daß es sich um Geschosse *vor* dem ersten Aufschlag gehandelt hat. Dann würde das Querschlagen der Geschosse in einem erheblichen Ausschießen der Rohre und daraus folgender unzureichender Führung der Geschosse seinen Grund haben.

gez. v. Hipper[f]

---

[f] Vizeadmiral Hipper war am 6. Juni 1916 vom bayrischen König der persönliche Adel mit dem Titel »Ritter« verliehen worden.

Dokument 5

Gefechtsbericht S.M.S. Markgraf vom 2. Juni 1916 (Auszüge) sowie Anlage 1: Zusammenstellung aller in der Schiffszentrale gesammelten Meldungen und Beobachtungen
Fundort: BA-MA, RM 8/879, Bl. 222–231.

Editorische Vorbemerkung

Markgraf war ein Großkampfschiff der *König*-Klasse und wurde von 1911 bis 1914 auf der Werft A.G. Weser in Bremen gebaut. Bei einer Länge von 175 m, einer Breite von 29,5 m und einem Tiefgang von 9 m hatte das Schiff eine maximale Einsatzverdrängung von 28 600 t. Die Antriebsanlage bestand aus drei Öl- und zwölf Kohlekesseln und drei Bergmann-Turbinen (drei Schrauben). Mit einer maximalen Leistung von 41 400 PS kam das Schiff auf 21 Knoten und hatte bei einer Kohleladung von 3600 t und Heizöl von 700 t einen Fahrbereich von 8000 Seemeilen (bei zwölf Knoten). Die Bewaffnung bestand aus zwölf 30,5-cm-Geschützen in sechs Doppeltürmen (in Mittschiffsaufstellung), vierzehn 15-cm-Geschützen in Kasematten, sechs 8,8-cm-Geschützen sowie fünf Torpedorohren (unter Wasser: ein Bug- und vier Seitenrohre). Der Panzerschutz umfasste den Decks- und Seitenpanzer (von 55 bis zu 350 mm) und den Schutz der Geschütztürme und des Kommandoturmes (vorn bis zu 300 mm)[a]. Das Schiff war in 15 wasserdichte Abteilungen eingeteilt (zählweise von hinten nach vorn) und hatte von unten nach oben acht Decks: Stauung, Unteres Plattformdeck (Plfd.), Oberes Plattformdeck (Plfd.), Panzerdeck (Pzd.), Zwischendeck (Zwd.), Batteriedeck, Oberdeck und Aufbaudeck[b]. Die Besatzung hatte am 31. Mai 1916 eine Stärke von 1286 Mann. Kommandant war von August 1915 bis Oktober 1916 Kapitän zur See Karl Seiferling (Crew 1885), Erster Offizier von März bis Mai 1916 Korvettenkapitän Louis Dombrowsky.

Das Schlachtschiff *Markgraf* gehörte im Mai 1916 zum III. Geschwader (5. Division) der Hochseeflotte und fuhr am 31. Mai 1916 in der Gefechtskiellinie als taktische Nr. 3 des III. Geschwaders und im Nachtmarsch der Flotte als taktische Nr. 5 des Geschwaders (bzw. Nr. 14 gerechnet vom Spitzenschiff *Westfalen*). Kurz vor der 3. Gefechtskehrtwendung (etwa 19.15 GMT) befand sich *Markgraf* in einer kritischen Lage, da die Backbord-Maschine (ohne direkte Trefferwirkung) ausgefallen war, wie der Kommandant später in seinem Gefechtsbericht festhielt. Das Schiff erhielt fünf schwere Treffer, die jedoch keine Auswirkungen auf die Kampfkraft hatten. Die Besatzung erlitt Personalverluste von 11 Toten und 13

---

[a] Alle Daten nach Gröner, Die deutschen Kriegsschiffe, Bd 1 (wie Anm. 40), sowie Breyer, Schlachtschiffe und Schlachtkreuzer (wie Anm. 36).
[b] Siehe zum Vergleich die Pläne des Linienschiffes *Bayern* in: Heinrich Evers, Kriegsschiffbau. Leitfaden für den Unterricht an der Marineschule, Berlin 1931, Tafeln II bis V, sowie die Schiffsbiografie über das Schlachtschiff *König* von Tobias R.G. Philbin, König Class Battleships, Windsor, Chichester 1973.

Verwundeten. Zum besseren Verständnis der Zusammenstellung aller Meldungen und Beobachtungen der Schiffszentrale sind einige Auszüge aus dem Gefechtsbericht des Kommandanten vorangestellt. Die in der Schiffszentrale eingegangenen Meldungen und die von dort ausgegangenen Befehle geben einen detaillierten Einblick in das Geschehen an Bord eines Großkampfschiffes im Gefecht. Die Schiffszentrale lag tief im Schiffsinneren des Vorschiffes unter dem Panzerdeck und hatte eine direkte Telefon- und Sprachrohrverbindung mit dem Kommandoturm, der auch über einen Niedergang direkt erreichbar war. Die Schiffszentrale war die Gefechtsstation des Ersten Offiziers, der für die Aufrechterhaltung des Bordbetriebs und für die Leckabwehr verantwortlich war. Die angegebenen Uhrzeiten sind mitteleuropäische Sommerzeit (Zeitzone B, das heißt zwei Stunden vor GMT).

* * *

Kommando Den 2. Juni 1916
S.M.S. »Markgraf«
Gg.B.No. 283
Ganz geheim!

Bericht
über das Gefecht am 31. Mai/1. Juni 1916
bei der kl. Fischerbank[c]

An
Das Kaiserliche Kommando des III. Geschwaders

Mit Nachfolgendem lege ich gehorsamst den Bericht über das am 31. Mai/1. Juni stattgehabte Gefecht vor.
Die Beobachtungen gehen teilweise noch auseinander und haben daher keinen Anspruch auf absolute Richtigkeit. In gewissen Punkten, die besonders hervorgehoben werden, liegen aber übereinstimmende Angaben vor [...]
Um 8.40 Uhr [18.40 GMT] wurde daher Befehl gegeben: »Ferngefecht an St.B. [Steuerbord]« Ein Eröffnen des Feuers war wegen starker Unsichtigkeit unmöglich, auch drehten wir um 8.56 Uhr nach St.B., so daß das Ziel nach B.B. [Backbord] Seite kam. Auch jetzt konnte, obwohl wir selbst unter Feuer waren, wegen zu großer Unsichtigkeit nicht geschossen werden; unsere Schiffe bildeten für etwa 20 Minuten, ohne das Feuer erwidern zu können, ein anscheinend sehr gutes Ziel für den Gegner. Um 9.14 Uhr wurde weiter nach St.B. gedreht und jetzt stellte sich unsere Lage als die ungünstigste während des ganzen Kampfes dar. Das von vorn kommende feindliche Feuer, das der Seite nach sehr gut lag, bestrich unsere Linie der Länge nach mit gutem Erfolge; das von Westen kommende Feuer des Feindes konnte nicht erwidert werden, da nichts von den Schiffen auszumachen war.

---

c Die Kleine Fischerbank liegt südwestlich vom Skagerrak etwa 100 Seemeilen westlich des Limfjords.

Diese Lage verschlechterte sich bei der jetzt folgenden Kursänderung nach St.B. noch dadurch, daß die vorderen Schiffe wegen der vorn sich vorbeiziehenden I. Aufklärungsgruppe Fahrt verringerten und dadurch eine Stauung der ganzen Linie veranlassten. Die Schiffe lagen für kurze Zeit fast ohne Fahrt dicht aufgeschlossen und boten dem feindlichen Feuer ein ausgezeichnetes Ziel, ohne selbst feuern zu können.

Um 8.45 Uhr war die B.B. Maschine infolge warmgelaufener Lager nach Erschütterungen im Schiff ausgefallen.

Aus der sehr ungünstigen, vorher geschilderten Lage wurde die Division durch die befohlene Gefechtswendung nach St.B. gebracht. Bei dieser Gefechtswendung drehte »Markgraf« vor dem Hintermann, um den Punkt zu vermeiden, auf den sich die feindlichen Salven besonders konzentrierten. Auch wurde abgestaffelt, um aus der ungünstigen, dauernd unter Feuer liegenden Peilungslinie »König« – »Kronprinz« herauszukommen und um unter Berücksichtigung der nach Ausfall der B.B.-Maschine verringerten Geschwindigkeit in der vermutlich neuen Kursrichtung möglichst viel Raum zu gewinnen und das Schiff im Verband zu halten. Hierauf musste für die ganze nächste Zeit meine besondere Aufmerksamkeit gerichtet werden, da ein Zurückbleiben des Schiffes dasselbe der Vernichtung preisgegeben hätte.

»Markgraf« zog sich allmählich nach St.B. an die Linie heran und schor hinter »Kaiser« ein, in der Überlegung, daß bei der geringeren Marschgeschwindigkeit der 4. Division das Schiff seinen Platz dort leichter würde innehalten können [...]

Um Verwechslungen eigener und feindlicher Boote auszuschließen, muß m.E. streng darauf geachtet werden, daß die eigenen Boote sofort ihr Erkennungssignal geben, sobald sie in die Nähe eigener Schiffe kommen. Dies ist verschiedentlich seitens unserer Boote, die mehrfach ohne Erkennungssignal an die Linie herankamen und sich anhingen, versäumt worden.

Das Verhalten der Offiziere und der Besatzungen war in jeder Hinsicht so, wie wir es in diesem Kriege von den Besatzungen der Schiffe S.M. [Seiner Majestät] gewohnt sind.

Als Anlagen füge ich bei:
1) Eine Zeitenliste, in der Zentrale und Turm B[d] geführt.
2) Eine Wegeskizze.
3) Die Angaben über verfeuerte Munition.
4) Angaben über die erlittenen Beschädigungen.
5) Angaben über die erlittenen Personalverluste.

Zu Anlage 4 bemerke ich noch, dass die Beschädigungen des Schiffes in Anbetracht des sehr gut liegenden Feuers der englischen Schiffe (geschlossene Salven) merkwürdig gering sind.

[Unterschrift: Seiferling, rechts daneben »I« mit Paraphe]

---

d Auf allen Linienschiffen und Schlachtschiffen der Kaiserlichen Marine war der vordere Geschützturm (bei zwei Türmen der überhöht stehende Geschützturm) technisch so ausgestattet, dass bei Ausfall des Kommandoturmes das Schiff von dort aus geführt werden konnte.

Anlage 1.
Zusammenstellung
aller in der Schiffszentrale gesammelten Meldungen
und Beobachtungen
am 31. Mai und 1. Juni 1916.

5.10 Uhr	Klar Schiff zum Gefecht!
5.15	Befehl: Nasenbinden ausgeben!
5.20	Meldungen: Gruppe I, II, III und IV sämtliche Verschlüsse geschlossen.
5.51	An alle Stellen: Rühren! Hinsetzen!
5.55	Befehl: An alle Gruppen! Elektrische Taschenlampen sind an die einzelnen Leute auszugeben.
5.57	Befehl: Offiziere der I. Kriegswache zum Abendbrot (I.O.)
6.30	Befehl: I. Wache sofort auf Lecksicherungsstation ablösen, II. Wache Abendbrot.
6.33	Klar Schiff zum Gefecht!
6.37	Notbeleuchtung anstecken.
6.38	Schutzbunker schließen.
6.39	Schutzbunker sind geschlossen.
6.40	Lüftung bleibt noch angestellt.
6.40	Richtung 319° helle Aufblitze.
6.41	Ferngefecht an B.B. [Backbord]
6.45	Betriebsschotten in Vor- und Achterschiff geschlossen.
6.45	Eig. Torpedoboote sammeln auf Führerschiff.
6.45	Eigenes Gros steuert NNW
6.46	Hurra Markgraf! (von Kommandanten an alle Stellen)
6.48	1. Schuß von Markgraf.
6.50	Ziel ist das III. Schiff, Seite selbständig.
6.52	Alle Rohre laden (Torpedo).
6.54	Alle Rohre sind geladen.
6.56	Entfernung für schwere Artillerie 183 hm.
6.58	Signalbefehl x[e].
7.03	50 m vom Schiff entf. schlug e. Granate ein.
7.04	Signalbefehl y[f].
7.05	1 FTT Torpedoboote kurz Ziel feuern.
7.07	Schiff dreht langsam 2 Strich nach St.B.
7.10	Starke Erschütterung im Achterschifff.
7.10	Wasser dringt v. Pzd. [Panzerdeck] i. B.B. Mittelgang[g].

---

[e] »Divisions-Gefechtsschwenkung 2 Strich nach Backbord.« Gemäß Auszug aus Signalkladde für Stab der Hochseestreitkräfte vom 31. Mai bis 1. Juni 1916 (Spalte: Bedeutung des Signals). »Für richtige Abschrift« unterzeichnet vom I. Flaggleutnant Kapitänleutnant Weizsäcker (Anlage 5 zum KTB des Kdo. d. Hochseestreitkräfte, BA-MA, RM 8/878, Bl. 44–47).
[f] »Divisions-Gefechtsschwenkung 2 Strich nach Steuerbord.«
[g] Hs. Randbemerkung: »Treffer«.

7.11	Abt. III macht Wasser.
7.12	Starke Erschütterung im Vorschiff.
7.12	St.B. Rudermasch. macht langs. Wasser.
7.13	gem. [gemeldete] Streitkräfte steuern S.O.
7.14	B.B. Seitengang wird gedichtet.
7.15	Wasser i. St.B. Rudermasch. [Raum] kann gehalten werden.
7.16	St.B. Rudermasch. wird nach M. Tunnel entwässert.
7.17	An Gruppe I schriftl. Meld. üb. St.B. Ruderr. nach Ztr. [Zentrale]
7.18	Neuer Kurs N.W.
7.18	Meld. v. Vorsch. [Vorschiff] alles klar.
7.19	An alle Stellen: Verschlüsse kontrollieren.
7.21	Pzd. Abt. II voll Wasser, Wasser dringt langs. nach Abt. III ein.
7.23	B.B. Wallgang Abt. II voll Wasser.
7.24	St.B. Wallgang Abt. V 60 cm Wasser.
7.25	Aus B.B. Wallgang Abt. II dringt nur Luft ein.
7.25	An B.d.A. Verfolgung aufnehmen!
7.25	Schwere Artillerie halt.
7.27	B.B. Wallgang Abt. II voll Wasser.
7.29	Gruppe I Verb. mit Räumen über Pzd. [Panzerdeck] suchen u. Meldg. verlangen.
7.31	Abt. II kann nicht mehr betreten werden über Pzd.
7.33	Schottmannsch. zur Stelle an Arbeit.
7.33	Abt. II ausgefallen, Zwd. voll Rauch.
7.34	An Gefechtsverbandplatz, Lage des Schiffes ist gut.
7.34	Gruppenführer Gr. I soll Meldg. machen.
7.35	Es w. [wird] genzt aus B.B. Wellentunnel Spt. 16–35
7.37	Der Gegner wird verfolgt.
7.41	St.B. Seite kommt ins Gefecht.
7.42	B.B. Seite kommt ins Gefecht.
7.44	Abt. III Pzd. unverändert.
7.45	Soweit sich hier übersehen läßt, Lage gut (von I.O.)
7.45	Gefecht an B.B. Seite gut (von vord. Gefechtsverbandplatz).
7.47	St.B. Rudermaschinenr. in Ordnung.
7.50	Ferngefecht an B.B.
7.50	Zustand vom Achterschiff unverändert.
7.51	Treffer auf der Schanze in der Wasserlinie 15 m, vom Heck.
7.51	Ziel kl. Kr. [Kreuzer] mit 4 Schornst.
7.59	Zielwechsel, Ziel ein Linienschiff mit 2 Masten u. 2 Schornst.
8.05	Abt. III unverändert.
8.06	Wasser im Pzd. Abt. II steht bis zum Zw.D. [Zwischendeck]
8.12	Schwere Art. Ferngefecht an B.B. Ziel Panzerkreuzer 130°[h]

---

[h] Um 18.12 GMT hat *Markgraf* zusammen mit dem Schlachtkreuzer *Lützow* und den Schlachtschiffen *Großer Kurfürst*, *Kronprinz* und *Kaiser* den britischen Panzerkreuzer *Defence* beschossen, der mit einer heftigen Explosion sank. Siehe: Der Krieg in der Nordsee, Bd 5 (wie Anm. 2), S. 289.

8.15	Schiff dreht 2 Strich B.B. neuer Kurs NO
8.16	Zustand in den hint. Abt. unverändert.
8.17	Ein kl. engl. Kreuzer brennt.
8.18	Signalbefehl Ö.
8.19	Signalbefehl Viktor[i].
8.20	Ein feindl. Kreuzer gesunken.
8.21	I.A.G. staffelt (Panzerkreuzer).
8.21	Hintermann dreht.
8.22	Hintermann dreht zurück in die Kiellinie.
8.23	E.-Arbeitsgr. nach B.B. Innenbunker H I
8.27	Der Zustand im Achterschiff ist unverändert. ONO liegt an.
8.29	Schiff dreht St.B. Schwere Art. 9000 m.
8.31	Über Pzd. Abt. III alles in Ordnung, alles voll Rauch, nichts zu sehen.
8.33	Starke Erschütterung im Achterschiff
8.34	Gruppe I, IV antworten auf Parolen.
8.35	Schwerer Treffer B.B. VI Kasematte, ausgefallen.
8.35	Rauchgefahr B.B. Masch. Schiff dreht hart St.B.
8.36	Rauchgef. in B.B. Masch. verringert.
8.37	St.B. Seite kommt ins Gefecht.
8.38	Rauchgefahr in B.B. Masch. beseitigt. B.B. Masch. unklar.
8.40	Ferngef. an St.B.
8.42	B.B. VI Geschütz u. Bedienung ausgefallen.
8.44	An flieg. Ambulanz. 1 Leutn. u. 1 Mann runterlassen an e. stark. Leine v. vord. Fleckerst. [vom vorderen Fleckerstand][j]
8.44	B.B. Masch. steht (kommt keine Meldung).
8.46	B.B IV. Kas. [Kasematte] kann wieder betr. werden. Bittet um 1 Arzt.
8.46	Kann jetzt kein Arzt hin.
8.48	Befehl v. Komm. [Kommandanten]: 1 Arzt nach B.B. VI. Kas. [sic]
8.49	Neuer Kurs WSW
8.50	B.B. Masch. springt wieder an. N = 50, 110, 130[k].
8.50	Vorschiff alles in Ordnung.
8.52	Ein großes Geschoß bei Abt. VII eingeschl.[agen] von Ob. u. Zwd. bis Pzd. [von Ober- u. Zwischendeck bis Panzerdeck]
8.52	Achtere Gefechtssignalstelle ausgefallen.
8.53	Treffer Abt. VII nur bis zum Zwd. [Zwischendeck]
8.53	Schiffsort 63 Otto.
8.55	Fliegende Ambulanz nach Turm Anna[l].

---

[i] Signalbefehl »Ö«: Gefechtswendung 2 Strich nach »Backbord«; Signalbefehl »Viktor«: »Führung vorn«.

[j] Der vordere Fleckerstand befand sich im vorderen Mast in etwa 35 m über der Wasseroberfläche und war in der Regel mit einem Offizier und einigen Mannschaften besetzt, die ihre Sichtmeldungen (z.B. über eigene und gegnerische Einheiten sowie über die Lage des eigenen Artilleriefeuers) an den Kommandostand und an den Artillerie-Leitstand durchgaben.

[k] N = Drehzahl in Minuten bei der Backbord-Welle.

[l] Turm Anna: Vorderer 30,5-cm-Geschützturm.

8.56	Schiff dreht St.B.
8.57	Noch kein Mann mit Leine nach Fleckerstand.
8.57	B.B. Seite kommt ins Gefecht.
8.57	Gegner kommt voraus an B.B.
8.59	Schwere Art. Türme 270°, neuer Kurs NOO [sic].
9.00	An alle Stelle! Schiff durchlüften!
9.01	Schiffsort 56, 57, 5'N, 5°, 56, 5'[o]
9.02	An Hauptgefechtsverbandpl. 1 Mann mit Leine nach Fleckerstand.
9.03	Schiff läuft 15 sml [Seemeilen].
9.15	B.B. mittl. Art. 320 beschießt e. kl. Kreuzer.
9.05	Lüftung abstellen! Verschlußzust. herstellen.
9.06	Schiff läuft 10, 7, 5 sml [Seemeilen].
9.08	Schiff hat gestoppt.
9.08	Unsere Torpedoboote brechen durch.
9.10	St.B. Masch. geht zurück.
9.12	Mit allen Mitteln Entscheidung herbeiführen[m]!
9.14	Abt. XIII starke Erschütterung von oben.
9.14	Schiff dreht St.B.
9.15	Mittl. Art. halt! S. 1/2 O. liegt an.
9.15	Oberes Plfd. [Plattformdeck] Abt. XIII u. Pzd. [Panzerdeck] Abt. XIII in Ordnung.
9.16	Schiff dreht nach St.B.
9.16	Vord. Leckpumpenr. in Ordnung.
9.17	St.B. Seite kommt ins Gefecht.
9.18	An Artilleriezentr.: Sind Kammer III und VII klar?
9.18	Schiff dreht hart Ruder nach St.B.
9.19	Torpedoboote zum Angriff.
9.20	Telefon 80 meldet sich nicht.
9.21	Abt. XIII durch Erschütterung an Hängemattkasten Tür losgerissen, sonst auf Anfrage alles klar.
9.22	St.B. Seitenwd. [Seitenzwischendeck] Abt. II i.O.
9.27	Schiff dreht B.B. neuer Kurs SW.
9.29	Schiff dreht St.B.
9.31	W.S.W. liegt an.
9.34	Schiff durchlüften.
9.36	Leutnant v. Götz auf vord. Fleckerst. darf geholt werden[n].
9.37	Es wird aus Zentrale gesteuert, Schiff luvgierig nach B.B.
9.37	Vormast ist angeschossen (schon früher).
9.39	Neuer Kurs WW 1/2 S. [sic]

---

[m] Es handelt sich offensichtlich um den Signalbefehl Scheers um 19.11 GMT an die Schlachtkreuzer der I. Aufklärungsgruppe: »9 R«, Bedeutung: »Große Kreuzer Gefechtswendung rein in den Feind«. (Gem. Auszug aus Signalkladde für Stab der Hochseestreitkräfte vom 31. Mai bis 1. Juni).

[n] Leutnant zur See Heinrich von Götz (1895–?), Crew 1913, 18.9.1915 zum Leutnant zur See ernannt, Gefechtsstation vorderer Fleckerstand, am 31.5.1916 verwundet, bis April 1917 Lazarett, danach Landkommandos.

9.41	Neuer Kurs W.S.W.
9.42	Meldung! Achteren Räume unverändert, bei allen Gruppen alles klar.
9.45	Ventilationsmotor für Rudermasch. Raum läuft noch nicht.
9.45	Befehl Motor anstellen und melden nach Zentrale.
9.51	Verwundetentransport, Schotten bleiben dicht (an alle St.).
9.52	Standort 56 Karl.
9.55	Befehl vom Komm.: Gefechtsstationen dürfen nicht verlassen werden.
9.57	Neuer Kurs S.S.W.
9.58	Licht in der Vorbatterie kann angesteckt werden.
10.00	Beide Dieselmotoren können abgest. werden; jederzeit klar sein.
10.03	Meldung über Stand Abt. II (Frage von I.O.).
10.04	Abt. II alles unverändert.
10.05	Dieselmotoren sind abgestellt (Meldung).
10.07	Frage von I.O. an L.I. [Ltd. Ingenieur] Ist alles in der Maschine in Ordnung.
10.08	Alle Rohre entladen (Torpedo).
10.08	B.B. Masch. unklar, die and. klar.
10.09	B.B. Masch. vorläuf. festgest., daß Welle verbogen sein muß.
10.10	Schiffsort 54 Jda.
10.11	B.B. Wallgang Spt. 23–30 klar ebenso von 19–23.
10.18	Alle Rohre laden.
10.19	Es wird aus vord. Kommandostand gesteuert.
10.19	Lüftung abstellen.
10.20	Ferngefecht an St.B.
10.20	Schiff im Gefechtszustand.
10.25	B.B. Masch. läuft n = 80, geht wieder zurück.
10.27	Mittl. Art. 270°.
10.29	Schwere B.B. R.W. [Richtungsweiser]
10.32	Schiff dreht St.B.
10.33	Achteren Räume sind unverändert.
10.43	Scheinwerfer müssen besetzt werden.
10.46	Scheinwerfer II. Kriegswache ist aufgezogen.
10.49	E-Maschinist bef. s. an Scheinwerfer oben.
10.50	An Kommandost. von I.O. Schiff abblenden.
10.55	Meldung von Wachtmeister: Schiff ist in Vorschiff abgeblendet.
10.58	Abt. I nichts festzustellen. Abt. III unverändert.
11.23	An alle Räume und Zielstellen: Rühren u. Hinsetzen!
11.31	An alle Stellen: Es darf geraucht werden!
11.33	Anfrage an Kommandant von I.O. Dürfen einzelne Leute zum Brotholen weggeschickt werden?
11.34	An I.O.: Einzelne Leute können weggesch.[ickt]werden.
11.36	Feind voraus in Sicht, 4 Schiffe.
11.47	Darf Rudermaschinenr. durchgelüftet werden? Ja.
11.49	An den Geschützen rühren, hinsetzen, Alarmposten aufziehen.

11.53	Hint. Abteilungen keine Veränderung.
11.54	Wv. [wieviel] Verwundete u. wie geht es ihnen (Frage von I.O.)
11.56	6 Verwundete, es geht ihnen verhältnismäßig gut.
11.58	An Komm.: Darf vord. Gefechtsverbandpl. durchgelüftet werden? Ja.
11.59	Es wird Erbsensuppe für die Mannsch. gekocht.
12.07	Dieselmot. können abgest. werden, müssen zum sof. Anlaufen klar sein.
12.12	1. Alarm, Lüftung abstellen.
12.12	Ist abgestellt.
12.17	Lüftung kann wieder angest. werden, rühren, hinsetzen.
12.19	Schiff durchlüften.
12.22	Von I.O.: In einer guten halben Stunde gibt es Erbsensuppe.
12.25	Hintere Abteilungen sind unverändert.
12.27	Gruppe I, II, III, IV unverändert sowie alle übr. lautspr. Lecks. Telefone [Lecksicherungstelefone].
12.28	Reservebeleuchtung nachsehen und ergänzen (Bef. [Befehl] v. I.O.).
12.37	2. Alarm, Lüftung abstellen!
12.38	F.I. [oder F.T.?] Kommandoturm.
12.43	3. Alarm aufhören, auf Stationen rühren, hinsetzen.
12.43	Meldung an I.O.: Suppe klar zum ausgeben.
12.44	Ruderraum darf durchgelüftet werden.
12.44	Schiff durchlüften.
12.46	Backschaften der Freiwache Suppe empfangen, Schotten bleiben geschl.
12.48	Eine Leiche aus IV Kasemate soll herausgebrannt [sic] werden°. Darf der Meister beigehen?
12.51	Da keine wicht. Gründe vorliegen, nicht, Decke darüber legen.
12.56	Das Ausbrennen [sic] kann erfolgen (von I.O.). 55 sml [Seemeilen]. von Horns Riff entfernt nach dem Kurs SO z S.
01.20	12 sml. Passierabstand.
01.29	4. Alarm, Lüftung abstellen.
01.31	Heftiges Feuer.
01.34	Schiff dreht St.B., dann B.B.
01.45	Beide Dieselmotoren sind angestellt.
01.46	Hint. Abteilungen unverändert.
01.58	Auf Stationen rühren, hinsetzen.
02.00	Schiff durchlüften.
02.06	5. Alarm, Lüftung abstellen.
02.07	Schiff ventilieren.
02.08	Auf Stationen rühren.
02.09	An die Geschütze, Alarm, Lüftung abstellen.

° Es handelt sich offensichtlich um einen Fehler bei der Übertragung des Stenogramms. Es muss heißen: »herausgebracht werden«. Bei der Eintragung 12.56 Uhr muss es heißen: »Das Ausbringen kann erfolgen.«

02.10	Alle Rohre entladen.
02.23	Alle Rohre sind entladen.
02.25	Schiff durchlüften.
02.31	Entfernung bis Horns Riff 40 sml [Seemeilen].
02.35	6. Alarm, Lüftung abstellen.
02.47	7. Alarm.
02.52	Schiff durchlüften.
03.00	Schiffsort 17 Willy.
03.23	8. Alarm, Artillerie klar an St.B.
03.26	Schiff durchlüften.
03.43	9. Alarm, Lüftung abstellen!
03.45	Schiff durchlüften! Auf Stationen rühren, hinsetzen.
04.02	10. Alarm, Lüftung abstellen. Torpedoboote an B.B. 250°.
04.02	Passiergefecht.
04.05	Hart St.B. Masch. A.K. voraus.
04.06	Ruder liegt hart B.B. [sic]
04.10	B.B. querab Zerstörer.
04.22	Auf Stationen rühren, hinsetzen, durchlüften.
06.03	11. Alarm, Lüftung abstellen.
06.04	Auf Stationen rühren.
06.05	Verbandsweise einlaufen.
06.10	12. Alarm! Klar Schiff zum Gefecht.
06.20	Schiff durchlüften, auf Stationen rühren.
06.21	8,8 von beiden Wachen an die Geschütze[p].
07.28	Der Wasserstandsmesser in acht. Torpedogang zeig. 88 dcm.
07.31	Schiff kommt durch Minen verseuchtes Gebiet, alle Schotten gut dicht halten.
07.38	Treibende Mine sehr nahe 90°.
07.53	13. Alarm, Lüftung abstellen.
08.02	Alarm aufhören, Schotten dicht halten, wo nötig durchlüften.
08.40	Das Licht im Achterschiff ist ausgeschaltet. Es kann vorläufig nicht eingeschaltet werden, da eine Abt. unter Wasser ist.
08.42	Es besteht große Minengefahr, Ostfriesland auf Mine gelaufen, alle Schotten und Türen gut schließen
08.45	Pzd. Abt. I 1 m Wasser.
08.49	Vorschiff alles abrevidiert, Schotten geschlossen.
08.53	I. Kriegswache aufziehen, II. Kriegswache auf Station hinlegen.
09.44	Mannschaften bleiben im Gefechtsanzug.
10.48	Meldung von Artilleriezentrale: Wasser Abt. II steigt weiter. Befehl: I. Schottmannsch. nach Pzd. Abt. II.
11.30	Meistergruppe ist bei Abt. II und stützt ab.

---

p Der Hinweis bezieht sich auf die Geschützbedienungen der 8,8-cm-Geschütze.

Dokument 6

Schlachtkreuzer Seydlitz in der Skagerrakschlacht
Teil I: Rückfahrt und Bergung des Schiffes vom 1. bis 6. Juni 1916
Teil II: Kesselbetrieb und Maschinenanlage während der Schlacht und der Bergung
Fundort: Marineschule Mürwik (WGAZ), Inventar-Nr. 11256 (Teil I und II) sowie BA-MA, RM 8/880 (Teil I)

Editorische Vorbemerkung

Der Schlachtkreuzer *Seydlitz* wurde von 1911 bis 1913 auf der Werft Blohm & Voss in Hamburg gebaut. Bei einer Länge von 200 m, einer Breite von 28,5 m und einem Tiefgang von 9,2 m hatte das Schiff eine maximale Einsatzverdrängung von 28 550 t. Die Antriebsanlage bestand aus 27 Kohlekesseln und zwei Satz Marine-Turbinen (vier Schrauben); ab 1916 konnten die Kessel zusätzlich mit schwerem Heizöl (»Teeröl«) beheizt werden. Mit einer maximalen Leistung von 89 738 PS kam das Schiff bei der Probefahrt auf 28,1 Knoten und hatte bei einer Kohleladung von 3600 t einen Fahrbereich von 4200 Seemeilen (bei 14 Knoten). Die Bewaffnung bestand aus zehn 28-cm-Geschützen in fünf Doppeltürmen (die beiden mittleren Türme in versetzter Aufstellung), zwölf 15-cm-Geschützen in Kasematten, zwölf 8,8-cm-Geschützen sowie vier Torpedorohren (unter Wasser: ein Bug-, zwei Seiten- und ein Heckrohr). Der Panzerschutz umfasste den Decks- und Seitenpanzer (von 100 bis zu 300 mm) und den Schutz der Geschütztürme und des Kommandoturmes (vorn bis zu 300 mm)[a]. Das Schiff war in 17 wasserdichte Abteilungen eingeteilt (zählweise von hinten nach vorn). Der Torpedobreitseitraum befand sich unterhalb des Panzerdecks in Abteilung XIV unmittelbar vor der Barbette des vorderen Geschützturmes[b]. Die Besatzung hatte am 31. Mai 1916 eine Stärke von 1425 Mann. Kommandant war von Kriegsbeginn bis Oktober 1917 Kapitän zur See Moritz von Egidy (Crew 1888), Leitender Ingenieur war von November 1914 bis Kriegsende Marine-Stabsingenieur (ab 26. April 1917 Marine-Oberstabsingenieur) Otto Looks[c]. Die *Seydlitz* erhielt am 24. Januar 1915 bei dem Doggerbank-Gefecht zwei schwere Treffer; die beiden hinteren 28-cm-Geschütztürme brannten unter hohen Personalverlusten (165 Tote) völlig aus. Das Schiff entging nur knapp einer Katastrophe, da es noch gelungen war, die Munitions-

---

[a] Alle Daten nach Gröner, Die deutschen Kriegsschiffe, Bd 1 (wie Anm. 40), sowie Breyer, Schlachtschiffe und Schlachtkreuzer (wie Anm. 36). Siehe auch die Schiffsbiografie von Friedrich Ruge, SMS Seydlitz/Grosser Kreuzer 1913-1919, Windsor, Chichester 1972.
[b] Siehe Skizze auf S. 249, aus: Seemannschaft. Handbuch für Unterricht und Praxis. Bearb. von Admiral Walter Gladisch und Kapitän zur See Alfred Schulze-Hinrichs, 2. Aufl., Berlin 1940, Tafel V, nach S. 400.
[c] Der Marine-Stabsingenieur hatte den Rang eines Kapitänleutnants, der Marine-Oberstabsingenieur den Rang eines Korvettenkapitäns.

kammern zu fluten^d. Am 24. April 1916 erhielt das Schiff nordnordwestlich von Norderney einen Minentreffer. Mit 1400 t Wasser im Schiff und dem Verlust von elf Mann (im Torpedobreitseitraum) erreichte die *Seydlitz* Wilhelmshaven. Die Instandsetzung auf der Kaiserlichen Werft war allerdings zunächst unzureichend, wie ein Flutversuch ergab. Eine erneute Reparatur war erforderlich, was mit dazu beitrug, dass der Vorstoß der Hochseeflotte erst einige Tage später als ursprünglich geplant erfolgen konnte^e. Am 31. Mai 1916 fuhr die *Seydlitz* in der I. Aufklärungsgruppe als taktische Nr. 3 hinter der *Derfflinger* und war an der Versenkung des Schlachtkreuzers *Queen Mary* beteiligt. Bei den verschiedenen Gefechtsphasen erhielt die *Seydlitz* insgesamt 22 schwere Treffer und einen Torpedotreffer^f. Die schweren Treffer führten zum Ausfall von zwei Geschütztürmen und beeinträchtigten ab dem frühen Morgen des 1. Juni 1916 mehr und mehr die Schwimmfähigkeit des Schiffes. Die Personalverluste betrugen 98 Tote und 55 Verwundete.

Die beiden hier in gekürzter Form veröffentlichten Dokumente machen deutlich, vor welchen Herausforderungen die Schiffsführung und das technische Personal standen, um das Schiff unter äußerst schwierigen Bedingungen schwimmfähig und in Fahrt zu halten. Nach Bergung des Schiffes scheute sich die Schiffsführung in ihrem Bericht nicht, in vorsichtiger Form die Bürokratie des Reichsmarineamtes und die Unzulänglichkeiten der Werft in Wilhelmshaven bei den Instandsetzungsarbeiten im April/Mai 1916 zu kritisieren. Beim Vergleich der beiden überlieferten Exemplare des Teiles I wurde bei Unstimmigkeiten oder Fehlern die Lesart des Originals gewählt. Dies gilt auch für die äußere Form. Bei dem Teil II (Kesselbetrieb etc.) handelt es sich um eine Abschrift, die wahrscheinlich nach 1945 angefertigt wurde.

Bei größeren Kürzungen wurde von Fall zu Fall eine knappe Inhaltsangabe eingefügt. Offensichtliche Schreibfehler innerhalb der Abschrift wurden stillschweigend korrigiert.

* * *

---

d   Siehe im Detail: Der Krieg in der Nordsee, Bd 3 (wie Anm. 4), S. 210–213, bes. die Skizze auf S. 211. Die Munitionskammern wurden vom Pumpenmeister Wilhelm Heidkamp geflutet, der dabei eine Gasvergiftung erlitt, an deren Spätfolgen er 1931 starb; vgl. Marine 3 (1970), S. 24.
e   Siehe: Der Krieg in der Nordsee, Bd 5 (wie Anm. 2), S. 134 f. und 194.
f   Die Angaben über die Zahl der schweren Treffer weichen voneinander ab: Der Kommandant nennt in seinem Gefechtsbericht vom 7. Juni 1916 15 schwere Treffer (BA-MA, RM 8/880, Bl. 107), in: Der Krieg in der Nordsee, Bd 5 (wie Anm. 2), S. 477 (Anl. 11), werden 21 schwere Treffer angeführt. Campbell, Battle Cruisers (wie Anm. 49), S. 44–48, kommt nach gründlicher Auswertung aller britischen und deutschen Quellen auf 22 schwere Treffer.

Teil I:

Rückfahrt und Bergung des Schiffes vom 1. bis 6. Juni 1916[g]

Abschrift!

Kommando, S.M.S. »Seydlitz«, B.-Nr. G 447 vom 5. Juli 1916
Geheim!

Bergung S.M.S. »Seydlitz« nach der Schlacht vor dem Skagerrak[h]

I. Zustand des Schiffes nach beendigter Tagschlacht
(11 h Nm.) (Skizze I u. II.)[i]

Nach Beendigung des letzten Gefechts trat für S.M.S. »Seydlitz« gegen 11 Uhr Nachts eine Zeit verhältnismäßiger Ruhe ein, die es der Schiffsführung ermöglichte, ein sicheres Bild vom Zustand des Schiffes und seiner Schwimmfähigkeit zu gewinnen.

a) Unterwasserschiff.

Die Feststellungen hatten folgendes Ergebnis:

[...] Insgesamt waren etwa 2000 t Wasser ins Unterschiff eingedrungen. Die Tiefertauchung vorn betrug 1,80 m, hintere Austauchung 0,50 m. Die Paralleltiefertauchung war 0,63 m.

Die geringe Schlagseite, die das Schiff während des Gefechtes infolge des Torpedotreffers nach St.B. hatte, spielte zunächst keine Rolle.

---

g Vgl. dazu auch das Kriegstagebuch der *Seydlitz*, den Gefechtsbericht und den Bericht über die Bergung des Schiffes in: BA-MA, RM 7/880, Bl. 97-102 und 105-125. Den Bericht über die Bergung legte der Kommandant am 2. Juli 1916 dem Kommando der Hochseestreitkräfte »als Erweiterung des Kriegstagebuches vom 31.5. bis 3.6.« vor (vgl. BA-MA, RM 8/880, Bl. 9).

h Vgl. dazu den Abschnitt »Kriegserfahrungen« in: Seemannschaft (wie Anm. b), S. 405-409. Die dort veröffentlichte Beschreibung stützt sich, zum Teil wörtlich, auf diesen Bericht.

i Die Skizzen fehlen in dieser Überlieferung, siehe jedoch ebd., nach S. 400.

b) Überwasserschiff.

An sich bedeuten die vorstehend geschilderten Wassermengen noch keine Gefährdung des Schiffes. Eine bedeutende Verschlechterung der Lage des Schiffes trat erst durch die Überwasserverletzungen im Vorschiff ein [...]
Nach Schätzung befanden [sich] etwa weitere 1000 t Wasser im Vorschiff über dem Panzerdeck.

c) Waffen.

[Von den Waffen des Schiffes waren noch verwendungsbereit sechs Rohre der schweren Artillerie, sechs Rohre der mittleren Artillerie und vier Torpedorohre.]

d) Maschinenanlage.

Die Maschinen und Hilfsmaschinen waren klar, bis auf die vordere E-Station. Doch erschwerte der Ausfall der genannten Bunker die Kohlenversorgung. Es konnten daher zunächst noch Umdrehungen für 22 sm, später für 20 sm gemacht werden. Damit lief das Schiff infolge seiner ungünstigen Schwimmlage etwa 20 bezw. 18 sm.

II. Erste Leckbekämpfung.

An ein Abdichten der großen Löcher im Vorschiff über und unter der neuen Schwimmlinie des Schiffes war auch nach beendetem Gefecht nicht zu denken. Teils war der Umfang der Beschädigungen zu groß, die Ränder der Schußlöcher umgebogen und zackig, teils waren die Löcher bei der völligen Verwüstung des Vorschiffes überhaupt nicht zugänglich oder bereits unter Wasser [...]
Besonders empfindlich wurde das Fehlen der großen Lenzmittel empfunden: Diese wichtige Abteilung [d.h. hier Abt. XIII]j besitzt bisher keinen Anschluß an das Hauptlenzrohr. Nur die Kommando- und Torpedozentrale und die Munitionskammern wurden noch gehalten. Doch machten auch diese Räume durch Sprachrohre, Kabeldurchführungen und sonstige kleine Leckagen Wasser, das besonders unangenehm war, weil diesen Räumen jede Entwässerungsmöglichkeit fehlt. Für die Munitionskammern ist der Einbau einer Entwässerung durch Verfügung des R.M.A. B. III 2523 v. 20.4.15 angeordnet, die Arbeit ist jedoch noch nicht zur Ausführung gekommen, obgleich das Schiff zu Reparaturen mehrfach und längere Zeit in der Werft gelegen hat [...]

---

j Die Abt. XIII war mit etwa 19 m Länge eine der größten Abteilungen des Schiffes.

III. Ansteuerung von Hornsriff.

Am Morgen des 1. Juni wurde Hornsriff Feuerschiff auf SO-Kurs angesteuert. Das Besteck des Schiffes war sehr ungenau. Einerseits war es sehr schwer, den Fahrtverlust infolge des erhöhten Tiefganges und der Trimmlage des Schiffes zu schätzen. Andererseits hatten die Navigationsmittel selbst durch das Gefecht erheblich gelitten.

Ein Teil der Seekarten war im Gefecht verloren gegangen oder beschädigt bezw. durch das Blut der im Kommandostand Verwundeten unleserlich geworden, die Karten in Zentrale und Kartenkammer waren im Wasser, nur Notbeleuchtung war vorhanden, das eingearbeitete Steuermannspersonal war auf »Lützow« oder verwundet[k].

Die vordere Kreiselkompassanlage war durch das in der Zentrale stehende Wasser ausgefallen. Die achtere Kreiselkompassanlage hatte ebenfalls durch Feuchtigkeit gelitten, da ihre Kabel über den B.B.-Mittelgang geführt sind. Sie fiel später ganz aus, bis eine unmittelbare Stromzuführung unter Ausschaltung der Zentrale von der hinteren E. Station her provisorisch hergestellt war.

[Es folgt eine Beschreibung der unzureichenden Navigationshilfsmittel, was dazu führte, dass die »Seydlitz« bei Hornsriff Nordtonne zweimal Grundberührung hatte und erst durch Rückwärtsfahrt wieder in tiefes Wasser kam. Hornsriff Feuerschiff wurde um 0600 Uhr vormittags passiert und anschließend Kurs auf Listertief Anseglungstonne abgesetzt.]

IV. Verschlechterung der Schwimmlage des Schiffes.

Infolge des allmählichen Vollaufens der zahlreichen kleinen Räume im Vorschiff über Panzerdeck, die weder zugänglich waren, noch gelenzt werden konnten, fiel das Schiff vorn immer tiefer. Die Fahrt mußte von 20 sm auf 15 sm, dann auf 12 sm herabgesetzt werden, da die Bugwelle über die Back schlug und die schräge Lage der Decks durch ihre Tiefensteuerwirkung die Gefährdung des Schiffes erhöhte. Das Wasser trat vorn bis über das Batteriedeck und lief nach achtern.

Ein kritischer Augenblick mußte eintreten, als es im Batteriedeck über das vordere Panzerquerschott der Zitadelle Abt. XIII bis XIV hinweg in die Räume der Abt. XIII über Panzerdeck eindrang [...]

Der Torpedobreitseitraum konnte zunächst gehalten werden. Durch den einzigen Zugang, den Notausgang, stürzten aber große Wassermengen aus dem Umlauf des Turmes A wasserfallartig in den Raum hinab, so daß der Raum verlassen wer-

---

k   Die *Seydlitz* war bis zum Frühjahr 1916 das Flaggschiff des B.d.A. Mit der Einsatzbereitschaft der *Lützow* wurde dieser modernste Schlachtkreuzer das neue Flaggschiff. Der Hinweis deutet an, dass Vizeadmiral Hipper zumindest einen Teil des erfahrenen Steuermannspersonals der *Seydlitz* mit auf sein neues Flaggschiff genommen hat.

den mußte, denn bei etwaiger Zunahme des Wassereinbruches wäre es dem Personal unmöglich gewesen, auf den Steigeisen gegen den Wasserstrom an den Raum zu verlassen. Vorher wurden die Mannschaften aus den Räumen Abt. XV [und] XVI unter dem Panzerdeck, Leckwehr und Bedienung des Torpedobugrohres, zurückgezogen, alle Verschlüsse wurden fest geschlossen und die Lenzöffnungen auf freie Zugänglichkeit nachgesehen, lose Gegenstände sorgsam nachgezurrt.

Im Breitseitraum stieg das Wasser bei gelegentlichem Aussetzen der Pumpen zwar schnell, konnte aber durch äußerste Ausnutzung der Lenzmittel immer wieder zum Fallen gebracht werden. Die zahlreichen lecken Stellen und das erst nach dem Eindocken festgestellte Vollaufen auch der unverletzten Räume des übrigen Vorschiffes unter Panzerdeck sind auf die nicht vollendete Reparatur des Vorschiffes nach dem Minentreffer am 24.4.16 zurückzuführen [...]

V. Durchgang durch die Amrumbank-Durchfahrt.

Am ersten Juni 7.40 h Vorm. hatte S.M.S. Seydlitz wieder Anschluß an das eigene Gros gewonnen. Auf die Nachricht vom Auflaufen S.M.S. Ostfriesland auf eine Mine hängte sich das Schiff an den Schluß des II. Geschwaders an und folgte im Kielwasser. Doch war es nicht möglich die Fahrt der Flotte (15 sm) zu halten. Bei dieser Geschwindigkeit lief die Bugwelle bereits über die Back. Daher wurde mit den Umdrehungen allmählich, erst auf 10 dann auf 7 sm herab gegangen. Nachdem die Munitionskammern des vorderen Turmes A voll Wasser waren, hatten die Leckagen in der Torpedo- und Kommandozentrale erheblich zugenommen. Die Zentralen waren völlig von Wasser umgeben und besaßen als einzigen Ausgang nur den B.B.-Mittelgang. Das Wasser spritzte aus zahlreichen Öffnungen hervor, vor allem wiederum aus Kabeldurchführungen, die zum Teil nicht zugänglich und daher nicht zu dichten waren. Auch hier fehlte eine wirksame Entwässerungsmöglichkeit. Es mußte Kette gebildet und mit Pützen in den B.B.-Mittelgang geschöpft werfen. Infolge der Trimmlage des Schiffes lief das Wasser immer wieder nach vorn und staute sich in der Zentrale. Die Entwässerung nach dem dritten Kesselraum hin war schwierig, weil der dort herrschende Luftdruck das Wasser wieder in die Höhe trieb. Zentralen und Mittelgang sind so durch ständiges und mit immer neuen Ablösungen betriebenes Schöpfen noch einige Stunden gehalten worden. Leckleitung und sonstiges Personal hat dort bis an den Leib im Wasser stehend und bei mangelhafter Beleuchtung im Dunst des an den Rohrleitungen verdampfenden Wassers ausgehalten, bis schließlich um 8.05 h Vorm. erst die Torpedozentrale infolge Nachgebens des Schotts 114, dann um 9.10 h die Schiffszentrale verlassen werden mußte.

Die Leckleitung siedelte in die Reserveleckzentrale am hinteren Ende des Mittelganges über. Die Schiffsführung wurde erheblich erschwert, da vorübergehend keine Verbindung mit den Maschinen bestand, und die meisten übrigen Kommandoelemente in der Zentrale unter Wasser gerieten und damit ausfielen [...]

Die beim Ansteuern von Hornsriff geschilderten navigatorischen Schwierigkeiten hatten sich noch erhöht, daher wurde ein Kreuzer vom Führer der in der Nähe stehenden II. A.G. [Aufklärungsgruppe] erbeten, zur Unterstützung der Navigierung, vor allem, um das Schiff durch die Amrumbank-Durchfahrt zu bringen.

S.M.S. »Pillau« wurde zur Verfügung gestellt.

Gleichzeitig (10 h 30 Vorm.) wurde die Kaiserliche Werft W'haven durch F.T. um Entsendung von zwei Pumpendampfern und Leckstopfmaterial längsseits S.M.S. Seydlitz ersucht.

Um 10 h 45 traf S.M.S. Pillau bei »Seydlitz« ein und setzte sich mit 7 sm Fahrt in die Kursrichtung vor das Schiff.

Mit dem Kommandanten S.M.S. Pillau[1] wurde verabredet, daß dieser die navigatorische Leitung der weiteren Fahrt sowie die militärischen Anordnungen für die Sicherung übernehmen solle, da wie schon geschildert, die navigatorischen Hilfsmittel, Signalmittel und F.T. an Bord S.M.S. Seydlitz beschränkt waren, und die Aufmerksamkeit der Schiffsführung voll von der Sicherung des eigenen Schiffes in Anspruch genommen war.

Gleich darauf 11 h vorm. kam das Schiff querab Hörnum fest. Vorn wurden 13-13,5 m gelotet, der erste sichere Anhalt für den tatsächlichen Tiefgang des Schiffes. Um das Schiff vorn möglichst hoch zu bringen, wurden die mittleren und B.B. achteren Trimmzellen und B.B.-Wallgänge Spant 32 1/2 - 47 geflutet. Damit wurde gleichzeitig die um diese Zeit immer noch vorhandene St.B. Schlagseite des Schiffes ausgeglichen.

[Mit steigendem Wasser kam das Schiff wieder frei. Die folgenden Ausführungen schildern die Bemühungen, westlich der Amrumbank um ein Minengebiet herum die Helgoländer Bucht zu gewinnen. Dieser Plan musste aufgegeben werden, da eine Meldung über gegnerische Streitkräfte bei Hornsriff eingegangen war.]

Es wurde ein neuer Versuch unternommen, östlich der Amrumbank durchzugehen. Die Boote der I. Minensuchdivision wurden in Dwarslinie vor S.M.S. Seydlitz aufgestellt, loteten und meldeten die Tiefe durch Flaggensignal. Nach diesen Signalen fühlte sich das Schiff durch die jeweilig tiefste Rinne hindurch. Gelegentlich mußten flachere Stellen, auf denen das Schiff eben über Grund hinweg glitt, unter Anwendung erhöhter Maschinenkraft gewaltsam überwunden wurde.

VI. Eintritt der kritischen Lage des Schiffes.

Um 2.30 Nachm. am 1.6.16 wurde die Enge westl. Hörnum und um 4.30 Nachm. die Vortrapptief-Glockentonne passiert. Während der Durchfahrt durch die Amrum-Bank-Passage fiel das Schiff langsam immer tiefer. Vorn schwamm das Schiff nur noch auf dem Torpedobreitseitraum [...]

---

[1] Fregattenkapitän Konrad Mommsen (1871-1946), Crew 1891, in der Reichsmarine als Vizeadmiral von 1924 bis 1927 Flottenchef, am 31. Dezember 1927 ausgeschieden mit dem Charakter eines Admirals.

Die Schwimmebene des Schiffes war also erheblich verkleinert und dadurch die Stabilität herabgesetzt. Die Einbuße an Stabilität machte sich beim Ruderlegen trotz der geringen Fahrt durch deutliches, unangenehm langsames Überholen bemerkbar [...]

Das eindringende Wasser wurde zunächst durch Entwässern nach den Heizräumen hin beseitigt. Ebenso wurden auch die Schutzbunker nach den Heizräumen hin entwässert. Diese Gegenmaßregeln durften aber nur sparsam angewandt werden, da die Lenzmittel durch die große Zahl der sonstigen Wassereinbrüche stark in Anspruch genommen waren, und die Heizräume selbst unter keinen Umständen durch allzu große Wassermengen gefährdet werden durften. Aus den Kasematten wurde außerdem ständig mit Pützen geschöpft. Dieses Schöpfen mit Pützen in den Kasematten und den Räumen der Abt. XIII, das mit zahlreichen Ablösungen im verwüsteten, mit zackigen Trümmern und oft mit Leichenteilen gefüllten Räumen, tief im Wasser stehend bei teilweise fehlender Beleuchtung ununterbrochen aufrechterhalten werden mußte, stellte ganz außerordentliche Anforderungen an die Kräfte der Leute und an die Organisation des Wachdienstes. Es kennzeichnet aber gleichzeitig den empfindlichen Mangel moderner, wirksamer Lenzmittel in diesen Räumen [...]

Trotz aller Anstrengungen liefen allmählich sämtliche Außen- und Schutzbunker der B.B.-Seite bis auf den Schutzbunker des I. Kesselraumes Abt. VII voll. Vorn lag das Schiff an B.B.-Seite bis zum Bugwappen im Wasser, als Ahming[m] dienten dessen drei Fische. Die Schlagseite ging schnell bis auf 8°. Erwartungsvolle Stunden traten ein, in denen die langsame aber stetige Zunahme der B.B.-Schlagseite beobachtet wurde. Es war nicht absehbar, wieweit sich das Schiff in Anbetracht der geringen Stabilität weglegen würde, und ob die B.B.-Kasemattschartendichtungen einen Wassereinbruch abhalten könnten.

Um 2 Uhr nachm. wurde nochmals ein dringendes F.T.-Signal um Entsendung von Pumpendampfern über S.M.S. »Pillau« an die Kaiserl. Werft W'haven abgegeben.

Vom B.d.A. traf bald danach der Befehl ein, das Schiff nötigenfalls in der Amrumpassage an günstiger Stelle auf Grund zu setzen. Um diese Zeit stand das Schiff bereits südlich der Vortrapp-Tieftonne. Es wurde auf Kurs S.O. auf die Hevermündung zugegangen, um zunächst unter Land zu kommen, und dann auf etwa 15 Meter Wassertiefe längs der Küste südwärts gesteuert. Schiffsort und Kurs wurden durch F.T. über Pillau an B.d.A. gemeldet.

Der I. Offizier erhielt Anweisung, Vorbereitungen für die Räumung des Schiffes, vor allem für die Bergung der Verwundeten zu treffen. Um dem Schiff möglichst Erleichterung zu schaffen, wurde die bisherige Fahrt über den Vorsteven mit etwa 85 Umdrehungen (langsame Fahrt) aufgegeben und die Fahrt nunmehr über den Achtersteven fortgesetzt. Hierzu sollte erst ein Minensuchboot, dann S.M.S. »Pillau« eine Schleppleine nehmen und über den Achtersteven schleppen [...]

[Die erfolglosen Schleppversuche werden kurz beschrieben.]

---

[m] Ahming = Tiefgangsmarke eines Schiffes.

VII. Nacht vom 1. zum 2. Juni südlich Helgoland.

»Seydlitz« fuhr nach Aufgabe der Schleppversuche mit eigener Kraft über den Achtersteven, was bei dem stillen Wetter trotz der erheblichen Schlagseite nur geringe Schwierigkeiten machte.

Um 7 Uhr abends wurden die St.B.-achteren Wallgänge zur Bekämpfung der Schlagseite gegengeflutet. Die Lage des Schiffes um diese Zeit, die voll gelaufenen Räume und die gefluteten Wallgänge und Zellen sind aus Skizze II zu ersehen[n]. Es befanden sich 5300 t Wasser im Schiff. Krängung 8° B.B. [...]

Um 07.30 [Uhr] abends kamen die beiden Pumpendampfer der Kaiserlichen Werft W'haven »Boreas« und »Kraft« längsseits und machten an Stb. und an Bb. vorn gut fest. »Boreas« saugte an St.B. aus Abt. XIII über dem Panzerdeck, »Kraft« sollte aus den Munitionskammern des vorderen 28 cm Turmes A lenzen, vermochte aber seine Pumpen nicht zum Ansaugen zu bringen [...]

Die Lage des Schiffes während der Nacht vom 1. auf 2. Juni 16 blieb ziemlich unverändert. Mehrere Schleppdampfer und Prähme trafen zur Hilfeleistung bei Seydlitz ein. Unter navigatorischer Leitung S.M.S. Pillau wurde mit eigener Maschinenkraft und mit Schlepperhilfe über Achtersteven Kurs auf Weser-Feuerschiff Friedensposition gesteuert. Dabei kam das Schiff infolge seines noch weiter auf mindestens 14 Meter gestiegenen Tiefgangs östlich von Steingrund vorübergehend fest.

Mit Tagesanbruch am 2.6. wurde das Wetter schlechter, der Wind ging über W. nach N.W., es wehte zeitweise bis zu Stärke 8 und es begann eine für das Schiff unangenehme See aus N.W. Richtung zu laufen. Der Seegang gefährdete vor allem die Abdichtungen der B.B. 15 cm Kasematten und brandete zeitweise über das vordere Mitteldeck hinweg, auf dem die Gefallenen zusammengebracht worden waren. Auf die Überwachung der Schartendichtungen und das Lenzen aus den Kasematten wurde daher die Hauptarbeit verwandt [...]

[Es folgt ein Hinweis auf mögliche U-Boot-Angriffe des Gegners und die geringen eigenen Abwehrmöglichkeiten.]

In dieser Lage war die Anwesenheit S.M.S. Pillau doppelt erwünscht. Sie erwies sich als besonders wertvoll bei der Ansteuerung der Jade auf 15 m Wassertiefe, die, wie ein Blick auf die Karte zeigt, durchaus nicht einfach ist. Die Küstenfeuer waren mit Hellwerden gelöscht, dem mehrfachen Ersuchen, sie wieder anzustellen, wurde nicht Folge geleistet. Bei dem diesigen Wetter wären sie von großem Nutzen gewesen, zumal das Schiff nicht peilen konnte und daher nur in den Kennungen der verschiedenen Feuersektoren ein Anhalt für den Schiffsort hatte. Bei der geringen Fahrt und dem starken Strom vor der Jademündung war es nicht mehr möglich, im Kielwasser S.M.S. Pillau zu steuern. Eine ausgezeichnete Hilfe war es daher, daß das Schiff durch Pillau unter steter Peilung und Messung durch Signale gelotst wurde.

---

[n] Zur Skizze siehe S. 249.

VIII. Einlaufen in die Jade.

Um 9.30 Vorm. wurde das Außenjadefeuerschiff passiert und um 9.50 Uhr des Tiefgangs wegen außerhalb der Barre auf 15 m Wasser geankert. In dem Trümmerfeld, welches das Vorschiff darstellte, waren erstaunlicherweise St.B. Anker und Kette, soweit sichtbar unverletzt geblieben. Eine weitere freudige Überraschung war es, als auf das Kommando: »Fallen Anker!« sich auch das Spill einwandfrei drehte.

Das Hilfslazarettschiff »Hansa« kam längsseit und nahm die Verwundeten an Bord. Die Gefallenen wurden, soweit ihre Bergung vorläufig möglich war, durch einen Schleppdampfer nach W'haven gebracht. Mit dem nächsten Hochwasser (2 Uhr nachm. bei Außenjade) ging das Schiff über Achtersteven weiter jadeaufwärts [...]

Bis Tonne J wurden denn auch kaum unter 16 m Wasser gefunden. Dann wurde gut östlich der Richtlinie Schillig Ober- und Unterfeuer gehalten und um 4.20 [Uhr] nachm. kam das Schiff 2 Stunden nach Hochwasser zwischen Tonne J und 9 fest.

Vor der sehr stark laufenden Ebbe schlug das Heck schnell herum, die Gefahr querstrom festzukommen bestand nicht, weil der Tiefgang des Schiffes nach achtern bei der Schräglage schnell abnahm [...]

Bereits um 9.30 Uhr abends fing das Heck schnell an, über West auf Flut zu schwojen, um 10 h war das Schiff frei, mit dem Bug nach Norden, das Heck auf die Schiffssperre zu, liegend. Es gelang dem Seeschlepper »Albatroß« nicht, mit einer Leine das Heck des Schiffes herumzuholen, weil es trotz seemännisch vorzüglichen und rücksichtslosen Arbeitens vor dem Strom schlug [...]

Inzwischen wurde das Schiff, das infolge zu wenig Wassers unter dem Kiel und seiner Trimmlage nach nicht sicher in der Hand der Schiffsführung war und bald nach St.B., bald nach B.B. um einige Strich ausschor, durch die harte Flut ständig auf die Schiffssperre zugesetzt. Da es nicht gelang, auf dem immerhin beschränkten Gebiet entweder das Heck oder den Bug auf die Sperrlücke hin zu manövrieren, wurde das Schiff quer zum Strom gelegt. Gegen 1 Uhr nachts war so, vor dem Strom treibend, die Schiffssperre passiert und dann über den Vorsteven – weil auf Ebbe geankert werden sollte – weiter jadeaufwärts gegangen.

IX. Im Vareler Tief.

Am Sonnabend 3. Juni um 5.25 Uhr wurde mit der Heckankertroß und dem St.B. Anker im Varelertief geankert.

[Es folgt eine Beschreibung der weiteren Abdichtungsarbeiten und des Einsatzes der inzwischen angelieferten transportablen Pumpen. Dabei konnte der Torpedobreitseitraum lenz gehalten werden.]

Vorn wurde das Schiff soweit möglich geleichtert, unter anderem wurden durch Bordpersonal innerhalb 6 Stunden nach erteiltem Befehl die Decke, die beiden 28 cm Rohre und einige Platten des Turmes A von Bord gegeben, eine vortreffliche Leistung der seit mehreren Tagen bereits unter hohen Anforderungen ununterbrochen arbeitenden Besatzung.

X. Einlaufen in die III. Einfahrt.

Trotzdem das Schiff bei Niedrigwasser zeitweise aufsaß und ein Teil der Unterwasserbeschädigungen dadurch zugänglich wurde, kamen die Dichtungs- und Lenzarbeiten infolge des starken Stromes nicht recht vorwärts. Die Arbeiten am Schiff wurden weiter dadurch erschwert, daß die Verankerung nicht hielt und das Schiff häufig mit eigener Maschinenkraft sich auf der Stelle halten mußte. Da der Wasserstand günstig war, wurde daher am Dienstag 6.6.16 um 4.30 Uhr Nachm. mit einem Tiefgang von vorn 14,0 m, hinten 7,8 m in die Südschleuse der III. Einfahrt eingelaufen.

Das Manöver mußte über den Achtersteven unter Zuhilfenahme je eines starken Schleppers vorn und achtern und bei Hochwasser bevor die Ebbe durchsetzte gemacht werden [...]

Die Abdichtungsarbeiten machten im Schutze der Schleuse schnell Fortschritte [...] Am 13.6.16 vorm. betrug der Tiefgang nur noch 10,45 m vorn und 8.55 m hinten. Um 7.40 vorm. wurde aus der Schleuse verholt und eingedockt. Um 10.15 vorm. stand das Schiff im großen Schwimmdock der Kaiserlichen Werft Wilhelmshaven auf.

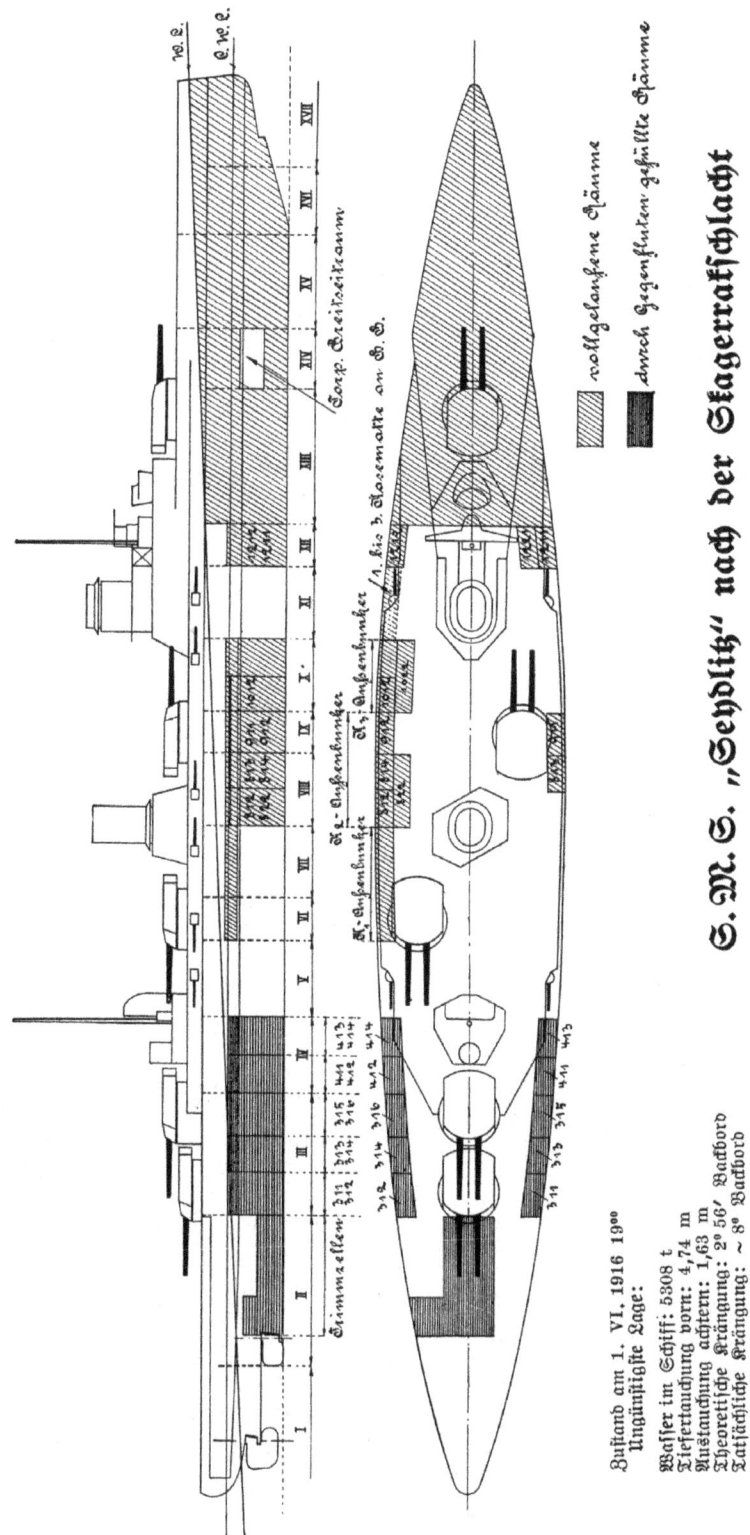

Teil II:

Kesselbetrieb und Maschinenanlage
während der Schlacht und der Bergung

S.M.S. »Seydlitz«, den 22. Juni 1916

Geheim!

Der Kesselbetrieb, die Kohleversorgung und Vorkommnisse in der Maschinenanlage S.M.S. »Seydlitz« während der Schlacht am 31. Mai 1916 und bei der Bergung des Schiffes.

I. Der Kesselbetrieb.

Es waren am 31. V. alle Kessel in Betrieb, die Fahrt war etwa 17 sm. Um 12 Uhr mittags wurde mit der Reinigung der Feuer begonnen und zwar auf der Wache von 12–4 Uhr in 9 Kesseln. Die Wache von 4 Uhr sollte ebenfalls 9 Kessel reinigen. Sie hatte die ersten Feuertüren gereinigt, die Feuer waren deshalb noch niedrig, als Befehl kam: Klar Schiff zum Gefecht!, weshalb die Feuer wieder in Ordnung gebracht wurden. Infolge der von der Maschine zu leistenden hohen Umdrehungen konnte der Dampfdruck zunächst nicht gehalten werden. Die Teerölzusatzfeuerung° wurde in Betrieb genommen, was einige Zeit währte, und der Dampfdruck konnte von dieser Zeit an gehalten werden.

[Es folgt die Beschreibung der ersten Schwierigkeiten, die durch Treffer und den Ausfall der Teerölzusatzheizung entstanden.]

Eine weitere Schwierigkeit entstand durch das Versagen der elektrischen Beleuchtung und der Kesseltelegraphen in den Kesselräumen. Es mußten deshalb dauernd Leute mit der Taschenlampe auf der Gräting bei den Wasserständen stationiert werden, um eine genaue Überwachung desselben zu gewährleisten.

[Es folgt die Beschreibung der Auswirkungen durch den Ausfall der Teerölzusatzheizung.]

Infolge der allmählich auftretenden starken Schlagseite bis 8° nach Bb. und der ganz erheblichen Neigung mußte der Wasserstand in den Kesseln hoch gehalten werden. Dies begünstigte schon an und für sich ein Überkochen der Kessel. Als dann noch in der Nacht vom 1.6. zum 2.6. der Bb.-Hilfskondensator leck wurde

---

° Unter Teeröl ist hier schweres Heizöl zu verstehen.

und das Kesselwasser versalzen wurde, trat ein derartiges Kochen der Kessel ein, daß sich dauernd Wasserschlag in den Turbodynamos und [der] Hauptmaschine bemerkbar machte [...]

Die Schlackenbildung war sehr stark und die Schlacken selbst sehr schmierig, sodaß sie eine feste Masse zwischen und auf den Roststäben bildeten. Die Bearbeitung der Feuer war gleichmäßig schwer. Zum Beweise der geringen Güte der Kohlen diese folgende Feststellung:

Als das Schiff später auf W'haven Reede lag, hatten zwei große Kessel Hafenbetrieb, in Betrieb waren zwei Hilfskühlwasserpumpen, eine Hilfsluftpumpe, zwei Turbodynamos, vier Lenzpumpen und eine Speisepumpe. Es war unmöglich mit den beiden großen Kesseln Dampf zu halten, wenn nicht alle vier Stunden Feuer gereinigt wurde. Bei einem längeren Liegen der Feuer (6 Std.) war der Dampfdruck derart gefallen, daß der Kesselbetrieb nur mit Hilfe von Teerölzusatz aufrechterhalten werden konnte.

[Es folgt die Darstellung der unterschiedlichen Bauart der Roste – Vollroste und Hohlroste – und die damit verbundenen Nachteile.]

Das Maschinenpersonal in den Heizräumen hat während des Gefechtes und während der Bergung des Schiffes Hervorragendes geleistet. Infolge der starken Kraftanspannung war bald nach Beginn des Gefechtes das sonst für eine Wache ausreichende übliche Getränk verbraucht, während des Gefechtes aber war nichts zu beschaffen, sodaß die Leute sehr unter Frischwassermangel zu leiden hatten. Die verschiedenen Trinkwassertanks waren leer geworden und infolge des Torpedotreffers war die Trinkwasserpumpe unbrauchbar.

Sobald wie angängig wurden die Verdampfer für Trinkwasser angestellt und der Mangel behoben.

Auch im Heizraum hat sich gezeigt, daß besonders die alten erfahrenen, körperlich harten Leute bis zur Erschöpfung durchhielten und Umsicht und Tatkraft bei den verschiedenen Störungen bewiesen, bis am Donnerstag, den ersten Juni 12 Uhr mittags der erste regelrechte Wachwechsel eingerichtet werden konnte. Bis dahin hatten nur einzelne Leute, durch Reserven ersetzt, auf den Grätings in den Heizräumen kurze Rast halten können. Da eine Wache noch 12 Tage lang für die Lecksicherungsarbeiten gebraucht wurde, aber wegen der lang andauernden Bergungszeit der Ablösung bedurfte, die Heizer in den Heizräumen der Erholung ebenfalls sehr bedürftig waren, jedoch nur eine Wache für beide Zwecke zur Verfügung stand, so gestaltete sich die Ablösung der erschöpften Heizer umständlich, wurde aber bei dem vorzüglichen Geiste der überaus willigen Leute leicht durchgeführt.

Unter diesen Umständen konnte der eigene Kesselbetrieb bis zur vollendeten Bergung des Schiffes aufrechterhalten werden.

II. Teil.

Die Kohlenversorgung der Heizräume.

Der Kohlenbestand am Mittwoch den 31. Mai nachm. 4 Uhr vor Beginn des Gefechtes betrug 2730 t[p]. Es waren alle Kessel in Betrieb. Die Kohlenversorgung der 3 hinteren Heizräume erfolgte mittels Zwischendecksförderung aus Stb. u. Bb. Außenbunker Spt. 47-56. Die beiden vorderen Kesselräume entnahmen die Kohlen aus dem Außenbunker Spt. 114-130 [...]
  Bei »Klarschiff zum Gefecht« wurde die Zwischendecksförderung aus Außenbunker Spt. 47-56 für die 3 hinteren Heizräume abgebrochen und der Gefechtsverschlußzustand hergestellt. Es wurden zunächst die zu jedem Kesselraum gehörigen Außenbunker, und sobald das Gefecht begann [...] die Kessel- u. Innenbunker in Betrieb genommen. Die Torpedoschottüren der Außenbunker wurden geschlossen.
  Die Kohlen der Innen- u. Kesselbunker (Inhalt rund 258 t.) reichten bis gegen 09.00 Uhr nachm. aus, dann mußten die Kohlen aus dem Außenbunker genommen werden.

[Es folgt eine ausführliche Beschreibung der unterschiedlichen Kohlenversorgung der Kessel, der Treffer mit ihren Auswirkungen und der jeweiligen noch verwendbaren Kohlenbestände.]

Die Kohlenversorgung während des Gefechtes wurde wesentlich erschwert durch den Umstand, daß infolge der umfangreichen Zerstörungen an den Kabeln und Wegen des infolge der Erschütterungen immer wieder auftretenden Kurzschlusses zwischen den zerschossenen Kabeln die Beleuchtung in den Bunkern fast andauernd versagte.
  Die nicht sehr zahlreichen Akkumulatorenlampen waren bald erschöpft, ebenso die Taschenlampen. Die mit Glaszylinder ausgerüsteten Davy'schen Sicherheitslampen bildeten in einigen Bunkern die einzige Beleuchtung, in anderen herrschte zeitweise völlige Dunkelheit. Später war in einige Bunker Wasser gelaufen und die Leute mußten fast bis an den Knien im Wasser stehend Kohlen schaufeln.
  Einzelne Leute wurden durch die Wucht der Treffer zu Boden geworfen, standen aber gleich wieder auf und schaufelten weiter. Die Kohlentrimmer haben trotz der vielfachen immer erneut auftretenden Schwierigkeiten unentwegt ihre Pflicht getan.
  Die älteren noch aktiven Heizer der Jahrgänge 1911 und 1912[q] zeichneten sich durch ihre Ruhe und Besonnenheit und infolge ihrer Orts- und Sachkenntnis besonders aus. Sie griffen selbständig und tatkräftig ein und haben bis zum nächsten Morgen um 04.00 Uhr ohne Ablösung die Kohlenförderung aufrechterhalten.

---

p   Laut Breyer, Schlachtschiffe und Schlachtkreuzer (wie Anm. 36), S. 279, konnte die *Seydlitz* maximal 3543 t Kohlen an Bord verstauen.
q   Die Jahreszahlen beziehen sich auf das jeweilige Einberufungsjahr der Wehrpflichtigen.

Daß das Schiff mit eigener Kraft die Jade erreicht hat, ist zum größten Teil der vortrefflichen Disposition der Kohlenförderung, sowie dem festen, aufopfernden Durchhalten der Kohlentrimmer zu verdanken.

Teil III.

Der Betrieb der Teerölzusatzfeuerung.

Die Teerölzusatzfeuerung hat sich sehr gut bewährt. Nur mit ihrer Hilfe war es möglich, hohe Umdrehungen zu halten, besonders als nach dem Gefecht die Kohlenverhältnisse sehr ungünstig wurden.

Mit Beginn des Vorstoßes war die Teerölanlage klargemacht und durchgeprobt worden. Die Teerölzellen waren vorgewärmt worden, die Teerölzentralen in K 2 und K 5 eingestellt, so daß beide Teerölpumpen durch Vorwärmer nach Zelle drückten [...]

Als der Befehl »Klar Schiff zum Gefecht« kam, wurden an allen Kesseln die Düsen eingesetzt und die vordere Zentrale auf den Betriebsdruck von 12 kg. gebracht. Das Teeröl war etwa auf 70° vorgewärmt.

Bis gegen 1.00 Uhr nachts blieb die Anlage in Ordnung. Dann stellten sich Störungen ein. Infolge der heftigen Erschütterungen und Bewegungen des Schiffes waren die Ablagerungen in den Teerölzellen aufgewirbelt worden, und die Pumpen saugten die Schlammrückstände mit durch die Filter, wodurch diese sich verstopften und die Pumpen lenzschlugen. Die Anordnung der Filter gestattete ein Auswechseln der Siebe nicht, da sie an den Deckeln fest verschraubt sind. Eine regelrechte Reinigung der Siebe war während des Betriebes ausgeschlossen [...]

[Es folgen Erläuterungen, wie die Teerölzusatzfeuerung wieder in Betrieb genommen werden konnte.]

Abgesehen von diesen nicht bedeutenden Mängeln hatte die Zusatzfeuerung bis zur endgültigen Bergung des Schiffes vorzügliche Dienste geleistet.

Am Dienstag, den 6. Juni, beim Dampfaufmachen zum Einlaufen in die Südschleuse der dritten Einfahrt, waren die eigenen erreichbaren Kohlenvorräte erschöpft. Da die zerschossene Kohlentakelage nicht gebraucht werden konnte, ging das Kohlen nur mühsam vor sich und nur ein Teil der von der Werft gelieferten Kohlen konnte übernommen werden, so daß die Schiffsführung sich entschließen mußte, wenn das Nachmittagshochwasser noch ausgenutzt werden sollte, einen im letzten Augenblick noch längsseit kommenden Öldampfer längsseit des über den Achtersteven einlaufenden Schiffes zu halten. Er lieferte das Öl direkt an die Kessel und konnte erst losgeworfen werden, als das Schiff zwischen den Molen lag.

IV. Teil.

Betrieb der Haupt- und Hilfsmaschinen.

Die Hauptmaschinen arbeiteten während der ganzen Zeit gut. Infolge des Treffers in die Stb. VI. Kasematte und die achtern anschließenden Räume waren die Zuluftschächte für die Stb. H.D. und N.D. Maschinenräume im Batt. Deck zerstört[r]. Die Detonationsgase und der Rauch der schwelenden Kammerinhalte drang in die Räume. Der N.D. Maschinenraum mußte eine kurze Zeit lang verlassen werden. In dem H.D. Maschinenraum konnte das Personal mit Hilfe der Gasmaske aushalten. Eine Störung des Betriebes trat nicht ein [...]

V. Teil.

Betrieb der elektrischen Anlagen.

Beim Beginn des Gefechtes waren alle Turbo-Dynamos, Motor-Doppel-Generatoren, Gleichstrom- und Wechselstromumformer und Akkumulatorenbatterien nach der Gefechtsschaltung geschaltet[s]. Die Schwenkwerke der Türme A, B, C und E wurden von der vorderen, das Schwenkwerk von Turm B von der hinteren Station gespeist.

Die Lüftung für alle E-Maschinenräume war abgestellt, die Lüftungsklappen waren geschlossen. Dadurch stieg die Temperatur in diesen Räumen bedenklich in kurzer Zeit hoch; sie betrug in der vorderen Station 72° und in der hinteren Station 65°. Die entstehende, mit Stopfbüchsendampf geschwängerte heiße Luft in den Turbodynamoräumen erschwerte dem Bedienungspersonal die Überwachung des Betriebes ganz außerordentlich.

[Es folgt die Beschreibung der ersten Störungen durch Treffer. Nach einem Treffer in die Stb. VI. Kasematte wurden Luftschächte zerstört und Gas drang in den Stb. hinteren Turbo-Dynamoraum ein, der verlassen werden musste. Der Betrieb hatte dabei nicht gelitten.]

Gleich darauf kam das Personal aus dem Bb.-Turbo-Dynamo in die hintere Schaltstelle und meldete, daß es in dem Raum vor allzu großer Hitze nicht auszuhalten wäre. Das Personal war sehr erschöpft; ein Ob. Masch. Mt. [Obermaschinisten-

---

[r] H.D. = Hochdruckturbine; N.D. = Niederdruckturbine.
[s] Nach Gröner, Die deutschen Kriegsschiffe (wie Anm. 40), S. 115, hatte die *Seydlitz* sechs Turbo-Dynamos mit einer Gesamtleistung von 1800 kW. Dynamos mit Dieselantrieb werden bei Gröner nicht erwähnt, sondern erstmals bei Schlachtschiff *Kaiser* (1909–1912) und Schlachtkreuzer *Derfflinger* (1912–1914).

maat] hatte augenscheinlich einen Nervenschock erlitten und mußte hinausgetragen werden. Es wurden nun beide hinteren Turbo-Dynamoräume mit je einem Heizer besetzt und diese viertelstündlich abgelöst. Ihre Tätigkeit wurde in kurzen Zeitabschnitten von einem O. Masch. Mt. aus der hinteren Schaltstelle überwacht. Damit dem Personal wenigstens von Zeit zu Zeit frische Luft zugeführt werden konnte, wurden die zur hinteren Station gehörigen Räume wiederholt kurze Zeit durchgelüftet. Dies wurde jedes Mal dann eingeführt, wenn keine Aufschläge zu hören waren und das Schweigen der eigenen Geschütze eine kurze Ruhepause vermuten ließ [...]

6.57 Uhr erhielt Abt. XIII Stb. einen Torpedotreffer. Dabei blieb die Stb. vordere Turbo-Dynamomaschine V stehen. Die Maschine VI an BB. lief zwar noch weiter, aber ohne Spannung.

Damit fiel die ganze vordere E-Station aus. Es wurde versucht, die Störung an der Bb.-Maschine zu beseitigen, das mittlerweile eindringende Wasser zwang das Personal aber, die unteren Räume zu verlassen. Die Stb. vordere Schaltstelle konnte nicht mehr betreten werden, weil sich die Tür nur ganz wenig öffnen ließ. Die beiden in dem Raum befindlichen Heizer gaben kein Lebenszeichen mehr von sich. (Im Dock ist später festgestellt worden, daß der Motor-Doppel-Generator in der Schaltstelle durch heftige Erschütterung umgeworfen worden war. Seine Trümmer hatten sich vor die Tür gelegt, die Tür musste aufgeschnitten werden.)

[Es folgt die Beschreibung weiterer Störungen und Schäden, die zum Teil mit Bordmitteln behoben werden konnten.]

In den folgenden Gefechtspausen und nach dem Gefecht wurden im Batteriedeck und im Zwischendeck an verschiedenen Stellen für die Lichtleitungen vorläufige Verbindungen hergestellt, es wurden Kabel zu dem Umformer und zu dem noch heilgebliebenen Scheinwerfer (hinten) gelegt [...]

Der elektr. Backofen lieferte am Donnerstag früh 6 Uhr frisches Brot aus reinem Weizenmehl, dem einzig an Bord noch zugänglichen, das verteilt wurde, soweit der Vorrat reichte und mit besonderer Freude allseitig begrüßt wurde [...]

Die Kommandoelemente für Maschine und Rudermaschine waren durch Volllaufen der Schiffszentrale ausgefallen und konnten auch nicht wieder klar gemacht werden. Nur die Maschinentelegrafen im vorderen Kommandostand, deren Leitungen durch die Schiffszentrale ohne Unterbrechung hindurchgeführt sind, blieben betriebsklar.

Durch das Vollaufen der Schiffszentrale und der beiden vorderen Mittelgänge fielen auch beide Kreiselkompassanlagen aus.

Bei der Beseitigung der Störungen und bei den Instandsetzungsarbeiten hat das E-Personal mit Ruhe und Umsicht gearbeitet und auftretende Schwierigkeiten mit Geschick überwunden.

Dokument 7

Zeitzeugenbericht von Johannes Karl Groth, Geschützführer an Bord des Schlachtkreuzers Lützow am 31. Mai/1. Juni 1916.
Fundort: Privatbesitz

Editorische Vorbemerkung

Der Schlachtkreuzer *Lützow* wurde von 1912 bis 1915 auf der Werft F. Schichau in Danzig gebaut (Wasserverdrängung 31 200 t maximal, Turbinenantrieb, 26 Knoten, Bewaffnung: acht 30,5-cm-Geschütze in Doppeltürmen und Mittschiffsaufstellung, vierzehn 15-cm-Geschütze in Kasematten, fünf Torpedorohre, etwa 1200 Mann Besatzung). Nach der Indienststellung am 8. August 1915 hatte das Schiff bei den Probefahrten eine schwere Turbinenhavarie, so dass es erst im März 1916 einsatzbereit wurde. Die *Lützow* war während der Skagerrakschlacht das Flaggschiff des Befehlshabers der Aufklärungsschiffe, Vizeadmiral Hipper, der jedoch am 31. Mai 1916 abends das inzwischen schwer beschädigte Schiff verlassen musste. Die *Lützow* erhielt 24 schwere Treffer, darunter etliche Treffer, die zu einem erheblichen Wassereinbruch im Vorschiff führten[a]. Unter Sicherung von Torpedobooten konnte das Schiff sich zwar mit langsamer Fahrt aus der Gefechtslinie zurückziehen, doch mit den verfügbaren Lenzmitteln war der sich verstärkende Wassereinbruch nicht mehr zu beherrschen. Mit über 7500 t Wasser im Schiff blieb dem Kommandanten des Schiffes, Kapitän zur See Victor Harder, am frühen Morgen des 1. Juni 1916 keine andere Wahl, als das Schiff nach Bergung der Besatzung (einschließlich aller Verwundeten) durch ein Torpedoboot versenken zu lassen[b]. Wie dem folgenden Zeitzeugenbericht von Karl Groth zu entnehmen ist, waren im Steuerbord Diesel-Dynamoraum jedoch noch 17 Mann eingeschlossen, die nicht mehr gerettet werden konnten. Im Kriegstagebuch und in anderen Berichten über die Versenkung des Schiffes bleibt das Schicksal dieser eingeschlossenen Besatzungsangehörigen unerwähnt. Es ist allerdings von Theodor Plievier in dem Roman »Des Kaisers Kulis« (Erstauflage 1930) in seiner ganzen Dramatik verarbeitet worden[c].
  Karl Groth (1883–1954) war als Freiwilliger in die Kaiserliche Marine eingetreten und hatte die Stückmeisterlaufbahn eingeschlagen. Am 31. Mai 1916 hatte er in dem überhöht aufgestellten vorderen 30,5-cm-Geschützturm »B« seine Gefechtsstation als Geschützführer. Für seine Familie hat er über seine Erlebnisse

---

[a] Zur genauen Trefferzahl und deren Auswirkung auf die Kampfkraft des Schiffes siehe Campbell, Battle Cruisers (wie Anm. 59), S. 52–54. Vgl. auch: Der Krieg in der Nordsee, Bd 5 (wie Anm. 2), S. 403.
[b] Siehe KTB, Gefechtsbericht sowie Bericht über die Versenkung *S.M.S. Lützow* in: BA-MA, RM 8/880, Bl. 176–181 sowie Bl. 207–209.
[c] Siehe: Theodor Plievier, Des Kaisers Kulis. Roman der deutschen Kriegsflotte. Hrsg. und mit einem Nachwort von Hans-Harald Müller, München 1984, S. 229 f. und 232–234; vgl. auch Hermann A.K. Jung, Skagerrak. Mit Schlachtkreuzer »Lützow« an der Spitze, Erlebnisbericht, Leipzig 1937, S. 43. Jung war an Bord der *Lützow* Turmoffizier des Geschützturmes »Alsen«.

während der Schlacht einen umfangreichen handschriftlichen Bericht verfasst: »Die Seeschlacht am Skagerrak am 31. Mai 1916 an Bord *S.M.S. Lützow*«[d]. Diktion und Inhalt, insbesondere im Schlussabschnitt, sind stark von einer patriotischen im Ansatz auch nationalistischen Siegeszuversicht geprägt. Dabei stehen Bekundungen des Waffenstolzes, Schilderungen erlittenen und beobachteten Leides und Zeugnisse eines scheinbar davon unberührten alltäglichen Geschehens merkwürdig unverbunden nebeneinander. Es ist davon auszugehen, dass der Bericht noch während des Ersten Weltkrieges entstanden ist. Der handschriftlich überlieferte Text wurde von Lutz Mouton ohne Anpassung an die neuzeitliche Orthografie und Interpunktion in Maschinenschrift übertragen (Umfang: 13 Seiten, einzeilig)[e].

Die folgenden Auszüge des Berichtes zeichnen ein bedrückendes Bild von der Realität des Seekrieges an Bord eines Großkampfschiffes im Gefecht, insbesondere zu Tod und Verwundung.

Schreibfehler und Interpunktion wurden stillschweigend korrigiert.

* * *

Lange schon waren die Entfernungsmesser emsig an der Arbeit, um eine gute Durchschnittsentfernung zu bekommen, doch immer wollte sich der Bann noch nicht lösen. So waren wir dem Gegner auf 15 000 m herangerückt. Da endlich kam die Erlösung. Sie lag in dem Befehl: »Geschütze laden.« Wie gleichmäßig klappten die Verschlüsse beim Öffnen, wie gleichmäßig die Geschoßschwingen vor das Rohr, gleichmäßig arbeiteten die Ansetzer, ebenso gleichmäßig folgten Vor- und Hauptkartusche. Ein Klappen. – Die Verschlüsse hatten sich geschlossen. Die Meldung vom linken Rohr: »Linkes geschlossen«, wurde weitergegeben mit der rechten Meldung: »Links und rechts geschlossen.« Zwei Eisengrüße waren klar zum Absenden. Von rechts wurden, da mit Rohrkupplung gefeuert werden sollte, die Rohre eingerichtet. Jetzt folgte Entfernung und Entfernung, Seitenverbesserung und Verbesserung, ein Zeichen, daß die Artillerieleitung emsig an der Arbeit war, den Gruß, den ersten, so gut wie möglich abzusenden. Scharf wurde das Ziel gehalten. Noch eine Entfernung, ein kurzes Kommando: »Salven vorn«, ein ebenso kurzes Klingeln der Feuerglocken, ein kurzer Druck auf die elektrische Abfeuerung und 4 Geschosse sausten von Turm »Alsen« und »Bautzen« zum Feinde herüber. Im selben Tempo wie vorhin wurden die Geschütze wieder geladen und eingerichtet. Da der Einschlag der Geschosse! Eine hohe Wassersäule verdunkelte den Gegner, also zu kurz, die Seite gut. Eine neue Entfernung und wieder sausten

---

[d] Auf der Vorlage des Berichtes steht unter dem Titel zum Autor: »zum Zeitpunkt der Schilderung Leutnant zur See und Turmführer auf *S.M.S. Lützow*«. Diese Angaben sind unzutreffend. Wie den Ranglisten der Kaiserlichen Marine zu entnehmen ist, hat es im Ersten Weltkrieg keinen Leutnant zur See mit Namen Johannes Karl Groth und Geburtsjahr 1883 gegeben; allein Alter und Familienstand sprechen dagegen. Es ist daher davon auszugehen, dass Groth nach 1919 als Stückmeister zu den Deckoffizieren gehörte, die auf Initiative des Reichswehrministers Gustav Noske zu Offizieren befördert wurden.

[e] Überlieferung des handschriftlichen Originals und die Datierung der Übertragung in Maschinenschrift lassen sich bislang nicht nachweisen.

vier Geschosse aus »Culm« und »Düppel« dem Feinde entgegen. Das Gefecht hatte begonnen, um 5.53 war der erste Schuß gefallen[f].

[...] Ohne durch das feindliche Feuer und Treffer gestört zu werden, konnte unser Artillerieoffizier, Korvettenkapitän Paschen nach wenigen Minuten den ersten Treffer melden[g]. Das Wirkungsschießen konnte beginnen. Teilsalve auf Teilsalve folgte. Bei sehr günstiger Salvenlage oder wenn Treffer einwandfrei beobachtet wurden, fiel auch eine Vollsalve von acht Schuß. Doch auch unser Gegner rückte näher und näher mit seinen Salvenaufschlägen an uns heran, jedoch gelang es unserem tüchtigen Kommandanten Kapitän z.S. Harder durch Abdrehen nach den Salveneinschlägen unser Schiff vor Treffern zu bewahren. Die feindlichen Salven lagen meist abwechselnd kurz und weit. Dichte Wassersäulen wurden durch die Kurzschlüsse über unser Schiff getrieben, doch Treffer gab es vorläufig nicht. Nach etwa 15 Minuten machte unser Turmoffizier[h] bekannt, daß der erste Gegner, das Schlußschiff der feindlichen Linie »Indefatigable« in die Luft geflogen wäre. S.M.S. v.d. Tann hatte dieses Meisterstück vollbracht. Ein freudiges »Hurrah« erscholl von der Turmbedienung und weiter wurde eine Ladung nach der anderen ins Rohr geschoben. Bei der schnellen Salvenfolge bildete sich starke Rauchentwicklung im Turm, da der Wind teilweise auf die Mündungen stand. Die Entlüftungsanlagen im [...] mit der Hilfsentlüftung konnte die starke Rauchentwicklung nicht bewältigen. Dazu kam noch die furchtbare Hitze für die Hauptladenummern durch die ausgeworfenen Hülsen. Der Schweiß floß bei diesen Nummern in Strömen, das Atmen wurde immer schwerer trotz der Gasmasken. Doch mit bewunderungswürdiger Ruhe und Schnelligkeit taten die Bedienungen die schwere Arbeit. Gleichmäßig klangen die Meldungen zu mir als Richt No. 1 herüber: »Links und rechts geschlossen.« Es bedeutete, daß wieder zwei Geschosse fertig zum Versand waren. Möchten sie richtig bei dem Engländer anlangen. Weiter rollten unsere Salven gegen das englische Spitzenschiff, welches zugleich Flaggschiff war [...]

---

[f] Die Bezeichnung der 30,5-cm-Geschütztürme von vorn nach hinten »Alse«, »Bautzen«, »Culm« und »Düppel« erinnert an Schlachten und Gefechte während der Befreiungskriege 1813 und während des Deutsch-Dänischen Krieges 1864. Im Kriegstagebuch und im Gefechtsbericht der *Lützow* wurden diese Bezeichnungen für die Geschütztürme nicht benutzt, sondern nur die Buchstaben A, B, C und D.

[g] Korvettenkapitän Günter Paschen hat bei allen Gefechtslagen der Schlacht stets mit Turmsalven, vorn und achtern abwechselnd, geschossen und dieses Verfahren später wie folgt begründet: »Beide Geschütze arbeiten wie eins, laden gleichzeitig und werden von einem Manne gerichtet. Nach dem Laden herrscht Ruhe im Turm. Die Geschützführer wechseln sich im Richten ab, wenn erforderlich. Der Mündungsrauch ist an einem Ende des Schiffes konzentriert, ein Leitstand hat auch bei den ungünstigsten Verhältnissen Beobachtung.« In: Marine-Rundschau, 31 (1926), S. 176. Demgegenüber schoss der I. Artillerieoffizier des Schwesterschiffes *Derfflinger*, Korvettenkapitän von Hase, Vier-Schuss-Salven mit Einzelschüssen von jedem Turm, da »für das Verbessern der seitlichen Lage 4 getrennte Aufschläge wertvoller sind, als zwei Doppelaufschläge« (Gefechtsbericht *S.M.S. Derfflinger*: Erfahrungen bei der Verwendung der eigenen Artillerie, in: BA-MA, RM 8/880 Bl. 73). Zum Schicksal von Paschen im Zweiten Weltkrieg siehe in diesem Band S. 195.

[h] Turmoffizier war Kapitänleutnant Wolfgang Fischer (1887-1916), Crew 1905, der bei dem Treffer gegen Turm »B« durch Gasvergiftung ums Leben kam.

Wieder krachte Salve auf Salve aus allen Rohren, doch auch der Engländer erwiderte heftig das Feuer, ja es machte sich bald besonders gegen Lützow eine starke Feuerüberlegenheit bemerkbar. Jedenfalls kam es dadurch, daß mehrere Schiffe auf uns als Spitzenschiff, ihr Feuer vereinigten. In immer kürzeren Abständen schlugen die Salven ein. Ein Ausweichen wie zu Beginn der Schlacht war nicht mehr möglich. So stellten sich dann auch bald die ersten Treffer ein, trotzdem die Engländer nicht berühmt schossen. Auch sollten viele Geschosse der englischen 38 cm auf große Entfernungen nach Aussage unseres Artillerieoffiziers Querschläger gewesen sein. Der erste Treffer, der in der Höhe meines Turmes einschlug, zertrümmerte die Back und die darunter liegenden Heizerbadekammern zwischen Turm »Alsen« und »Bautzen«. Sonst war größerer Schaden nicht angerichtet. Wir alle hatten uns die Wirkung bedeutend schlimmer vorgestellt. Neugierig wurde die Wirkung von den Bedienungen durch die Einstiegsöffnung des Turmes in Augenschein genommen. Von den massenhaft umherliegenden Sprengstücken wurden schon einzelne ausgesucht. Mit erhöhter Geschwindigkeit wurde das Feuer fortgesetzt. Kaum waren die Geschütze geladen, so ertönte auch schon wieder die Feuerglocke.

Allmählich wurde die Hitze durch die ausgeworfenen Hülsen und durch die Wärmeausstrahlung vom Rohr für die Ladenummern unerträglich, das Atmen durch die starke Rauchentwicklung fast unmöglich gemacht. Nur mit einer Hose bekleidet, tat jeder mit Aufopferung seine Pflicht. Da ertönte fast von beiden Geschützen gleichzeitig die Meldung: »Links und rechts die No. 4, 8, 9 und 10 ausgefallen.« Mitten im Laden waren die Leute ohnmächtig zusammengebrochen. Von den übrigen Nr. wurden auf Anweisung der linken Nr. 1 jetzigen Stückmeister Klopp, die Rohre erst fertiggeladen und dann sofort nach den Munitionskammern der Befehl gegeben: »Von der Reservebedienung die betreffenden Nr. ans Geschütz.« Schnell wurde der Befehl ausgeführt, ja, es kamen sogar noch zwei Mann als weitere Reserve mit. Die ausgefallenen Leute wurden zur Seite gelegt und ausgiebig mit Wasser gekühlt und durch die Hilfsventilatoren reichlich und frische Luft zugeführt. Es dauerte auch nicht lange, so hatten sich die Leute wieder erholt. Schon nach 20 Minuten trat derselbe Ausfall bei den Reserveleuten ein. Abwechselnd lösten sich beide Bedienungen bis zur Außergefechtsetzung der Türme ab.

Immer schwerer wurde das feindliche Feuer und zahlreicher die Treffer. Diese lagen anfangs alle im Vorschiff. Waren auch keine weiteren Menschenverluste hierbei zu beklagen, so wurden doch sämtliche Räume bis Turm »Alsen« unter Wasser gesetzt. Da hierdurch das Schiff vorne tiefer eintauchte, mußte auch dementsprechend mit der Fahrt heruntergegangen werden, um die angrenzenden Schotten nicht zu überlasten. Mit Sehnsucht wurde deshalb das Eingreifen des III. Geschwaders erwartet, zumal schon zweimal angekündigt war, daß es bald das Feuer eröffnen werde. Da die Engländer infolge ihrer höheren Geschwindigkeit versuchten, unsere Spitze zu umfassen, wurden mehrmals unsere Zerstörer zum Angriff eingesetzt. Diese Angriffe brachten uns dann auch zeitweise ein kleines Nachlassen des feindlichen Feuers und hatten in taktischer Hinsicht den Erfolg, daß die Umfassung verhindert wurde. Endlich gegen 7.15 Uhr wurde gemeldet, daß unser III. Geschwader das Feuer eröffnet hätte. Froher Jubel war die Antwort der Bedienungen auf diese Meldung. Mit ungebrochener Kraft wurde unser Feuer fortgesetzt. Doch bald darauf erschien ein feindlicher Verband nach dem anderen auf dem Kampfplatz, während dessen auf unserer Seite das I. und III. Geschwader folgten. Die englischen Panzerkreuzer, die seit Anfang im Gefecht standen, verließen die Kampflinie wohl infolge ihrer Beschädigung. Mit Ungestüm steigerte sich zu dieser Zeit der Feuerkampf. Es waren nicht mehr die einzelnen Salven auszumachen, sondern nur ein anhaltendes dumpfes Grollen und Brüllen wahrzunehmen. Nur ab und zu klang ein heller Knall dazwischen. Es waren die einschlagenden Treffer und die folgende Detonation. Während diesem Gefechtsabschnitt wurde der B.B. Diesel Dynamo-Raum durch Wassereinbruch außer Gefecht gesetzt. Den Bedienungsmannschaften gelang es, sich in den gegenüberliegenden St.B. Raum zu retten. Ein weiterer Treffer hatte den Panzer im B.B. Stand I durchschlagen, hier mehrere Leute der Geschützbedienung getötet und verwundet. Von hier hatte das Geschoß das Batteriedeck innen durchschlagen und war im Funkraum detoniert, das gesamte Stabsfunkenpersonal wurde getötet, außerdem Leckgruppen und Schottposten schwer und leicht verwundet. Die Wirkungen weiterer Treffer im Vorschiff habe ich nicht feststellen können, da diese Räume bei Beendigung des Gefechtes unter Wasser standen [...]

Hier hatten die Engländer es also fertiggebracht, unsere Spitze zu umfassen. In dieser Gefechtslage erhielten wir Treffer auf Treffer und wieder verteilten sich diese vom Bug bis zur B.B. II Kasematte. Immer wurde das Feuer kräftig beantwortet. Da wurde auch zum ersten mal unser Turm durch einen Treffer in Mitleidenschaft gezogen. In der B.B. Kartuschenkammer drang brennendes Heizöl und zugleich Wasser ein. Wegen starker Rauchentwicklung mußte die Kammer verlassen und klargemacht werden zum Fluten. Doch erwies sich das als unnötig, da das Feuer von selbst wieder verlöschte, da unser Heizöl die Eigenschaft besitzt, schwerer als Wasser zu sein. Die Kammer konnte kurz gehalten werden. Bald folgte ein zweiter Treffer, der die Barbette durchschlagen hatte und im Umlauf in Höhe der Granatkammer als Blindgänger liegen blieb. Für den Turm hatte dieser Treffer keine weiteren Folgen. Kurz vor 9 h erhielt Turm »Bautzen« einen weiteren Treffer. Dieser durchschlug die rechte Seitenwand ½ m [...] der Einstiegsöffnung und ½ m über der Flurplatte. Bei der Detonation stand sämtlicher Betrieb im Turm still, die Beleuchtung versagte. Sofort herrschte starke Rauchentwicklung und Feuergefahr im Turm. Das Feuer machte sich in Form von Stichflammen, die in allen Farben, rot, gelb, grün und blau wie Blitze nach allen Richtungen durch den Turm liefen. Ich erhielt dadurch Verbrennungen 1. u. 2. Grades an Kopf und Händen. Das Atmen mit der Gasmaske war unmöglich. Erst als ich mich lang auf die Flurplatte hingeworfen hatte und die nasse Nasenbinde vor den Mund geschoben hatte, wurde das Atmen besser. Gegen die Stichflammen hatte ich mir einen Überzieher über den Kopf gezogen. Doch lange sollte ich in dieser Stellung nicht verweilen. Plötzlich rief mein Aufsatzeinsteller, der Obermatrose Lohse, der noch auf seinem Platz in der Drehscheibe saß, daß unsere Kartuschen brannten. Jetzt mußten wir versuchen, einen Ausgang zu finden. Die rechte Einstiegsöffnung fanden wir, nachdem wir einen großen Trümmerhaufen überklettert hatten, versperrt. Also den Weg zurück. Auf diesem Weg fanden wir die Einschußöffnung. Dieses Loch benutzend, gelangten wir ins Freie und fanden uns auf einem Platz auf 6½ m Höhe auf der Back wieder. Hierbei war ich auf einer leeren Hülse mit dem Brustbein aufgeschlagen, fast alle Rippen hatten sich, wie die spätere Untersuchung ergab, vom Brustbein gelöst und im Rippenfell waren größere Blutergüsse. Ferner hatte ich mir an den inneren Handflächen größere, an den Knien kleinere Fleischwunden zugezogen. Da ich auf der Back nicht bleiben konnte, beabsichtigte ich, aufs Oberdeck zu gelangen. Ich ging deshalb nach der St.B. Seite, da sich hier Steigeisen befanden. Doch diesen Gedanken mußte ich wieder aufgeben, denn durch die Wassersäulen einer Kurzsalve wurde ich daran gehindert, das Oberdeck zu erreichen. Ich stieg jetzt durch die linke Einstiegsöffnung nach Turm »Alsen« und wurde hier mit den Worten vom Turmoffizier empfangen: »Was macht Turm Bautzen?« Ich konnte keine andere Auskunft geben als: »Turm Bautzen ist ausgefallen.« In diesem Augenblick erhielt auch Turm »Alsen« einen Treffer gegen das rechte Rohr, dort wo das Rohr aus der Scharte heraustritt. Zahlreiche Sprengstücke schlugen in den Turm und verletzten die rechte Bedienung teils schwer, teils leicht. Der Abfeuermann am A.G. [Abfeuergerät] starb einige Tage später an der Verwundung, die Halsschlagader war durchschlagen. Mit diesem Treffer war der Gefechtsabschnitt für mich beendet[i]. Unser Gros hatte unsere Lage rechtzeitig erkannt und schob sich zwischen uns und die feindliche Linie. Doch die kurze Viertelstunde hatte für uns genügt, die Gefechtskraft so weit herabzumindern, daß sich unser Befehlshaber entschloß, mit seinem Stab unser Schiff zu verlassen und sich auf S.M.S. »Moltke« einzuschiffen. Wir erhielten den Befehl infolge unserer Beschädigungen die Gefechtslinie zu verlassen. Gedeckt durch die starke Rauchentwicklung von 5 unserer Zerstörer wurde versucht, diesen Befehl

---

[i] Beschreibung des Treffers im Turm »B« im Gefechtsbericht der *Lützow* (Artilleristischer Teil) vom 27. Juni 1916: »*Treffer Turm B.* Die rechte Seitenwand wurde hinten, unten in 1/4 qm grossem Loch durchschlagen, das ausgebrochene Stück der Platte wurde auf der rechten Kartuschschwinge, Trümmer des Geschosses dagegen im Turm *nicht* gefunden. Die Ladeeinrichtungen und rechten oberen Aufzüge waren zerstört, die hinten stehende Bedienung des rechten Rohres getötet. Eine im rechten oberen Kartuschaufzug (in oberer Stellung befindlich) liegende Vorkartusch brannte ab, die unmittelbar darüber lagernde Hauptkartusch *nicht*. Die auf *Lützow* eingebauten Gasbleche haben verhindert, daß Flammen in die Umladekammer gelangten und daß die Entzündung der Vorkartusch auf die Hauptkartusch übertragen wurde. Nr. 1, Aufsatzeinsteller und Abfeuermann krochen unter der brennenden Kartusch durch und sprangen durch das *Einschußloch* aus dem Turm auf die Back. Sie waren mehr oder minder stark verbrannt, aber sonst unverletzt. Vom Personal in der Mittelhaube wurde der Turmoffizier, Kapitänleutnant Fischer, anscheinend durch Gasvergiftung getötet. Stückmeister, Schiebereinsteller, Bg. Messer, Zeigermann, Fähnrich z.S. Erdmann und ein Mechanikergast kletterten über das rechte Rohr heraus und gelangten ebenfalls, zum Teil brandverletzt, aus dem stark verqualmten Turm ins Freie. Die rechte hydraulische Pumpe in der Umladekammer war zerstört, die linke durch Beschädigung der Rohre lehrgelaufen [sic]. Letztere wurde durch Abdichten der Rohre und Auffüllen mit Seewasser (Frischwasser fehlte) in etwa einer halben Stunde wieder betriebsbereit gemacht. Das hervorragende Arbeiten des Mechanikersmaaten Arnold mit seinen 3 Mechanikergasten und des Oberstückmeistersmaat Klopp hierbei verdient hervorgehoben zu werden. Der Turm konnte von dem letzteren gegen 0,30 h wieder klar gemeldet werden, mit Ausfall des rechten Rohres.« Zit. nach o.g. Gefechtsbericht BA-MA, RM 8/880, Bl. 183–190, Zitat Bl. 188 f. Hervorhebungen im Original. Geschützführer des linken Rohres war Karl Groth.

auszuführen. Und es gelang. Da feindliches Feuer nicht mehr zu erwarten war, kam an die Geschütze der Befehl: »Halt – Batterie Halt!« Verwundetentransport. Ich hatte jetzt Absicht, nach dem vorderen Gefechtsplatz zu gelangen, der neben Turm »Bautzen« im Zwischendeck lag, um mich verbinden zu lassen. Doch dort angekommen, bot sich ein Bild grauenvoller Verwüstung. Hier war ein schwerer Treffer eingeschlagen, hatte das Zwischendeck durchschlagen und war im Kohlenbunker krepiert. 30-40 Verwundete, die hier Hilfe gesucht hatten, waren mitsamt dem Pflegepersonal getötet worden. Schrecklich war das Bild der gefallenen Helden. Da ich hier also nicht verbunden werden konnte, ging ich durch die Einsteigeöffnung nach der Umladekammer in Turm »Bautzen«. Hier fand ich die Bedienung gemütlich bei einem Pfeifchen sitzen. Freudig war die Überraschung als ich zwischen ihnen stand, da sie angenommen hatten, ich sei gefallen. Auch hier war ein Verbinden unmöglich, da hier nur kleinere Verbandsstückchen zur Verfügung standen. Auf meine Frage, was oben im Turm los wäre, gaben sie zur Antwort, daß es oben brenne und damit kein Rauch nach unten dringen könne, hätten sie Sprachrohre und Luken abgedichtet. Auch erhielt ich Auskunft, daß der Stückmeister Klopp, die linke No. 1 mit seiner Bedienung dabei sei, das Feuer zu löschen. Ich begab mich deshalb ans Oberdeck, um hieran teilzunehmen. Auch hier wurde ich freudig begrüßt. Mit vollem Eifer wurde jetzt an die Löscharbeiten herangegangen. Da sämtliche Feuerlösch an Oberdeck und in den vorderen Kasematten außer Betrieb waren, hatte Stückmeister Klopp etwa 10-12 Patentfeuerlöscher, sogenannte Parkerapparate aus allen Teilen des Schiffes holen lassen. Mit Gasmasken und Flottenatmer wurde in die Türme eingedrungen. Es zeigte sich, daß das Feuer nicht besonders groß, sondern vor allen Dingen starke Rauch- und Gasentwicklung herrschte. Es wurde deshalb vor allen Dingen Abluft geschaffen und dann die brennenden und schwelenden Bekleidungsstücke der Verwundeten und Toten gelöscht. Beides gelang nach längerem Bemühen soweit, daß man einigermaßen einen Überblick über die angerichteten Zerstörungen gewinnen konnte. Während dieser Zeit war das Turmmechanikerpersonal tätig, um die Zerstörungen in der hydraulischen und der elektrischen Anlage festzustellen. In letzterer Anlage waren sämtliche Sicherungen durchgeschlagen, jedenfalls durch die plötzliche Erschütterung und den hierdurch hervorgerufenen Stromstoß. Nach Einsetzen neuer Sicherungen bekamen wir wieder etwas Licht im Turm, da einige elektr. Birnen heilgeblieben waren, ebenfalls fingen die Entlüftungsmotoren wieder an zu laufen.

Ich will jetzt versuchen, die Eindrücke und die Art der Zerstörung und Verwüstungen zu schildern, die dieser Treffer angerichtet hatte. Auch möchte ich meiner Bedienung gedenken, auf die ich sehr stolz sein werde. Selten wird es eine Geschützbedienung geben, die so gut zusammen harmonierte, so viele gute Eigenschaften vereinigte, so treue Pflichterfüllung zu finden war, wie bei dieser. Drei dieser Leute hatte ich in früheren Zeiten als Rekruten ausgebildet und drei Jahre auf S.M.S. »Nassau« an meinem Geschütz gehabt. Bei Ausbruch des Krieges und bei der Indienststellung S.M.S. Lützow kamen sie auf ihren eigenen Wunsch wieder an mein Geschütz. Meine No. 2, Bootsmannsmaat Thode, hatte ich in Sonderburg als Geschützführer ausgebildet, so war ich durch teilweise lange Friedensarbeit mit meiner Bedienung verwachsen.

Ein trauriger Anblick bot das rechte Geschütz, fast ebenso traurig die Mittelhaube. Am rechten Geschütz bildete die Bedienung, eingeklemmt und begraben unter dem hydraulischen Ansetzer, der Kartuschenladeschwinge, der Transportbahn, der Bereitschaftsgeschosse sowie die aus der rechten Seitenwand herausgesprengten Panzerstücken einen wüsten Trümmerhaufen. Die Gefallenen, soweit sie oben lagen, waren bis zur Unkenntlichkeit verbrannt. Hier hatten die Obermatrosen Bäcker, Croinbus und Lamm, die Matrosen Kämmer, Zimmermann und Dening den Heldentod gefunden. Die Verschlußnummer, Obermatrose Körber, war unter das rechte Rohr geschleudert. Er war schwer verbrannt an Kopf und Händen und hatte das rechte Bein gebrochen. Die No. 2, Bootsmannsmaat Thode, war gegen den linken Ansetzer geworfen und hatte sich Brüche des linken Armes und linken Beines zugezogen. Außerdem hatte er ein Auge durch ein Sprengstück verloren. Die No. 4, Obermatrose Kilger, war ebenfalls nach links herübergeschleudert. Er hatte das linke Bein gebrochen, sich außerdem schwere Brandwunden am Rücken zugezogen. Bootsmannsmaat Albrecht, der Abfeuermann am A.G., war an Kopf und Händen schwer verbrannt. Der Matrose Werner von der Reservebedienung lag unter dem Trümmerhaufen begraben. Da er scheinbar meine Stimme vernahm, bat er mich, ich möchte ihm helfen, er könnte alleine nicht herauskommen, fehlen täte ihm nichts. Nach längerem Bemühen gelang es mir, den Trümmerhaufen so weit abzuräumen und den Mann herauszuholen. Aber ein trauriges Bild. Beide Beine waren in Höhe des Kniegelenks abgerissen, ebenfalls der linke Arm in Höhe des Ellenbogens. Von diesen Schwerverletzten starben durch zwei spätere Treffer auf dem achteren Gefechtsverbandsplatz den Heldentod: Bootsmannsmaat Thode und Matrose Werner, während Bootsmannsmaat Albrecht, die Obermatrosen Kilger und Körber noch weitere Verwundungen erlitten. Der Obermatrose Kilzer starb nach drei Monaten an seinen Verbrennungen. Auch in der Mittelhaube befand sich noch die ganze Bedienung. Hier hatte Kapitänleutnant Fischer als einziger den Heldentod gefunden. Er saß auf dem Bedienungssitz der Beobachtungs[...] mit den Händen nach vorne abgestützt. Scheinbar haben die giftigen und stark erhitzten Gase in dieser Haube durch die Öffnungen einen Ausweg gesucht und eine tödliche Gasvergiftung oder Lungenschlag herbeigeführt. Äußere Verletzungen waren nicht zu finden. Der Schiebereinsteller, Befehlsübermittler und das Reserveschiffsleitungspersonal^j bildeten einen tobenden und ringenden Knäuel. Der Ob. Stückmstr. Hasle saß stumpfsinnig auf dem Richtsitz, den Kopf in beide Hänge gestützt. Alle hatten teils leichte und schwere Verbrennungen erlitten. Bei allen machte sich eine starke Störung des Gedächtnisses und Geistesgestörtheit bemerkbar, die teilweise eine spätere Entlassung nötig machte. So weit mir bekannt, ist nur der Ob. StückMstr wieder dienstfähig geworden. Das Bergen dieser Verwundeten verursachte große Schwierigkeiten, da alle mehr oder weniger tobten und der Zugang zur Haube nur sehr eng war. Bei mehre-

---

j Aus diesem Hinweis wird deutlich, dass bei Bedarf vom Geschützturm »B« aus, das heißt nach Ausfall des Kommandoturms, die Führung des Schiffes vorgesehen war.

ren mußten Hände und Füße gebunden werden, um überhaupt einen Transport möglich zu machen. Alle schrien unaufhörlich nach Wasser. Glücklicherweise hatten wir im Turm reichlich vor Beginn der Schlacht bereitgestellt, eine Erfahrung, die wir bei der Beschießung von Great Yarmouth gesammelt hatten. Im ganzen Schiff war sonst kein Wasser zu haben, da die Trinkwasserzellen sämtlich im Vorschiff lagen.

Während die Verwundeten geborgen wurden, hatte das Mechanikerpersonal mit Hilfe unserer Leute den Turm so weit klar bis auf die hydraulischen Pumpen. Die Glyzerinfüllungen der Pumpen waren leergelaufen, da die Wechselzylinder des rechten Ansetzers abgerissen waren. Da Glyzerin nicht zu haben war, wurden diese mit Salzwasser aufgefüllt. Nach einer guten halben Stunde angestrengter Arbeit konnten wir unseren Turm mit einem Rohr wieder gefechtsklar melden[k].

Unsere Schiffsführung war während dieser Zeit bemüht gewesen, unser Schiff, gedeckt durch die eigene künstlich erzeugte Rauchwolke und der unserer Halbflottille aus der Gefechtslinie herauszubekommen. Doch bevor dieses ganz gelang, wurde nochmals »Klar Schiff zum Gefecht« angeschlagen. Nochmals erhielten wir schwerstes Feuer, ohne einen Feind zu sehen. Auch die Engländer haben wohl kein Ziel gesehen, sondern nur auf gut Glück in die Rauchwolke hineingehalten. Nach etwa einer ¼ Stunde hielt das Feuer auf, ohne daß wir es erwidert hätten. Leider hatten wir in diesem Zeitabschnitt zwei weitere 38 cm Treffer erhalten, und zwar zwischen Turm »Culm« und »Düppel«. Hier hatten beide das Oberdeck durchschlagen, ebenfalls das Batteriedeck und waren im achteren Gefechtsverbandplatz krepiert. Hierdurch hatten etwa 40–45 schwer Verwundete, die hier Hilfe gesucht, den Tod gefunden. Ebenfalls waren hier zwei Ärzte und unsere Krankenträger gefallen, der Stabsarzt und die beiden Sanitätsmatr. schwer, der Obergast leicht verwundet worden. Der Stabsarzt starb nach 8 Tagen an seiner Verwundung. Da sich in Folge meiner erlittenen Verbrennungen an Gesicht und Händen große Brandblasen gebildet hatten und auch ein böser Schmerz sich einstellte, ebenfalls meine Brust immer mehr zu schmerzen anfing, ging ich auf die Suche, mich irgendwo verbinden zu lassen. Im Turm »Culm« erhielt ich dann einen trockenen Verband, da Brandsalbe nicht zu haben war, durch den Ob.Stck.Mt. Luder und seinen Hilfskrankenträger. Nachdem machte ich noch mal einen Gang nach vorn, um mir hier mit einigen Kameraden die Zerstörungen anzusehen. Zu dieser Zeit stand bereits das ganze Vorschiff bis über die Buglippe unter Wasser. Die Back war in der ganzen Längsrichtung aufgerissen und auf St.B. hochgetrieben. Das B.B. Ankerspill war so hoch auf dem Deck hochgedrückt, daß Turm »Alsen« vielleicht mit größter Erhöhung darüber hinweg schwenken konnte. Die inneren Zerstörungen konnte ich nicht wahrnehmen, da alle Räume vollgelaufen waren. Nur der Steuerbord Diesel Dynamoraum konnte lenz gehalten werden. Hier waren 17 Mann eingeschlossen. Eine Rettung war erst vorhanden, wenn es glückte, unser Schiff ins Dock zu bringen[l]. Eben vor 11 h mußte auch Turm »Alsen« von der Bedienung verlassen werden, da diese sonst keine Verbindung mehr

---

k   Siehe den o.g. Gefechtsbericht in: BA-MA, RM 8/880, Bl. 183–190.
l   Siehe dazu die editorische Vorbemerkung.

mit dem Oberdeck bekommen konnten. Um 11 h waren die zweiten Kasematten bereits unter Wasser.

Um diese Zeit zogen, da es dunkel geworden war, die Scheinwerferbedienungen der B.B. Kriegswache auf, da jetzt mit feindlichen Torpedobootsangriffen gerechnet werden mußte. Ich hatte meine Station am Scheinwerfer 2, brauchte aber nicht aufzuziehen, da ich vom I A.O. [Artillerieoffizier] auf einen neueingerichteten Verwundeten-Lagerplatz geschickt wurde. Ich fand Unterkunft in der Mechaniker-Werkstatt, wo noch weitere fünf Verwundete Aufnahme gefunden hatten. Ging es hier auch anfangs schwer trübselig zu, so wurde die Stimmung doch bald besser. Auf Befehl des Kommandanten wurden die Verwundeten und die übrige Mannschaft reichlich mit Wein versorgt. Auch Zigaretten wurden reichlich an uns ausgegeben. Beides hat sich als eine gute schmerzstillende Medizin bewährt. So ging eine Stunde nach der anderen dahin. Von dem Zustand unseres Schiffes wurden wir von unserem Meister, der sich des öfteren bei uns einfach, um sich auch an einem köstlichen Trunk zu laben, genau unterrichtet. Es waren allerdings keine günstigen Nachrichten, denn jedes mal lauteten dieselben bedenklicher. Wenn es so weiter ging, mußte der Augenblick kommen, wo wir unser Schiff verlassen mußten. Trotzdem wir schon seit einigen Stunden keine oder nur geringe Fahrt gemacht hatten, begannen des Morgens eben nach drei Uhr die Schotten zum vorderen Heizraum sich durchzubiegen. Brachen diese, so war es der Untergang des Schiffes. Da es also unmöglich erschien, unser Schiff in den Hafen zu bringen, ebenfalls die Möglichkeit bestand, von der englischen Flotte beim Hellwerden angegriffen zu werden, entschloß sich der Kommandant, das Schiff aufzugeben. Um 3.15 Uhr ertönte durch das ganz Schiff der Ruf: Alle Mann auf der Schanz Musterung. Das seemännische Personal trat nach Gefechtsstation, das technische divisionsweise an, um besser feststellen zu können, wer gefallen oder verwundet sei. Die Verwundeten, die nicht gehen konnten, wurden nebeneinander gelagert, daneben standen die übrigen Verwundeten. Nachdem alle Meldungen geprüft waren, gingen der I. Offizier und einige Unteroffiziere nochmals sämtliche Gefechtsstationen ab, damit keiner vergessen wurde. Mittlerweile waren fünf Zerstörer herbeigerufen worden, um die Besatzung aufzunehmen.

Bevor mit der Ausschiffung begonnen wurde, hielt unser Kommandant noch eine kernige Abschiedsrede, worin er darauf hinwies, daß er stolz sei als Kommandant, daß jeder seine Pflicht getan habe bis zum äußersten. Daß es aber leider nicht möglich wäre, unser schönes Schiff zu retten. Der Abschied von unserer schönen »Lützow« wurde mit einem stürmischen dreifachen »Hurrah auf unseren obersten Kriegsherrn und unser Schiff« beendet. Jetzt wurde mit der Vonbordgabe der Verwundeten begonnen. Im Anschluß folgten die einzelnen Gruppen. Etwa um 3.45 Uhr ging der Kommandant als Letzter von Bord. Leider mußten wir die 17 Kameraden im Dynamo-Raum zurücklassen, da ja eine Rettung unmöglich war[m]. Unter Hurrarufen auf unser stolzes Schiff legen die einzelnen Boote ab und steuerten der Heimat entgegen. Nur ein Zerstörer mit unserem Kommandanten an

---

[m] Siehe dazu die editorische Vorbemerkung.

Bord blieb zurück, um unserem Schiff durch einen Torpedoschuß den Gnadenstoß zu versetzen [...]

Von jetzt ab ging die Fahrt ohne Störung vor sich. Gegen nachmittags 3.30 Uhr kam ein Flugzeug zu uns als neuer Begleiter. Bald darauf kamen auch die Mastspitzen eines kleinen Kreuzers in Sicht, der sich als unser Kreuzer »Regensburg« meldete. Dieser war uns entgegen gefahren, um unsere Besatzung an Bord zu nehmen und uns mit Essen und Trinken zu versorgen. Der größte Teil brachte gewiß auch einen guten und derben Appetit mit, dazu gehörte ich auch, denn wir hatten seit 30 Stunden nichts gegessen. Etwa um 5 h waren wir alle an Bord der »Regensburg«, und die Heimreise wurde jetzt in Begleitung der Zerstörer fortgesetzt. Nachdem die Besatzung gegessen, es gab ein schönes Stück Dauerwurst und reichlich Butterstollen, wurden sämtliche an Bord gegebenen Verwundeten in Listen eingetragen und für den Transport nach Wilhelmshaven klar gemacht. Leider starb hier noch einer der Schwerverwundeten. Gegen 8 h abends trafen wir auf Schillig Reede ein, von den Besatzungen der dort liegenden Schiffe lebhaft begrüßt. Eine gute Stunde später liefen wir in die Schleuse ein. Hier ging die Besatzung von Bord und rückte dann geschlossen nach der Artilleriekaserne in Heppens ab. Die Verwundeten wurden in bereitliegende Boote des Lazarettschiffes »Sierra Ventana« eingeschifft und dort an Bord gebracht [...]

Am 6. Juni bekamen wir den hohen Besuch unseres obersten Kriegsherrn und Ihrer Majest. d. Kaiserin. Jeder Verwundete erhielt ein Bildnis des Kaisers und ein Lorbeersträußchen. An besonders schwer Verwundete verteilte Sr. Majestät persönlich Auszeichnungen.

Nach gut 8 Tagen waren meine Verwundungen so weit geheilt, daß die offenen Stellen Narben gesetzt hatten. Da sich meine Brustschmerzen auch sehr gemildert hatten, ließ sich der Arzt endlich erweichen, mich am 10. Juni morgens zu entlassen, aber unter der Bedingung, mich sofort, sobald die Schmerzen wieder schlimmer würden, im Sonderburger Marinelazarett zu melden[n].

---

[n] Groth traf am 12. Juni 1916 bei seiner Familie ein und trat am 15. August 1916 wieder seinen Dienst an. Sein Bericht endet mit patriotischen Sätzen: »Waren die Erlebnisse dieser wenigen Stunden, die ich hier für mich und die Meinen geschildert habe, auch die schwersten und erinnerungsreichsten meines Lebens, so bin ich doch stolz darauf, ein Teilnehmer und Mitkämpfer dieses Tages zu sein. Dieser Tag brachte unserer Marine den Ruhm, den Bann der englischen Herrschaft zur See gebrochen zu haben. Hier wurde der Beweis gebracht, daß auch unser ärgster Feind trotz seiner Übermacht zu schlagen sei, woran die ganze Welt bisher nicht geglaubt hatte. Vor allem hat die Schlacht am Skagerrak unserem Volk bewiesen, welch großer Machtfaktor unsere Flotte ist und daß unsere Zukunft auf dem Meere liegt. Möge auch in Zukunft auch der Glücksstern vom Skagerrak über unsere Flotte ebenso hell leuchten wie am 31. Mai 1916, dann wird sie auch unserem Volke die freie Bahn auf dem Meere schaffen und behüten, den Weg, den wir zur freien Entwicklung so dringend bedürfen. Drum weiter: ›Allzeit voll Dampf voraus.‹«

Dokument 8

Gefechtsbericht S.M.S. Oldenburg vom 3. Juni 1916 mit Anlagen und weiteren Berichten
Fundort: BA-MA, RM 8/878, Bl. 211–221.

Editorische Vorbemerkung

Die *Oldenburg* war ein Großkampfschiff der *Helgoland*-Klasse und wurde von 1909 bis 1912 auf der Schichau-Werft in Danzig gebaut. Bei einer Länge von 167 m, einer Breite von 28,5 m und einem Tiefgang von 8,9 m hatte das Schiff eine maximale Einsatzverdrängung von 24 700 t. Die Antriebsanlage bestand aus 15 Kohlekesseln und drei stehenden 4-Zylinder-Expansionsmaschinen. Mit einer maximalen Leistung von 34 394 PS kam das Schiff auf 21,3 Knoten und hatte bei einer maximalen Kohleladung von 3150 t einen Fahrbereich von 3600 Seemeilen (bei 18 Knoten). Die Bewaffnung bestand aus zwölf 30,5-cm-Geschützen in sechs Doppeltürmen (in Sexagonalaufstellung), vierzehn 15-cm-Geschützen in Kasematten, zwölf 8,8-cm-Geschützen sowie sechs Torpedorohren (unter Wasser: ein Bug-, ein Heck- und vier Seitenrohre). Der Panzerschutz umfasste den Decks- und Seitenpanzer (von 55 bis zu 300 mm) und den Schutz der Geschütztürme und des Kommandoturmes (vorn bis zu 400 mm)[a]. Die Besatzung hatte am 31. Mai 1916 eine Stärke von 1284 Mann. Kommandant des Schiffes war von Kriegsausbruch bis zum Juni 1916 Kapitän zur See Wilhelm Höpfner (Crew 1887).

Die *Oldenburg* gehörte im Mai 1916 zum I. Geschwader (1. Division) der Hochseeflotte und fuhr am 31. Mai 1916 in der Gefechtskiellinie als taktische Nr. 4, nach der 3. Gefechtskehrtwendung auf dem Rückmarsch als taktische Nr. 5 und später in der Nacht als taktische Nr. 4. Wie dem folgenden Gefechtsbericht zu entnehmen ist, hatte die *Oldenburg*, wie die übrigen sieben Einheiten des I. Geschwaders, nur wenig Feindberührung, was schon aus dem Munitionsverbrauch hervorgeht: Die acht Schlachtschiffe des I. Geschwaders verschossen mit ihrer schweren Artillerie durchschnittlich nur 72 Schuss pro Schiff, während das III. Geschwader bei durchschnittlich 165 Schuss pro Schiff und die Schlachtkreuzer bei 266 Schuss pro Schiff lagen.

Die Anlagen zum Gefechtsbericht und weitere Berichte geben ein anschauliches Bild von dem Geschehen an Bord, insbesondere in der Nacht, als durch einen Treffer in einen Scheinwerfer Personalverluste eintraten. Die entsprechenden Teile der Berichterstattung beschreiben in der nüchternen Sprache der damaligen Militärbürokratie die Realität des Seekrieges mit Tod und Verwundung. Es ist jedoch bezeichnend für die Stellung der Seeoffiziere in der Kaiserlichen Marine, dass nur die toten und verwundeten Offiziere einen Namen haben und bei den

---

[a] Alle Daten nach Gröner, Die deutschen Kriegsschiffe, Bd 1 (wie Anm. 40), sowie Breyer, Schlachtschiffe und Schlachtkreuzer (wie Anm. 36).

entsprechenden Angaben über Deckoffiziere, Unteroffiziere und Mannschaften die Namen fehlen und nur Dienstgrade genannt werden.

Da der Kommandant während des Nachgefechts verwundet wurde, sind die folgenden Berichte (mit einer Ausnahme) vom Ersten Offizier der *Oldenburg*, Korvettenkapitän Paul Vollmer, unterzeichnet worden. Die angegebenen Uhrzeiten sind mitteleuropäische Sommerzeit (Zeitzone B, das heißt zwei Stunden vor GMT)

* * *

S.M.S. »Oldenburg«,
den 3. Juni 1916

Kommando
S.M.S. Oldenburg
G.B.Nr. 1096

Ganz Geheim!

Gefechtsbericht S.M.S. »Oldenburg« über die Gefechte am 31. Mai und 1. Juni 1916

1.) Die Tagschlacht.

Während der Tagschlacht konnte sich S.M.S. »Oldenburg« nur zeitweise am Kampf gegen die Schlachtschiffe des Gegners beteiligen, da diese zunächst weit außerhalb des eigenen Feuerbereichs standen. Es war nicht möglich, die Ziele in ihrer ganzen Ausdehnung so klar zu übersehen, daß eine zahlengemäße Unterlage für die vorzunehmende Feuerverteilung gewonnen werden konnte. S.M.S. »Oldenburg« eröffnete um 6.52 h das Feuer auf das Spitzenschiff, der von den Linienschiffen getrennt mit südlichem Kurs fahrenden Kreuzergruppe, das kurz darauf mit hoher Fahrt nach NW abdrehte und außerhalb des eigenen Feuerbereichs lief. Schußentfernung: 180-190 hm.

Um 7.38 h wurde der auf 85 hm querab liegende Zerstörer mit 3 Salven zum Sinken gebracht (Treffer einwandfrei beobachtet), da er, obwohl angeschossen, die eigene Linie durch Torpedos gefährden konnte und die Flagge noch gesetzt war.

Kurz vorher war das Sinken des etwa 25 hm querab liegenden Zerstörers G 31. beobachtet.

Um 8.30 h wurde das Feuer auf das am südlichsten stehende Schiff der Queen-Elizabeth Klasse eröffnet. Die eigenen Aufschläge waren mittels der Aufschlag-Melduhr einwandfrei von denjenigen der anderen Schiffe zu unterscheiden. Eine deckende Salve ist beobachtet.

Da der Gegner in der zunehmenden Dämmerung und bei seiner zeitweise starken Rauchentwicklung nur sehr schwer auszumachen war, konnte nur langsam und mit Unterbrechungen gefeuert werden. Entfernung: 160-180 hm. Das Feuer wurde eingestellt, als weder RW. noch Bg.[b] noch Turmfernrohre das Ziel mehr festhalten konnten. Das starke Beschlagen aller Fernrohre infolge der feuchten, diesigen Luft setzte früher als die Sichtigkeit an sich der Verwendung der Artillerie eine Grenze.

Um 8,20 h wurden durch den später gefallenen II. A.O. [Artillerieoffizier] und den Zeigeroffizier starke Feuergarben auf einem und um 8,25 h dieselbe Erscheinung auf einem zweiten der weiter vorn stehenden feindlichen Schiffe beobachtet. Bei dem Vordermann (S.M.S. »Helgoland«) wurde das Auftreffen einer Sprenggranate auf dem Gürtelpanzer beobachtet. Die sich entwickelnde grünlich-gelbe Staubwolke, die auf dem Wasser liegen blieb bei gleichzeitigem Fehlen jeder Flammenerscheinung, zeigte deutlich an, daß die Granate nicht krepiert, sondern am Panzer zu Bruch gegangen und die Sprengladung zerstäubt war.

2.) Der Übergang zur Nacht.

Das Aufbringen der zur Tagschlacht unter Deck verstauten Scheinwerfer musste, da jeder Zeit mit Wiederinsichtkommen des Gegners zu rechnen war, im Klarschiffzustande erfolgen, es mussten hierzu 2 Turmbedienungen an Deck genommen werden. Es gelang vor Eintritt der Dunkelheit 6, später alle 8 Scheinwerfer verwendungsbereit zu machen. Während dieser Zeit setzte ein starkes Feuer eines an B.B. vorausstehenden Gegners ein, der selbst nicht sichtbar, nur an dem Mündungsfeuer seiner Geschütze kenntlich war. Aus der außerordentlich großen Streuung der Aufschläge des Gegners – schätzungsweise kurz 3000 bis weit 3000 – war zu erkennen, daß der Gegner vollkommen willkürlich feuerte. Eine Erwiderung dieses Feuers, das nur in Richtung auf das vorübergehend sichtbare Mündungsfeuer und ohne annähernd genaue Entfernungsangabe möglich gewesen wäre, unterblieb als unnötige Munitionsvergeudung.

Zur Verwendung der Torpedowaffe ergab sich während der Tagschlacht wegen zu hoher Entfernungen keine Schußgelegenheit.

3.) Die Nachtgefechte.

Nachdem etwa 11,45 h abends der Übergang vom Klarschiff- zum Kriegswachzustand vollzogen war, wurde um 1,35 h alarmiert. Bei den darauffolgenden Torpedobootsangriffen wurden 3 Zerstörer unter wirkungsvolles Feuer genommen, von denen 2 sehr schnell, von eigenen Scheinwerfern gut beleuchtet, unter starker Flammenentwicklung im Feuer verschwanden. 2,07 h. Etwa 2,10 h krepierte eine Granate des schon brennenden Zerstörers G 30 im B.B. oberen Scheinwerfer, die

---

[b] RW. = Richtungsweiser, ein Sehrohr, mit dem der Artillerieoffizier alle Geschütztürme gemeinsam auf ein Ziel ausrichten kann; Bg. = Basisgerät, Entfernungsmessgerät. Beide Geräte befanden sich in der Regel im Artillerieleitstand eines Schlachtschiffes.

Sprengstücke verwundeten den Kommandanten, töteten 3 Offiziere (Kptlt. Rabius, Leiter der leichten Artillerie, 2. Scheinwerferoffizier, Signaloffizier und 4 Mann, verwundeten außerdem 3 Offiziere und 9 Mann, darunter den Rudergänger und den in Feuerlee neben dem Rudergänger stehenden W.O. [Wachoffizier]. Beide standen außerhalb des Turmes, weil ein Fahren von innen bei den vorliegenden Verhältnissen ausgeschlossen war. Sprengstücke drangen durch den Sehschlitz in das Innere des Artillerie-Leitstandes, verwundeten dort den R.W.-Unteroffizier und den Bg.-Messer. Oberhalb des Turmes wurde der Z-Mast abgeschossen und das Bg. [Basisgerät] äußerlich beschädigt, das jedoch gebrauchsfähig blieb. Der Ersatz der Ausgefallenen ging ohne Störung für Schiffsführung und Artillerieleitung vor sich.

4.) Der Rückmarsch am Tage.

Nach Eintreten der Morgendämmerung wurden außer dem Minentreffer auf V 4 keine besonderen Vorkommnisse mehr beobachtet[c].

5.) Das Verhalten der Mannschaft.

Das Verhalten der Mannschaft im Gefecht war in jeder Beziehung tadellos. Besonders ist hervorzuheben: Das ruhig und gut geleitete Feuer der S.A. [Schwere Artillerie] und M.A. [Mittelartillerie], das schnelle Einfallen der L.A. [Leichte Artillerie] bei den Torpedobootsangriffen, das gute Arbeiten der Scheinwerfer und die hervorragenden Leistungen des Maschinenpersonals.

6.) Im einzelnen ist noch folgendes zu bemerken:

Die sich während der Fahrt steigernde Anforderung der Maschine auf Gestellung an seemännischem Personal als Kohlentrimmer setzte bei Tagesanbruch die leichte Artillerie ganz außer Tätigkeit und machte bereits am Abend vorher die Zurückziehung bis zu 9 Mann pro Turm der S.A. notwendig.

---

[c] Das Torpedoboot *V 4* war am 1. Juni 1916 um 02.15 GMT, nur fünf Minuten nach dem Untergang der *Pommern*, nach einer heftigen Detonation, bei der das Vorschiff vollständig abgerissen wurde, gesunken. Das T-Boot *V 2* »ging sofort an dem aus dem Wasser ragenden Heck des sinkenden Bootes längsseit und barg mit *V 6* zusammen die Überlebenden und Verwundeten [...] 17 Mann waren gefallen, 2 schwer verwundet«. Das Wrack wurde von den beiden T-Booten durch Artillerie und einen Torpedo zum Sinken gebracht. Es bleibt unklar, ob der Verlust von *V 4* auf einen Torpedo oder eine treibende Mine zurückzuführen ist. Nach: Der Krieg in der Nordsee, Bd 5 (wie Anm. 2), S. 399; vgl. auch Bennett, Die Skagerrakschlacht (wie Anm. 2), S. 171 und 269 f. (Text zu Anm. 180).

Gefechtsskizze .... Anlage 1. s. K.T.B.ᵈ
Technische Erfahrungen .... Anlage 2
Beschädigungen .... Anlage 3
Zahl der Toten u. Verwundeten .... Anlage 4
Verbrauchte Munition .... Anlage 5

Anlage 2.

Kommando
S.M.S. Oldenburg
G.B.Nr. 1096

Ganz geheim!

Technische Erfahrungen.

1) Der Z-Mast hat die Verwendung von Bg. und R.W. [Richtungsweiser] während des eigenen Feuers durch Verdecken eines Okulars zeitweise unmöglich gemacht. Seine Entfernung oder Verlegung an eine Stelle, wo eine Behinderung für Bg. und R.W. nicht in Frage kommt ist Erfordernis.
2) Das Beschlagen der Bg's, R.W.'s und Visiere bei feuchter Witterung kann zu ernstlicher Behinderung der Artillerie führen. Die Einführung der bestmöglichen Mittel zur Klarhaltung der Gläser ist erforderlich.
3) Das B.B. IV. 15 cm [Geschütz] fiel nach dem 11. Schuß in Folge Rohrkrepierens aus, das Rohrs sprengte durch seine eigene Aufbauchung die Wiege.
4) Die gemäß Verfügung R.M.A. [Reichsmarineamt] vom 27.7.15 B.Nr. W I d 17451 an der Mittelartillerie angebrachten selbsttätigen Schußzähler haben fehlerlos gearbeitet und die Meldung über Munitionsverbrauch während kurzer Gefechtspausen erleichtert.

I.V.
Gez. Vollmer
[Paraphe »W«]

ᵈ   Hier weggelassen.

Anlage 3.

Kommando
S.M.S. Oldenburg
G.B.Nr. 1096

Ganz geheim!

Beschädigungen.

1.) B.B. IV. 15 cm durch Rohrkrepierer in Folge Rohraufbauchung und Zerreißung der Wiege unbrauchbar.
2.) Scheinwerfer II zerstört.
3.) Z-Mast abgeschossen.
4.) Leichte Beschädigung des Turm-Bg.
5.) Leichte Beschädigungen der Decks und Aufbauten.

I.V.
gez. Vollmer
[Paraphe »W«]

Anlage 4

Kommando
S.M.S. Oldenburg
G.B.Nr. 1096

Ganz geheim!

Anzahl der Toten und Verwundeten.

7 Tote, 14 Verwundete (davon 1 inzwischen verstorben).

I.V.
gez. Vollmer
[Paraphe »W«]

Anlage 5.

Kommando
S.M.S. Oldenburg
G.B.Nr. 1096

Ganz geheim!

Anzahl der verbrauchten Munition.

53   30,5 P.S. Granaten [Panzersprenggranaten],
88   15 cm Spr. Granaten [Sprenggranaten]
29   8,8 cm Spr.Granat-Patronen

I.V.
gez. Vollmer
[Paraphe »W«]

Kommando
S.M.S. Oldenburg
G.B.Nr. 1102

S.M.S. »Oldenburg«,
den 4. Juni 1916

Ganz geheim!

Signal-Bericht.

Signal-Übermittelung hat einwendfrei funktioniert.
Ausfälle B.B. Kasematt-Stange[e] fiel bei der ersten Salve aus. Die Stange verbog sich derart, daß sie nicht mehr benutzt werden konnte. Signale sind ohne Störung an der Schornsteinleine weiter geheißt worden.
Beobachtungen: Von einem an St.B.Seite stehenden Schiff wurde der E.S. Anruf [E.S. = Erkennungssignal] unseres Vordermannes nicht sofort beantwortet. Das Schiff beleuchtete mit seinen beiden Scheinwerfern kurz O.L. [Oldenburg] und unseren Vordermann und wischte alsdann langsam entlang der Linie nach vorne. Blendete dann die Scheinwerfer[f]. Nach *nicht ganz einwandfreier* Beobachtung war es die »Rostock«. Um dieselbe Zeit meldete die F.T.-Station starken feindlichen F.T. Verkehr in nächster Nähe.
Ausfälle: Signaltelefon fiel gleich zu Anfang aus. Befehle wurden durch Schallrohr zur Hauptgefechtssignalstelle, von dort nach allen Stellen weitergegeben.

Im Entwurf
gez. Höpfner.
I.V.
gez. Vollmer
[Paraphe »W«]

---

[e] Die Flaggensignale konnten von den deutschen Großkampfschiffen aus einer leicht gepanzerten Kasematte geheißt werden, wie es beispielhaft auch in zeitgenössischen Filmaufnahmen von Manövern der Hochseeflotte zu sehen ist.

[f] Siehe dazu KTB *S.M.S. Oldenburg*, 1.6.1916 (BA-MA, RM 8/878, Bl. 209 Rückseite): »Von einem an St.B. stehenden eigenen kleinen Kreuzer wurde auf den Anruf des Vordermanns das E.S. beantwortet. Kurz vorher war von einem zweiten, vor dem erwähnten stehenden kleinen Kreuzer mit dem B.B. Scheinwerfer der Vordermann von *Oldenburg* beleuchtet worden. Nach Beantwortung des E.S. zeigte der Kreuzer die rote Schwenklaterne und ging auf parallelen Kurs. Das mehrfache Beleuchten der eigenen Linie durch diese Kreuzer konnte zu der Annahme führen, daß es sich um feindliche Streitkräfte handelte, die unser E.S. benutzten. Außerdem mußte dieses Leuchten allen in der Nähe stehenden feindlichen Streitkräften die Lage der eigenen Linie verraten.«

Kommando
S.M.S. Oldenburg
G.B.Nr. 1102
F.T. Wesen

S.M.S. »Oldenburg«,
den 4. Juni 1916

Ganz Geheim !

M. [Meldung]

Sämtliche beteiligten Streitkräfte waren gut zu hören, ebenfalls die Kreuzerreservestation.

Ein planmäßiges Stören des Gegners ist nicht beobachtet worden. Nur einmal schien er durch lange Striche ein Signal von L. 23 am 31. Mai um 8,45 p.m. zu stören, anscheinend hatte er am Ton und F.T. Namen diesen Geber als Luftschiff und so für ihn hinderlich erkannt. Unser laufender Verkehr litt des öfteren an der großen Lautstärke des Gegners, doch kam jedes Signal durch.

Die Gebemethode war die bisher beobachtete: Signalgruppen einmal gegeben und das ganze Signal einmal wiederholt mit der Uhrzeitgruppe am Schluß. Anrufe meist 2 Buchstaben mit einer Leitstation ag anscheinend. Gebegeschwindigkeit im Durchschnitt normal, bei schnellerem Geben »Nicht verstanden« beobachtet.

Auf Z.-Station beobachteter Verkehr während der Nacht rührt von Torpedobooten her. Anscheinend machten diese kurz vor dem Angriff noch an ihre Führerschiffe Meldungen, Torpedobootsnamen waren ein Buchstabe mit 2 Zahlen. Bei den auffallenden Zu- und Abnehmen der Lautstärke ließ sich feststellen, ob die Boote sich näherten oder entfernten, was mit der Gefechtslage übereinstimmte.

Im Nachtgefecht wurde der Z.-Mast auf halber Höhe abgeschossen. Empfang wurde geschwächt und Signale auf Z.-Station nicht einwandfrei abgenommen. Hartgummibuchs und Teller waren unbeschädigt. Bis zum Anschluß des Z.-Netzes wurden die Gefechtssignale in der Hauptstation abgenommen.

gez. Höpfner
[Paraphe »W«.]

In See, den 8. Juni 1916

Kommando
S.M.S. Oldenburg
G.B.Nr. 2354

M. [Meldung]
gemäß Winkspruch vom 1. Juni nachmittags.

Die Verluste S.M.S. »Oldenburg« sind:
1. Tot: Kapitänleutnant Rabius, Oberleutnant z.S. Aue, Leutnant z.S. Schwickerath[g].
2. Schwer verwundet: Kapitänleutnant Adam und Leutnant z.S. Bernhard[h].
3. Leicht verwundet: Kapitän zur See Höpfner und Korv.Kapt. Stegemann.
K.K. Stegemann ist vollkommen dienstfähig[i].
4. Mannschaften tot: 3 Matrosen und 1 Signalgast.
5. Mannschaften verwundet: Der Schiffssteuermann,
1 Oberbootsmannsmaat,
1 Oberheizer,
2 Obersignalgasten,
5 Matrosen.

Das Kommando bittet die Ersatzgestellung für Kptlt. Rabius und Adam, Leutnants z.S. Schwickerath und Bernhard erwirken zu wollen.

Kaptlt Piltz wird an Stelle des Kaptlt. Rabius als III. A.O. [Artillerieoffizier] vorgeschlagen.

Ersatzgestellung für Oberleutnant zur See Aue ist nicht nötig, da Oberleutnant z.S. Aue bereits für den 1.VI.16 für abkömmlich erklärt war.

I.V. [In Vertretung]
Gez. Vollmer
[Paraphe »W«.]

---

g Eduard Rabius (1883-1916), Crew 1902, Wachoffizier; Hans Aue (1889-1916), Crew 1910, Adjutant des Kommandanten; Friedrich Schwickerath (1890-1916), Crew 1910, Wachoffizier.

h Hans Paul Adam (1884-1916), Crew 1903, Wachoffizier, wenige Tage nach dem 1.6.1916 verstorben. Dewar Bernhard (1893-?), Crew 1913, ab September 1916 zur Verfügung der II. Marine-Division.

i Wilhelm Höpfner (1868-?), Crew 1887, Kommandant *S.M.S. Oldenburg* bis Juni 1916, bis Frühjahr 1917 krank, April 1917 im Reichsmarineamt Chef der militärischen Abteilung; ab Dezember 1917 Inspekteur der II. Marine-Inspektion bis Kriegsende; am 28.4.1918 zum Konteradmiral befördert. Fritz Stegemann (1880-?), Crew 1897, Navigationsoffizier, ab Juli 1917 Chef der Schul-Torpedobootsflottille bis Kriegsende.

An Geschwader.

In See, den [??] Juni 1916

Kommando
S.M.S. Oldenburg
G.B.Nr. *2369*

Bericht über das vom 31.5. bis 1.6. d.Mts.
in der Nordsee stattgefundene Seegefecht.
(gem. G.T.B. Nr. 145 vom 18.9.1915[j])

Am 1. d.Mts. vormittags gegen 2 Uhr erhielt S.M.S. »Oldenburg« einen Treffer, anscheinend von einem Torpedobootszerstörer, in den B.B. vorderen oberen Scheinwerfer. Das Geschoß krepierte hier und die Sprengstücke verteilten sich auf den vorderen Artillerieleitstand und die Brücke. Das Deck der Brücke wurde teilweise durchschlagen und die Sprengstücke drangen in die 8,8 cm Kasematte. Die Sprengstücke erzeugten die weiterhin näher beschriebenen zum Teil tödlichen und schweren Verwundungen und auch leichtere Verletzungen. Ein Sprengstück drang sogar durch den Sehschlitz des vorderen Art.Standes und verletzte hierbei einen Oberbootsmannsmaaten an der Brust und an der rechten Hand. Die Verletzungen im einzelnen waren im wesentlichen folgende:

2 Offiziere wurden sofort getötet, und zwar waren die Verletzungen außerordentlich schwere; bei dem einen waren Brust- und Bauchhöhle aufgerissen und die Gliedmaßen zerschmettert; bei dem andern war die ganze linke Seite aufgerissen und der linke Arm zermalmt und abgequetscht. 3 weitere Offiziere erlitten sehr schwere Verletzungen; einer starb nach kurzer Zeit auf dem Gef.-Verbandsplatz, während der zweite am nächsten Tage auf dem Lazarettschiff »Sierra-Ventana« an den Folgen einer schweren Schädel- und Rückenverletzung gestorben ist. In dem ersten Falle handelte es sich um eine schwere Kopfverletzung und Verletzung der Brustorgane, die sich in Hirnerschütterung und blutigem Erbrechen äußerte. Bei dem dritten Offizier handelte es sich um eine Verletzung am Hinterkopf mit Vorfall des Gehirns; in diesem Falle gelang es, durch Umlegen eines sachgemäßen Verbandes, Anwendung von anregenden Mitteln und Kochsalzinfusion sowie Sauerstoffatmung das Leben vorläufig zu erhalten. Von den weiterhin auf der Brücke befindlichen Offizieren erlitt der Kommandant eine mittelschwere Verletzung; Granatsplitter im linken Fuß, Weichteilverletzung an der linken Schulter, Gesicht und am rechten hinteren Oberschenkel sowie eine kleine Verletzung an dem rechten Hacken und im Rücken. Von den übrigen Offizieren erlitt nur der

---

[j] Dieser Bericht wurde zwar vom Ersten Offizier der *Oldenburg*, Korvettenkapitän Vollmer, unterzeichnet, doch nach Diktion und Terminologie ist davon auszugehen, dass der Bericht vom Schiffsarzt aufgesetzt wurde.

Nav.Offizier eine ganz unbedeutende Splitterverletzung am Kopf und an der linken Wade.

Von den auf der Brücke befindlichen Mannschaften wurden 3 sofort getötet, 2 erlitten schwere Verletzungen. Die Todesursache bei einem Sign.Gasten waren ebenfalls solche ausgedehnten Zerreißungen am Bauch und Zertrümmerungen der Gliedmaßen, wie bei den sofort getöteten Offizieren. Der zweite Mann wies eine schwere Herzverletzung auf, und zwar war in diesem Falle ein Granatstück durch die Herzgegend in die Brusthöhle gedrungen und hatte von der äußeren Bedeckung der rechten Brustseite an handtellergroßes Stück förmlich ausgestanzt. Der dritte zeigte eine Kopfverletzung mit Gehirnvorfall und Quetschung des rechten Armes. Von den zwei Schwerverletzten starb einer kurze Zeit nach Eintreffen auf dem Gefechtsverbandsplatz. In diesem Falle war die ganze linke Halsseite weggerissen, wobei die Kopfschlagader mit betroffen wurde. Trotz Unterbindungen und Anlegen eines sachgemäßen Verbandes starb der Mann infolge des großen Blutverlustes kurz darauf. Der andere Schwerverletzte zeigte eine Zertrümmerung des linken Oberarms und Zerreißung der linken Oberarmschlagader. Hier konnte durch Unterbindung und Amputation des zertrümmerten Gewebes und Kochsalzinfusion das Leben des Mannes erhalten werden.

Einer von den Mannschaften zeigte eine mittlere Verletzung durch Granatsplitter an der rechten Hand. Alle übrigen hatten nur leichtere Verletzungen. Bemerkenswert ist bei diesen leichten Verletzungen, daß eine entstanden war durch das schon erwähnte Eindringen eines Granatsplitters durch den Sehschlitz des vord. Artilleriestandes.

Bei diesen plötzlichen, massenhaften Verwundungen ließ sich die sonst geübte Behandlung der Kranken in der Gefechtspause nicht durchführen, sondern es mußten die Leute teilweise auf ihren Gefechtsstationen verbunden werden. Es zeigte sich fernerhin somit, daß die Anzahl der Ärzte nicht große genug sein kann, wenn sie auch unter gewöhnlichen Verhältnissen manchmal als überflüssig erscheint. Auch kann die Anzahl des Sanitätsunterpersonals bei der jetzigen Stärke (2 Unteroffz., 2 Ob.Gasten) nicht groß genug sein. Die Anforderungen bei solchen Massenverwundungen sind größer, als sie von dem Personal unter gewöhnlichen Umständen geleistet werden können. Es erscheint sehr zweckmäßig, daß beim Unterricht der Krankenträger immer wieder über den Verstauungsplan der einzelnen Hilfsmittel (Inventar und Material) unterrichtet wird, damit diese Gegenstände sofort von jedermann gefunden werden können und nicht erst durch Nachfragen bei dem eigentlichen Verwalter (Ob.San.Maat) der Ausrüstung unnötige Zeit vergeht, zumal dieser auch durch andere Arbeiten in Anspruch genommen ist. Im übrigen war die Haltung und Tätigkeit des Personals musterhaft und tadellos.

Es dürfte sich als zweckmäßig erweisen, den Gefechtsverbandsplatz so weit wie möglich schon vor dem Gefecht herzurichten, da bei solchen plötzlichen Massenverletzungen sich das übrige Personal, weil das Gefecht noch andauert, in Deckungsstellung befindet und aus derselben nicht so schnell herbeizuholen ist; die auf dem Gefechtsverbandsplatz vorhandenen Hilfskräfte erweisen sich in einem solchen Falle für die zu treffenden Maßnahmen lange nicht als ausreichend. Allerdings müßte in diesem Fall der Gefechtsverbandsplatz nicht nur von den übrigen Räumen (wie hier an Bord Heizerwohndecks) durch eine Persenning abgeschlossen, sondern vollkommen isoliert und auch durch Panzerung gegen Treffer geschützt sein.

Als Übelstand wurde bei der langen Dauer des Gefechts noch das Fehlen einer Klosettanlage beim Gef.Verbandsplatz oder in seiner Nähe empfunden, zumal sämtliche Schotten geschlossen sind und dadurch das Aufsuchen der diesbezüglichen Anlagen von Leichtverletzten und vom Personal unmöglich gemacht ist.

I.V. [In Vertretung]
gez. Vollmer
[Paraphe »W«]

Dokument 9

Zeitzeugenbericht des Oberheizers Hugo Zenne von Anfang Juni 1916 über den Untergang des Kleinen Kreuzers Wiesbaden und seine Rettung (mit Begleitschreiben des deutschen Marineattachés in Norwegen vom 12. Juni 1916)
Fundort: BA-MA, RM 5/6689, Bl. 1-7.

Editorische Vorbemerkung

Der Kleine Kreuzer *Wiesbaden* wurde von 1913 bis 1915 auf der Werft A.G. Vulcan in Stettin gebaut (Wasserverdrängung 6601 t maximal, Turbinenantrieb, 27 Knoten, Bewaffnung: acht 15-cm-Geschütze, vier Torpedorohre, 590 Mann Besatzung). Am 31. Mai 1916 gehörte der Kreuzer zur II. Aufklärungsgruppe, die gegen 18.00 GMT bei der Verfolgung des Kreuzers *Chester* überraschend auf britische Schlachtkreuzer traf. Auf einer Entfernung von etwa 95 hm erhielt die *Wiesbaden* von dem Schlachtkreuzer *Invincible* einen schweren Treffer (Kaliber: 30,5 cm) in die Maschinenräume, blieb manövrierunfähig liegen und bildete danach für einige Zeit für zahlreiche Schlachtschiffe der Grand Fleet das einzige Ziel. Es ist jedoch nicht ausgeschlossen, dass der Kreuzer noch seine Torpedobewaffnung einsetzen konnte und gegen 18.50 GMT bei einer Entfernung von etwa 90 hm einen Treffer auf dem Schlachtschiff *Marlborough* erzielte[a]. Kommandant des Kreuzers war Kapitän zur See Fritz Reiß (1873-1916), Crew 1891, Erster Offizier Kapitänleutnant Walter Berger (1880-1916), Crew 1899. Von der Besatzung der *Wiesbaden*, zu der auch der Schriftsteller Johann Kinau (Künstlername Gorch Fock) gehörte, überlebte nur der Oberheizer Hugo Zenne, der nach seiner Rettung durch den norwegischen Dampfer *Willy* an Bord des norwegischen U-Boot-Werkstattschiffes *Ellida* gebracht wurde. Wenige Tage später hatte der deutsche Marineattaché in Norwegen, Korvettenkapitän Hans Hilmers, an Bord der *Ellida* Gelegenheit, sich stundenlang mit Zenne zu unterhalten. Sein Bericht ging am 12. Juni 1916 an den Chef des Admiralstabes der Marine in Berlin. Zenne erhielt am 15. Juni die Nachricht, dass er nach Deutschland zurückkehren könne, und reiste über Christiania, Kopenhagen und Gjedser nach Warnemünde. Nach seiner Rückkehr wurde er noch einmal auf dem Schlachtschiff *Kaiser* zum Schicksal der *Wiesbaden* und zu seiner Rettung befragt[b]. Bereits im Ersten Weltkrieg erschien über das Schicksal der *Wiesbaden* in großer Auflage ein populärer Bericht, an dem Zenne mitgewirkt hat[c]. Sein erster Bericht von Anfang Juni 1916 gegenüber dem deutschen Marineattaché ist bereits 1922 fast vollständig mit wenigen stilistischen Änderungen, Ergänzungen und einem »Zusatz des Herausgebers« veröffentlicht

---

[a] Siehe Marder, From the Dreadnought, vol. 3 (1978) (wie Anm. 4), S. 123.
[b] Auszug aus Abschrift der Befragung in: BA-MA, RM 8/880, Bl. 271-276.
[c] Oberheizer Zenne. Der letzte Mann der »Wiesbaden«. Nach Mitteilungen des Oberheizers Zenne von Frhr. Spiegel von und zu Peckelsheim, Kapitänleutnant. Mit 4 Abbildungen, 1. bis 100. Tausend, Druck und Verlag Scherl G.m.b.H. Berlin (1917).

worden^d. Zenne hat später offensichtlich in Marinevereinen mehrfach über seine Erlebnisse berichtet^e.

Der hier folgende erste Bericht Zennes wurde an einigen Stellen in Fußnoten durch Auszüge seiner Befragung an Bord des Schlachtschiffes *Kaiser* ergänzt.

* * *

A 67.

Kristiania, den 12. Juni 1916

Abschrift.
Vertraulich!

In der Anlage überreiche ich gehorsamst den Bericht des von S.M.S. »Wiesbaden« geretteten Oberheizers Zenne. Trotz all dem Furchtbaren, was er körperlich und seelisch durchgemacht hatte, war er ruhig und ganz klar in seinen Aussagen, hatte nur noch Schmerzen an Händen und Füßen. Er sah ziemlich wohl aus, trug eigene gute Uniform mit der Schnalle des Eisernen Kreuzes. Viel hat sicherlich die außerordentlich gute und vernünftige Behandlung auf der »Ellida« beigetragen, deren Besatzung unter anderem befohlen war, Zenne überhaupt nicht nach seinen Erlebnissen dazu fragen.

An Bord des U-Bootswerkstattschiffes »Ellida« empfing mich gestern der Kommandant, der gleichzeitig Chef der U-Bootsdivision ist, Kaptein Carsten Tank-Nielsen, in zuvorkommendster Weise. Er lobte Zenne sehr, der bei seiner Rettung, obwohl er sich kaum habe aufrecht erhalten können, sich doch in militärischer Haltung gemeldet habe. Der Kommandant hatte alles vorbereitet, so daß ich mich stundenlang allein in der Kajüte mit Zenne unterhalten konnte. Nachher habe ich mit Kaptein Carsten Tank-Nielsen und 2 jungen U-Bootskommandanten in der Offiziermesse gesessen. Es war mir eine besondere Freude im Kreise der norwegischen Seeoffiziere über die große Seeschlacht zu sprechen. Sie waren voll Bewunderung für die Leistung der deutschen Flotte und begriffen nicht, daß die Engländer einen solchen Unsinn in die Welt gesetzt hätten wie das Schlagwort: »Kampfplatz behalten«, da doch jeder nur einigermaßen gebildete Seeoffizier wisse, daß sich dieser Begriff nicht vom Landkrieg auf den Seekrieg übertragen lasse. »Schade war nur«, sagte der Kommandant mir lächelnd, »daß Sie ihre wahren Verluste nicht gleich richtig angegeben haben^f. Denn bei der Diskussion hier in der Messe hatte ich den streitenden Parteien gesagt, sie müßten die Berichte der

---

^d Vgl. Die letzten Stunden S.M.S. »Wiesbaden«. Von Oberheizer Hugo Zenne, einzigem Überlebenden S.M.S. »Wiesbaden« in der Schlacht am Skagerrak. In: Auf See unbesiegt. Erlebnisse im Seekrieg erzählt von Mitkämpfern. Hrsg. von Eberhard von Mantey, Bd 1, 2. Aufl., München 1922, S. 286-290. Der Zusatz des Herausgebers (S. 289 f.) weist auf das Schicksal von Gorch Fock hin, der an Bord der *Wiesbaden* sein Leben verlor.

^e Eine Vervielfältigung eines undatierten Berichtes (»Der Kampf der ›Wiesbaden‹. Erzählt von Oberheizer Zenne, dem einzig Überlebenden«, Umfang: 19 Blatt, Maschinenschrift) befindet sich im Archiv des Deutschen Marine-Museums, Wilhelmshaven.

^f Dieser Hinweis bezieht sich darauf, dass der deutsche Admiralstab bei seiner ersten Veröffentlichung über die Schlacht den Verlust des Schlachtkreuzers *Lützow* und des Kleinen Kreuzers *Rostock* verschwiegen hatte. Siehe in diesem Band S. 188.

beiden Admiralstäbe über ihre eigenen Verluste zu Grunde legen, die müsse man als korrekt ansehen, nicht die Angaben, was beim Feind an Verlusten beobachtet sei. Und da ist jetzt unsere deutsche Partei in eine schlimme Lage gekommen.«

Später kam das Gespräch auf den U-Bootskrieg, der die Herren, die größtenteils in Deutschland ausgebildet waren, natürlich ganz besonders interessierte. Es freut mich ganz besonders, daß sie gerade von dem unbekannten U-Bootskommandanten, der die »Lusitania« versenkt habe, mit rückhaltloser Bewunderung sprachen, der vor eine so grausige Aufgabe gestellt seinem Vaterlande einen so ungeheuer großen Dienst geleistet habe[g]. (Genau derselben Auffassung bin ich auch in norwegischen Armeeoffizierkreisen begegnet) »Es wird Sie vielleicht interessieren«, meinte einer der Herren, »daß uns englische Seeoffiziere gesagt haben: ›[D]ie deutschen müßten ja dumm gewesen sein, wenn sie es nicht getan hätten, ebenso dumm wären sie, wenn sie nicht den U-Bootskrieg rücksichtslos gegen uns weiterführten.‹« »Wir, die wir die ungeheuren Schwierigkeiten kennen«, meinten die norwegischen Kameraden, »denken uns, daß sie die jetzige Pause in Ihrem U-Bootskrieg nicht etwa aus den in den Zeitungen angegebenen Gründen[h], sondern deshalb haben eintreten lassen, weil Sie sie aus materiellen und ganz besonders personellen Gründen für einige Zeit brauchen. Später wird der U-Bootskrieg natürlich im vollen Umfange wieder aufgenommen.«

Beim Abschied sprachen die Herren mir vertraulich die Hoffnung aus, daß Zenne freigelassen werde. Das wird sich hoffentlich auch erreichen lassen.

Gez. Hilmers[i].

An den Chef des Admiralstabes der Marine, Berlin.

Abschrift zu A 18198
Ganz Geheim!

Bericht des Oberheizers Zenne von S.M.S. »Wiesbaden«

(wie er ihn mir gestern in Tönsberg an Bord des norwegischen U-Bootswerkstattschiffes »Ellida« erzählt hat.)

---

g Bei dem U-Boot handelte es sich um *U 20*, Kommandant: Kapitänleutnant Walther Schwieger (1885–1917), der am 7. Mai 1915 den britischen Passagierdampfer *Lusitania* versenkt hatte. Von der Besatzung und den Passagieren hatten 1198 Menschen ihr Leben verloren.

h Die Pause im U-Boot-Krieg war eingetreten, nachdem die deutsche Reichsregierung auf den scharfen Protest der Vereinigen Staaten nach der Torpedierung des französischen Kanaldampfers *Sussex* gegenüber Washington zugesagt hatte, U-Boote im Handelskrieg nur nach den Regeln des Kriegsvölkerrechts, also nach Prisenordnung zu versenken. Siehe dazu in diesem Band S. 145.

i Korvettenkapitän Hans Hilmers (1877–?), Crew 1894, war im Juni 1913 mit dem Charakter eines Korvettenkapitäns in den Ruhestand versetzt worden; er wurde bei Kriegsausbruch im Admiralstab (Berlin) eingesetzt, vom Oktober 1915 bis Kriegsende war er bei der Gesandtschaft in Kristiania Marineattaché.

Ich war am 31. Mai nachmittags 4 Uhr auf Wache gezogen, zwischen ½5 und 5 war Alarm. Meine Station war im Zwischendeck. Zuerst kam das Signal: Achtung St.B. »Wiesbaden« fuhr als [...] Schiff mit »Elbing«, »Pillau«, »Frankfurt« zusammen. Zuerst waren nur unsere Panzerkreuzer im Kampf. Ich sah »von der Tann« bog aus der Linie aus und signalisierte: feindliches U-Boot. Dann plötzlich: Gefecht an B.B. Es erfolgte eine Erschütterung im Schiff und Befehl: Rauch und Gasgefahr Abt. VI. »Wiesbaden« hatte vorher mit Schießen angefangen[j]. Durch Postenkette kam der Befehl: Beide Maschinen äußerste Kraft voraus. Da keine Antwort kam: B.B. Maschine äußerste Kraft voraus. Dann zurück: B.B. Maschine gibt keine Antwort. Jetzt: Große Dampfgefahr, Kompaßtelefon wieder in Ordnung. Der nächste Treffer traf Abt. IX[k] auf Oberdeck. Die Granate schlug durch das Deck, Panzerdeck wurde nicht durchschlagen. Später viele Treffer, und achtern in Abt. II anscheinend ein Torpedotreffer. Denn das Schiff erschütterte und wurde hochgehoben. Darauf erfolgte der Befehl: Alle Mann aus dem Schiff. Ich lief nach oben durch Abtg. VI. An Oberdeck sah es wüst aus. Der St.B. Hängemattskasten war total durchschossen und die Hängematten zerfetzt. Die Geschützmannschaften lagen tot an ihren Geschützen. Das Deck war aufgerissen und durchlöchert. Es war eine Feuerpause eingetreten, die Uhr mag ½7 gewesen sein[l]. Ich holte mir eine Schwimmweste und lief nach dem achteren Geschütz. Nur die St.B.Seite war passierbar. Jetzt schlugen wieder Granaten schnell hinter einander ein.

Wir wurden von aufspritzendem Wasser naß, das so mit Gas gemischt war, daß wir ganz gelb wurden. Unsere Schiffe kamen etwas näher, entfernten sich dann aber wieder. Wir hatten schon gehofft, daß wir gerettet würden. Jetzt trat wieder eine kleine Feuerpause ein. Die benutzten wir, um schnell die an Deck befindlichen Granaten und Kartuschen über Bord zu werfen und einige Kameraden aus dem Wasser zu retten. Unsere Schiffe der König-, Ostfriesland- und Nassau-Klasse kamen nochmals näher, schwenkten dann aber wieder ab. Ein Torpedoboot morste uns an, wir konnten aber keine Antwort geben. Der Feind war im Halbkreis um uns herum, zog dann in der Richtung unserer Schiffe ab[m]. Genau gesehen

---

[j] Es handelte sich um das Gefecht der II. Aufklärungsgruppe mit dem britischen Kreuzer *Chester*, siehe Vorbemerkung.

[k] Die wasserdichten Abteilungen auf deutschen Kriegsschiffen werden von hinten nach vorn gezählt und mit römischen Ziffern gekennzeichnet. Die *Wiesbaden* hatte 16 Abteilungen. Die Abteilung IX befand sich also in der vorderen Hälfte des Schiffes.

[l] In der Befragung an Bord von *S.M.S. Kaiser* (undatiert) äußerte sich Zenne dazu wie folgt: »Außenbords schwammen verschiedene Leute. Diese hatten sich Schwimmwesten geholt und waren über Bord gesprungen, in der Hoffnung, von den herannahenden eigenen Schiffen, die nach Schätzung etwa 2000 m ab waren, aufgenommen zu werden. Im Wasser mögen etwa 30-50 Leute gewesen sein, die zum größten Teil ertrunken sind. Einige wurden zurückkehrend von uns hochgezogen, andere von den einschlagenden Granaten im Wasser hochgeschleudert und so getötet. Ich ging mit 4-6 Mann nach achtern und stellte mich beim V. Geschütz auf, das ebenfalls durch einen Treffer unbrauchbar geworden war.« Zit. nach BA-MA, RM 8/880, Bl. 272.

[m] In der Befragung an Bord von *S.M.S. Kaiser* (undatiert) äußerte sich Zenne dazu wie folgt: »Als unsere Schiffe zum zweiten Male auf uns zu kamen, lagen wir wieder in schwerem feindlichen Feuer. Durch das gleichzeitige Schießen vieler Schiffe von verschiedenen Seiten ist nach meiner

habe ich nur 2 Schiffe mit je 4 Schornsteinen, aber mehrere Rauchfahnen. Mittlerweile war es dämmerich geworden. Wir Unverwundeten (etwa 30 Mann) verbanden nun unsere Verwundeten darunter den am Kopf schwer verwundeten I. Offizier (der Kommandant und die übrigen Offiziere und Ingenieure waren gefallen) und legten sie an St.Bordseite auf Hängematten. Dann holten wir trockene Sachen und etwas zu essen und zwei Flaschen Wein für die Verwundeten[n]. Um Mitternacht bin ich unter Deck gegangen, um nachzusehen, wie es da aussah. Unter der Back Abt. X war ziemlich unversehrt, Abt. XIV und XV war die Bordwand durchlöchert, Spinde und Sachen darin zerfetzt. Das Schott nach Abt. XVI war durchschlagen und etwas Wasser auf Deck. Das Panzerluk zu den Munitionskammern war geschlossen. In Abt. XIII 2 Löcher in der Bordwand. Nach Abt. XII konnte ich nur mit Mühe hinkommen. Die Bordwand war von Deck bis oben durchlöchert. Das Wasser schlug durch mehrere Löcher durch das Panzerdeck nach dem Verwalterhellegatt. Der Deckel zur Torpedoübernahme war weg. Im Torpedoraum etwas Wasser, die Torpedos konnte ich aber noch erkennen. Der Weg nach Abt. XI war versperrt. Das unterste Loch im Heizerbad habe ich mit einigen Sachen zugestopft und ein Brett davorgeklemmt. Dann ging ich an Oberdeck und in den Windschacht in Abt. X herunter. Abt. X war nicht beschädigt, im Heizraum stand das Wasser bis zur Türhöhe. Ich versuchte, die Feuerlöschzüge der Kessel zu schließen, es gelang mir aber nicht. Beim Aufmachen der Vorreiber an Schott 62 kam Wasser von Abt. XI. Darauf habe ich das Schott dicht gelassen.

In Abt. IX war ein Treffer durch den Bunker gegangen, hatte den Windschacht durchschlagen und alles zerrissen, ein zweiter Treffer durch den Schornsteinhals. Auch die Trockenkammer war bis zur Türhöhe voll Wasser. Schott 46 war verbogen. In Abt. VII und VIII mehrere Treffer, verschiedene Löcher in der Bordwand, in Bunker und Windschacht, der völlig zerstört war. Im Heizraum stand das Wasser etwas über Türhöhe. Die Bunkerdeckel zu den Schütten waren geschlossen, Kohlen lagen bis ins Zwischendeck. In Abt. VI war Feuer, da konnte ich nur hineinsehen. Die Kleiderspinde lagen durcheinander und brannten. Die Wand zum Kohlenbunker an St.B. war aufgerissen, da brannte es ebenfalls. Durch den Windschacht in Abt. X ging ich wieder an Oberdeck und nach Abt. V herunter. Da lag alles durcheinander, auch mehrere tote Kameraden. Die Türen zu den Maschinen

---

Beobachtung nur ein Treffer an B.B. Seite 1 m über der Wasserlinie erzielt worden.« Zit. ebd., Bl. 273.

[n] In der Befragung an Bord von *S.M.S. Kaiser* (undatiert) äußerte sich Zenne dazu wie folgt: »Wir gingen den Niedergang, der noch passierbar war, nach Abteilung XIII im Zwischendeck, wo wir unsere Spinde unversehrt wieder fanden. Licht brannte nicht mehr. Wir hatten keine Lampen. Wir holten uns trockenes Unterzeug, blaues Zeug, Überzieher und gingen wieder nach achtern. Hier hatten sich inzwischen alle übriggeblieben Leute versammelt. Vor dem Umziehen schon hatten wir alle Verwundeten nach achtern gebracht und haben sie, so gut es ging, verbunden mit aus Offizierskammern geholtem, reinen Unterzeug und dem Inhalt der übriggebliebenen Verbandsbeutel. Es handelte sich hauptsächlich um mehr oder weniger schwere Fleischwunden. Verbrennungen waren nicht da, nur zwei verbrühte Leute, die an Deck gelegt wurden. An Nahrungsmitteln hatten wir aus der Kantine einige Stücke Käse und Schinken geholt; ferner zwei Flaschen Wein. Unter den Verwundeten befand sich der am Kopf verletzte I. Offizier, Kapitänleutnant Berger.« Zit. nach ebd., Bl. 273 f.

waren offen, ich konnte aber nicht vorbei, da das Wasser zu hoch stand. Dagegen gelang es mir, durch Schott 23 durchzukommen. Das Panzerluk zur Munitionskammer war offen, über dem Plattformdeck stand wenig Wasser. Zusammen mit noch einem Mann, den ich mir holte, habe ich das Panzerluk dicht gemacht und abgesteift. Weiter nach hinten war alles versperrt. Ich habe dann dem I. Offizier Meldung gemacht. Er gab mir den Befehl, wenn das Schiff nicht sinken sollte, die Geheimflaggen über Bord zu werfen.

Nun sah ich mich an Oberdeck um. Von den Schornsteinen waren der erste durchlöchert, der zweite und dritte gänzlich abgeschossen. Die Masten standen noch, die Flagge wehte. Am St.B. zweiten Geschütz war das Rohr an der Mündung aufgespalten, das B.B. zweite stand schräg, da das Deck aufgerissen war. In der Küche alles zertrümmert, ebenso der Windschacht, nach dem 4. Kesselraum auch der nach dem ersten und zweiten und der Maschine, während der Windschacht vom 3. Kesselraum nur leichte Beschädigungen hatte. Das Motorboot brannte. Beide Kutter waren durchlöchert. Die Hängemattskasten an St.B. waren alle zerschossen, davor lagen mehrere tote Kameraden. Das St.B. 3. Geschütz stand noch gerade, es war geladen, aber der Verschluß ging nicht mehr. Das B.B. 3. [Geschütz] drohte umzufallen, da das ganze Deck aufgerissen war. Der Kommandantensalon war in 2 Hälften geteilt, ebenso die Kammern vom Navigationsoffizier und vom I. Offizier. Das achtere Geschütz ging nicht mehr zu drehen. Das Heck war ganz aufgerissen. Mittlerweile hatte die Schiffsschreibstube von Abt. VI aus Feuer gefangen. Ein Matrose und ich fanden 2 heile Pützen, und es gelang uns, das Feuer ziemlich zu löschen. Die Ballonabwehrgeschütze waren fast unversehrt, ebenso das Handruder und der Kompaß, überhaupt alles am achtern Mast. Der Obermatrose Schuster war bis zuletzt im achteren Krähennest geblieben.

Soweit ich mich noch entsinnen kann, waren folgende Offiziere und Mannschaften noch am Leben:

I. Offizier: Kapitänleutnant Berger (am Kopf verwundet), Maschinisten Lenkheit (im Rücken verwundet) und Schlosser, Obermaschinistenmaate Rux, Fischer, Lemke, Wirts (verw.) Maschinistenmaate König, Rohte, Spitzner, Loh, Froitzheim Bruhns (verbrüht) Oberheizer Lindemann, Obermatrose Schuster, Adam und 2 mir unbekannte Heizer Schulze, Holland, Sticht, Hagedorn, Ruppach, Uhlmann, Krapiki und 2 Heizer vom Informationskommando [sic]. Namen kannte ich nicht (sämtlich verw.) Anwärter Keunike und Kleemann (verwundet).

Gegen 3 Uhr morgens legte sich S.M.S. »Wiesbaden« etwas mehr nach St.B. über. Schwimmflöße waren achtern heruntergelassen. Es war schon ziemlich hell. Ein Kreuzer und ein Zerstörer mit je 4 Schornsteinen kamen in Sicht, nahmen aber keine Notiz von uns! Das Schiff legte sich immer mehr über. Da gingen wir alle achtern herunter auf die Flöße, die Schwerverwundeten mußten zurückgelassen werden. Ganz ruhig war plötzlich Wiesbaden mit wehender Flagge verschwunden.

Ich hing an dem einen Schwimmfloß mit etwa 10 Mann. Mir wurde übel, so daß ich mich übergeben mußte, dann war ich wieder ganz klar. Allmählich ließen die Kräfte nach, einer nach dem anderen ließ los. Schließlich waren wir noch 3 Mann.

Dann setzten wir uns auf das Floß. Plötzlich kippte es um, einer kam dabei nicht wieder hoch. Im Laufe des Tages kippte das Floß mindestens noch 20-30 Mal um. Das andere Floß mit 3 Mann darauf haben wir noch lange gesehen. Gegen Abend war ein Dampfer in weiter Ferne in Sicht. In der nun folgenden Nacht setzte Sturm und Regen ein. Das Floß kippte wieder mehrere Male um. Beim Morgengrauen sahen wir einen Kreuzer und mehrere Torpedoboote, zwischen 9 und 10 Uhr vormittags 3 Dampfer in weiter Ferne. Mittags kam die Sonne durch. Gegen Abend kam ein Dampfer etwas näher. Beim Winken kenterte das Floß. Der Heizer, der schon angefangen hatte zu singen, anscheinend wahnsinnig geworden war, konnte nicht mehr hochkommen. Ich griff nach ihm, bekam aber nur seine Mütze, in der Martin stand. Ich konnte ihm nicht mehr helfen. Als ich allein war, wurde es noch schlimmer, weil das Floß immerfort kenterte. Schließlich legte ich mich lang darauf hin. Abends spät, als ich so in dumpfem Hinbrüten gelegen hatte, kam ein Dampfer ganz nahe heran. Ich winkte, er sah mich, versuchte mich zu retten. Beim dritten Versuch gelang es mir, durch ein zugeworfenes Tau an Bord zu kommen.

Es war der norwegische Dampfer Willy aus Drammen. Man gab mir neues Zug und Whisky und legte mich in warme Decken auf das Sopha in der Kapitänskajüte. Ich schlief dann fest. Am nächsten Morgen hatte ich nur Durst nach warmen Getränken, Kaffee und Tee und starkes Kribbeln in den Händen. Ich wurde dann auf ein Torpedoboot gebracht und später auf der Ellida in einer Offizierskammer von einem Arzt gut gepflegt°. In der ersten Zeit konnte ich weder essen noch rauchen. Jetzt fühle ich mich gut, nur Füße und Hände machen noch Beschwerden.

gez. Zenne.

gez. Hilmers.

° In der Befragung an Bord von *S.M.S. Kaiser* (undatiert) äußerte sich Zenne dazu wie folgt: »Ich wurde gut aufgenommen. Am nächsten Tage sagte mir der Kommandant der *Ellida*, dass die deutsche Flotte es gut gemacht habe. – Am Sonntag Nachmittag des 4. Juni kam der deutsche Konsul und sagte mir, dass er für mich sorgen wolle wie ein Vater für seinen Sohn. Er erzählte mir, dass die Bevölkerung deutschfeindlich sei und bat mich, mich nicht mit den Leuten an Land in Gespräche einzulassen. Die Offiziere und Mannschaften waren meiner Ansicht nach deutschfreundlich gesinnt. Am 15. Juni kam die Nachricht, dass ich freigelassen würde.« Zit. ebd., Bl. 276. Es fällt auf, dass Zenne hier die erste Befragung durch den deutschen Marineattaché nicht erwähnt.

John Brooks

Beatty und die Führung des Schlachtkreuzerverbandes

In der Skagerrakschlacht stand das 4. Leichte Kreuzergeschwader unter dem Befehl von Commodore Charles Le Mesurier. Die Briefe, die er kurz nach der Schlacht an seine Frau sandte, spiegeln das in der britischen Flotte weitverbreitete Gefühl der Enttäuschung wider. Sie enthalten jedoch auch eine kluge Bewertung der taktischen und strategischen Ergebnisse. Am 4. Juni 1916 schrieb Le Mesurier vom ersten Gefecht der Schlachtkreuzer (bekannt als das Schlachtkreuzergefecht, engl. »Run to the South«): »Result – a good deal in favour of the Germans.« Und er zog die Schlussfolgerung: »And so, my dear, you must not lose heart. We have our main fleet intact while theirs is distinctly weakened. The main situation has not changed, tho' this meeting will quite naturally put heart into the Germans: and a deuced good fight they put up.«

Zwei Tage später, nachdem er die ersten düsteren Berichte in den britischen Zeitungen gelesen hatte, stellte der Commodore fest: »The truth [...] is that we missed the chance of annihilating the Germans at sea: on the other hand, they got as much as they had any stomach for, and were badly rattled[1].«

Le Mesuriers Sicht auf das Schlachtkreuzergefecht stimmte mit der seines Oberbefehlshabers überein. In seiner geheimen Depesche schrieb Admiral Sir John Jellicoe mit typischer, dabei indes verheerender Untertreibung:

»The disturbing feature of the battle-cruiser action is the fact that five German battle-cruisers engaging six British vessels of this class, supported after the first twenty minutes, although at great range, by the fire of four battle ships of the *Queen Elizabeth* class, were yet able to sink the *Queen Mary* and *Indefatigable* [...] the result cannot be other than unpalatable[2].«

Umgekehrt begann Vice-Admiral Sir David Beatty, der Befehlshaber der britischen Schlachtkreuzer, sofort nach seiner Rückkehr nach Rosyth Jellicoe vorzuwerfen, dass er ihn in den späteren Phasen der Schlacht nicht unterstützt habe. Und noch vor Ende Juni 1916 schob Beatty alle Schuld für die zwanzigminütige Verzögerung auf den Kommandeur des 5. Schlachtgeschwaders, Rear-Admiral Hugh Evan-Thomas[3]. Diese widersprüchlichen Sichtweisen sollten sich zur Kontroverse um die Skagerrak-Schlacht entwickeln, die in den 1920er Jahren zwischen den Prota-

---

[1] Jutland Letters June–October 1916. Ed. by Harriet Bachrach, Salisbury 2006, S. 14 und 16.
[2] The Jellicoe Papers, vol. 1. Ed. by Alfred Temple Patterson, London 1966, S. 286.
[3] Arthur Marder, From the Dreadnought to Scapa Flow, vol. 3, 2. ed., London [et al.] 1978, S. 238; Bryan Ranft, The Beatty Papers, vol. 1, Aldershot 1989, S. 368.

gonisten Jellicoe und Beatty außerordentlich verbittert und offen ausgetragen wurde. Mit Beatty als Erstem Seelord und anderen Offizieren der Schlachtkreuzer in leitenden Positionen überrascht es nicht, dass innerhalb der Royal Navy die größte Aufmerksamkeit dem ergebnislosen Zusammentreffen der beiden Schlachtflotten gewidmet wurde. Besonders Jellicoe und seinen »Schlachtanordnungen für die Grand Fleet« (Grand Fleet Battle Orders) hielt man vor, auf eine zu verhaltene Taktik abgezielt, eine einzige, starre Schlachtordnung (die Kiellinie) durchgesetzt und die Initiative der Divisionschefs unterdrückt zu haben. Selbst an Jellicoes Entfaltung der in Dwarslinie anlaufenden Geschwader der Grand Fleet zu einer Linie um 18.15 Uhr gab es etwas auszusetzen[4]. Ganz gleich, ob diese Kritik letztlich berechtigt war oder nicht, sie förderte zweifellos die Entwicklung einer viel freieren taktischen Doktrin, die sich für die Royal Navy im Zweiten Weltkrieg positiv auswirkte[5] – doch stand hier kein britischer Admiral vor dem Problem, eine Flotte zu befehligen, die so schwerfällig war wie die Grand Fleet.

In jüngster Zeit hat sich die wissenschaftliche Kritik weiterhin maßgeblich gegen Jellicoe gerichtet[6]. Im Gegensatz dazu wurden Beattys Verluste im Kampf gegen eine unterlegene Flotte – die Versenkung der *Indefatigable* und der *Queen Mary* – im Wesentlichen durch Materialmängel einerseits und Probleme mit der Sicht andererseits erklärt, auch wenn die schlechten Schießleistungen in der Schlachtkreuzerflotte ebenfalls zur Kenntnis genommen wurden. Als Person entging Beatty jedoch weitgehend der Kritik. Im dritten Band von »From the Dreadnought to Scapa Flow« zog Arthur Marder folgende Schlussfolgerung über Beattys Schlachtkreuzer:

»If their gunnery performance, particularly in the run to the south, was not especially brilliant, the fault lay mostly in conditions for which they and their Admiral were not responsible and over which they had no control.« In »The Rules of the Game« erklärte Andrew Gordon: »Whether these problems [visibility, interference from own smoke, and inferior British coincidence rangefinders] might have been ameliorated by tactical skill on the part of Beatty, is doubtful[7].«

Sowohl Marder als auch Stephen Roskill, letzterer in seiner Beatty-Biografie, verwiesen auf John Campbells Berechnung, dass Beattys Schlachtkreuzer elf Treffer im Vergleich zu den 44 von Hippers 1. Aufklärungsgruppe erzielten. Meine eigene Schätzung über die deutschen Treffer kommt zu geringeren Ergebnissen – nicht mehr als 34 –, aber ein Verhältnis von drei zu eins bleibt gleichwohl schlimm.

---

[4] Stephen Roskill, Admiral of the Fleet Earl Beatty. An Intimate Biography, New York 1981, Kapitel 15. Andrew Gordon, The Rules of the Game. Jutland and British Naval Command, London 1996, S. 440-441 und Kapitel 24.
[5] Gordon, The Rules (wie Anm. 4), S. 574-576.
[6] Ebd., S. 564-568. Marder (Kapitel I) kritisierte Jellicoes taktische Vorstellungen, wie sie in den Schlachtanordnungen für die Grand Fleet (Grand Fleet Battle Orders) dargelegt waren. Das betraf jedoch nicht die tatsächliche Durchführung der Schlacht (S. 224-232).
[7] Marder, From the Dreadnought (wie Anm. 3), S. 83-85; Roskill, Admiral (wie Anm. 4), S. 161; Gordon, The Rules (wie Anm. 4), S. 110.

Roskill vertrat jedoch die Ansicht, »as the light and visibility was markedly in the German favour too much should not be made of this disparity[8].«

Roskill und Marder kamen auch hinsichtlich der Ursachen für Beattys Verluste zu ähnlichen Einsichten. Beide gaben an, dass die panzerbrechenden Geschosse der Briten weniger effektiv und ihre Schiffe weniger gut geschützt waren, obwohl keiner der beiden Faktoren ein solches Gewicht erlangt hätte, wenn die Ungleichheit bei den Treffern weniger extrem gewesen wäre. Beide akzeptierten, dass die Raumbildentfernungsmesser (stereoscopic rangefinders/Stereoskop-E-Messgeräte) der Deutschen besser waren, und dass es ihnen ihre Feuer- und Aufschlagbeobachtungsverfahren ermöglichten, schneller mit ihrer Artillerie deckend zu liegen. Roskill hatte allerdings seine Zweifel an Letzterem, auch wenn er dies nur in einer Fußnote erwähnte. Beide Autoren erkannten außerdem, dass die größere Vibration aufgrund der höheren Geschwindigkeit von Beattys Schiffen das Schießen beeinträchtigt haben muss und dass der Fehler in der Feuerverteilung der Briten dazu geführt hatte, dass die *Derfflinger* zu Beginn des Gefechts nicht beschossen wurde[9].

Roskill führte außerdem ein neues Argument an: »During the battle cruise action, and especially during the ›Run to the South‹, the rate of change of range was constantly varying, very high and probably beyond the capability of the Dreyer Fire Control tables to cope with.« Mit Blick auf das Konkurrenzprodukt zum Dreyer-Tisch, das Argo-System von Arthur Pollen, hatte Roskill zuvor erklärt: »[I]n its final form (Argo Clock Mark V) it could by 1914 have given the navy more accurate and ›helm-free‹ gunnery (that is the automatic correction of range and bearing to compensate for the firing ship's movements) than the Dreyer system.« Er zog den Schluss:

> »What the effects on Jutland might have been if most of the British heavy ships had been fitted with the Argo Clock is of course largely conjectural; but its obvious superiority to the system actually installed, together with the fact that the *Queen Mary*, which did the best shooting of Beatty's ships, was fitted with the Argo Clock Mark IV leaves one in little doubt that they would have been substantial.«

Roskill räumte unumwunden ein, dass seine Ansichten über die jeweiligen Vorteile des Dreyer- und Pollen-Feuerleitsystems auf der damals neuesten Arbeit des amerikanischen Historikers Jon Sumida beruhten[10]. Seit dieser Zeit hat Sumida seine Arbeit fortgesetzt und sein Hauptwerk zur Marinefinanzierung und Feuerleitung »In Defence of Naval Supremacy« veröffentlicht. Hiernach stand Folgendes fest:

> »It cannot be doubted [...] that full Admiralty cooperation with Pollen's efforts would have resulted in the putting into service of a fire control system that was far superior to that [...] actually adopted [and which] almost certainly would have enabled British ships to hit more often – perhaps even much more often – when range and bearing rates were high and changing[11].«

---

[8] Marder, From the Dreadnought (wie Anm. 3), S. 80; Roskill, Admiral (wie Anm. 4), S. 161; John Brooks, Dreadnought Gunnery and the Battle of Jutland: The Question of Fire Control, London 2005, S. 4, 243 und 247.
[9] Marder, From the Dreadnought (wie Anm. 3), S. 80-84; Roskill, Admiral (wie Anm. 4), S. 166 f.
[10] Roskill, Admiral (wie Anm. 4), S. 13, 65, 167 und 192.
[11] Jon Sumida, In Defence of Naval Supremacy. Finance, Technology and British Naval Policy, 1889-1914, London 1989, S. 331.

Sowohl Roskill als auch Sumida betonten, dass es notwendig war, mit schnell sich ändernden Feuerleitdaten fertig zu werden. Sie gaben zu verstehen, dass die Dreyer-Tische diesem Erfordernis nicht genügt hatten, da sie nicht in der Lage gewesen waren, die Eigenbewegung des Schiffes zu kompensieren. Die Argo Clock Mark IV an Bord der *Queen Mary* wies diese Unzulänglichkeiten nicht auf.

Selbst bei konstant bleibenden Kursen ändert sich die Entfernung zwischen einem Schiff und seinem Ziel. In der Anfangsphase des Schlachtkreuzergefechts war die relative Annäherungsgeschwindigkeit allerdings ziemlich hoch – die Entfernungen verringerten sich zwischen 500 und 800 Yards (ca. 460 und 730 m) pro Minute. Dies lag jedoch noch gut innerhalb der Leistung der Dreyer-Tische, die für Annäherungsgeschwindigkeiten von bis zu 2000 Yards (ca. 1800 m) pro Minute ausgelegt waren[12]. Ursache dieser schnell wechselnden Annäherungsgeschwindigkeit waren, wie die Karten vom Schlachtkreuzergefecht belegen, keine konstanten, aber stark voneinander abweichende Kurse. Dieselben Karten zeigen, dass beide Seiten tatsächlich häufig Kursänderungen vorgenommen haben[13]. So scheinen die Bedingungen des Gefechts Schiffe mit einer Feuerleitung begünstigt zu haben, welche die Eigenbewegung des Schiffes kompensieren konnte.

Doch konnten, anders als bislang angenommen, die Dreyer-Tische Mark III an Bord der *Lion* und *Princess Royal* genau diese Leistung im Sinne des Verständnisses Roskills erbringen, also Peilung und Abstand zum Ziel automatisch verbessern, um die Bewegungen des schießenden Schiffs auszugleichen. Dies geschah durch einen Elektromotor, der durch eine Kreiselkompasstochter des Schiffes gesteuert wurde. Der Motor stellte automatisch den Dumaresq (den Analogrechner) des Feuerleitrechentisches ein, der wiederum die Annäherungsgeschwindigkeit anzeigte, die für den Entfernungsanzeiger oder die »Uhr« umzusetzen war[14]. Dasselbe galt für die Mark-IV-Tische an Bord der *Tiger* und der Schiffe des 5. Schlachtgeschwaders.

Im Gegensatz dazu war die Argo Clock Mark IV auf der *Queen Mary* nicht mit dem Kreiselkompass verbunden. Wenn das Schiff einen geraden Kurs hielt, konnte dieses System Abstand und Peilung automatisch halten. In dieser Hinsicht war es dem Dreyer-Tisch Mark III – bei dem die Werte manuell einzustellen waren – überlegen, nicht jedoch dem Dreyer-Feuerleittisch Mark IV. Wenn das Schiff jedoch den Kurs änderte, dann musste die Argo Clock Mark IV von »Steady« (gerade) auf »Turning« (ändern) umgestellt werden. Das System konnte dann keine Zielwerte ermitteln, da diese manuell eingestellt werden mussten. So gesehen, verhalf es zu schlechteren Korrekturen der Schusswerte und nicht zu besseren als die

---

[12] Ein Yard entspricht 0,9144 m, sodass die von der britischen und deutschen Marine angegebenen Entfernungseinheiten in etwa dieselben sind.

[13] Die Karte über das Schlachtkreuzergefecht in: Brooks, Dreadnought Gunnery (wie Anm. 8), S. 236, unterscheidet sich deutlich von den entsprechenden Karten (4 und 5) in Marder sowie von späteren Karten, die eindeutig auf denen von Marder beruhen. Die Erklärungen zum Text treffen jedoch auf alle gleichermaßen zu.

[14] Der Dumaresq gab außerdem die seitliche Versetzung an, die mithilfe von Kurven, die auf einer mit dem Entfernungsanzeiger gekoppelten Trommel eingraviert waren, in die Peilungsverbesserung umgerechnet wurde.

Dreyer-Feuerleittische Mark III und IV – obgleich die Argo-Clock bei korrekter Bedienung in der Lage war, bei einer Drehung die Entfernung zu halten[15].

Obgleich die Feuerleitung an Bord der *Queen Mary* der an Bord der *Lion* technisch unterlegen war, gab es keinen deutlichen Unterschied in der Genauigkeit beim Schießen[16]. Darüber hinaus deutet nichts darauf hin, dass die offensichtlich wirksame deutsche Feuerleitanlage in irgendeiner Weise über einen Kompensationsmechanismus zum Ausgleich der Eigenbewegung verfügte. In dieser Hinsicht ähnelte sie eher den einfachen Systemen an Bord der *New Zealand* und der *Indefatigable*[17]. Es gibt somit keine Hinweise darauf, dass die Feuerleitung mit der Fähigkeit zum Ausgleich der Eigenbewegung irgendwelche Vorteile bot. Was ist dann mit den anderen Erklärungen, die frühere Autoren für die schlechte Schießleistung von Beattys Schlachtkreuzern anführten? Zur Beantwortung dieser Frage ist es notwendig, zu den ursprünglichen Quellen zurückzukehren, das heißt zu den Depeschen und Berichten, die unmittelbar nach der Schlacht vorgelegt wurden und somit nicht von späteren Kontroversen beeinflusst waren[18].

Am 31. Mai um 14.40 Uhr erhielt Beatty die erste Meldung, dass eine beachtliche feindliche Streitmacht in der Nähe war. Da die *Lion* es versäumt hatte, gegenüber dem weit entfernten 5. Schlachtgeschwader die mit Flaggensignalen übermittelten Befehle mit dem Scheinwerfer zu wiederholen, führten die Schlachtschiffe erst

---

15 Die technischen Beschreibungen der Argo Clock Mark IV und der Dreyer-Feuerleittische Mark III, IV und IV* sind in: Brooks, Dreadnought Gunnery (wie Anm. 8), S. 96–98 und S. 159–175 angegeben; siehe S. 210–212 zu der Kompensation der Eigenbewegung und S. 284–288 dazu, wie die Dreyer- und Argo-Systeme den Bedingungen des Schlachtkreuzergefechts gerecht wurden.

16 *Queen Mary* traf *Seydlitz* drei- oder viermal, *Lion Lützow* zwei- oder viermal. John Campell, Jutland. An Analysis of the Fighting, London 1986, S. 80–83, gibt vier Treffer von *Queen Mary* an, aber der dritte schlug unter Wasser ein, zudem ist der Zeitpunkt ungewiss. Er gesteht *Lion* nur zwei Treffer auf *Lützow* zu. Die zweite Treffergruppe um 16.15 Uhr schreibt er *Princess Royal* zu (S. 79). Es ist jedoch wahrscheinlich, dass sie zu dieser Zeit *Derfflinger* und nicht *Lützow* beschoss. Siehe auch: Brooks, Dreadnought Gunnery (wie Anm. 8), S. 241 f., 244.

17 Die Dumareqs an Bord der *New Zealand* und *Indefatigable* konnten die Zielwerte bei einer Wende annähernd halten, indem sie die Inklination (den Winkel zwischen der Visierlinie und dem Gegnerkurs) konstant hielten; die Gegnerpeilung musste durchweg von Hand eingestellt werden. Es scheint, dass das entsprechende deutsche Instrument, der EU/SV Anzeiger, trotz deutlicher Unterschiede in der Konstruktion nach einem ähnlichen Prinzip funktionierte. Allerdings war dieses Instrument in der Skagerrakschlacht möglicherweise noch nicht überall eingebaut. Einen vorläufigen Bericht über die deutsche Feuerleitung in der Dreadnought-Periode enthält Brooks, Dreadnought Gunnery (wie Anm. 8), S. 221–224; eine detaillierte Erörterung findet man in: John Brooks, Fire Control in British Dreadnoughts. Choices of Technology and Supply, Dissertation, University of London 2001, S. 235–238 sowie Anlage XXIV. Es bleibt zu hoffen, dass eine vollständigere zeitgenössische Beschreibung irgendwo in deutschen Archiven ihrer Entdeckung harrt.

18 Britische Depeschen und Berichte wurden zusammen mit britischen und beschlagnahmten deutschen Unterlagen nach dem Krieg in: Battle of Jutland 30th May to 1st June 1916: Official Despatches with Appendices, London 1920, veröffentlicht. Lediglich persönliche Empfehlungen und einige geheime Angaben zur Artilleriewaffenanlage wurden ausgelassen. Einzelne Gesamtpläne der Schlacht (Tafeln 1a, 4a und 8a) spiegeln Beattys Anstrengungen wider, seine eigene Version der Bewegungen des Schlachtkreuzerverbandes durchzusetzen (siehe Battle of Jutland, S. 5, 51 und 143). Die vollständigen Originale der Berichte befinden sich in: TNA/Public Record Office, London, unter Admiralty Records 137/301–3 und 1643–4.

Unter den britischen Großkampfschiffen erhielt der Schlachtkreuzer *Tiger* während der Schlacht zusammen mit dem Schlachtschiff *Warspite* die meisten Treffer schwerer Artillerie (je 15). Nach durchgeführter Reparatur war *HMS Tiger* am 2. Juli 1916 noch vor *HMS Warspite* wieder einsatzbereit. Die Aufnahme oben zeigt *HMS Tiger* während der zweiten Phase der Skagerrakschlacht (Run to the North), die Aufnahme rechts Gefechtsschäden an Bord des Schiffes.
Quelle: IWM, SP 2878 (oben), SP 1604 (rechts)

HMS Barham am Nachmittag des 31. Mai 1916, fotografiert von Bord *HMS Valiant*.
Quelle: IWM, Q 114832

jetzt eine Südsüdost-Wendung aus, um den vier Schlachtkreuzern zu folgen. Diese Verzögerung erhöhte ihren Abstand von 10 000 auf etwa 18 000 bis 20 000 Yards. Auch zwischen dem 1. und dem 2. Schlachtkreuzergeschwader blieb jedoch ein Abstand von drei Meilen bestehen. Die britischen und deutschen Schlachtkreuzer sichteten einander zwischen 15.20 Uhr und 15.25 Uhr; zu diesem Zeitpunkt war die Sicht für beide Seiten im Allgemeinen gut; allerdings für die Briten etwas lückenhafter. Gegen 15.30 Uhr, als die Entfernung nahezu 23 000 Yards betrug, befahl Beatty seinen Geschwadern, nach Osten durch Hippers Kielwasser zu drehen: Allerdings änderten die Schlachtschiffe ihren Kurs erst um 15.35 Uhr, als endlich das Signal mit dem Scheinwerfer wiederholt worden war. Hipper reagierte, indem er fast auf Gegenkurs nach Südsüdost abdrehte. Dies führte dazu, dass die Entfernung pro Minute um mehr als 500 Yards abnahm.

Doch hatte Beatty seit 14.40 Uhr nichts unternommen, um seine Geschwader zu konzentrieren oder seine Schlachtlinie zu formieren[19]. Das 5. Schlachtgeschwader war zu weit entfernt, um sich an der ersten kritischen Phase des kommenden Gefechts zu beteiligen, und alle Signale von Beatty bestätigen, dass er beabsichtigte, es auf Abstand zu halten. Ebenso gravierend war, dass seine beiden schwächsten Schiffe, *New Zealand* und *Indefatigable*, die das 2. Schlachtkreuzergeschwader bildeten, jetzt an Backbord von *Lion* standen, dem Feind am nächsten. Gegen 15.34 Uhr befahl ihnen Beatty, sich in die eigene Kiellinie einzureihen. Dies zwang sie, zwei Kursänderungen von jeweils etwa 180 Grad vorzunehmen und ihre Maschinenleistung zu erhöhen, um den bei den Drehungen eingetretenen Fahrtverlust wieder auszugleichen. Dies waren die denkbar ungünstigsten Bedingungen, um Zielwerte zu ermitteln. *New Zealand* begann damit erst 15.45 Uhr, zwei Minuten vor Beginn des Schießens. Es überrascht nicht, dass ihre ersten Salven etwa 2000 Yards zu weit lagen. *Lion*, gefolgt von *Princess Royal*, *Queen Mary* und *Tiger*, setzte ihre Fahrt ostwärts fort. Um 15.45 Uhr befahl Beatty eine Formation in Peilungslinie Nordwest, um Behinderungen durch Qualm zu vermeiden. Dem folgte 15.46 Uhr sein Feuerverteilungssignal, mit dem *Queen Mary* und *Tiger* das zweite und dritte deutsche Schiff unter Feuer nehmen sollten. Um 15.45 Uhr oder möglicherweise um 15.47 Uhr, als die deutsche Seite das Feuer eröffnete, befahl Beatty eine Drehung nach Ostsüdost. Was immer seine genauen Absichten gewesen sein mögen, die Zeit reichte mit Sicherheit nicht aus, um eine richtige Peilungslinie zu formieren, ehe er gezwungen war, mit einer Drehung nach Süden der Wirkung des deutschen Feuers auszuweichen.

Da der Wind von Westen wehte und nach Südwesten drehte, konnte *Lion* selbst nicht unter der Einwirkung von Qualm gelitten haben. Das traf, so scheint es, auch auf *Princess Royal* zu. Sie sichtete alle fünf Schiffe der 1. Aufklärungsgruppe um 15.34 Uhr, und um 15.42 Uhr wählte sie entsprechend den üblichen Regeln für die Feuervereinigung das Flaggschiff *Lützow* als ihr Ziel. Ihre ersten Salven lagen auf 16 000 Yards bereits dicht am Ziel. Sie ermittelte auch die genaueste Annäherungsgeschwindigkeit auf beiden Seiten, was vermuten lässt, dass sie in der Lage

---

[19] Hinsichtlich der von Jellicoe in dieser Frage geäußerten Kritik siehe Marder, From the Dreadnought (wie Anm. 3) S. 77–79.

war, eine Reihe guter Messwerte zu nehmen und zu übertragen. Diese Ergebnisse weisen darauf hin, dass die britischen Schnittbild-Entfernungsmesser, sofern sie durch geübtes Personal bedient wurden, ebenso exakt sein konnten, wie die deutschen Raumbildentfernungsmesser. *Princess Royal* bildete jedoch eine Ausnahme. *Lion*, ebenfalls nicht durch Qualm behindert, eröffnete das Feuer mit einer Entfernung von 18.500 Yards: ein zu weit liegender Schusswert, der nur einer fehlerhaften Entfernungsmessung zuzuschreiben ist, die gravierende Auswirkungen sowohl auf das taktische Verhalten insgesamt als auch auf das Schießen haben sollte. *Queen Mary* und *Tiger* hingegen wurden augenscheinlich vom Qualm der vor ihnen fahrenden Schiffe behindert. Als *Tiger* um 15.45 Uhr schließlich deutsche Schlachtkreuzer sichtete, waren dies die mittleren drei in Hippers Linie. Somit war zumindest zu Beginn *Lützow* nicht zu sehen – was erklärt, weshalb *Queen Mary* und *Tiger* auf das dritte und vierte Schiff in der deutschen Linie zielten anstatt auf das zweite und dritte. Der Rauch beeinträchtigte demnach auch ihre Entfernungsmessung und schließlich auch das Zielen und die Aufschlagbeobachtung.

Die Sicht, eine der üblichen Erklärungen für die schlechte Schießleistung von Beattys Schiffen, war also zumindest während der Annäherungsphase ziemlich gut. Ihre Entfernungsmessgeräte waren technisch nicht ungenauer, obwohl deren Bedienung an Bord der *Lion* und möglicherweise auch auf anderen Schiffen zu wünschen übrig ließ. Die Hauptursache lag jedoch in den falschen Entscheidungen Beattys während des Annäherungsmanövers, da er seinen Schlachtkreuzern die Unterstützung des schlagkräftigen 5. Schlachtgeschwaders verwehrt hatte. Er hatte seine Linie so spät gebildet, dass das 2. Schlachtkreuzergeschwader unmittelbar vor dem Kampf heftig manövrieren musste. Zudem erfolgte sein letztes Annäherungsmanöver so plötzlich, dass keine Zeit mehr verblieb, erstens die Peilungslinie zu bilden, die notwendig war, um Rauchbehinderungen zu vermeiden, und zweitens eine angemessene Feuerverteilung zu gewährleisten[20].

Doch Beattys Depesche stellt sein Annäherungsmanöver ganz anders dar:

»At 3.30 p.m. I increased speed to 25 knots and formed the Line of Battle, the 2nd Battle Cruiser Squadron forming astern of the 1st Battle Cruiser Squadron [...] I turned to E.S.E., slightly converging on the enemy, who were now at a range of 23,000 yards, and formed the ships on a line of bearing to clear the smoke [...] The visibility at this time was good, the sun behind us[21].«

Dadurch wird der irreführende Eindruck vermittelt, dass er seine Linie formierte, die Annäherungsgeschwindigkeit reduzierte und eine Peilungslinie formierte, um vom Rauch freizukommen – alles allerdings etwa 15 Minuten früher, als es tatsächlich der Fall war. Seine Depesche widerspricht seiner eigenen persönlichen Darstellung, die sich noch immer unter seinen Papieren im National Maritime

---

[20] Diese Darstellung der Anfangsphase des Schlachtkreuzergefechts ist eine Zusammenfassung aus Brooks, Dreadnought Gunnery (wie Anm. 8), S. 237–244, 248.

[21] The Beatty Papers, vol. 1 (wie Anm. 3), S. 326. Beattys Depesche findet sich ebenfalls in: Battle of Jutland (wie Anm. 18), S. 129–143. Auf Beharren Beattys wurden wortwörtliche Auszüge aus seiner Depesche (einschließlich dieser und anderer weiter unten zitierter Passagen) auch in Jellicoes Depesche aufgenommen, die am 4.7.1916 in der London Gazette veröffentlicht wurde: siehe The Jellicoe Papers, vol. 1 (wie Anm. 2), S. 292, 294, 299.

Museum in Greenwich befindet.[22] Es kann somit geschlussfolgert werden, dass die falsche Darstellung beabsichtigt war. Wie bereits erwähnt, begann er bald, Evan-Thomas die Schuld dafür zu geben, dass die Lücke zwischen den Schlachtschiffen und den Schlachtkreuzern nicht geschlossen worden war.

Wenn Beatty bereit war, hinsichtlich einer Episode der Schlacht so weit zu gehen, gibt es dann andere Teile seiner Depesche, in denen seine Version der Ereignisse anderen Primärquellen widerspricht? Wie es sich zeigt, gibt es davon eine ganze Reihe.

In der zweiten wichtigen Phase der Schlacht, der Verfolgung (»Run to the North«), führten die Geschwader unter Beattys Kommando die gesamte Hochseeflotte an die anmarschierende Grand Fleet heran. Aufgrund weiterer Verwirrungen in der Signalgebung der *Lion* und der pedantischen Einhaltung der Signalvorschrift durch Evan-Thomas kam es dazu, dass am Ende das 5. Schlachtgeschwader in etwa vier-, später sechstausend Yards auf die vier verbliebenen Schlachtkreuzer folgte. Um 17.10 Uhr hatten sich die Schlachtkreuzer dem Schussbereich entzogen und das Feuer eingestellt. Sie sollten den Kampf erst um 17.40 Uhr wieder aufnehmen[23]. Somit waren die Schlachtschiffe ohne Unterstützung und daher in großer Gefahr, da sie sowohl mit der 1. Aufklärungsgruppe als auch mit den an der Spitze dampfenden deutschen Schlachtschiffen im Kampf standen[24]. Doch Beattys Depesche enthält keinen Hinweis darauf:

> »Between 5 and 6 p.m. the action continued on a Northerly course, the range being about 14,000 yards. During this time, the enemy received very severe punishment, and undoubtedly one of their Battle Cruisers quitted the line in a considerably damaged condition. This came under my personal observation, and was corroborated by ›Princess Royal‹ and ›Tiger‹[25].«

Tatsächlich wird diese Beobachtung von keinem der Schlachtkreuzer erwähnt – lediglich, dass der Gegner verdeckt und nicht zu sehen war. Captain John Harper, der beauftragt war, den offiziellen Bericht über die Skagerrakschlacht zu schreiben, erkannte, dass die Entfernung nicht während der gesamten Verfolgung 14 000 Yards (12 800 m) betragen haben konnte, obwohl es möglicherweise gegen Ende zutraf. Nach einem »heftigen Krach« jedoch befahl Beatty, der zu dieser Zeit bereits Erster Seelord war, Harper, im Bericht als Abstand 14 000 Yards einzutragen. Sowohl Marder als auch Roskill legten diesen Vorgang zu Beattys Gunsten aus, obgleich Roskill bemerkt:

---

[22] »Battle of 31st May: Narrative of Events« in »Action with the German High Sea Fleet. 31st May–1st June 1916. VABCF's Personal Records« in: BTY 6/3, National Maritime Museum. Eine weitere Kopie befindet sich in den Jellicoe Papers in der British Library (Add. 49014, ff. 228–32) mit folgender Anmerkung auf der letzten Seite: »This five page record was given to me when I was Director of Naval Ordnance in 1917 by Commander Longhurst RN (Gunnery Officer of H.M.S. ›Lion‹ in Jutland Battle) when he was one of my Gunnery Assistants. [signed] Fred C Dreyer Admiral.« In der Skagerrakschlacht war Dreyer Jellicoes Flag Captain auf der *Iron Duke* und blieb ein treuer Anhänger: siehe Admiral Sir Frederic C Dreyer, The Sea Heritage. A Study of Maritime Warfare, London 1955, insbesondere die Kapitel 11 und 12 zur Skagerrakschlacht.

[23] Die britischen Schlachtkreuzer verschwinden zwischen 17.15 und 17.48 Uhr aus den deutschen Karten: Battle of Jutland (wie Anm. 18), ›German Plan V‹.

[24] Brooks, Dreadnought Gunnery (wie Anm. 8), S. 249–255.

[25] The Beatty Papers, vol. 1 (wie Anm. 3), S. 332.

»One can only surmise that he [Beatty] was trying to forestall criticisms of himself for not closing the range – which in fact no one had made[26].«

Vielleicht wurde dieser Vorwurf tatsächlich nicht erhoben. Aber Beattys Depesche zeigt, dass er sich selbst im Juni 1916 wohl bewusst war, dass derartige Kritik zu erwarten war.

Wir kommen nun zu einer seltsamen Episode der Schlacht, die sich gegen 19.00 Uhr ereignete: *Lion* führte die Schlachtkreuzerflotte in einen Vollkreis. Obgleich das Plot, das Beattys eigener Depesche beigefügt war (ganz zu schweigen von anderen Karten des Schlachtkreuzerverbandes, die zu jener Zeit vorgelegt wurden) diese 360-Grad-Drehung zeigt, leugnete Beatty später kategorisch, dass sie jemals stattgefunden hatte[27]. Er bestand darauf, dass die Karten der Schlacht den Kurs der Schlachtkreuzerflotte als U-förmig darstellen sollten. Und es scheint, dass er nach dem Krieg sogar seine Unterschrift auf einer der Karten gefälscht hat, die zu den 1920 veröffentlichten »Official Despatches« gehörte. Möglicherweise trieb ihn die Angst vor der Kritik, dass er in diesem entscheidenden Moment nichts besseres getan habe, als seine Schlachtkreuzer in Sichtverbindung an die Spitze der Schlachtlinie zu setzen, zu diesen Schritten[28]. Es ist auch eine Tatsache, dass die umstrittene Drehung die Aufmerksamkeit von den vorausgegangenen Ereignissen abgelenkt hat. Nachdem *Invincible* versenkt worden war, versuchten *Inflexible* und *Indomitable* mit der sich zurückziehenden 1. Aufklärungsgruppe Verbindung zu halten. Beatty befahl ihnen jedoch, sich an seine Linie anzuhängen, als er die übrigen Schlachtkreuzer sich vor dem 2. Schlachtgeschwader formieren

---

[26] Roskill, Admiral (wie Anm. 4), S. 162; siehe Marder, From the Dreadnought (wie Anm. 3), S. 86, Fußnote 67.

[27] In Battle of Jutland (wie Anm. 18) wird eine 360-Grad-Drehung auf den Plots der Schlachtkreuzerflotte, wie sie zuerst vorgelegt wurden, dargestellt (11), *New Zealand* (31), 2. Schlachtkreuzergeschwader (9a), *Nottingham* (14) und *Falmouth* (15) – die beiden letzteren vom 2. bzw. 3. Leichten Kreuzergeschwader, die zum Schlachtkreuzergeschwader gehörten. Die Karte der *Princess Royal* (12) enthält keine starke Kursänderung zwischen 18.50 und 19.08 Uhr, während die der *Indomitable* eine unwahrscheinliche spontane Drehung nach backbord von etwa 15 Strich um 18.56 Uhr zwischen zwei Steuerbord-Drehungen von ca. 6 Strich um 18.51 Uhr und 8 Strich um 19.05 Uhr verzeichnet.

[28] Roskill, Admiral (wie Anm. 4), S. 326 f.; Gordon, The Rules (wie Anm. 4), S. 457. ›Appendix. The Harper Papers‹. In: The Jellicoe Papers, vol. 2, London 1968, insbesondere S. 478 f. Marder, From the Dreadnought (wie Anm. 3), S. 148–150; darin wird Beatty mit den Worten zitiert, die Drehung sei eingeleitet worden, »to see what the B.F. was doing«. Und Admiral Chalmers soll geglaubt haben, Beatty »did not wish to commit himself beyond the support of the Battle Fleet«. Die letzte Zeile auf fol. 158 des Originalberichts von Captain Chatfield der *Lion* in: ADM 137/302 vom 4. Juni 1916 besagt: »15. The ship continued to circle to starboard but was unable.« Es wird jedoch keine Erklärung gegeben, wie das Schiff zum Drehen kam. Der Beginn von fol. 159 ist abgeschnitten, der verbliebene Text beginnt als neuer Absatz: »At 7.3 p.m. our course was altered to S.S.E and at 7.6 p.m. to South.« Es ist zu vermuten, dass Beatty auf der ungeschickten Änderung des Originalberichts bestand. In den Official Despatches (Battle of Jutland – wie Anm. 18 –, S. 145) wurden die Worte »but was unable« ausgelassen, ohne irgendeinen Hinweis zu geben. In seinen Memoiren gab Chatfield lediglich an, dass er die Brücke sofort verließ, nachdem ihm Beatty den Befehl gegeben hatte, den Kurs um 180 Grad nach Steuerbord zu ändern. Admiral of the Fleet Lord Chatfield, The Navy and Defence, London 1942, S. 147.

ließ²⁹. Um 18.45 Uhr hatte Beatty vom Leichten Kreuzer *Falmouth* außerdem erfahren, dass die feindlichen Schlachtkreuzer den Kurs nach Westen geändert hatten, während sie noch mit dem 3. Schlachtkreuzergeschwader kämpften. Dennoch behielt er Kurs Südsüdost bei. Er leitete diese wichtige Information so zögerlich weiter, dass sie Jellicoe nicht vor 19.00 Uhr und in der wenig hilfreichen Formulierung »Enemy are to Westward« (Feind bewegt/befindet sich westliche Richtung) erreichte³⁰. Dies ist ein weiteres Beispiel für ein Versäumnis Beattys, die feindlichen Bewegungen vollständig und unverzüglich zu melden. Indem er nicht mit der 1. Aufklärungsgruppe Fühlung hielt, hatte er in Wirklichkeit die Hauptaufgabe der Schlachtkreuzer, wie in den »Grand Fleet Battle Orders« festgelegt, aufgegeben: »The primary function of the battle cruisers is the destruction of the battle cruisers of the enemy³¹.«

Kurz nach 19.00 Uhr tauchte die Hochseeflotte erneut aus dem Nebel und Rauch auf, womit sie sich zum zweiten Mal einem »Crossing-the-T« aussetzen sollte. Die dritte Gefechtskehrtwendung des Tages wurde durch verzweifelte Torpedoangriffe gedeckt, vor denen Jellicoe, entsprechend seiner seit langem erklärten Absicht, abdrehte. Dieser defensive Schritt wurde von Beatty und seinen Anhängern verurteilt. Aber welche Rolle spielten Beattys Schlachtkreuzer? Sie waren zu weit weg, um durch die Torpedoangriffe bedroht zu sein. Beattys Depesche besagte:

»[W]e re-engaged at 7.17 p.m. and increased speed to 22 knots. At 7.32 p.m. my course was S.W., speed 18 knots, the leading enemy Battleship bearing N.W. by W. Again after a very short time the enemy showed signs of punishment, one ship being on fire while another appeared to drop right astern [...] at 7.45 p.m. we lost sight of them³².«

Diese »ergreifende« Version der Ereignisse scheint Jellicoes Depesche beeinflusst zu haben, der zu jener Zeit angab: »The battle-cruiser fleet were inflicting considerable punishment on the enemy³³.«

Die Artillerieberichte besagen allerdings etwas völlig anderes. Von 19.13 Uhr an gaben *Lion*, *Princess Royal* und *Tiger* zusammen nur acht Salven ab, ehe sie gegen 19.20 Uhr das Schießen ganz einstellten. Nur *Indomitable* setzte das Feuer fort, aber

---

29 »Report of Senior Officer, 3rd Battle Squadron« and »Captain's Report – H.M.S. *Inflexible*«. In: Battle of Jutland (wie Anm. 18), S. 165 und 170; The Beatty Papers, vol. 1 (wie Anm. 3), S. 331.
30 »Appendix II. Record of Messages bearing on the Operation«. In: Battle of Jutland (wie Anm. 18), S. 460, 462. Die beiden von Suchscheinwerfern übermittelten Botschaften lauteten: »S.O. B.C.F. to SO 3rd L.C.S. ›What is bearing of Enemy's battle cruisers? Reply: Last seen 1820. Altered course to W., engaged by 3rd B.C.S.‹ Time-of-despatch 6.40. Time-of-origin 1845 [sic]. S.O. B.C.F. to C.-in-C. ›Enemy are to westward‹. Time-of-origin 7.0 (received) [sic]. Time-of-origin 17.55 [18.55].«
31 The Jellicoe Papers, vol. 1 (wie Anm. 12), S. 251: »If the enemy has no battle-cruisers present, or after his battle-cruisers have been destroyed, the function of our vessels of this class is to act as a fast division of the Battle Fleet and to attack the van of the enemy if it is possible to attain a sufficiently commanding position.«
32 The Beatty Papers, vol. 1 (wie Anm. 3), S. 332.
33 »Narrative« mit »Despatch from the Commander-in-Chief«, 18. Juni 1916. In: Battle of Jutland (wie Anm. 18), S. 20. Diese geheime Depesche unterscheidet sich von der in der London Gazette veröffentlichten. Beide Depeschen waren Bestandteil von: The Jellicoe Papers, vol. 1 (wie Anm. 2), S. 285-287, 290-308, aber nicht des »Narrative«.

auch nicht länger als 5 Minuten³⁴. Somit hatte der Schlachtkreuzerverband zum entscheidenden Zeitpunkt kaum Feindkontakt und fügte dem Feind keinen wesentlichen Schaden zu.

Als die Deutschen bei einer Entfernung von 20-22 000 Yards außer Sicht gerieten, wurde von Bord der *Lion* aus beobachtet, wie sie ihren Kurs auf »etwa SW« änderten. Doch Beatty hatte bereits seine Geschwindigkeit auf nur 18 Knoten reduziert. Als er um 19.45 Uhr auf den Feind zudrehte, tat er dies halbherzig mit nur zwei Strich auf WSW. In der Zwischenzeit hatte Jellicoe die Schlachtschiffe bereits zu einer einzigen Linie formiert, die um 19.43 Uhr mit Kurs SW und einer Geschwindigkeit von 17 Knoten lief. Die beiden britischen Befehlshaber hatten nunmehr keinen direkten Sichtkontakt mehr. Um 19.54 Uhr erhielt Jellicoe ein Funksignal von Beatty, das später ein weiterer Stein des Anstoßes werden sollte. »Urgent. Submit van of Battleships follow Battle Cruisers. We can then cut off whole of enemy's battlefleet.«

Es dauerte jedoch noch weitere fünf Minuten, ehe Jellicoe aufgrund eines früheren, per Scheinwerfer übermittelten Signals von Beatty erfuhr, dass der zuletzt beobachtete feindliche Kurs tatsächlich SW war³⁵. Von daher kann es unmöglich ein Zufall sein, dass Jellicoe um 20.00 Uhr den Spitzenschiffen seiner Divisionen befahl, nach Westen zu drehen. Damit näherten sich die Schlachtschiffe in einem steileren Winkel an, als es die Schlachtkreuzer taten. Zur gleichen Zeit befahl Beatty seinen Leichten Kreuzern, nach Westen aufzuklären. Den Schlachtkreuzern zu folgen, befahl er allerdings erst gegen 20.15 Uhr. Beinahe sofort sichteten sie deutsche Schiffe und eröffneten zum letzten Mal das Feuer mit ihrer schweren Artillerie. Weitere Treffer wurden auf der stark angeschlagenen 1. Aufklärungsgruppe und auf dem Linienschiff *Schleswig-Holstein* erzielt. Die Deutschen konnten ihre Angreifer nicht sehen und drehten nach Westen ab. Zu ihrer Überraschung folgte ihnen der Schlachtkreuzerverband nicht, sondern drehte mit Kurs SW ab. Jellicoes

---

34 Artilleriebericht *Princess Royal* (eine Salve um 19.14 Uhr), *Tiger* (drei Salven zwischen 19.16 und 19.20 Uhr) und *New Zealand* (keine Salven zwischen 18.27 und 20.24 Uhr) in »Appendix I. Information from Gunnery Records«. In: Battle of Jutland (wie Anm. 18), S. 388, 393, 395. »Captain's Report – H.M.S. *Inflexible*«. In: Battle of Jutland (wie Anm. 18), S. 170 (sie schoss zur fraglichen Zeit nur auf Zerstörer). Lieut. Comdr. (G) an Captain, *Indomitable* (zusammen mit Captain M H Hodges an RAC, 2nd B.C.S., 10. Juni 1916) in BTY 6/6 (*Indomitable* eröffnete das Feuer auf einen Schlachtkreuzer um 19.15 Uhr, verlagerte ihr Feuer aber 19.25 Uhr auf Zerstörer). »Record of Events during Action of May 31st compiled from Records kept in Control Position and Transmitting Station. H.M.S. *Lion*« in BTY 6/6 (vier Salven zwischen 19.13 und 19.16 Uhr). Die beiden letzten Quellen blieben in den Beatty Papers im National Maritime Museum und wurden nicht in die Official Despatches aufgenommen. Eine Kopie des ›Record of Events‹ der *Lion* ist Bestandteil der Jellicoe Papers (Add. 49014, fol. 223-227); sie enthält eine weitere Anmerkung in Dreyers Handschrift: »Commander Longhurst – Gunnery Officer of ›Lion‹ at Jutland gave these to Capt. F.C.Dreyer DNO in 1917. The DNO gave it [sic] to the 1st Sea Lord.« Der Verfasser des vorliegenden Beitrages hat keine Kenntnis, dass Jellicoe (bzw. Dreyer) die beiden Unterlagen der *Lion* offen verwendet haben, aber sie müssen während der Skagerrak-Kontroverse wertvolle Einsichten vermittelt haben. Man fragt sich, wieviel Druck der Respekt einflößende Dreyer auf Longhurst ausgeübt hat, um diesen zur Übergabe der Unterlagen zu veranlassen.

35 »Record of Messages«. In: Battle of Jutland (wie Anm. 18), S. 466.

Schlachtschiffe konnten den Feind nicht ausmachen und drehten um 20.28 Uhr ebenfalls auf Kurs SW[36].

Zusammenfassung

Beattys Kurse (SW, dann WSW) und Geschwindigkeit (nur 18 Knoten) waren zu vorsichtig gewählt, um effektiv an den Feind aufzuschließen, der etwa zehn Meilen WNW mit südwestlichem Kurs gesehen worden war. Es war Jellicoe, der um 20.00 Uhr entschlossen nach Westen drehte, obwohl er damit riskierte, dass die Deutschen seine Linien mit einem »T« kreuzten. Um 20.00 Uhr, mindestens eine halbe Stunde zu spät, befahl Beatty seinen Leichten Kreuzern, westliche Kurse zu steuern, um den Feind aufzuspüren. Als er schließlich zögerlich folgte, hatte er beinahe sofort Feindkontakt und entdeckte die deutschen Kiellinien. Den Deutschen setzte er allerdings nicht nach, als sich diese zurückzogen. Bei Sonnenuntergang drehte Beatty ab zur Unterstützung der Grand Fleet. Auch hier hat die Kritik an Jellicoe, in diesem Falle dafür, dass er nicht sofort auf den Vorschlag zu folgen reagiert hatte, die Aufmerksamkeit von Beattys eigenem Versäumnis, mit dem Feind in Kontakt zu bleiben, abgelenkt.

Insgesamt gesehen, scheint es ein klares Muster zu geben: Während der gesamten Schlacht gibt es Momente und Phasen, in denen Beatty selbst oder aber sein Stab der Kritik ausgesetzt werden können. Doch jedes Mal gibt es entweder Widersprüche zwischen seiner Depesche und anderen Berichten oder Beatty hat schnell die Schuld bei anderen gesucht – oder beides. Es gibt keinen eindeutigen Beweis, dass Beatty andere – insbesondere Jellicoe, Evan-Thomas und Jerram[37] – ganz bewusst kritisiert hat in der Absicht, die Aufmerksamkeit von seinen eigenen Fehlern und Versäumnissen abzulenken. Allerdings hat er genau das getan. Es gab zweifellos Gründe für einige der Anschuldigungen, die von Beattys Anhängern vorgebracht wurden – obgleich bisher niemand in der Lage war, überzeugend darzustellen, wie Jellicoe während der Kämpfe am Tag des 31. Mai eine Entscheidung tatsächlich hätte erzwingen können. Aber Beatty war nur allzu bereit, seinen Oberbefehlshaber zu kritisieren und andere zu ermutigen, seinem Beispiel zu folgen. In einer ausgewogeneren britischen Darstellung der Skagerrakschlacht müsste er selbst mehr persönliche Verantwortung nicht nur für die Verluste im Schlachtkreuzergefecht, sondern auch für den ergebnislosen Ausgang des Zusammentreffens der Schlachtflotten tragen.

---

[36] Zusammenfassung Brooks, Dreadnought Gunnery (wie Anm. 8), S. 265 f.
[37] Vice-Admiral Sir Martyn Jerram befehligte das 2. Schlachtgeschwader, das die britische Schlachtlinie anführte.

Eric Grove

Die Erinnerung an die Skagerrakschlacht in Großbritannien

Trotz zahlreicher Versuche, die Skagerrakschlacht früher und heute als einen großen Sieg der britischen Marine darzustellen, kann kein Zweifel daran bestehen, dass viele das Unvermögen, die deutsche Hochseeflotte zu vernichten, bestenfalls als enttäuschenden Misserfolg betrachteten. Arthur Marder berichtete später: »For the officers and men of the Grand Fleet the result of the battle was a terrible disappointment. Providence had delivered the enemy into their hands and they were in a position to annihilate the High Sea Fleet. It was maddening that, through no apparent fault of theirs, the cup should have been dashed from their lips[1].« Für einige war es mehr als eine Enttäuschung: Für sie roch es nach einer Niederlage. Kenneth Dewar, ein Vertreter des – wie Andrew Gordon treffend bemerkt – »new Shining Path of naval intellectuals«[2], schrieb einem anderen »Illuminaten«, Herbert Richmond: »[D]espite desperate attempts to compare it to Trafalgar [...] we know in our heart of hearts that it was a serious reverse [...] the Germans are superior to us in ship design, gunnery and command, but especially in command[3].«

Admiral David Beatty, der Befehlshaber des Schlachtkreuzerverbandes, der ein Drittel seiner Stärke verloren hatte, war besonders frustriert. Mit erheblichem Verlust hatte er die Hochseeflotte an Admiral John Jellicoes Grand Fleet übergeben. Die Deutschen waren daraufhin entkommen. Konteradmiral William Chalmers erinnert sich:

»Beatty came into the Lion's chart house. Tired and depressed, he sat down on the settee and settling himself in a corner he closed his eyes. Unable to hide his disappointment at the result of the battle, he repeated in a weary voice, ›There is something wrong with our bloody ships‹, then opening his eyes and looking at the writer, he added ›And something wrong with our system‹. Having thus unburdened himself he fell asleep[4].«

In einem lebhaften Gespräch am 3. Juni mit Commander Hubert Dannreuther, dem rangältesten Überlebenden des Schlachtkreuzers *Invincible*, Beatty »walked up and down talking about the action in a very excited manner and criticising in

---

[1] Arthur Marder, From the Dreadnought to Scapa Flow, vol. 3: Jutland and After, London [et al.] 1966, S. 190.
[2] Andrew Gordon, The Rules of the Game. Jutland and British Naval Command, London 1996, S. 545. Dies ist noch immer die beste Untersuchung zur Schlacht, obwohl die Beteuerungen des Autors über einen deutlichen britischen Sieg mir immer etwas zu optimistisch erschienen.
[3] Dewar Papers, DEW3, fol. 509 f.
[4] William S. Chalmers, The Life and Letters of David, Earl Beatty, London 1951, S. 262.

strong terms the action of the Commander-in-Chief in not supporting him. I [...] still regard that hour as the most painful of my life[5].« Beatty dachte zweifellos an einen Brief, den er nur zehn Tage vor der Schlacht an den Ersten Seelord Sir Henry Jackson gesandt hatte:

> »I quite agree, that if after an action with the High Sea fleet our losses equalled but did not exceed those of the Enemy, the proportion of forces remaining would be in our Favour. But I think morally victory would rest with the Enemy, who would still have a Fleet in Being. And I think it would be difficult to convince the Navy, the British Public and the world generally, otherwise. They would only recognise that the Superior Sea Power had inflicted the same loss on the inferior Sea Power as they had suffered themselves. And that the Superior Sea Power had missed an opportunity of settling the Command of the Sea forever.«

Und genau dies war der Fall, denn die Bilanz fiel deutlich zugunsten der Deutschen aus. Die britische Öffentlichkeit wurde zum ersten Mal darauf aufmerksam, dass etwas im Argen lag, als die Admiralität gezwungen war, der Herausgabe des deutschen Siegeskommuniqués zuzustimmen, ehe sie ein eigenes verfassen konnte. Dies erregte »a ferment of suspicion and distrust [...] in that powerful flux, British public opinion – and it would be many years before the effects died away«[6]. Die zurückhaltende, aber korrekte britische Erklärung half dabei nur wenig; »taken together the British and German communiques made a redoubtable and double impression upon British opinion. If the German public had been encouraged to believe, [...] that they had won a great victory, the British public was encouraged to believe in a great defeat, and having adopted the idea clung to it stubbornly[7].«

Überhöhte Einschätzungen der deutschen Verluste halfen, einen günstigeren Eindruck zu vermitteln. Wie denn auch sei: »[T]he Battle of Jutland, its truths and facts clouded by hundreds of false statements and the obscurity of censorship, passed into the consciousness of Britain's war generation as an episode which, if it must be publicly proclaimed as a success and victory, must be secretly considered as loss and disgrace«[8]. Diese Zweifel wurden stärker, als die Ankunft des Internierungsverbandes der Hochseeflotte deutlich zeigte, dass alle bis auf eines der fünf modernen Großkampfschiffe, von denen behauptet wurde, sie seien mit Sicherheit oder großer Wahrscheinlichkeit im Skagerrak gesunken, noch sehr seetüchtig waren.

Überall verbreitete sich die Meinung, dass Jellicoe im Skagerrak gescheitert sei. Dieser Eindruck wurde durch seine Ablösung Ende 1916 als Oberbefehlshaber der Grand Fleet durch Beatty und ein Jahr später durch seine Entlassung aus seinem Amt als Erster Seelord verstärkt. Große Bedeutung wurde auch der Tatsache beigemessen, dass Jellicoe im Vergleich zu Beatty ein niedrigerer Adelsrang verliehen wurde und seine Übergangszahlung nur der Hälfte der des früheren Befehls-

---

5 Rear Admiral Dannreuther in einem Brief an Arthur Marder, zit. in: Marder, From the Dreadnought (wie Anm. 1), S. 193.
6 Langhorne Gibson and Vice Admiral John Ernest Troyte Harper, The Riddle of Jutland. An Authentic History, London 1934, S. 262. Dieses Buch enthält die beste und unterhaltsamste kurze Zusammenfassung der Kontroverse um die Skagerrakschlacht.
7 Ebd., S. 264.
8 Ebd., S. 286.

habers des Schlachtkreuzerverbandes entsprach. Um den beginnenden Streit im Keim zu ersticken, beauftragte die Admiralität zu Beginn des Jahres 1919 einen ihrer erfahrensten Seeoffiziere, Captain (RN) John Harper, einen möglichst objektiven Bericht zu verfassen. In diesem Sinne erwies sich das Wrack der *Invincible* als sehr hilfreich, indem es einen Bezugspunkt für Trackkarten darstellte. Trotz gegenteiliger Behauptungen gibt es wenig beziehungsweise keine Beweise dafür, dass Harper ein persönliches Interesse an der Sache gehabt hätte. Der später unter der Bezeichnung »Harper Record« bekannte Bericht war im Oktober fertiggestellt. Harper fand es zu Recht »beunruhigend« und »nur schwer zu akzeptieren«, dass Beattys überlegener Verband auf der Fahrt nach Süden zwei Schlachtkreuzer verloren hatte. Dies war eine »Teilniederlage«[9]. Wenn Harpers Bericht veröffentlicht worden wäre, hätte er viel dazu beitragen können, klare Verhältnisse zu schaffen und in dem aufkommenden Streit zwischen Jellicoe und Beatty das Gleichgewicht wiederherzustellen, aber es sollte nicht sein. Rosslyn Wemyss, der scheidende Erste Seelord, war im Urlaub und Vice-Admiral Osmond Brock, der Stellvertretende Chef des Naval Staff und ein enger Vertrauter Beattys während des Krieges, »on the point of signing his name signifying Board approval, [...] changed his mind and remarked ›as Lord Beatty is assuming office as First Sea Lord in a few days it must wait for his approval‹«[10]. Das war wahrscheinlich der Augenblick, als der »Skagerrak-Streit« wirklich explodierte.

Beatty wurde am 1. November 1919 Erster Seelord und setzte Harper unter Druck, den Bericht zugunsten seiner Sichtweise und der des Schlachtkreuzerverbandes zu ändern. Einmal war Beattys ehemaliger Flaggleutnant und jetziger Naval Assistant, Commander Ralph Seymour, so unklug, Harper mitzuteilen, »we do not wish to advertise the fact that the battle fleet was in action more than we can help«[11]. Die Geschichte des Berichts zog sich durch die 1920er-Jahre hindurch, weil versucht wurde, ihn dahingehend zu ändern, dass der Öffentlichkeit ein falscher Eindruck vermittelt wurde. Insbesondere wurde versucht, durch Einfügungen und Auslassungen die Tatsache zu verschleiern, dass Beatty als Vice-Admiral, der im Skagerrak die Vorhut kommandiert hatte, seine erste Pflicht, nämlich den Oberbefehlshaber häufig und genau über die Position des Feindes zu informieren, grob vernachlässigt hatte; dass es ihm aufgrund falscher Dispositionen seiner Schiffe und fehlerhafter Signale nicht gelungen war, dem stark überlegenen Feind Schaden zuzufügen; und dass seine Schlachtkreuzer beim Schießen den zu jener Zeit in der Royal Navy erwarteten Standard bei Weitem nicht erreicht hatten[12].

Der Bericht, dessen Existenz bereits bei dessen Erstellung bekannt gegeben wurde, wäre bei mehreren Gelegenheiten beinahe veröffentlicht worden, aber er erschien nicht, wie geplant. Stattdessen versuchte die Regierung, dem Drängen des

---

9 Harper Record, zit. in: Keith Yates, Flawed Victory. Jutland 1916, Annapolis, MD 2000, S. 260.
10 »Harper's Narrative« zum Schicksal seiner Arbeit wurde in umstrittener Weise veröffentlicht als Anhang in: The Jellicoe Papers. Ed. by Alfred Temple Patterson, London 1968, S. 464.
11 Ebd., S. 465.
12 Ebd., S. 462. Letztere Anschuldigungen wurden durch das jüngste Werk von John Brooks untermauert. Zu der Zeit, als Harper Mit-Autor war, war er verständlicherweise zu einem etwas verbitterten Verfechter der Jellicoe-Schule geworden.

Vice Admiral Sir David Beatty.
Quelle: ullstein bild

Admiral Sir John Jellicoe.
Quelle: IWM, Q 55499

Erinnerung an die Skagerrakschlacht: Plakat der »British and Foreign Sailors´ Society«, das auf die Veranstaltung anlässlich des hundertjährigen Bestehens der Vereinigung am zweiten Jahrestag der Schlacht hinweist.
Quelle: IWM, PST 11008

Parlaments nachzugeben, indem Ende 1920 die offiziellen Kriegsberichte der Schlacht (Official Despatches) veröffentlicht wurden. Diese »vast mass of undigested facts, from which he layman cannot possibly disentangle the true history of the great sea fight«[13], war – obwohl eine große Hilfe für spätere Historiker – »utterly incomprehensible to the general public«[14]. Dennoch ging Beatty so weit, seine Unterschrift auf einer Karte zu fälschen, auf der die Bewegungen der Schlachtkreuzer eingetragen waren, um sie mit seiner Version in Einklang zu bringen[15].

Vor diesem Hintergrund der offiziellen Verschleierung erschien eine Reihe von Publikationen, die die Position des Ersten Seelords nachdrücklich unterstützten. Damit verbreiteten sie zugleich die These des Scheiterns. Am beachtenswertesten war Carlyon Bellairs »The Battle of Jutland«: Der Verfasser, Parlamentsmitglied und ehemaliger Marineoffizier, stand Jellicoe sehr kritisch gegenüber.

> »[T]he most unhappy result of the indecisive battle of Jutland was that it taught the enemy how fortunate he had been to escape from utter disaster, and so led to a determination that there should be no next time [...] it is characteristic of Lord Jellicoe that he should quote this as proof of victory. It was on the contrary our greatest loss. It had taught the enemy the part of wisdom; henceforward the war could not be ended by the Navy but by the operations of the allied armies to which our blockade contributed. But those very armies were to be seriously hampered by Lord Jellicoe's failure, not merely through the growing submarine menace, but through the defection of Russia following on her Baltic position[16].«

Ein anderer Reformanhänger und Befürworter eines leistungsfähigen Stabs, Major Arthur C.B. Alexander, fasste die negative Aufgabe, Rechenschaft zur Skagerrakschlacht abzulegen, in einen sportlichen Kontext:

> »[P]rovided a Commander-in Chief could be found who really meant business and a fight for a knock-out, and this one never doubted, it seemed our superiority over the enemy resembled the pitting heavy weight Carpentier with his lightning movements, his length of reach and his devastating right hand punch, and his great experience of ring craft derived from a hundred fights, up against an unknown middle-weight without any former experience and who was entering the ring for the first time. Can we be blamed if we put all we had on our champion? Is it to be wondered at that we have ›deeply felt‹ the result of the fight, seeing there was no knock out blow but a win on points in favour of our adversary[17]?«

Die Ziele Beattys und seiner Anhänger innerhalb und außerhalb der Marine waren jedoch nicht nur ehrenrührig und egoistisch. Bellairs formulierte diese folgendermaßen: »In the times to come, Jutland will be looked upon by our people as a day of tremendous opportunity and monumental failure: and it is essential that we should be as fearlessly frank with ourselves in regard to this battle if out of it we are to draw and apply the lessons which it gives us[18].« Diese Lehren betrafen die Notwendigkeit eines effizienteren Naval Staff. Bellairs hatte seine Polemik dem

---

13 »The Globe«, zit. in: Gibson/Harper, The Riddle (wie Anm. 6), S. 381.
14 Ebd.
15 The Jellicoe Papers (wie Anm. 10), S. 478 f.
16 Carlyon Bellairs, The Battle of Jutland. The Sowing and the Reaping, London 1920, S. 237.
17 Arthur C.B. Alexander, Jutland. A Plea For A Naval General Staff, London 1923, S. 10 f.
18 Ebd., S. 261.

Mann gewidmet, »who will give the Royal Navy a real War Staff«. Wie James Yates gezeigt hat, hielt es Beatty für absolut notwendig, dass seine Sicht über die Schlacht akzeptiert wurde, um seine Autorität und seine Reformziele zu bewahren[19].

In diesem Zusammenhang ist es wichtig festzuhalten, dass Beatty, um für seinen Stab den Schatz an gemeinsamen Erfahrungen zu erhalten, die sehr kritischen und selbstbewussten Reformanhänger Captain (RN) Kenneth Dewar und Commander (RN) Alfred Dewar auswählte. Beatty war so sehr darauf bedacht, sie als interne Historiker zu beschäftigen, dass er die Historische Abteilung des Naval Staff sogar aus eigenen Mitteln unterhielt, als die offizielle Unterstützung zeitweilig ausblieb. Die Dewars wurden beauftragt, eine »Stabsbeurteilung« (Staff Appreciation) der Schlacht für den internen Gebrauch in der Marine und einen zur Veröffentlichung geeigneten Bericht zu schreiben[20]. Erstere erwies sich als zu kritisch, zu sehr auf der Seite von Beatty stehend und zu polarisierend, um auch nur vertraulich verteilt zu werden; nahezu alle Exemplare wurden schließlich vernichtet. Selbst der veröffentlichte Bericht war jedoch ein sehr tendenziöses Dokument[21].

Jellicoe, inzwischen Generalgouverneur von Neuseeland, erhielt zugleich die Gelegenheit, einen Anhang mit seiner Version der Ereignisse hinzuzufügen, aber dieser wurde rücksichtslos mit langen Fußnoten versehen, um die Position der Admiralität zu unterstreichen: »Where, however the appendix differs from the Admiralty Narrative Their Lordships are satisfied that the narrative is more in accordance with the evidence available[22].« Dies war eine sehr außergewöhnliche Art, einen ehemaligen Ersten Seelord zu behandeln.

Der Skagerrak-Streit forderte auch Opfer. Es ist möglich, dass der Druck, dem Julian Corbett aufgrund seines unparteiischen Berichts über die Schlacht in der offiziellen Geschichte ausgesetzt war – der schließlich mit einer Gegenerklärung der Admiralität erschien – zu dessen vorzeitigem Tode geführt hat[23]. Ein weiteres Opfer war Admiral Hugh Evan-Thomas, der das 5. Schlachtgeschwader befehligt hatte. Er war über die Art, in der die Dewars die Operationen seiner Schiffe im Bericht behandelten, so verärgert, dass er im Dezember 1923 einen Termin mit dem Ersten Lord der Admiralität vereinbarte, um Beschwerde einzulegen. Das Treffen wurde durch das persönliche Eingreifen Beattys verhindert. Beatty »pushed me out of the room for fear I should tell the truth«[24]. Auf dem Weg nach Hause erlitt Evan-Thomas einen Schlaganfall, der seine Laufbahn für immer beendete.

Der Streit schwelte, solange Beatty Erster Seelord war. 1925 antwortete Admiral Reginald Bacon auf Bellairs Buch mit der kaum weniger polemischen Streitschrift »The Jutland Scandal«. Die angekündigte Veröffentlichung eines Buches von Ad-

---

[19] James Yates, The Jutland Controversy. A Case Study in Intra-Service Politics, Dissertation University of Hull, 1998.
[20] Yates, ebd., zeigt, dass der öffentliche Bericht immer beabsichtigt war. Es war nicht nur eine Reaktion auf die Unmöglichkeit, die Stabsbeurteilung zu veröffentlichen.
[21] Narrative of the Battle of Jutland, London 1924.
[22] Ebd., S. 106.
[23] Sir Julian Corbett, Naval Operations, vol. 3, London 1923.
[24] Zit. in: Gordon, The Rules (wie Anm. 2). Dieser Zwischenfall ist auf S. 548–553 erläutert.

miral Harper im Jahre 1927, in der er seine Sicht der Ereignisse darlegte, führte schließlich zur verspäteten Publikation einer Version seines Berichts[25]. In gewisser Hinsicht beendete das Erscheinen dieses bedauerlichen Werkes den Streit, der mit der ersten Entscheidung über die Verzögerung der Veröffentlichung im Jahre 1919 begonnen hatte. Beatty schied in diesem Jahr aus dem Amt und sein Nachfolger Charles Madden war eindeutig ein »Jellicoe«-Mann. Es wurde mit Erfolg versucht, zu verhindern, dass sich der Bruch zwischen Jellicoe und Beatty zu einem schädlichen Duell wie zwischen John Fisher und Charles Beresford in den Jahren vor dem Kriege entwickelte. Es ist letztlich nicht nachzuweisen, wie sich die Loyalität zu Beatty gegenüber der zu Jellicoe auf die Karriereaussichten der Offiziere auswirkte[26]. Nach seiner Rückkehr aus Neuseeland erfuhr Jellicoe schließlich die gleiche Anerkennung wie Beatty. Beatty verursachte edelmütig seinen eigenen Tod, indem er darauf bestand, bei Jellicoes Beerdigung als Leichenträger zu fungieren. Beattys treuester und wichtigster Anhänger, Ernle Chatfield, der die Marine in den 1930er Jahren prägte, hatte ebenfalls kein Interesse daran, den Streit fortbestehen zu lassen, und stellte die Einheit der Marine über alles. In seiner Amtszeit wählte die Admiralität Jellicoe und Beatty als Namen für die letzten beiden Schiffe der neuen Schlachtschiffklasse *King George V*. Aber gleichwohl spürte man noch Unbehagen. Die Springbrunnen, die auf dem Trafalgar Square zum Andenken an die beiden Admirale der Skagerrakschlacht gestaltet wurden, waren anonym gespendet worden. Die beiden Schlachtschiffe wurden in *Anson* und *Howe* umbenannt, und erst nach dem Krieg wurden zwei Büsten von Jellicoe und Beatty auf dem Platz aufgestellt, zusammen mit einer von Admiral Cunningham, einem weniger widersprüchlichen Helden der Marine.

Die Verleihung von Viktoriakreuzen an die Helden der Schlacht, namentlich Boy First Class Cornwell vom Kreuzer *Chester* und Major Harvey von der *Lion*, trugen dazu bei, eine positive öffentliche Erinnerung an die Skagerrakschlacht zu bewahren. Das eben erst geschaffene Imperial War Museum zeigte eine Reihe von Exponaten, einschließlich des vom »Rutland of Jutland« von der *Engadine* aus geflogenen Wasserflugzeugs und des vom heldenhaften Cornwell bedienten Geschützes. Der Stapellauf des neuen Schlachtschiffes *Hood* im August 1918 wurde genutzt, um ein bewusstes Andenken an den Verlust des Konteradmirals mit demselben berühmten Namen im Skagerrak zu schaffen. Seine Witwe ließ das neue Wunderschiff vom Stapel, dessen Konstruktion unter Berücksichtigung der Skagerrakerfahrung modifiziert worden war. Leider konnten die Änderungen nicht verhindern, dass die *Hood* in ihrem ersten Gefecht gegen deutsche Kriegsschiffe im Mai 1941 explodierte, ein beunruhigendes Echo dessen, was genau ein Vierteljahrhundert zuvor mit Horace Hood und seinem Flaggschiff *Invincible* geschehen war[27].

---

25 John Ernest Troyte Harper, The Truth About Jutland, London 1927, und John Ernest Troyte Harper, Reproduction of the Record of the Battle of Jutland, London 1927.
26 Siehe Yates, The Jutland Contoversy (wie Anm. 19).
27 Im Gegensatz zur allgemein verbreiteten Ansicht wurde die *Hood* nicht am Tage der Skagerrakschlacht auf Stapel gelegt, was einfach zu schön gewesen wäre, sondern am 1. September 1916. Sie war ein viel besser geschütztes Schiff als die Schlachtkreuzer der Skagerrakschlacht und während des Baus wurde ihr Schutz noch weiter verbessert – ein wenig auf Kosten der Seetüchtigkeit.

Es ist in letzter Zeit Mode geworden, die Skagerrakschlacht als großen und unbestritten britischen Erfolg aufzubauschen[28], obgleich die zweifelhafte Erinnerung an die Schlacht noch immer eine große Kontroverse hervorrufen kann. Der Gegensatz zu Trafalgar bleibt deutlich. Nach dieser Schlacht »all was hushed up«[29]. Nach der Skagerrakschlacht hingegen wurde in beachtlichem Maße in aller Öffentlichkeit schmutzige Wäsche gewaschen. Obgleich der Streit bei vielen Menschen, die es besser hätten wissen müssen, deren schlechteste Eigenschaften hervortreten ließ, war nicht alles vergebens.

Die vorwiegend technischen Lehren aus der Skagerrakschlacht hatte man gezogen: Notwendigkeit einer flexibleren Taktik; Bedarf an besseren Waffen und besserer Munition; Notwendigkeit von Regeln für den sichereren Umgang mit Munition, Bedarf an besserem Panzerschutz[30]; Notwendigkeit des Nachtkampfs und die Notwendigkeit, Dinge mehr dem taktischen Zufall zu überlassen und weniger der wissenschaftlichen Berechnung, wenn entscheidende Ergebnisse erzielt werden sollen.

Die Stärken der Royal Navy im nächsten Krieg spiegelten diese gesunde Reaktion auf die Erinnerung an die Skagerrakschlacht wider. Vielleicht haben zweifelhafte, unentschiedene Schlachten ein größeres Potenzial für eine positive Entwicklung der Marine als klare Siege. Man lernt aus seinen Fehlern und nicht aus seinen Erfolgen.

Leider reichte das nicht aus, um zu verhindern, dass ein 15-Zoll-Geschoss der *Bismarck* in ihre hintere Munitionskammer eindrang und eine Reihe von Explosionen verursachte, die das Schiff und dessen Besatzung nahezu vollständig vernichtete.

[28] Siehe zum Beispiel Dan Snow, Sohn des Fernsehmoderators Peter Snow, in der Ausgabe Mai 2006 des BBC History Magazine.

[29] Siehe den wichtigen Artikel von Michael Duffy, All Was Hushed Up: The Real Trafalgar. In: The Mariners Mirror, 91 (2003), 2, S. 216-240.

[30] Wie Nicholas Lambert, »Our Bloody Ships« or »Our Bloody System«? Jutland and the Loss of the Battle Cruisers, 1916. In: Journal of Military History, 62 (1998), S. 29-55, deutlich macht, war dies so etwas wie eine Vertuschung, um die Verantwortung der Offiziere der Flotte für den gefährlichen Umgang mit Munition zu verschleiern. Es wirkt wie Ironie, dass die Hood offensichtlich wegen mangelhafter Panzerung verloren ging. Es gibt jedoch einige Berichte, die besagen, dass bei der *Hood* einige Sicherheitsvorkehrungen aufgrund ihres Alters und der damit verbundenen Unzuverlässigkeit der Ausrüstung nicht eingehalten wurden.

Jörg Hillmann

Die Seeschlacht vor dem Skagerrak in der deutschen Erinnerung

I. Einleitung und Überblick

Als Yawl getakelt, nahm im Sommer 2000 eine repräsentative Yacht an einer Oldtimer-Rallye im Mittelmeer teil. Die Schiffsform – schwingender Steven, ein schmales überhängendes Heck, einen Sprung in der Rumpflinie und ein aufgeräumtes Deckslayout – verriet rasch den Herkunftsort des Bootes: Abeking & Rasmussen aus Bremen-Lemwerder. Die Yacht war bekannt, als sie in den Hafen von Porto Cervo auf Sardinien einlief. Sie gehört der römischen Unternehmerfamilie Ranucci, die das Boot seit 1963 im Familienbesitz hält. Der Name der Yacht wurde nie verändert. Mit Indienststellung im Juli 1939 wurde Baunummer 3298 mit dem Namen *Skagerrak* als Nummer G 52 beim Deutschen Seglerverband registriert. Auftraggeber dieser Hochsee-Tourenyacht war die Kriegsmarine unter ihrem Oberbefehlshaber Erich Raeder, der die Yacht als Repräsentationsyacht im April 1938 in Auftrag gegeben hatte. Der noch heute geläufige Beiname *Hitlers Yacht* trifft allerdings nicht den Kern der Wahrheit und deutet auf eine Rolle, die die Yacht tatsächlich nie spielte[1].

Seit Mitte der Dreißigerjahre hatte der Segelsport innerhalb der Kriegsmarine stark zugenommen. Die Organisation der Starboot-Regatten, unter der Ideengeberschaft von Friedrich Ruge, hatte der Marine zu respektablem Ansehen verholfen[2]. Abeking & Rasmussen avancierte währenddessen zum bekannten und angesehenen Segelboot-Bauer. 12-Meter-R-Yachten waren ebenso dominierend in der Hochsee-Segelszene wie beispielsweise die *Landfall* und *Vamarie*. 1939 stellte die Kriegsmarine zwei Rennyawls in Dienst: *Nordwind* und *Westwind*[3]. Die Luftwaffe

---

[1] Siehe insgesamt Svantje Domizlaff, Bootsportrait *Skagerrak*. Schiff mit Geschichte. In: Yacht, 16 (2002), S. 44–49. Abmessungen der Yacht: Lüa 27,25 m; LWL 18,30 m; Breite 5,45 m; Tiefgang 3,22 m; Segelfläche am Wind 277,40 qm; Verdrängung 66 t; Hilfsantrieb 60 PS. Franco Pace, Klassische Yachten im Mittelmeer, Bielefeld 2004.

[2] Jörg Hillmann, Friedrich Ruge. Marineoffizier und Professor. In: »Erleben – Lernen – Weitergeben«. Friedrich Ruge (1894–1985). Hrsg. von Jörg Hillmann, Bochum 2005 (= Kleine Schriftenreihe zur Militär- und Marinegeschichte, 10), S. 19–73, hier S. 30.

[3] Die Deutsche Marine hatte bis vor Kurzem zwei 12er KR-Yachten unterhalten, die zur Segelausbildung an der Marineschule Mürwik in Flensburg genutzt wurden. *Ostwind* und *Westwind* wurden im Jahr 2005 verkauft. *Ostwind* wurde 1939 als *Sphinx* für den Norddeutschen Regattaverein bei

stellte den beiden Kriegsmarine-Segelyachten als Gegenstück die *Silberkondor* entgegen. Das große Engagement der Kriegsmarine für den internationalen Segelsport stärkte ihr Ansehen im In- und Ausland; zahllose internationale Kontakte konnten nach dem Krieg reaktiviert werden und beeinflussten die Entwicklung der jungen Bundesmarine ab 1956[4].

Als Dienstsegelyacht Raeders lag *Skagerrak* bis zum Kriegsbeginn 1939 im Werfthafen der Weser. Ob Raeder selbst jemals an Bord gewesen war, kann nicht mit Sicherheit gesagt werden. Es ist nirgends dokumentiert, dass es Empfänge an Bord gegeben hat, dass das Boot an Regatten teilgenommen oder Reisen unternommen hat.

Während des Krieges verlegte *Skagerrak* nach Kiel, anschließend wurde sie der Steuermannsschule in Flensburg zugeteilt. Als die Schule nach Ostpreußen verlegt wurde, wechselte auch *Skagerrak* ihren Standort. Sie segelte erst im Februar 1945 zurück nach Westen und legte in Kiel an – ob Flüchtlinge an Bord waren, lässt sich nicht mit Bestimmtheit sagen. Dort wurde die Yacht später von den Briten als Kriegsbeute übernommen. 1947 gemeinsam mit der Rennyacht *Nordwind* und der Yawl *Asta*[5] zum Verkauf angeboten, gelangte *Skagerrak* zunächst nach Southampton, bevor sie Ende der 1950er Jahre nach Chile veräußert wurde. Eine Atlantiküberquerung ist allerdings nicht dokumentiert, so dass von einem Verbleib in europäischen Gewässern auszugehen ist, bevor sie 1963 für 60 Millionen Lire nach Italien verkauft wurde. Unverändert blieb der Name der Yacht über diese wechselvolle Zeit und erinnert an das Seegebiet, vor dem vom 31. Mai bis 1. Juni 1916 die personell wie materiell aufwendigste Seeschlacht der Neuzeit geschlagen wurde. Es ist davon auszugehen, dass Raeder den Namen bewusst gewählt hat.

In der Reichs- und späteren Kriegsmarine gab es zwei Einheiten namens *Skagerrak:* Die Kriegsmarine stellte 1939 ein Minenschiff mit diesem Namen in Dienst, das 1944 unterging[6], nachdem bereits 1928 ein Tross-Schiff der Reichsmarine denselben Namen erhalten hatte[7].

In der Namensgebung von Einheiten der Reichs- und Kriegsmarine unter Bezugnahme auf die Seeschlacht vor dem Skagerrak wird zunächst eine bescheidene und zurückhaltende Haltung sichtbar: Keine großen, bedeutenden Einheiten erinnerten an die Seeschlacht vor dem Skagerrak. Während der geografische Bezug in den Hintergrund trat, wurde hingegen der personengebundene Bezug intensiv ge-

---

Abeking & Rasmussen in Lemwerder gebaut. *Westwind* war 1938 – ebenfalls bei Abeking & Rasmussen – als *Inga* für den Hamburger Reeder Thomas Essberger gebaut worden. Siehe die Schiffsbiografien bei Günter Thye, 50 Jahre Marinegeschichte an der Flensburger Förde 1956–2006, Flensburg 2006, S. 204–205 und S. 311–313.

[4] Exemplarisch: Hillmann, Friedrich Ruge (wie Anm. 2), S. 30, 50.

[5] Die Deutsche Marine unterhält nach wie vor ein Dienstsegelboot gleichen Namens an der Marineschule Mürwik in Flensburg, das 1971 in Dienst gestellt worden ist. Siehe hierzu Thye, 50 Jahre Marinegeschichte (wie Anm. 3), S. 67–69.

[6] Hans H. Hildebrand, Albert Röhr und Hans-Otto Steinmetz, Die Deutschen Kriegsschiffe. Biographien, T. 5, 2., überarb. Aufl., Herford 1988, S. 8. Siehe auch Karl Silex, Mit Kommentar. Lebensbericht eines Journalisten, Frankfurt a.M. 1968, S. 230–232. Silex trat 1914 als Seeoffiziersanwärter in die Kaiserliche Marine ein.

[7] Hildebrand/Röhr/Steinmetz, Die Deutschen Kriegsschiffe, T. 5 (wie Anm. 6), S. 8.

pflegt. Die »Helden« des Skagerraks, die Admirale Franz von Hipper und Reinhard Scheer, wurden zu Namensgebern innovativer, moderner Einheiten der Reichs- und Kriegsmarine. *Admiral Hipper* und *Admiral Scheer* waren sehr moderne, schlagkräftige Seekriegsmittel, die nicht nur Ausdruck der hoch entwickelten deutschen Schiffbaukunst waren, sondern zudem eine gewandelte seestrategische Ausrichtung repräsentierten[8]. Die Reichs- und Kriegsmarine folgte der in der Kaiserlichen Marine begründeten Tradition von Schiffsbenennungen mit personalen Bezügen – in der späteren Bundesmarine wurde hieran zunächst festgehalten[9]: *Hipper*[10] und *Scheer*[11], als Ausbildungsschiffe der Bundesmarine[12], allerdings ohne die Zusätze »Admiral« im Namen zu tragen, waren die ersten größeren Einheiten der Bundesmarine, nachdem sie von den Siegermächten als Ausbildungshilfen an die Bundesrepublik Deutschland übergeben worden waren. In den späten 1960er Jahren wurden die modernsten Einheiten der Bundesmarine, die späteren Lenkwaffenzerstörer, auf die Namen *Lütjens*, *Mölders* und *Rommel*[13] getauft.

Erich Raeder, während der Seeschlacht vor dem Skagerrak als Korvettenkapitän Erster Admiralstabsoffizier im Stab Admiral Hippers, hatte durch seine Dienststellung unmittelbar Anteil am Schlachtverlauf und hielt an der Bedeutung dieser Schlacht lebenslang fest. Aufgrund seiner Leistungen wurde er nach der Schlacht mit dem Hohenzollern'schen Hausorden mit Schwertern ausgezeichnet[14]. Hipper und Scheer erhielten den Orden Pour le Mérite, Hipper zusätzlich mit der

---

8   Jörg Hillmann, Seestrategische Überlegungen und Planungen in der Reichsmarine und in der Kriegsmarine bis zum Kriegsausbruch 1939. In: Seestrategische Konzepte vom kaiserlichen Weltmachtstreben zu Out-of-Area-Einsätzen der Deutschen Marine. Hrsg. von Eckardt Opitz, Bremen 2004 (= Schriftenreihe des Wissenschaftlichen Forums für Internationale Sicherheit, 22), S. 25–91, hier S. 65–82.

9   Jörg Hillmann, Ausbildung und Erziehung an Bord von Schulschiffen der Bundesmarine von 1956 bis 1989. In: Auslandseinsätze deutscher Kriegsschiffe im Frieden. 3. Forum Wilhelmshaven zur Marine- und Schiffahrtsgeschichte. Hrsg. von Hartmut Klüver, Bochum 2003 (= Kleine Schriftenreihe zur Militär- und Marinegeschichte, 7; zugleich Beiträge zur Schiffahrtsgeschichte, 7), S. 147–192.

10 Hans H. Hildebrand, Albert Röhr und Hans-Otto Steinmetz, Die Deutschen Kriegsschiffe. Biographien, T. 3, 2., überarb. Aufl., Herford 1985, S. 86 f.

11 Hildebrand/Röhr/Steinmetz, Die Deutschen Kriegsschiffe, T. 5 (wie Anm. 6), S. 102 f.

12 Friedrich Ruge, In vier Marinen. Lebenserinnerungen als Beitrag zur Zeitgeschichte, München 1979, S. 303. Hintergrund für die Benennung der von den Siegermächten übernommenen Einheiten, die in der jungen Bundesmarine als Schulschiffe dienten, war die »Zenker-Debatte«. Hierzu ausführlich Dirk Gärtner, Die parlamentarische Auseinandersetzung um die Rede des KzS Zenker. In: MARS. Jahrbuch für Wehrpolitik und Militärwesen, 6 (2000), Osnabrück 2000, S. 322–338; Dieter Krüger, Das schwierige Erbe. In: MarineForum, 1/2 (1997), S. 28–33; Dieter Krüger, Das schwierige Erbe. Die Traditionsansprache des Kapitäns zur See Karl-Adolf Zenker 1956 und ihre parlamentarischen Folgen. In: Deutsche Marinen im Wandel. Vom Symbol nationaler Einheit zum Instrument internationaler Sicherheit. Hrsg. von Werner Rahn, München 2005 (= Beiträge zur Militärgeschichte, 63), S. 549–564.

13 Friedrich Ruge, Namen für die drei Raketenzerstörer. In: Marine-Rundschau, 5 (1967), S. 261–263. Der Beitrag erschien am 27.8.1967 in der Welt am Sonntag unter dem Titel: »Schiffe – unter falschen Namen?« – neuerlich abgedruckt in: »Erleben – Lernen – Weitergeben«. (wie Anm. 2), S. 335–337. Im Archiv des Wehrgeschichtlichen Ausbildungszentrums an der Marineschule Mürwik befindet sich umfangreiches Aktenmaterial über die Benennung der drei Raketenzerstörer.

14 Bundesarchiv-Militärarchiv (BA-MA), N/328-36: Nachlass Förste, Korrespondenz N-R. Brief Förste an das United Naval Institute vom 16.3.1956.

Verleihung des bayerischen Max-Josef-Ordens die Adelung zum Ritter. Hippers späterer schriftlicher Dank an Raeder[15], machte ihn in der Erinnerung an diese Schlacht zu einem der Hauptakteure; in seinen Ende der 1950er Jahre erschienenen Lebenserinnerungen verklärte sich dieses Bild weiter und ließ Admiral Hipper hinter Raeder »verblassen«[16]. Unter anderem dieses Geschichtsbild zu transportieren, war ein besonderes Anliegen des Autorenteams unter der Leitung von Admiral a.D. Erich Förste gewesen, das für den greisen Großadmiral nach dessen Entlassung aus Spandau die Lebenserinnerungen niederlegte[17], in dem Bewusstsein ein Erinnerungsbuch über die Marine zu verfassen[18]. Sollte auf diese Weise einerseits die Brücke zwischen der »alten« und »neuen« Marine geschaffen werden, um positive Identifikationspunkte und Orientierungsmarken zu errichten, so sollte andererseits eine hierarchische und personenbezogene Verbundenheit zum ehemaligen Großadmiral Garant für ein Einheit stiftendes maritimes Bewusstsein sein. Die Bindekraft innerhalb der Gruppe von Marineoffizieren – besser wohl Seeoffizieren – hatte bereits seit Jahrzehnten funktioniert und ein kohärentes Bild einer Streitkraft geformt, das teilweise noch bis in die heutige Zeit überliefert und transportiert wird – auch wenn Mitte der 1970er Jahre dieses uniforme Bild durch Veröffentlichungen des Bonner, später Kieler Historikers Michael Salewski infrage gestellt wurde[19].

Das Netzwerk innerhalb des Seeoffizierkorps in der Zeit vom Ende des Ersten Weltkrieges bis weit in die Zeit der Bundesrepublik Deutschland hinein funktionierte im Bewusstsein der Überlieferung eines tadelfreien und unbeschadeten Geschichtsbildes. Der Formung von Erinnerung zu einem kollektiven Bewusstsein der Marine sowie der Wahrnehmung in der Öffentlichkeit wurde Aufmerksamkeit und Arbeitskraft gewidmet. Bereits Admiral Alfred von Tirpitz unterhielt hierfür eine eigens eingerichtete »Propagandaabteilung«, das Nachrichtenbureau im Reichs-

---

[15] Abgedruckte Briefe in: Erich Raeder, Mein Leben, T. 1: Bis zum Flottenabkommen mit England 1935, Tübingen 1956, S. 314 f. (Anl. 2).
[16] Ebd., S. 110-112.
[17] BA-MA, N/328-42: Nachlass Förste. Korrespondenz mit Ruge und Smidt 1955-1962. Erich Förste war am 12.12.1955 von Raeder informiert worden, dass dieser beabsichtige, ihn für die Erstellung seiner Memoiren zu gewinnen, da Raeder selbst sich gesundheitlich hierzu außerstande sah.
[18] BA-MA, N/328-35: Nachlass Förste, Korrespondenz M. Förste an Möhlmann (Archivdirektor im Staatsarchiv in Aurich) am 14.2.1956: »Denn von der Qualität dieses Buches hängt das Urteil der Mit- und Nachwelt über Raeder und die Marine und damit über uns alle – einschließlich Dönitz – zu einem wesentlichen Teil ab.« – BA-MA, N/328-38: Nachlass Förste, Korrespondenz T-Z. Förste an KzS a.D. Weygold vom 31.1.1956: »Wir alle haben ja das größte Interesse daran, daß dieses Werk gut wird, denn nicht nur das Ansehen Raeders, sondern von uns allen hängt schließlich daran.«
[19] Michael Salewski, Die deutsche Seekriegsleitung 1935-1945, Bd 1: 1935-1941, Frankfurt a.M. 1970; Bd 2: 1942-1945, München 1975; Bd 3: Denkschriften und Lagebetrachtungen 1938-1944, Frankfurt a.M. 1973. Die zahlreichen Aufsätze Salewskis sind mittlerweile in zwei Sammelbänden zusammengestellt worden. Michael Salewski, Die Deutschen und die See. Studien zur deutschen Marinegeschichte des 19. und 20. Jahrhunderts. Hrsg. von Jürgen Elvert und Stefan Lippert (= Historische Mitteilungen, Beiheft 25), Stuttgart 1998; Michael Salewski, Die Deutschen und die See. Studien zur deutschen Marinegeschichte des 19. und 20. Jahrhunderts, T. 2 (= Historische Mitteilungen, Beiheft 45), Stuttgart 2002.

marineamt[20], und nach dem Ersten Weltkrieg stellten sich marineeigene oder -nahe Publikationsorgane sowie allen voran das Marinearchiv in den Dienst einer »objektiven« Berichterstattung und Aufarbeitung der Ereignisse des Ersten Weltkrieges zur See[21]. Gelang zwar die rückgerichtete positive Aufarbeitung, so gelang es der Reichsmarine-Führung nur bedingt, das zeitbezogene Tagesgeschäft positiv im öffentlichen Bewusstsein zu verankern: Rückwärtsgewandt und von Affären erschüttert hatte die Reichsmarine ein eher zweifelhaftes gesamtgesellschaftliches Ansehen[22].

Nach der Machtergreifung der NSDAP nutzte die Marineführung unter Admiral Erich Raeder konsequent neue Rüstungsmöglichkeiten[23], setzte die Inszenierung einer bruchlosen Marinegeschichtsüberlieferung[24] fort und versuchte, sich deutlich gegenüber einer wehrmachtübergreifenden Geschichtsdarstellung abzugrenzen[25]. Im Kielwasser des neuen Systems schwamm die Marine bedingungslos, aber ausschließlich marinebezogen mit – ein Verständnis für nationalsozialistische Zielsetzungen fehlte, wenngleich der gesamtgesellschaftliche »Masterplan« für eine Volksgemeinschaft geteilt wurde[26].

---

20 Wilhelm Deist, Flottenpolitik und Flottenpropaganda. Das Nachrichtenbureau des Reichsmarineamtes 1897 bis 1914, Stuttgart 1976 (= Beiträge zur Militär- und Kriegsgeschichte, 17).
21 Michael Epkenhans, »Clio« und die Marine. In: Deutsche Marinen im Wandel (wie Anm. 12), S. 363–396; Gerhard P. Groß, Einführung. In: Der Krieg zur See 1914–1918. Der Krieg in der Nordsee, Bd 7: Vom Sommer 1917 bis zum Kriegsende 1918. Kritische Edition. Im Auftrag des Militärgeschichtlichen Forschungsamtes bearb. und neu hrsg. von Gerhard P. Groß unter Mitarb. von Werner Rahn, Hamburg, Berlin, Bonn 2006, S. 1–30, hier S. 7–12.
22 Zu nennen sind hier das Verhalten der Marineführung unter Admiral von Trotha im Zusammenhang mit dem Kapp-Lüttwitz Putsch, »Marineaffären« in Kiel während der Zeit Erich Raeders als Stationschef (Prinz Heinrich im KYC, Bau des Panzerschiffes »A«). Umfangreiches Material in: BA-MA, RM/6-15: Handakte Raeder (Sammlung Raeder 2); siehe auch Werner Rahn, Reichsmarine und Landesverteidigung 1919–1928. Konzeption und Führung der Marine in der Weimarer Republik, München 1976.
23 Werner Rahn, Seestrategisches Denken in deutschen Marinen von 1848 bis 1990. In: Seemacht und Seestrategie im 19. und 20. Jahrhundert. Hrsg. von Jörg Duppler, Hamburg, Berlin, Bonn 1999 (= Vorträge zur Militärgeschichte, 18), S. 53–79, hier S. 71 ff. Hillmann, Seestrategische Überlegungen (wie Anm. 8), S. 62 ff.
24 Gerhard Bidlingmeier, Die amtliche Militärgeschichtsschreibung der Marine bis 1945. In: BA-MA, N/371-48. Vgl. hierzu zuverlässiger Walter Schwengler, Marine und Öffentlichkeit 1919 bis 1939. In: Deutsche Marinen im Wandel (wie Anm. 21), S. 331–362.
25 BA-MA, RM/8-1588: Kriegswissenschaftliche Abteilung: Forschungsgemeinschaft für Nachkriegsgeschichte. Die Forschungsgemeinschaft wurde am 26.1.1937 analog zur Gliederung der Wehrmachtteile – bestehend aus der Forschungsanstalt für Kriegs- und Heeresgeschichte sowie den Kriegswissenschaftlichen Abteilungen der Marine und der Luftwaffe – gegründet und zum 30.11.1942 wieder aufgelöst.
26 Jörg Hillmann, Die Kriegsmarine und ihre Großadmirale. Die Haltbarkeit von Bildern der Kriegsmarine. In: Militärische Erinnerungskultur. Soldaten im Spiegel von Biographien, Memoiren und Selbstzeugnissen. Hrsg. von Michael Epkenhans, Stig Förster und Karen Hagemann, Paderborn [u.a.] 2006 (= Krieg in der Geschichte, 29), S. 291–328; Jörg Hillmann, Die Kriegsmarine und ihre Großadmirale im kollektiven Gedächtnis. In: Historische Mitteilungen, Bd 20. Hrsg. im Auftrag der Ranke-Gesellschaft von Jürgen Elvert und Michael Salewski, Stuttgart 2007, S. 5–73.

Mit Beginn des Krieges 1939 wurden innerhalb der Marine bereits Überlegungen angestellt, wie die Aufarbeitung der Kriegsereignisse organisiert werden könne[27].

Einen bruchlosen Übergang von der »alten« zur »neuen« Wehrmacht zu vollziehen, hatte für die ehemalige Admiralität der Kriegsmarine auch später in der Bundesrepublik Deutschland hohe Priorität. Dies galt weniger für die Fortschreibung überkommener seestrategischer Zielsetzungen, sondern zielte auf den Erhalt eines innerhalb der Marine konsensualisierten »Geistes«, der es ermöglichen sollte, in schwierigen, ja eher identitätslosen Zeiten, Halte- und Identifikationspunkte zu bieten, um einen Gruppenzusammenhalt einerseits zu gewährleisten und andererseits ein soziales Beziehungsnetz zu schaffen. Gegenseitige Hilfe, Unterstützung und Ratgeberschaft wurden marineintern und persönlich angeboten. Nach dem Zweiten Weltkrieg waren durch die Wiedergründungen des Deutschen Marinebundes[28] und der Marine-Offizier-Hilfe[29] im Jahr 1952 Hilfsorganisationen erneut etabliert worden, die als soziales wie als kommunikatives Netz dienten. Gesprächskreise, die vornehmlich Offizieren vorbehalten waren, in größeren, vor allem norddeutschen Städten, rundeten das Angebot ab – soziale Aspekte der Zusammenschlüsse zur gegenseitigen Unterstützung und Hilfeleistung waren hierbei

---

[27] Zusammenfassend Groß, Einführung (wie Anm. 21), S. 16-19. In diesem Zusammenhang hatte Admiral Kurt Assmann eine entscheidende Rolle inne. Hierzu BA-MA, RM/8-1891 mit den Studienüberlegungen Assmanns mit dem Thema: »Die operativen und taktischen Grundüberlegungen der Kriegsmarine und ihre daraus folgenden Maßnahmen für ihren Aufbau in der Zeit von 1919 bis Kriegsbeginn 1939«; BA-MA, RM/8-1773: Akten Kr betreffend »Sammelwerk: Die deutsche Kriegsmarine im großdeutschen Freiheitskampf« (begonnen 18.12.1940). Nach dem Kriegsende sollte der Sammelband erscheinen und »der Inhalt soll streng auf historischer Grundlage beruhen, aber im guten Sinne volkstümlich gehalten sein, um das Werk einer möglichst breiten Öffentlichkeit zuzuführen [...] Der Oberbefehlshaber und C/Skl haben von dem geplanten Vorhaben Kenntnis erhalten [...] Als Bearbeiter sollen Persönlichkeiten gewonnen werden, die entweder die Kriegshandlungen an leitender Stelle selbst miterlebt haben – wobei Schriftgewandtheit, die dem beabsichtigten hohen Niveau des Werkes entspricht, Vorbedingung ist – oder sich bisher schon auf seekriegswissenschaftlichem Gebiet schriftstellerisch bewährt haben. So ist z.B. für die Bearbeitung des U-Bootskrieges an Vizeadmiral Dönitz gedacht, für die Norwegen-Operation an Konteradmiral Lützow, der bereits zusammen mit Fregattenkapitän Nieden das amtliche Norwegen-Buch bearbeitet, für den Abschnitt ›Der Marinenachrichtendienst im Kriege‹ an Fregattenkapitän Kupfer, für den Abschnitt ›Minensucher in Front‹ an Kommodore Ruge«; BA-MA, RM/8-1709: Kommandierungen zur kriegswissenschaftlichen Abteilung. Mit Schreiben vom 17.10.1944 wurden Offiziere zur Skl/KA kommandiert, mit dem Ziel, die »Darstellung und Würdigung der hervorstechendsten Seekriegsereignisse« niederzuschreiben; vgl. auch BA-MA, RM/8-1708: Kommandierungen zur kriegswissenschaftlichen Abteilung 1.9.1916 bis 19.1.1945.

[28] Dieter Hartwig, 50 Jahre Deutscher Marinebund. Von der Wiedergründung 1952 bis zur Gegenwart. Eine »Sonarortung« im Strudel und Gleichklang der Gezeiten, Wilhelmshaven 2003. Vgl. demgegenüber den Beitrag von Werner Hupfeld, Auf Parallelkurs. Der Deutsche Marinebund (DMB) an der Wendemarke. In: Faszination See. 50 Jahre Marine der Bundesrepublik Deutschland. Hrsg. von Sigurd Hess, Guntram Schulze-Wegener und Heinrich Walle, Hamburg, Berlin, Bonn 2005, S. 292-295.

[29] Heinrich Walle, Organisation maritimer Interessenvertretung. Marine-Offiziervereinigung, Deutsches Marine Institut, Deutsche Gesellschaft für Schiffahrts- und Marinegeschichte. In: Faszination See (wie Anm. 28), S. 284-291; Dieter Stockfisch, Jubiläum der Marine-Offizier-Vereinigung. 80 Jahre MOV. In: Festschrift. 80 Jahre Marine-Offizier-Vereinigung. 1918-1998, o.O. [1998], S. 19-33. Die Marine-Offizier-Hilfe wurde 1966 in Marine-Offizier-Vereinigung umbenannt.

von besonderer, teilweise sogar vorrangiger Bedeutung[30]. Über den Deutschen Marinebund und die Marine-Offizier-Hilfe war es möglich, ein marinekonformes Verhalten und Denken aufgrund ihrer Gliederungen und binnenländischen Verankerung zu gewährleisten – auch wenn es Beispiele gab, die dieser Uniformität und Homogenität entgegenstanden.

Der 31. Mai, der »Skagerraktag«, wurde als »Marinefeiertag« auch nach dem Zweiten Weltkrieg gerade in den örtlichen Gliederungen des Deutschen Marinebundes öffentlich begangen. Bis in die 1970er Jahre hinein hissten die Marine-Vereine die kaiserliche Reichskriegsflagge, die zu zeigen mittlerweile verboten ist, veranstalteten Ausfahrten und pflegten Geselligkeit. Diese Form der Erinnerungsbewahrung blieb gruppenspezifisch verhaftet und konnte keine gesamtgesellschaftliche Erinnerung bewirken. Beiträge in den Marineorganen blieben einer nüchternen Sachdarstellung verhaftet und sezierten die Frage des Sieges mit taktisch-technischen Details, so dass heute genaue Vorstellungen von Munitionseinsätzen, Trefferquoten sowie materiellen wie personellen Verlustzahlen vorliegen[31]. Diese Beiträge konnten jedoch keine über die Marine hinausreichende Wirkung erzielen.

Nach wie vor ist der Band 1 (Teil 5) des Admiralstabswerkes aus dem Marine-Archiv über die Nordseekriegführung im Zusammenhang mit der Skagerrakschlacht das Standardwerk[32]. Hierzu gilt es quellenkritisch die Intention des Admiralstabswerkes generell zu hinterfragen. Die Aufarbeitung des Ersten Weltkrieges war ausgewählten Marineoffizieren vorbehalten geblieben, die zumeist über keine wissenschaftliche Ausbildung verfügten, sondern bona fide die Geschichte des Krieges zur See 1914 bis 1918 auftragsgemäß wieder erzählt haben[33].

Die Ende der 1960er Jahre unternommenen Versuche der Bundesmarineführung, den »Skagerraktag« durch den 14. Juni zur Erinnerung an die Gründung der

---

30 Heinz-Ludger Borgert, Vorstellungen verschiedener »Marinekreise« über den Aufbau von Marine-Kräften im Rahmen eines deutschen Verteidigungsbeitrages zur westeuropäischen Verteidigung 1945–1955. In: MARS. Jahrbuch für Wehrpolitik und Militärwesen, 5 (1999), Osnabrück 1998, S. 396–413. – In diesen Zusammenhang gehört auch die Gründung des Föhrde-Klubs zu Kiel im Jahr 1946 als Rechtsnachfolger des 1919 gegründeten Skagerrak-Klubs. Hierzu: Martin Hoffmeyer, Horst Lübke und Horst Reimers, Der Föhrde-Club zu Kiel e.V. 1919 bis 2001, Kiel 2002. Am 8. November 1919 wurde in Hamburg die Skagerrak-Gesellschaft gegründet.
31 Siehe hierzu den Beitrag von Werner Rahn in diesem Band.
32 Otto Groos, Der Krieg in der Nordsee. Von Januar bis Juni 1916, Bd 1.5, Berlin 1925.
33 Beispielsweise war Erich Raeder nach dem Kapp-Putsch aus der politischen »Schusslinie« genommen worden und auf Initiative von Vizeadmiral Dr. h.c. Eberhard von Mantey in das Marine-Archiv versetzt worden (BA-MA, N/328-33: Nachlass Förste. Korrespondenz G-J: Brief Vizeadmiral a.D. Friedrich Hüffmeier an Förste vom 21.5.1956. Kommandierung Raeders zur kriegswissenschaftlichen Abteilung in: BA-MA, RM/8-1708: Kommandierungen zur kriegswissenschaftlichen Abteilung 1.9.1916 bis 19.1.1945), um eine Abhandlung über den Kreuzerkrieg zu verfassen, wofür ihm im Jahr 1926 – am Skagerraktag – die Ehrendoktorwürde der Christian-Albrechts-Universität zu Kiel zuteilwurde. Raeder räumte in seinen Briefen allerdings ein, dass er an einigen Stellen bewusst Ungenauigkeiten verfasst habe; BA-MA, N/253-261: Nachlass Tirpitz, Bd 20: Schriftwechsel (u.a. Raeder). Schreiben Raeder an Tirpitz vom 23.11.1921: »Bei der Beurteilung des Falkland-Unternehmens, das ja eigentlich nicht zu verstehen ist, habe ich mir in der Form große Zurückhaltung auferlegt, um gegenüber den Laienpolitikern das Fehlerhafte nicht zu sehr in die Erscheinung treten zu lassen.«; siehe auch Groß, Einführung (wie Anm. 21), S. 9.

ersten Deutschen Flotte durch Beschluss der Paulskirchenversammlung im Jahr 1848 zu etablieren, scheiterten und konnten erst 1998 durchgesetzt werden. Bis dahin hatten sich die Skagerrakfeiern bereits langsam »totgelaufen«. Zu einer gewissen »Zeitenwende« kam es mit der Übersetzung des Buches von Geoffrey Bennett über die Skagerrakschlacht. Der Übersetzer R.K. Lochner hatte sich der Mühe unterzogen, einen umfänglichen Anmerkungsapparat beizufügen und zugleich auf die Rezeption der Schlacht einzugehen[34]. Seit Mitte der 1970er Jahre gab es nur noch vereinzelt Beiträge in Marinezeitschriften, die an runden Jahrestagen an die Skagerrakschlacht erinnerten, zunehmend mit kritischen Untertönen und Fragestellungen. Im Marine-Ehrenmal wurde ebenfalls an die Seeschlacht erinnert. Nachdem über Jahrzehnte eine technisch und taktisch begründete Geschichte der Skagerrakschlacht glorifizierend tradiert und beispielsweise an der Offizierschule der Marine in Flensburg, der Marineschule Mürwik[35], noch bis in die 1980er Jahre hinein exzessiv unterrichtet worden war, wurde seitdem mehr und mehr nach der Einordnung der Schlacht in den Gesamtablauf des Ersten Weltkrieges und derer Wirkung gefragt[36]. Es kann nur schwerlich davon gesprochen werden, dass die Seeschlacht vor dem Skagerrak als historisches Ereignis in der gesamtgesellschaftlichen Erinnerung ihre Verankerung gefunden hat. Die Erinnerung an die Seeschlacht bleibt gruppenspezifisch und ist öffentlich nicht gegenwärtig. Der positiven Erinnerung an die Seeschlacht und ihrer möglichen Verklärung nach dem Zweiten Weltkrieg versuchte die britische Besatzungsmacht bereits 1947 einen Riegel vorzuschieben: Am 31. Mai 1947 versenkten die Briten im Skagerrak den mit Gasmunition gefüllten Kreuzer *Berlin*[37] und begingen auf diese Weise »ihren« Skagerraktag oder besser: Day of Jutland[38]. Die Royal Navy ließ auf diese Weise symbolisch das »Dritte Reich« mit seiner Hauptstadt Berlin am Jahrestag der Skagerrakschlacht nochmals untergehen. In zeitlicher Symbolik standen die Deut-

---

[34] Geoffrey Bennett, Die Skagerrakschlacht. Die größte Seeschlacht der Geschichte, München 1976.

[35] Siehe hierzu die Unterrichtsunterlagen zum Thema Skagerrakschlacht an der Marineschule Mürwik (Archiv des Wehrgeschichtlichen Ausbildungszentrums). Im Ausbildungszentrum war bis 1999 ein großer Ausstellungsbereich der Darstellung der Skagerrakschlacht verpflichtet. Die vier Phasen der Schlacht wurden detailliert in allen Schiffsbewegungen dargestellt. Die Umgestaltung der Ausstellung mit einer Konzentration auf die Flottenunruhen 1917 und die Meuterei 1918 als signifikante Wegpunkte in der Marinegeschichte löste bei ehemaligen Angehörigen der Kriegsmarine und bei pensionierten Offizieren der Bundesmarine heftige Kritik aus.

[36] Exemplarisch zur Einbeziehung der Seeschlacht vor dem Skagerrak in die Gesamtstrategie und die Seestrategie des Ersten Weltkrieges: Werner Rahn, Strategische Optionen und Erfahrungen der deutschen Marineführung 1914 bis 1944. Zu den Chancen und Grenzen einer mitteleuropäischen Kontinentalmacht gegen Seemächte. In: Deutsche Marinen im Wandel (wie Anm. 12), S. 198–233; Michael Epkenhans, Seestrategie im Kaiserreich. Seestrategien in Frankreich und Großbritannien. In: Seestrategische Konzepte (wie Anm. 8), S. 14–24.

[37] 1903 als Kleiner Kreuzer vom Stapel gelaufen als Ersatz *Ziethen* (Typschiff *Bremen*), 1920 als Kreuzer weitergeführt, Umbau 1921/1922. Am 1.10.1935 aus der Liste der Kriegsschiffe gestrichen und als Wohnschiff in Kiel verwendet.

[38] Michael Salewski, Die Marine und Berlin. Vom Tirpitz- zum Reichpietschufer. In: Salewski, Die Deutschen und die See, T. 2 (wie Anm. 19), S. 51–62, hier S. 62. – Seit 1935 lag der Kreuzer *Berlin*, 1902–1905 auf der Kaiserlichen Werft in Danzig gebaut und während der Zeit der Reichsmarine als Schulschiff eingesetzt, als Wohnschiff in Kiel und wurde nach dem Krieg von den Briten beschlagnahmt.

schen den Briten allerdings in nichts nach: Am 31. Mai 1937, 21 Jahre nach Skagerrak, hatte *Admiral Scheer* in den Spanischen Bürgerkrieg eingegriffen und Almeria beschossen.

* * *

Erinnerung lässt sich gesamtgesellschaftlich nicht verordnen, sie lässt sich allerdings zumeist positiv befördern, so dass sich in dem Zeitraum »nach sechzig Jahren bis neunzig Jahren« Erinnerung verfestigen und »automatisieren« kann. Dies hat im Falle der Skagerrakschlacht nicht stattgefunden[39]. Das historische Ereignis des Ersten Weltkrieges löst nicht automatisch gesamtgesellschaftlich die Assoziation aus, dieses Ereignis mit der Skagerrakschlacht zu koppeln – gruppenspezifisch hingegen hat sich die Schlacht als *»größte Seeschlacht aller Zeiten«* in internationalen und in deutschen Marinekreisen verfestigen können. Es sind andere »Marine«-Ereignisse wie Pearl Harbor oder Midway sowie die Atlantikschlacht der deutschen U-Boote, die sich gesamtgesellschaftlich haben etablieren können. In der deutschen Erinnerungskultur ist weder das historische Ereignis selbst, noch die räumliche Bezugnahme auf das Skagerrak gegenwärtig. Der 31. Mai oder der 1. Juni lösen nur assoziativ in Marinekreisen Reaktionen aus, die auf dem Ereignis der Skagerrakschlacht gründen.

Demnach ist es den Zeitgenossen nicht gelungen, eine gesamtgesellschaftliche Ausstrahlungskraft der Skagerrakschlacht herzustellen und diese gesellschaftliche Erinnerung auf diese Weise zu »verordnen«, obwohl sie sowohl nach dem Ersten wie nach dem Zweiten Weltkrieg zahlreiche Anstrengungen unternommen haben, die Erinnerung an die Skagerrakschlacht zu bewahren und zu transportieren. Sie bedienten sich dabei unterschiedlicher und vielfältiger Möglichkeiten und Formen der Erinnerungsbewahrung.

II. Die Tage nach der Skagerrakschlacht

Nachdem die deutsche Hochseeflotte größtenteils wieder in Wilhelmshaven eingelaufen war, dominierte in der Kriegspresse die Berichterstattung über den deutschen Seesieg vor dem Skagerrak. Offiziell wurde aus Berlin am Abend des 1. Juni durch den Chef des Admiralstabes der Marine verlautbart[40]:

»Unsre Hochseeflotte ist bei einer nach Norden gerichteten Unternehmung am 31. Mai auf den uns erheblich überlegenen Hauptteil der englischen Kampfflotte gestoßen. Es entwickelte sich am Nachmittage zwischen Skagerrak und Horns Riff eine Reihe schwe-

---

[39] Zu der Thematik Erinnerungskultur liegt mittlerweile umfangreiche Literatur vor. Vgl. exemplarisch den Sammelband Das soziale Gedächtnis. Geschichte, Erinnerung, Tradierung. Hrsg. von Harald Welzer, Hamburg 2001.

[40] Archiv des Wehrgeschichtlichen Ausbildungszentrums, Marineschule Mürwik, Sammlung Skagerrak. Zit. nach: Parole. Deutsche Krieger-Zeitung, Feldnummer 189, Amtliche Zeitung des Deutschen Kriegerbundes, Berlin, 4. Juni 1916, S. 1. Die einzige offizielle Verlautbarung des Admiralstabes der Marine erschien 1916 unter dem Titel: Die Seeschlacht vor dem Skagerrak. Hrsg. vom Admiralstab der Marine, Berlin 1916.

rer für uns erfolgreicher Kämpfe, die auch während der ganzen folgenden Nacht andauerten.

In diesen Kämpfen sind, soweit bisher bekannt, von uns vernichtet worden: Das Großkampfschiff *Warspite*, die Schlachtkreuzer *Queen Mary* und *Indefatigable*, zwei Panzerkreuzer, anscheinend der Achilles-Klasse, ein Kleiner Kreuzer, die neuen Zerstörerführerschiffe *Turbulent, Nestor* und *Alcaster*, sowie eine große Anzahl von Torpedobootszerstörern und ein Unterseeboot. Nach einwandfreier Beobachtung hat ferner eine große Reihe englischer Schlachtschiffe durch die Artillerie unsrer Schiffe und durch Angriffe unsrer Torpedobootsflottillen während der Tagschlacht und in der Nacht schwere Beschädigungen erlitten. Unter andern hat auch das Großkampfschiff *Marlborough*, wie Gefangenenaussagen bestätigen, Torpedotreffer erhalten. Durch mehrere unsrer Schiffe sind Teile der Besatzungen untergegangener englischer Schiffe aufgefischt worden, darunter die beiden einzigen Überlebenden der *Indefatigable*.

Auf unsrer Seite ist der Kleine Kreuzer *Wiesbaden* während der Tagschlacht durch feindliches Artilleriefeuer und in der Nacht S.M.S. *Pommern* durch Torpedobeschuß zum Sinken gebracht worden. Über das Schicksal S.M.S. *Frauenlob*, die vermißt wird, und einiger Torpedoboote, die noch nicht zurückgekehrt sind, ist bisher nichts bekannt.

Die Hochseeflotte ist im Laufe des heutigen Tages in unsre Häfen eingelaufen.«
Mit propagandistischer Übertreibung war so der Tenor für das Nachfolgende vorgeprägt. Bei Einlaufen der Einheiten in Wilhelmshaven herrschte Jubelstimmung. Die Nachricht vom deutschen Sieg vor dem Skagerrak hatte sich rasch verbreitet. Hiervon waren die Besatzungen überrascht, da ihnen selbst das Ausmaß und die Wirkung der Schlacht nicht bewusst gewesen waren. Unter den Besatzungen herrschte zunächst keine Siegesstimmung[41]. »Wir wundern uns, dass alle Leute uns so begeistert ansehen«, berichtete Jahre später der »Marineschriftsteller« Fritz-Otto Busch, »in der Stadt sind die Häuser geflaggt, eine für Wilhelmshaven riesige Menschenmenge drängt sich auf den Straßen [...] Seltsam, sonst sind wir in diesen Straßen nur unter Flaggen gegangen, wenn die Armee einen Sieg erfochten hatte – nun sind wir's auf einmal selbst. Ganz unwahrscheinlich kommt es einem vor, ordentlich verlegen sind wir[42].«

Am 4. Juni wurden die Gefallenen der Seeschlacht auf dem Wilhelmshavener Militärfriedhof während einer ökumenischen Zeremonie mit Trauerkapelle und in Anwesenheit von Abordnungen der Schiffsbesatzungen in Massengräbern beigesetzt[43] – noch Wochen später gab es Berichte von Beisetzungen auf Friedhöfen, so

---

41 Friedrich Lützow, Der Nordseekrieg. Doggerbank und Skagerrak, Oldenburg 1931 (= Marinearchiv. Einzeldarstellungen des Seekrieges 1914-1918, 1), S. 157. Der Zeitzeuge Rolf Amelung berichtet Vergleichbares: Rolf Amelung, Erlebnisse eines Schiffsarztes in der Schlacht vor dem Skagerrak. In: Auf See unbesiegt. 30 Einzeldarstellungen aus dem Seekrieg. Hrsg. von Eberhard von Mantey, München 1921, S. 222-231.

42 Peter Cornelissen, Die Hochseeflotte ist ausgelaufen, München 1930, 2. Aufl., München 1934. Hinter dem Pseudonym Peter Cornelissen verbirgt sich der Marineoffizier Fritz-Otto Busch (Korvettenkapitän a.D.), der von 1912 bis 1928 als Seeoffizier Dienst tat und später als freier Schriftsteller arbeitete.

43 Archiv des Wehrgeschichtlichen Ausbildungszentrums, Marineschule Mürwik, Nr. 7269 XVI: Neudruck der Illustrirten Zeitung vom 15. Juni 1916, Nr. 3807, Kriegsnummer 98, S. 862; vgl. auch Friedrich Ronneberger, Der Ehrenfriedhof der Skagerrak-Gefallenen in Wilhelmshaven. In: Deutsche Marinezeitung. Sonderausgabe zum Skagerrak-Tag 1926, S. 12.

zum Beispiel in Schweden[44]. Am 5. Juni hielt Kaiser Wilhelm II. glühende Ansprachen auf *SMS Friedrich der Große* und im Wilhelmshavener Kasino:

»Die englische Flotte wurde geschlagen! Der erste gewaltige Hammerschlag ist getan, der Nimbus der englischen Weltherrschaft geschwunden [...] Ein neues Kapitel der Weltgeschichte ist von euch aufgeschlagen. Die deutsche Flotte ist imstande gewesen, die übermächtige englische Flotte zu schlagen. Der Herr der Heerscharen hat eure Arme gestählt, hat euch die Augen klar gehalten [...] Kinder! Was ihr getan habt, das habt ihr getan für unser Vaterland, damit es in alle Zukunft auf allen Meeren freie Bahn habe für seine Arbeit und seine Tatkraft[45].«

Vier Tage später, am 8. Juni, wurden die »Skagerraksieger« im Hamburger Rathaus vom Senat empfangen und von der Bevölkerung bejubelt[46].

In den überlieferten Nachlässen von Anfang Juni 1916 nahmen die Auseinandersetzung und die Berichterstattung über die Skagerrakschlacht bei denen, die daran teilgenommen hatten, wie bei denen, die nicht dabei waren, breiten Raum ein. Admiral Albert Hopman vertraute am 2. Juni seinem Tagebuch an, dass die Seeschlacht »mit vollem Erfolg für uns geendet« habe. Er begab sich am 2. Juni direkt ins Reichsmarineamt, um weiteres zu erfahren. Scheer und Trotha hätten »unserem Vaterland« eine »glänzende Tat« bereitet, Tirpitz sei gerechtfertigt und die Leistungen der deutschen Schiffe hervorstechend gewesen. Hätte man auf Tirpitz eher gehört, so Hopman, wäre der Erfolg schon eher möglich und vor allem leichter gewesen[47]. Hopman fuhr am 3. Juni nach Wilhelmshaven – überall im Reich wehten aus Anlass des Sieges Flaggen. Am 4. und 5. Juni informierte sich Hopman umfangreich bei Beteiligten über den Schlachtverlauf. Neben Hopman waren zahlreiche Admirale nach Wilhelmshaven gekommen, um sich vor Ort zu informieren. Alle wohnten den Reden des Kaisers an Bord *SMS Friedrich der Große* und im Kasino bei. Kritisch merkte Hopman den anti-tirpitz'schen Wortlaut der kaiserlichen Rede an, hob aber nochmals hervor, dass Scheer den deutschen Seesieg eindeutig belegt habe[48]. Nach seiner Rückkehr in Berlin informierte er Tirpitz

---

44 Illustrirte Wochenzeitung, Bd 33, Heft 18 vom 30. Juli 1916 mit einem Bericht über die Beerdigung deutscher Matrosen von der Skagerrakschlacht im schwedischen Trelleborg.
45 Zit. nach Albert Klein, Die Seeschlacht vor dem Skagerrak, Berlin 1916 (= Volksschriften zum großen Kriege, 88/89), S. 29 f. Ein Teil des Zitats ist auch abgedruckt bei Paul Simsa, Marine intern. Entwicklung und Fehlentwicklung der deutschen Marine 1888-1939, Stuttgart 1972, S. 215. Simsa machte Auslassungen allerdings nicht deutlich und führte keinen Quellennachweis an.
46 Archiv des Wehrgeschichtlichen Ausbildungszentrums, Marineschule Mürwik, Nr. 7269 XVI: Neudruck der Illustrirten Zeitung, Nr. 3807, Kriegsnummer 98, S. 862.
47 Albert Hopman, Das ereignisreiche Leben eines ›Wilhelminers‹. Tagebücher, Briefe, Aufzeichnungen 1901 bis 1920. Im Auftrag des Militärgeschichtlichen Forschungsamtes hrsg. von Michael Epkenhans, München 2004 (= Beiträge zur Militärgeschichte, 62), S. 815 f., Eintrag vom 2.6.1916; siehe auch dort zum Folgenden die Einträge vom 3. bis 4.6.1916.
48 Ebd., S. 818, Eintrag vom 5.6.1916. Vgl. hierzu den Brief von Wilhelm II. an Tirpitz nach dem 5. Juni, in dem er schrieb: »Der Schlachttag in der Nordsee ist auch ein Ruhmestag für Sie geworden.« Abgedruckt bei Lützow, Der Nordseekrieg (wie Anm. 41), S. 158. Auch in Raeders Lebenserinnerungen findet sich der Hinweis auf den anti-tirpitz'schen Charakter der Rede des Kaisers; Raeder, Mein Leben, T. 1 (wie Anm. 15), S. 125.

über den Schlachtverlauf, der sich durch das Ergebnis in seinem vormaligen Planungshandeln bestätigt sah[49].

Auf der politischen Bühne herrschte hingegen eine eher gedrückte Stimmung über den proklamierten Sieg vor dem Skagerrak, da man innen- wie außenpolitisch die Gefahr sah, dass damit ein baldiger Friedensschluss mit England zunächst unmöglich gemacht worden sei[50]. Admiral Scheer, hiervon maßgeblich unbeeindruckt und längst auf einen Strategiewechsel zum U-Boot-Krieg konzentriert, äußerte nach der Schlacht »scherzhaft [...], man werde sich wohl später in allen Akademien u.s.w. den Kopf darüber zerbrechen, was er sich gedacht habe. Er habe sich tatsächlich nichts gedacht. Die unendliche Arbeit, die wir in die gefechtstaktische Ausbildung unserer Linie und die T[or]p[edo]b[oo]tstaktik gesteckt haben, hat herrliche Früchte getragen[51].« Hinsichtlich der späteren Ausführungen und Überlegungen nachgeborener Generationen sollte Scheer vor allem mit Blick auf seine Gefechtskehrtwendungen während der Schlacht mit dieser Aussage Recht behalten, da seine »Führung durch Intuition« scheinbar außerhalb des Wahrnehmungsradius der späteren Generationen lag und deswegen nicht thematisiert wurde[52].

Für diejenigen, die an der Schlacht teilgenommen hatten, wirkte deren Bedeutung in der individuellen Erinnerung nach und fand ihre Verarbeitung in Briefen oder Tagebucheinträgen[53] – diejenigen, die nicht dabei waren, bedauerten dies[54].

Die Illustrirte Zeitung widmete sich in einer breit angelegten Ausgabe am 15. Juni 1916 der Skagerrakschlacht. Konteradmiral z.D. Paul Schlieper schilderte

---

[49] Alfred von Tirpitz, Deutsche Ohnmachtspolitik im Weltkriege, Hamburg, Berlin 1926 (= Politische Dokumente, 2), S. 548-552; Alfred von Tirpitz, Erinnerungen, Leipzig 1919, S. 332-337; Alfred von Tirpitz, Erinnerungen. Gekürzte Volksausgabe, Leipzig 1919, S. 181 f.
[50] Hopman, Das ereignisreiche Leben (wie Anm. 47), S. 820, Eintrag vom 7.6.1916.
[51] Ebd., S. 827, Hopman an Souchon am 11.6.1916.
[52] Michael Epkenhans, Admiral Reinhard Scheer. »Der Sieger vom Skagerrak«. Eine biographische Skizze. In: Mein lieber Schatz! Briefe von Admiral Reinhard Scheer an seine Ehefrau. August bis November 1918. Hrsg. von Michael Epkenhans, Bochum 2006 (= Kleine Schriftenreihe zur Militär- und Marinegeschichte, 12), S. 17-71, hier S. 32.
[53] Die Ursachen des Deutschen Zusammenbruchs im Jahre 1918. Vierte Reihe im Werk des Parlamentarischen Untersuchungsausschusses der Verfassungsgebenden Deutschen Nationalversammlung und des Deutschen Reichstages 1919-1928. Hrsg. von Eugen Fischer, Walther Bloch und Albrecht Philipp, 12 Bde, Berlin 1925-1929, hier Bd 10/2: Tagebuch des Matrosen Richard Stumpf. Hrsg. im Auftrage des Deutschen Reichstages, Berlin 1928; Das Kriegstagebuch eines kaiserlichen Marineoffiziers (1914-1918). Kapitänleutnant Hermann Graf von Schweinitz. Hrsg. von Kurt Graf von Schweinitz, Bochum 2003 (= Kleine Schriftenreihe zur Militär- und Marinegeschichte, 3), S. 88 f.: Tagebucheintrag vom 2.6.1916: »Ein gewaltiges Schlachtenpanorama, man wird ganz über sich selbst hinausgehoben, fühle mich von mir selbst detachiert.«; Abdruck eines Briefes des Obermatrosen Karl Felchner an Bord SMS *Thüringen* vom 5.6.1916 abgedr. in: Lützow, Der Nordseekrieg (wie Anm. 41), S. 159-162; Archiv des Wehrgeschichtlichen Ausbildungszentrums an der Marineschule Mürwik, Brief des Maschinenobermaaten Rudolf Dübeler (Besatzungsmitglied der *Hessen*) an seinen Bruder in Leipzig vom 3.6.1916.
[54] Frank Woesthoff, »Kleiner Seemann und bedeutender Mensch«. Die maritime Biographie des Hans Bötticher alias Joachim Ringelnatz. In: Ringelnatz als Mariner im Krieg 1914-1918. Hrsg. von Stephan Huck, Bochum 2003 (= Kleine Schriftenreihe zur Militär- und Marinegeschichte, 4), S. 1338, hier S. 31; Silex, Mit Kommentar (wie Anm. 6), S. 61: »Auf dem Artillerieschiff verpassten wir die Skagerrakschlacht. Ich brauche die Gefühle der Fähnriche nicht weiter auszumalen.«

glorifizierend den Schlachtverlauf und lobte Scheers großes Führergeschick, und Kapitän zur See z.D. Friedrich von Kühlwetter zog gar Parallelen zu der Bedeutung der Seeschlacht vor dem Skagerrak zu denen von Tsushima und Trafalgar. Die umfangreiche Berichterstattung rückte die Schlacht vor dem Skagerrak als Bestandteil des Kriegsverlaufs Milieu übergreifend in das tägliche Leben der Menschen[55]. In der Schule wurden Schulaufsätze verfasst[56]; später, während der Zeit des Nationalsozialismus, wurde die Schlacht zu einem pädagogischen Lehrbeispiel der deutschen Geschichte umgedeutet[57]. Eine nachhaltige Wirkung konnte dieses Lehrbeispiel jedoch im Rahmen der Erinnerungsbewahrung nicht zeitigen.

Aus der Unmittelbarkeit des Schlachtereignisses fertigten Zeitzeugen noch im Jahr 1916 Erlebnisberichte, die in Zeitungen gedruckt oder als kleinere Schriften veröffentlicht wurden. Der Marine-Assistenz-Arzt Hermann Katsch beschrieb die Ereignisse an Bord *SMS Thüringen*[58] und Korvettenkapitän Albert Scheibe fertigte auf der Grundlage »amtlichen Materials« einen ersten Bericht über den Schlachtverlauf[59]. Scheibe ergänzte seinen Bericht um weitere Anmerkungen, in denen er die hohe Bedeutung von Großkampfschiffen für die Beherrschung der Meere betonte, die deutsche Schiffbaukunst lobte und dem »genialen Erbauer unserer Flotte« dankte. Er mutmaßte, dass die »englische Seite« nichts unversucht lassen werde, seinen unwiderlegbaren Bericht »als böswillige Verdrehung« zu kennzeichnen. »Da aber allgemein bekannt ist, daß dies lediglich geschieht, um den Eindruck des englischen Mißerfolges vor der Welt zu verwischen, kann man darüber zur Tagesordnung übergehen[60].« Schließlich resümierte er: »Daß die Schlacht vor dem Skagerrak keine ausgesprochene Entscheidungsschlacht ist, ist jedem Deutschen klar. Daß sie nicht völlig durchgeschlagen wurde, liegt nicht an uns, sondern am Gegner, der trotz seiner großen Überlegenheit keinen Versuch dazu gemacht hat. Daß diese Schlacht uns aber gegen die erdrückende Übermacht einen sehr wesentlichen Erfolg gebracht hat, steht ebenso für alle Zeiten fest[61].« Das fehlende Durchschlagen der Seeschlacht sollte in der weiteren Erinnerungs- und Verlaufsgeschichte noch eine entscheidende Rolle spielen.

Marine-Oberpfarrer Konsistorialrat Albert Klein, Flottenpfarrer der Hochseeflotte, legte seine Gedanken – nahezu in Form eines Predigttextes – verklärend, heroisierend und mit antibritischen Zügen versehen, als eine »Volksschrift« nieder

---

[55] Die Schlacht vor dem Skagerrak wurde u.a. thematisiert in: Die Grenzboten. Zeitschrift für Politik, Literatur und Kunst, Leipzig, 75 (1916); siehe ebenso Bibliothek der Unterhaltung und des Wissens, 13 (1916).
[56] Anne-Marie Deecke, Die Rückkehr der Flotte nach der Schlacht am Skagerrak. Ein Schulaufsatz aus dem Jahr 1916. In: Hamburgische Geschichts- und Heimatblätter, 11 (1986), 9, S. 222–224.
[57] G[eorg] von Usadel, Deutsches Ahnenerbe. Lesestoff für den Deutsch- und Geschichtsunterricht, Nr. 5280: Skagerrak, o.O., o.J.
[58] Hermann Katsch, S.M.S. *Thüringen* im Kampf am Skagerrak, Sonderdruck aus der Schwarzburg-Rudolfstädtischen Landeszeitung, Rudolfstadt 1916.
[59] [Albert] Scheibe, Die Seeschlacht vor dem Skagerrak am 31. Mai/1. Juni 1916. Auf Grund amtlichen Materials, Berlin 1916.
[60] Ebd., S. 29.
[61] Ebd.

und veröffentlichte sie im Verlag des Evangelischen Bundes[62]. Der renommierte Historiker und preußische Staatsarchivrat Julius von Pflugk-Harttung thematisierte die Skagerrakschlacht vor dem Hintergrund des Kampfes um die Freiheit der Meere in Verbindung mit der Seeschlacht von Trafalgar, einer immer wiederkehrenden Argumentation im Umgang mit den Ereignissen der Schlacht[63]. Friedrich von Kühlwetter widmete sich dem »Ruhmestag der deutschen Flotte« und veröffentlichte bis weit in die Dreißigerjahre mehrere Auflagen[64] – seit 18. Dezember 1919 war Kühlwetter als Konteradmiral charakterisiert.

Unter den Eindrücken der Skagerrakschlacht entstand im Jahr 1917 die Tragödie »Seeschlacht« von dem Dramaturgen Reinhard Goering. Nach der Uraufführung des Stückes am 3. März 1918 am Deutschen Theater in Berlin galt das umjubelte Drama als ausdrucksstarkes Beispiel des Expressionismus[65]. Pastor Gustav Frenssen, später bekannter schleswig-holsteinischer Schriftsteller und Dichter, reiste kurz nach der Skagerrakschlacht ebenfalls nach Wilhelmshaven und verschaffte sich so einen zeitnahen Überblick. Seine Erkenntnisse verarbeitete er auch in seiner Erzählung »Die Brüder«, die 1917 erstmals erschien[66]. Frenssen schilderte hierin die Ereignisse auf dem imaginären Flaggschiff der Aufklärungsstreitkräfte, der *Belon*[67], unter Führung von Admiral Hipper aus der Sicht des »Läufer Admiral« Harm Ott. Frenssen gelang es mit Hilfe dieses Nachrichten übermittelnden Matrosen, Zustände in verschiedenen Bereichen des Schiffes während des Schlachtverlaufs detailreich zu beschreiben und so die Komplexität des Schiffslebens im Gefecht darzustellen[68].

Neben der textualen Verarbeitung waren es vor allem Maler, die das Ereignis des deutschen Sieges zur See für die Nachwelt festhielten; es waren nicht die »laufenden Bilder«[69], die von der Schlacht berichteten, sondern die nachträglich verfertigten Skizzen, Aquarelle und Gemälde, die die Skagerrakschlacht »in Szene« setzten. Claus Bergen, der bekannteste Marinemaler dieser Zeit[70], war beim Einlaufen der deutschen Hochseeflotte in Wilhelmshaven anwesend und nutzte die Gelegenheit, in zahllosen Detailskizzen die Zeitzeugenberichte festzuhalten, technische Einzelheiten zu berücksichtigen und mithilfe der Schiffstagebücher die

---

62 Klein, Die Seeschlacht (wie Anm. 45).
63 J[ulius] von Pflugk-Harttung, Der Kampf um die Freiheit der Meere. Trafalgar – Skagerrak, Berlin 1917.
64 Friedrich von Kühlwetter, Skagerrak! Der Ruhmestag der deutschen Flotte, Berlin 1916.
65 Reinhard Goering, Seeschlacht, Berlin 1917.
66 Gustav Frenssen, Die Brüder. Eine Erzählung, Berlin 1917 (= Grote'sche Sammlung von Werken zeitgenössischer Schriftsteller, 129); auch erwähnt bei Raeder, Mein Leben, T. 1 (wie Anm. 15), S. 126. Zur Person Gustav Frenssen siehe Gustav Frenssen in seiner Zeit. Hrsg. von Kay Dohnke und Dietrich Stein, Heide 1997.
67 Frenssen verwendete diesen Namen statt *Lützow* (Großer Kreuzer).
68 Frenssen, Die Brüder (wie Anm. 66), S. 366 ff.
69 Siehe hierzu den Beitrag von Jan Kindler in diesem Band.
70 Bodo Herzog, Claus Bergen. Leben und Werk des großen Marinemalers, Krefeld 1963; Bodo Herzog, Claus Bergen. Leben und Werk, Gräfelfing 1989; Lars U. Scholl, Claus Bergen 1885–1964, Bremerhaven 1982.

Schlacht als Ganzes künstlerisch zu fassen[71]. Bergens Gemälde über die Seeschlacht vor dem Skagerrak stehen ganz unter dem Eindruck der zeitlichen Nähe und Unmittelbarkeit – sie spiegeln deutsche Unerschrockenheit und operative wie taktische Überlegenheit unter dem Eindruck des errungenen Sieges. Willy Stöver, bei der Illustrirten Zeitung in Lohn stehender Maler[72], widmete sich ebenso der Darstellung der Skagerrakschlacht wie der »Sonderzeichner« der Leipziger Illustrirten Zeitung, Felix Schwormstädt, der auch dramatische, menschliche Szenen während der Schlacht, wie beispielsweise die Rettung von britischen Marinesoldaten durch deutsche Einheiten, überlieferte[73].

Claus Bergen gelang es, binnen eines halben Jahres zahllose Gemälde zur Skagerrakschlacht fertigzustellen. Bereits im Januar 1917 zeigte Bergen in der XXII. Ausstellung des »Vereins der Kunstfreunde für Wilhelmshaven-Rüstringen« 25 Gemälde zur Skagerrakschlacht in der Kaiser-Friedrich-Kunsthalle[74]. Bergens großformatige Gemälde wurden anschließend teilweise für Repräsentationszwecke von der Marineführung erworben. Bergen lieferte zudem kleinere Illustrationen und Skizzen, die in Veröffentlichungen zur Skagerrakschlacht verwendet wurden. Einen kleinen Gedichtband über die Ereignisse der Skagerrakschlacht illustrierte er[75]. All dies deutet auf die hohe Produktivität Claus Bergens während dieser Zeit hin. Die Darstellung von Ereignissen während der Seeschlacht blieb für Bergen ein auch in den Folgejahren dominierendes Thema. Bergens Ruf in der Marine war tadellos; er stand mit der führenden Admiralität in engem Kontakt. Die Marine hatte selbst ein starkes Interesse an der Arbeit Bergens und ermöglichte ihm auf U53 letztlich eine Mitfahrt[76]. Die Ereignisse und Erlebnisse dieser Fahrt auf U53 hielt Bergen später einprägsam in seinen U-Boot-Bildern für die Nachwelt fest[77]. Für das Entgegenkommen der Marine revanchierte sich Bergen bei *seiner* Marine, indem er beispielsweise Gedächtnisblätter illustrierte und durch seine hohe Popularität die Marine auch im Binnenland bekanntmachte.

Dem Marinemaler Robert Schmidt-Hamburg hingegen wurde seine Teilnahme an der Skagerrakschlacht an Bord *SMS Lothringen* mehrfach zugedichtet, so dass seine Gemälde aus den Jahren 1915 [sic!]/1916 fälschlicherweise im Zusammenhang mit der Skagerrakschlacht genannt werden[78]: »*Lothringen* dümpelte am Ausrüstungskai in Kiel und Robert Schmidt saß nicht weit entfernt in seinem Atelier. An

---

71 Jörg-M. Hormann und Eberhard Kliem, Claus Bergen. Marinemaler über vier Epochen, Hamburg 2002, S. 47.
72 Jörg-M. Hormann, Willy Stöver. Marinemaler der Kaiserzeit, Hamburg 2001; »Kunst braucht Gunst!« Willy Stöver, Marinemaler und Illustrator der Kaiserzeit. Hrsg. von Jörg-M. Hormann und Friedrich Scheele, Rastede 2000.
73 Archiv des Wehrgeschichtlichen Ausbildungszentrums, Marineschule Mürwik, Nr. 7269 XVI: Neudruck der Illustrirten Zeitung vom 15.6.1916, Nr. 3807, Kriegsnummer 98.
74 Hormann/Kliem, Claus Bergen (wie Anm. 71), S. 47.
75 Gedichte zur Seeschlacht vor dem Skagerrak am 31. Mai 1916, Berlin 1916.
76 Hormann/Kliem, Claus Bergen (wie Anm. 71), S. 59–62.
77 Vgl. Claus Bergen, Meine U-Boot-Reise. In: Hurra wir leben noch, Leipzig 1930.
78 Erklärend bei Jörg-M. Hormann und Heinz-Otto Müller, Robert Schmidt-Hamburg. Vom Seemann zum Marinemaler. Mit einer Einleitung von Theodor F. Siersdorfer, Hamburg 2003, S. 26, S. 29; vgl. dazu irrig Lars U. Scholl, Deutsche Marinemalerei 1830–2000, Helgoland 2002, S. 69.

diesem Mittwochabend des 31. Mai 1916, dem späteren Datum des ›Skagerraktags‹, zeichnete er bei einem Glas Rotwein an einer Illustration für die Leipziger Illustrirte Zeitung[79].«

Der Marinemaler Adolf Bock widmete sich 1930 den Ereignissen der Skagerrakschlacht. Er selbst hatte an der Schlacht ebenfalls nicht teilgenommen, sondern war zu diesem Zeitpunkt Besatzungsmitglied der *Augsburg*[80].

Eine besondere Form der Erinnerungsinitiierung und letzthin Gedächtnisbewahrung stellen Gedenkmünzen und Briefmarken dar. Letztere hat es zur Skagerrakschlacht, zum Marine-Ehrenmal oder zu den Führern in der Skagerrakschlacht nie gegeben. Hingegen wurde die Sammelleidenschaft von Gedenkmünzen bereits früh kommerziell genutzt und die Skagerrakschlacht entsprechend vermarktet[81]. Eine andere Wirkung zeitigten die zahllosen Postkarten, die wiederkehrend die Ereignisse der Skagerrakschlacht thematisierten und auf diese Weise mit Schiffsmotiven und Gedenksprüchen die Schlacht zumindest kurzzeitig visualisierten und damit in Erinnerung riefen. Besonderen Formen einer individuellen Gedächtnisbewahrung waren keine Grenzen gesetzt. Grabsteine beinhalten Hinweise auf die Skagerrakschlacht, Erinnerungs- und Gedächtnisblätter bewahren die individuelle Erinnerung ebenso wie sie auf einem persönlich gefertigten Siegelring überliefert wurde. All dies überdauerte zwar die Zeit, fand aber dennoch keine Rezeption mit Ausnahme in ausgewählten kleinen Kreisen von Interessierten.

* * *

Im zeitlichen Nachgang der Beurteilung und Folgewirkung der Ergebnisse der Skagerrakschlacht wird insgesamt ein ambivalentes Bild deutlich: einerseits die öffentlich artikulierte Begeisterung und Glorifizierung der Schlacht, die sich in allen publizistischen Formen widerspiegelt; andererseits die kritische Beurteilung der Marineleitung und des Kaisers, die den strategischen Wert der Hochseeflotte nach der Schlacht geringer schätzten, einen Strategiewechsel herbeiführten, aber dennoch aus Populismus den hohen Wert der Schlacht weiter betonten[82] und nationalistisch überhöhten. »In der Skagerrakschlacht hat die deutsche Flotte das Recht auf Deutschlands Gleichberechtigung unbestreitbar errungen«, schrieb 1940 Admiral von Trotha, Vorsitzender des 1934 gegründeten »Reichsbundes Deutscher Seegeltung« auf einem Vorsatzblatt zum »Skagerrak-Kapitel« seines Buches

---

[79] Hormann/Müller, Robert Schmidt-Hamburg (wie Anm. 78), S. 26.
[80] Hans-Walter Hansen, Marinemaler Adolf Bock. Leben und Werk, Hamburg 2001, S. 17, 73.
[81] Georg Zetzmann, Deutsche Silbermedaillen des 1. Weltkriegs. Die militärischen Handlungen und denkwürdigen Ereignisse von 1914 bis 1919, Regenstauf 2002. Für diesen Hinweis danke ich meinem akademischen Lehrer Rainer Postel (Hamburg).
[82] Vgl. Werner Rahn, Die Kaiserliche Marine und der Erste Weltkrieg. In: Ringelnatz als Mariner (wie Anm. 53), S. 39-89, hier S. 65 f.; hierzu auch die Lagebeurteilung Scheers vom 4.7.1916 (darauf hat sich auch Rahn bezogen) bei Simsa, Marine intern (wie Anm. 45), S. 214 f.; gleichlautend Lützow, Der Nordseekrieg (wie Anm. 41), S. 164; siehe auch Anlage 4: Erläuterungen zum Ausbau der deutschen Hochseeflotte durch den Großadmiral von Tirpitz, S. 187-199.

»Seegeltung – Weltgeltung«[83]. Unbenommen hiervon blieben die hohe Popularität von Admiral Reinhard Scheer, dem »Helden des Skagerrak«[84], und Admiral Hipper[85], die sich überhöhend in folgendem Gedicht spiegelte:

»Eine Morgensonne stieg über das Meer:
England geschlagen! Heil Hipper und Scheer!
Dank unsrer Flotte und Dank ihrer Taten!
Ehre den Toten, Führern und Maaten[86]!«

III. Die Kaiserliche Marine bis zur Selbstversenkung in Scapa Flow

Nach der Skagerrakschlacht musste die deutsche Hochseeflotte als »fleet in being« in Untätigkeit verharren, abgesehen von den wenigen kleineren Vorstößen in die Nordsee und den Operationen zur Eroberung der baltischen Inseln. Aus diesem Grunde bildete die Seeschlacht vor dem Skagerrak einen maritimen Endpunkt in der Beteiligung großer deutscher Marineeinheiten am Kriegsverlauf des Ersten Weltkrieges. Skagerrak wurde zu einem räumlich fixierten »Glanzpunkt« der deutschen Flotte stilisiert, während Helgoland und Doggerbank räumliche Niederlagen spiegelten. Anders gewendet: Die Führer der Skagerrakschlacht, die Admirale Hipper und Scheer, avancierten zu Helden, während das Gefecht bei Helgoland mit all der verbundenen Tragik ebenso wie das auf der Doggerbank auf deutschen Opfer- und Heldenmut sowie feindliche Tücke reduziert wurde. In einen vergleichbaren Zusammenhang gehört auch der Untergang des Kreuzergeschwaders vor den Falklandinseln und in dessen Nachgang die Versenkung einzelner Kreuzer nach feindlicher Verfolgung. Die Seeschlacht bei den Falklandinseln sicherte vor allem dem gefallenen Geschwaderkommandeur, Vizeadmiral Maximilian Graf von Spee, der noch vor Coronel kurz zuvor gesiegt hatte, nachhaltigen Ruhm. Im Nachgang verklärte das Bild von Hans Bohrdt, »Der letzte Mann«, die Ereignisse bei den Falklandinseln[87].

Vor dem Hintergrund jener politisch verordneten Untätigkeit erklären sich nicht nur Verklärung, Glorifizierung und Heroisierung des Vergangenen, sondern

---

[83] Adolf von Trotha, Seegeltung – Weltgeltung. Gedanken eines Admirals. Hrsg. vom Reichsbund Deutscher Seegeltung, Berlin 1940.
[84] Siehe ergänzend: »Eine bisher unbekannte Admiral-Scheer-Büste und Richard Engelmann, Erinnerungen an Admiral Scheer«. In: Leinen los!, (1962) 6, S. 208. Admiral Scheer hatte Weimar als Ruhesitz gewählt und ließ sich dort auf Drängen von Freunden von dem Künstler Prof. Richard Engelmann porträtieren. Kurz nach Vollendung der Arbeit verstarb Scheer, so dass die entstandene Büste über Jahre in Vergessenheit geriet.
[85] Epkenhans, Admiral Reinhard Scheer (wie Anm. 52), S. 32 f.
[86] Josef Buchhorn. In: Gedichte zur Seeschlacht vor dem Skagerrak am 31. Mai 1916, Berlin 1916, S. 10.
[87] Die verklärende Abbildung zeigt den letzten Mann des Kleinen Kreuzers *Leipzig*. Er streckt der feindlichen britischen Flotte kriegerisch und wehrhaft die deutsche Flagge entgegen. Der Kleine Kreuzer wurde in der Schlacht vor den Falklandinseln am 8. Dezember 1914 versenkt. 315 Besatzungsangehörige fanden den Tod, lediglich 18 Mann wurden gerettet. Der häufig in der Literatur zu lesende Bezug des Gemäldes zum Untergang des Kleinen Kreuzers *Nürnberg* ist nicht haltbar. Das Original des Gemäldes von Hans Bohrdt ist verschollen.

1918 angesichts des nahenden Kriegsendes auch das Bestreben der Marineführung – vor allem von Admiral Scheer – mit einer letzten großen Ausfahrt die Ehre der Marine wiederherzustellen. Entweder könnte so das absehbare Kriegsende nochmals abgewendet werden, indem der britische Gegner in einer letzten großen Schlacht bezwungen würde – woran selbst Scheer nicht glaubte –, oder die deutsche Hochseeflotte könnte in dieser Schlacht mit wehender Flagge heldenmütig untergehen. Zu dieser letzten Ausfahrt, zu dieser »Todesfahrt der Admirale« kam es nicht, da sich die Matrosen der Hochseeflotte dieser Absicht durch Meuterei widersetzten und entzogen[88]. Die Kaiserliche Marine ging somit unehrenvoll aus dem Ersten Weltkrieg heraus – berechtigt waren die Zweifel, ob man in Deutschland damit nicht generell das Recht auf eine Marine verwirkt habe. Mit der ebenfalls als unehrenhaft empfundenen Internierung der deutschen Hochseeflotte in Scapa Flow steigerten sich jene Bedenken. Die Selbstversenkung der deutschen Flotte im Juni 1919 wurde gerade deswegen als Befreiungsschlag gegen Großbritannien empfunden und in dem Bewusstsein vollzogen, dadurch verhindert zu haben, dass die deutsche Flotte nach Nicht-Unterzeichnung des Versailler Vertrages – hiervon ging der Kommandierende Admiral der deutschen Internierungsflotte in Scapa Flow, Konteradmiral Ludwig von Reuter, aus – gegen das Deutsche Reich verwendet werden könnte[89]. Auf diese Weise war die Ehre der Marine wiederhergestellt worden – dies allerdings nur im Bewusstsein der Marine selbst. Denn zum einen verschärfte die Selbstversenkung die materielle Abgabenverpflichtung der ehemaligen Kaiserlichen Marine an die Siegermächte, so dass die spätere Reichsmarine um ein erheblich höheres Maß geschwächt wurde als ursprünglich geplant, und zum anderen empfand die Öffentlichkeit die Selbstversenkung der deutschen Hochseeflotte als Materialverschwendung in einer ressourcenarmen Zeit. Völlig entkoppelt hiervon definierten sich die ehemalige Marineführung und die Angehörigen der Kaiserlichen Marine über ihre Taten zur See, in denen die Skagerrakschlacht eine zentrale Bedeutung spielte und mit ihnen ihre »Seehelden«, die dieses Bild mit ihrer schriftlichen Hinterlassenschaft selbst mitgestalteten. Prominentestes Beispiel sind hierfür letzthin die Erinnerungen von Admiral Reinhard Scheer[90].

---

[88] Epkenhans, Admiral Reinhard Scheer (wie Anm. 52), S. 46 ff. Der Begriff der »Todesfahrt« wurde erst nachträglich diesem Flottenvorstoß »verliehen«. Überliefert ist hingegen, dass nach Angaben des Kommandanten des Schlachtkreuzers *Von der Tann*, Kapitän zur See Karl Feldmann, der B.d.A., Konteradmiral Ludwig von Reuter, am 30.10.1918 das Wort »Todesritt« gebraucht habe; vgl. Groß, Einführung (wie Anm. 21), S. 4.
[89] Ludwig von Reuter, Scapa Flow. Das Grab der deutschen Flotte, Leipzig 1921; Ludwig von Reuter, Scapa Flow. Das Grab der deutschen Flotte, ergänzte Originalausgabe von Yorck von Reuter, Hamburg 2003; Friedrich Ruge, Scapa Flow 1919. Das Ende der deutschen Flotte, Oldenburg, Hamburg 1969; Andreas Krause, Scapa Flow. Die Selbstversenkung der wilhelminischen Flotte, Berlin 1999.
[90] Reinhard Scheer, Deutschlands Hochseeflotte im Weltkrieg, Berlin 1919.

Postkarte mit einer Porträtaufnahme von Johann Kinau (Gorch Fock), *SMS Wiesbaden*.
Quelle: *MSM/WGAZ*

Deutsche Marine-Zeitung, Sonderausgabe zum Skagerrak-Tag 1926.
Quelle: *MSM/WGAZ*

Erinnerung an die Skagerrakschlacht: Motive auf Postkarten.
Quelle: MSM/WGAZ

Erinnerung an die Skagerrakschlacht: Motive auf Postkarten.
Quelle: MSM/WGAZ

Ring mit dem Datum der Skagerrakschlacht
Quelle: MSM/WGAZ

IV. Die Zeit der Reichsmarine

Mit Gründung der Vorläufigen Reichsmarine widmeten sich Marineoffiziere unter Leitung von Vizeadmiral Eberhard von Mantey der Aufarbeitung des Krieges zur See im neu geschaffenen Marinearchiv[91]. In einer breit angelegten Publikation mit dem Titel »Der Krieg zur See« wurde das Admiralstabswerk des Ersten Weltkrieges zur See (Seekriegswerk) nach geografischen Gesichtspunkten konzipiert[92]. Die geplanten Publikationen wurden ehemaligen kaiserlichen sowie in die Reichsmarine übernommenen, älteren Marineoffizieren zur Bearbeitung übergeben, um eine an den Fakten orientierte Geschichte der Kaiserlichen Marine zu verfassen. Ursprünglich hatte von Mantey beabsichtigt, diese Aufgabe ausschließlich jüngeren Offizieren zu übertragen. Aktenmaterial stand ebenso ausreichend zur Verfügung wie aussagewillige Zeitzeugen von den unterschiedlichen Kriegsschauplätzen. Die Kartenbeilagen und die sachbezogenen Schilderungen bilden ein hohes Maß an Authentizität ab, so dass die Reihe noch heute mit ihrem Faktengerüst Anhaltspunkte für den Kriegsverlauf des Ersten Weltkrieges zur See bieten kann. Überall dort jedoch, wo die jeweiligen Autoren versucht haben, Bewertungen und Folgerungen niederzulegen, ist heute ein kritischer Blick geboten. Die zeitliche Nähe der Autoren zu den Ereignissen des Weltkrieges gestaltete sich bei der Abfassung der Texte als ebenso schwierig wie die Präsenz der kaiserlichen Admiralität, deren »Übervater«, Alfred von Tirpitz, in allen Themenbereichen unbeschadet gehalten wurde[93]. 1925 schrieb Vizeadmiral a.D. Hugo Meurer:

> »Fasst man alles zusammen, die personelle wie die materielle Leistung beider Flotten vor dem Skagerrak, so kann es keine glänzendere Rechtfertigung des Tirpitzschen Risikogedankens geben, als Verlauf und Ausgang des schwersten Waffenganges, den England seit beinahe hundertfünfzig Jahren mit einem *ebenbürtigen* Gegner zur See zu bestehen hatte. Die Tatsache, dass die größte Seeschlacht, die England je geschlagen, nicht mit einer schweren Niederlage des Feindes endete, sondern um der Erhaltung der britischen Schiffe willen abgebrochen wurde, zeigt, wie recht der Schöpfer der deutschen Flotte hatte[94].«

Die Marine behielt ihre Geschichtsschreibung in eigenen Händen und unter eigener Kontrolle – Zutrauen und Vertrauen, dass außerhalb des Marinezirkels stehende Historiker oder Fachleute eine unabhängigere und damit der historischen Wahrheit näher kommende Geschichtsüberlieferung hätten fertigen können,

---

91 Hierzu und auch zum Folgenden Rolf Güth, Die Marine des Deutschen Reiches 1919–1939, Frankfurt a.M. 1972, S. 95–98 (Kapitel Seekriegsgeschichte und Seekriegswerk).
92 Hierzu ausführlich Groß, Einleitung (wie Anm. 21).
93 Genauso urteilend Michael Salewski, Skagerrak! Sechzig Jahre Rückblick. In: Salewski, Die Deutschen und die See, T. 2 (wie Anm. 19), S. 74–78, hier S. 77. Ich danke Kapitän zur See a.D. Dr. Werner Rahn für den Hinweis, dass die Erstveröffentlichung Salewskis im MarineForum 1976 eine heftige Diskussion auslöste. Im Beitrag Rahn wird auf die näheren Umstände verwiesen.
94 Zit. nach ebd., S. 76.

schienen außerhalb der Wahrnehmung der Verantwortlichen zu sein. Die Qualifikation des »Marinehistorikers« ergab sich quasi automatisch aus Dienstgrad, Erfahrung und Dienststellung, nicht aber aus wissenschaftlicher Qualifikation; diese wurde zumindest im Fall von Erich Raeder mit der Verleihung der Ehrendoktorwürde »nachgereicht« – trefflicherweise am zehnten Jahrestag der Skagerrakschlacht im Haus Admiral Raeders als Chef der Marinestation Ostsee in Kiel[95]. Der Leiter des Marinearchivs, Eberhard von Mantey, besaß bereits seit dem 9. Januar 1923 einen Ehrendoktortitel – ebenfalls von der Christian-Albrechts-Universität zu Kiel.

Neben der offiziellen Marinegeschichtsschreibung des Marinearchivs waren es einzelne Autoren, die sich der Ereignisse des Ersten Weltkrieges zur See in schriftlicher Form annahmen und dabei die besondere Bedeutung der Skagerrakschlacht hervorhoben. Der memorialen und individuellen, aber auch glorifizierenden Verarbeitung der Ereignisse kam dabei eine besondere Bedeutung zu[96], selbst wenn die Titel einen wissenschaftlichen Charakter suggerierten[97]. Im Jahr 1921 legte Eberhard von Mantey einen Sammelband mit dem Titel »Auf See unbesiegt« vor[98]. 30 Einzelbeiträge, verfasst von Marineangehörigen aller Dienstgrade, beschäftigten sich mit Ereignissen des Seekrieges von 1914 bis 1918. Adolf von Trotha beschrieb seine Erlebnisse als Chef des Stabes der Hochseeflotte verklärend und glorifizierend[99], während Marine-Oberstabsingenieur Otto Looks, seinerzeit Leitender Ingenieur auf SMS *Seydlitz*, den Schlachtverlauf aus Sicht des Maschinenpersonals beschrieb und dabei die besonderen Leistungen vor allem in der Leckabwehr hervorhob[100]. Aus marineärztlicher Sicht hat sich Marine-Oberstabsarzt Dr. Rolf Amelung, ebenfalls an Bord von SMS *Seydlitz*, den Herausforderungen an das Sanitätspersonal während der Skagerrakschlacht gewidmet[101]. Der Oberheizer Hugo Zenne berichtete über die letzten Stunden auf SMS *Wiesbaden* – Zenne hatte als Einziger den Untergang überlebt. Ergänzt wurde dieser sehr kurze Beitrag um die Bedeutung von Gorch Fock (Pseudonym für Johann Kinau), der auf SMS *Wiesbaden* gefallen war, von dem Herausgeber, Vizeadmiral von Mantey[102]. Mit der

---

[95] Raeder, Mein Leben, T. 1 (wie Anm. 15), S. 212 f.
[96] Liebermann von Sonnenberg, Die Seeschlacht vor dem Skagerrak am 31. Mai/1. Juni 1916, Minden [1920]; Georg von Hase, Skagerrak! Erinnerung eines deutschen Seeoffiziers, Leipzig 1920; Georg von Hase, Die zwei weißen Völker! Kiel und Skagerrak. Deutsch-englische Erinnerungen eines deutschen Seeoffiziers, Leipzig 1923.
[97] F[...] von Hersfeld, Die Seeschlacht vor dem Skagerrak. Zusammengestellt und erläutert nach den deutschen und englischen amtlichen Berichten, Bielefeld, Leipzig [1920]; Georg von Hase, Der Sieg der deutschen Hochseeflotte am 31. Mai 1916. Die Skagerrak-Schlacht nach den amtlichen deutschen und englischen Quellen. Mit einem Geleitwort von Admiral von Trotha, Leipzig 1926.
[98] Auf See unbesiegt. 30 Einzeldarstellungen aus dem Seekrieg. Hrsg. von Eberhard von Mantey, München 1921.
[99] Adolf von Trotha, Mit Admiral Scheer auf der Kommandobrücke. In: Auf See unbesiegt (wie Anm. 98), S. 9–16.
[100] Otto Looks, Das Maschinenpersonal in der Skagerrakschlacht. In: Auf See unbesiegt (wie Anm. 98), S. 143–154.
[101] Amelung, Erlebnisse eines Schiffsarztes (wie Anm. 41).
[102] Hugo Zenne, Die letzten Stunden auf SMS *Wiesbaden*. In: Auf See unbesiegt (wie Anm. 98), S. 286–290.

Wiedergabe eines Gedichtes von dem Dichter und Schriftsteller Gorch Fock gelang es Mantey zudem, die Bedeutung des Heldentodes nochmals herauszustellen:
»Sterb' ich auf der solten See,
Gönnt Gorch Fock ein Seemannsgrab.
Bringt mich nicht zum Kirchhof hin,
senkt mich tief ins Meer hinab.
Segelmacher näh mich ein!
Steuermann ein Bibelwort!
Junge, nimm dien Mütz mol af,
Und dann sinnig öber Bord ...«

Mantey erwähnte ebenfalls, dass bereits Gorch Focks Großvater und Onkel im Kampf gegen England den Heldentod gestorben seien – für das »heißgeliebte Vaterland«[103]. Der letzte Wunsch Gorch Focks wurde freilich nicht erfüllt. Sein Leichnam wurde im August 1916 angespült und auf der kleinen schwedischen Insel Stensholmen, unweit von Göteborg, in einem schlichten Grab beigesetzt. Mantey war es aber gelungen, den Heldentod prominent herauszustellen und sinngebend für die Marine zu instrumentalisieren – woraus später die Namensgebung für das Segelschulschiff der Reichsmarine *Gorch Fock* (1933) resultierte – und die Verbindung zum Hassgegner Großbritannien prominent herzustellen.

Neben der jährlichen Erinnerung am »Skagerraktag«, wurde der Seeschlacht am »runden« Jahrestag 1926 besonders gedacht[104]. Zahlreiche Publikationen im zeitlichen Umfeld des Jahres 1926 thematisierten die Seeschlacht vor dem Skagerrak[105]. Georg von Hase, seinerzeit Erster Artillerieoffizier auf *SMS Derfflinger* und zuvor Adjutant auf *SMS Hohenzollern,* legte 1926 die erste Auflage seines Buches »Der deutsche Sieg vor dem Skagerrak« vor, das anschließend zahlreiche Neuauflagen erfuhr[106] und bereits 1927 ins Französische übersetzt wurde[107]. Einen besonders gewagten Interpretationsversuch unternahm Johann Winkelhagen. Er interpretierte die Seeschlacht zwar als ein zufälliges Ereignis, meinte aber beweisen zu können, dass die ursprüngliche Absicht John Jellicoes gewesen sei, mit der Grand Fleet weit in das Kattegatt vorzudringen, um ein Landungsmanöver in Dänemark durchzuführen. Winkelhagen sah den Beweis in dem operativen und taktischen Vorgehen Jellicoes begründet und hierin den Grund, warum er der Schlacht letztlich ausgewichen sei und sie nicht durchgeschlagen habe[108].

---

[103] Ebd., vgl. die Anmerkungen des Herausgebers, S. 290.
[104] Ehrentag der Deutschen Armee und Marine. Zur Erinnerung an Sedan, Tannenberg, Skagerrak und an die Kolonie. Unter dem Protektorat sr. Kgl. Hoheit des Kronprinzen Rupprecht von Bayern, Nürnberg 1926. Die Initiative von Konteradmiral Theodor Eschenburg, jährlich ein Skagerrak-Jahrbuch als Kalenderbuch zu veröffentlichen, konnte sich nicht durchsetzen. Lediglich 1926 erschien eine Ausgabe. Erst in den Vierzigerjahren wurde die Idee des Skagerrak-Kalenders erneut aufgegriffen. Von den zahlreichen Gedenkansprachen und Vorträgen sei hier nur exemplarisch erwähnt: Max Lemke, Die Seeschlacht vor dem Skagerrak. Eine Festrede, Lübeck 1926; Deutsche Marinezeitung. Sonderausgabe zum Skagerrak-Tag 1926.
[105] Die See. Monatsschrift des Deutschen See-Vereins, Nr. 5 (Mai), 1926.
[106] Hase, Der Sieg (wie Anm. 97).
[107] Georg von Hase, Le Succes Allemand devant le Skagerrak ou la Bataille Navale du Jutland, übersetzt von Andre Gogniet, Paris 1927.
[108] J[ohann] Winkelhagen, Das Rätsel vom Skagerrak. Eine Quellenanalyse, Leipzig 1925.

Marinevereine und -vereinigungen boten Vortragsveranstaltungen und Ausfahrten an, die Einheiten der Reichsmarine setzten Großen Flaggenschmuck mit der Kaiserlichen Flagge im Topp[109], vor der Neuen Wache in Berlin zog die Marine seit 1917 alljährlich zum Skagerraktag als Wachmannschaft auf, und die kaiserliche Marineuniform wurde von ehemaligen Angehörigen der Kaiserlichen Marine allerorts öffentlich präsentiert. Anstoß genommen wurde hieran in der öffentlichen Wahrnehmung nicht. Vielmehr waren es Sachthemen wie vermehrte Rüstungsausgaben (Panzerschiff-Debatte), die im öffentlichen Raum diskutiert wurden[110]. Also, nicht die äußeren Formen des Auftretens der ehemaligen Angehörigen der Kaiserlichen Marine erregten Kritik, sondern sachbezogene Themen oder die, die auf die innere Verfasstheit der Marine zielten. Anders gewendet: Gedenken und Heldenverehrung wurden toleriert und waren akzeptiert, während ein auf den Kaiser gerichteter »Hurrapatriotismus« und damit verbundene Versuche, das vergangene Kaiserreich zu reanimieren, harsche Kritik nach sich zogen. Die Diskussionen und die öffentliche Berichterstattung um die Bedeutung der Ereignisse bei Einweihung des Neubaus des Kieler Yacht Clubs im Jahr 1925 sind ein deutliches Indiz dafür und erregten die öffentliche Kritik[111], weil drei Hochs auf den Kaiserbruder Prinz Heinrich ausgebracht worden waren und die ehemalige Hymne gespielt werden sollte, was die Musiker allerdings ablehnten.

Die damaligen Marineführungen stützten und förderten die Erinnerungsbewahrung an die Skagerrakschlacht. Die Admirale Adolf von Trotha, William Michaelis, Paul Behncke, Hans Zenker und Erich Raeder sahen hierin einen Haltepunkt zu der Vorgängermarine, in der sie allesamt Flagg- oder Stabsoffiziersdienstposten innehatten. Gestützt von der »alten« und nicht mehr reaktivierten Admiralität waren sie zudem die Garanten für den Zusammenhalt der Angehörigen beider Marinen in einem funktionierenden Informationsnetzwerk und sicherten so ein einheitliches, gleichgerichtetes Auftreten und Denken. Durch die Sicherung und Gewährleistung einer quasi hoheitlichen Geschichtsdeutung der Marinegeschichte wurde zudem sichergestellt, dass Nicht-Marineangehörige weder Teilhabe an der noch Einfluss auf die Interpretation der marinegeschichtlichen Abläufe nehmen konnten. Hieraus entstand eine insgesamt nach innen gerichtete, systembezogene Überlieferungsgeschichte der deutschen Marinen, die, revisionistisch angelegt, ihre Deutungshoheit aus der Notwendigkeit des Wiedererlangens deutscher »Seegeltung« ableitete, die den Deutschen als »gegeben« und unabdingbar zuerkannt wurde[112];

---

[109] Jörg H. Hormann und Dominik Plaschke, Deutsche Flaggen, Geschichte, Tradition, Verwendung, Hamburg 2006, S. 120: »Von 1924 bis 1944 wurde sie [die alte Reichsflagge der Kaiserlichen Marine] jeweils am 31. Mai in Erinnerung an die Skagerrakschlacht auf den Kriegsschiffen der Marine gehisst.« Ein weiterer Hinweis findet sich in: Leitfaden für den Dienstunterricht in der Reichsmarine. T. 2 : Dienstbetrieb. Hrsg. vom Reichswehrministerium, Berlin 1926, S. 107 f.

[110] Hillmann, Seestrategische Überlegungen (wie Anm. 8), S. 58–61

[111] BA-MA, RM/6-15: Handakte Raeder (Sammlung Raeder 2). Vermerke zu den Ereignissen bei der Einweihungsfeier des neuen KYC-Gebäudes.

[112] Hugo von Waldeyer-Hartz, Reichsmarine und Seemachtfragen der Gegenwart, Leipzig 1934.

verklärend und verblendet fand mit Kriegsbeginn 1939 hierin der Begriff des »Freiheitskampfes zur See« seinen Ursprung[113].

Die Skagerrakschlacht wurde aber auch schon früh als Beispiel herangezogen, die Seestrategie des Ersten Weltkrieges grundsätzlich infrage zu stellen. Die Ausführungen von Vizeadmiral Wolfgang Wegener, der bereits während des Ersten Weltkrieges in internen Denkschriften scharfe Kritik an den strategischen Planungen der Marine geäußert hatte, belegen dies eindrucksvoll, wenn er schrieb: »Wir haben aber immer nur an ›die‹ große Schlacht gedacht[114].« Wegeners Gedanken zur Entwicklung einer neuer seestrategischen Ausrichtung während der Zeit der Reichsmarine wurden von der Marineführung kritisiert, weil sie nicht konform waren und das einheitliche Denk- und Außen-Bild der Marine störten. Persönliche Konsequenzen, die Wegener und sein Sohn zu tragen hatten, waren die Folge dieses nach vorne gerichteten Denkens. Die Auseinandersetzungen um die Veröffentlichung der Arbeit Wolfgang Wegeners offenbaren die ambivalente Haltung der Marineführung der Reichsmarine, die zerrissen war zwischen Verehrung und Bewahrung der Überlieferung und einer als notwendig erkannten zukunftsorientierten Handlungsweise, die eine strategische Neuausrichtung zwingend erforderte – und letztlich von Admiral Raeder mit dem Prinzip der Kreuzerkriegführung auch durchgesetzt wurde[115].

Marinegeschichte nahm und nimmt innerhalb der Militärgeschichtsschreibung eine eher untergeordnete Stellung ein. Es wundert kaum, dass aufgrund dessen auch das spätere wissenschaftliche Forschungsinteresse eine eher nachgeordnete Rolle spielte und die »alte« maritime Überlieferungsgeschichte teilweise fraglos adaptiert wurde und so Eingang in wissenschaftliche Standard-Überblickswerke nehmen konnte; mehr noch, eine fraglose Akzeptanz für Heldenverehrung und Glorifizierung der Weltkriegs-I-Ereignisse zur See in die deutsche Nach-Nachkriegsgesellschaft erreicht wurde[116]. Die halb-offizielle Marineüberlieferung durch

---

[113] Carl Tägert, Der Freiheitskampf zur See 1939‑1940. September 1939 bis August 1940, Berlin 1940; siehe Fußnote 27 zu den Planungen von Admiral Kurt Assmann.

[114] Wolfgang Wegener, Die Seestrategie des Weltkrieges, Berlin 1929, S. 32; Wolfgang Wegener, The Naval Strategy of the World War, translated and with an Introduction and Notes by Holger H. Herwig (= Classics of Seapower), Annapolis 1989; vgl. auch Salewski, Skagerrak (wie Anm. 93), S. 77. Siehe hierzu ingesamt Nicolas Wolz. Das lange Warten. Kriegserfahrungen deutscher und britischer Seeoffiziere 1914‑1918, Paderborn [u.a.] 2008 (= Zeitalter der Weltkriege, 3).

[115] Hillmann, Seestrategische Überlegungen (wie Anm. 8), S. 62‑82.

[116] Vgl. Anm. 12. Bereits drei Monate nach Aufstellung der ersten Einheiten der Bundeswehr wurde in einer Großen Anfrage der SPD-Opposition im Bundestag das Verhältnis der Bundesmarine zur Kriegsmarine thematisiert. Stenographische Berichte des Deutschen Bundestages, 2. Legislaturperiode, 140. Sitzung vom 18. April 1956, S. 7207‑7235. Ursache war die Rede von Kapitän zur See Karl-Adolf Zenker vor der Marine-Lehrkompanie in Wilhelmshaven am 16. Januar 1956, in der er betont hatte, dass »kein Makel« an den beiden Großadmiralen Raeder und Dönitz hafte und die Marine im Zweiten Weltkrieg »sauber, anständig und ehrenhaft geführt worden sei«. Die Großadmirale trügen »ihr Schicksal daher stellvertretend für uns alle, die wir damals in gutem Glauben einer verantwortungslosen politischen Führung gedient haben, die uns fast die ganze Welt zu Feinden gemacht hat«. Die Ansprache ist abgedruckt bei Jörg Duppler, Germania auf dem Meere. Bilder und Dokumente zur Deutschen Marinegeschichte 1848‑1998, Hamburg 1998, S. 203 f.; aufschlussreich ist die Einschätzung Zenkers in: BA-MA, N/328-38:

Eberhard Mantey hatte hieran ebenso wesentlichen Anteil[117] wie die von Friedrich Lützow[118].

Mantey bewertete die Skagerrakschlacht geradezu prophetisch in seinem Buch »Deutsche Marinegeschichte« von 1926:

> »Die Skagerrakschlacht ist ein Beweis der Angriffsfreudigkeit der Flottenführung. Sie zeigt die vorzügliche Ausbildung unseres Personals und die unübertreffliche Bauart und Leistung unseres Materials. Der gewaltige Einleitungskampf der Schlachtkreuzer, 5 deutsche gegen 6 englische, unterstützt vom V. englischen Schlachtgeschwader, ist ein gewaltiger Sieg der Deutschen über die Engländer. Der Zusammenprall der Hauptflotten zeigt, daß Admiral Scheer den Willen hatte, den sehr beträchtlich stärkeren Gegner anzugreifen. Die erste Gefechtswendung läßt die Sicherheit der taktischen Führung und die Disziplin der Gefechtslinie unzweifelhaft erkennen. Die zweite Gefechtswendung beweist den starken Willen des Führers. Das Signal ›Ran an den Feind‹ läßt den ungebrochenen Mut der bereits vier Stunden im Kampf stehenden deutschen Schlachtkreuzer und Torpedoboote erkennen. Wegen der großen Entfernung von der Heimat und der eintretenden Dämmerung bei ungünstiger taktischer Situation für die deutsche Flotte wird die Schlacht abgebrochen und ist daher nicht durchgeschlagen. Die Nachtkämpfe beweisen durch die Tatsache und durch den Bericht des englischen Führers die deutsche unbedingte Überlegenheit im kriegerischen Nachtdienst, in den Erkennungssignalen und der Scheinwerferdisziplin, in der Torpedobootsabwehr durch leichte Artillerie, und schließlich zeigt das Einbringen der schwerer getroffenen Schiffe, namentlich der *Seydlitz*, die mustergültige Arbeit im Lecksicherungsdienst.
>
> Die Kaiserlich deutsche Marine kann auf den Sieg vor dem Skagerrak mit berechtigtem Stolz hinblicken.«

Mit seiner Bewertung ergänzte Mantey die Schlachtenbeschreibung, blieb aber dabei der taktischen Ebene verhaftet. Eine Bewertung der operativen oder strategischen Rahmenbedingungen fand bei ihm, wie in den Folge-Veröffentlichungen zur Schlacht, nicht statt. Die Gefechtskehrtwendungen wurden ausschließlich mit Heldenmut und Tapferkeit begründet, ohne die operative Zielsetzung Scheers auch nur im Ansatz zu thematisieren – wenn es denn eine gegeben hatte[119]. Wurde die generelle Wirkungsmächtigkeit der deutschen Flotte nicht thematisiert, so wurden die Richtigkeit der Bauart und der technische Reifegrad der Schiffe gelobt, die sich in dieser Schlacht bewährt hätten.

Dieser Form der Geschichtsbetrachtung stand die romanhafte Begegnung mit dem Genre gegenüber: Theodor Plievier mag hier als Beispiel genannt werden, der sich dem maritimen Kriegsverlauf auf andere Weise näherte und sich damit dem in den ausgehenden 1920er Jahren entwickelten literarischen Trend anschloss[120]. Mit

---

Nachlass Förste: Korrespondenz T-Z. Zenker an Förste vom 14.5.1956; Hillmann, Friedrich Ruge (wie Anm. 2), S. 45.

[117] Eberhard von Mantey, Deutsche Marinegeschichte, Charlottenburg 1926, S. 300–304, insbesondere S. 303 f.; Unsere Marine im Weltkrieg 1914–1918. Hrsg. von Eberhard von Mantey, Berlin 1928; Eberhard von Mantey, Seeschlachten-Atlas. Eine Einführung in die Lehre vom Seekriege, Berlin 1928, 2. Aufl., Berlin 1937.

[118] Lützow, Der Nordseekrieg (wie Anm. 41).

[119] Vgl. hierzu die Ausführungen Scheers in Hopman, Das ereignisreiche Leben (wie Anm. 47), S. 827.

[120] Theodor Plievier, Des Kaisers Kuli. Roman der deutschen Kriegsflotte, Berlin 1929.

in dieses Umfeld gehört sicherlich auch Hans Bötticher alias Joachim Ringelnatz, der in der Reichs- und Kriegsmarine allerdings wenig gelitten war[121].

Plievier veröffentlichte seinen Roman erstmals 1929, eine zweite, veränderte Auflage folgte 1949. 1966 und 1981 wurde der Roman jeweils neu aufgelegt. Gewidmet Albin Köbis und Max Reichpietsch, verarbeitete Plievier seine eigenen Erfahrungen und Erlebnisse im Spannungsfeld deutscher Politik und maritimer Hoffnungen während des Krieges zur See sowie vor dem Hintergrund des vorherrschenden Menschenbildes innerhalb der Kaiserlichen Marine. »Das Getretene schreit – eigene Schmerzen und persönlich erlittene Schmähungen haben hier Ausdruck gefunden, auch Haß ist da, auch gegenüber dem einfachen Träger des Systems, der sich, aus weitem Abstand betrachtet, in vielen Fällen als verhängnisvoll Verstrickter erwies«, schrieb Plievier im Vorwort zu der Neuausgabe des Jahres 1949. Eindrucksvoll schilderte er den Schlachtverlauf[122] – zerborstene Schiffsleiber und die Auflösung der Standesunterschiede im Moment des Todes: »An treibende Schiffstrümmer geklebte Gesichter sehen wie ein Idyll aus. Ein zersiebter Kapitänleutnant wimmert nicht anders als ein Kuli. Unterschiede haben aufgehört – goldene Ärmelstreifen oder Mützenbänder, Steckrüben oder fünf Gänge, alles ist eins[123].« Parallel zu diesen romanhaften Verarbeitungen überdauerten auch die baulichen Erinnerungsorte, die auf die Skagerrakschlacht und mithin die Schlachten des Ersten Weltkrieges gezielt hatten.

Die architektonische Erinnerungsbewahrung fand an drei Gedächtnisorten statt. An der Marineschule Mürwik wurde die Aula 1923 baulich umgestaltet und in Kiel-Laboe entstand nach einer längeren Planungsphase und der Grundsteinlegung 1927 in den Jahren 1929 bis 1936 das Marine-Ehrenmal als Skagerrakdenkmal. Admiral Reinhard Scheer legte hierzu den Grundstein mit den Worten: »Für deutsche Seemannsehr', für Deutschlands schwimmend' Wehr, für beider Wiederkehr[124].« Nach neun Jahren Bauzeit wurde es am Vorabend des 20. Jahrestages der Skagerrakschlacht in Gegenwart Hitlers feierlich geweiht – es war das einzige Mal, dass Hitler das Ehrenmal besuchte[125].

Zur Erinnerung an die Gefallenen auf See wurde zugleich zu Beginn der 1920er Jahre in der Wilhelmshavener Garnisonkirche ein »Ehrenmal der deutschen Flotte« begründet[126]. Ebendort wurde anlässlich des zehnten Jahrestages der Schlacht das den gekreuzigten Christus zeigende Altarbild gegen ein Seestück, das bis zum heutigen Tage dort hängt, ausgewechselt.

---

[121] Frank Möbus, Lapidarer Defätismus. Die Autobiographie des Mariners Hans Bötticher. In: Ringelnatz als Mariner (wie Anm. 53), S. 91–118, hier S. 104 f.
[122] Theodor Plievier, Des Kaisers Kuli, München 1966, S. 202–232.
[123] Ebd., S. 218.
[124] Niedergelegt auf dem Grundstein im Marine-Ehrenmal in Kiel-Laboe.
[125] Dieter Hartwig, Das Marine-Ehrenmal in Laboe. »Für die Ewigkeit, zeitlos, klar«, Hamburg 2004, S. 88.
[126] Ludwig Müller, »Ein Ehrenmal der deutschen Flotte. Gedächtnis-Schmuck in der Evangelischen Garnisons-Kirche zu Wilhelmshaven«. In: Deutsche Marinezeitung. Sonderausgabe zum Skagerrak-Tag 1926, S. 13.

Der Umbau der Aula der Marineschule in Flensburg-Mürwik orientierte sich an der dunkel-düsteren Stimmung innerhalb der Reichsmarine in ihren ersten Jahren. Eingeweiht wurde das »Seeoffizier-Ehrenmal« an der Marineschule Mürwik am 3. Juni 1923 – im unmittelbaren Nachgang des »Skagerraktages 1923«[127]. Dunkles Holz sowie geschnitzte Ehrentafeln, die die Namen der gefallenen Seeoffiziere listen, gaben der Aula einen sakralen Charakter[128]. Dieser wurde auch im Zuge der jüngsten Renovierungsarbeiten zwischen 1998 und 2001 erhalten – orientierte man sich generell an dem ursprünglichen Bauerhalt des Gesamtensembles aus den Baujahren 1907 bis 1910, so wurde die Wiederherstellung der Aula in der »Fassung« von 1923 nicht angezweifelt. Hier fand kein »Rückbau« statt. Gerade deswegen fällt die Aula nunmehr aus dem baulichen Gefüge etwas heraus – lediglich die buntbemalte Auladecke und das helle Parkett erinnern noch an den baulichen Urzustand aus der Kaiserzeit.

Besonders auffällig sind die auf den Ehrentafeln eingelassenen Erinnerungssprüche, die einerseits an die Worte Gorch Focks: »Nicht klagen – wieder wagen – Seefahrt ist Not« und andererseits auf die Worte des Großen Kurfürsten weisen: »Möge dereinst ein Rächer aus unseren Gebeinen entstehen« – letztere allerdings in lateinischer Schrift[129]. Seit 1923 standen diese »Racheworte« jedem Offizieranwärter vor Augen und erinnerten an die noch »offene Rechnung« mit dem Gegner des Ersten Weltkrieges zur See: Großbritannien. Gepaart mit der Feststellung Gorch Focks, dass Seefahrt Not sei, und den Worten Admiral von Tirpitz', die Deutschen hätten die See nicht verstanden[130], wird die Bewusstseinslage der frühen Reichsmarine dokumentiert und weist auf die schweren Belastungen, mit denen ein Wiederaufbau, respektive Neubeginn gestaltet werden musste. Der Existenzkampf gegenüber der eigenen Bevölkerung, der politischen Führung und dem Reichsheer, die Verknüpfung der neuen, der Reichsmarine, mit der alten Marine, der Kaiserlichen Marine, sowie die Überlieferung eines tadelsfreien Kriegsbildes zur See waren wegbestimmende Faktoren, die den administrativen und technischen Neuanfang begleiteten. Die Aufarbeitung der Ereignisse, und Verhaltensweisen, die teilweise maßgeblich den Lauf der Marinegeschichte mitbestimmt hatten, wurden ausgeblendet oder nur begrenzt wahrgenommen. So fand die geplante letzte Ausfahrt der deutschen Hochseeflotte zum Kriegsende 1918 keine tief gehende Beachtung, während die hieraus resultierende Meuterei, die Impulsgeber für die Deutsche Revolution wurde, in einem Untersuchungsausschuss des Reichsta-

---

[127] Skagerrak-Gedenkfeier und Einweihung des Seeoffizier-Ehrenmals zu Mürwik am 3. Juni 1923, bearb. von Kapitänleutnant Lohmann, 2. Aufl., Göttingen 1924.
[128] Jörg Hillmann, Das rote Schloß am Meer. Die Marineschule Mürwik seit ihrer Gründung, mit Fotografien von Reinhard Scheiblich, Hamburg 2002, S. 69.
[129] »Exoriare aliquis nostris ex ossibus ultor«, ebd.
[130] Tirpitz, Erinnerungen. Gekürzte Volksausgabe (wie Anm. 49), S. 203. 1929 äußerte sich Wolfgang Wegener gleichlautend, indem er betonte, die Deutschen hätten die See immer noch nicht verstanden. In: Wegener, The Naval Strategy (wie Anm. 114). Vgl. demgegenüber die Bemerkung von Admiral von Trotha am 17. September 1940: »Die neue deutsche Seegrenze läuft nun von den Pyrenäen bis zum Nordkap. Der Zugang zum Weltmeer ist frei. Das einst so stolze britische Weltreich ist im Zusammenbrechen. Das deutsche Volk hat nun doch die See verstanden; auch das Meer ist unser Lebensraum geworden.« Zit. nach Salewski, Skagerrak (wie Anm. 93), S. 76.

ges thematisiert wurde[131]. Hieraus zogen die Marineführungen später Konsequenzen und versuchten, das ehemals in der Kaiserlichen Marine vorherrschende Menschenbild zu revidieren und aus diesen Erfahrungen zu lernen – einschränkend muss allerdings festgestellt werden, dass diese Revision keinesfalls aus einem aus Überzeugung hervorgegangenen Bewusstseinswandel resultierte, sondern aus der Gesamtüberzeugung, dass es ein 1918 »Nie wieder« geben dürfe. Diese fixierte, nicht nur traumatisch anmutende, sondern bereits pathologisch wirkende Subsummierung erklärt die Nichtbeachtung der Ereignisse im Zusammenhang mit dem Marinestreik und den Flottenunruhen im Jahr 1917 nach dem Ende des Ersten Weltkrieges durch die Marineführungen. Die Beurteilung, Reichpietsch und Köbis seien als Meuterer rechtmäßig in Köln-Wahn erschossen worden, verankerte sich im kollektiven Gedächtnis der Marineangehörigen bis zum Ende des Zweiten Weltkrieges. Diese Einschätzung konnte sich zudem im Erinnerungsspeicher der Angehörigen der Bundesmarine weiter erhalten[132], während sich in der DDR ein Erinnerungskult um die beiden erschossenen »Revolutionäre« entwickelte[133].

V. Die Übergangszeit 1933 bis 1935 und die Zeit des Nationalsozialismus bis 1945

Die Machtübernahme durch die Nationalsozialisten im Januar 1933 beendete die als quälend und belastend empfundene »demokratische« Zeit für die Angehörigen von Reichswehr und Reichsmarine. Das sich bereits unter Wilhelm Groener als Reichswehrminister langsam abzeichnende, unter Kurt von Schleicher, als seinem Nachfolger, gemeinsam mit Heinrich Brüning und anschließend mit Franz von Papen deutlichere Konturen annehmende Wiedererstarken des deutschen Militärs wurde unter der diktatorischen Führung Adolf Hitlers vollends deutlich und bot den militärischen Akteuren mehr Handlungssicherheit[134]. Erich Raeder sah, obwohl er zunächst wenig Zutrauen in die neue politische deutsche »Führungsmannschaft« hatte, gute Möglichkeiten, seine Marine personell und materiell aufzurüsten. Hierzu gehörte auch eine verstärkte wehrgeistige Erziehung, in der Raum für Traditions- und Sinnbildung geschaffen wurde, die an kaiserlich geprägte Tugenden, Verhaltensweisen und Kodizes weiter anknüpfte. Nachdem der ehemalige Konteradmiral Magnus von Levetzow, väterlicher Freund von Erich Raeder, erster

---

[131] Die Ursachen des Deutschen Zusammenbruchs (wie Anm. 53).
[132] Exemplarisch die Auseinandersetzungen um die Aussagen des SPD-Wehrexperten Dr. Friedrich Beermann zur Zenker-Ansprache 1956 und seine Äußerungen in Glücksburg zum Traditionsbild der Bundesmarine im Jahr 1958. Siehe hierzu und erweiternd Eckardt Opitz, Friedrich Beermann und die Wehrpolitik der SPD von 1955 bis 1959. In: Neue Gesellschaft, 24 (1977), S. 869–872.
[133] Eine gemeinsame Tagung des MGFA, der Otto-von-Bismarck-Stiftung, des Deutschen Marine-Instituts und des Deutschen Marinemuseums beschäftigte sich im Dezember 2007 mit dieser Thematik.
[134] Hillmann, Seestrategische Überlegungen (wie Anm. 8), S. 66–71.

nationalsozialistischer Polizeipräsident in Berlin geworden war, wurden in den folgenden Jahren zahlreiche Straßen und Plätze nach Persönlichkeiten aus der Marine oder nach maritimen Ereignissen umbenannt. Der Skagerrakplatz in Berlin, vormals Kemperplatz, wurde feierlich am 31. Mai 1933 zur Erinnerung an die Gefallenen dieser »größten Seeschlacht aller Zeiten« eingeweiht[135].

Zahlreiche Umbenennungen von Straßen rückten die Marine verstärkt in das öffentliche Bewusstsein[136], die Einweihung des Marine-Ehrenmals im Jahr 1936 hingegen schien in der Öffentlichkeit weniger Bedeutung gehabt zu haben als von der Marineführung gewünscht. In der marineinternen Bewertung wurde dies naturgemäß anders wahrgenommen[137].

Insbesondere in den Jahren 1933 und 1934 erschienen zahlreiche Publikationen, die die Schlacht verarbeiteten[138]. Auch die Illustrirte Wochenzeitung widmete dem Skagerraktag 1933 besondere Beachtung, obwohl kein errinnerungswürdiger Jahrestag vorlag[139]. Im Jahr zuvor hatte bereits die Hamburger Illustrierte in ihrer Novemberausgabe an die Skagerrakschlacht aufwendig erinnert[140].

Auffällig ist aber auch, dass Mitte der Dreißigerjahre eine von einem ehemaligen Marineoffizier besorgte Übersetzung der Jellicoe-Memoiren auf dem deutschen Büchermarkt erschien[141]. Einer der Marine-»Vielschreiber« war Fritz-Otto Busch[142] – Friedrich Ruge hatte den ehemaligen Seeoffizier im Range eines Korvettenkapitäns einst überschwänglich als »Marineschriftsteller« bezeichnet[143] –, der sich auch zum Thema Skagerrakschlacht äußerte[144], an der er als Oberleutnant zur See an Bord *SMS Regensburg* teilgenommen hatte[145].

Obwohl seestrategisch mittlerweile nicht mehr als die Entscheidungsschlacht bewertet, folgte die memoriale Bewahrung der Skagerrakschlacht den ehemaligen Überlieferungen mit Heldentod und Opferbereitschaft. Parallel begann eine kriti-

---

135 BA-MA, N 239/36.
136 BA-MA, N 239/36: Drucksachen, u.a. an Raeder wegen Straßenumbenennungen in Berlin. Vergleichbares geschah in zahllosen anderen deutschen Städten.
137 Das Deutsche Marine-Ehrenmal. Hrsg. vom Nationalsozialistischen Deutschen Marine-Bund, Berlin [1936]; Hartwig, Das Marine-Ehrenmal (wie Anm. 125).
138 N[orbert] von Baumbach, Ruhmestage der Deutschen Marine, Hamburg 1933; Friedrich von Kühlwetter, Skagerrak! Ruhmestag der Deutschen Flotte, neu bearb. von H.O. Philipp, Berlin 1933; Fritz-Otto Busch, Die Schlacht vom Skagerrak, Berlin, Leipzig 1933; Georg von Hase, Der Sieg der Deutschen Hochseeflotte am Skagerrak am 31. Mai 1916, Neuaufl., Leipzig 1934.
139 Illustrirte Wochenzeitung, 42 (28.5.1933); Berliner Illustrirte Zeitung, 43 (10.6.1934), 23.
140 Hamburger Illustrierte, (19.11.1932), 47.
141 Lord Jellicoe, Erinnerungen, übersetzt von Johannes Spieß, Berlin 1937.
142 Fritz-Otto Busch, Kampf vor Spaniens Küsten. Deutsche Marine im spanischen Bürgerkriege, Berlin, Leipzig 1939.
143 Hillmann, Friedrich Ruge (wie Anm. 2), S. 30.
144 Fritz-Otto Busch, Seeteufel und Skagerrak, Rastatt [1934], bemerkenswert ist die Neuauflage des Pabel-Verlages im Jahre 1990; Fritz-Otto Busch, Das Volksbuch vom Skagerrak. Augenzeugenbericht deutscher und englischer Mitkämpfer, Berlin [1938]; Fritz-Otto Busch, Die Schlacht am Skagerrak, Berlin, Leipzig 1941; Fritz-Otto Busch, Skagerrak und das Deutsche Marine-Ehrenmal für Deutschlands Jugend, Berlin [1942].
145 Fritz-Otto Busch, SMS *Regensburg* beim letzten Flottenvorstoß. In: Auf See unbesiegt. Erlebnis im Seekrieg erzählt von Mitkämpfern. Hrsg. von Eberhard von Mantey, Bd 2, München 1922, S. 288–298.

schere Umgangsweise mit der strategischen Ausrichtung der Kaiserlichen Marine im Ersten Weltkrieg und thematisierte die »verpassten Chancen« zu Beginn des Krieges durch die Fokussierung auf die Entscheidungsschlacht und nicht auf einen Kreuzerkrieg mit schweren Einheiten, U-Booten oder Hilfskreuzern[146]. Der »Held des Skagerrak«, Admiral Reinhard Scheer, war mittlerweile verstorben – die Reichsmarine, seit 1935 Kriegsmarine, bewahrte ein ehrendes Gedenken an diesen Flaggoffizier, der auch als Nachfolger von Reichspräsident Paul von Hindenburg »gehandelt« worden war[147]. Im Rahmen der feierlichen Einweihung des Marine-Ehrenmals in Kiel-Laboe, wurde der Name Admiral Scheers – als Grundsteinleger – unauslöschlich mit dem Ehrenmal in Verbindung gebracht. Bereits 1933 hatte Adolf von Trotha des Seehelden verklärend in einer Erinnerungsschrift gedacht[148]. Demgegenüber – räumlich wie inhaltlich entrückt – war bereits 1930 das U-Boot-Ehrenmal in Kiel-Möltenort eingeweiht worden[149]. Während in Kiel-Laboe der Toten zur See der Skagerrakschlacht und später der Kriege zur See gedacht wurde, wurde und wird in Kiel-Möltenort der gefallenen U-Boot-Fahrer gedacht. Völlig unabhängig voneinander konzipiert, sind die Bauwerke trotz identischen Baumaterials inhaltlich und äußerlich unterschiedlich. Es könnte gar der Eindruck entstehen, als gedächte man Angehörigen unterschiedlicher Marinen; mehr noch, als seien die U-Boot-Fahrer kein Bestandteil der Kaiserlichen Marine gewesen, so dass sich auch über die Zeitepochen dieser Unterschied weiterentwickeln konnte.

Am Vorabend des 20. Jahrestages der Seeschlacht hielt Generaladmiral Raeder bei der Einweihung des Marine-Ehrenmals folgende Rede:[150]

»Mein Führer! Kameraden!

Mit freudiger Genugtuung übernehme ich das Marine-Ehrenmal in die Obhut der Kriegsmarine. Das Ehrenmal, vor dessen ragendem Bau seit langer Zeit bereits die Flaggen der passierenden Schiffe sich in Ehrfurcht senken. Die Weihestätte, die wie nur wenige ihrer Art ein Mahnmal ist nicht nur zum bleibenden Gedächtnis an unsere vor dem Feinde gebliebenen Schiffe und Kameraden, sondern darüber hinaus auch für die lebendige Kraft des Geistes und des Willens, der durch sie verkörpert wurde.

In einem freien Deutschland, als freies, aufrechtes Volk, das in mannhafter Geschlossenheit hinter seinem Führer sich aufs neue die Achtung der Außenwelt erobert hat, dürfen wir heute – zwanzig Jahre nach der Skagerrakschlacht – die Weihestunde begehen [...]

Mein Führer! Aus nächtlichem Dunkel haben Sie uns, und haben Sie mit der Marine ein ganzes dankbares Volk aufwärtsgeführt zur Morgenröte einer lichteren Zukunft[151].

---

[146] Der Kreuzerkrieg in den ausländischen Gewässern, Bd 3: Die deutschen Hilfskreuzer. Bearb. von Eberhard von Mantey, Berlin 1937 (= Der Krieg zur See 1914-1918. Hrsg. von der kriegswissenschaftlichen Abteilung der Marine), S. 362 f.

[147] Nachdem sich Scheer bereits 1922 selbst für dieses Amt ins Gespräch gebracht hatte, soll Hindenburg – Levetzow zufolge – dem deutschen Volk in seinem Testament Admiral Scheer als seinen Nachfolger empfohlen haben. Siehe Angaben bei Epkenhans, Admiral Reinhard Scheer (wie Anm. 52), S. 54, 56.

[148] Adolf von Trotha, Admiral Scheer. Der Sieger vom Skagerrak, Lübeck 1933 (= Coleman Kleine Biographien, 21).

[149] Das U-Boot-Ehrenmal Möltenort. Hrsg. von der U-Boot-Kameradschaft Kiel e.V., Kiel 1981.

[150] Zit. nach Hartwig, Das Marine-Ehrenmal (wie Anm. 125), S. 95.

Der Segen des Allmächtigen möge Sie und das Volk geleiten auf dem steilen, dornenvollen Wege des Aufstiegs, den Sie uns führen.

Wir aber, die wir hier in Ihrer Gegenwart zu weihevoller Stunde versammelt sind, wir geloben Ihnen im Angesicht dieses nationalen Heiligtumes aufs neue unwandelbare Treue und Gefolgschaft. Wir bringen die Empfindungen, die in diesem für die Marine historischen Augenblick unsere Herzen erfüllen, zum Ausdruck, in dem wir rufen: Des deutschen Volkes Führer Adolf Hitler, der Oberste Befehlshaber der Wehrmacht, unser deutsches Volk und Vaterland: Sieg Heil!«

Diese Gedanken Raeders offenbaren die Hoffnungen, die seitens der Marine in die Führerschaft Hitlers gesetzt wurden. Raeders Worte klingen versöhnlich, allerdings nicht im Hinblick auf Großbritannien, demgegenüber die Marine ansonsten einen Versöhnungskurs zu steuern bemüht war, wie beispielsweise die Entsendung von Vizeadmiral Richard Foerster zur Teilnahme an der Beisetzung von Earl Jellicoe am 25. November 1935 dokumentierte. Während man sich auf der »politischen Bühne« gesprächs- und kompromissbereit gegenüber Großbritannien zeigte und Raeder bereits mehrfach öffentlich geäußert hatte, dass ein künftiger Krieg gegen Großbritannien undenkbar sei, fehlen diese Worte in seiner Rede. Stattdessen ist es ein jahrelang unterschwellig vorherrschender anti-britischer Geist, der artikuliert wurde und dem Tenor des deutsch-englischen Flottenabkommens von 1935 zu widersprechen schien. Dies aber nur scheinbar, da sowohl Hitler als auch Raeder glaubten, dass sie 1938 Großbritannien rüstungstechnisch übertrumpft haben würden, so dass den Briten kein Raum bliebe, das zunächst friedvolle Miteinander unter Inkaufnahme einer uneingeschränkten deutschen Aufrüstung zu gefährden. Hitler nahm eine mögliche Konfrontation mit Großbritannien dabei billigend in Kauf, glaubte jedoch an einen langfristigen maßvollen Ausgleich, ohne kriegerische Auseinandersetzung – Raeder hingegen, obwohl rational auf derselben Linie, nahm die damit vorhandene Kriegsgefahr nicht nur billigend, sondern bewusst in Kauf[152]. Der Angstgegner als Wunschgegner überflügelte das sonst zurückhaltende, intelligente und vorsichtige Naturell Raeders. Raeder war es zudem gelungen, dieses Denken in das Bewusstsein ganzer Seeoffiziergenerationen zu transportieren, die auf diese Weise ihre Revanche von dem einstigen Kriegsgegner Großbritannien einforderten. Diese Revanche konnte nur in der unmittelbaren Auseinandersetzung auf See bestehen – wie einst vor dem Skagerrak, als sich die großen Flotten gegenüberstanden und ihre Kräfte maßen, aber kein Ergebnis erzielt wurde. Eine Wiederholung dessen wurde zum Angelpunkt im Bewusstsein deutscher Seeoffiziere, auch wenn sich die Seestrategie über die Jahre von der Entscheidungsschlacht zur Kreuzerkriegführung änderte[153]. Nur die Entscheidung auf See, hiervon waren die Marineführung und ihre Offiziere stets überzeugt, konnte lang-

---

151 In der Historischen Halle des Marine-Ehrenmals wird jene »Morgenröte« in dem von Heinz Mei aus Düsseldorf gestalteten Mosaikfenster wieder erkennbar. Siehe ausführlich ebd., S. 73–78.
152 Jörg Hillmann, Großbritannien wird Seemacht. Der Weg vom ersehnten Koalitionspartner über einen Angst- und Wunschgegner zum Bündnispartner. Eine Betrachtung aus deutscher Sicht über zwei Jahrhunderte. In: Poder terrestre y poder naval en la época de la batalla de Trafalgar, XXXI. Congreso Internacional de Historia Militar. Ed.: Ministerio de Defensa, Madrid 2005, S. 71–79.
153 Hillmann, Seestrategische Überlegungen (wie Anm. 8), S. 62–82.

fristig den Bestand des Deutschen Reiches sichern, Prosperität mehren und letzthin das Ziel einer deutschen Weltherrschaft gewährleisten. Auf diese Bestandssicherung einerseits wie auf eine globale Vormachtstellung andererseits weisen die strategischen Planungen hin, die 1938 und 1939 Raum griffen. Die ins Kalkül gezogene erneute Gegnerschaft Großbritanniens ist als Sicherheitsmaßnahme Hitlers für die Auswirkungen eines künftigen europäischen Krieges zu sehen, wohingegen Raeder die erneute Frage nach der Vorherrschaft zur See zur Entscheidung bringen wollte. Somit standen sich eine europäisch ostwärtsorientierte und eine europäisch westwärtsorientierte Kriegszielsetzung gegenüber[154]. Verstand Hitler die Z-Plan-Marine als eine auf die Nachkriegszeit ausgerichtete Sicherungsmaßnahme des späteren Großdeutschen Reiches, die auch für neue Expansionsabsichten genutzt werden konnte, so sah Raeder in ihr jenes Kriegsinstrument, das zu einem späteren Zeitpunkt des Krieges zum Einsatz kommen sollte – nämlich dann, wenn Hitler eine seeseitige Sicherung Europas nach erfolgreichem Expansionskrieg zu Land benötigte: 1945/1946. Die Fehlperzeption Raeders über die Absichten und Ziele Hitlers deuten auf dessen Ferne zum Führungskreis im Deutschen Reich und weisen auf die isolierte Rolle der Kriegsmarine unter den Nationalsozialisten vor dem Kriegsbeginn 1939. Der Wille zum Anknüpfen an die »große« maritime Zeit des Kaiserreiches mit den Schlachten des Ersten Weltkrieges hat in diesem Zusammenhang eine besondere Bedeutung und weist auf die im eigenen Kosmos verfangene Kriegsmarine. Skagerrak als größte Seeschlacht wurde zum Sinnbild vergangener Größe und deutete stets auf die Gegnerschaft mit Großbritannien hin. Skagerrak als Zielgröße wurde mit verantwortlich für das willenlose Folgen eines gesamten Wehrmachtteils, der einem Ehrbegriff verhaftet war, der in der politischen deutschen Landschaft bereits am 30. Januar 1933 seine Bedeutung verloren hatte, von ihm aber vermeintlich weiter gepflegt wurde.

Mehrfach wurde Skagerrak gesühnt. Skagerrak stand dabei nicht als Ereignis für sich, sondern als Synonym für den Kriegsgegner Großbritannien, der *trotz* der Skagerrakschlacht den Ersten Weltkrieg als Sieger verlassen konnte, ohne dass die Kaiserliche Marine während des Krieges eine Möglichkeit zur Beendigung der von Großbritannien abgebrochenen Entscheidungsschlacht gehabt hätte. Aus diesem Grunde wurde die Selbstversenkung der deutschen Flotte in Scapa Flow zum Sühneakt und die Versenkung der *Royal Oak* durch Günter Prien mit *U47* im Hafen von Scapa Flow im Jahr 1939 als weiterer Sühneakt verstanden und entsprechend wirkungsvoll in Anwesenheit Hitlers in München in Szene gesetzt.

Es stellt sich daher die Frage, ob die jahrelang in der Forschung vertretene These tatsächlich haltbar ist, das Trauma der Reichs- und Kriegsmarine, das »Nie wieder 1918«, gründe darauf, die Kaiserliche Marine habe den Untergang des Kaiserreichs mitverschuldet und an der Politik vorbei eine Kursänderung noch veranlassen wollen. Es drängt sich vielmehr das Bild einer Marine auf, die traumatisch belastet war, da sie ihre Schlacht nie ausfechten konnte und deswegen stets auf bessere Zeiten hoffte – dieses Bewusstsein erscheint bereits pathologisch. Den-

---

[154] Vgl. Barbara Zehnpfennig, Hitlers Mein Kampf. Eine Interpretation, München 2000, S. 92 f., S. 136-138; Hillmann, Seestrategische Überlegungen (wie Anm. 8), S. 79-84, 91.

noch verbargen sich hinter dem Satz »Nie wieder 1918« stets auch individuelle Gedanken an das Ende des Kaiserreiches, das für viele Angehörige der ehemaligen Kaiserlichen Marine zudem das Ende und die Zerstörung eigener Lebensentwürfe und Karrierehoffnungen im individuellen Bewusstsein und in der eigenen Erinnerung bedeutete. »Eine Welt war zusammengestürzt, meine auch«, schrieb hierzu Karl Silex.[155]

Der 20. Jahrestag der Seeschlacht vor dem Skagerrak wurde – neben der Fertigstellung des baulichen Erinnerungsortes in Kiel-Laboe – auch in verschiedenen Büchern und Veröffentlichungen sowie filmisch[156] verarbeitet, die von der persönlichen bis zur offiziellen/offiziösen Berichterstattung reichen[157]. In Fortschreibung der ursprünglichen Bewertungen wurde die Skagerrakschlacht als taktischer und moralischer Erfolg der Deutschen gefeiert[158]. Zugleich symbolisiere die Schlacht einen Sieg deutscher Technik, deutscher Waffenbeherrschung, deutscher Manneszucht und deutscher Führerkraft[159].

Literarisch widmete sich Manfred von Killinger, ehemaliger Seeoffizier, im Jahr 1936 den Ereignissen der Seeschlacht vor dem Skagerrak in seiner Lebensgeschichte[160], nachdem er bereits 1926 sein »Seemannsleben« in einer humoristischen Art der Leserschaft nähergebracht hatte[161]. 1939 verarbeitete Ernst Wiechert in seiner Erzählung »Das einfache Leben« auch seine persönlichen Erfahrungen als kaiserlicher Marineoffizier. Verzweifelt schilderte er den Widerspruch zwischen gewonnener Seeschlacht vor dem Skagerrak und dem verlorenen Krieg[162]. Ebenfalls muss der bekannte schleswig-holsteinische Dichter Gustav Frenssen erwähnt werden, der die Ereignisse während der Skagerrakschlacht nochmals literarisch verarbeitete[163]. Walter Looschen fertigte zeitgerecht zum 20. Jahrestag der Skagerrakschlacht ein Schauspiel in drei Akten mit dem Titel »Skagerrak«. Looschen schrieb klare und gut verstehbare Dialoge. Der 1. Admiralstabsoffizier [Raeder] wurde als weisungs- und tonangebend gegenüber Admiral Hipper dargestellt. Das

---

155 Silex, Mit Kommentar (wie Anm. 6), S. 67.
156 Jan Kindler, Propaganda, Rekonstruktion, Mythos. Filmdokumente zur Skagerrak-Schlacht 1916. In: Filmblatt, (2003) 22, S. 30–44.
157 Skagerrak! Die größte Seeschlacht. Hrsg. von Wolfgang Loeff und Georg [von] Usadel, Leipzig 1936; Friedrich Lützow, Skagerrak, München 1936 (= Die junge Reihe); Berichte deutscher und englischer Mitkämpfer zum 20. Jahrestag der Skagerrakschlacht, o.O., 26. Mai 1936; Arno Dohm, Skagerrak. Die größte Seeschlacht der Geschichte, Gütersloh 1936; Walter Gladisch, Skagerrak. Die Schlacht am 31. Mai 1916, Berlin 1936. Zu erwähnen ist auch das beispielsweise in der Korpsgemeinschaften gepflegte Andenken an gefallene Korpsbrüder. Siehe beispielhaft die Skagerrak-Zeitung, das Mitteilungsblatt der Kameradschaft und Altherrnschaft Skagerrak.
158 Lohmann, Vor Zwanzig Jahren – Gedenkkalender. In: Jahrbuch der deutschen Kriegsmarine 1936. Hrsg. von Offizieren des Reichskriegsministeriums durch Konteradmiral a.D. R[einhold] Gadow, Leipzig 1936, S. 9–28, hier S. 14.
159 Kapitän zur See a.D. von Waldeyer-Hartz, Führerwille am Skagerraktag. Zur Wiederkehr des Tages 31. Mai 1916. In: Jahrbuch der deutschen Kriegsmarine 1936 (wie Anm. 158), S. 128–136.
160 Manfred von Killinger, Der Klabautermann. Eine Lebensgeschichte, München 1936.
161 Manfred von Killinger, Heiteres aus dem Seemannsleben, Wilhelmshaven 1926.
162 Ernst Wiechert, Das einfache Leben, München 1939.
163 Gustav Frenssen, Die Seeschlacht vorm Skagerrak + U 233, Berlin 1936, 2., vermehrte Aufl., Berlin 1940. Es handelt sich hierbei um zwei Erzählungen, die in einem Band vereinigt wurden; siehe auch Frenssen, Die Brüder (wie Anm. 66).

Schauspiel in zehn Bildern endet mit der Versenkung der *SMS Lützow* durch eigene Torpedos nach dem Kommando des Kommandanten der *Lützow* von Bord des Torpedobootes *G 38*[164]. Theodor Plievier beschrieb diese Versenkung aus anderer Sicht:

> »Und auf der *Lützow*, im Torpedoraum die vierzig Mann, sie hängen noch am Sprachschlauch.
>
> Nur ein Ohr hat Platz am Trichter, nur ein Mund kann hineinrufen: ›... Ottche, Mensch! ... Ottche, Jungens, Kinder! Nu hört doch schon!‹
>
> Nicht die Worte, der Ton ist es: ›Ist denn keiner da, hört denn keiner mehr?‹
>
> Der Nebenraum bleibt still, das ganze Schiff bleibt still. Fern zittern Maschinen. Das Licht in den Lampen brennt ein paar Umdrehungen langsamer. Die Panzerwand ist leicht gewellt. Die Tür sieht wie immer aus, aber sie bewegt sich nicht. Sie bewegt sich um keinen Millimeter.
>
> ›Brüll doch nicht so! Der Kapitän war doch grade da. Es wird schon gut, und wir kommen in den Hafen, hat er gesagt!‹
>
> Hier im Schiff ist es wie im Doppelboden einer riesengroßen Geige, hellhörig ist es, und ferne Geräusche werden vernehmbar. Ist da nicht das Trappen von Füßen, von vielen Füßen die Treppe hoch? Warum laufen alle an Oberdeck ... und der Posten am Sprachschlauch, wo ist der Posten am Sprachschlauch? ›Maul halten, alle mal das Maul halten!‹
>
> Einer brüllt für die vierzig: ›Was ist los? Posten! Herr Kapitän! Lieber Herr Kapitän!‹ Der Schlauch bleibt still. Die Schritte trappen nicht mehr. Das ferne Zittern der Maschinen hat aufgehört. Die Lampen gehen aus. Tiefe Finsternis.
>
> Der Kapitän ist der letzte, der das Schiff verlässt – das Fallreep hinunter, auf das Torpedoboot – die ganze Besatzung der *Lützow*, und keiner spricht ein Wort. Beim Ablegen berühren die Hände verstohlen den Panzerbauch.
>
> Auf kurze Entfernung bleibt das Boot liegen. ›Wieviel Torpedos, Herr Kapitän?‹ ›Alle vier!‹ ›... Hurras für *SMS Lützow*!‹ Die tausend Kehlen sind wie zugewachsen. Vier Torpedolaufbahnen – eine Explosion – das Meer öffnet sich und schlägt über dem versinkenden Schiff zusammen. Torpedoboot *G 38* meldet an den B.d.A.: ›2.45 Uhr morgens. *Lützow* gesprengt und verlassen[165].‹«

In Looschens Schauspiel stellte sich die Szene folgendermaßen dar:

> Erster Offizier: »Herr Kapitän, die Schotten können dem Wasserdruck bald nicht mehr standhalten. Die Verwundeten werden von Bord gegeben. In einer Abteilung befinden sich noch ca. 18 Leute. Es ist aber unmöglich, heranzukommen, weil bereits alle Abteilungen drum herum unter Wasser stehen.«
>
> Kommandant: »18 Leute ... Es soll sofort versucht werden, eine Abteilung leerzupumpen, um die Leute noch zu retten.«
>
> [...] Kartenhaus: »Alle Verwundeten sind von Bord! Zweiter Heizraum läuft langsam voll Wasser. Lenzpumpen versagen. Leute sind nicht mehr zu retten[166].«

In den ersten Jahren des Krieges wurde die Seeschlacht vor dem Skagerrak textual zu einem Sinnbild von Tapferkeit und Heldenmut erneut stilisiert, wobei der Schwerpunkt nunmehr auf individuellen Betrachtungen und Erlebnisberichten

---

[164] Walter Looschen, Skagerrak. Schauspiel in drei Akten, Hamburg 1935.
[165] Plievier, Kaisers Kuli (wie Anm. 122), S. 224–226.
[166] Looschen, Skagerrak (wie Anm. 164), S. 74 f.

lag[167]. Eine nahezu ungebrochene Traditionslinie versuchte Hans Steen herzustellen, als er den Untergang des Kleinen Kreuzers *Frauenlob* beschrieb. Die Themen Selbstaufopferung, Kampf bis zur letzten Granate und heldenmütiger Untergang wurden zu deutschen Tugenden gewandelt und verbanden auf diese Weise die Ereignisse des Zweiten Weltkrieges mit denen des Ersten Weltkrieges. Sichtbar wurde dies auch in der Namensgebung der Zerstörer der Kriegsmarine, die keinen Bezug zu den Führern vergangener Schlachten oder Gefechte boten. Nunmehr wurde die Verbindung zu Einzelleistungen hergestellt und die Tapferkeit, der Heldenmut und die Bereitschaft Einzelner, vor allem rangniedrigerer Soldaten, betont, sich für den gestellten Auftrag und damit für die Bordgemeinschaft, im übergeordneten Sinne auch für die Volksgemeinschaft, zu opfern.

»Heulend fährt noch eine Granate aus dem letzten Rohr der *Frauenlob*. Das geschieht in dem gleichen Augenblick, als sich das todwunde Schiff langsam aus den Wellen hebt. Der Bug neigt sich, das Heck steigt in die Nachtluft und beginnt sich langsam zu drehen. In dieser Sekunde sehen Kameraden, die im Wasser schwimmen, wie sich an seinem Geschütz der Bootsmannsmaat Anton Schmitt mit seiner letzten Kraft anklammert und dann mit seinem tapferen Schiff jäh in die Tiefe sinkt. In diesem Augenblick sind außer dem Saarländer Reservisten Anton Schmitt 315 brave deutsche Matrosen gestorben. Bis zur letzten Sekunde aber hat das vierte Geschütz der *Frauenlob* nicht zu feuern aufgehört. Bedient nur von einem einzigen Mann, der nichts kannte in seinen letzten Lebenssekunden, als Durchhalten und Kämpfen, als Pflichterfüllung und bedingungslosen Einsatz. Er hat für diese Dinge sein Leben ohne einen leisen Zweifel, ohne eine leise Frage nach Nutzen und Frommen hingegeben. Dieser Wille hat ihn zum Vorbild gemacht. So ist nach Anton Schmitt durch den Befehl des Führers der Zerstörer ›Z22‹ benannt worden[168].«

VI. Die Bedeutung der Skagerrakschlacht in der Nachkriegszeit

Im Rahmen der Gründung einer (west-)deutschen Bundesmarine trat neben der Klärung der internationalen und national-politischen Rahmenbedingungen sowie der materiellen und personellen Ausstattung der Marine vor allem die Frage nach dem Umgang mit den vorangegangenen deutschen Marinen, insbesondere der Übernahme derer Traditionen in den Vordergrund der Betrachtungen. Nachdem die Großadmiralsfrage noch größtenteils ungeklärt war und die Führer der Kriegsmarine in personeller Hinsicht als Vorbilder für die Bundesmarine ausschieden, ermöglichten die politischen Aussagen im Rahmen der Zenker-Affäre einen personellen Rückbezug auf die Führer der Kaiserlichen Marine. In diesem Zusammenhang wurde ein personeller Bezug zu den Führern der Skagerrakschlacht,

---

[167] Karl Schlegel, Stander Z vor! Erlebnisse als Torpedofunker vom Skagerrak bis Scapa Flow, Stuttgart, Berlin, Leipzig 1939.
[168] Hans Steen, *Frauenlob* im Nachtgefecht 31. Mai 1916. Wie der Zerstörer Z 22 seinen Namen *Anton Schmitt* bekam, S. 179–184. In: Jahrbuch der Kriegsmarine 1940. Hrsg. im Auftrag des Oberkommandos der Kriegsmarine von Konteradmiral z.V. R[einhold] Gadow, Leipzig 1939, S. 179–184, hier S. 184.

Hipper und Scheer, hergestellt. Ende der 1950er Jahre konnte damit auch die Beschäftigung mit der Seekriegsgeschichte des Ersten Weltkrieges innerhalb der Bundesmarine ihre Renaissance erleben. Die den Argumentationslinien der Reichsmarine folgende Umgangs- und Begründungsweise ermöglichten einen positiven und ideellen Bezug zum Leistungsvermögen der Angehörigen der Kaiserlichen Marine. Ausgeblendet wurde der Zeitraum von 1933 bis 1945. Ungeachtet dessen waren jedoch die vermeintlichen Erfolge der Kaiserlichen Marine immer eng mit ihrem Versagen im Rahmen der Ereignisse der Flottenunruhen von 1917, der Meuterei und dem daraus mit resultierenden Kriegsende 1918 sowie der Selbstversenkung der deutschen Hochseeflotte in Scapa Flow im Kontext der Ratifizierung des Versailler Vertrages verbunden. Die Überbetonung der siegreichen Aktionen zur See, die sich dann mangels politischen Rückhalts nicht vollends weiter entfalten konnten, sowie ehrenvolles und gerechtfertigtes Handeln der Seekriegsleitung zum Kriegsende standen der Negierung von Versagen und Fehlentscheidungen im Rahmen der Ereignisse 1917/1918 entgegen. Wird zudem berücksichtigt, dass sich die Thematisierung der Ereignisse des Zweiten Weltkrieges zur See weitgehend ebenso verbot wie die der politischen Fehlentwicklungen während der nationalsozialistischen Herrschaft, so bewirkte die damalige Rückbesinnung auf die Ereignisse des Ersten Weltkrieges – rückschauend bewertet – wohl insgesamt weniger Halt und Identifikationsmöglichkeiten als beabsichtigt.

In den örtlichen Gliederungen des Deutschen Marinebundes wurde der »Skagerraktag« als »Marinefeiertag« mit Gutheißen der Bundesmarine weiter gepflegt. Mittels des »Skagerraktages« wurde glorifizierend an die Tradition der Kaiserlichen Marine angeknüpft; mithilfe der Thematisierung der Einsätze der Kaiserlichen Marine während des Ersten Weltkrieges an der Offizierschule der Marine wurde – taktisch und operativ völlig überholt – ebenfalls an das vergangene Erbe vor allem in personeller Hinsicht angeknüpft; der Schlachtverlauf musste gar mithilfe von Y-Booten auf der Flensburger Förde durch Offizieranwärter nachgestellt werden. Der Grundsatz, dass die Bundesmarine selbst in der Lage sein werde, eine eigene Tradition zu begründen, wurde durch die Verantwortlichen konterkariert, weil dort die Hoffnung vorherrschte, mittels des Vehikels »Kaiserliche Marine« langfristig auch eine positive Rückbesinnung zur Kriegsmarine herzustellen[169].

In der Marineliteratur der 1950er bis 1970er Jahre spiegelten sich diese Entwicklung und diese Absichten. Neu entflammten die Fragen nach Sieg und Niederlage während der Skagerrakschlacht. Jürgen Rhades beurteilte die Schlacht folgendermaßen: »Strategisch hat sie keiner Seite Vorteile eingebracht, wohl aber vom Psychologischen her für die Deutschen, für die Marine, für das schwer kämpfende Landheer, ja für das ganze deutsche Volk damals zumindest einen moralischen Gewinn gezeigt.« Der taktische Erfolg sei Admiral Scheer zuzuschreiben. Dies sei umso wichtiger, als die Verlustraten bereits einen taktischen Erfolg der Deutschen

---

[169] Friedrich Ruge, Zur Pflege der Tradition. In: BA-MA, N/379-116: Nachlass Ruge. Abgedr. in: »Erleben – Lernen – Weitergeben« (wie Anm. 2), S. 269–271.

bestätigt hätten[170]. Gestützt wurde diese Einschätzung auch durch die Aussage von Fritz Boie, der diagnostizierte, dass Großbritannien gegenüber dem Kaiserreich nicht habe siegen können, obwohl man von England diesen Sieg hätte erwarten können[171].

Demgegenüber stand Kurt Assmann, der die Schlacht im Jahr 1957 folgendermaßen umdeutete: Durch sie sei offenbar geworden, dass die Seestrategie des Ersten Weltkrieges fehlgeleitet gewesen sei, da man nicht erkannt hätte, dass der Wirtschaftskrieg die eigentlich geeignete Form der Kriegführung gegen England gewesen wäre[172]. Zur Begründung verwies er auf die U-Boot-Erfolge seit 1917. Assmann, der aufgrund seiner Ausführungen Kritik der ehemaligen Admiralität erntete, bezweifelte damit offen die Tirpitz'sche Flottenpolitik. Zugleich räumte er unterschwellig Fehler der Flottenpolitik des Zweiten Weltkrieges ein. Zwar sei der Notwendigkeit des Wirtschaftskrieges Rechnung getragen worden, doch habe man die falschen Seekriegsmittel verwendet, weil die Konzentration auf die U-Boot-Waffe zu spät eingesetzt habe. Seine Kritik an der Marineführung der Kaiserlichen Marine, vor allem an Tirpitz und Scheer, brachte ihm eine gewisse Missachtung innerhalb der ehemaligen Marineführung der Kriegsmarine ein, die empfahl, dem Werk keine zu große Bedeutung zuzumessen[173]. Erich Förste war es nur begrenzt gelungen, die Ausführungen Assmanns mit Blick auf die Ereignisse des Ersten und Zweiten Weltkrieges »zu korrigieren« – Karl Dönitz dankte ihm dennoch dafür: »Ich danke Dir vor allem, dass Du bei Durchlesen des Assmannischen Manuskripts in meinem Sinne eingegriffen hattest. Ich stimme der Assmann'schen Geschichtsschreibung in vielen grundsätzlichen Punkten nicht zu. Aber es ist besser, darüber einmal mündlich zu sprechen als zu schreiben[174].«

Ganz »auf Linie« hingegen lagen Beiträge in den Marineperiodika[175] oder die von Fritz-Otto Busch[176] zu den Ereignissen der Skagerrakschlacht. Er publizierte

---

[170] Jürgen Rhades, Die Deutsche Marine in Vergangenheit und Gegenwart, Minden 1967, S. 53-56. Einen moralischen Gewinn sprach auch Werner Bräckow den Deutschen zu. Werner Bräckow, Die Geschichte des deutschen Marine-Ingenieursoffizierkorps, Oldenburg, Hamburg 1974, S. 125. Einen taktischen Sieg meinte auch Herwig zu erkennen. Holger H. Herwig, Das Elitekorps des Kaisers. Die Marineoffiziere im Wilhelminischen Deutschland, Hamburg 1977, S. 147.
[171] Fritz Boie, Von der Bedeutung der See. In: Weltmachtstreben und Flottenbau. Hrsg. von Wilhelm Schüssler, Witten 1956 (= Glaube und Forschung, 12), S. 145-193, hier S. 179-183.
[172] Kurt Assmann, Deutsche Seestrategie in zwei Weltkriegen, Heidelberg 1957 (= Die Wehrmacht im Kampf, 12), insbesondere S. 68-71.
[173] BA-MA, N/328-43: Nachlass Förste: Briefwechsel Förste–Dönitz. Förste an Dönitz am 2.4.1957.
[174] Ebd., Dönitz an Förste am 5.4.1957.
[175] Rudolf Krohne, Gedanken zum 40. Skagerraktag. In: Leinen los!, (1956) 6, S. 298-300.
[176] Fritz-Otto Busch hat sich durch zahlreiche Publikationen auch in der Nachkriegszeit hervorgetan. Korvettenkapitän Busch (1890-1971) war bis 1944 Hauptschriftleiter der Deutschen Marine-Zeitung, der Zeitschrift Die Reichsmarine (bis 1935)/Die Kriegsmarine (seit 1935). Busch veröffentlichte etwa 80 Bücher sowie zahlreiche Landser-Hefte im Pabel-Verlag in Rastatt. Vgl. Cornelissen, Die Hochseeflotte (wie Anm. 42); zu Busch auch Bodo Herzog, Die Berliner Kunstausstellung im Jahre 1940 – »Die Helden des U-Boot-Krieges ... Rassisch hochwertiges Menschenmaterial«. In: kritische berichte, 1 (1984), S. 60-77.

unter anderem in den Landserheften[177], die Raum für die Ereignisse des Ersten Weltkrieges gaben[178], aber auch den persönlichen Erlebnisberichten aus dem Zweiten Weltkrieg ein Forum boten. Die hohe Verbreitung des »Landsers« befriedigte damit auf nicht unumstrittene Weise das breite bundesdeutsche Bedürfnis nach solchen Darstellungen und ist Indiz für die Besonderheit des Aufarbeitungsprozesses der Weltkriegsereignisse in der Bundesrepublik[179].

In der maritimen Memoirenschreibung der deutschen Nachkriegszeit nahm die Skagerrakschlacht dort breiten Raum ein, wo sie der Gesamtargumentation dienlich war. Erich Raeders Autorenteam widmete sich intensiv dem Ereignis[180]. Demgegenüber standen Erwähnungen persönlicher Prägung wie bei Karl Silex[181].

Generationenbedingt wandelte sich auch der Umgang mit den Ereignissen der Skagerrakschlacht spätestens seit den 1980er Jahren. Werner Rahn, seinerzeit Lehrer für Wehrgeschichte an der Marineschule Mürwik, erhielt im Mai 1976 von seinem Kommandeur, Flottillenadmiral Kampe, den Auftrag, die Skagerrakschlacht aufzuarbeiten. Medial aufbereitet, wurde die Schlacht mit verteilten Sprecherrollen an der Marineschule Mürwik am »Skagerraktag« dargeboten[182]. Rahn wunderte sich seinerzeit über diesen Auftrag, der ihm rückwärtsgewandt erschien. Eine eher unreflektierte Faktenschilderung mit glorifizierenden Untertönen wurde letztlich von einer die Gesamtereignisse der Vorkriegs-, Kriegs- und Nachkriegszeiten in den Blick nehmenden historischen Betrachtungsweise langfristig auch aus Marinekreisen verdrängt. Vornehmlich faktenorientierte Beschreibungen in bekannten Nachschlagewerken, wie beispielsweise in dem siebenbändigen Werk von Hildebrand, Röhr und Steinmetz, haben sich allerdings halten können[183]. Im Stil der Aufarbeitungs- und Memoirenschreibe der Weimarer Zeit wurden die Ereignisse der Ska-

---

[177] Fritz-Otto Busch, Kleiner Kreuzer Regensburg – Z vor! am Skagerrak, München 1955 (= SOS. Schicksale deutscher Schiffe, 55); Fritz-Otto Busch, Großadmiral Dr. h.c. Erich Raeder. Oberbefehlshaber der Kriegsmarine, Der Landser (Ritterkreuzträger), Sonderband Nr. 119, Rastatt o.J.

[178] Anonym, Skagerrak, München o.J. (= SOS Sonderband, 9); Wilhelm Wolflast, Skagerrak. Die größte Seeschlacht der Geschichte, München 1958 (= SOS Sonderband); Anonym, Die Schlacht am Skagerrak. Schiffsschicksale auf den Meeren, Rastatt o.J. (= SOS. Schicksale deutscher Schiffe, 63).

[179] Guntram Schulze-Wegener, Clausewitz ante portas. Anmerkungen zur Militärgeschichtsschreibung in Deutschland. In: Geschichtsbilder. Festschrift für Michael Salewski. Hrsg. von Thomas Stamm-Kuhlmann [u.a.], Stuttgart 2003 (= HMRG, 47), S. 452–465.

[180] Raeder, Mein Leben, T. 1 (wie Anm. 15), S. 105, S. 110–126.

[181] Silex, Mit Kommentar (wie Anm. 6).

[182] Brief Kapitän zur See a.D. Dr. Werner Rahn an den Verfasser vom 11. Juni 2008. Rahn berichtete zugleich, dass auf sein Betreiben hin in der Aula der Marineschule Mürwik die Flagge der Seestreitkräfte der Bundesrepublik Deutschland angebracht wurde. Zu Recht merkte Rahn an, ihn wundere es noch heute, dass dieses Fehlen erst 1976 (!) aufgefallen war: »Man kann sich nur wundern, warum nach 1956 kein MSM-Kommandeur viel früher auf diese Idee gekommen ist.« Hierzu auch: Werner Rahn, Die Skagerrakschlacht am 31. Mai/1. Juni 1916. Ein Rückblick nach über 90 Jahren. Mit einer kurzen Einleitung und Beschreibung der Vorgeschichte von Karl Heinz Pettke. In: Die Flüstertüte, 168 (2008) [Mitteilungen der Crew VI/42], S. 22–26. Die Gesamtdarstellung der Präsentation ist im Archiv des Wehrgeschichtlichen Ausbildungszentrums an der Marineschule Mürwik erhalten.

[183] Hildebrand/Röhr/Steinmetz, Die Deutschen Kriegsschiffe. Biographien, Bd 2 (wie Anm. 10), S. 106–116 (in die Schiffsbiografie des Linienschiffs *Friedrich der Große* integriert). Die sieben Bände sind neuerlich aufgelegt worden und als Taschenbuchausgabe in zehn Bänden als Lizenzausgabe im Mundus Verlag 1998/99 erschienen.

gerrakschlacht jüngst durch Gerhard Koop nochmals im Zusammenhang mit vornehmlich technischen Beschreibungen der Schiffsklasse der Großen Kreuzer dargelegt[184].

Im künstlerischen Bereich waren es die beiden Marinemaler Rigo F. Schmidt und Jochen Sachse, die sich in den 1980er Jahren des Themas »Skagerrak« noch einmal angenommen haben.

Das Marine-Ehrenmal hatte sich bereits bei der Einweihung 1936, dann nach der Übernahme durch den Deutschen Marinebund Anfang der 1950er Jahre und schließlich aufgrund des 1996 veränderten inhaltlichen Charakters längst von der ausschließlichen Fokussierung auf die Skagerrakschlacht verabschiedet. Das große Skagerrak-Diorama, im Turm des Ehrenmals ausgestellt, wurde Ende der 1990er Jahre abgebaut[185].

VII. Skagerrak heute

Die Erinnerung an die Seeschlacht vor dem Skagerrak ist mittlerweile von dem Gedenken an die Opfer geprägt. Eine Kranzniederlegung der Deutschen Marine und der Royal Navy auf offener See haben auch zum 90. Jahrestag der Seeschlacht die Erinnerung gruppenspezifisch und grenzübergreifend wachgehalten, wie bereits an »runden Jahrestagen« zuvor[186]. Gedenkfeiern am deutschen Erinnerungsort Kiel-Laboe finden in Stille und Würde statt, um den Opfern dieser Schlacht zu gedenken. Die befreundeten und eng kooperierenden Marinen Großbritanniens und Deutschlands stellen nicht mehr die Frage nach Sieg und Niederlage, sondern begegnen dem Ereignis in angemessener, zurückhaltender, aber auch selbstverständlicher Weise. Glorifizierungen oder Heldenverehrungen sucht man vergeblich – den Opfern wird mit Respekt begegnet. Dabei wird dem besonderen Umstand des Seemannstodes Rechnung getragen. Den Angehörigen, Freunden und Kameraden fehlt, sofern das Meer seine Toten nicht freigegeben hat, ein Erinnerungsort als fester Bezugspunkt der Trauer und Verarbeitung. Gerade hieraus wird erklärbar, warum auch nach zivilen Seebestattungen ein Bezugspunkt der Trauerabwicklung gesucht wird. Im Marine-Ehrenmal in Kiel-Laboe sind es vermehrt Besucherinnen und Besucher, die Laboe als Ort des persönlichen Erinnerns und Trauerns nach Seebestattungen gewählt haben.

Die Bewahrung der Erinnerung an die Toten der Skagerrakschlacht ist eine gesellschaftliche Verpflichtung, der sich die Deutsche Marine angenommen hat.

---

[184] Gerhard Koop und Klaus-Peter Schmolke, Die Großen Kreuzer *Von der Tann* bis *Hindenburg*, Bonn 1998 (= Schiffsklassen und Schiffstypen der deutschen Marine, 8).

[185] Hartwig, Das Marine-Ehrenmal (wie Anm. 125); vgl. Günter Kaufmann, Die chinesische Kanone in der Anlage des Marine-Ehrenmals in Laboe. Ein Beispiel für die Entsorgung der Vergangenheit mit Hilfe von Denkmälern. In: Geschichte in Wissenschaft und Unterricht, 12 (2006), S. 719–729.

[186] Exemplarisch Braunschweiger Zeitung, 2.6.1966, S. 11: »Fregatte *Braunschweig* ehrte die Toten der Schlacht im Skagerrak vor 50 Jahren. Treffen britischer und deutscher Schiffe. Kränze auf die offene See.«

Unspektakulär nehmen die Marine und der Deutsche Marinebund diese Aufgabe, meist fernab der öffentlichen Wahrnehmung der deutschen Gesellschaft, wahr.

Mit der Tagung im Reinbeker Schloss anlässlich des 90-jährigen »Jubiläums« der Seeschlacht, wurde das Kapitel Skagerrakschlacht zunächst geschlossen. Ob die Vermutung Jörg Dupplers zutreffen wird, dass es wohl das letzte Mal gewesen sei, dass wir uns mit dieser Schlacht beschäftigt haben, bleibt abzuwarten[187]. Auch wenn nach 90 Jahren die Frankfurter Allgemeine Zeitung dem Ereignis Skagerrak einen einseitigen Artikel gewidmet hat[188], kann nur schwerlich davon gesprochen werden, die Seeschlacht vor dem Skagerrak habe als historisches Ereignis in der gesamtgesellschaftlichen Erinnerung ihre Verankerung gefunden. Die Erinnerung an die Seeschlacht bleibt gruppenspezifisch und ist öffentlich nicht gegenwärtig. In den Marineperiodika wird ihr auch wohl künftig an »runden Geburtstagen« Raum geboten[189].

Als Erinnerungsorte bleiben bauliche und inhaltliche Fragmente, die einen Platz in der Erinnerungsgeschichte der Deutschen Marine – ohne Ausstrahlungskraft auf eine gesamtgesellschaftliche Erinnerung – haben.

---

[187] Kapitän zur See a.D. Dr. Jörg Duppler, in letzter Funktion Amtschef des Militärgeschichtlichen Forschungsamtes in Potsdam, am Rande der Tagung gegenüber dem Verfasser am 1.6.2006.
[188] Frankfurter Allgemeine Zeitung, 31.5.2006.
[189] Salewski, Skagerrak (wie Anm. 93); Dieter Hartwig, 80 Jahre Skagerrak-Schlacht. 60 Jahre Marine-Ehrenmal in Laboe. In: Dieter Hartwig. Marinegeschichte und Sicherheitspolitik. Hrsg. von Jens Graul und Michael Kämpf, Bochum 2003 (= Kleine Schriftenreihe zur Militär- und Marinegeschichte, 6), S. 221–226 (Der Beitrag basiert auf einem Vortrag, der beim Abgeordnetentag des Deutschen Marinebundes e.V. in Koblenz im Juni 1996 gehalten worden war); jüngstes Beispiel hierfür ist der Beitrag von Jann M. Witt, Die Skagerrakschlacht. In: Leinen los!, (2006) 3, S. 32–37.

Jan Kindler

Die Skagerrakschlacht im deutschen Film

Wann immer Historiker mentalitäts- und kulturgeschichtliche Fragen wie die nach dem Fortleben eines Ereignisses in der Erinnerung stellen, berühren sie Kommunikationsprozesse, die notwendig medial fundiert sind[1]. Eine entsprechende Bedeutung für derartige Fragestellungen erlangen medienspezifische Aspekte von Produktion und Rezeption, welche die Wahrnehmung und Deutung des dargestellten Ereignisses durch den Zuschauer beeinflussen. Wie sehr dies für das Medium Film gilt, soll zunächst ein konkretes Beispiel verdeutlichen.

Als Mitte der Dreißigerjahre das ehemalige preußische Generalstabsgebäude in Berlin-Tiergarten einem Neubau (dem späteren Bendler-Block) weichen sollte, stand man vor einem erinnerungspolitischen Problem: Das sogenannte Moltkezimmer, Arbeitszimmer des prominenten ehemaligen Generalstabschefs Moltke dem Älteren[2] und inzwischen zum »Gedenkraum« umfunktioniert, in dem auch seine Totenmaske aufbewahrt wurde, musste ebenfalls abgerissen werden. Es drohte der Verlust eines zentralen Erinnerungsortes preußisch-deutscher Militärtradition. Um dies zu verhindern, beauftragte die Heeresführung ein Kamerateam der armeeeigenen Heeres-Filmstelle, Aufnahmen des Zimmers und seiner traditionsrelevanten Artefakte herzustellen.

Die so entstandenen stummen Filmaufnahmen, überliefert im Bundesarchiv-Filmarchiv[3], dienten im direktesten Sinne einer filmischen Bewahrung von Erinnerung. Durch die filmische Dokumentation eines realen Ortes versprach man sich seine fortdauernde Verfügbarkeit. Auf Film fixiert – so das Kalkül – sollte das demnächst Vergangene ständig verfügbar bleiben, losgelöst von Raum und Zeit durch die Illusion einer Projektion der zum Laufen gebrachten Bilder auf eine Leinwand. Als Film sollte die Geschichte ständig wiederkehren können.

---

[1] Vortrag und Text zugrunde liegt der Einführungsvortrag zu einem Filmprogramm »Propaganda, Rekonstruktion, Mythos: Filmdokumente zur Skagerrakschlacht«. In: Filmblatt. Hrsg. von Cinegraph Babelsberg, 22 (2003), S. 30-44. Alle in diesem Beitrag abgedruckten Standbilder entstammen Filmkopien aus dem Bundesarchiv-Filmarchiv. Fotografie: Marian Stefanowski.

[2] Helmuth Karl Bernhard Graf von Moltke (1800-1891), genannt Moltke der Ältere, preußischer Generalfeldmarschall, hatte als Chef des Generalstabes wesentlichen Anteil an den preußisch-deutschen Siegen in den sogenannten Einigungskriegen gegen Dänemark (1864), Österreich (1866) und Frankreich (1870/71).

[3] *Das Moltkezimmer im ehemaligen preußischen Generalstabsgebäude.* Dokumentarische Filmaufnahme, Mitte der Dreißigerjahre. Produktion: Heeres-Filmstelle, Kopie: BA-Filmarchiv, 35 mm, schwarzweiß (s/w), stumm.

Doch was man sich versprach, konnte sich nur teilweise erfüllen. Abgesehen vom Verlust der Authentizität, der wahrhaftigen Gegenwart, kann eine filmische wie auch fotografische Aufnahme immer nur einen bestimmten Blick, eine Perspektive auf den jeweiligen Gegenstand (Ort, Person oder Ereignis) konservieren. Definiert wird diese Perspektive über den Einsatz vielfältiger filmischer Mittel, eine Fülle ästhetischer Entscheidungen, die bei jeder Einstellung neu getroffen werden müssen: Auf der Bildebene zählen hierzu Bildausschnitt, Perspektive und Bewegung der Kamera sowie Lichteinsatz, auf einer möglicherweise vorhandenen Tonebene Sprache, Geräusche, Musik und Kommentar. Hinzu kommen die Anordnung der Einstellungen und die Auswahl ihres Inhaltes bis zu Eingriffen in das, was sich vor der Kamera befindet. Ein kompliziertes Verfahren, mit dem spätere Rezeptions- und damit Deutungsformen einer Filmaufnahme vorgeprägt werden.

Im Falle des Moltkezimmers entschied man sich für eine langsame Kamerafahrt in niedriger Höhe auf den Schreibtisch zu, auf dem Moltkes Totenmaske altarähnlich drapiert war. Von dieser Inszenierung versprachen sich die damaligen Hersteller eine in ihren Augen angemessene Wahrnehmungsform der Filmbilder: die demütige Annäherung an einen verehrten General.

Schon dieses einfache Beispiel macht deutlich, dass mit der notwendigen Konstruktion einer filmischen Perspektive immer auch eine Interpretation, eine Deutung des Gezeigten verbunden ist. Dies gilt eben auch für nicht-fiktionale, also scheinbar dokumentarische Aufnahmen von Orten, Personen oder Ereignissen, wobei nur selten ähnlich ideale Aufnahmebedingungen und damit freie Entscheidungsmöglichkeiten bestehen wie im Fall des Films über das Zimmer Moltkes. In der Regel schränken verschiedene äußere Umstände die Aufnahmebedingungen stark ein.

Wegen dieser Einschränkungen gehört die Rekonstruktion tatsächlich erfolgter Einflussnahmen bei einer historischen Filmaufnahme zu den bedeutsamen Aspekten ihrer kritischen Analyse. Sie macht als wichtige Voraussetzung eine Einbeziehung produktions- und rezeptionsgeschichtlicher Kontexte notwendig, also Hinweise darauf, unter welchen Bedingungen und von wem eine Filmaufnahme hergestellt und rezipiert wurde.

Dies soll für die in Deutschland überlieferten Filmaufnahmen zur Schlacht vor dem Skagerrak versucht werden. Auf den sicher reizvollen Vergleich mit britischen – oder besser alliierten – Filmen zur Schlacht[4] wird zunächst verzichtet; dies aufgrund der großen Menge deutscher Filmdokumente und weil der für die britische Sicht zentrale Film (*The Battle of Jutland*, GB 1921) auch in internationalen Archiven bislang nicht nachgewiesen werden konnte.

---

[4] Zu den überlieferten Materialien gehört auch ein französischer Kurzfilm von 1935 (*Choc du Jutland*. Produktion: Marcel de Hubsch; 35 mm, s/w, stumm, 490 feet), der überwiegend anhand animierter Trickkarten wichtige Phasen des Schlachtverlaufs aus alliierter Sicht inszeniert und die Schlacht insgesamt als britischen Sieg interpretiert.

I. Keine Originalaufnahmen

Am Anfang einer Betrachtung des zu Skagerrak überlieferten Filmmaterials steht die Feststellung, dass – wie für die meisten militärischen Großereignisse des Ersten Weltkrieges – auch für die Skagerrakschlacht kein nachgewiesen authentisches Filmmaterial deutscher Herkunft überliefert ist. Überdies erscheint es auch höchst unwahrscheinlich, dass solches überhaupt entstanden ist. Ähnlich wie bei der Verarbeitung der Schlacht in der bildenden Kunst begann demnach auch die filmische auf deutscher Seite erst im Moment des Einlaufens der zurückkehrenden Flotte – und nicht etwa bereits während der Schlacht. Hauptgrund ist eine rigide militärische Zensur, die in Deutschland Filmaufnahmen vom eigentlichen Schlachtgeschehen weitgehend unterband. Neben Gründen der Geheimhaltung fürchtete man vor allem die abschreckende Wirkung authentischer Kampfbilder auf die eigene Bevölkerung. Wenn dabei offiziell auch Befürchtungen vorgeschoben wurden, solche Aufnahmen könnten »durch Darstellung von Grauenhaftem, absolut Häßlichem, Widerlichem, Ekelhaftem oder Entsetzlichem entsprechende krankhafte Anlagen einzelner Zuschauer wecken oder verrohend wirken«[5], stand letztlich doch die Sorge um die gleichbleibende Kampfmoral im Mittelpunkt.

Im Falle Skagerraks machten zusätzlich technische und klimatische Schwierigkeiten Filmaufnahmen während der eigentlichen Schlacht weitgehend unmöglich. Auch waren Dreharbeiten an Bord von Kriegsschiffen, die sich in Gefechtsbereitschaft befanden, wegen akutem Platzmangel und einer damals äußerst sperrigen Filmtechnik generell sehr schwierig, während eines Artilleriegefechts wurden sie aufgrund der beträchtlichen Erschütterungen ganz unmöglich. Im Falle Skagerraks kamen völlig unzureichende Sichtbedingungen hinzu, da große Teile der Schlacht nachts bzw. bei Dämmerung und Nebel stattfanden und die gegnerischen Schiffe ständig weit voneinander entfernt waren. Während also Originalaufnahmen vom eigentlichen Schlachtgeschehen mit hoher Wahrscheinlichkeit gar nicht entstanden sind, ist unbekannt, inwiefern zumindest bei An- oder Abmarsch Filmaufnahmen auf einzelnen Schiffen entstanden. Eine Zensur und damit Zulassung zur öffentlichen Vorführung lässt sich für derartige Aufnahmen nicht nachweisen.

II. Leinwandschlachten zwischen den Kriegen – Skagerrak-Bilder zwischen 1918 und 1933

Ein wesentlicher Teil der zur Skagerrakschlacht entstandenen Filme stammt aus der Zeit der Weimarer Republik. Ihre Rezeption ist daher im Kontext der zu dieser Zeit in Deutschland geführten Auseinandersetzungen um eine kritisch-pazifistische oder nationalistisch-revanchistisch geprägte Erinnerung an den Ersten Weltkrieg zu verorten.

---

[5] F.T. Endres (Major), Der Film als Mittel der militärischen Berichterstattung. In: Flugschrift, Nr. 6. Hrsg. vom Verein »Deutsche Wacht«, München 1917, S. 57.

Während linke, republikfreundliche Kreise gerade die Schlacht vor dem Skagerrak als ein Beispiel für die Inhumanität industrialisierter Kriegführung und zugleich Mitursache der Meuterei in der Hochseeflotte von 1918 ansahen, feierten patriotisch-nationalistische Kreise auch nach 1918 am 31. Mai einen vermeintlich glanzvollen Sieg der kaiserlich-deutschen Hochseeflotte über eine materiell überlegene britische Grand Fleet. In der Wahrnehmung rechtsgerichteter Parteien und Gruppierungen fungierte die Skagerrakschlacht als Symbol für weiterhin virulente deutsche Seemacht-Ambitionen und maritimes Pendant zu den ebenfalls gepflegten Schlachtenmythen wie Langemarck, Tannenberg und Verdun, die in enger Verbindung zur Dolchstoßlegende die Mär von einer »unbesiegten deutschen Armee« propagierten.

Filme zur Skagerrakschlacht aus der gesamten Zwischenkriegszeit spiegeln zudem »deutsche« Positionen im außenpolitischen Gerangel um eine rein militärische Bewertung der Schlacht. Dabei wurden in Fortführung propagandistischer Losungen der Kriegszeit auf deutscher Seite besonders die eigenen taktischen Erfolge gegen einen weit überlegenen Gegner und dessen zahlenmäßig höheren Verluste betont, während man aus englischer Perspektive zurecht darauf verwies, die strategische Überlegenheit der Grand Fleet erfolgreich verteidigt zu haben.

In derartigen Auseinandersetzungen mit dem ehemaligen Gegner stand weniger eine grundsätzliche Wertung moderner (See-)Kriegführung. Vielmehr herrschte schlicht Uneinigkeit über den Ausgang der Schlacht. Jahrzehntelang reklamierten beide Seiten den Sieg für sich. Einige Details des Schlachtverlaufs sind unter Historikern bis heute umstritten.

III. Weltkriegspropaganda vor und nach 1918

Die wenigen nachweislich vor 1918 zensierten Filme zur Skagerrakschlacht sind in Originalform bislang nicht überliefert. Dies gilt sowohl für eine Ende Juni 1916 veröffentlichte Messter-Wochenschau Nr. 26 *Zum Sieg am Skagerrak*[6] als auch für einen zweiteiligen Film über die *S.M.S. Pommern*, der im Auftrag des Flottenvereins vor der Schlacht auf dem Schiff gedrehtes Filmmaterial nach dessen Untergang am Skagerrak zu einem heroischen Abgesang auf die »heldenmütige Besatzung« montierte[7].

Bei den ersten überlieferten frühen Kurzfilmen handelt es sich wahrscheinlich um nach 1918 montierte Kombinationen nachgestellter Spielszenen, verschiedener Manöverbilder aus der Vorkriegszeit sowie einzelner, zeitbedingt dilettantischer Modellaufnahmen, die heute kaum mehr exakt zu datieren sind. Ein solches Nachstellen von Gefechtshandlungen und Benutzen bzw. Umbauen diverser älterer

---

6   Zensurangaben (Prüf-Nr. 39371, 1 Akt) und ganzseitige Anzeige. In: Der Kinematograph, 496 (28.6.1916).
7   Ausgabe 1: *S.M. Schiff Pommern im Feuer* (Prüf-Nr. 39378, 1 Akt, 350 m), Ausgabe 2: *Die heldenmütige Besatzung S.M. Schiff Pommern* (Prüf-Nr. 39377, 1 Akt, 275 m). In Anzeigen der folgenden Monate abweichende Längen- und Titelangaben.

Zeitgenössische Werbeanzeige für die Messter-Woche Nr. 26,
in: Der Kinematograph, Nr. 496/1916.
Quelle: Bundesarchiv-Filmarchiv

Aufnahmen war nach 1918, als noch keine strenge Gesetzgebung die Urheberschaft von Filmaufnahmen schützte, weit verbreitet. Derartig preiswert und einfach herzustellende Kompilationen versprachen vor allem an runden Jahrestagen einer Weltkriegsschlacht ein sicheres Geschäft.

Für die Rezeption der Skagerrakschlacht durch solche nachträglich kompilierten Gedenkfilme war entscheidend, dass die Original-Zwischentitel der Kriegszeit mit glorifizierenden Texten und schmückender Ornamentik beibehalten wurden. Da Zwischentitel die Wahrnehmung der jeweils nachfolgenden stummen Filmbilder wesentlich beeinflussen, lässt sich bereits hieran eine über das Kriegsende hinaus fortbestehende Kontinuität einer heroisierenden Darstellung des Schlachtgeschehens ablesen. Hierfür ist der Kurzfilm *Erinnerung an die Skagerrakschlacht*[8] ein Beispiel. Der Film verbindet das Sujet einer Messter-Woche der Kriegszeit (Nr. 27 von Anfang Juli 1917, Titel 1: »Admiral Scheer, der Sieger vom Skagerrak«) mit zwei Sujets aus dem Pommern-Film (Titel 2/3: *S.M.S. Pommern, gesunken in der Skagerrakschlacht am 31. Mai 1916./Der letzte Urlaub der heldenmütigen Besatzung der Pommern*). Auch das Fragment *Die Skagerrakschlacht*[9] gehört offenbar zu den schnell und ohne hohe Ansprüche an Detailgenauigkeit und Authentizität zusammengestellten Streifen, die, wie ein mit der Aufarbeitung historischen Filmmaterials zur deutschen Marine beauftragter Historiker 1975 lakonisch vermerkte, »Schlachtschiffe mit Gittermasten, amerikanische Vier-Schornstein-Zerstörer, sogar Küstenbatterien, aus Versenklafetten feuernd, darstellten; zwischendurch marschierten alte deutsche Linien-Schiffe der *Braunschweig*-Klasse im Umbaustadium von 1925 durch den Nordostseekanal«[10].

IV. Zwischen Rekonstruktion und Revanchismus: Der »große Skagerrak-Film« 1921

Es dauerte bis zum fünften Jahrestag der Schlacht, also dem 31. Mai 1921, bis eine erste aufwändiger produzierte und recht detaillierte filmische Rekonstruktion der Skagerrakschlacht ihre festliche Uraufführung erlebte. Die abendfüllende Deulig-Produktion *Die Skagerrakschlacht*[11] verdeutlicht als getreue Umsetzung des offiziel-

---

8   *Erinnerung an die Skagerrakschlacht*. Keine genaue Datierung möglich, etwa 20er Jahre. Kopie: BA-Filmarchiv (16 mm, s/w, stumm, 27 m = ca. 4 Min. bei 20 B/Sek.).
9   *Die Skagerrakschlacht*. Fragment. Keine genaue Datierung möglich, etwa 20er Jahre. Kopie: BA-Filmarchiv (35 mm, s/w, stumm, 71 m = ca. 4 Min. bei 20 B/Sek.).
10 Marine-Offizier-Vereinigung/Deutsches Marine-Institut (Hrsg.). Filmdokumente zur Geschichte der deutschen Marine. Bearb. von Walther Hubatsch, T. 1: Aus Beständen des Bundesarchivs Koblenz. T. 2: Hochseeflotte 1916–1918 (16 mm, s/w, 120 m). Einführungstext zu einer Filmedition, o.O., 1975, S. 2. Dieses Erschließungsprojekt war faktografisch ausgerichtet und ordnete alle im Bundesarchiv auffindbaren Filmmaterialien, sofern identifizierbar, in zeitlichen Blöcken nach den dargestellten Schiffstypen.
11 *Die Skagerrakschlacht*, D 1921, Produktion: Deulig-Film GmbH, Berlin (Deutsche Lichtbild-Gesellschaft), Zusammenstellung: Otto Groos (1921: Korvettenkapitän; 1937: Vizeadmiral), Trickaufnahmen: Institut für Kulturforschung, Zensur: 26.5.1921, Format: 35 mm, s/w, stumm, 1204 m, Prädikate: jugendfrei; »Rein belehrend«, Uraufführung: 31.5.1921, Berlin. 1931 (28.9.) wird eine

len Berichtes von Admiral Scheer, dem deutschen Oberbefehlshaber in der Schlacht, an den Kaiser, besonders drastisch die im deutschen Film auch nach 1918 dominante, einseitig nationalistische Sichtweise auf die Schlacht. Zur Rechtfertigung der einseitigen Argumentation des Films diente der Status von Scheers Bericht als »amtliches Material«, zugleich versprach man aber mit dem Untertitel »Wie sie aussah und wie sie in Wahrheit verlief« und dem Werbeslogan »Kein Propagandafilm!« eine Objektivität, die der Film nicht einhalten konnte. Eigene taktische Entscheidungen werden gerechtfertigt, ihre Folgen etwa für einzelne Schiffsbesatzungen ignoriert. Wo ein deutscher Erfolg besonders betont werden sollte, aber kein Filmmaterial vorlag, wurde – wie im Fall der Versenkung eines britischen Schlachtkreuzers – kurzerhand ein Foto eingeblendet. Lange Tricksequenzen aus animierten Karten und Modellaufnahmen, in denen die komplizierten taktischen Manöver dargestellt werden, schaffen Distanz zum kriegerischen Geschehen und konzentrieren sich zugleich ganz auf die vier militärischen Protagonisten, die »Stars« des frühen »Medienereignisses« Skagerrakschlacht: die beiden Befehlshaber der Aufklärungsgeschwader (Hipper und Beatty) sowie die beiden Oberbefehlshaber mit ihren Hauptkontingenten (Scheer und Jellicoe).

Die teilweise sehr schlichten Modelle und eine bisweilen dilettantische Ausführung der Modellaufnahmen (verwackelte Kameraschwenks, wiederholt ist das Ende eines Tricktisches sichtbar), die sogar Gegenstand einzelner Beschwerden von Publikum und Kinobesitzern wurden[12], war eventuell ihrer nachträglichen und unter Zeitdruck erfolgten Herstellung geschuldet. Denn erst als während der Produktion des Films in Deutschland bekannt wurde, dass ein auf englischer Seite zeitgleich entstehender Skagerrakfilm mit aufwendigen Schiffsmodellen arbeitete (*The Battle of Jutland*, GB 1921), sah sich der deutsche Aufnahmeleiter und Korvettenkapitän Otto Groos veranlasst, in alter Manier, aber diesmal tricktechnisch »nachzurüsten« und ebenfalls einen Teil der Trickaufnahmen mit Modellen zu bestreiten.

Der Film wurde mit dem begleitenden Kommentar eines unbekannten Marine-Offiziers vorgeführt. Längere Standbilder in den Tricksequenzen deuten jedoch an, dass besonders bei den komplizierten Manövern der deutschen Schiffe Erklärungsbedarf gesehen wurde. Damit auch das gemeine Kinopublikum die aus deutscher Perspektive für die Wertung der Schlacht wichtigen, »glorreichen« Manöver der deutschen Flotte ausreichend würdigen konnte, hielt man offensichtlich gleich mehrere Kurzlektionen in Formation und Taktik des Seegefechts für notwendig.

---

gekürzte Fassung (Produktion: Universum-Film AG, Berlin) zensiert. Kopie: BA-Filmarchiv (35 mm, s/w, stumm, 927 m = unvollständige erste Langfassung, 1921, ca. 53 Min bei 20 B/Sek.).

12 Die Vereinigten Lichtspiele Aschaffenburg etwa teilen 1926 dem Reichsfilmblatt ihre Erfahrungen mit einem Skagerrakfilm mit, der durch einen Kapitänleutnant Mumm (sic!) vorgeführt worden sei. Dieser Film »soll mit unzulänglichen Mitteln (teilweise Trickzeichnungen) hergestellt sein. Unter verschiedenen Umständen krankt die Vorführung, so daß Publikum (und die betreffenden Theaterbesitzer) darunter leiden. – Die Theaterbesitzer fühlen sich geschädigt.« Siehe: o.A.: Skagerrak. In: Reichsfilmblatt, 40 (1926).

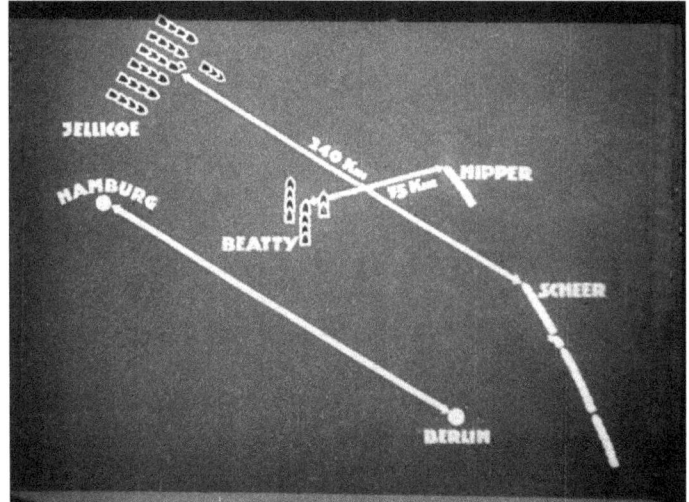

Kartensequenz aus
»Die Skagerrakschlacht«
(P: Deulig-Film, 1921).
Quelle: Bundesarchiv/Transit Film GmbH

Modellaufnahme aus
»Die Skagerrakschlacht«
(P: Deulig-Film, 1921).
Quelle: Bundesarchiv/Transit Film GmbH

Tendenz durch Schaubild
in »Die Skagerrakschlacht«
(P: Deulig-Film, 1921).
Quelle: Bundesarchiv/Transit Film GmbH

Tendenz durch Schlusstitel in »Die Skagerrakschlacht« (P: Deulig-Film, 1921).
Quelle: Bundesarchiv/ Transit Film GmbH

Die strategische Wirkung:
Die Ostsee blieb England verschlossen.
Rußlands Zusammenbruch wurde unvermeidlich.
Erzzufuhr aus Schweden bis Kriegsende gesichert.
Finnland befreit.
Keinen Schuß wagte England bis Kriegsende gegen die deutsche Küste.

Skagerrak-Gedenkfeier in »Stahlhelm-Norwegenfahrt 1928« (P: Naturfilm Hubert Schonger).
Quelle: Bundesarchiv/Transit Film GmbH

Die tendenziöse, einseitig nationalistische Bewertung der Schlacht wird am Ende des Films besonders deutlich, wenn anhand eines Schaubildes und einer Texttafel Resümee gezogen wird. Der erste Titel hebt den deutschen Vorteil aufgrund geringerer Verluste an Schiffsraum hervor, der zweite behauptet sogar einen strategischen Sieg. Wie brisant derart wertende Rückschauen auf Ereignisse des Ersten Weltkrieges in der nationalistisch aufgeheizten Phase der unmittelbaren Nachkriegszeit waren, kann aus dem Verbot für die Vorführung des Films im besetzten Rheinland durch die alliierte Rheinlandkommission abgeleitet werden. Diese hielt den Film für geeignet, »die Sicherheit der Besatzungstruppen« zu beeinträchtigen[13].

V. Der »Skagerrak-Tag« als nationalistisches Erinnerungsritual

1928 war der Jahrestag der Schlacht (»Skagerrak-Tag«) als nationaler Gedenktag bereits fest im öffentlichen Leben der Weimarer Republik etabliert. Überall in Deutschland fanden kleinere und größere Gedenkfeiern statt, in Berlin stellte nur an diesem Tag die Marine die Ehrenformation vor der Neuen Wache – ihr Marsch vom Brandenburger Tor zum Reichspräsidentenpalais und weiter zur Neuen Wache gehörte bereits länger zu den stereotypen Sujets aller Filme und Wochenschauen zum Thema. Besonders intensiv wurden Weltkriegsgedenktage wie der »Skagerrak-Tag« innerhalb der zahlreichen Verbände und Gruppierungen der politischen Rechten zelebriert, wie etwa beim »Stahlhelm«, dem 1918 gegründeten Bund ehemaliger Frontsoldaten. Der Film *Stahlhelm-Norwegenfahrt 1928*[14] zeigt im Rahmen der Kreuzfahrt einer Stahlhelm-Delegation, die in bewusster Tradition kaiserlicher »Nordmeerfahrten« die norwegische Küste entlang führt, den standardisierten Ablauf einer solchen halb-öffentlichen Skagerrak-Gedenkfeier. An Bord des Kreuzfahrtschiffes über dem »historischen Schlachtfeld« zeigt ein längeres Sujet die gesamte Litanei maritimer Gedenkrituale samt dem feierlichen Versenken einer Geschosskartusche – gefüllt mit dem Mützenband vom »Deutschen Seeverein Stettin« – gemeinsamem Gebet und Gesang (»Stolz weht die Flagge – Schwarz-weiß-rot«).

VI. Beinahe Fehlanzeige: Kritische Sichtweisen auf Skagerrak

Während sich für die dominierende nationalistisch-revanchistische Sichtweise auf die Skagerrakschlacht noch zahllose weitere filmische Umsetzungen finden las-

---

[13] Amtsblatt der Reichskommission für die besetzten Gebiete, 50 (1922), S. 173.
[14] *Stahlhelm-Norwegenfahrt 1928,* Produktion: Naturfilm Hubert Schonger Berlin, Photographie: Gustav Steifel, Zensur: 22.6.1928, Format: 35 mm, s/w, 501 m, stumm; Prädikate: jugendfrei. Kopie: BA-Filmarchiv (35 mm, s/w, stumm, 411 m = ca. 15'). Kopie hat »Blitz-Titel« (Zwischentitel nur als zwei Einzelbilder).

sen[15], kam eine alternative, kritische Sichtweise auf Skagerrak im deutschen Kino nach 1918 praktisch nicht vor. Auch in Manfred Noas großangelegtem Spielfilm *Die versunkene Flotte*[16] von 1926 bleibt alle Marinegeschichte Folie für eine melodramatische Handlungsführung. Der Film nach dem gleichnamigen Roman von Kapitänleutnant a.D. Helmut Lorenz (zugleich marinetechnische Leitung der Verfilmung) spinnt seine Handlung von der Kieler Woche 1914 über die Skagerrakschlacht bis zur Selbstversenkung eines deutschen U-Bootes 1919. Die Seeschlacht dient hier als melodramatischer Höhepunkt einer auf amoröse Verwicklungen im deutsch-englischen Marinemilieu konzentrierten Handlung, wobei zwei aus der Vorkriegzeit befreundete Marineoffiziere mit ihren Schiffen als Gegner aufeinandertreffen. Während die Schlachtdarstellung allenfalls subtil deutsche Überlegenheit behauptet, verliert der Deutsche sein Leben, weil er, den Gesetzen des Melodrams folgend, als kein zu Pflicht und Liebe fähiger Mann erscheint. Auf dem Mannschaftsdeck darf derweil ein zuvor durch revolutionäre Parolen aufgefallener Heizer (gespielt von Hans Albers) seine patriotische Gesinnung durch Selbstaufopferung unter Beweis stellen. Skagerrak und der hier herum entwickelte militärisch-politische Hintergrund werden in diesem Spielfilm zwar ohne allzu deutliche nationalistische Schlagseite präsentiert, jedoch verbirgt sich hinter dieser scheinbar überraschenden Ausgewogenheit geschäftliches Kalkül. Denn *Die versunkene Flotte* versuchte nicht nur innerhalb Deutschlands sowohl rechten Militärliebhabern als auch linken Kriegsgegnern zu gefallen, der Film sollte zudem in den alliierten Ländern Geld einspielen[17].

Als einziges Beispiel eines Films mit einer dezidiert kritischen Sichtweise auf Skagerrak kann lediglich ein Trickfilm gelten, der für eine Piscator-Theaterinszenierung von Theodor Plieviers Revolutionsstück »Des Kaisers Kulis« im Jahre 1930 von Victor Albrecht Blum und Svend Noldan hergestellt wurde. Neben Zeichentrickteilen, die wiederum die Flottenbewegungen in der Schlacht darstellten und von einem Sprecher auf der Bühne erklärt wurden, dienten Wochenschaumaterial und einige gefilmte Sequenzen als Ergänzung[18]. Der Film selbst ist nicht überliefert, doch gibt eine Kritik Lotte H. Eisners einen Eindruck von der Aufführung des Piscator-Kollektivs im Lessing-Theater:

---

15 So zeigt ein im Bundesarchiv unter dem Titel *Die Helden vom Skagerrak* überliefertes Fragment aus den Zwanzigerjahren eine Rahmenhandlung, in der die Geschützausbildung einer Gruppe Matrosen der Reichsmarine von einer Pause unterbrochen wird, in der einer von ihnen über seinen Vater berichtet. Dieser habe noch bei der Kaiserlichen Marine gedient und oft »aus großer Zeit« erzählt. Die darauf folgenden, bereits oft verwendeten Marinebilder aus der Kaiserzeit werden so zu einem Symbol vergangener (maritimer wie nationaler) Größe. Kopie: BA-Filmarchiv (35 mm, s/w, stumm, 397 m).

16 *Die versunkene Flotte*. D 1926, Regie: Manfred Noa, Darsteller: Bernhard Goetzke, Agnes Esterhazy, Heinrich George, Hans Albers u.a. Der Film ist nur in seiner (veränderten) britischen Exportfassung unter dem Titel *When Fleet meets Fleet – A Romance of the Great Battle of Jutland* überliefert. Kopie: British Film-Archive (35 mm, s/w, stumm, 2250 m, engl. Zwischentitel).

17 Zu den Strategien der Umarbeitung des Films zu verschiedenen Auslandsfassungen siehe Jan Kindler, Flottenpropaganda, Völkerversöhnung und Heldenverehrung – *When Fleet meets Fleet* (GB 1928). In: Filmblatt. Hrsg. von Cinegraph Babelsberg, 28 (2005), S. 4–15.

18 Siehe John Willet, Erwin Piscator. Die Eröffnung des politischen Zeitalters auf dem Theater, Frankfurt a.M. 1982, S. 61.

»Aufkommen und Ausbruch der Matrosenrevolution von 1918, von einem gesehen, der damals selber Mariner gewesen ist. Theodor Plivier schafft aus eigenem Erleben. Erleben des Kuli-Daseins in den Kasematten und an den Heizkesseln [...] Das wird Hintergrund für die Skagerrak-Schlacht, für den Fall der Matrosen Reichpietsch und Köbis, die exemplarisch erschossen wurden am 5. September 1917 [...] Wieder nutzt er den Film. Doch nicht mehr nur als symbolisches Ausdeuten des Geschehens [...] Sein Film übernimmt den Vorgang selbst, wird Brennpunkt des Geschehens in der Skagerrakschlacht [...] An die Stelle des Symbols tritt packend das mathematische Schema: die Aufstellung der Schlachtschiffe zum Kampf, bewußt primitiv gehalten im Trickfilm Svend Noldans und Albrecht Viktor Blums [...] Tosender Beifall – Piscator und seine Leute haben die Schlacht gewonnen[19].«

Der von einer begeisterten Rezensentin behauptete »Schlachtgewinn« blieb allerdings auf die Gunst des abendlichen Theaterpublikums beschränkt. Die massenmediale Schlacht um eine Deutung von Skagerrak und anderen Ereignissen des Ersten Weltkrieges war zu diesem Zeitpunkt längst zugunsten eines auch öffentlich-sanktionierten Gedenkens an eine ganze Reihe »heroischer Heldentaten« einer angeblich ungeschlagenen Armee entschieden worden.

VII. Klar Schiff zum Gefecht: Vom Erinnerungs- zum Mobilisierungsritual

Im Jahr der Machtübernahme durch die Nationalsozialisten empfahl sich Hans Traub vom »Deutschen Institut für Zeitungskunde« in Berlin mit einem programmatischen Text über den »Film als politisches Machtmittel« für spätere Tätigkeiten. Er fordert darin unter anderem: »Unsere Lehrfilme, meist Kulturfilme genannt, erzählen viel zu viel vom Auslande. Wir brauchen den Lehrfilm über die Schlachten des Weltkrieges, über große deutsche Künstler und Erfinder, über das Leben der Auslandsdeutschen [...], wir brauchen vor allem den Unterrichtsfilm vom Versailler Vertrag. Wo ist die Propagandastelle, die uns Deutschland durch den Film politisch sehen läßt[20]?« Eine bereits 1931 zugelassene Kurzfassung des langen Deulig-Films von 1921 zur Skagerrakschlacht scheint Traubs propagandistischen Ansprüchen nicht genügt zu haben[21]. Doch sein Ruf sollte nicht ungehört bleiben.

1934 schuf die Filmabteilung der NSDAP-Reichspropagandaleitung in Berlin mit *Gedenkt der Helden vom Skagerrak!*[22] einen umfangreicheren Film über die jährli-

---

[19] Lotte H. Eisner, Piscator Erfolg ohne Apparat; Theodor Plivier, Des Kaisers Kuli. In: Film-Kurier, 206 (1930).
[20] Hans Traub, Der Film als politisches Machtmittel. Sondernummer der Bildwarte, München 1933, S. 30. Traub wurde 1936 wissenschaftlicher Leiter der neu eingerichteten Ufa-Lehrschau.
[21] Produktion: Universum-Film AG, Berlin; Zensur: 28.9.1931, Format: 35 mm, s/w, 596 m, stumm; Prädikate: jugendfrei.
[22] *Gedenkt der Helden vom Skagerrak!*, D 1934, Fragment, Untertitel: Originalaufnahmen aus dem Reichsarchiv, Aufnahmeleitung und Photographie: Wilhelm Siem, Bearbeitung: Hans von Passavant, Produktion: Reichspropagandaleitung der NSDAP/Abteilung IV, Film, Berlin, Zensur: 16.7.1934, stumm; Prädikate: staatspolitisch wertvoll, jugendfrei. Kopie: BA-Filmarchiv (35 mm, s/w, teilw. Ton, 262 m). Sujet im Mittelteil (Skagerrak-Feiern in Berlin: Ansprache, Musikstück)

chen Feiern zum »Skagerrak-Tag«. Der Film weist bereits sämtliche Elemente einer standardisierten Dramaturgie auf, die eine Vielzahl von Skagerrak-Gedenkfilmen im Nationalsozialismus kennzeichnet und darauf ausgerichtet war, den »Skagerrak-Tag« als etablierte Form der Weltkriegserinnerung mehr und mehr für eine mentale Vorbereitung des nächsten Krieges zu nutzen[23]. Dabei werden Aufnahmen jeweils aktueller Skagerrak-Feiern eingerahmt von Bildern der alten und der neuen Marine. Auf diese Weise sollte als »Vermächtnis« der Kaiserlichen Marine konstruiert werden, die in der Vergangenheit nicht erreichte deutsche Seeherrschaft in der Zukunft zu erringen. Hierzu enden die Filme mit Aneinanderreihungen imposanter Stapelläufe und Manöverbildern, die Skagerrak-Feier selbst bildet den Angelpunkt, bei dem die Perspektive quasi um 180 Grad von der Vergangenheit in die Zukunft gewendet wurde. Dieses Verfahren, aus einseitig dargestellten Episoden der Vergangenheit (hier: die Tradition der Kaiserlichen Marine) konkrete »Verpflichtungen« für die Zukunft abzuleiten (meist: erneuter Krieg), war für die Funktionalisierung von Geschichte im Nationalsozialismus durchaus typisch. Im Falle der Skagerrak-Feiern wurde es bis in das Format der Wochenschau übertragen (Wochenschau-Sujets zu den Skagerrak-Feiern 1935 und 1936, gemeinsam überliefert als *Skagerrak 1935/36*[24]).

Doch die kurzen Berichte der Wochenschau genügten schon bald nicht mehr den zunehmenden Mobilisierungsinteressen staatlich-militärischer Propaganda. So war zur Einweihung des Marine-Ehrenmals in Laboe am 20. Jahrestag der Skagerrak-Schlacht bereits in der aktuellen Wochenschau des Jahres 1936 berichtet worden (Ufa-Tonwoche 300 vom 4.6.1936). Ein erst 1937 zensierter, aufwendiger Kulturfilm *Klar Schiff zum Gefecht*[25] inszeniert jedoch dieselbe Feier exakt noch ein-

---

mit Original-Ton. In der BA-Kopie fehlen 11 von 18 Sujets, sämtlich von den Skagerrakfeiern in Hamburg.

[23] Zur Bekräftigung dieser zentralen Bedeutung des »Skagerrak-Tages« wurden nach 1933 in vielen deutschen Städten »Skagerrak-Plätze« eingeweiht. In Berlin betraf dies den sinnigerweise am Ende der »Siegesallee« gelegenen Kemperplatz.

[24] *Skagerrak 1935/36* (Archivtitel). T. 1: *Skagerrak – Der Ruhmestag der deutschen Marine* (1935): Dieser Teil ist vermutlich ein Wochenschau-Sujet zu den Skagerrak-Feiern 1935. Laut zeitgenössischer Filmpresse kommen folgende Sujets infrage: Ufa Tönende Wochenschau 248 (letztes Sujet: *Der Skagerrak-Tag in Berlin*), Bavaria-Tonwoche 24 (erstes Sujet: *Der Ehrentag der deutschen Flotte*) und Fox Tönende Wochenschau IX, 24 (letztes Sujet: *Der Ehrentag der Skagerrak-Kämpfer*). T. 2: *Ehrentage der Kriegsmarine* (1936). Fragment. Dieser Teil entspricht exakt dem Skagerrak-Sujet der Ufa-Tonwoche 300 (4.6.1936). In der Presse lautete der Titel dieses Sujets abweichend: *Die feierliche Einweihung des Marineehrenmals Laboe. Große Flottenparade vor dem Führer.* (Film-Kurier, 128 (1936). Kopie: BA-Filmarchiv (35 mm, s/w, Ton, 127 m = ca. 5 Min.).

[25] *Klar Schiff zum Gefecht*, D 1937, Ursprünglicher Titel (lt. Der Deutsche Film, 1936): »Skagerrakgedenken«, Untertitel: »Ein Film von der deutschen Flotte«, Ursprünglicher Untertitel (lt. Der Deutsche Film, 1936): »Der Film von der Einweihung des Marine-Ehrenmals, von der Flottenparade und der Flottenübung (28.–30.Mai 1936)«. Produktion: Tobis-Melofilm GmbH, Berlin, mit Unterstützung des Oberkommandos der Kriegsmarine, Bearbeitung und Schnitt: Marcel Cleinow, Regie: Leonhard Fürst (ursprüngl. Fassung, lt. Der Deutsche Film, 1936), Marinetechnische Beratung, Co-Regie: Kapitänleutnant (Franz-Adalbert) Zerbe, Musik: Walter Gronostay, Kamera: Heinz Kluth, Walther Brandes, Berhard Juppe, Max Endrejat, Richard Garms, Hans Gottschalk, Paul Holzki, Svend Noldan, H.O. Schulze, Bruno Timm, Otto Tober, Hans Noak u.a., Zensur: 5.1.1937, Format: 35 mm, s/w, Ton, 472 m; Prädikate: staatspolitisch wertvoll, künstlerisch wertvoll, volksbildend, Lehrfilm, jugendfrei (abweichende Presseangabe: staatspolitisch und künstle-

mal und zeigt eine ungleich stärkere Betonung angeblicher maritimer Kriegsbereitschaft.

Klar Schiff zum Gefecht war zunächst als klassischer Skagerrak-Gedenkfilm nach bewährter Dramaturgie konzipiert worden. Auch seine erste Ankündigung erfolgte 1936 noch unter dem Titel »Skagerrak-Gedenken«[26]. Nach einer längeren Umarbeitung im Pressereferat des Oberkommandos der Wehrmacht (Marcel Cleinow) wurde der Film allerdings erst 1937 unter seinem neuen, unmissverständlichen Titel zensiert. Die langwierige Bearbeitung des Films beinhaltete grundsätzliche Änderungen in der filmischen Funktionalisierung von Skagerrak, auf die einzugehen sich lohnt.

Zunächst besteht *Klar Schiff zum Gefecht* im Gegensatz zu den früheren Filmen ganz überwiegend aus aktuellen Manöverbildern einer offensichtlich kampfbereiten Kriegsmarine. Im Mittelpunkt steht ein Gefechtsschießen auf dem Panzerschiff »Deutschland«, das in allen Einzelheiten gezeigt wird und aufgrund des Einsatzes neuester Aufnahmetechnik einen hohen Schauwert besaß. Ein umfangreicher Stab erfahrener Kameraleute und Tontechniker ermöglichte hier erstmals Filmaufnahmen mit Kunstlicht und Originalton im Innenraum eines Schiffes, wobei besonders Tonaufnahmen während des Schießens eine Herausforderung darstellten:

> »›Das waren verzwickte Tonaufnahmen‹, meinte Tonmeister Paul Hamacher, ›denn mit dem Kopfhörer Geschützdonner abhören, während dicht daneben Kanonen abgefeuert werden – ich kann Ihnen sagen! [...] Unsere Tonapparatur hatte es selbst nicht leicht: sie wird im Atelier wie ein rohes Ei behandelt, damit nur ja keine Erschütterung ihre empfindlichen Eingeweide trifft, während ein Schlachtschiff im Gefecht in allen Fugen dröhnt. Da aber unsere Apparaturen innen elastisch gelagert waren, überstanden sie auch erfolgreich die Strapazen eines Seegefechtes[27].‹«

Klassische Marinepropaganda mit modernsten medialen Mitteln wird hier entfaltet und eine moderne, schlagkräftige Marine präsentiert, die es offenbar mit jedem Gegner aufnehmen könne. Die neuartige, sehr viel authentischer wirkende Darstellungsform gaukelt dem Betrachter dabei sehr geschickt eine offenbar besondere dokumentarische Qualität in der Darstellung eines Marinemanövers vor, die auch prompt von der gleichgeschalteten Presse hervorgehoben wurde und zur positiven Aufnahme des Films in Marinekreisen beigetragen haben dürfte:

> »Die wesentliche Bedeutung dieses Marinefilms [...] besteht eben darin, daß hier nicht wie früher ein paar unwillkürlich und zufällig zusammengehaltene Schnappschüsse und nette Bildchen von Ziehharmonika spielenden Matrosen mit Abendrot, sondern wahrheitsgetreue Schilderungen und sinnvoll der Wirklichkeit nachgezeichnete Vorgänge aufgeführt werden: nicht Stimmungsschmus, sondern harte Tatsachenwelt[28].«

Wie wenig eine solche Einschätzung des Films seinen manifesten propagandistischen Implikationen gerecht wurde, zeigt ein Blick auf die übrigen Änderungen gegenüber früheren Skagerrak-Gedenkfilmen. So verzichtete man zu Beginn des

---

risch *besonders* wertvoll). Uraufführung: 30.4.1937, Berlin (Gloria-Palast, Berlin), Kopie: BA-Filmarchiv (35 mm, s/w, Ton, 465 m).
26 [...] Peter, Mit der Kamera bei der Kriegsmarine. In: Der Deutsche Film, 3 (1936), S. 68 f.
27 o.A.: »*Klar Schiff zum Gefecht*« – Ein Tonfilmdokument von der deutschen Marine. In: Film-Kurier, 120 (1937).
28 Frank Maraun, Regie zwischen den Salven. In: Die Wehrmacht, 10 (1937), S. 17.

Films auf die bis dahin üblichen Archivaufnahmen aus »großer Zeit«, wodurch die zuvor immer betonte enge Anbindung an die Kaiserliche Marine abgeschwächt wird. Jetzt, so suggeriert diese dramaturgische Änderung, war man selbst »erwachsen«, die inzwischen beträchtlich aufgerüstete Kriegsmarine sollte nicht länger im Schatten ihrer Vorgängermarine stehen. Es ist schließlich bezeichnend für den 1937 gewandelten Stellenwert von Skagerrak, wie die Ansprache des damaligen Oberbefehlshabers der Marine, Erich Raeder, von der Einweihungsfeier in Laboe 1936 einerseits in der direkt im Anschluss an die Feierlichkeiten veröffentlichten Wochenschau und andererseits im erst 1937 zensierten Kulturfilm *Klar Schiff zum Gefecht* präsentiert und eingebunden wurde.

Schon die Einbindung der Redepassage zeigt deutlich, dass hiermit 1937 ganz andere Ziele verfolgt wurden als noch 1936: In beiden Filmen bildet eine Redepassage den Mittelteil, doch während in der früheren Wochenschau lediglich die Aufnahmen aus der Kaiserzeit vorgeschaltet sind, erfolgt 1937 zur Hinführung auf die Rede eine raffinierte Kombination von Übersichtsaufnahmen des neuen Ehrenmals mit halbnahen Aufnahmen Adolf Hitlers, der durch das wiederholte Aneinanderschneiden dieser Motive das Ehrenmal auszufüllen scheint. Der totalitäre Anspruch des neuen Machthabers wird damit visuell auf den Punkt gebracht: Die Marine und ihr direkt in halbnaher Einstellung folgender Oberbefehlshaber, so wird suggeriert, pflegen hier nicht nur interne Traditionen, sie huldigen mit dieser Feier auch der neuen Staatsführung.

In ähnliche Richtung weisen die veränderten Redeausschnitte. War für die Wochenschau 1936 noch eine Redepassage des Marinechefs gewählt worden, in der dieser England als »stammes- und sinnesverwandten Gegner« bezeichnet hatte, den man »kennen- und achtengelernt« habe, wurde für den späteren Kulturfilm der Schluss der Ansprache eigens neu aufgenommen. In *Klar Schiff zum Gefecht* fehlt in der nachinszenierten Redepassage dann jedes Wort zu England, dafür wird nun Scapa Flow mit einbezogen und die Marine von 1919 als Beispiel für ein bereits damals wieder funktionierendes Führerprinzip gezeichnet. Schließlich endet die neu aufgenommene Redepassage mit einer Ergebenheitsadresse an Hitler, der die Marine und ganz Deutschland nach den »dunklen Tagen des Zusammenbruchs« nun endlich in eine »lichtere Zukunft« führe: das deutliche Signal einer bereitwilligen Eingliederung in das neue Regime, dessen Kriegspläne Raeder zu diesem Zeitpunkt bekannt waren.

Der Film bildet damit den Schlusspunkt einer allmählichen, vor allem filmischen Umwandlung des Skagerrak-Tages vom Erinnerungs- zum Mobilisierungsritual. Am Ende dieser Umwandlung steht eine zwar vehemente, in ihrer Gestaltung aber auch ambitionierte filmische Seekriegspropaganda, die durch einen umfangreichen Stab an Kameraleuten sowie eine ungewöhnliche, in ihrer treibenden Rhythmik und gebrochenen Melodik an frühere Querschnittfilme Walter Ruttmanns erinnernde Musik Walter Gronostays durchaus filmästhetische Qualitäten aufweist.

Kriegsbereitschaft: Haupttitel aus »Klar Schiff zum Gefecht. Ein Film der deutschen Flotte« (P: Tobis-Melofilm/OKW, 1937).
Quelle: Bundesarchiv/Transit Film GmbH

Authentisches Publikum (li.) und im Filmstudio nachinszenierte Ansprache Erich Raeders (re.) aus »Klar Schiff zum Gefecht. Ein Film der deutschen Flotte« (P: Tobis-Melofilm/OKW, 1937).
Quelle: Bundesarchiv/Transit Film GmbH

Mensch und Apparatur als Einheit: Feuerbefehl aus der Artillerie-Rechenstelle in »Klar Schiff zum Gefecht. Ein Film der deutschen Flotte« (P: Tobis-Melofilm/OKW, 1937).
Quelle: Bundesarchiv/Transit Film GmbH

Der mit großem Presseaufwand[29] beworbene und als Vorfilm im abendlichen Kinoprogramm eingesetzte Marinefilm stellt in seinen ausgedehnten Manöverszenen zugleich eine der eindrücklichsten Inszenierungen eines zentralen Leitbildes konservativer Utopien dar, wie es seit den Zwanzigerjahren durch Schriftsteller wie Ernst Jünger verbreitet und nach 1933 von den Nationalsozialisten aufgegriffen und vielfach instrumentalisiert wurde. Es geht um die Utopie vom »stählernen Menschen«, der moderne (Waffen-)Technik perfekt beherrscht und mit ihr eine harmonische Einheit bildet. Ein prominenter Filmkritiker aus der Reichskulturkammer legt diese Rezeptionsform der Filmbilder – wie in der gelenkten Filmpresse üblich – seinem Publikum anschaulich nahe:

> »Nun – die Kameraleute haben ganze Arbeit geleistet. Ihre Aufnahmen sind nicht nur schöne Bilder. Sie sagen auch etwas. Man erlebt in ihnen das begeisternd exakte Zusammenarbeiten von Mensch und Apparatur. Eine Technik, beseelt von menschlichem Willen, Menschen, miterfasst von der technischen Präzision und ganz von ihrer Energie erfüllt. Man erlebt die innere Spannung in der wachen Bereitschaft der Augen, in der Ruhe und Entschlossenheit der Gesichter, in der kühlen Genauigkeit, die jeden Handgriff lenkt und die man aus jeder Befehlsweitergabe [...] heraushört. Man erlebt mit einem Wort das prachtvolle, zuverlässige Menschenmaterial, das wir besitzen und das auch im Auslande [...] seinen Eindruck nicht verfehlen wird und auch gar nicht verfehlen soll[30].«

In der Tradition Jüngers soll hier das Film- zum Kriegserlebnis, zu einer Art cineastischer Feuerprobe für eine in den Augen von Wehrmacht und Regime noch nicht ausreichend kriegsbegeisterten Bevölkerung werden. Ein ungewöhnlicher Schritt der Marineleitung lässt dann auch keinen Zweifel daran zu, dass man dort mit dem fertigen Film sehr einverstanden war. Anlässlich der festlichen Uraufführung des Films im Gloria-Palast in Berlin am 30. April 1937 taucht in einem zentralen Mitteilungsblatt der Marineleitung eine Empfehlung des Films auf nebst dem Hinweis, »in Anbetracht des hohen propagandistischen Wertes dieses Films« sei eine »Beteiligung von Marineoffizieren in Uniform erwünscht«[31]. Dabei wurde das Motiv der Gedenkfeier mit sämtlichen aktuellen politischen Konnotationen durch die in großer Zahl erscheinenden Marineoffiziere sowie ein entsprechendes Vorprogramm mit Marinemusikkorps und Ansprachen bis in die Kinosäle verlängert.

VIII. Keine Skagerrak-Filme seit 1939

Nachdem auf diese Weise der Mythos um die Schlacht am Skagerrak mit seinen Kernelementen »Überwasserflotte/Seemacht« und »Opferbereitschaft/Sieg« durch

---

[29] Enthusiastische Berichte über den Film erschienen nicht nur – wie üblich – in der Filmfachpresse, sondern auch in der militärischen Presse (reich illustrierter Bericht in der Zeitschrift »Die Wehrmacht« vom 19.3.1937) und größeren Tageszeitungen (Bildbericht in der Berliner Illustrirten Zeitung vom 11.2.1937).
[30] Maraun, Regie zwischen den Salven (wie Anm. 28), S. 16 f.
[31] Bekanntmachung vom 28.4.1937. In: Bekanntmachungen und Mitteilungen der Marine, 1937, BA-MA Freiburg, RM 8 (Kriegswissenschaftl. Abt. der Kriegsmarine), Nr. 59.

filmisch immer aufwendigere Inszenierungen einzelner Erinnerungsrituale bis 1939 einer verstärkten Kriegspropaganda dienstbar gemacht worden war, verlor er mit Beginn des Zweiten Weltkrieges diese zentrale Mobilisierungsfunktion. Mit allen anderen Bildern des Ersten Weltkrieges verschwand auch die Schlacht am Skagerrak aus deutschen Kinos, in denen fortan das aktuelle Kriegsgeschehen dominierte. Spätere NS-Filme zum Thema Skagerrak sind nicht nachweisbar.

Am Ende einer stufenweisen Entwicklung der filmischen Darstellung der Schlacht von aktueller Weltkriegspropaganda über tendenziöse Rekonstruktion bis hin zu standardisierten Gedenkfilmen in den Dreißigerjahren steht damit sein frühes »Verschwinden« aus dem Massenmedium des 20. Jahrhunderts. Dies blieb auch nach 1945 so, als der gesamte Komplex »Skagerrak« weitgehend aus dem öffentlichen Leben und damit weiterhin auch aus dem Film und von den öffentlichen Kinoleinwänden verbannt wurde.

Michael Salewski

90 Jahre Skagerrakschlacht – Reflexionen

Die Schlacht vor dem Skagerrak, The Battle of Jutland, findet nicht statt. Als die Gegner einander in der glasklaren Luft des letzten Maitages ansichtig werden, verzichten sie weise auf zehn Minuten Gefecht und den Rest der Todesreise. Die beiden Flotten machen mit perfekten Gefechtswendungen kehrt, und 8645 Mann finden den ihnen schon bestimmten Schlachtentod nicht[1].

Aber man kann die Seeschlacht vor dem Skagerrak spielen, war sie doch schon Adolf von Trotha, dem ganz vorne Dabeigewesenen, »wie ein Spiel« erschienen. In den Spielhallen ließe sich darüber diskutieren, inwiefern der Umstand, dass David Beatty nur sechs anstelle der vorgeschriebenen acht Uniformknöpfe trug, zur Entscheidung beigetragen hat. Es könnte sein, dass die Wahrscheinlichkeit, während der Schlacht einen Knopf zu verlieren, bei acht Knöpfen größer ist als bei sechsen. Und da die bloße Vorstellung, ein Admiral könne auch mit einem abgerissenen Knopf befehlen, absurd ist, hätte sich Beatty zwecks Knopfannähens unter Deck begeben müssen, was ihm im Gegensatz zu Nelson das Leben rettete, denn besagte Kugel, die diesem zum Verhängnis geworden, rauschte, zur 30-cm-Granate verwandelt, emotions- und harmlos über den abwesenden Beatty auf seiner HMS Lion hinweg. »Die Vierschußsalven des einzelnen deutschen Schlachtkreuzers«, so begeisterten sich die Spieler, »folgten sich jetzt in Intervallen von nur 20 Sekunden und warfen rings um die feindlichen Schiffe Wassersäulen in solchen Mengen auf, daß diese buchstäblich wie durch einen Fontänenwald zu fahren glaubten«.

Der heroische Tod des Admirals, nur weil er Nelson nachahmen wollte, aber sei völlig sinnlos gewesen; man könne sich auch Spielversionen denken, in denen Beatty am Leben bleibt und in einer Endlosschleife immer wieder über die »bloody ships« flucht, die nicht nur eins, zwei, drei, sondern eins, zwei, drei, vier explodieren, wird die Hood doch oft ins Spiel integriert – man muss nur die »Time Machine« von H.G. Wells, die es ja noch immer gab, ein bisschen manipulieren; die Explosionen in den Munitionskammern bleiben immer schön und imposant, das war schon bei Christian VIII. vor Eckernförde so. Deswegen kann man den eifrigen britischen Artillerieoffizieren fast verzeihen, dass

---

[1] Für den Druck geringfügig überarbeitete Fassung, die den Vortragsstil beibehält. Krieg ist idiotisch, Schlachten sind absurd, bar aller Vernunft – wären sie doch bloße Phantasien, Träume, nun gut, Albträume, aus denen man irgendwann erwacht, ohne tot zu sein, wie jene beiläufig 9000 Mann, die es ins Skagerrak verschlagen hatte. Generäle spielten in Sandkästen, Admirale kippten ihre Seekisten um – man sieht hier, was da dabei herauskam. Dieser Vortrag wurde von zwei Rednerpulten aus gehalten, und das Kursive hat mit dem Aufrechten nichts zu tun – oder doch?

sie aus purem Ehrgeiz immer schneller schießen wollten als ihre Kameraden auf den Schwesterschiffen. Das haben sie nun davon. Und von ihren Seidenkartuschen. Die Hersteller der Panzerschotten aus angeblich allerbestem, aber viel zu dünnem Stahl, vornehmlich Armstrong, haben sich später bitter beschwert: Völlig sinnlos habe man sie für viel Geld des britischen Steuerzahlers eingebaut – nur damit die Herren Artillerieoffiziere sie während der Schlacht offenließen, um schneller schießen zu können.

Eigentlich müssen »the Rules of the Game«, wie es Andrew Gordon formuliert hat, eingehalten werden, und stellt man sich auch nur einen Augenblick vor, das alles wäre wirklich passiert, so müssten sich die »Professionals« beider Seiten in Grund und Boden schämen – soviel Dilettantismus auf einem Eisenhaufen! Man müsse, so im Regelwerk der Schlacht, schon bis zu den Persern von Salamis oder wenigstens den Russen bei Tsushima zurückgehen, um Vergleichbares zu finden.

Die Verlierer von Seeschlachten sind ja immer die Dummen, denn anders als an Land, gibt es für keine Seite nennenswerte Vorteile aus dem Gelände, der Geografie, selbst der Wind spielt keine Rolle mehr, wenn man selbst dampfen kann. Und wer sich gegen den Abendhimmel abhebt, während der andere im Dunst unsichtbar bleibt und sich nur durch das Aufblitzen seiner Geschütze verrät, hat selbst Schuld. Und was, so die berechtigte Frage des einen oder anderen Spielers, habe die deutsche Flotte überhaupt im Westen zu suchen gehabt und die englische im Osten? Hätte es nicht genau umgekehrt sein müssen?

Seeschlachten sind ganz ehrliche und aufrichtige Angelegenheiten; keine Zivilisten stören, man bleibt unter sich, niemandem außerhalb der Schiffe wird auch nur ein Härchen gekrümmt, selbst der fatale Dampfer, der alles durch seine pure Existenz am falschen Ort zur falschen Zeit auslöste, kam ungeschoren davon. Da gibt es auch keine aufgerissenen Pferdeleiber, von Napalm verbrannte schreiende Kinder, zu Tode vergewaltigte Frauen, und man kann sich vorstellen, wie Delfine anmutig um die grauen Kolosse spielen, die gerade das T »crossen«. Deswegen spielt man Seeschlachten tausendmal lieber als solche schmutzigen Obszönitäten wie Verdun, Stalingrad oder My Lai, um von Auschwitz ganz zu schweigen. Seeschlachten sind eine sauber linierte Sache, nur die hochgeschwemmten toten Fische ringsumher stören die Ästhetik.

Jahrzehntelang hatten sie diesseits und jenseits der Nordsee von »dem Tag« geträumt. Aber es war nie Tag geworden, die Düsternis blieb, das ganze schöne Eisen, der wertvolle Stahl rotteten und rosteten trotz allen Klopfens vor sich hin. Am Ende hat man dann kurzen Prozess gemacht und die Schiffe samt und sonders durch das Öffnen der Bodenventile ganz billig in Scapa Flow versenkt, die paar Matrosen, die dabei umkamen, zählten nicht. Scapa wurde das ergiebigste Rohstofflager des gesamten Empires; mehr als eine Schrottfirma hat damit ihr Glück gemacht, von den vielen Tauchschulen ganz abgesehen, die das Unterwassersightseeing der Unter-Hochseeflotte zu einem einträglichen Touristengeschäft gemacht hatten. Wie sinnlos wäre es doch gewesen, die Schiffe für teuer Geld im Skagerrak zu versenken und das auch noch auf die ineffizienteste Weise, man denke nur daran, was so eine 38-cm-Granate von 885 kg kostet! Nur unter gewaltigem technischen und finanziellen Aufwand wäre man wieder an die Schiffe herangekommen! Und nur das Buntmetall hätte den ganzen Aufwand überhaupt gelohnt. Köstlich das Stückchen von der Wiesbaden: Die nutzlosen Propeller des Schiffes, *die ihm, als es darauf angekommen wäre, auch nicht mehr weitergeholfen hatten, wurden abgesprengt, geborgen und einem Wrackmuseum übereignet – keine Frage, ein gelungener Gag, die Besucherzahlen stiegen. Ganz Schlaue argumentierten, es wäre vielleicht besser gewesen, die Dinger gar nicht erst zu bauen, denn dann hätte man sich all die Prozeduren sparen können, die aus verbogenen, angerosteten, zackig durchschossenen Panzerplatten wieder wertvollen Schrott, also Rohmaterial machten. Warum also dieser teure, komplizierte Umweg? »Capital ships«: wie wahr – sinnlos verschleudertes Kapital! Ein kapitaler Irrtum? So sind eben Spiele: völlig sinnlos; ein Glück, dass sie nie Wirklichkeit werden, und die alten Seebären sollen ruhig weiter von ihrem »Tag« träumen – von der Schlacht besessene Tagträumer eben.*

I.

Aboukir, Kopenhagen, Trafalgar: Nicht nur im britischen Selbstverständnis haben diese drei so unterschiedlichen Seeschlachten die Grundlage zu Englands Weltmacht gelegt. Man kann das am besten an der Matrosenuniform erkennen: Hier symbolisieren die drei Streifen der Wäsche achtern ebendiese drei Schlachten, und diese Symbole wurden buchstäblich in und über die ganze Welt getragen. Man hätte annehmen sollen, dass alle, die in England nicht nur das Vorbild zur eigenen Weltmacht sahen, sondern auch die Konkurrenz, gegen die man sich würde behaupten, ja die man aus dem Feld und der See würde schlagen müssen, den Teufel tun würden, diese Uniform zu imitieren, zumal sie ja auch ständig an den eigentlichen Seereichsgründer erinnerte: Horatio Nelson. Aber das Gegenteil war der Fall: Auch die Matrosen der anderen Seemächte trugen diese Uniform mit nur geringen Abwandlungen, und damit scheint eine wichtige historische Grundaussage schon getroffen: Das, was zur Weltmacht führt, sind Seeschlachten, die nicht gegen irgendjemanden geschlagen werden, sondern gegen die Seemacht »next to none«.

Aboukir und Kopenhagen rahmten Trafalgar ein – wie später Coronel und die Falklands, die Doggerbank oder der 28. August 1914 Skagerrak. Es gibt eine Hierarchie von Seeschlachten. Die von Trafalgar und Skagerrak spielen in der Königsklasse und sind mit den Namen von Königen aufs Engste verbunden. Das Schlachtschiff *König* marschierte anfangs an der Spitze der Schlachtlinie und sollte acht Treffer erhalten. Die deutschen Schiffe hießen immer auch »S.M.S.«, alle englischen »H.M.S«, wobei das »H« für beide Geschlechter stand, das deutsche »S« aber nur für das männliche, ein I.M.S. hat es nie gegeben; dafür aber immer wieder eine *Frauenlob*: Die erste, aus Spenden patriotischer Frauen gebaut, ging auf der preußischen Ostasienexpedition am 2. September 1860 im Taifun unter, die zweite am 31. Mai 1916: »Dann machten Flammen und Flut dem Kampf ein Ende. Der Kreuzer kentert, und mit drei Hurras auf Kaiser und Reich besiegeln der Kommandant, 11 Offiziere und 308 Mann ihre Treue zum Vaterland mit dem Tode.« »Flammen und Flut«: Skagerrak als Wagner'sche Götterdämmerung!

Die bedeutendsten Seeschlachten der Weltgeschichte wurden schon zeitgenössisch immer rangiert aufgezählt, jedes Kind kannte sie so wie die Schlachten Friedrichs des Großen in Deutschland oder Napoleons in Frankreich. Im Gegensatz zu diesen aber war das Ensemble der großen Seeschlachten nicht auf ein Land, einen Staat beschränkt, sondern buchstäblich weltweit, was eben mit Salamis anfing, um sich über Lepanto, das Schicksal der Armada von 1588 bis Trafalgar wie ein roter Faden durchzuziehen. Die Briten wussten schon, warum sie in ihr Tauwerk einen roten Faden einspleißten. Wendepunkte der Weltgeschichte waren im kollektiven Bewusstsein der Europäer, vielleicht auch der Chinesen, später der Japaner und US-Amerikaner, immer mit Seeschlachten verknüpft. So als habe sich der Geschichtsstrom immer mehr beschleunigt, bis er im Katarakt einer Seeschlacht auf eine neue Ebene stürzte.

Seeschlachten waren im Denken jener, die sie befehlen und führen mussten, der wichtigste Motor der Weltgeschichte überhaupt. Und wer seine Nation zum Hammer der Welt machen wollte, musste Seeschlachten wollen, gewonnene natürlich, das hat schon mit Xerxes und Pompejus angefangen. Aber auch verlorene entbehrten nicht tragischen Hautgouts: Die ehrlich Geschlagenen wurden nicht verteufelt, verachtet, zu Paaren getrieben – es gehörte zum nobile officium des Siegers, sie zu ehren – Beispiele dafür gibt es von Medina Sidonia und de Ruyter bis zu Togo, Rojestwenski und Sturdee, ja bis in die Zeit des Zweiten Weltkrieges hinein.

»Deus flavit et dissipati sunt«. Diese Umschrift einer englischen Siegesmedaille zum Jahr 1588 deutet es an: Seeschlachten wurden nicht nur als Menschenwerk, sondern oft als Gottesurteil begriffen. Das fängt schon bei Herodot und Thukydides an und setzte sich ungebrochen fort; in Actium siegt die Freiheit über orientalische Despotie, in Lepanto hatten die guten Christen gegen die bösen muslimischen Osmanen gewonnen, und in Trafalgar siegte das gottesfürchtige England über das gottlos revolutionäre Frankreich. In Midway triumphierten Freiheit und Gerechtigkeit über Diktatur und Willkür. Und Skagerrak machte keine Ausnahme: Den Sieg, so Wilhelm II. »verdanken wir vor allen Dingen dem Herrn der Heerscharen – das ist nicht Menschenwerk, das ist Gottes Finger«.

Diese Metaphysik der Seeschlachten ging in die Entscheidungshorizonte jener ein, die dafür zu sorgen hatten, dass sie überhaupt stattfinden konnten. Und das waren zu allen Zeiten eben nicht nur die Strategen und Admirale, die Seeleute und ihre Schiffe, sondern der ganze riesige Komplex, der nötig ist, um eine Flotte überhaupt ins Wasser zu bringen, in neueren Zeiten also auch das demokratisch gewählte Parlament. Seit Samuel Pepys Zeiten wusste es jedermann: Flottenbau ist die Apotheose im langen Prozess der nationalen Selbstvergewisserung. Ohne Flotte keine Nation – und umgekehrt. Deswegen feiern die Briten Trafalgar so frenetisch, tagtäglich eher unbewusst am Trafalgarsquare, bewusst und gewollt, wenn sich ein Jubiläum abzeichnet – also beiläufig alle zehn Jahre. Die »Victory« mag verfaulen wie sie will, sie kann so wenig untergehen wie der Fliegende Holländer, der Sieg ist ewig; und wiederholt sich ewig. Als die britische Flotte zu den Falklands aufbrach, standen die Frauen und Geliebten der Seeleute an der Pier, winkten den Schiffen zu und entblößten ihre Brüste – das war 1982 und ist schon heute ein Mythos. Wir züchtigen Deutschen haben mit dem 14. Juni 1848 einen gleichsam parlamentarisch-demokratischen Entschluss, aus dem dann doch so etwas wie eine Reichsmarine wurde, zum Flottenfeiertag erkoren – zuletzt wurde er von der Deutschen Marine 2008 in der Frankfurter Paulskirche gefeiert.

In der großen rangierten Seeschlacht verdichteten sich die Geschichte, das historische Selbstverständnis, die Zukunftshoffnungen der Nation, auch das Ansehen und das Prestige von Herrschern und Regierungen wie in einem Brennspiegel – und gingen buchstäblich in Flammen auf. Die Faszination der Seeschlacht rührte aus ihrer Imagination. Denn jene, die sie möglich gemacht hatten, konnten sie nicht sehen, fand sie doch fernab in der Wüste der See statt – der Hohen See. Die sollte es schon sein; Hochseeschlachten galten seit dem 18. Jahrhundert als die Krönung des Seekrieges überhaupt, weswegen die Briten mit Kopenhagen Probleme hatten. Besonders die Deutschen legten auf die Hohe See wert, sie nannten nach ihr sogar ihre Flotte: Hochseeflotte! Das war ein Programm, ein Signal – und zugleich unbewusstes Eingeständnis tiefer Verunsicherung. Derlei hatten die wahren Hochseemächte mit Großbritannien an der Spitze nicht nötig, ihnen genügte das »grand«, die Hohe See war ihnen selbstverständlich.

Wer freiwillig auf die Seeschlacht, den »Tag« verzichtete und sich auf eine Blockade zurückzog, die Flotte zu einer bloßen »in being« machte, verriet die Ehre des Empires, Volk und Staat. Schlimmer: Man konnte ihn der Feigheit zeihen, und feige zu sein, galt im Zeitalter des Duells als ... Man kann es gar nicht ausdrücken, aber in Thomas Manns »Zauberberg« sagt Settembrini dazu schon alles. An Lasalle und dessen heroischen Tod braucht man gar nicht zu denken. Deswegen musste eine Schlacht vor dem Skagerrak stattfinden, es gab dazu keine Alternative, wenigstens keine, die für jene, die das Reich, das Empire und ihre Seemacht repräsentierten, erträglich gewesen wäre – in Deutschland zählten dazu Wilhelm II., Tirpitz, die Flottenchefs und natürlich das gesamte Seeoffizierkorps; in England Churchill, Lord Fisher, Jellicoe, Beatty und natürlich das gesamte Seeoffizierkorps. »Das ganze Bestreben der strategischen Flottenoffensive«, heißt es in der berühmten »Dienstschrift IX«, »wird daher grundsätzlich darauf gerichtet sein müssen, möglichst bald zur Schlacht zu kommen«. Die Tirpitz'schen Beschwörungen der Schlacht sind legendär geworden. Eine im Hafen »angenagelte« Flotte, so Tirpitz, beschwöre alle Übel der maritimen Welt, ja sogar Meuterei herauf. Zur Schlacht! Zur Schlacht – das war sein Ceterum Censeo.

Wirklich? Gab es nicht den Nordseebefehl Nr. 1 des Kaisers mit der Maxime, nichts zu riskieren? Und wusste Scheer, der Held des Tages und der einbrechenden Nacht, nicht schon vor dem 31. Mai 1916, dass die Zeit der Seeschlachten vorüber war und alles auf den U-Boot-Krieg gesetzt werden müsse? Und wer noch hatte Jellicoe gemahnt, das Empire nicht an einem Nachmittag auf See zu verspielen? Und Sir David Beatty: War er für Jellicoe nicht nur der forsch-tumbe Tor, der nur bis zum Horizont denken und mit seinen Schlachtkreuzern einem Cowboy mit dem Colt gleich jenen »High Noon« inszenieren wollte, der 36 Jahre später Gary Cooper weltberühmt machen sollte? Und Churchill, der schon seit 1911 wusste: Es wird sie nicht geben, es darf sie nicht geben – die große Blauwasserschlacht? Und Fisher? Der hätte sich das nie eingestanden, am Ende fügte er sich zähneknirschend, und die Grand Fleet dümpelte vor den Eingängen zum Atlantik, anstatt vor Brunsbüttel und Kiel ein imponierendes Feuerwerk zu veranstalten. Vor Wilhelmshaven hätte sie es am 1. Juni 1916 wahrscheinlich tun können – welche Versuchung muss es gewesen sein, dem ersten einen zweiten glorreichen ersten Juni folgen zu lassen! Welche innere Größe gehörte dazu, diesen Zipfel des wehenden Mantels der Britannia *nicht* zu ergreifen! In Wirklichkeit dampften die Schiffe der Grand Fleet, zerzaust, aber nicht geschlagen, dezimiert, aber immer noch turmhoch den deutschen überlegen, zurück nach Scapa Flow und mutierten für den Rest des Krieges und den kommenden gleich mit zur »Homefleet«. Das »Lange Warten« (Wolz) ging schier endlos weiter. »I sit in the sun and wait for the hun«, brachte es ein frustrierter englischer Seeoffizier auf den Punkt – damned! Wenn das ein Frobisher, ein Drake oder ein anderer »sea-dog« ihrer Majestät der Königin Elisabeth I. erfahren hätte! Shame, shame, shame! Tagelang nach dem 1. Juni 1916 verschlug es der englischen Admiralität und Presse die Sprache. Warum wohl?

Man muss sich diesen inneren Widerspruch klarmachen, um zu begreifen, was Skagerrak war: Nicht nur ein Anachronismus, sondern die These in einem welthistorischen dialektischen Prozess. Zur Gegenthese wurde die Konferenz von Washington, 1921/22, die Synthese ergab sich aus den abschreckenden Lehren von Hiroshima. Pre-Jutland und Post-Jutland. Das war eine historische Wasserscheide, hier liegt die eigentliche Bedeutung der Schlacht, die es nicht geben durfte, und die es deswegen geben musste.

II.

Wer im 19. Jahrhundert eine Schlachtflotte baut, glaubt, dass es eine Schlacht geben wird. Alles ist darauf ausgerichtet, in der Schlacht laufen alle Visionen perspektivisch zusammen. »Skagerrak« ist eine solche Vision; es wäre anachronistisch, etwas anderes anzunehmen – es sei denn, man wollte den Verantwortlichen zubilligen, sie hätten bereits in den Kategorien der modernen atomaren Abschreckung denken können. In der Tat gibt es bei Tirpitz genau dafür Indizien, und wenn der Großadmiral am Tag des Kriegsbeginns in einem Brief an seine Tochter festhielt, sein Lebenswerk ende mit einem Minus, so kann sich das nur darauf beziehen, dass nun doch eingetreten war, was die Abschreckung zu verhindern suchte: der große Krieg gegen England. Dabei kam es ihm nicht auf die Frage an, wer diesen Krieg gewinnen oder verlieren werde, sondern auf die bloße Tatsache, dass Krieg war. Der Krieg selbst ist das Minus, eine unerhört moderne Vorstellung, die zum angeblich jauchzenden Aufbruch von 1914 gar nicht passt.

Das heißt: Die Hochseeflotte und ihr Schöpfer hatten versagt. Sie hätten selbst dann versagt, wenn sie »Skagerrak« gewonnen hätten. Das dumpfe Volksempfinden hat das geahnt, hielten doch die heroischen Gefühle, die der 31. Mai 1916 in Deutschland geweckt hatte, nicht lange an, und die Flotte wurde in den Augen des größten Teils der Nation zu dem, was sie eigentlich war: zu einem nutzlosen Eisenhaufen, der seinen historischen Wert nur noch durch eine fundamentale Transformation zurückgewinnen konnte, indem er zur schwimmenden Plattform einer Revolution wurde, die das gesamte wilhelminische System über Bord gehen ließ.

Jede Flotte ist auf die Zukunft hin antizipiert; sie will zukünftige Risiken abwehren und beschwört sie gleichzeitig herauf. Wie sehr haben Generationen von Historikern über die Tirpitz'sche »Risikotheorie« gespottet – das sei eine üble Verschleierungstaktik gewesen; dem Chef des Reichsmarineamts sei es vielmehr um den großen Sieg über England und beiläufig die Erhaltung des neoabsolutistischen Systems im Deutschen Reich gegangen.

Das sicherlich auch: Tirpitz hatte keinerlei Veranlassung, an den für ihn schönen Zeiten etwas zu ändern. In Wahrheit handelte es sich um etwas ganz anderes; worum es heute beispielsweise Nordkorea geht, oder dem Iran – nur mit dem Unterschied, dass auch das schönste und stärkste Schlachtschiff es nicht mit der hässlichsten und schmutzigsten kleinen Atombombe aufnehmen kann, und ein Schlachtschiff oder auch viele Schlachtschiffe, sogar sechzig oder noch mehr, für eine Weltmacht kein Risiko darstellen – zumal dann, wenn man den Begriff »Risiko« als existenziell begreift. Die Hochseeflotte war für Großbritannien kein Risiko, sondern ein Ärgernis. Nicht mehr und nicht weniger. Gefährlich wären England nur deutsche U-Boote geworden, das aber auch nur in Massen, ab etwa 1000. Das hat Admiral Reinhard Scheer gewusst, deshalb lag er mit dem Schlusssatz in seinem Gefechtsbericht zu Skagerrak richtig, man kann ihn ganz einfach deuten: U-Boote, U-Boote, U-Boote! Der gleiche Mann aber stand nicht an, »die Grundpfeiler der Seemacht« dennoch in den Schlachtschiffen zu sehen. Und daran hat man sich bis zum Ende der Ära Raeder, also bis 1943, gehalten.

Nicht Raeder, aber Tirpitz darf entschuldigt werden, denn sein großer Gegenspieler, Winston Churchill, dachte wie er – wie anders wäre sein törichter Spruch zu verstehen, der Oberbefehlshaber der Grand Fleet, Sir John Jellicoe, könne an einem Nachmittag den ganzen Krieg verlieren? Da ging Churchill der Historie auf den Leim. Aber die schönen Tage von Trafalgar waren vorbei. Man braucht sich nur einmal vorzustellen, die große Blauwasserschlacht hätte, sagen wir am 28. August 1914 stattgefunden, hübsch nahe bei der Doggerbank, wie jahrzehntelang von den Deutschen erhofft, und die Grand Fleet wäre vernichtet worden – kompletter als 1588 die spanische Armada. Was wäre dann geschehen? Nichts! Denn mit der Hochseeflotte allein konnten die Deutschen in England nicht landen, ansonsten hatten sie dafür nichts. Und einen Kreuzerkrieg im Atlantik konnten die Schlachtschiffe schon deshalb nicht führen, weil sie bewusst und gewollt so konstruiert worden waren, dass sie das gar nicht können sollten. Genau dies entsprach der subtilen Tirpitz'schen Dialektik, seinem maritimen »Hebelgesetz«, seiner Abschreckungsdoktrin.

Tirpitz hatte theoretisch recht: Falls seine Flotte ein Risiko gewesen wäre, hätten die Engländer rechtzeitig zuschlagen oder aber die Finger von Deutschland lassen müssen – gleichgültig was es in der Welt anstellte. Des Großadmirals Verblendung war verständlich. Immerhin waren die Schlachtschiffe der Inbegriff des technisch-wissenschaftlichen Zeitalters, die Spitzenprodukte der Rüstungsindustrie, der Stolz der Nation. Zu jedem Stapellauf eines Großkampfschiffes in England kamen mehr Menschen als heute zu einem Konzert von Britney Spears oder Robbie Williams. Dass das alles nur königliche, kaiserliche und Spielzeuge auch für alle Diederich Heßlings dieser Welt waren: Dieses Wissen war tabu, übrigens auf der ganzen Welt. Nur Tirpitz hatte eine Ahnung, was ein ultimatives Waffensystem bewirken könnte – aber seine Schiffe waren es eben nicht, und dies einzusehen, war ihm nicht gegeben. Nur insofern war seine Risikotheorie lächerlich. Man sagt besser: Sie war ein Anachronismus, sie nahm die Zukunft vorweg, Tirpitz war ein Prophet, der in seinem Vaterland leider etwas galt. Was die Schiffe sein sollten, konnten sie nicht sein, was sie waren, sollten sie nicht sein: Spielzeuge für Imperialisten aller Couleur, wobei das Wort hier nicht negativ gemeint ist. Es schien ja wirklich um die Imperien zu gehen: das britische und das deutsche. Das eine Imperium schlug zu, das andere zurück.

Und so dampften die beiden Flotten am 31. Mai 1916 völlig sinnlos gegeneinander auf, übrigens lange, ohne davon zu wissen, denn geplant war etwas ganz anderes. »Entscheidungsschlacht suchen und sich dem Gegner an seiner Küste anbieten, verstößt gegen den einfachsten strategischen Grundsatz: an der Stelle, wo man schlagen will, mit Übermacht aufzutreten« – so Scheer am 12. März 1916, und sein Operationsoffizier, Kapitän zur See Magnus von Levetzow, hatte sich noch klarer ausgedrückt: »Das zur Zeit bestehende Kräfteverhältnis verbietet uns zunächst, die Entscheidungsschlacht gegen die versammelte englische Flotte zu suchen. Unsere Seekriegführung muss aber auch verhindern, dass diese Entscheidungsschlacht uns vom Gegner aufgezwungen wird.«

Exakt das war die Absicht Scheers, als die Hochseeflotte am 31. Mai 1916 auslief. Nicht die Schlacht, sondern gleichsam deren Gegenteil wurde gesucht. Die Sache streifte ans Absurde: Die Deutschen hatten schon zweimal den Kürzeren gezogen, weil der Versuch zum »Kräfteausgleich« schiefgegangen war. Er war schiefgegangen, weil die eigenen exponierten Teilkräfte des Rückhalts der Flotte entbehren mussten. Dieses »Hit and Run« hatte nicht funktioniert. Diesmal schien sichergestellt, dass die vorwitzigen Schlachtkreuzer, sollten die Briten zu stark auftreten, auf die Flotte zurückfallen konnten. Ganz ähnlich dachte Jellicoe: Die beiden Gros waren als bloße Auffangnetze gedacht, sie sollten das Risiko der Teilkräfte minimieren. Dabei geriet aus dem Blick, dass damit das Risiko für die beiden Gros selbst unkalkulierbar stieg. Die Schlacht vor dem Skagerrak war also kein vorherbedachter und planmäßig inszenierter Showdown, wie manche später weismachen wollten, Skagerrak war ebenso logisch wie ein dummer Zufall.

III.

Irgendwo dümpelt ein Dampfer vor sich hin. Es ist Krieg, und Dampfer müssen untersucht werden: ein, wie es das Admiralstabswerk ausdrückt, »nebensächliches Ereignis«. Also machen sich der Kleine Kreuzer *Elbing*, die Torpedoboote *B 109* und *B 110* auf den Weg. Auch die Engländer haben den Dampfer ausgemacht, also schicken sie *Galathea* und *Phaeton* dahin, um nach dem Rechten zu sehen. *U. Fjord* ist ein harmloses dänisches Handelsschiff. Hinter den deutschen und britischen Kontrolleuren aber dampfen, in gebührendem Abstand, die Hochseeflotte und die Grand Fleet, deren Schlachtkreuzer vorweg, wie sich das operativ gehört. »Rauch wie von einer Flotte« funkt *Elbing* und löst um 15.32 Uhr den ersten Schuss der Schlacht.

Der Dampfer wirkte wie ein Semaphor. Vor der Erfindung der Funkentelegrafie wurden sie gerne auf Kirchtürmen montiert. Mit Sicht- und Lichtgeschwindigkeit konnten so Signale bis jenseits des Horizonts abgegeben und empfangen werden. Aber die aufeinander zufahrenden Flotten sind modern, auch wenn das eine oder andere unmoderne Geschwader dabei ist. Nein, so wird Scheer es begründen, schon aus Gründen der Fürsorglichkeit den Besatzungen gegenüber wäre es nicht zu verantworten gewesen, das II. Geschwader in Wilhelmshaven zu lassen. Ziemlich zerzaust kam es wieder zurück, die *Pommern* fehlte, und mit ihr 844 Mann: die gesamte Besatzung.

Auf gleicher Augenhöhe, mit gleichwertigen Waffen begegneten sich nur Franz Hipper und Sir David Beatty – ebendies gebar den Nimbus der Kreuzerschlacht. »Es war ein gewaltiger Eindruck«, so das Admiralstabswerk, »dem sich keiner entziehen konnte, der es miterlebte, als nach der atemberaubenden Hast des Aufmarsches die deutschen und britischen Schlachtkreuzer, die mächtigsten und schönsten Schiffe beider Flotten, in majestätischer Sicherheit, wie ›das Schicksal selbst‹ zur Gefechtslinie einschwenkten und dem ersten Donner der Geschütze Augenblicke größter Ruhe und Zusammenfassung aller Kräfte vorausgingen«. Es war das ultimative Duell, eine industriell-wissenschaftliche Heldentat, dem Beginn des heroischen und bestialischen 20. Jahrhunderts angemessen.

Dann »raste die Kreuzerschlacht«. Das Kriegstheater als Welttheater in drei Akten. Der erste Akt war, in deutschen Augen, der schönste und erfolgreichste, sein Ruhm sollte am weitesten reichen und Hippers Chef des Stabes, Erich Raeder, ganz nach oben tragen.

Im zweiten Akt begegnen sich die Gros der beiden Flotten. Der dritte Akt spielt in der Nacht, die Verwirrungen gemahnen an Shakespeares »Sommernachtstraum«, nur dass aus der Komödie eine Tragödie geworden ist.

Ansonsten war etwas anderes typisch: Die moderneren Schiffe jagten die älteren, die stärkeren die schwächeren – so gingen die deutschen Kleinen Kreuzer vor der geballten Feuerkraft der britischen Linie zugrunde – und über der Nachtschlacht schwebte das Gespenst von Théophile Aube; ohne dass der Erfinder der »Jeune Ecole« je erwähnt wurde – das war seit Tirpitzens und Fishers Zeiten in beiden Marinen Anathema – wurde Skagerrak doch zum Beweis dafür, dass er Recht behalten hatte: nicht allein, dass die *Pommern* den Torpedos der kleinen Einheiten zum Opfer gefallen war. Wenn Jellicoe seine Entscheidung, Scheer nicht nachzusetzen, damit begründete, das Risiko sei in der Nacht zu groß gewesen – eben wegen der vielen kleinen »Ratten«, wie es die englische Presse feinfühlig formulieren sollte, welche die Hochseeflotte nächtens umschwärmten und der Grand Fleet gefährlich werden konnten, auf der anderen Seite Scheer die dreimalige Gefechtskehrtwendung nur zu wagen wagte, weil eben nicht nur die Schlachtkreuzer, sondern auch die Kleinen Kreuzer und Torpedoboote todesverachtend »Ran an den Feind« gingen – so war dies die Illustration der Aube'schen Philosophie, nach der das Zeitalter der Schlachtschiffe vorbei, das der kleinen torpedotragenden Einheiten dafür angebrochen sei. Und wären, wie von Jellicoe vermutet, tatsächlich auch U-Boote beteiligt gewesen, hätte den Luftschiffen nicht das Wetter einen Strich durch die Schlachtenrechnung gemacht, Jellicoe seinen Träger mitnehmen und einsetzen können, hätten er und seine Herren den entschlüsselten deutschen Funksprüchen, die ihnen die Admiralität via Room 40 wie auf dem Silbertablett präsentierte, auch nur halbwegs geglaubt und hätten sie begriffen, was es bedeutete, die deutschen Funksignale exakt einpeilen und entziffern zu können, so hätte Skagerrak eigentlich schon das sein können, was die Zukunft des Seekrieges ausmachen sollte – vor allem im Atlantik.

Rudimentär und prinzipiell nämlich war alles, was Zukunft verhieß, schon vorhanden: Das Schlachtfeld war mit den Zeppelinen, den U-Booten und Minen bereits dreidimensional, aber weil die dicken Schiffe so bravourös und spektakulär gekämpft, *Seydlitz*, *König*, *Derfflinger*, *Von der Tann* und die anderen großartig wie eherne Helden der Moderne in Wilhelmshaven eingelaufen waren, wo die Landratten ob ihres wahrhaft martialischen Anblicks in Ehrfurcht erstarben, und dies noch heute tun, wurden die dicken Schiffe nach Skagerrak erst recht sakrosankt – nicht nur in Deutschland, sondern auch in England. Und da dieses nach Jutland begriff, dass es sich »Post-Jutland-Ships« ihres exorbitanten Preises wegen nicht mehr in der erforderlichen Quantität leisten konnte, resignierte es mit dem Washingtoner Flottenvertrag von 1922, indem es seine Vorherrschaft zur See prinzipiell und durchaus nicht ohne tragische Gesten aufgab – war das der eigentliche deutsche Sieg vor dem Skagerrak?

Den reklamierten nach dem 1. Juni 1916 beide Seiten für sich, und wir wissen ja, dass beide Recht und Unrecht zugleich hatten. Dabei bemühen wir unsere wissenschaftlich standardisierte Matrix, indem wir die Taktik von der Strategie, diese wiederum von der Politik sauber zu unterscheiden wissen. Ein taktischer deutscher Sieg, die Zahlen der versenkten Tonnen und der Toten sprechen für sich; ein strategisches Patt, die Blockade blieb aufrechterhalten; eine politische Niederlage, der unbeschränkte U-Boot-Krieg als Skagerrakkonsequenz führte zum Kriegseintritt der USA: Nun muss man nur noch gewichten. Und da alles, was mit Taktik zu tun hat, in Clios Augen als eher mindergewichtig erscheint, neigt sich in summa die Waage eindeutig zu englischen Gunsten – ging England doch strategisch und politisch gesehen als Sieger hervor. Aber – wie war das mit Washington 1922? Und dem Zusammenbruch Russlands im Jahr 1917?

Die Schlacht begann gleichsam auf Knopfdruck: »31. Mai Gg. 2490«, das Signal von Scheer. Jellicoe erfuhr davon, ohne recht zu wissen, worauf es sich bezog, er brauchte zwei Kurzsignale, und die Grand Fleet lief am 30. Mai um 23.30 Uhr aus, zweieinhalb Stunden vor der Hochseeflotte. Die See war ruhig, der Himmel bewölkt, der Dunst verschleierte den Horizont, die Sicht wurde im Abenddämmer immer schlechter. Schornsteinrauch, künstlicher Nebel, vor allem aber der Pulverqualm trugen dazu bei, Freund und Feind nach und nach wie unter Tarnkappen verschwinden zu sehen. Aber im Westen war es heller als im Osten, und weil es die Regie der Schlacht so wollte, verbündete sich der aufgeklärte Westen mit den Briten, denn die Silhouetten der deutschen Schiffe zeichneten sich scharf gegen den Westhimmel ab, die britischen Schiffe aber waren zeitweise gar nicht mehr zu sehen, und hätten sie ihr Feuer eingestellt, wäre die Schlacht wohl zu Ende gewesen. Natürlich stellten sie es nicht ein und verrieten sich so.

»Gleichzeitig«, so in der amtlichen Darstellung, »erhielt Admiral Scheer einen Funkspruch der V. Torpedobootsflottille, daß nach Aussage Gefangener des Zerstörers *Nomad* 60 große feindliche Schiffe in der Nähe wären, darunter 20 neue Linienschiffe und 6 Schlachtkreuzer – und diese Aussage fand ihre Bestätigung, als sich gleich darauf der Horizont rings um die deutsche Spitze in eine ununterbrochene Linie aufblitzender Feuerschlünde verwandelte«.

Es ist dieses Bild, das sich nicht zuletzt dank Claus Bergen ins kollektive Gedächtnis der Nation gebrannt hat. Und weil es so beeindruckend war, wurde verdrängt, dass es die denkbar größte Katastrophe darstellte, der sich eine Flotte ausgesetzt sehen konnte: einem Cannae zur See, wobei der Gegner doppelt so stark war! Graf Schlieffen hätte sich im Grabe gedreht!

»Auf gewaltigem Bogen«, so schildert es das Admiralstabswerk, »hielt auf OSO- bis SSO-Kurs ein eiserner Ring von etwa 24 Großkampfschiffen, zahlreichen Kleinen Kreuzern und Zerstörern die deutsche Linie umklammert, aus dem sämtliche Geschütze Tod und Verderben spien«.

Damit schien das Schicksal der Hochseeflotte besiegelt, zumal die englischen Schiffe insgesamt stärker, größer und schneller als die deutschen waren. Trafalgar Nr. 2 stand nichts mehr im Wege. Nur noch wenige Stunden, und dem ersten »Glorious First of June« musste der zweite folgen. Natürlich hatte die Erinnerung an Howes Heldentaten sich längst in den Köpfen festgesetzt, und Konteradmiral E.F.A. Gaunt ließ das Signal auswehen: »Remember the traditions of the glorious First of June! – Revenge Belgium!« Er konnte sicher sein, dass auch der letzte britische Seemann verstand, was es damit auf sich hatte und worum es nun, 122 Jahre später, wieder ging.

Nicht ohne Häme und Schadenfreude wurde in Deutschland später auf Jellicoes Bericht verwiesen, in dem dieser zu erklären versucht hatte, warum das »Crossing the T« gleich zweimal nichts gebracht, warum die Hochseeflotte aus der Falle entkommen war. Nicht nur bei Sir Julian Corbett, dem berühmtesten britischen Seekriegshistoriker, sondern auch in zahlreichen anderen englischen Erzählungen vom Skagerrak wurden die Deutschen mehr oder weniger der Feigheit geziehen: Anstatt sich wie General Custer am Little Big Horn bis zur letzten Granate zu wehren, um dann glorios mit wehender Flagge unterzugehen, woraufhin Britannia wieder unangefochten die Wellen hätte regieren können, hatte die Hochseeflotte einfach auf dem Fuß kehrt gemacht und war eilig davongedampft. Natürlich konnte die in Gefechtsformation entwickelte Grand Fleet nicht auf dem Fuße folgen, und Jellicoe wollte wohl auch nicht. Scheer muss die Folgen der ersten Gefechtskehrtwendung in den Meistererzählungen der Schlacht antizipiert haben – es gibt keinen anderen vernünftigen Grund, warum er das gleiche Stückchen dann noch einmal aufführte und endlich mit der dritten Gefechtskehrtwendung zum Abschluss brachte.

»Bei diesem heroischen Einsatz«, so umschrieb und entlarvte es zugleich später Scheers Stabschef, Adolf von Trotha, »hat die deutsche Flotte in Durchbildung und Beweglichkeit ihre unbestreitbare Überlegenheit bewiesen. Es ist bezeichnend, daß in diesem schwersten Abschnitt des Flottenringens der deutsche Flottenchef aus dem gepanzertem Kommandostand wie bei einer Friedensübung auf die freie Kommandobrücke trat und daß die Besatzung das Signal ›Ran an den Feind‹ aus den Tiefen des Schiffes mit begeistertem Singen des Flaggenliedes beantwortete.«

Man spürt es auch Scheers Memoiren an: Er musste beweisen, dass die Umkehr nichts mit Angst, sondern nur mit genialer Taktik und unerschütterlichem Mut zu tun hatte, und man kann sich die Erleichterung in der Kriegswissenschaftlichen Abteilung der Marine vorstellen, als sie auf diesen Satz Corbetts stieß: »Was Admiral Scheer erreicht hatte war Ruhmes genug, um ihn den großen Flottenführern aller Zeiten ebenbürtig zur Seite zu stellen.«

England ebenbürtig sein! England etwas beweisen! Auf gleicher Augenhöhe mit England: Hatte Skagerrak die Erfüllung des sehnlichsten Wunsches der Deutschen seit den Tagen des Prinzen Adalbert gebracht? Eben so argumentierte das Admiralstabswerk, und es ist geradezu rührend zu beobachten, wie in den Jahren nach Skagerrak auch das vageste und kleinste Lob »der Briten«, was die deutsche Flotte betraf, begierig registriert und gebührend herausgestellt wurde.

Mit der dritten Gefechtskehrtwendung war der zweite Akt zu Ende gegangen. Was folgte, ließe sich als Satyrspiel deuten, wäre es nicht so blutig zugegangen. Bisher hatte das Heroische überwogen. In der Nacht enthüllte der Seekrieg seine hässliche Fratze. Er geriet gleichsam aus den Fugen. Und wenn Scheer ein Verdienst zukommt, dann das, mit der Flotte ebenso stur wie eisern in einer Linie fahrend auf einen einzigen Punkt zuzusteuern – koste es was es wolle: Horns Riff. Von dort aus konnte man im Schutz der eigenen Minenfelder nach Hause schleichen. Der Weg um Skagen war möglicherweise versperrt, jeder andere schon der Minengefahr wegen zu riskant – Augen zu und durch mit 16 Knoten, deren die lädierten Schiffe noch fähig waren – auf Nachzügler und Waidwunde wie *Lützow*, *Wiesbaden* oder *Rostock* konnte keine Rücksicht mehr genommen werden, und als die *Pommern* in die Luft flog, schüttelte sich die deutsche Linie nur einmal kurz und schloss sich wieder zusammen, als sei nichts gewesen. Dabei feuerten die Linien-Schiffe nach Steuerbord und Backbord, wichen immer wieder Torpedos und vermuteten U-Booten aus, mit unerschütterlichem Mut aber griffen die englischen Kleinen Kreuzer und Zerstörer wieder und wieder die Linie an.

»In gänzlicher Verkennung der Lage«, so Scheer, »näherte sich 2 Uhr vormittags ein Panzerkreuzer mit vier Schornsteinen, anscheinend Cressy-Klasse, den Schlachtschiffen des I. Geschwaders *Thüringen* und *Ostfriesland* und dem Flottenflaggschiff auf etwa 1500 Meter. Er wurde in wenigen Sekunden in Brand geschossen und sank vier Minuten nach dem Feuereröffnen unter gewaltigen Detonationen. Der Vernichtung dieses Schiffes auf so nahe Entfernung, dass man die Mannschaften in ihrer Bestürzung auf dem brennenden Schiffe hin und her rennen sah, während im Scheinwerferlicht die Flugbahnen der schweren Geschosse deutlich zu verfolgen waren, die in schneller Salvenfolge drüben einschlugen und explodierten, bot ein Bild von schauriger Großartigkeit.« »Schon jagt rote Glut über das Schiff«, so die Variation Adolf von Trothas, »bis zu den Masten hinauf klettert die gierige Flamme und während Salve auf Salve hineinfegt, steht Rumpf und Takelwerk in blendendem Flammenmeer, die englische Flagge grell beleuchtend, dann geht schweres Zucken durch den mächtigen Schiffskörper, Stichflammen schießen hervor, in grauenhafter Explosion hebt sich der stolze Panzerkreuzer, in glühende Atome zerspringend.«

Als die Flotte wieder in Wilhelmshaven lag, sollen die Matrosen gesungen haben:

»England komm' nur dem Barbaren
Nicht zu dichte bei,
Sonst gibt's wieder Himmelfahren
So wie jüngst im Mai.«

IV.

Die Skagerrakschlacht als Götterdämmerung, Poesie und Bilderbogen, unter anderem von Claus Bergen in Szene gesetzt. Die Schlacht als große Literatur aber fand nicht statt, denn was Ernst Jünger in den »Stahlgewittern« oder Lothar-Günther Buchheim mit dem »Boot« gelingen sollte, war Johann Wilhelm Kinau verwehrt.

»In der kleinen Gruppe Überlebender«, so in dem Bericht des Oberheizers Hugo Zenne, des einzigen Überlebenden der *Wiesbaden*, »sah ich den Obermatrosen Schuster, mit dem ich befreundet war. Er stammte aus meiner Heimat. Schuster war mit einem Offizier und dem Obermatrosen Gorch Fock im Krähennest gewesen. Gorch Fock war uns allen lieb. Wir wußten, daß er ein großer Schriftsteller war, den wir deshalb besonders schätzten, weil er viel aus dem Leben zur See schrieb. Ich sagte zu Schuster: ›Wo hast du unseren Dichter gelassen?‹

Schuster antwortete: ›Er ist mit mir aus dem Krähennest heruntergestiegen. Aber wo er dann abgeblieben ist, das weiß ich nicht. Wir haben schweres Feuer bekommen, als wir unten waren.‹«

Und das war es. Der Leichnam von Gorch Fock wurde bei Väderöbed in der Nähe von Göteborg zusammen mit anderen Toten aus der Skagerrakschlacht an Land gespült und auf der kleinen Insel Stensholmen bei Kalvö beigesetzt. Einen Roman zu Skagerrak, der den Namen verdiente, gibt es bis heute nicht. Die Zeitgenossen, ob dabeigewesen oder nicht, tauchten alles in ein patriotisch-heroisches Licht. Der Bericht Zennes ist nur eines von vielen Beispielen. Am 1. Juni 1935 trug sich Hugo Zenne in das Goldene Buch der Stadt Wiesbaden ein, die bis heute jährlich Skagerrak feiert und stolz darauf ist, ein Tafelsilber der *Wiesbaden* vorzeigen zu können. Die Wahrheit vom Skagerrak werden wir nie erfahren: weil mit Skagerrak eben nicht Geschichte, sondern bloße Traditionen und Mythen verbunden sind; weil Skagerrak von einer unbekannten Wirklichkeit und Wahrheit zu einem »symbolischen Gefüge« (Ernst Cassirer) verwandelt worden ist. Aus dem Ernst der Schlacht wurde das heitere Spiel der Schlacht. Noch der erste Flottenchef der Bundesmarine, Rolf Johannesson, so wird kolportiert, habe die Skagerrakschlacht nachspielen lassen. Und natürlich gab es Skagerrakmärsche en masse, sei es dass Marinesoldaten marschierten oder Marinemusikkorps spielten – Jahr für Jahr. Am 30. Mai 1932 vor dem Reichspräsidentenpalais bemerkte der Reichskanzler, er müsse sich nun schnell verabschieden, die Skagerrakwache ziehe auf, und Hindenburg müsse unter das Portal treten. Die ersten Töne der Skagerrakwache erklangen, und Heinrich Brüning war entlassen.

Die Arbeit am Mythos begann schon während der Schlacht. Nicht die Hochseeflotte kehrte in den Heimathafen zurück, sondern deren Mythos. An ihm spannen der Kaiser ebenso wie Scheer, später Hipper, Raeder, unzählige andere. Und wo etwas nicht zusammenpasste, wurde es passend gemacht. Das konnte bis zur Groteske gehen, wenn Friedrich von Kühlwetter behauptete: »Der 1. Juni. Der Glorious first of June, der Gedenktag der von Nelson gewonnenen Schlacht von Trafalgar. Ein Ruhmestag der englischen Marine, ein Ruhmestag fürderhin der deutschen Flotte.«

Natürlich spukte Trafalgar bei den Engländern nicht weniger als der »Glorious First of June«, aber aus zwei Schlachten eine zu machen und mit Skagerrak beide zu einem deutschen Sieg zu stilisieren – das streifte hart an historische Schizophrenie. Auch Graf Keyserlingk war überglücklich und dankbar, »die Durchbrechung der ängstlich gehüteten Trafalgarlegende, des Trafalgarzaubers, zu erleben«. Man wird an Wagner und an den »Karfreitagszauber« erinnert. Aber selbst Scheer entrann dem Mythos nicht:

»Wir mußten daher mit allen Mitteln versuchen zu beweisen, daß die deutsche Hochseeflotte willens und fähig wäre, England den Ruhm von Trafalgar zu entreißen und Deutschland die nationale Entwicklung in der Welt zu sichern.« Der Kaiser hatte sich drastischer ausgedrückt: Die Tradition von Trafalgar sei »in Fetzen gerissen«, ein neues Kapitel der Weltgeschichte aufgeschlagen.

Natürlich entkam Jellicoe trotz verzweifelter Gegenwehr nicht dem Vergleich mit Nelson, und genüsslich vermerkte das Admiralstabswerk, anders als anderen großen englischen Seehelden sei seinem Namen nicht der Ort der Schlacht, also Jutland, sondern bloß der Ort der »fleet in being«, also Scapa, hinzugefügt worden. Dass nicht zuletzt dank Jellicoe die Hochseeflotte genau da ihr Ende finden sollte, war mit keinem Wort erwähnt, und wenn doch, wurde die Tat Reuters in Deutschland fast wie ein zweites Skagerrak bejubelt. Nur Hitler meinte, Scapa sei kein Ruhmesblatt der Kaiserlichen Marine gewesen und löste damit bei Hippers ehemaligem Stabschef, dem Oberbefehlshaber der Kriegsmarine Erich Raeder, flammende Empörung aus. Sir David Beatty hatte übrigens weniger Skrupel, wenn es um den Vergleich mit Nelson ging. Sein berühmtes Signal vom 1. Juni, 5.30 Uhr, lässt daran keinen Zweifel: »Verluste gestern waren schwer auf beiden Seiten. Wir hoffen heute die ganze deutsche Flotte abzuschneiden und zu vernichten. Jeder Mann muss sein Äußerstes tun.«

Das hatte nichts mit der Schlacht, aber alles schon mit Trafalgar, genauer: dem Trafalgarkomplex und dem Mythos zu tun. Die Wirklichkeit war in eine Illusion verwandelt. Es spricht für die englische Nüchternheit, dass weder Jellicoe noch Beatty sich als »Helden« sehen und sich Jutlands wegen feiern lassen wollten – die Schlacht war in ihren Augen eben kein zweites Trafalgar gewesen, sie selbst keine Nelsons.

Da hatten die Deutschen weniger Skrupel. Sie feierten ihre Helden unbekümmert und laut, Scheer und Hipper wurden mit Orden aller Art förmlich überschüttet. Später wurden die Heroen zu Schiffen und Häfen. Die großen zu großen, die kleinen zu kleinen: Das Panzerschiff *Admiral Scheer* wurde 1931 auf Stapel gelegt; der Schwere Kreuzer *Admiral Hipper* 1935. 1959 kaufte die Bundesmarine von England eine Schulfregatte und nannte sie *Hipper*; ihr treu zur Seite dann die *Scheer*, und die lag mehr als einmal im Kieler Scheerhafen.

Max Schultz, Richard Beitzen, Theodor Riedel, Bernd von Arnim, Friedrich Ihn, Erich Steinbrinck, Friedrich Eckoldt: Diese Seeleute – und viele andere, wie man hinzuzufügen nicht vergessen sollte – hatten in der Skagerrakschlacht Großes geleistet, waren todesmutig »Ran an den Feind« gegangen und sehenden Auges in den Tod. Ihre Namen wären bestenfalls im Namensregister des Admiralstabswerkes verzeichnet geblieben, hätte nicht die Kriegsmarine nach ihnen ihre zwischen 1934 und 1938 gebauten Zerstörer benannt. Viele von ihnen gingen in Narvik 1940 verloren. Dieses Netz der Erinnerungen schleppten die deutschen Marinen, die der Kaiserlichen folgten, voller Stolz nach sich: Es ist immer noch nicht zerrissen, und aus Anlass des 50. Geburtstages der Deutschen Marine hat die Deutsche Post eine Briefmarke mit der *Gorch Fock* herausgebracht, nachdem jahrzehntelang der Stolz der deutschen Flotte den einen oder anderen Seemann auf der *Gorch Fock* dazu verführt hatte, den Zehner mit seinem Schiff gegen einen mit Abraham Lincoln zu tauschen – was allen Beteiligten großes Vergnügen bereitete.

Nach dem amtlichen deutschen Seekriegswerk sind in der Schlacht vor dem Skagerrak 6094 englische, 2551 deutsche Soldaten gefallen. 674 englische, 507 deutsche wurden verwundet, manche bis zur grässlichsten Entstellung. Niemand kann ermessen, welches Leid hinter diesen Zahlen stand. Auf dem Kieler Nordfriedhof findet sich ein schlichter Grabstein. Oben ist das Eiserne Kreuz eingemeißelt, darunter das Relief einer trauernden Frau. Die Inschrift lautet: »Hier ruht mein geliebter Mann, meiner Kinder guter Vater, Marine Wachtmeister Fritz Mittendorf, geb. 16. März 1878, gefl. 31. Mai 1916, in der Seeschlacht am Skagerrak an Bord S.M.S. ›König‹.«

Personenregister

Adalbert, Prinz von Preußen 380
Adam 285
Adam, Hans Paul 276
Ahmad, Muhammad 3
Albers, Hans 361
Albrecht 263
Alexander, Arthur C.B. 305
Amelung, Rolf 331
Arbuthnot, Robert Keith 170
Arnim, Bernd von 383
Arnold 61
Asquith, Herbert Henry 13 f., 76, 89, 96, 103, 105, 108
Assmann, Kurt 117, 129, 131, 314, 347
Aston 81
Aube, Théophile 5, 377
Aue, Hans 276
Auguste Viktoria 266

Bachmann, Gustav 113, 116, 122 f., 126, 128-130, 136, 137, 148
Bäcker 263
Bacon, Reginald 109, 111, 306
Balfour, Arthur J. 6 f., 13, 108
Battenberg, Louis of 8, 61, 76
Baudissin, Friedrich Graf von 41-46
Bauer, Hermann 146
Bayly, Lewis 68, 76 f., 91, 93
Beatty, David XVI, 58, 64 f., 95, 111, 139, 150-153, 156-159, 161-163, 166 f., 169-171, 176, 178, 186, 205, 287-289, 291, 294-303, 305-307, 357, 369, 373, 377, 382 f.
Beermann, Friedrich 338

Behncke, Paul 116, 120, 127, 153, 194, 210
Beitzen, Richar 383
Bellairs, Carlyo 305 f.
Bendemann, Feli 35
Beresford, Charles 307
Bergen, Claus 322 f., 379, 381
Berger, Walter 280, 284 f.
Bernhard, Dewar 276
Bethmann Hollweg, Theobald von XV, 114 f., 120, 130, 134, 143, 145
Bismarck, Otto von 1-3
Blum, Victor Albrecht 361 f.
Bock, Adolf 324
Boedicker, Friedrich 35 f., 145
Bötticher, Hans (Künstlername Joachim Ringelnatz) 336
Bohrdt, Hans 325
Boyle, Algeron Douglas Edward Harry 184
Brock, Osmond 303
Brüning, Heinrich 338, 382
Bruhns 285
Buchheim, Lothar-Günther 381
Büchsel, Wilhelm 31, 34-36, 38-43, 45
Bülow, Bernhard von 7, 27
Busch, Fritz-Otto 318, 339, 347

Callaghan, George Astley 66
Caprivi, Leo von 2
Carden, Sackville 94 f., 104 f.
Chair, Dudely de 66
Chalmers, William 297, 301
Chamberlain, Joseph 12

Chatfield, Alfred E.M. 162, 297
Chatfield, Ernle 61, 70, 307
Childers, Erskine 25
Christian VIII. von Dänemark 369
Churchill, Winston XIV, 14, 16, 59, 66, 73, 76-79, 81-84, 86 f., 89, 91, 94-96, 101 f., 104-108, 114, 373, 375
Clausewitz, Carl von 22, 35 f., 75
Cleinow, Marcel 364
Cooper, Gary 373
Corbett, Julian 74 f., 79, 82, 85-87, 91, 96-99, 101 f., 306, 379 f.
Cornwell 307
Cowle 1
Croinbu 263
Cunningham, Andrew Brown 307
Custer, George Armstron 379

Dähnhardt, Haral 144
Dannreuther, Hubert E. 171, 301
Denin 263
Dewar, Alfred 306
Dewar, Kennet 301, 306
Diederich, Otto von 34
Dombrowsky, Louis 228, 235 f.
Dönitz, Karl 195, 314, 334, 347
Drake, Francis 374
Dreyer, Fred C. 296, 299

Eckermann, Richard 142
Eckoldt, Friedrich 383
Edward VII. von Großbritannien 99
Egidy, Moritz von 238, 240
Eisner, Lotte H. 361
Elizabeth I. von England 374
Engelmann, Richard 325
Erdmann, Hans 261
Eschenburg, Theodor 322
Essberger, Thomas 310
Evan-Thomas, Hugh 152, 157, 159, 161 f., 167, 170, 287, 296, 300, 306
Falkenhayn, Erich von 120

Feldmann, Karl 326
Firle, Rudolph 140
Fischel, Max von 41, 45, 49,
Fischer, Wolfgang 258, 261, 263
Fischer 285
Fisher, John XIV, 1, 10-13, 16, 41, 55, 77-80, 82 f., 85-89, 91, 93-99, 102, 104-109, 112, 307, 373, 377
Foch, Ferdinand 92
Fock, Gorch siehe
   Johann Wilhelm Kinau
Förste, Erich 312, 347
Foerster, Richard 341
French, John 93-95
Frenssen, Gustav 322, 343
Friedrich II. von Preußen 372
Friedrich III. 2
Friedrich Wilhelm I. von
   Brandenburg 337
Froitzheim 285

Galster, Karl 28
Gaunt, Ernest Frederick A. 379
Gladisch, Walter 195
Gladstone, William 1-4
Goering, Reinhard 322
Goltz, Colmar von der 98
Goodenough, William E. 163, 167
Götz, Heinrich von 234
Grey, Edward 14, 89, 101, 110, 115,
Groener, Wilhelm 338
Gronostay, Walter 365
Groos, Otto 194, 357
Groth, Johannes Karl 256 f., 261, 266

Hagedorn 285
Hall, William Reginald 67
Hamacher, Paul 364
Hankey, Maurice Pascal Alers 86, 94, 99 f., 103, 111
Hansen, Gottfried 195
Harder, Victor 189, 256, 258, 265, 344

Hardinge, Charles 100
Harper, John 296, 303, 307
Hartog, Johannes 174, 209
Harvey, Francis John William 307
Hase, Georg von 159, 161, 170, 198, 258, 332
Hasle 263
Heeringen, August von 41, 49-51
Heidkamp, Wilhelm 239
Heinrich, Prinz von Preußen 333
Herodot 372
Heßling, Dietrich 376
Hilmers, Hans 280, 282, 286
Hindenburg, Paul von 340, 382
Hipper, Franz 119, 136, 139, 145, 148, 153, 156-159, 161-164, 166 f., 170 f., 173 f., 178, 180, 184, 190, 199-202, 204, 208 f., 218 f., 221-223, 225, 227, 232, 242, 245, 256, 261, 288, 294 f., 311 f., 322, 325, 343, 346, 357, 377, 382 f.
Hitler, Adolf XVII f., 336, 338, 341 f., 365, 382
Höpfner, Wilhelm 186, 267 f., 270, 274-277
Holland 285
Holtzendorff, Henning von 50, 145, 174, 188, 280, 317
Hood, Ellen 307
Hood, Horace Lambert Alexander 84, 92, 152, 161, 166 f., 170, 307
Hopman, Albert 113, 116, 120, 138, 174, 319
Horton, Max 70
Howe, Richard 379

Ihn, Friedrich 383
Ingenohl, Friedrich von 117-120, 122, 126 f., 130-132, 134-136, 138, 141 f.

Jackson, Henry 94, 103, 108 f., 111
Jackson, Thomas 151

Jellicoe, John XV f., 58, 79, 84, 89, 101, 109-112, 120, 139, 148, 150-153, 157, 161, 163 f., 167, 169 f., 176, 178, 180, 185-187, 205, 212, 287 f., 294, 298-303, 305-307, 332, 341, 357, 373, 375-379, 382 f.
Jerram, Martyn 300
Joffre, Joseph 93, 95
Johannesson, Rolf 382
Jung, Hermann A.K. 256
Jünger, Ernst 367, 381

Kämmer 263
Kampe, Helmut 139, 348
Katsch, Hermann 321
Keyserlingk, Walter Freiherr von 382
Kerr, Walter 8, 10
Keunike 285
Keyes, Roger 82
Kinau, Johann Wilhelm (Künstlername Gorch Fock) 280, 331 f., 337, 381
Kilger 263
Killinger, Manfred von 343
Kilzer 263
Kitchener, Horatio Herbert 75, 78, 94-96, 103, 105, 108
Kleemann 285
Klein, Albert 321
Klopp 259, 261 f.
Köbis, Albin 336, 338
König 285
Körber 263
Krapiki 185
Kroisos 18
Krüger, Gottfried 194
Kühlwetter, Friedrich von 321 f., 382
Kupfer, Max 314

Lamm 263
Lans, Wilhelm von 133, 136
Lasalle, Ferdinand 373
Le Mesurier, Charles 287

Lemke 285
Lenkheit 285
Leveson, Arthur 70
Levetzow, Magnus von 127 f., 142, 338, 340, 376
Lindemann 285
Lloyd George, David 14, 87, 94, 101
Longhurst, Gerald Fortescue 299
Loh 285
Lohse 260
Looks, Otto 238, 331
Looschen, Walter 343 f.
Lorenz, Helmut 361
Luder 264
Ludwig III. von Bayern 227
Lützow, Friedrich 314, 335
Lyncker, Moritz Freiherr von 120

Maaß, Leberecht 119
McKenna, Reginald 101
Madden, Charles Edward 307
Madison, James 102
Mahan, Alfred Thayer 18, 29, 102, 130
Maltzahn, Curt Freiherr von 27
Mann, Thomas 373
Mantey, Eberhard von 117, 140, 194, 315, 330-332, 335
Mauve, Franz 153, 200, 202
Mei, Heinz 341
Meurer, Hugo 330
Michaelis, William 23, 27, 127, 136, 333
Michelsen, Andreas 175, 199-201, 203, 208, 210
Mittendorf, Fritz 383
Moltke, Helmuth Johannes Ludwig 119
Moltke, Helmuth Karl Bernhard Graf von 351 f.
Mommsen, Konrad 244
Müller, Georg Alexander von 113, 134-136, 147, 206
Mumm 357

Napoléon I. 2, 82, 102, 372
Nelson, Lord Horatio 79, 150, 167, 369, 371, 382 f.
Nieden 314
Noa, Manfred 361
Noldan, Svend 361 f.
Noske, Gustav 257

Oliver 106

Papen, Franz von 338
Paschen, Günter 195, 258
Pepys, Samuel 372
Pflugk-Harttung, Julius von 322
Piltz, Walter 276
Piscator, Erwin 362
Plievier, Theodor 256, 335 f., 344, 361 f.
Pohl, Hugo von XV, 51, 53 f., 115-123, 126-131, 134-138, 142
Pollen, Arthur 289
Pompejus 372
Pound, Dudley 70
Prien, Günter 342

Rabius, Eduard 270, 276
Raeder, Erich XVI, 127, 136 f., 173, 175, 184, 194 f., 309-313, 315, 331, 333 f., 338, 340-343, 348, 365, 375, 377, 382
Rebeur-Paschwitz, Hubert von 147
Redlich, Johannes 185
Reichpietsch, Max 336, 338
Reiß, Fritz 280, 284
Reuter, Ludwig von 326, 382
Richards, Frederick 5
Richmond, Herbert William 301
Richthofen, Oswald Freiherr von 25
Riedel, Theodor 383
Ringelnatz, Joachim siehe Hans Bötticher
Robeck, John de 105 f.
Rohte 285

Roždestvenskij, Zinovij Petrovič 10
Ruge, Friedrich VIII, 309, 314, 339
Ruppach 285
Rushton, Edward Astley 68
Ruttmann, Walter 365
Rux 285

Sachse, Jochen 349
Salisbury, Robert Arthur Talbot Gascoyne-Cecil 3, 6
Scavenius, Eric 79
Schaumann, Karl 128
Scheer, Reinhard VII, XV f., 111, 126–129, 131 f., 136, 138 f., 142, 144–146, 148, 150 f., 153, 155, 157–159, 162–164, 166, 169, 171, 173–176, 178, 180, 186 f., 190–194, 200, 202, 205, 214, 222, 234, 311, 319–321, 325 f., 335 f., 340, 346 f., 357, 373, 375–380, 382 f.
Scheibe, Albert 321
Schleicher, Kurt von 338
Schlieffen, Alfred Graf von 379
Schlieper, Otto 320
Schmidt, Erhard 153
Schmidt, Rigo F. 349
Schmidt-Hamburg, Robert 323
Schmitt, Anton 345
Schultz, Max 383
Schulze 285
Schuster 285
Schwickerath, Friedrich 276
Schwieger, Walther 282
Schwormstädt, Felix 323
Seiferling, Karl 175, 198, 228, 230, 233, 235
Selborne, William 7–10
Selchow, Bogislaw von 134
Seymour, Ralph Frederick 57, 303
Shakespeare, William 377
Silex, Karl 310, 343, 348
Slade, Edmond 74, 101
Souchon, Wilhelm 174

Spears, Britney 376
Spee, Maximilian Graf von 80 f., 85, 325
Spitzner 285
Steen, Hans 345
Stegemann, Fritz 276
Steinbrinck, Erich 383
Sticht 285
Stöver, Willy 323
Stumpf, Richard 198

Tank-Nielsen, Carsten 281, 286
Thode 262 f.
Thukydides 372
Tillessen, Werner 195
Tirpitz, Alfred von XV, 1, 7–9, 11–14, 16, 18–20, 22–25, 27–31, 56, 113–117, 120 f., 126 f., 129 f., 132–138, 141, 147, 194, 219, 312, 319, 330, 337, 347, 373–377
Traub, Hans 362
Treitschke, Heinrich von 18
Trotha, Adolf von 127, 142, 146 f., 174, 194, 313, 319, 324, 331, 333, 337, 340, 369, 380 f.
Tyrwhitt, Reginald Yorke 82, 92, 111

Uhlmann 285

Victoria I. von Großbritannien 3
Villeneuve, Pierre Charles 82
Vollmer, Paul 268, 271–274, 276 f., 279

Wagner, Richard 382
Wegener, Wolfgang 28, 334, 337
Weizsäcker, Ernst von 173 f., 231
Wells, Herbert G. 369
Wemyss, Rosslyn 303
Werner 263
Wiechert, Erich 343
Wiemann, Peter VII
Wilhelm I. 2

Wilhelm II. XV f., 6 f., 12 f., 16–20, 38 f., 42, 45, 49, 51, 53, 56, 82, 115, 117, 119–121, 123, 126, 128–130, 134–138, 144 f., 147 f., 174, 188 f., 193, 205 f., 213 f., 266, 319, 333, 357, 372 f., 382
Williams, Robbie   376
Wilson, Arthur K.   50, 72, 89, 91 104, 107
Wilson, Woodrow   102

Winkelhagen, Johann   332
Wirts   285

Xerxes   372

Zenker, Hans   194, 333
Zenker, Karl-Adolf   334
Zenne, Hugo   187, 280–284, 286, 331, 381
Zimmermann   263

Autorenverzeichnis

Dr. John Brooks, Historiker, Harpenden/Hertfordshire

Dr. Michael Epkenhans, seit 2009 Leiter Abteilung Forschung am Militärgeschichtlichen Forschungsamt, Potsdam, Professor an der Universität Potsdam

Dr. James Goldrick, Rear Admiral (Royal Australian Navy), Commander Joint Education, Training and Warfare Command, Canberra

Dr. Eric Grove, Lecturer, School of English, Sociology, Politics, and Contemporary History, University of Salford

Dr. Jörg Hillmann, Kapitän zur See, Dezernatsleiter beim DMV MC/NATO, EU und WEU, Bruxelles

Kommunikationswirt Jan Kindler, Projektmitarbeiter am Militärhistorischen Museum der Bundeswehr in Dresden

Dr. Andrew Lambert, Laughton Professor of Naval History, King's College, London

Dr. Frank Nägler, Fregattenkapitän, Militärgeschichtliches Forschungsamt, Potsdam

Dr. Werner Rahn, Kapitän zur See a.D., Berlin

Dr. Nicholas A.M. Rodger, Professor, Senior Research Fellow of All Souls College, Oxford

Dr. Michael Salewski (1938-2010), Professor, 1980 bis 2003 Lehrstuhlinhaber des Lehrstuhls für Neuere und Neueste Geschichte an der Christian-Albrechts-Universität zu Kiel

Hans-Joachim Stricker, Vizeadmiral a.D., Befehlshaber der Flotte (2006-2010)

www.ingramcontent.com/pod-product-compliance
Lightning Source LLC
Chambersburg PA
CBHW040122120426
42814CB00010B/344